哲学教育丛书

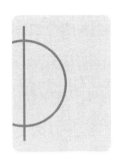

中国近代社会思潮

第三版

高瑞泉 ◎ 主编

华东师范大学出版社
·上海·

图书在版编目(CIP)数据

中国近代社会思潮：第三版/高瑞泉主编. —上海：华东师范大学出版社,2021
(哲学教育丛书)
ISBN 978-7-5760-1818-9

Ⅰ.①中… Ⅱ.①高… Ⅲ.①社会思潮-研究-中国-近代 Ⅳ.①D092.5

中国版本图书馆 CIP 数据核字(2021)第 135758 号

中国近代社会思潮(第三版)

主　　编	高瑞泉
责任编辑	朱华华　唐　铭
责任校对	宋红广　时东明
装帧设计	卢晓红

出版发行	华东师范大学出版社
社　　址	上海市中山北路3663号　邮编 200062
网　　址	www.ecnupress.com.cn
电　　话	021-60821666　行政传真 021-62572105
客服电话	021-62865537　门市(邮购)电话 021-62869887
地　　址	上海市中山北路3663号华东师范大学校内先锋路口
网　　店	http://hdsdcbs.tmall.com

印 刷 者	上海锦佳印刷有限公司
开　　本	787×1092　16开
印　　张	32.25
字　　数	495千字
版　　次	2021年11月第1版
印　　次	2021年11月第1次
书　　号	ISBN 978-7-5760-1818-9
定　　价	89.00元

出版人　王　焰

(如发现本版图书有印订质量问题,请寄回本社客服中心调换或电话 021-62865537 联系)

目录

第一章 导论

一、近代中国何以思潮丛生　　　　　　　　　　　　3

"三千年未有之大变局"与新的社会设计——"权威丧失"的背景——西方文化的冲击与融入——中国社会自身的新陈代谢

二、百年思想图景俯瞰　　　　　　　　　　　　　　11

"社会思潮"的概念界定——精神运动的辩证法——民族主义、激进主义和保守主义的复杂关系——短促的"文化生发期"及其延伸

三、社会思潮研究的方法论探寻　　　　　　　　　　17

学术史的回顾——必要的"社会史还原"——关注社会思潮与哲学、文学及宗教等意识形态的关联——比较文化的视野：中国思潮的世界性——价值评判：社会客观需求与人的自由之结合

第二章 人的尊严
——人道主义思潮概述

一、思想启蒙与人道主义　　　　　　　　　　　　　33

启蒙运动的核心价值——道德至上主义的瓦解——传统的因袭

二、人道主义思潮的主线　　　　　　　　　　　　　36

个性主义与博爱主义——康有为：近代人道主义的起点——从改

良派到民主派诸家的人道主义

三、思想方法　　　　　　　　　　　　　　　　　　43
以伦理启蒙为核心——如何接受西方思想——对本土文化的继承与超越

四、以自由观为核心　　　　　　　　　　　　　　　48
理想主义的特征——严复的自由观——李大钊的自由观

五、早期马克思主义者的人道主义　　　　　　　　51
"物心两方面的改造"——个性主义与博爱主义的统一——以唯物史观为基础

六、比较的考察　　　　　　　　　　　　　　　　　53
中西比较：影响的单向性——与日本的比较——与俄罗斯思想的比较

七、几点结论　　　　　　　　　　　　　　　　　　56
社会政治变革的指导思想——对传统的批评精神——救国救民的觉悟——理想主义的精神气质

第三章　世纪末的新世界观
　　　　　——进化论思潮

一、进化论：吹响中国近代民族主义的号角　　　　66
近代中国第一思想大潮——进化论与传统民族主义的近代转型——夷夏传统封闭性的突破——夷夏传统守旧性的淘洗

二、进化论：奠定中国近代自由主义的基石　　　　70
近代自由主义的理论基础——个体自由的价值观——社会改革的历史观——思想言论自由的竞争观

三、进化论：榫接中国近代社会主义的先导　　　　76
社会主义思潮的兴起——社会向善论——在传统大同理想与社会主义之间——中国可一跃而为社会主义的信念——社会主义的哲

学基础的萌芽

四、由器而道:中国近代进化论思潮的形成　　83
器道升替:中国近代进化论思潮的演变历程——中学西学关系的"道器"之辩——康有为与进化论由"器"入"道"——严复:进化论成为影响巨大的新世界观——梁启超、谭嗣同的补充与进化论之"道"的裂变

五、道之裂变:中国近代进化论思潮的发展　　91
两种进化论——进化和革命——大同理想和社会主义——破除经学与保存国粹——革命派进化论特征的意义和教训

六、新道代旧道:中国近代进化论思潮的落退　　98
五四后的新变化——同一种崇信——还原为生物科学之"器"——"道"的新选择:杜威、柏格森、尼采和马克思主义——唯物史观何以取代进化论

第四章　融入与逸出
——实证主义、科学主义思潮评析

一、历史演变和主要人物　　115
严复:"实测内籀"之学与实证哲学的二重性——王国维:"可信"与"可爱"间的紧张——胡适:对实用主义的绍述与发挥——丁文江和王星拱:马赫主义的倡导者——冯友兰和金岳霖:出入于新实在论和逻辑实证主义

二、理论特点及其历史意蕴　　125
西方实证主义的反形而上学传统——中国实证主义的二重性——西方实证主义的经验论倾向——中国实证主义对经验主义认识论的超越——西方实证主义的现象主义原则——中国哲学家更关心科学方法本身且致力于方法论的会通

三、科学主义的正负效应　　131

科学主义在哲学上的表现——对科学的理解：器—技—道——科学被提升为世界观与价值-信仰体系——思维方式变革和价值观念的转换——"科学万能论"的消极作用——科学的泛化

第五章 "心力"的觉醒与扩张
——中国近代唯意志论思潮简论

一、缘起与渊源　　　　　　　　　　　　　　　　145
社会革命要求的深刻反映：对传统天命论的反叛与批判——昔日异端的崛起——佛教、阳明心学与明清之际启蒙思想的新诠释——西方理论的传译与介绍：叔本华、尼采、柏格森与深层心理学

二、演进中的两大主题　　　　　　　　　　　　　　158
以价值观念的变革为中心：历史观与伦理学的两翼展开——龚自珍的"心力"论——维新派"以心力挽劫运"——章太炎的"依自不依他"——五四时代的转折——对唯意志论的三次理论批判

三、在文学与政治之间　　　　　　　　　　　　　　181
现代哲学的分裂与唯意志论的社会影响——从龚自珍到鲁迅：近代文学的哲学表达——与近代社会政治革命的契合——走向政治的另一面相

第六章 理性与乌托邦
——20世纪中国的自由主义思潮

一、冲击与反响　　　　　　　　　　　　　　　　193
"自由主义"析名——西方自由主义源流——自由主义的基本理念——西潮东渐——维新运动——五四新文化运动——20世纪

　　　　30、40年代——50年代后的台湾
二、中国自由主义者的"理性崇拜"　　　　　　　　　　　196
　　　　"工具合理性行动"与"价值合理性行动"——"师夷之长技以制夷"——参与型知识分子——从"责任伦理"到"理性崇拜"
三、社会改造的理论与方法　　　　　　　　　　　　　　201
　　　　全盘反传统——积极自由与消极自由——个体自由、民主与自治——"激进型"的自由主义——提倡"文化基因工程"——提倡"社会工程"——析中与调和
四、理性的误区　　　　　　　　　　　　　　　　　　　208
　　　　"具体错置的谬误"——工具理性与价值理性之背离——理念与行动之对立——"理"与"势"之冲突——与社会底层民众的疏离

第七章　凤凰涅槃的现代之梦
　　　　——文化激进主义思潮述评

一、文化激进心态产生的历史缘由　　　　　　　　　　　217
　　　　作为帝国哲学的儒学——中国现代化运动的迟滞和激进化——中国启蒙运动的富强主义取向——进化论与文化激进主义
二、清末变革思潮与文化激进主义的滥觞　　　　　　　　220
　　　　"中体西用"思潮的内在矛盾——激进洋务派的西化主张——严复与斯宾塞社会达尔文主义——康有为的变法主张与大同乌托邦——谭嗣同的礼教批判——无政府主义之排孔
三、"五四"时代的激烈反传统主义　　　　　　　　　　227
　　　　民初帝制复辟与孔教运动——新文化运动的兴起——"东西古今"文化观——法国式启蒙运动——民主与科学——反孔教之伦理革命——整体性反传统主义——以科学代宗教——文学革命——废除汉字——反儒之限度：在仁学与礼教之间——反传统主义之困境——文化保守主义的回应

四、"五四"以后的"全盘西化"思潮   241
胡适的"全盘西化"论——"中国本位文化建设"——陈序经的"全盘西化"论——中国文化建设问题讨论与文化综合趋向

五、结语   247
文化激进主义是中国现代化运动的挫折反应——激进与保守的孪生性——文化进化中的变革与认同——文化激进主义的思想误区——现代与传统之链

第八章 在历史与理念之间
——汉宋学术与现代文化保守主义思潮

一、瓶与酒的说法   256
文化保守主义的传统精神资源——宋学的经验：以新瓶装旧酒——清学的见解：保天下高于保国——宋学与清学对道的理解的区别

二、辨种性与悼礼俗   259
史学是文化保守主义的思想据点——辨种性：章太炎、钱穆的民族主义史学——护礼俗：王国维、陈寅恪的传统主义取向——信与疑的对立——悼礼俗

三、理念的防线   265
康有为的教训——从梁漱溟、熊十力到现代新儒家——现代新儒家与宋学的异同——史学与哲学

四、摆脱汉宋轮回   270
历史派与理念派——最近的思想冲突——正视汉宋不同的学问功能

五、余论   273
文化保守主义的两种类型——保守、激进与经验现实

第九章 向着"无何有之乡"
——无政府主义思潮研究

一、近代无政府主义思想的产生和发展   279

　　19世纪西方社会的矛盾——普鲁东、巴枯宁、克鲁泡特金——各派无政府主义共同的思想根基

二、中国早期无政府主义的思想特征   283

　　俄国民粹派对中国人的影响——日本成为"中转站"——中国早期无政府主义思想的基本特征

三、《新世纪》和《天义报》   286

　　两个海外中心：巴黎和东京——《新世纪》和《天义报》的传播特点——对国内无政府主义传播的影响

四、民国初年的传播   291

　　从海外移到国内——刘师复的活动——虔诚的信念和执着的追求

五、"五四"时期的热潮   296

　　在思想解放的潮流中——各地组织与刊物——无政府主义在五四时期的巨大影响

六、中国无政府主义者的思想主张   300

　　反对强权压制和政治组织——鼓吹极端个人主义——仇视私有制度——平等至上——对宗法家族制度的抨击——革命即日成功的幻想——暴动和暗杀

七、无政府主义何以影响中国   305

　　深厚阶级基础——历史的思想袭传——传播主体——特定的历史环境

八、马克思主义与无政府主义   309

　　同时传入中国的两种思想——最初的相互合作——最后的分道扬镳——马克思主义与无政府主义的论战

九、无政府主义在中国的衰落   313

五四后的衰落——严重的民族危机——破碎的理论与缺乏可行性的主张——个人声誉欠佳——"桃花源"的幻梦及其破灭

第十章 在现代性与民族性之间
——民族主义思潮

一、近代中国民族主义的历史脉络　　　　　　　　　　324
　　民族国家的两种共同体——晚清的民族主义建构——自由主义内部的分野

二、梁启超：国民-国家一体化的民族主义　　　　　　　335
　　从天下到国家——政治美德为核心的国民共同体——个人与群体——转向文化民族主义

三、张佛泉："去民族性"的民族主义　　　　　　　　　354
　　民族性与邦国主义的二元对立——自治的核心原则——共和主义式的公民宗教共同体

四、核心文化之争：什么是民族国家的文化本位　　　　360
　　"中国在文化的领域中是消失了"——张佛泉："从根本处西化"——张君劢："必须恢复主体的健全"

五、张君劢：民族文化本位的民族主义　　　　　　　　364
　　反思理性主义的主流启蒙——自信和反省的民族主义——自由与权力的平衡——从法共同体到道德共同体

六、政治认同，抑或文化认同　　　　　　　　　　　　377
　　政治性的爱国主义和文化性的民族主义——政治与伦理，"好"与"正当"——民主的政治共同体如何与民族文化传统接轨

第十一章 中兴与嬗变
——佛教复兴思潮与中国早期现代化

一、清末佛教复兴的社会文化背景鸟瞰　　　　　　　　387

清末佛教的相对有利地位——宗法统治思想之衰弱——思想界"真空"——儒学暗淡与佛学闪亮——基督教扩张的刺激——佛教救国论

二、近代佛学复兴理路之剖析　　　　　　　　　　　　392
　　近代第一代思想家的抗议——第二代思想家开辟的通道——第三代借佛学发起的思想领域争夺战——第四、五代学者研究的深入与"由显归隐"

三、佛教改革及其社会影响　　　　　　　　　　　　　399
　　佛学复兴与佛教改革——僧伽重新赢得主导地位——建立近代形式的佛教团体——新式佛教教育推行全国——各宗派面貌有所改观——佛教传播手段更新与受众面扩大——融和中外的佛教文学艺术——佛教慈善事业的大规模展开

四、中西宗教改革成败的启示　　　　　　　　　　　　404
　　佛教改革遭受致命冲击——中西宗教改革的社会基础比较——成败与实力对比——新佛教与新教伦理内在机制比较——新儒家伦理的困局——"精神动力"并非基督教文化的专利——佛教现代化的后继者——多元共生与一元互抑结构

第十二章　基督教传教与晚清"西学东渐"
——从《万国公报》看基督教在近代中国的传播

一、"伟大世纪"的基督教　　　　　　　　　　　　　415
　　"灵性奋兴"与人道主义的新趋势——海外布道与对华传教热潮——从益智会到广学会——兼行文化使者职能的几位牧师

二、"广西国之学于中国"　　　　　　　　　　　　　427
　　一个圆圈:西学介绍和传播的轨迹——"性理之学":神哲学——科学技术与培根的《新工具》——"富强之术":经济学说——"西国训蒙新法":裴斯泰洛齐教育思想——"安民新学":社会政治学说

三、"东渐"与"涵化" 439

"东渐"与"涵化"——对中学的比较与批判——西学的变异和中国化——熔冶中西的失败尝试

四、传教士与近代思潮的演化 454

传教士周围的三代变革者——中西文化关系的最初省思——传教士对近代思潮的若干影响

索引	469
初版编后记	495
鸣谢	499

丛书序

这是一个英雄的时代,一个过渡的时代,一个需要哲学也必定会产生哲学的时代,一个召唤哲学教育应运而起的时代。哲学者何?爱智慧是也。过渡者何?转识成智,从"知识就是力量"的现代转向"智慧才有力量"的当代是也。英雄者何?怀抱人类最高的希望,直面人类最根本的困境和有限性,在虚无和不确定中投身生生不息的大化洪流是也。

自有哲学以来,它便与教育有着不解之缘。哲学史上的大哲学家往往也是大教育家,如孔子、苏格拉底,如王阳明,如雅斯贝尔斯,如杜威。我们身处一个前所未有的新时代。在这样一个时代,哲学教育的重要性亦是前所未有的。在这个时代,科学技术迅猛发展,既带给我们无穷的想象空间,又让我们真切感受到大地与天空的承载包容极限,感受到人与自然的相处之道亟待改善。在这个时代,世界文明新旧交替,它既是波谲云诡的,又是波澜壮阔的,人与人、群与群、国与国的相处之道亟待改善。一言以蔽之,社会生活的彻底变革逼迫我们做出哲学的追问:我们关于人与世界的基本观念和理想需要进行哪些调整?易言之,我们需要在基本观念和理想层面反思现代性,开创出与新的时代相匹配的当代哲学。然而,基本观念和理想的"调整"显然不能局限于理论层面,它必然要求从理论走向实践:通过教育调整人们的基本观念和理想,进而通过人的改变实现社会的改变。在这里,哲学、教育和社会改造携手并进。此套"哲学教育"丛书,其立意正在于此。

华东师范大学以教育为本,自立校以来便追求"智慧的创获,品性的陶熔,民族与社会的发展"。华东师范大学以哲学强校,其哲学系自创立以来便追寻智慧。哲学学科奠基人冯契先生早年从智慧问题开始哲学探索,晚年复以"智慧"名其说,作《认识世界和认识自己》等三篇,以"理论"为体,以"方法""德性"

为翼,一体两翼,化理论为方法,化理论为德性,最终关切如何通过转识成智的飞跃获得关于性与天道的认识以养成自由人格。理想人格或自由人格如何培养,既是一个哲学理论问题,也是一个哲学教育实践问题。在几代人探索育人的过程中,"化理论为方法,化理论为德性"逐渐成为华东师范大学哲学学人自觉的教育原则:在师生共同探究哲学理论的过程中,学习像哲学家那样思想(化理论为方法),涵养平民化的自由人格(化理论为德性)。我们深信,贯彻这样的哲学教育原则,有助于智慧的创获,理想人格的培养,以及中国和世界文明的发展。

是为序。

华东师范大学哲学系
2021年,岁在辛丑

第一章

导论

20世纪初,一度执思想界牛耳、后终于退入书斋的梁启超在《清代学术概论》中劈头就说道:"今之恒言,曰'时代思潮'。其此语最妙于形容。凡文化发展之国,其国民于一时期中,因环境之变迁,与夫心理之感召,不期而思想之进路,同趋于一方向,于是相与呼应汹涌,如潮然。始焉其势甚微,几莫之觉,寝假而涨——涨——涨,而达于满度;过时焉则落,以渐至于衰熄。凡'思'非皆能成'潮';能成'潮'者,则其'思'必有相当之价值,而又适合于其时代之要求者也。凡'时代'非皆有'思潮';有思潮之时代,必文化昂进之时代也。"①中国近代,正是一"文化昂进之时代",短短百余年间,中华民族的精神世界一扫龚自珍时代那种万马齐喑的沉寂,林林总总的社会思潮奔涌而出,交错迭代、争持消涨,构成了空前绝后的独特文化景观。

以今人观之,半个世纪以前思潮纷呈的局面似乎早已成了明日黄花,但是思想史决非百家往而不返的战场,我们的先人在精神世界的探险已经给我们留下了一笔不容低估的遗产。不仅当代的诸多文化争论、思想分歧、政治方略都或多或少、或隐或显地重复着先前的声响,而且今日社会的诸多公共习尚和观念共识,究源竟委,都与晚近百余年的思潮运动有某种不解之缘。所有这些,都使人们产生一种学术兴趣,去认真地清理反省那批思想文化史上的"公案"。

一、近代中国何以思潮丛生

人们通常将近代与春秋时期相提并论,因为两者都恰逢社会巨变、观念转折,并由此形成了百家争鸣的局面。然而,考察近代社会思潮的结果使人相信,在思潮的纷繁复杂、变化迅速以及覆盖广泛等方面,春秋战国实在难与近代相提并论。近代社会思潮的这些特征有其自身的原因或根据。

从最显性的生活世界看,鸦片战争以后出现了"三千年未有之大变局"。中国人突然面对着一个全然陌生的难题:中国向何处去?之所以称这一问题是全

---

① 梁启超:《清代学术概论》,《梁启超论清学史二种》,上海:复旦大学出版社,1985年版,第1页。

然陌生的,是因为不仅汉唐盛世的诗人或哲学家不必以此自扰,康雍乾诸朝的君臣子民也依然沉酣于太平之中。只有到了19世纪中叶,千年帝国固有的治乱循环的逻辑突然被完全打乱,再也无法照旧演绎下去,于是才有了这样一个全新的问题。面对这个指向未知世界的问题,答案自然会多种多样,加之中国幅员广袤、历史悠久,情势逼迫中国人必须在短时期内形成足以调动全社会资源的政治-文化设计,其最初的反应必定是诸说杂陈、相争相生。简言之,中国近代各种社会思潮,不管其成败如何,不管其内蕴的正确程度大小,都从属于历史性的巨变,都与某些社会设计有关,因而可以视为都是这场社会选择的不同答卷。

从深层的心理世界看,浸淫日深的权威丧失是近代涌现众多社会思潮的主要精神背景。

汉代以降,中国人尊崇的权威是与王权统一的正统儒学价值系统,清代沿袭宋明,以程朱理学为官方意识形态,维持着原先的价值体系。但是情况在悄悄地变化:作为官方哲学的清代理学几无创造性可言,吸引知识精英的是考据学。它代表了清代前期至盛期的学术主流,按梁启超的说法,就是"清代思潮"。但是"'清代思潮'果何物耶?简单言之:则对于宋明理学之一大反动,而以'复古'为其职志者也"。[①] 摆脱宋明理学羁勒的结果,不仅从古文经学中培育出一批具有批判意识的学者,而且在近代的入口处,古文经学一变而由今文经学主领风骚,更是异端辈出。开拓者龚自珍以"心力"对抗"天命",对传统的天命论价值系统提出了挑战;至戊戌年间今文经学经康有为之手演变为冲击权威、解放思想的工具。"儒家在其漫长的发展过程中曾有过各种不同的解释,但对儒家基本的社会-政治价值观和信仰,却是很少被准许各抒己见的。康氏已经使人对这些主要的价值观和信仰产生疑问,这一事实即意味着作为中国信仰核心的儒家正日趋衰微。当康有为在改变长期被公认的孔子形象和孔子学说的价值的内核方面走得如此之远时,其含义就更加严重了。任何读过康有为的富于煽动性解释的人必然会产生一个感到烦恼的问题:儒家的本来面目和特征何在?这个问题的出现预示着这样一种后果:使儒家学说从一直是无可怀疑的信

---

① 梁启超:《清代学术概论》,《梁启超论清学史二种》,上海:复旦大学出版社,1985年版,第3页。

仰中心,变成了其基本特征是可疑的和有争议的一种思想体系。"①这后果像火山喷发或地震一般冲击着士大夫的精神世界。

与知识精英对传统价值的怀疑相应的,是传统的价值结构在日渐解体,价值原则与其物质承当之间发生了持续的根本的背离。传统的价值结构是"权威"与"权力"合一,以皇帝为首的行政权力系统以及士绅代表着价值原则。但是在晚清,这样一种权力-权威的结构开始解体:它先是表现为从官场到士人日深一日的弥漫性道德沦丧,最后是辛亥之役令千年帝制随着清王朝的倾覆而告终结。这是一个加速度行进的过程,到20世纪初,从上层贵族(如《红楼梦》中的宁荣二府)开始的溃疡已经蔓延到整个社会。辛亥革命结束了千年帝制,传统的价值系统失去了固有的物质承当。至此,旧价值不但丢失了作为理想或信仰的精神感召力,而且失去了世俗规范力量的支撑。天命论无可奈何地没落了。只有到了这一步,才可能产生以"打倒孔家店"、"重估一切价值"、"再造文明"为号召的新文化运动。②

纵观中国近代,戊戌到"五四",传统的儒家社会-政治价值观与信仰,从被怀疑到被批判,形成了两个相继跌落的低谷;同时,又出现了近代社会思潮奔涌的两大高峰,几乎所有最重要的社会思潮都在这30年间发育流布。"丧乱之后多文章",其间固然有实际运作的挫折引发的两次民族大反思这一原因③,但正是原先定于一尊的权威之跌落,造成了解放思想的客观环境,与重建现代性民族价值的客观需求。因为几乎所有的近代社会思潮都或深或浅地涉及基本的价值问题,没有上述客观条件,就没有足以容纳异端的空间,自然难以产生百家并存的思想局面。

中国近代价值观念的巨大变迁与西方文化的冲击有极大的关系,后者同时也是近代中国之所以思潮勃发的外因。随着列强入侵而逐渐加剧的西方文化

---

① 费正清、刘广京编:《剑桥中国晚清史》下卷,中国社会科学院历史所编译室编译,北京:中国社会科学出版社,1993年版,第340—341页。
② 关于传统价值系统的结构性特征和中国近代价值丧失的演化过程,高瑞泉的《略论近代中国价值迷失之缘起》有更多的阐述与分析,参见《学术月刊》,1994年11期。
③ 按照陈旭麓先生的观点,甲午战役的失败引发了第一次民族反思,导向戊戌维新与辛亥革命;辛亥革命的失败引发了第二次民族反思,导向了新文化运动。见陈旭麓:《近代中国社会的新陈代谢》,上海:上海人民出版社,1992年版。

撞击无疑是对中国传统的价值与权威的直接摧破。秉受"天命"的王朝抵御不了"蛮夷"的入侵,这些"蛮夷"尔后逐渐表明是一种完全异质的文化,如果不是更高类型的也是更有效用的文化。在中西杂陈、新旧交错的近代中国,独断论价值系统被摧破的结果,必定随之经历一个价值相对论的阶段,价值多元的状况可谓思潮丛生的最佳土壤。

西方文化的冲击与融入,对近代社会思潮的作用还远不止此,可以毫不夸张地说,中国近代几乎所有重要的社会思潮都受到了西方文化的不同程度的影响,具体地说,它包括:示范、刺激、传输与强化。

毫无疑问,近代中国某些社会思潮是外来文化移植的结果,最突出的例子即基督教的传播。此外,哲学上的进化论、实证论、马克思主义以及社会主义思潮等,它们之所以在中国流布,中国社会内部固然有某种社会期待,它们与中国古代文化传统也有某些接合点,但是最初都是西方同类思潮传输的产物。

站在另一端的,是一些主要应归属于中国本土文化产物的社会思潮,如佛教复兴思潮、文化保守主义思潮,以及民族主义思潮,它们从一开始就显现出特异的民族色彩,或者说根本上是从中国自身的问题出发,由固有传统演化而来。对它们,西方文化主要起了某种刺激与示范的作用。

佛教传入中国以后,经历了一段盛极而衰的发展过程。清代不但高僧无多,而且与思想界关系甚浅。但到达近代地平线时,最敏感的思想家如龚自珍、魏源、俞理初辈纷纷转向佛学,预示着价值真空造成的负压将把昔日的异端吸入精神世界的中心。尔后大规模入侵的西方文化对佛教的中兴无疑是一种强刺激,也可以说是一种示范。为佛学复兴建立了大功勋的杨文会就说过:"泰西各国振兴之法,约有两端:一曰通商,一曰传教。通商以损益有无,传教以联合声气。我国推行商业者,渐有其人,而流传宗教者,独付缺如。设有人焉,欲以宗教传于各国,当以何为先?统地球大势论之,能通行而无悖者,莫如佛教。"[①]表明中国人意识到基督教在西方文化中举足轻重的地位,一部分人认为传统文化中足以与之抗衡的只有佛教。所以后来谭嗣同、梁启超、章太炎都曾

---

① 杨文会:《支那佛教振兴策二》,石峻等编:《中国佛教思想选辑》第三卷第四册,北京:中华书局,1990年版,第13页。

主张以弘扬佛教来革新国民道德,从根本上自强、保国。

贯穿中国近代全过程的民族主义思潮,同样是在西方刺激下产生的。列强的野蛮侵略行径激活了以"夷夏之辨"与"忠君报国"为核心的传统民族主义,但是真正意义上的现代民族主义的第一个潮头涌起在世纪之交。按照本杰明·史华兹的说法:"只要赞成把社会实体作为民族来保卫,并极力把这个目的摆在其他价值观念和信仰之前加以考虑……明确的民族主义意识就登上舞台了。"①正是中日甲午战争以及八国联军的入侵,使民族危亡达到了前所未有的严重,同时也使最前卫的知识分子达到了具有现代意义的民族主义的觉醒;即必须以坚决的社会改革(维新或革命)为手段,建立一个现代民族国家,才能真正摆脱被侵略被瓜分的危险。

另一方面,列强的成功也对中国民族主义思潮作出了示范②,其中尤以日本为甚。19世纪末20世纪初大量中国青年到日本留学。许多中国留日学生回国以后都大大地增强了民族意识,因为他们滞留日本期间大多饱受了日本人的民族歧视、轻蔑和侮弄;同时也目睹了日本民族主义的有力示范:"明治时期的最后十年是日本民族因成就而产生的自豪感蓬勃高涨的十年,它明显地表现在与英国的结盟与对俄战争的胜利上。日本的民族主义对一些甚至非常不关心政治的留学生也有深刻的影响。"这使许多中国人意识到"要分享强盛只有起而仿效日本人的自爱和爱国心"③。

介于这两者之间的,如人道主义思潮、唯意志论思潮、自由主义思潮、文化激进主义思潮等,其最初之发端,大抵是在社会解体的过程中,从对固有制度与传统文化的批判中生发出来的。所以最初的社会角色多为异端乃至叛逆,并且多以古代文化中固有的某些资源为依据,后来才渐渐地取得了西方近代类似的社会思潮所具有的观念形式与理论框架。

中国近代人道主义思潮可谓个性解放与博爱大同两个主题的协奏。原始

---

① 本杰明·史华慈:《寻求富强:严复与西方》,叶凤美译,南京:江苏人民出版社,1989年版,第18页。
② 德、法、俄等国19世纪的民族主义潮流和弱小的被压迫民族如波兰、希腊、印度、匈牙利等国的民族主义,也对中国近代民族主义有很大的鼓舞,如鲁迅就在《摩罗诗力说》中赞扬它们在文学上的代表:"刚健不挠,抱诚守真……发为雄声,以起其国人之新生,而大其国于天下。"
③ 费正清、刘广京编:《剑桥中国晚清史》下卷,北京:中国社会科学出版社,1993年版,第413页。

儒家的人文精神与对"大同"的描述成为近代社会理想的传统根据。近代发轫之际，龚自珍、俞理初这两位杰出的人道主义者都主张个性解放。尤其是俞理初，他所主张的男女平权、反贞节说、反性别歧视等，都是借考据学的传统方法，从古代经史典籍中寻找根据而加以阐发的。到19世纪末20世纪初，经过西方近代人道主义和社会主义的洗礼，发展为个性解放与大同团结的鲜明主题，并且在李大钊那里获得了统一。唯意志论思潮也有类似之处。最初龚自珍、谭嗣同等人从反对天命论与理性专制主义出发，引用佛教的"心力"说与泰州学派的"造命"说，为主体的能动性辩护，为人的自然情感、自由意志辩护。后来才引进了叔本华、尼采、柏格森等人的唯意志论。"心力"说遂为"意志"论所代替。又如激进主义思潮，孙中山走上革命道路的历程颇能说明该思潮之缘起。甲午海战初期，孙中山正在北京，以窥清廷之虚实，结果发现，值此民族危亡之际，京城之内，依然文恬武嬉，歌舞升平，知清政府积弊重重，无可救药，非彻底改造决不足以救亡。"吾党于是怃然长叹，知和平之法无可复施。然望治之心愈坚，要求之念愈切，积渐而知和平之手段不得不稍易以强迫。"①正是这种旧社会积重难返的现实和反动派对社会进步的顽固阻挠，推动了一部分知识分子走向了激进主义的立场，并且相继寻找到了资产阶级的民主主义、马克思主义的阶级斗争学说，在整个20世纪上半叶，不断掀起革命的洪波巨浪。

讨论至此，我们实际上已经涉及近代社会思潮汹涌的另一个重要原因：中国近代社会的新陈代谢。它可以大略地概括为两个层面：社会结构的变化与社会制度的更迭以及由此产生出的新的社会阶层与文化传媒。

鸦片战争以后，特别是19世纪60年代以后，随着开放口岸的增加和洋务运动带来的最初的现代工商业，中国社会缓慢地发生了结构性变化。从形态上看，它首先表现在沿海与内地的反差逐渐拉开。西方人将其据点从沿海扩展到长江沿岸，并在其中发展出一种文化，"它在经济基础上是商业超过农业；在行政和社会管理方面是现代性多于传统性；其思想倾向是西方的（基督教）压倒中国的（儒学）；它在全球倾向和事务方面更是外向而非内向"②。这种新的"河海

---

① 孙中山：《伦敦被难记》《孙中山全集》第1卷，北京：中华书局，1981年版，第52页。
② 柯文：《在传统与现代性之间——王韬与晚清改革》，雷颐、罗检秋译，南京：江苏人民出版社，1994年版，第217页。

文化"不但体现在一种新的社会阶层——买办——的出现上,而且通过一群新式知识分子来表达其要求与理想。早期改良派的代表人物王韬及其朋友就是这样的知识分子。他们都深受儒家经典训练,却又是因为西方人出现在上海而带来的新的就业机会而来到上海的。"作为个人而言,他们颇不寻常,甚或有些古怪,有时才华横溢。就整体而言,他们代表了中国大地上一种新的社会现象——条约口岸知识分子,他们的重要性将与日俱增。起初,他们的工作对中国主流中的种种事件似乎几无影响,但最终他们所提出的东西却与中国的实际需要逐渐吻合。直到这时,他们才渐次得到一定的社会地位和自尊。"①柯文描述的这群"条约口岸知识分子"——一个似乎并不恰切的名词——最初的职责大多是帮助西方人处理文字工作,主要是将西方文献翻译成优雅得体的中文,也将中国经典移译成西文,渐渐地有越来越多的人投入了新闻出版业,成为报人、作家。由此,那些未能以传统方式追求权力与社会影响的部分士大夫,找到了仕途以外实现自我的新方式。

报刊在此有双重意义,它既是近代部分非正统的知识分子新的生存方式,又是非官方的新的传播媒介。② 这种传媒对于近代中国社会思潮的推波助澜之功,怎样评价都不为之过。19世纪下半叶出现的最早的非官方报纸,是由西方传教士主办的。譬如《万国公报》这类报刊在传播西学中就确实起了开风气之先的作用。尔后报刊迅速地变成了锐意改革的知识分子群体的喉舌。梁启超先后于1895年和1896年创办《强学报》与《时务报》,宣传改良,一时执舆论界之牛耳。戊戌政变后,流亡日本的梁启超又创办了《清议报》和《新民丛报》,依然被视作思想界的旗手。在此前后,产生较大社会影响的还有严复协办的《国闻报》、谭嗣同的《湘报》、狄楚青的《时报》、同盟会的《民报》、章太炎的《苏报》和《国民日报》。19世纪末20世纪初,中国社会最主要的社会思潮都依赖这些报刊传播。不仅从海外传播到国内,也从沿海传播到内陆地区。到1906

---

① 柯文:《在传统与现代性之间——王韬与晚清改革》,雷颐、罗检秋译,南京:江苏人民出版社,1994年版,第19页。
② 报刊与现代印刷术都是西方文化传输的产物,后来华人的民间报纸才渐次出现。整个中国近代,政府始终未能完全控制住新闻报刊业,即使是专制集权程度很高的国民党政府也未能做到。

年仅上海一地出版的报纸就达到66家之多,这时期出版的报刊总数已达239种。[①] 新文化运动时期,更是报刊丛生,新创办的报刊不仅有党派机关报和商业性报纸,更有大量的文化人同仁报刊,以致一些社会思潮就以某种刊物为其名称或代称。如"新青年"派、"学衡"派、"国粹"派、"新月"派,一直到20世纪40年代的"战国策"派和"观察"系等等。

为了普及报刊,除了发表新闻政论以外,近代报刊通常还发表文艺类作品。对于同仁刊物而言,这类文学作品如果说不是直接服务于其思想主旨的话,至少也不大会与其相抵牾,更多的则意在借助文艺的审美与娱乐形式去唤醒民众的社会觉悟与政治觉悟。如梁启超在从事政治斗争、思潮争鸣之余曾大力鼓吹小说革命、诗界革命,并于1902年创办《新小说》杂志,借文学以灌输新的理想与观念。而《新青年》上刊登的文学作品纯乎是启蒙主义思潮的产物。大量的报刊造就了一批独立的作家与大量文学青年,同时也使得各种社会思潮与近代文学结下了不解之缘。

在造就新式知识分子群体上,比报刊的作用更大的,是晚清以来教育制度的改革。1863年京师同文馆成立,近代意义的中国教育开始起步;从1872年开始,清廷派遣留学生出国学习,表示中国近代教育将走向世界。随着洋务运动的发展,出现了一批专攻军事与工艺的专门学堂,紧接着出现了以西学为主的自强学堂,甚至旧式书院也开设了一部分西学课程。教育内容和体制的演进,以及其中蕴含的价值观念的变化,直接影响了一批知识分子,积极参加戊戌维新的大批志士仁人,就是这场改革的第一批硕果。进入20世纪以后,晚清新政从废科举开始,促成了一场影响至深至巨的教育改革。20世纪初年第一次留学热出现了,赴国外留学(尤其是赴日本)几乎成为一种风气。在这些留学生中,既产生了一批民主革命的志士,也产生了种种西方思潮的传播者。随着科举制的废弃,从中央到地方,从官场到民间,掀起了一个兴办新式教育的热潮。据统计,1902年有新式学堂35,787所,学生1,006,743人;1909年达到59,117所和160万人以上;1912年增至82,272所和2,933,387人。留学生与新式学堂的毕业生构成了近代知识分子的主体,数量上已经超过传统的八股士

---

① 参见费正清:《剑桥中华民国史》第一部,章建刚等译,上海:上海人民出版社,1991年版,第484页。

类。"同科举制度下产生的八股士类相比,这类人已经不同程度地受到了新思潮、新学理的洗礼,是另一种类型的知识分子。他们不同于那种'舍帖括八股书画之外更无其他学问'的'阘茸汙溅骄蹇无耻之士',对传统经籍版本的热衷与执着逐步让位于一种积极的社会参与意识和救世意识。他们有新的知识结构,新的人生理想,新的价值观念,新的行为选择。在救亡图存的总目标下,他们开始了新的追求。在传统经籍之外寻求有益于社会进化的新知,寻求强国之道。"①总之,迅速崛起的新生代知识阶层,对种种新思想最敏感,对寻求救国救民的方略与知识最为热诚,恰逢其时,充任了各类社会思潮的传播者与追随者的角色。可以毫不夸张地说,如果没有这样的"学生社会",近代中国社会思潮的总图景一定会逊色许多。事实上,每当学生运动或"学界风潮"频仍,并对社会保持相当影响的时候,总是某种社会思潮大行其时的关头;当学生乃至知识分子脱离政治中心,日益边缘化,甚至仅仅被当作政治工具来使用时,社会思潮多元并存的状况就不复存在了。但是,从戊戌到"五四",知识分子毋宁说还占据着社会精神生活的枢要地位。当时的中国依然保留着尊崇士大夫的传统习俗;社会的整体知识水平与政治动员程度都较低,知识分子在掌握文化资源方面有极大的优势;而在参与政治的阶层中,知识分子群体的力量所占比重较大。另一方面,刚刚从传统士大夫脱胎而来的知识分子,依然保存着"兼治天下"、"舍我其谁"的精英心理,它在近代民族危亡的困境中高涨为寻求与传播救亡之道的参与意识和热情。

二、百年思想图景俯瞰

当我们多方面地探寻中国近代社会思潮发生的原因以后,也许可以对它的总画面有一种较为清晰的认识。

严格意义的社会思潮,无疑指较大规模的观念形态的运动,是特定社会的各种矛盾尖锐化、复杂化在思想领域的反映,通常是从知识分子群体发端,推向或大或小的社会层面,进而影响到生活世界与民众心理的思想运动。因此,我

---

① 陈旭麓:《近代中国社会的新陈代谢》,上海:上海人民出版社,1992年版,第250—260页。

们所讨论的中国近代社会思潮,与梁启超在《清代学术概论》中概括的四种思潮不尽相同,因为他所指的主要限于学术领域。而"社会思潮"并不是一般意义的学术思潮,或者说不能局限于从学术意义来理解它们。可能它们原本是某种政治的、文化的或哲学的、宗教的思想流派,但是由于近代中国要以百年之期完成西方近代二三百年经历的历史性飞跃,各种矛盾错综复杂,哲学革命成为政治革命的先导,政治斗争和文化冲突成了全社会关注的热点,所以它们难以据守原有之一隅,常常突破专业的畛域扩张至社会生活的诸多领域。总之,中国近代社会思潮,最后都归宿于解决"中国向何处去"这样一个历史大课题,因而获得了广泛的社会意义与影响。

纵观近代,各种思潮交迭消涨,形成了两个高峰,即戊戌时期与"五四"前后。这正是传统的权威丧失最严重的两个时期,也是国人普遍深切地感受到国运衰败、民族危亡的两个时期。同时,在这个时代,刚刚诞生不久的新式知识分子总体上显得生机勃勃,富于社会责任感,钟情于理想主义,他们尚未像后来者那般被边缘化,因而保持着对一般现实问题的关切与对社会生活的广泛影响。但是,人类到达真理的大道,难免要经过一段荆棘丛生的路段,总要经过各种意见、观点的争论。要寻求一种有效可靠的救国救民的方略,重建精神的权威,本非一朝一夕一家一说可一蹴而就的。近代中国新旧杂陈,各种知识分子的阶级地位、文化背景、知识来源、价值观念乃至精神气质并不相同,因而形成了各种思潮互相矛盾、互相对立、互相激荡的格局。哲学上有非理性主义与实证主义的对立、人本主义与科学主义的对立;政治上有民族主义(国家主义)、无政府主义和社会主义的三角关系;文化上形成了激进主义、保守主义和自由主义的三足鼎立;宗教上有佛教(以及建立儒教的尝试)与基督教的抗衡。特别显现了思想在对立中存在、在争鸣中发展的辩证法。

然而,势若水火的各种思潮之间,同时又表现出互相融合、互相渗透、互相濡化的趋势。从批判封建礼教的过程中崛起的人道主义思潮,随着社会解放与文明程度的提高,渐渐向其他思潮渗透,所以科学主义或实证论者完全可以是一个真诚的人道主义者。反过来,近代以降,特别是新文化运动以后,"科学"渐渐在国人心目中占据了至尊地位,成为一种价值。陈独秀为新文化运动树起的两面旗帜就是人权与科学。像张君劢那样以自由意志论来对抗科学(主要是决定论)的人,未能得到大多数知识分子的同情;章太炎的《俱分进化论》认为科学的进步并不能造成一般的社会进步,似乎连鲁迅也难以接受。① 换言之,科学主义对近代人有广泛影响,包括著名的人文主义者。与此类似,从19世纪90年代到20世纪20年代,进化论风靡中国,知识界几乎言必称进化。激进主义者自然以进化论为批判传统文化、推进社会改革的大纛,如陈独秀、李大钊用进化论检视历史,认为一切思想学术都应随着社会生活的变迁而变迁,儒学是过时的陈腐的思想,无法适应已经进步了的社会生活。因为孔子提倡的道德、政治都是封建时代的产物,"孔子之道乃封建时代精神",个人应当同孔子这个"数千年前之残骸枯骨"彻底决裂。著名的自由主义者胡适则利用进化论来论证其建立在理性与秩序基础上的社会改良,他说:"文明不是笼统造成的,是一点一滴的造成的。进化不是一晚上笼统进化的,是一点一滴进化的。"② 即使是文化保守主义者梁漱溟,这位因批判新文化运动而著名的现代新儒家先驱,尽管对达尔文的进化论颇有微词,但也只是认为进化的原因除了竞争还有互助,并仍然用柏格森的创造进化论来代替机械论的进化说。后来熊十力也采用了类似的思想口径。

当然,各种社会思潮的渗透力与程度不尽相同,若作排列,不能不首推民族主义思潮。因为倘若我们将1840年以来的中国历史看作一个整体,那么前一百年的主题是解救民族危亡、建立一个统一的现代民族国家,尔后才进入了现代化的建设时期。换言之,谋求民族独立与解放,是近代一百年的时代母题,所以,我们有理由赞成这样的论断:"民族主义思潮是近代中国思想领域的一个强光点,也是摄取并折射那个时代雷电风云的一面聚光镜。从某种程度上说,这一思潮因其漫长的流程和广阔的流域,它几乎就是一部浓缩别裁了的中国近代史或思想政治史。"③事实上,我们很难找到有哪种近代思潮没有丝毫民族主义的意味,即使形式上与民族主义对立的无政府主义、社会主义思潮也毫无例外。在西方,发生于18世纪、盛行于19世纪的民族主义思潮对内与国家主义相联

---

① 鲁迅1936年秋写《关于太炎先生二三事》一文中有:"我爱看这《民报》,但并非为了先生的文笔古奥,索解为难,或说佛法,谈'俱分进化',是为了他和主张保皇的梁启超斗争,和'×××'的×××,和'以《红楼梦》为成佛之要道'的×××斗争,真是所向披靡,令人神旺。"所以推想鲁迅对"俱分进化"论并不以为然,至少未有充分重视。见《鲁迅全集》第6卷,北京:人民文学出版社,1981年版,第546页。
② 胡适:《新思潮的意义》,《胡适文存》第一集,合肥:黄山书社,1996年版,第533页。
③ 唐文权:《觉醒与迷误——中国近代民族主义思潮研究》,上海:上海人民出版社,1993年版,第1页。

结,对外则一度演化为沙文主义,无政府主义和社会主义都可以说是它的对立面。中国人最初曾经将无政府主义与社会主义混为一谈,而且有些马克思主义者先前曾经信仰过无政府主义;当然马克思主义所理解的社会主义,是一个以无产阶级专政达到消灭阶级与国家的过渡阶段,与无政府主义有根本的不同。所以社会主义与无政府主义必然分道扬镳。而中国近代民族主义的主流是弱小民族追求解放的民族自救,而非民族扩张主义或沙文主义。同时,尽管孙中山的民族主义内含"全能国家"的意义,后来被国民党发展成一党独裁的专制政治,但总体上说,由于复杂的历史原因,"近现代中国一直没有建立代表国家的价值系统,故国家至上的观念难以培养"。"中国人的民族主义当然也就缺乏国家主义的内容。"① 所以近代的无政府主义者、社会主义者与民族主义很少有严重的对立。辛亥革命时期著名的无政府主义者刘师培、章太炎等,同时也是著名的民族主义者,20世纪初各种社会主义的信徒大多兼信民族主义。即使是马克思主义者,也不简单地拒绝民族主义。

中国的马克思主义者一贯主张对社会进行根本制度的变革。从戊戌时期激进的一翼如谭嗣同的"冲决网罗"、孙中山的"毕其功于一役"、"五四"时代的"重估一切价值"与"再造文明",到毛泽东等马克思主义者的彻底革命论,可以看到激进主义一路高扬。中国的马克思主义者相信只有这种整体性的飞跃式变革,只有与旧传统的决裂,才能解救中国的民族危机,并进入理想的共产主义。但是,事实证明,中国的马克思主义在民族危亡的关头,能够超越意识形态的对立,将民族实体的安全与利益置于激进的社会革命纲领之前。与激进主义相对立的是文化保守主义。如果说19世纪的保守主义主要是出于谙于世界性事务和维护上层阶级的特殊利益而抗拒社会进步的话,那么20世纪的文化保守主义的兴起,主要是人们深切地感到,在西方的侵蚀下,中华民族的根本——安心立命之处——已经漂移,我们的文化传统,如果不是已经断绝,至少也已岌岌可危。所以在这一思潮中,无论是陈少明先生说的"哲学的傲慢",还是"史学的傲慢",内里都有一个民族主义的底蕴。自由主义也有类似的轨迹。20世纪30年代发动"人权运动"的"新月"派曾经与国民党政权产生过严重的对抗,他们的民主、自由、人

---

① 李良玉:《从辛亥革命到五四:民族主义的历史考察》,《江海学刊》,1994年第4期。

权等要求受到国民党当局的压迫。但是,随着民族危机的急剧加深,自由主义思潮对国民党的批评渐呈低调,对政府的向心力日渐增强。抗战爆发以后,人权派的首领胡适当上了国民党政府驻美大使,人权派和人权运动终归于消隐。

由于上述诸多思潮的互相影响与互相濡化,决定了近代史上相当多的历史人物不只是单纯的某一思潮中人,在他们身上常常会同时兼有若干思潮的特征,或者曾经先后信奉过一些彼此对立的思潮。这种复杂性曾经给我们研究思想史的人物个案增添过许多困难,但如果放在近代百余年间的整个社会思潮的进退运作的过程来看,可能就易于理解得多了。

决不能因此把近代社会思潮的全局看作是"你方唱罢我登场"的浑沌一片,众多的社会思潮并非完全对等地各各自生自灭,从数量与争鸣的激烈程度看,戊戌与"五四"堪称近代社会思潮的双峰,以此为坐标,我们可以大致划出思潮运动的主流。它可以分为几个层次:世界观(包括历史观)层面,是从变易史观经过进化论思潮转变到唯物史观成为主导的意识形态;从人文精神而言,是从人道主义经过自由主义的喷发期转折为中国化的马克思主义,以及自由主义的时起时伏;从政治-文化心理而论,保守主义步步退却,激进主义渐占上风,并最终控制全局;同时民族主义贯穿了近代全过程,在抗日战争前期达到了史无前例的高峰。

在如此的思潮运作过程中,容纳了中华民族的巨大创造性。朱光潜先生曾经将一般文化史看作"生发期"与"凝固期"两大时期相继推演与交替的进程。"在生发期中,一种剧烈的社会变动或是一种崭新的外来影响给思想家以精神上的刺激与启发,扩大他们的视野,使他们对事物取新颖的看法,对旧有的文化制度取怀疑、攻击或重新估价的态度。这种从传统的习惯中解放过来的思想常无所拘泥地向各方面探险,伴着高度的兴奋、热忱与活力。惟其不拘一格,所以纷歧、磨擦、冲突、斗争都是常有的事;惟其含有强壮的活力,所以在纷歧冲突中,各派思想仍能保持独立自由的尊严,自己努力前进而同时也激动敌派思想努力前进。这种生发期愈延长,则思想所达到的方面愈众多,所吸收的营养愈丰富,所经过的磨擦锻炼愈彻底,所树立的基础也就愈坚实稳固。"①换言之,这

---

① 朱光潜:《我对于〈文学杂志〉的希望》,《朱光潜美学文集》第 2 卷,上海:上海文艺出版社,1982 年版,第 497—498 页。

一时期文化的发展由同趋异、由单一变杂多、由一统成多元。原先的绝对权威即使没有完全倒塌,至少也已十分疲软,因而必定极大地激发民族的创造热情。所以早在鸦片战争前夕,龚自珍凭他诗人哲学家的敏感就高谈创造,断言天地日月、文字语言、政法伦纪,无一不是人所创造。他的后继者、康有为等戊戌时期的"新学家"们,果然表现出了独特的创造性。创造精神的高扬至"五四"时期达到了引人注目的高度,胡适给新文化运动规定的任务就是"再造文明",尼采的自我创造价值论和柏格森的创造进化论风靡读书界。在更激进的一翼陈独秀、李大钊看来,创造是人真实的存在方式,是人的本质之显现与人生意义之所在,所以说,"太上创造,其次改造,其次顺应而已矣"[①]。郭沫若等人甚至将他们的文学社团称做"创造社"。所有这些都说明创造成为一种价值。在这种时代氛围下的"文化生发期",乃是民族创造力大喷发的时期,众多的社会思潮正是这种创造性在思想界的表现。

从长远的历史的眼光看来,"文化生发期"似乎应当延长至足够的程度,以充分展现文化的创获。但是,"文化生发期"自身也会孕育其对立面。就近代中国社会思潮而言,众说纷纭、百家争鸣、百花齐放,确实给后来者提供了较为丰富的文化资源;但在当时它们都与解决现实危机相联系,几乎所有的思潮都在为走出迷津而指示某条未知可否之路。而实践的需要又迫使百家之说归于一宗,杂多趋于单一,多元复归一统,以便经济有效地调动和配置社会资源。而且这种现实的需求已经处于一种压倒一切的状况,越来越尖锐的政治-军事冲突必定造成知识分子中思想人物的急剧边缘化。当现实危机由此而获得某种程度的解决或缓和时,众多的社会思潮(特别是与政治关系紧密的思潮)就日渐消隐,社会精神趋向服从一个新的权威。于是就可能进入文化凝固期,当然不会立刻停止发展,但将日益减少生机与活力,预兆着随后将出现一个衰落期。

近代中国在现代化世界中处于相对落后的位置,中国人要在百余年间解决至多至大的社会问题。相比西方近代,中国近代的"文化生发期"似乎显得过于短促,而且时代精神似乎也过于关注现实生活的世界,未能从容地展开和返回自身。所以中国近代社会思潮整体的丰富性,并不亚于西方近代,但就某思潮

[①] 李大钊:《民彝与政治》,《李大钊文集》上册,北京:人民出版社,1984年版,第174页。

个案而言,则大多发育不够充分,理论建设较为薄弱,其代表人物常常又是政治人物,难以成就真正有原创性系统性的学说。对于研究思想文化史的学者,这也许是一种不小的遗憾。

然而,我们现在虽然已经进入了现代化建设时期,但并不表示中国已经进入了"文化凝固期"。事实正相反,当代正是前一百年"文化生发期"的延续。20世纪中叶一度销声匿迹的某些思潮在新的社会条件下又重新成为社会热点,20世纪80年代以来的好些社会思潮实质上只是近代思潮的继续与延伸,就是重要的迹象。

三、社会思潮研究的方法论探寻

对中国近代社会思潮的反省与研究并非自今日始。早在20世纪初,身受诸多思潮裹挟激荡的人们已经意识到对其反省的必要。譬如梁启超所著《清代学术概论》,就是从思潮的角度来研究学术史,并且注意到它的社会意义。20世纪上半叶,政坛与学林发生了一系列论战,如改良与革命之争,中西文化之争,马克思主义与无政府主义的论战,科玄论战以及中国社会性质的论争,等等,实际上同时展开着对不同思潮的批判。随着意识形态的迅速统一以及这种统一的日渐强化,非毛泽东思想的诸种思潮大多不复存在,少数则转入潜流。从20世纪50年代至70年代中期,由于教条主义地理解阶级与阶级斗争的理论,把内容极为丰富的唯物史观视为非此即彼的形而上学方法,因而将中国近代诸多社会思潮都看作是资产阶级或小资产阶级的利益、愿望、情绪的反映就算了事,结果对近代若干社会思潮如无政府主义、实证主义的研究几乎等同于简单的声讨,而其他许多思潮更是被一概否定。20世纪80年代一度兴盛的"文化热"虽有种种浮躁粗疏之处,但是它的实质性内涵是将近代一系列文化争论,在新的条件下,围绕着"中国如何实现现代化"的母题,重新加以展开。"文革"的结束带来了一场新的思想解放运动,以往被视为神圣的教条、权威的结论开始受到怀疑,重新注释近代思想文化史的兴趣在学术界方兴未艾。正是在这一背景下,学者们对梳理与反省近代社会思潮表现出了新的热情。

当然,20世纪80年代"文化热"的主流,有一种激进主义的反传统倾向,其批判的锋芒主要指向古代传统文化,特别是一批中青年学者,最初对近代社会思潮尚未产生很大兴趣。但是一股潜流迅速地壮大起来,终于在20世纪80年代末取代激进主义而占据了主流地位。这就是从海外汉学界发端的文化保守主义。与激进主义的论断——中国落后的现状同未能彻底抛弃阻碍现代化的传统有关——正好相反,他们认为,中国之所以在现代化之路上徘徊不前,乃是因为经过"五四"激烈的反传统以后,权威丧失,缺乏足够的传统文化资源。从对近代文化激进主义思潮的反省与批评开始,以新儒家为代表的文化保守主义备受研究者的关注,以至于现代新儒家几成显学。激进主义既已退潮,以往备受指责的洋务思潮、维新思潮、自由主义思潮、平民教育思潮等开始得到相当的肯定。与海外后现代主义相呼应,中国近代唯科学主义思潮开始受到批判;在"宗教热"的推动下,近代佛教的复兴与改革、基督教在近代中国的传播也进入了研究者的视野,特别是佛教复兴思潮的研究,已经获得了相当的收获。消隐多年的人物、寂寞半世纪的事件、沉默如同佚散的文献,不断地被重新发掘出来,给近代社会思潮的研究增添了内容与生气。

就今天的研究者而言,对20世纪中国文化与思想的反思与总结已经成为我们面临的急迫任务,其中当然包括对近代社会思潮研究状况的回顾与反省。它涉及以下若干理论与方法问题,它们是近代社会思潮研究中普遍存在而又必须合理解决的问题。

第一,思潮研究与社会史研究的结合。

社会思潮研究可以归入思想史这一专门史的范围,当然应该有一个相对清晰的边界,而且人类思想的运动有其自身的特征与规律,思潮的涨消生灭大致不脱其限制。但是我们通常研究思想史,如哲学史、政治思想史、文学批评史等等,主要是从思想家留给我们的文本入手,通过解读这类文献,确定最能代表某一时代某一派别的最高水平的若干著作,勾画出它们运行的轨迹,探索其间的辩证关系及其得失。社会思潮的研究同样需要如此,需要确定最能代表该思潮的"大家",分析其著作及其与上下辈的传承关系或逆反关系,再加上对其生世行状的理解,做到知人论世。但是,研究社会思潮不能仅仅局限于此。第一,因为思潮研究的对象不是静态的思想内涵(thought),而是动态的思想过程(thinking)。按照列文逊、史华慈等历史学家的看法,一个时代的思想常常是一种"辩论"(argument),而不是若干固有的观念,或者我们可以把近代中国社会思潮看成是在一个共同的"议题"之下的不同主张与意见持续争论的过程。第二,因为它的研究对象本来并不局限于少数几位思想家。如果我们同意所谓社会思潮是指通常从知识分子群体发端,推向或大或小的社会层面,进而影响到生活世界与民众心理的思想运动,那么思潮研究就一定要越出传统的单纯思想史的领域,向与社会史研究结合的方向迈出必要的一步。

中国近代之所以百年间各种社会思潮前推后拥、喧嚷不休,固然有政治斗争(政治史)和对外关系(军事史、中外文化交流史)上的原因,但还有社会生活的演化和社会结构的变迁方面的原因,也即社会史的原因。中国近代百年,无论与古代数千年相比,还是与欧洲近世数百年比较,社会变迁都显得特别迅速;同时,近代社会内部,上层建筑变化快,经济基础变化较慢。"这两个特点同时存在而相互制约,决定了百年变迁过程既是急速的,又是不成熟的。"① 也决定了近代好些思潮的来踪去影。另一方面,正如梁启超所说的:"吾乃知时代思潮之为物,当运动热度最高时,可以举全社会各部分之人人,悉参加于此运动。"② 这类思潮必定与社会心理构成极广泛的共鸣,成为社会精神生活的重要组成部分,不仅一时蔚为风气习尚,而且可以成为新生一代的心理背景。换言之,社会思潮本身就成为社会史的一部分,更恰切地说,构成了思想史与社会史的交接部。

因此,离开社会史去研究社会思潮,很难深入抉发其原因,也难以正确地把握其全貌。譬如近来人们对"五四"时期激烈的反传统思潮有一种批评,把价值迷失这样一个根本问题,归咎于新文化运动时期陈独秀等少数思想家的言论,而忽略了社会生活和社会结构变迁这样一个根本,导致了一条典型的观念论理路。③ 再譬如人们在谈论近代宗教传播时或许会有种种遗憾。但是如果考虑

---

① 陈旭麓:《略论中国近代社会史研究》,《陈旭麓学术文存》,上海:上海人民出版社,1990 年版,第 192 页。
② 梁启超:《清代学术概论》,上海:复旦大学出版社,1985 年版,第 55 页。
③ 批评激进主义的人们认为谭嗣同的《仁学》是其源头。他们欣赏与谭同时代的梁启超的改良主义或自由主义。事实上戊戌政变前,这两人都是改良派的健将。慈禧的顽固与政变,导致了谭的被杀,促使梁启超一度趋向激进。正是此时,梁发表了谭的《仁学》一书。赞扬改良的学者无法解释为什么梁启超 1903 年以前趋向激进的宣传为广大知识群体接受,而后来梁回归稳健改良的理论却被当时的人们视为落伍,原因也在于把社会思潮化约为观念的自身运动。

到,近代本质上是现代化的第一阶段,近代社会生活的动荡固然为宗教的复兴或传播创造了某些条件,然而现代化本质上是社会生活的理性化(rationalization),加之中华民族传统上就是宗教意识特别淡薄的民族,很难想象她在这一阶段能特别倚重那些要依靠奇里斯玛式人物的宗教。

相反,注意思潮研究与社会史研究的结合,注意汲取社会史研究的成果,就可能做到给社会思潮以恰如其分的定位,较为恰当地确定少数思想家的地位与作用,充分地展现社会思潮在社会生活和社会结构中的根源、表现及影响,从而将历史的丰富性、复杂性还给历史。包括更全面、更辩证地去理解社会不同阶级、阶层力量的消长与重组,社会权力与财富在它们之间的重新分配,社会诸阶级、阶层或集团在此大变动中的欲求、意愿等因素与社会精神生活的复杂关系。

第二,社会思潮与哲学、文学、宗教的联系。

要将历史的复杂性、丰富性还给历史,还应注意社会思潮与哲学、文学、宗教的相互关联。作为思想的运动,一般的社会思潮与上述各意识形态先天地具备内在联系,甚至有时乃某一意识形态的运动突破其自身的界限,扩大至全社会,因而被称为社会思潮。在以经济建设为中心的时代到来以前,上述诸意识形态都是紧随政治之后,占据着社会关注的中心;至少相当多的知识分子将它们视为解决政治斗争及其他现实问题的手段或门径。

我们通常将哲学看作特定文化的内核,或用黑格尔的话说,是时代精神的精华。如同近代西方一样,中国近代哲学革命曾经成为政治革命的先导,因此近代哲学思潮通常具备广泛的社会影响,它们较少学院气,较易突破书斋的藩篱,直接演变为社会思潮。反过来,诸多社会思潮也都包含有或深或浅的哲学意蕴。罗蒂说:"在本世纪(20世纪——引者注)30年代,与美国学术界中政治自由主义者和政治激进主义者之间的分界线正好重合的,是杜威主义者与马克思主义者之间的分界线。"[①]20世纪30年代中国的情形也相类似:自由主义者常倾心于英美经验论或实证论(包括杜威哲学),崇拜工具理性;激进主义思潮的内核是马克思主义的历史辩证法;而文化保守主义如现代新儒家则较多地取法于宋明理学与欧洲大陆哲学,包括非理性主义(如柏格森的

---

① 罗蒂:《后哲学文化》,黄勇编译,上海:上海译文出版社,1992年版,第146页。

直觉主义)。

不过,我们说的社会思潮的哲学意蕴还有另一层含义,即它们不仅包含某种世界观与方法论,而且决定了某种时代倾向、精神气质。中国近代发端于外患内乱,是一段大动荡的岁月,而且民族危机、社会矛盾、道德颓败等都曾愈演愈烈。但是,与龚自珍身受的衰世之落寞相比,近代是一个乐观主义的时代,是理想主义日渐高扬的世纪。我们前面说过,近代哲学的主流是从变易史观经进化论而接续上唯物史观。变易史观相信"穷则变、变则通、通则久";而无论进化论还是唯物史观,都是一种乐观主义世界观,都相信历史是不断进步的、前途是光明的,未来的黄金世界在等待着我们。这种乐观主义气质几乎贯通于各种社会思潮。从洪秀全的《天朝田亩制度》、康有为的《大同书》、孙中山的"毕其功于一役"从而实现"天下为公",以及广为流布的无政府主义,展示了一部近代乌托邦的演变史。文化自由主义与文化保守主义同样分享着乐观主义的时代精神。早期自由主义者主张"开民智、鼓民力、新民德";"五四"时代的自由主义者主张"再造文明",他们相信经过社会改良可以渐臻化境;20世纪40年代的自由主义者则相信依靠理性,"一张票和一碗饭"(即政治自由与经济平等)的双重目标完全可以实现,做到"大家有饭吃,各人选路走"。文化保守主义本来是传统文化式微的产物,但其乐观主义的色彩反而特别浓烈。梁漱溟认定中国文化的复兴及其对世界文化的救济是无可改变的趋势。他虽然自称"佛家",但深信"互以对方为重"的儒家伦理足以医治因一意向外追求而导致的种种现代社会病症,而且预言人类未来将走进他所理想的宗教解脱的坦途。熊十力的《新唯识论》本质上是一种道德理想主义,他的心本论建筑在"人类中心论"的预设之上,强调人的主动性与权能感,着意于道德之完善与人格之完美,确信"内圣"之学足以开出"外王"之治。他的理论可以说完全是以社会进步论与人类向善论为信仰或预设的。经过抗日战争,民族主义思潮将乐观主义推向高潮。中华人民共和国的建立、经济的迅速复苏,使原本已相当乐观的社会主义者相信:我们已经实现了几代知识分子的宿愿,找到了一条超越之路,既能吸收西方先进国家数百年来获取的积极成果,又能防止或避免他们的种种弊端与失误,直达理想的社会。这种"大跃进"心理预期同时配置着道德理想主义的信念,在20世纪60、70年代中达到其巅峰。

当然,中国近代社会思潮与哲学的关系未尽于此。我所想说明的是,对社会思潮作哲学分析,实际上是对那个时代作精神分析,从而可能更内在地把握各种社会思潮的统一。这些贯通于各种社会思潮的精神,"它就构成每个下一代的灵魂,亦即构成下一代习以为常的实质、原则、成见和财产"[①]。也就是所谓传统。当代人即生活在这样一种精神传统之中,可惜我们常常习焉不察。"但哲学的特点,就在于研究一般人平时自以为很熟悉的东西。一般人在日常生活中,不知不觉间曾经运用并应用来帮助他生活的东西,恰好就是他所不真知的,如果他没有哲学的修养的话。"[②]借助哲学分析去研究近代社会思潮,结果可能触及到那些近代积累下来又被当代人沿用不疑的观念和成见,达到对当代社会心理的诊断。

文学与社会思潮的关系是另一种状况。某些近代思潮之所以获得普泛的社会性,一个重要原因就在于它们借助文学这种形式打入广泛的社会层面,或者说通过文学这种形式表达出广泛的社会共鸣。与政治革命、社会革命同步,近代经历了一场文学革命,它在观念内容上,以近代观念批判与取代传统观念,带有强烈的政治色彩;同时在形态上又经历了一个脱雅入俗的过程,渐趋大众化与民间性。大量的报刊、现代印刷术、迅速增加的城市人口,使得近现代文学能够迅速而广泛地传播。作家个人的社会责任感与使命感、文学在中国文化传统中的较高地位和赢得更广泛读者的目的,都使近代文学的主流切近社会关注的焦点,并因而常常取得轰动性效应。所以文学几乎是近代社会思潮的天然载体,我们可以发现,像进化论、民族主义、无政府主义、社会主义、人道主义、自由主义诸种社会思潮,无不有人着意借重文学作品来表达其意趣。

文学家借文学作品来表达某种社会理念,固然有相当部分是有意识的,在近代中国尤为常见,所以有民族主义文学、"普罗"文学之类称号。但是也有些并非理念领先的产物:一是某种社会思潮发轫之际,系统的理论著作尚未问世,"春江水暖鸭先知",文学家以特有的敏感率先表达其意绪。二是当该思潮风头

---

① 黑格尔:《哲学史讲演录》第1卷,贺麟、王太庆译,北京:商务印书馆,1983年版,第9页。
② 黑格尔:《哲学史讲演录》第1卷,贺麟、王太庆译,北京:商务印书馆,1983年版,第25页。

已逝,成套的理论著作少有人问津,文学作品依然在"唱着以前的歌"。譬如19世纪中叶龚自珍以他的诗歌散文呼唤"心力",对抗天命,引出了唯意志论思潮;20世纪30年代,该思潮已呈退潮之势,社会热点转至政治军事的对抗,理论界的主流是唯物史观,但依然有一批作家在歌颂意志雄强的理想人物。人道主义也相类似,龚自珍的《病梅馆记》乃孤愤之作;20世纪中叶以后,人道主义落入被批判的窘境,依然有许多作家情不自禁地为它唱赞歌。

从文学去研究社会思潮,其意义不仅在于打破依靠理论著作来研究思潮史的局限,把视野扩展到非"纯理论"形态的文本,而且可能使研究工作更为丰满与深入,把握到审美的或"诗意地说"所能表达的意蕴。因为文学本身正是人们认识人性、人生之意义、人的理想之类带有终极意义问题的一种方式,由此决定了文学与社会思潮有着内在的关联。

文学与社会思潮关系密切,是一种世界性现象。进入"后现代"社会的西方,正如丹尼尔·贝尔诊断的那样,随着众多思潮流派百年来的前后变化,西方现代派文艺日渐获得了社会文化生活的霸主地位。在这一过程中,代表对正统资产阶级文化的批判与颠覆、对新价值观的探索的,代表社会良知的,已经不是哲学社会科学的理论家,而是不断标新立异的先锋艺术家和文学评论家。研究近代社会思潮与文学的关系,应该有助于我们恰当地理解当代社会的精神现象。

社会思潮与宗教的关系之所以值得人们注意,是因为宗教既有超越的特征,又有实践的特征。"超越"使它关涉人心与灵魂,"实践"使它介入人生与社会。尽管中国人,特别是汉民族的宗教意识较为淡薄,但在近代的特殊历史条件下,既有过相当规模的外来基督教的传播运动,又有本土的佛教复兴运动,甚至有过创始孔教的尝试。它们与各种社会思潮交织成错综复杂的关系。

罗马帝国以来的西方文化,从某种意义上说就是基督教文化。近代西方好些社会思潮,与基督教信仰、宗教改革及其式微直接相关。与此相比,应当说中国近代社会思潮的宗教内涵甚少,而且中国人被认为有反基督教的传统。19世纪中叶以前,基督教在华传播已经梅开三度,但对中国人的观念世界依然影响甚微。海禁大开以后,特别是借助"传教宽容条款"的保护,基督教在华的传教活动进入了高涨期。从纯粹宗教的角度看,这次传教热潮的作用并不足道①,而且"教案"彼伏此起。新文化运动时期有著名的反基督教大同盟出现;20世纪50年代以后,人们习惯于把基督教传播与文化侵略视若一物。但是基督教的传播过程对近代中国人的观念世界,着实起了一种不可小觑的作用。特别是在华的新教差会的自由派传教士,他们译介西方图书,为晚清士人了解西学提供了主要来源,他们所办的《万国公报》等刊物,在戊戌前对中国思想界起过重要的启蒙作用。②

作为基督教传教事业的副产品,传教士译介的西学无疑包括了数理自然科学与近代西方资产阶级政治理论及制度,它们与19世纪中国思潮的关系是一个尚待深入研究的课题。在传教过程中,基督教信仰与教义对中国思潮的影响,更是一个未被充分注意的题目。我们已经知道,洪秀全是在读了宣传基督教教义的通俗小册子《劝世良言》以后,创立拜上帝会的,而洪仁玕不仅是个基督徒,滞留香港期间,还作为伦敦会成员被雇为传道师。这一事件的历史意义不仅在于太平天国借宗教的外衣发动了一场几乎葬送大清帝国的农民起义,而且在于他们所向往的理想社会已经具备了近代意义:那个地上的天国属于未来世界,而不是已经逝去的往古。其中蕴涵了一条历史哲学的公设,即历史是发展的、进步的,指向未来的一个终极目标。后来出现的一系列乌托邦尽管形式各异,但无一例外都继续依赖着这一条公设。问题是洪秀全们的这种变化源自何方,这一古代中国未见先例的公设很可能来自基督教教义,或者说在他接受弥赛亚、天堂之类教义的时候,也就接受了隐身于教义之中的观念公设。

康有为是值得研究的另一个个案。我们通常把近代中国最先独立地达到进化论的荣誉归于康有为,他的历史进化论思想以公羊三世说的新诠释为外形。但是,"进步"的公设一定要先于这种诠释。我们有理由把部分原因归诸康

---

① 据朱维铮先生统计,鸦片战争前夕,在华外籍教士仅65人,分散在13个行省。自有"传教宽容条款",欧美来华的传教士猛增不已,到1900年,来自天主教各修会的已达886人,来自新教诸差会的,在1905年更达3,446人。在华总人数较诸明清传教鼎盛时期,超过40余倍。但是信徒的数量在1900年,信天主教的约70余万,仅比40年前增加一倍多;而信基督教的仅约10万,而且相对于全国总人口的比例在下降。由于信徒中了解与虔信教义者的比例在下降,所以信徒的质量也在明显下降。见朱维铮:《基督教与近代文化·代前言》,上海:上海人民出版社,1994年版,第12页。
② 梁启超作为当事人说过:"而教会之在中国者,亦颇有译书。光绪间所为'新学家'者,欲求知识于域外,则以此为枕中鸿秘。"见《清代学术概论》,前揭,第79页。

有为的创造力,也有相当的理由归因于他对基督教的某种汲取。康有为同李提摩太等传教士保持着相当密切的私人交往,曾经广泛阅读所能搜集的西学著作。尽管他惯于不透露其思想的来源,但我们仍然可以推论他的"枕中鸿秘"。康有为的三世说"据乱世——升平世——太平世",与基督教的"原罪——救赎——天堂",可以看作是同构的;而且贯通两者的"进步"或"发展"的公设是一致的,都预设了人类历史将走完一个向上的轨迹。这说明近代进化论思潮、乌托邦式的理想主义、早期的各种社会主义,与基督教的传播都有某种关系,很值得我们研究。①

与基督教传播热潮同时而起的,还有佛教的近代复兴。前面已经提及,佛教的复兴本质上是填补儒学权威丧失所造成的价值真空,提供一种不同于正统儒学的终极关怀。但是它曾经经历了一个"应用佛学"的过程,即近代有些人如康有为、谭嗣同、梁启超、章太炎等,都曾经期望用佛教作为救世的工具,当然首先是用佛教来纯洁国人的道德、振奋精神,去改造中国社会。而大乘佛教菩萨"不住涅槃、不舍众生"的人格理想更成为革命志士自律与励志的楷模。所有这些使佛教复兴与近代维新思潮、激进主义与道德理想主义高涨,都有难以割裂的关系。

佛教终究是一种信仰,关涉到终极关怀,所以它在近代的复兴,更多的是适应乱世之中"救心"的需要,安顿痛苦颠沛的众生之心灵。按照马克斯·韦伯的类型化比较研究理论,佛教属于以楷模先知预言为依据的宗教,这种宗教要求依据先知的规范行事的人们,先要受到一定的教育和熏陶才能领略其精微,因而本质上有与知识分子相结合的趋势。与此相连,近代佛教的中兴,很大程度即是佛学的复兴。近代佛教居士大量出现,其中固然不乏山民农夫、商人政客,甚至军阀之流,但真正的中坚仍是知识分子。另有一种知识分子虽非佛教徒,但对佛学有浓厚的兴趣,进而从哲学的深度去汲取佛学资源。现代新儒家的两

---

① 实际上康有为创立孔教的设想也与受基督教刺激有关。梁启超说:"有为谓孔子之改制,上掩百世,下掩百世,故尊之为教主;误认欧洲之尊景教为冶强之本,故恒欲侪孔子于基督,乃杂引谶纬之言以实之。"(见《清代学术概论》,前揭,第65页。)不过他同时企图将孔教塑造成一种入世的无神的宗教,他说:"人之生世,不能无教,教有二,有人道教,有神道教。耶、佛、回诸教皆言神,惟孔子之教为人道教。"(1923年《陕西孔教会讲演》)这与他将基督教的"天堂"人间化为"大同"世界是一致的。

位代表人物梁漱溟、熊十力可以代表这两类人。梁漱溟断定人类的真正归宿只有佛教才能指明,他与熊十力一样,都用佛教法相唯识学来构筑自己的体系,只是不如后者精微雄浑。近代佛教从反叛的异端变为一脉文化保守主义的思想资源,其间颇有可以玩味之处。

从佛学内部宗派论,近代佛学的复兴说到底又是唯识学的复兴,熊十力借其名相辨析方法入手去建筑其境论,且试图以之确立其量论。更往前推溯,20世纪初,章太炎在构造自己的体系时就曾汲取了唯识学,其中包含着另一层原委,因为他认为它运用的因明逻辑比墨经逻辑和亚里士多德逻辑都更完善。换言之,近代佛学的复兴与近代中国人对科学的重视以及迅速增长的认识论、逻辑意识互相呼应。

第三,比较文化的视野。

研究社会思潮,纵深的方向需要作必要的社会史还原,横向的努力则应有比较文化的视野。海禁大开以来,中国人逐渐注意到中西文化的比较,借以认识中国文化在世界文化中的地位及其未来走向。对于中国近代社会思潮的研究者来说,这种比较有另一重意味。贺麟先生早在半个世纪之前就说过,大多数近代中国思潮具有世界性的特征[①]。他说的主要是哲学思潮,其实其他社会思潮也何尝不是如此?从发生学上说,近代中国的诸多思潮不但无法割断与西方同类思潮的血缘关系,而且它们大多起源于中国人所面临的那类具有或多或少世界性的问题。但是它们毕竟是中国思潮,与它们的异域同宗相比,必定有种种变异与民族特征。譬如进化论在西方原是一种科学理论,它的生物学结论与上帝造人的神学理论相悖,但又与基督教的人类从原罪经救赎而进入天堂,共享着同一种进步的预设。达尔文的进化论是按照一种严格的决定论方式展开的,但他同时指出人类的动物性,指出人类与猿的差别比猿与低等生命的差别要小得多,由此开启的深层心理学与动物行为学为尔后的非理性主义思潮提供了新的资源。而进化论在中国一开始就被理解为世界观,为其作理论准备的是以易学为主干的变易史观这古老的东方智慧,而且中国人在诠释进化论时大多表现出了决定论与唯意志论的紧张。又如社会主义在西方原本是资本主义

---

① 贺麟:《当代中国哲学》,南京:胜利出版公司,1945年版,第68页。

相对发达的产物,是对自由竞争时代资本主义批判的结果;而中国人最初往往将无政府主义当作社会主义来接受(还有工读主义、新村主义、基尔特主义、合作主义、泛劳动主义,等等,也都曾被认作社会主义),早期马克思主义者最初曾普遍地信仰过无政府主义。而且社会主义被理解成在市场经济发育以前就可能实现的对资本主义的超越。又如西方实证论有一个重要的徽记就是拒斥形而上学,但是中国近代接续西方实证论的哲学家,从严复到金岳霖,都没有放弃对玄学的探究。其中原因之一可能是中国哲学强调"体用不二",历来有不割裂认识与人生的悠久传统;宗教淡薄的民族特点,是否也使严肃的哲学家无法推卸勖勉人生的重任?所以中国近代实证论虽然在技术上未必赶得上西方同行的精细深巧,但我们是否离哲学的大道反而更近?总之,值得细加分析的中西差异,所在甚多。

文化比较的困难之一是坐标系的确定,这一问题不解决,我们将只能简单地爬梳材料,机械地罗列细节或技术上的异同。说到底,没有这样一个标准,也许我们将不能真正发现有意义的材料与材料的真实意义。这是一个极大的难题。许多学者有志于此久矣,但取得的收获尚不足以自诩。不过我们至少可以确定一点:在研究那类从西方传播而来的中国近代社会思潮时,用西方的模式作为评价的唯一标准是不可取的。

第四,意义的评判。

对中国近代社会思潮的研究无疑像一切科学的研究一样,需要一种客观的态度,时间的跨度也使得今人对待往昔的思潮比当事人更易摆脱情感纠缠和利益支配,比较容易做到某种程度的"价值中立"或"客观描述"。但是绝对的"价值中立"在历史研究中是从来没有的,我们只有运用一套观念、成见,才能对事件作出描述,所以纯粹的"客观描述"也是从来没有的。虽然支配近代思潮的母题:"中国向何处去"已经变成了"中国如何实现现代化"的问题,但后者只是前者的延伸与继续。而且今日"人类向何处去"已经成为世界性的问题,中国并不能独处于世界之外。克罗齐说过,一切历史都是当代史。更何况像近代社会思潮这样的课题,它先天地具备着极其强烈的现实感。它们不仅已变成我们精神生活背景的一部分,而且有些社会思潮依然以不同的形式不同程度地活跃在社会生活之中,我们对它们的意义评判乃无可逃避。

问题紧接着就变成了如何确定评判意义的标准。

经过百余年来的价值变迁,意义世界似乎相当模糊,甚至有些渺茫,前人对此有过激烈的争执,提出过一些不同的标准。可能是对以往独断的意识形态标准的一种逆反或报应,当代人似乎容易倾向于相对主义的观点。但是相对主义的价值观常常把相对的差别绝对化,"此亦一是非,彼亦一是非",所以难以成为我们评判社会历史的标准,甚至会使严肃的科学研究变为不可能。

从最一般的意义来说,价值应当是主观与客观的统一,理想与现实的统一。尽管价值是人之所造,离开人的创造活动,世界本无所谓价值。但是这种创造并非人单纯的认定或主观赋予,它同时应当符合社会实践的客观趋势与需求,并且随着社会历史的发展而发展。

根据以上基本原则,我认为可以在两个维度的结合上去确定评判中国近代社会思潮的标准。首先,我们肯定自由是价值判断的公设,换言之,价值判断明显地要以人的自由全面发展的理想为前提;其次,要看是否具有现代性,是否符合现代化的客观需求。

不管人们如何评价,也不管人们如何解释其原因,当代中国已经踏上了现代化的过程,就不得不受其规律的制约。现代化社会所追求的速度、力量、规模与新奇同时也是现代化的动力与生命。如果说19世纪前期中国尚可以超然于工业化、现代化、理性化的世界而独自存在——威胁它的力量是外在的列强——的话,那么,今日中国已经不可能再逸出现代化的轨道再踽踽独行了。现代化不仅是国人共同的心愿,而且已成历史的客观趋势。势之必然即是理。客观之势反过来成为法则,规范与制约着我们的观念与行为。所以,是否符合现代化的客观要求,多大程度上有利于中国社会的现代化,应当成为衡量近代社会思潮意义的一个维度。当然,这一维度仍然需要一些中介使其具体化。譬如,18、19世纪以来先后走上现代化的国家,第一步都先形成一个统一的现代民族国家,所以中国近代一切直接或间接地有益于民族独立、民族解放的人物、思潮都应当予以肯定。但是这种肯定是放在整个现代化的总流程中来作出的,无疑比单纯的民族主义或爱国主义有更高的理性自觉和更广的历史视野。

之所以说现代化只是一项标准而不是唯一的标准,是因为现代化本身是一场历史变迁,以工业化、都市化和理性化为标志的现代世界日益暴露出诸多弊端。它造成了人的新的异化，对人性的自由全面发展造成了新的限制、销蚀乃至奴役，已经引起了种种严肃的批评。人性的自由全面的发展才是人的真正理想，是一切价值之源，我们无法弃置它，而应当将它作为第一个维度。

把以上两个维度交织起来，当然会产生某种紧张，因为现代化与人的自由全面发展之间有互相矛盾、对立的地方。但是，现代化同时又向人们提供了新的条件，使其得以在一个新的高度全面自由地发展自身。一个发达的开放的现代工业社会，与一个落后的闭塞的中古农业社会，在给人类以发展自身潜能并获得自由方面，完全无法同日而语。人的自由是一个辩证的过程，现代社会是这一过程中水准较高的一个阶段，并且将向更高的阶段过渡。换言之，现代化有损害人的自由的方面，但也有与人的自由发展得以重合的部分，正是这两个维度的重合部分，成为我们今天评判近代社会思潮的基本标准。其他标准都只是从它派生出来的，或只是它的具体化。所以，恰当地把握这两个维度的交接点，我们可以建构起一个评估近代社会思潮之历史意义的标准，从而对它们作出比较科学合理的评价。

第二章
人的尊严

——人道主义思潮概述

一、思想启蒙与人道主义

人道主义价值观是近代思想启蒙运动的核心主题,其确立,是中国思想史由古代向近代转折的标志。在 19 世纪与 20 世纪之交的 30 年中,思想启蒙运动的激烈展开凸显出人道主义思潮的极大声威与气势。

当然,人道主义价值观经由启蒙运动而彰显出人类社会理想的强大生命力,这并非饱经患难的华夏民族所独具,而是各民族在近代的共同追求。在比较近代思想史的视野下可以察知,人道主义与启蒙主义的同步进境关系,显然是一种具有普遍意义的思想现象。同样,在理性主义旗帜指导下的近代思想启蒙运动,其侧重点乃是以人道主义为核心的价值观的革命。这一特征也是基于国别思想史比较归纳上的典型性结论。然而,在这一般性认识的背后,无疑隐含着由不同的思想传统和民族思维性格所决定的人道主义思想理论内容的重大差别这一事实。这恰恰是我们深入研究中国近代人道主义的基本背景和出发点。因社会历史环境的特殊性,中国近代启蒙主义的目标不仅仅在于唤醒民众的觉悟、追求自我发展与实现普遍幸福等这些显而易见的理想,还在于强调民众应该首先致力于实现与这些理想相联结的民族独立这一前提要素。而这二者,既继承了古代士大夫在忧国忧民的使命意识形式下的道德自觉,也是近代知识分子勇于冲破传统伦理的力量。严复说:

> 今吾国之所最患者,非愚乎?非贫乎?非弱乎?则径而言之,凡事之可以愈此愚、疗此贫、起此弱者皆可为。而三者之中,尤以愈愚为最急。何则?所以使吾日由贫弱之道而不自知者,徒以愚尔。继自今,凡可以愈愚者,将竭力尽气鞍手茧足以求之。惟求之能得,不暇问其中若西也,不必计其新若故也。有一道于此,致吾于愚矣,且由愚而得贫弱,虽出于父祖之亲,君师之严,犹将弃之,等而下焉者无论已。有一道于此,足以愈愚矣,且由是而疗贫起弱焉,虽出于夷狄禽兽,犹将师之,等而上焉者无论已。何

则？神州之陆沈诚可哀,而四万万之沦胥甚可痛也。①

这一剖白,揭明了启蒙主义的历史进程必然从打破传统的道德成规开始。而且,启蒙主义的精神,应当以人道主义的成立为归依。这里反映出近代思想家们既深刻认识到启蒙的迫切性,又强烈感受到人道主义时代重责的自觉性。在当时思想贫乏、封建道德价值观重重固锁的现实境况下,真正给予启蒙思想家们力量,使他们不顾阻挡着的"父祖之亲、君师之严"、不顾向西方学习而被视为同于夷狄禽兽的责难,而竭力尽气、靯手茧足以求道的,乃是燃烧着他们的对于同胞贫愚的哀痛和家国沦陷的悲哀。这种思绪情感,非为一人一时所独具,而是整个启蒙时期的思想家们所共有的。正是这种为人道主义呐喊奔求的献身精神的策励,使中国近代的启蒙主义者始终洋溢着理想主义激情。

启蒙思想家们严厉指斥的封建道德价值观,是封建时代把人性的本质规定为道德性,从而把人的内在修养和外在行为符合封建尊卑原则视为高于人的发展、甚至高于生命存在价值的基本价值观。这一价值观在理学"存天理,灭人欲"的命题中发挥至其完整形态,并产生了普遍性的影响。它在启蒙运动开始时仍然严密笼罩着社会的各个层面,严重阻抗着在外来思想冲击震荡下观念的深刻变革。如果说,西方启蒙运动的理性主义是动员起整个社会确立自我省思和争求现实权利以瓦解神学价值观的话,那么,中国近代启蒙运动中的理性主义自觉,则是在直接批判现实的封建伦理关系中肯定平等与人的全面发展原则,并以此否定封建道德价值观。因此,中国近代思想价值观确立的标志,是提出并自觉追求人的全面发展的人道主义目标,以之批判并取代把人的道德性实现视为人的本质的封建价值观。因而,启蒙主义与人道主义合致的思想进程,便开始于对封建伦理的否定性批判。

然而,由于前近代思想的相对贫乏,以及传统封建思想强大延续力量的抗阻,近代人道主义思想迟迟未能发其端绪。至19世纪80年代,所谓封建主义的圣道(即道德性的培养为生命之本质及伦理秩序高于个人生命价值的原则)

---

① 严复:《与〈外交报〉主人书》,卢云昆编选:《社会剧变与规范重建——严复文选》,上海:上海远东出版社,1996年版,第537—538页。

依然根深蒂固地维系着,使个人及在下者的现实痛苦呻吟淹没在伦理命定与道德至上的说教声中。因此,尽管以康有为为代表的改良主义思想家,在深痛民困邦危的强烈情感驱迫下,在拯救民生、振兴祖国的历史使命觉识中,毅然决然地呐喊出人道主义,并以此为标帜,向封建主义营垒发起攻击;然而,在贫瘠的思想土地上成长起来的思想家,其自身思想性格上仍然暴露出许多弱点与自相矛盾的一面,以此来与强大的封建营垒对峙,最终的思想衰竭乃至失败或妥协显然是难以避免的。

然而,改良派思想的历史价值并不因此而有所减损。人道主义价值观既已在思想领域确立起其影响,便具有燎原之势。国难民艰的加剧进一步促发了潜藏于知识分子身上的人道情怀和献身意识,外来思想的刺激增强了知识分子对传统愚民政策的体认。因此,在受过改良派思想洗礼的革命派思想家和民主派思想家那里,不仅启蒙主义的意识更加深入,而且伴随着更加亢奋的献身精神。

这种献身精神不仅体现在思想家们投入到实际的社会政治变革过程中以及思想启蒙运动中为人道主义倾竭心力的道德境界上,而且还体现在把献身精神作为一般的道德理想,以自己的觉悟和践履为榜样,努力唤起民众追求人道主义的社会理想。这种献身的道德精神,决定了中国近代思想启蒙的理想主义性格。而且,献身精神与人道主义价值观的结合,使现实的社会改造、实现民众幸福和民族独立既有明确的目标,又获得热情与力量。献身精神的提倡与实践,进一步使人道主义与启蒙主义的关系明朗化。

中国近代启蒙主义在其现实目标的追求上虽然是以瓦解传统的封建性的道德至上主义价值观为起点,但这并不意味着完全否定了它与传统价值观念及思维方式的内在联结。近代思想价值观的最初形成在其形式上明确标榜复古主义,尤其直接溯源至人文主义精神较为丰厚热烈的某一时代或某些人物。同样,即使在所谓"西化"最激烈的时期,启蒙主义思想在其实质性内容上也以自己传统的基本观念材料的近代改造为其先导。中国近代的启蒙主义是在思想基础极为薄弱的历史条件下起步的,其对于传统思想的依赖性也就越发突出。具体地说,它对于传统思想的依赖,在于突出了传统伦理思想中的博爱准则,并在精神气质上承传了浓烈的理想主义。当然,启蒙主义者对自由、平等、个性的提倡与弘扬,对封建专制主义的批判,又表现出否定传统的激烈性。这就是否定与肯定的双重性格在近代人道主义思想中的直接表露。换言之,注重道德变革的近代启蒙主义,不仅体现了中国近代思想的历史主义品格,同时也反映出认同伦理文化传统的潜在意识。

中国近代倚重伦理观念的变革来达致建立近代价值观的理想主义性格,影响着人道主义思想的主题选择和表现形态。以否定封建的身份性等级伦理并积极肯定个性价值为核心,以群体和谐为归宿,中国近代的人道主义的重心便历史地贯注在博爱主义与个性主义两个层面上。

以伦理启蒙为其侧重点的中国近代的启蒙主义,一方面,它在洞察中国传统伦理观念的不合理性,弘扬与改造传统的人道思想,从个性主义和博爱主义两个层面来丰富发展和建设人道主义体系方面,体现出有的放矢的思想批判和把握文化传统脉搏的深刻性,同时在结合时代环境的影响、积极消融外来思想以丰富人道主义内涵的过程中表现出思想的创造性活力;另一方面,它又忽略了人道主义的精神追求与人道主义价值观制度化的结合。这样,近代人道主义思想的得失便已明朗化了。

二、人道主义思潮的主线

近代人道主义的理论体系化和思想自觉,是从改良派开始的。伦理启蒙的深入,直接推促了人道主义的快速进程,从而呈现出阶段性分明的特征。从改良运动时期到新文化运动时期,个性主义与博爱主义及其合致关系的思潮主线的演进脉络是一目了然的。

康有为的平等博爱思想是近代人道主义的起点。康有为作为自觉的启蒙思想家,小心翼翼地在支配着每个人的强调压抑个性以服从等级伦理和重义轻利的传统思想上寻找突破口。他首先分辨了仁与义的不同表征,"学不外二端,为我、兼爱而已"[1]。为我即义,兼爱则仁。义即省身救过之德和尊卑既定之俗,他对此提出质疑并加以否定:

---

[1] 康有为:《康子内外篇·人我篇》,北京:中华书局,1988年版,第21页。

> 中国之俗,尊君卑臣,重男轻女,崇良抑贱,所谓义也。……臣妇之道,抑之极矣,此恐非义理之至也。①

与义之重名分、重压抑相对,仁则成了博爱之意表。"孔子本仁,最重兼爱"就是他的基本信念。一方面,仁是人所学所行所是之根本标准:"夫所以能学者,人也;人之所以为人者,仁也。……若不行仁,则不为人。"②另一方面,由于推崇仁之超越性,他由主张性无善恶(求利符合人的追求幸福的本性)转向性善论,强调不忍人之心,他认为,人道之仁爱、文明、进化皆从此出。因此,梁启超称康有为的哲学是博爱派哲学,并非无据。

那么,仁爱体达的具体表现是什么?从康有为的自我意识以及他对于仁的阐说来认识,显然,他以救世为第一义。《康南海自编年谱》中记他27岁时已确认救世的深沉使命:

> ……日日以救世为心,刻刻以救世为事,舍身命而为之,……就其所生之地,所遇之人,所亲之众,而悲哀拯救之,日号于众,望众从之。以是为道术,以是为行已。

康有为在"百日维新"失败后逃亡海外途中所写的遗书进一步表明了他救世度人的宏愿。救世之念,成为他仁爱说的张本:

> 自黄帝、尧、舜开物成务,以厚生民,周公、孔子垂学立教,以迪来士,皆以为仁也。旁及异教,佛氏之普度,皆为仁也。故天下未有去仁而能为人者也。③

---

① 康有为:《康子内外篇·人我篇》,北京:中华书局,1988年版,第22—23页。
② 康有为:《长兴学记》,见姜义华等编校:《康有为全集》(一),上海:上海古籍出版社,1987年版,第548—549页。
③ 康有为:《长兴学记》,见姜义华等编校:《康有为全集》(一),上海:上海古籍出版社,1987年版,第548页。

救世之博爱说,糅合了佛教、基督教和儒家关于爱的教理,尤以佛教之度世救人为核心。然而,康有为却在孔子形象的近代改造的同时,把爱的理想移注到孔子身上。因为他并不满足于泛泛的救世宣扬,而是在深刻感知民生苦痛的强烈情感驱动鞭击下,以解民困、济民危为己任,要求通过社会政治变革的实践来体达自己的博爱主义。因此,他的观念中的孔子,是布衣改制的贤明素王,也是救民于水火的慈悲圣人。他在关于孔子改制理念的自叙中,抒发了这种对象化了的观念:

> 天既哀大地生人之多艰,黑帝乃降精而救民患,为神明,为圣王,为万世作师,为万民作保,为大地教主。……乃立元以统天,以天为仁,以神气流形而教庶物,以不忍心而为仁政。……于一世中随时立法,务在行仁,忧民忧,以除民患而已。①

由此,他抨击封建压迫,以朱子为矢的而攻之甚烈:"朱子生于大统绝学之后,揭鼓扬旗而发明之,多言义而寡言仁,知省身救过而少救民患,蔽于据乱之说而不知太平大同之义,杂以佛老,其道觳苦。"②《大同书》中炽言烈烈欲去除封建专制的种种压迫和绝欲禁制的传统价值观。救世之责,体现在解除民生苦难上:"圣人者,制器尚象,开物成务,利用前民,裁成天地之道……尽诸圣之千方万术,皆以为人谋免苦求乐之具而已矣,无他道矣。"③博爱之极则,即是大同的实现,是没有封建压迫之苦而人人获乐的理想社会境界。

康有为的博爱思想受传统思想的影响较深。他以博爱为大同实现之标帜。救民之情怀,来自"我不入地狱谁入地狱"献身精神的自励。在这方面,受康有为思想影响很深的谭嗣同进一步倡说个人献身精神。他为了冲决封建罗网,救民于艰危,为了实现那"千里万里,一家一人"的理想,勇于献身,勇于为唤醒民

---

① 康有为:《孔子改制考·叙》,朱维铮编校:《中国现代学术经典·康有为卷》,石家庄:河北教育出版社,1996年版,第341页。
② 康有为:《孔子改制考·叙》,朱维铮编校:《中国现代学术经典·康有为卷》,石家庄:河北教育出版社,1996年版,第342页。
③ 康有为:《大同书》,北京:华夏出版社,2002年版,第343页。

众追求幸福而笑傲生命之有限:"各国变法,无不从流血而成。今中国未闻有因变法而流血者,此国之所以不昌也。有之,请自嗣同始!"①继康有为之后,谭嗣同对于中外通、男女通、人我通的爱的伦理的阐扬,对于纲常名教桎梏人性和违背仁爱精神的激烈批判,进一步传播了博爱的福音。

与此同时,个性解放也在伦理批判的形式下始发声威。康有为在复古的形式下倡导个性独立:"尧舜与人人平等相同,此乃孟子明人人当自立,人人皆平等,乃太平大同世之极。"②谭嗣同则直接否定封建的伦理关系,倡说个性解放之要求:"五伦中于人生最无弊而有益,无纤毫之苦,有淡水之乐,其惟朋友乎!"③即,平等、自由与节宣惟意的伦理关系,应该取代惨祸烈毒的封建伦理。他对于三纲的激烈批判,表达了对于个性、人道伦理的热烈追求。因为人道伦理不妨碍人我通爱的发展和体现仁爱的本质要求。

严复与梁启超则由个性的独立发展的前提指向群体的普遍幸福。严复那里,民力、民智、民德的普遍提高是国家富强、民族独立的基础,也是达到社会的人道的提高与和谐幸福的当然之义。梁启超继续了严复的思想。严复的自由观在其时是独树一帜的,尤其是自我发展的能力与政治权利结合的诉求,个体强大与民族强大统一的呼声,影响了一代的思想进步。梁启超则在此基础上倡导利群并介绍了功利主义关于最大多数的最大幸福的主旨,将传统的博爱意识与近代的人道道德理想糅合起来,以其富于启蒙号召力的鼓动,触动了千万心灵。

由于改良派自身思想处于转折时期,对于近代人道主义价值观缺乏深邃的体认,并缺少近代思想的方向意识,所以,当他们失望于政治变革的结果和思想进步的现状时,原来的热情便让位于守圣人的成教了。然而,新的价值观已经初步确立起来,其势难于唤住。因此,当改良派的思想代表们纷纷从救民热线上退却时,曾经受他们思想洗礼的革命者们却勇于坚持思想先锋们的理想,坚持通过革命为国民谋取幸福的大义,并以此为基本价值信念。另一方面,个性解放的伦理启蒙,则在直接承继自改良派的认识观念中加以深化。邹容高举博

---

① 梁启超:《谭嗣同传》,张品兴主编:《梁启超全集》第一册,北京:北京出版社,1999年版,第233页。
② 康有为:《孟子微·礼运注·中庸注》,北京:中华书局,1987年版,第15页。
③ 谭嗣同:《仁学》,北京:华夏出版社,2002年版,第127页。

爱与个性两面旗帜,高喊:"故我同胞今日之革命,当共逐君临我之异种,杀尽专制我之君主,以复我天赋之人权,以立于性天智日之下,以与我同胞熙熙攘攘,游幸于平等自由城郭之中。"①章太炎倾向于个性价值的肯定,要求个体达到"径行独往,上无政党猥贱之操,下作愞夫奋衿之气"②的道德境界和厚自尊贵、人人自证有我、依自不依他的个性独立自觉。而孙中山和朱执信等人则揭示博爱与献身的伦理大义。

孙中山与邹容一样,提倡为国民谋幸福即博爱之说,他这样解释献身精神:"博爱云者,为公爱而非私爱,即如'天下有饥者,由己饥之;天下有溺者,由己溺之'之意。"③此博爱说,是许多革命者所深契的。林觉民在写给妻子的遗书中,荡人心魄的献身精神洋溢无已:

> 吾至爱汝,即此爱汝一念,使吾勇于就死也。吾自遇汝以来,常愿天下有情人都成眷属。然遍地腥云,满街狼犬,称心快意,几家能够?……语云:仁者"老吾老以及人之老,幼吾幼以及人之幼"。吾充吾爱汝之心,助天下人爱其所爱,所以敢先汝而死,不顾汝也。汝体吾此心,于啼泣之余,亦以天下人为念,当亦乐牺牲吾身与汝身之福利,为天下谋永福也!④

如果说改良派之献身精神为个人自觉的话,革命派则同时把献身民众福利作为道德教育课题。同样,救民的观念被革命派视为狭隘,而代之以为民谋福利和互助的结合。孙中山说:"我国古代若尧舜之博施济众、孔丘尚仁、墨翟兼爱有近似博爱者,然皆狭义之博爱,其爱不能普及于人人。"⑤因为救民或兼爱,是有所局限的。孙中山认为,以民主政府来为人民谋福利,来爱人,则人人皆获爱。他以为社会主义即是博爱的理想:"社会主义为人类谋幸福,普遍普及,地尽五洲,时历万世,蒸蒸芸芸,莫不被其泽惠。此社会主义之博爱,所以得

---

① 邹容:《革命军》,北京:华夏出版社,2002年版,第38页。
② 章太炎:《答铁铮》,黄季陆主编,《民报》第5册第14号,1969年,第2398页。
③ 孙中山:《军人精神教育》,《孙文选集》下册,广州:广东人民出版社,2006年版,第107页。
④ 林觉民:《与妻书》,叶昶、王廷洽选注:《历代家书选》,北京:知识出版社,1994年版,第149页。
⑤ 孙中山:《论社会主义》,《孙文选集》中册,广州:广东人民出版社,2006年版,第348页。

博爱之精神也。"①另一方面,他强调在平等基础上以互助为原则来行道德仁义,则无不相亲互爱。

对于互助与爱,朱执信有极精彩的发挥。他认为互助与爱是"根于人道并体现人的本质的"。在《睡的人醒了》一文中,他认为,"人能够互助,故能够组织社会。组织社会这一要紧的事,就是爱人"。他强调"自己使这个人爱,自己又去爱这个人"是很容易的。他的博爱主义是与献身精神相联结的:

> 于不损他人之限度内,以求自己及其同社会者之生活向上,于保持自己之余,以其力谋全人类之进步,于必要之际,牺牲自己以图全人类之进步是也。②

朱执信把互助与爱上升为民族与国家之间的关系原则:"然而相爱这一件事,总算是人生一件要紧的事,不特一个人对一个人是如此,就是一个民族对一个民族,也可以用相爱的精神,行互助的手段,免了民族间的恶感,一个国家对一个国家,也可以用相爱的精神,行互助的手段,免了国家间的轧倾。……这个相爱的精神,就是国家间的人道主义。"③这种思想,民主派思想家们结合社会主义运动来加以认识,强调了人道主义必然战胜侵略主义的世界历史趋势。

民主派思想家们在弘扬个性主义的重要价值意义时,揭明了在封建道德观念(如忠、孝、贞节)支配下的非人道生活,以及三纲的等级伦理专制下的个性泯灭现象。陈独秀认为,宗法伦理对于个性的压迫,至少有四种恶果:"一曰损坏个人独立自尊之人格;一曰窒碍个人意思之自由;一曰剥夺个人法律上平等之权利(如尊长卑幼、同罪异罚之类);一曰养成依赖性,戕贼个人之生产力。东洋民族社会中种种卑劣不法、残酷衰微之象,皆以此四者为之因。"④因此,他呼召

---

① 孙中山:《论社会主义》,《孙文选集》中册,广州:广东人民出版社,2006年版,第348页。
② 朱执信:《侵害主权与人道主义》,广东省哲学社会科学研究所历史研究室编:《朱执信集》,北京:中华书局,1979年版,第403页。
③ 朱执信:《睡的人醒了》,广东省哲学社会科学研究所历史研究室编:《朱执信集》,北京:中华书局,1979年版,第325页。
④ 陈独秀:《东西民族根本思想之差异》,任建树、张统模、吴信忠编:《陈独秀著作选》第一卷,上海:上海人民出版社,1993年版,第167页。

伦理的觉悟,"盖自认为独立自主之人格以上,一切操行,一切权利,一切信仰,唯有听命各自固有之智能,断无盲从隶属他人之理"①。奴隶地位和奴性的去除基础上的个人价值的实现,才是理之当然。胡适则借易卜生主义来倡导健全的个人主义,以抗拒陆沉。个性主义思想之深入,推动了女权运动的发展,促进了人道主义价值观的社会化。

同时,民主派思想家把个性主义与博爱主义结合起来。从个性解放、个性发展和个人的幸福追求中引出普遍幸福的理想。鲁迅在《我之节烈观》中,在祭奠了无辜的为节烈牺牲的死者之后,强调了自己要得到幸福,同时也要别人幸福,要为全社会全人类谋取正当的幸福。陈独秀认为,人生的真义应当是这样的:"个人生存的时候,当努力造成幸福,享受幸福,并且留在社会上,后来的个人也能够享受。递相授受,以至无穷。"②周作人进一步在利己与利他的伦理关系中阐明了新文化运动时期人道主义的合理准则:

　　……人道主义,并非世间所谓"悲天悯人"或"博施济众"的慈善主义,乃是一种个人主义的人间本位主义。……要讲人道,爱人类,便须先使自己有人的资格,占得人的位置。③

由此而爱人乃至献身,才是最真实的人道主义。

李大钊是民主派中博爱主义的积极阐扬者。他从俄国十月革命胜利的历史经验中归结出博爱主义思想的传播与社会主义革命成功之间的联结。他认为,托尔斯泰热烈赤诚地"倡导博爱主义,传播博爱之福音于天下",以及十月革命前大批本着人道主义的革命者的奋斗献身,使爱人的精神深入人心,这是社会主义胜利的思想源泉和历史意义所在。因此,他强调了社会主义与人道主义的统一,认为社会主义者有共同主张的道德基础,"这基础就是协合、友谊、互

---

① 陈独秀:《敬告青年》,任建树、张统模、吴信忠编:《陈独秀著作选》第一卷,上海:上海人民出版社,1993年版,第130—131页。
② 陈独秀:《人生真义》,任建树、张统模、吴信忠编:《陈独秀著作选》第一卷,上海:上海人民出版社,1993年版,第347页。
③ 周作人:《人的文学》,张明高、范桥编:《周作人散文》第二集,北京:中国广播电视出版社,1992年版,第124页。

助、博爱的精神。就是把家族的精神推及于四海,推及于人类全体的生活的精神"①。

在献身精神的提倡上,民主派思想家不再单纯诉求革命者的为国民谋取幸福的革命的献身,而进于号召启蒙主义的献身。李大钊呼吁青年们到贫穷落后的农村去,在学习俄罗斯革命之后,去向广大农民宣传人道主义、社会主义的道理,了解他们的苦痛,启发他们的觉悟,改善他们的生活,不惜于贡献自己的一生。② 鲁迅则自觉地为后来者奉献自己的爱。他以自己背负因袭的重担、肩住黑暗的闸门、解放年青一代到光明的地方去,来激策觉醒着及觉醒了的人。他介绍了日本人道主义文学团体白桦派的代表作家有岛武郎的给"幻者"的爱,以有岛氏所说的"我爱过你们,而且永远爱着。……(你们)像吃尽了亲的死尸,贮着力量的小狮子一样,刚强勇猛,舍了我,踏到人生上去就是了"③来表达自己"只有爱依然存在。——但是对于一切幼者的爱"和让来者"从我的倒毙的所在,跨出新的脚步去"的勇气和决心。因而,献身精神是鲁迅所说的个人主义(个性主义)与人道主义(博爱主义)联结起来的中介力量。

三、思想方法

近代思想中自由与平等观念的提出,体现出传统批判与理想创设结合的二重性,揭示出鲜明的启蒙主义性格。中国近代启蒙主义的核心是伦理启蒙。中国伦理启蒙的思想自觉,受到文化传统背景和价值观的深刻影响,因之淡化了个人主义价值观中对利益因素和生命价值的肯定,但却由此在吸收西方近代人道主义思想的同时深化了实现理想的信心,以及人的自我解放、主体追求和勇于献身的宗教情感的联结。

由于传统文化中伦理政治一体化结构与等级制度的呼应关系的存在,以及面对受道德至上主义价值观深重影响的现实,中国近代思想家们把启蒙主义的

---

① 李大钊:《阶级竞争与互助》,《李大钊文集》下册,北京:人民出版社,1984年版,第16页。
② 参见李大钊:《青年与农村》,《李大钊文集》上册,北京:人民出版社,1984年版,第648—649页。
③ 鲁迅:《热风·随感录六十三"与幼者"》,《鲁迅文集》(三),哈尔滨:黑龙江人民出版社,1995年版,第76—78页。

重点投置在对传统伦理的批判与近代人权、人道主义伦理的提倡上,这一思想趋向,表现出深刻的洞察力。事实上,自由与平等概念是政治学与伦理学的共同概念,它被提升为思想核心,旨在与传统的对比中提示等级制与等级伦理的封建性、专制性与落后性。西方近代人道主义思想的引进,正是出于替代这种封建性、专制性与落后性,并强化其合目的性的理想。

但是,伦理启蒙的观念自觉,尽管有其远见卓识在,却没有能够摆脱传统文化意识中伦理绝对化的消极影响。以康有为的"仁"的永恒性观念和陈独秀的"伦理的觉悟,为吾人最后觉悟之最后觉悟"的观念为例,其传统依赖性格昭然可见。由于启蒙主义伦理学对于传统的伦理决定论的依赖性,其思想运动的曲折性也就不言而喻了。

当然,随着启蒙主义的深化及其对于传统伦理批判的深刻化,它对于传统的超越态度越来越明朗。这一进程与来自西方近代思想的影响及对于它的自觉吸收过程一致。不过,这里应该指出的是,尽管可将来自西方近代思想的影响及对西方近代思想的吸收视为西化,但不可否认,其中显然寓含着近代思想建设的自觉及其思想方法运用的自觉。一方面,西方思想的影响与吸取西方思想精华态度的主被动之分不可一概简单化为模仿或抄袭。根据近代启蒙思想家们对于西方近代思想成果的敏感性及其撷取的主动性,可以明确其确立近代价值观的思想自觉性。另一方面,中国近代启蒙思想家们是依赖传统来进行伦理思想移植的,他们首先把近代西方的思想游离出其特定的文化模式,肯定近代价值的普遍性、道德的共同标准和人类共同的理想追求,并由此提出向西方学习(即所谓"西化")的口号。

如前所述,启蒙主义的历史目标在于摧毁封建专制主义的社会伦理政治关系,以解除民生痛苦,追求每个人的幸福的实现。同时通过社会变革与精神力量的凝聚,推翻外来侵略,争取民族独立。因此,在维护民族自尊的前提下,他们竭尽所能地瓦解禁锢人的全面发展与实现的封建道德至上主义价值观。在这一过程中,有力度地显示了启蒙思想家克服狭隘民族主义的宽容精神。因此,尽管近代人道主义思想的发展在形式上表现为传统批判与"西化"的同步关系,但其中所纠结的复杂性却是它的本质特征。近代思想的发展与其对于传统思想和西方近代思想的态度、思想方法密切相关,并由此决定其发展大势,而其态度与方法是复杂而不是单一的。

人道主义与启蒙主义的同步进境，与中国近代吸收和接受外来思想影响的强烈化趋向是完全一致的。这虽然在形式上反映为"西化"的恶性发展，然而，在其实质内容上则体现出中国近代启蒙思想家自身思想侧重点的转移过程以及对于封建主义批判的尖锐化过程。这是因为，其一，近代启蒙思想家们在洞察到维护等级并将伦理精神与物质利益二元化是民族积弱和个性精神衰靡的根源之后，逐渐认识到所谓的西方思想即自由、民主、平等、博爱等乃是人类共同的精神财富，是疗治中国社会的良方，因而在所体认了的近代价值观内容中，实际上并不存在舍己从人的偏见。所谓的"西化"，也就是接受西方思想家们率先提倡的近代价值观，承认思想进步的时间差。其二，随着对于封建主义本质认识的深刻化和对于西方近代思想理解把握的深入，启蒙思想家们把思想的侧重点由博爱主义逐渐转移到个性主义，从而对于传统忽视个性存在价值的批判也就益发尖锐，而对于在西方被系统化了的个人主义价值观也投注了更大的热情。其三，近代启蒙思想家们是在民族自尊心受到了严重挫折的历史环境中走上自觉的思想吸收之路的，他们不可能也没有在否定文化的民族性价值的基础上高扬民族独立的旗帜。相反，他们始终以民族独立为人道主义的实际内容，并且在把人道主义上升到国际关系原则中，避免了狭隘的民族主义。

很显然，中国近代启蒙思想家们思想活动的立足点是本位文化，其文化建设的目标是促进民族独立与国家富强。正因为如此，近代人道主义思想的发展与传统继承息息相关。启蒙思想家们的人道主义，乃是糅合传统与外来各种因素并加以自主化提升而形成的。外来思想影响的自觉转换环节，无疑是相当重要的。这一自觉的依据，是传统价值观中厚重的封建性与西方近代价值观中理想主义的民主性的鲜明对照。从中国近代思想发展的历史进程来看，如何评估传统文化的问题越来越突出，而人们对于传统文化的态度又似乎越来越冷漠甚至敌视。这正反映了由改造性继承向批判性超越的深化倾向。然而，这种批判性超越并不表现为一般性的对传统文化忠诚的逐渐丧失，而是表现为克服盲目依赖与信仰、寻求建立适合近代健全的价值观的明确企图与积极性。以新文化运动时期启蒙思想家们的态度为例，他们对传统伦理的激烈批判针对的是孔教运动、国粹运动以及伦理的专制主义，而不是个人臆想的传统伦理的落后性。

改良派与革命派对传统伦理的人道因素和合理性因素的弘扬,并未能够在改造性继承这一思想方法的实践方面解决依赖与超越的二重性矛盾。虽然糅合传统与西方近代伦理思想的努力是积极的,但在封建思想强大的时期,缺乏深刻批判的糅合难于阻抗封建意识的攀援与惯性,容易流于折衷。民主派显然吸取了前者的失误教训,并且认识到只有批判地超越传统,才能解决弘扬传统与迷信、依赖传统的难题。因之,在超越的意识中再生了忠诚传统的本质。它表现为企图建立结合自己民族传统而又舍却其封建性的民主主义的新伦理。

要了解超越方法发展的必然性,必须结合社会政治制度变革的进程来加以分析。在新文化运动的领导者们看来,封建专制主义体现为伦理政治一体化的结构,而要建立民主共和国,不能不否定并消除支撑封建制度的伦理观。辛亥革命的失败再一次提供了重要的教训,对封建制度的否定与对封建意识形态的舍弃必须表现为同步互进关系。启蒙思想家们在吸收西方近代民主价值观的过程中,并未依赖于特定的思想结构,而是结合中国的社会政治变革过程,追求纯粹至善的理念。在认识西方资本主义制度的种种弊端以及认识到资本主义制度不能确保真正美好的自由与平等之后,他们对于自由平等与民主主义都做出了与社会制度理想相结合的新解释,从而超越了对于西方近代资产阶级民主主义思想的忠诚和视之为理想的态度。

因此,中国近代思想文化的传统批判并未走向漠视、敌视或妄自菲薄的反传统结局。以道德革命为例,启蒙思想家们不仅受传统理想主义精神气质的影响,而且直接继承了个人与群体和谐的伦理原则,同时也一再地肯定着传统道德伦理学中的合理性因素和博爱准则。改良派与革命派的思想家们自不必说,就是批判传统极为激烈的民主派思想家也同样如此。例如,人们对陈独秀所说的"吾宁忍过去国粹之消亡,而不忍现在及将来之民族,不适世界之生存而归消灭也"[①]态度误解重重。事实上,这句话的思想前提是十分重要的。其一,他所说的"国粹"是指自我夸大了的以封建性的伦理文化为核心的传统,它在鲁迅等人所嘲讽的遗老遗少那里,只是封建性的圣道观念的改头换面而已。其二,若

---

① 陈独秀:《敬告青年》,任建树、张统模、吴信忠编:《陈独秀著作选》第一卷,上海:上海人民出版社,1993年版,第131—132页。

夜郎自大,不以民族独立与国家强大为重,则"国粹"适足以成为民族独立与国家强大的障碍。其三,他说,只要民族不消亡,一个民族真正的"国粹",也不会灭亡。其四,国粹的自我肯定并不能解决民族独立的问题,而只有民族独立才能保存国粹。其五。民族独立当然与国粹力量的发挥和保存相关,但更依赖于国粹的发展与新的富于活力的民族精神的养成。因此,尽管陈独秀等启蒙思想家对于传统文化中的弱性与腐朽憎疾于色,但并未因此否定自己的传统中存在有价值的因素。

近代人道主义思想在发展的过程中,对于传统思想与外来思想的态度呈现出动态的特征,而思想方法则不断成熟化。以爱的观念为例,康有为与谭嗣同在传统伦理中择取救世精神与"仁"的观念,孙中山与蔡元培以自由平等来改造传统的博施济物的仁爱,陈独秀与周作人则从超越传统的角度(人性的普遍性)提出个体为基础的以人为目的的爱。改良派思想家直接比附了儒家、佛教与基督教的博爱,革命派思想家既肯定了传统中爱的近代改造的意义,又认识到博施济物不能普及到人人的限度而要求加以补充改造,民主派思想家则看到了人格独立及追求幸福的爱与博施济物的本质差异,从而避免了先入之见的主观性,并较好地体现出继承与发展的统一及其辩证性。

近代的个人主义、博爱主义及其相互关系原则的确立,体现出中国近代人道主义思想的重要成就。从个人主义来说,由于结合了本民族的文化传统来确立内在地寓含平等与博爱主义伦理的健全的个人主义(个性主义),从而获得了瓦解封建伦理的思想批判力量(从谭嗣同到鲁迅)。从博爱主义来说,它既超越了传统的否定个人价值实现的仁爱之道,又在批判帝国主义侵略的同时克服了狭隘的民族主义(以朱执信的思想为代表)。而且,献身精神的提倡与为国民谋幸福大义的实践,为中国新民主主义革命谱写了境界极高的序曲。而从个人主义与博爱主义的和谐关系立论,启蒙思想家既继承了传统,又超越了传统。在民族独立运动的背景下,中国近代思想家更创造性地批判了帝国主义侵略中国所体现的西方自由平等理念的虚幻及人性论的强权政治色彩(以章太炎为代表)。

然而,由于近代启蒙思想家们在洞察思想前提时犯了极端对比的错误,从而未能较好地在启蒙宣传中指明传统封建主义价值观与近代价值观的本质区别。此外,近代思想家尤其是新文化运动时期的民主派思想家,明显忽略了近代人道主义思想基础的培植,从而在思想的激烈行程中抛弃了能够经由强化而获得的思想成果,并给其后的思想积累带来困难。

四、以自由观为核心

前已提出,个人主义与博爱主义的弘扬是近代人道主义思想的核心。而个人主义与博爱主义的和谐关系,乃是时代思潮的共识。要深入分析其在和谐关系认识上的特征及其思想得失,必须把握自由观中所体现出来的理想主义精神气质及思维方式对思想方法的制约。

很显然,自由与独立、平等诸概念存在相互蕴涵与互补关系。自由既是独立平等基础上的自由,又内在地蕴涵独立与平等的实质要素,这在某种程度上体现出中国近代启蒙思想家们对于自由概念的独特理解。尤其是自由观中对于自由的自我限定及其与博爱伦理的联结,典型地反映出理想主义的精神气质。

严复的自由观与李大钊的自由观最能反映近代人道主义思潮的理想主义特征。当然,他们的自由观的区别又是显然的,由此恰好反映出近代思想的发展特征。

严复在分析自由的基础时,列举了独立与自治的要素。他强调了"必其能恕、能用絜矩之道"[①]的道德自治及人格独立的重要性,以此来确保个人自由以他人的自由为界的可能性。同时,在思想意识中,他也明显地把个人与群体的关系原则内在地赋予了自由,并由此提出自由前提的稳定性及归宿上的合群的必然性。尽管他指出了安利的人性特征,但由于群体和谐是安利的内在条件,而自由仅仅是个人智能的发挥方式,因此,竞争(天演)恰好推进了善群的完成。许多研究者认为严复在吸收西方进化论思想的同时,忽略了进化与伦理的区别。但事实上,严复并非没有意识到两者关系的复杂性,他之所以不提及赫胥黎的警告,是因为提倡自由的进化有助于维护自由的权利观念。而他后来则恰

---

① 严复:《原强》,王栻主编:《严复集》第一册,北京:中华书局,1986年版,第14页。

恰完全回到进化竞争基础的强调和自由"破坏性"的劝阻上。这样,在民族危机日益加剧的历史条件下,一方面出于对近代人道主义价值观的失望,另一方面出于为民族凝聚力计虑,他最后走向"人人减损自由而以利国善群为职志"的选择。

然而,严复的思想方法并不是独一无二的。为利群合群而舍却个性与不可侵犯的个人权利,是中国近代人道主义思想中具有一定代表性的误区。例如,尽管孙中山的人权思想远较严复突出,民主意识更为深厚,然而在他关于今日中国自由太多以及革命者牺牲个人自由以为国民全体自由的理论中,同样表现出"自由让渡"的思考特征。而这正是他们认为个人与群体和谐得以实现其至善理想的认识实质。

由于这种因追求群体和谐而对自由限度的主观性与目的性,改良派与革命派的许多思想家在某种程度上瓦解了自由与个人价值主体性及个人权利肯定的基本联结。以梁启超论自由为例,他在突出了个人自由以不侵犯他人自由为界的自由真义时,把所谓的"野蛮的自由"与个人的自由价值在本质的程度上加以等同,从而得出"自由云者,团体之自由,非个人之自由也"[1]的结论。这种失误,与传统影响、时代环境制约以及企图避免自由主义有关。但其本质特征,则在于以注重群体和谐的应当之义为先入之见,从而舍却了对于自由不同表现实质的体认。

显然,即使是中国近代的无政府主义者和自由主义者的自由观,同样受个人与群体和谐关系的影响很深。无政府主义者博爱的理念内在化于自由的概念中,因而在其理想主义极端化了的形式下,反对专制,但并不反对群体间的人与人之间的和谐高于个体自由的乌托邦理想,而这种和谐因其完全自主与自由,所以其基础乃据于自由的抽象理想化。正因为如此,中国近代的无政府主义者受互助论的影响既迅速、敏感而又自觉。尽管克鲁泡特金在突出了人的互助的内在本能的同时,也指出了对立与竞争本能存在的事实,但后者明显地被中国近代的无政府主义者所抛弃,仅仅留下爱的原则,以此为自己的政治纲领。

---

[1] 梁启超:《新民说·论自由》,张品兴主编:《梁启超全集》第二册,北京:北京出版社,1999年版,第678页。

同样,尽管自由主义者普遍肯定个人主义(如胡适的"健全的个人主义"与周作人的"人间本位主义")强调个人价值实现的自由,但他们同时也强调这种自由的要义在于它将增进群体的真正和谐。正因为如此,他们对于人道主义的团体组织表现出积极的态度,对于社会问题表现出强烈的关心意识。

李大钊的自由观也受这种思想影响较深。李大钊早期的自由观,统一了个性自由(接受尼采的影响)与博爱主义(欣赏托尔斯泰的理想主义)。他依据人道主义来肯定建立在反专制制度之上的自由的个性发展与自治原则,以及由此建立在国民人格独立之上的平等和谐关系(以性善论为基础)。由此,他也把爱的伦理内在寓含于自由的观念中。李大钊思想的发展,无疑是遵从了这一受传统影响极深而又具有典型性的近代追求的方向:

> 真正合理的个人主义,没有不顾社会秩序的;真正合理的社会主义,没有不顾个人自由的。个人是群合的原素,社会是众异的组织。真实的自由,不是扫除一切的关系,是在种种不同的安排整列中保有宽裕的选择机会;不是完成的终极境界,是进展的向上行程。真实的秩序,不是压服一切个性的活动,是包蓄种种不同的机会使其中的各个份子可以自由选择的安排;不是死的状态,是活的机体。①

这是他所拟想的社会主义的自由与合群的完满统一。因其自由,它明显区别于传统的乌托邦,因其追求合群的绝对境界,它又存在深深的传统影像。

上述几种自由观都体现了个人主义与博爱主义关系原则的具体化。而自由观发展过程中的转折与超越,与近代思想发展的阶段性特征是相一致的。只是,值得强调的是,这种转折与超越受到了源源而来的新的理念的不断刺激而趋于急迫,缺乏必要的对于理想主义的反省环节而过于诗意化了。

很显然,近代自由观在其肯定自由与平等、独立、博爱的联结以及批判封建专制主义方面,有其深刻的思想力量,同时也体现出把外来思想源泉与中国传统信念理想、现时代的思想运动相联结的思想自主性。然而,由于许多思想家

---

① 李大钊:《自由与秩序》,《李大钊文集》下册,北京:人民出版社,1984年版,第437—438页。

过分强调民族或革命队伍中凝聚力的养成、合群的必要性与自由之间的矛盾，从而忽略了自由概念实质上的某种确定性。而且，由于近代中国社会政治变革过程中突出政治思想的制约，启蒙思想家们普遍忽略了对作为伦理概念的自由观的深入探讨，使伦理启蒙带有浓厚的政治思想启蒙的色彩，并因之为伦理政治思想一体化结构补注了活力。在思想方法的模糊性与单一化方面，近代启蒙主义者并不能摆脱传统的影响，这样，近代过于倚重伦理启蒙的人道主义思想建设，并没有为伦理学的近代发展与规范化奠定基础。

五、早期马克思主义者的人道主义

近代理想主义的精神气质以及注重个人与群体和谐关系的主观主义倾向，无疑影响到早期马克思主义者的人道主义学说。当然，这种影响与早期马克思主义者对于近代前期思想的自觉批判与超越是同步的。

我们在前面的分析中强调了近代思想对于传统的依赖与超越的二重性特征。由于依赖传统，反映出传统思想的延续性、理想主义的精神气质以及注重个人与群体和谐关系的思维方式。由于超越传统，体现出近代人道主义思想发展过程中思想继承与思想发展方法运用上所表现出的思想自主性。早期的马克思主义者在经历了理想信念的转变之后，对于改良派与革命派思想的态度与批判继承方法同样反映出这一特征。新文化运动时期所谓的"激烈反传统"与实际上抵制封建复古运动密不可分，而伦理的民主化与政治信念的道德化就是推动力所在。

早期的马克思主义者基本上都经历了自身思想超越的历程。他们大都是新文化运动时期思想启蒙的主将，都曾热烈信仰西方式的民主主义。他们在批判封建专制主义的同时，热情宣扬了自由、平等、博爱的人道主义理想并积极投身于近代人道主义的社会政治运动。当他们进一步意识到社会制度的基础意义并初步完成思想超越之后，他们重新理解、拓展并深化了自由、平等、博爱的概念意蕴。

李大钊以其炽热的激情和丰富的学说为近代人道主义思想的进步提供了较切合实际的方向，从而确立了他在人道主义思想史上的地位。他指出，在向

社会主义迈进的历史转折时期,在进行阶级斗争的同时,应进行人道主义思想教育。他说:

> 我们主张以人道主义改造人类精神,同时以社会主义改造经济组织。不改造经济组织,单求改造人类精神,必致没有效果。不改造人类精神,单求改造经济组织,也怕不能成功。我们主张物心两面的改造,灵肉一致的改造。①

李大钊认为,社会主义与博爱精神是相通的;协合、友谊、互助、博爱应是社会主义现实的伦理原则。尽管李大钊在强调"一切形式的社会主义的根萌,都纯粹是伦理的,协合与友谊,就是人类社会生活的普遍法则"②时,在相当大的程度上模糊了各种不同的社会主义的实质性区别,而且也没有严格限定这种普遍法则的具体性,但他无疑把握了人道主义运动过程中共同的理想与原则的实质——博爱主义的普遍性。李大钊在其理想主义的促动下,把目光投注在世界博爱大同的目标上,从而独创性地解释了俄国人道主义运动所代表的新世纪风潮的历史性意义。因此,他的理论和恩格斯曾经指出的"全世界无产者都有共同的利益,有共同的敌人,面临着同样的斗争;所有的无产者生来就没有民族偏见,所以他们的修养和举动实质上都是人道主义的和反民族主义的。只有无产者才能消灭各民族的隔离状态,只有觉醒的无产阶级才能建立民族的兄弟友爱"③这一共产主义者的道德信念是相契合的。李大钊对于人道主义与社会主义的统一性的自觉体认,无疑与传统乌托邦和近代空想社会主义的深刻影响具有内在的联结。

和李大钊有所不同,陈独秀更加注重人道主义的制度化。虽然陈独秀在领导中国共产党进行革命活动的时期,曾忽略了他在"五四"时期热烈宣扬的个人主义的积极意义,但他对于民主的维护则坚定不移。值得强调的是,陈独秀在

---

① 李大钊:《我的马克思主义观》,《李大钊文集》下册,北京:人民出版社,1984年版,第68页。
② 李大钊:《阶级竞争与互助》,《李大钊文集》下册,北京:人民出版社,1984年版,第16页。
③ 恩格斯:《在伦敦举行的各族人民庆祝大会》,《马克思恩格斯全集》第二卷,北京:人民出版社,1957年版,第666页。

克服人道主义思想中的过分理想主义倾向方面,有其独到之见。

李大钊等早期马克思主义者明确强调了个人主义与博爱主义的统一。应该提醒的是,早期马克思主义者所说的个人主义,主要强调了个人经济独立、个性价值、人的尊严以及自由、平等诸要素,而不是利益追求上的以及私有制度基础上的个人主义。当然他们强调了经济独立与个人人格独立的统一,强调了个有(所有)的存在价值。人们常常忘记马克思反对私有制但并不反对个有财产的存在及个人生活、行为上的自由与自主性这一事实。中国早期马克思主义者对于经典马克思主义的忠诚,在这一点上有显著的表现。

社会主义制度、经济组织与自由、民主、个性相即相融,其中介是博爱。博爱是一种献身精神,同时也是一条基本伦理原则。缺乏人道主义精神,社会主义是不可想象的。这正是中国早期马克思主义者从一般的民主理想转而批判一般的民主理想的基本依据。由于他们运用了唯物史观来解释社会向人道理想迈进的历史必然性,比较充分地理解了马克思关于每个人的自由即所有人的自由的自由观,吸取了民主与平等的思想,以此来批判封建主义,因而达到了思想批判超越的新高度。同时,他们在结合传统和外来思想并加以批判继承的过程中明确了社会主义制度下道德原则所体现的人道主义精神。令人感到遗憾的是,早期马克思主义者关于人道主义的思想成果在后来并未受到应有的重视,这是一个很深刻的教训。

六、比较的考察

中国近代人道主义是在外来思想文化冲击震荡的背景下产生和发展的,但同时,它有自己独自发展的清晰轨迹。从比较研究的几个方面来审视中国近代的人道主义,可以拓展我们关于近代思想之间的相互交流及不同民族之间思想异同的认识视野。

其一,在中西近代思想的比较方面,其相互影响交流呈向一方倾斜的现象。中国近代思想家们受到西方博爱主义的强烈影响。从基督教的"爱人如己"到启蒙主义的博爱再到空想社会主义的人类之爱的西方博爱主义,错综交织着在中国近代思想上打下了印记。不过,从接受影响的这一方来说,则始终是主动者。易言之,中国近代思想家是以西方的博爱主义来契证和提升自己对于传统博爱思想的弘扬的。例如,蔡元培以法兰西大革命时期的自由、平等、博爱来论证传统的仁爱思想。他强调了推己及人的博爱说,主张追求自由平等的积极过程应该引向帮助、推动自己同胞来一起实现自由平等;由此观之,禹、伊尹、孔子、孟子、张载等古代贤人的感思天下之苦、立己而立人的道德即是博爱。① 与此同时,个性主义发展进程中受西方思想的直接影响更为突出。中国近代伦理启蒙的批判性格,集中体现在接受西方的个人主义思想来批判传统的封建主义价值观。

另一方面,西方近代的博爱主义,不管是强调人性中利他的感情的存在,还是提倡功利主义伦理学,博爱始终是与个人主义价值观并行的。或者说,前者是后者的补充完善。在其基本价值观上仍然是肯定个人主义的真实性和现实性。与此相映衬,中国近代思想家们则从个人主义直接引出博爱主义。他们强调个人权利只有在普遍实现中才能得到保证,个人幸福必须与普遍幸福相联系,甚至应该服从于普遍幸福。他们并不像西方近代思想家那样主张在法律确保个人权利的基础上实现共同利益,而是注重个人权利由共同利益来实现的认识上和观念上的自觉,并提倡个人在追求自己幸福的过程中应该把他人的幸福的实现视为内在于己的一部分的道德精神。这一重要区别,本质上是由于西方近代思想家们确认了法律观念,明确了道德上的博爱主义的定言命令的界限;而中国思想家们则从以平等和个性思想加以改造了的传统的推己及人的定言命令出发,把博爱主义视为重视个人主义的前提、过程和目的。

其二,在中日近代思想的比较认识上,其思想的差异特别引人注目。日本近代的启蒙主义显然缺乏博爱主义与个性主义这一环节。对于基督教,明治时期重点在于吸收关于人生探求和实现的理论,因而并没有从根本上改变这种状态。大正时期白桦派作家所提倡的人道主义,可以视为一种救弊的理论。然而,这并不意味着爱的思想渗透到近代价值观的内在层面。与此对照之下,中国近代博爱主义与个性主义思想的丰富性显得十分突出。

---

① 参见蔡元培:《对于教育方针之意见》,高平叔编:《蔡元培教育论集》,长沙:湖南教育出版社,1987年版,第43页。

由于近代思想发展的后起特征,日本与中国的近代思想家都提倡向西方学习,并接受了西方近代思想的影响。但是,日本近代思想家撇开了西方近代的博爱学说和个性价值理论,由倡导民权强大国家走向国家主义和大日本主义。然而,由于缺乏强调国家对于国民的爱的自觉和人类共同利益的观念,他们容纳了军国主义。相反,中国近代思想家们在国难叠起,民族尚未独立的历史条件下,仍不忘强调,国家必须为人民谋福利,否则就没有存在的理由,仍殷殷于祈尚和平并强调人类的共同利益和民族之间的互助关系,把博爱主义上升为政治原则和国际原则。从而,中国近代新文化运动时期的思想家们清醒地指出了日本军国主义对内牺牲人民、对外侵略扩张的侵犯人道主义的本质特征。同时,在中日近代博爱思想的比较上,中国近代思想家排斥狭隘的民族主义,结合大同思想于博爱主义,以全人类的利益实现和普遍幸福为自己的理想归趋,这一价值观中所反映的思想的理想性是相当突出的。

　　其三,从中国近代与俄国近代的思想关系来说,前者受后者的影响是较显著的,从比较人道主义的异同来分析,有许多特征值得引起注意。首先,在博爱主义的积极宣扬、阐发和提倡上,在博爱主义与乌托邦思想的结合上,以及受无政府主义思想强烈影响方面,两者互相一致。其次,如果深入分析的话,可以看出,俄国近代的博爱主义受无政府主义的影响要深刻得多,而其所表现出来的不抵抗情绪也浓得多。在个人价值与博爱关系的认识上,俄国近代思想家突出了宗教色彩极为浓厚的自我牺牲理论。例如,陀斯妥耶夫斯基是个性思想较为鲜明的思想家,然而他仍倡导为博爱而爱的思想:"一个人必须本能地向往于博爱、共同生活、协调,并且不顾民族的自古沿袭的苦难,不顾生根于民族内部的野蛮的粗鲁和愚昧,不顾自古沿袭的奴性,外国人的侵略,而仍旧向往于这些东西,——总之,必须在人的天性里包含有对于博爱的共同生活的要求,他必须怀着这种要求生到世上来,或者历来就早已承受了这种习惯。"[1]与此相比较,中国近代处在社会政治变革和争取民族独立、建立民主共和国的历史背景下,无政府主义思想始终没有起支配作用。中国近代思想家们所提倡的献身精神强调为了他人和民众的幸福可以牺牲自己的幸福,但他们同时强调个性发展和个

---

[1] 陀斯妥耶夫斯基:《冬天记的夏天印象》,北京:人民文学出版社,1962年版,第66—67页。

人幸福的价值,把博爱视为个人的自觉,即个人自我实现追求的自然结果,而反对盲从。再次,在专制主义肆虐以及落后的社会经济条件下,提倡博爱主义并接受了无政府主义的影响。理想主义思维特征极为近似。最后,由对于利他主义、博爱、互助道德的提倡而最终接受社会主义,这一过程是一致的。

从这一比较中我们可以了然,中国近代的人道主义奠定了接受社会主义的思想基础。

七、几点结论

在如上叙述分析的基础上,结合中国近代整个思想发展来考察近代人道主义,可以归纳出几个显著的特征。

首先,中国近代的人道主义是社会政治变革运动的指导思想。博爱主义的思想发展进程中所呈现的阶段性特征,与社会政治变革运动的阶段性展开过程是一致的。改良派所发动的改良运动是在进步力量相当薄弱的历史条件下进行的,因而他们诉诸个人救世的使命感和献身精神,来向整个封建势力挑战。同样,配合这场政治变革运动的启蒙宣传和获取思想力量的主要内容,是仁爱思想,即通过改制来实行仁政解救民患的仁民道德。这种个人献身精神与救民的博爱思想指导下的社会政治变革运动,也就是自上而下的变政改良。革命派思想家从改良运动过程中认识到满清政府的腐败与残暴,主张以暴力手段加以推翻,以建立民主共和国。由此提倡为民众谋幸福的革命者的献身精神。而孙中山等人所强调的能够普及于人人的博爱,本质上是避免贫富不均的政治理想的缩语,它实际上成为民主共和国政治、经济纲领的检测标准。孙中山在就任临时大总统以后亟欲改革政治和发展实业来实现为民众谋福利和普遍幸福的理想,很典型地反映了博爱思想的具体指导意义。民主派思想家们从辛亥革命的失败教训中认识到思想启蒙的重要性。他们认为,没有国民的觉悟和国民参与的政治运动,是一定要失败的。因此,他们激烈批判压迫抹杀个性的传统思想价值观,倡导个性解放、个性发展的健全人生观,并从人生观中引出每个人对于群体的献身精神和互助友爱的博爱主义。这种献身精神所强调的,是每个觉醒的个体都应该为国民谋幸福和个体独立基础上的互助、协作。这影响了中国社会政治变革运动与追求社会主义相一致的方向选择。事实上，无政府主义的博爱主义虽然满足了中国近代理想主义思维性格的要求，然而由于它流于自由主义，不能指导中国近代的社会发展，因而始终没有起着支配作用。从这一侧面也能反映人道主义指导和配合社会政治变革运动这一特征。

其次，中国近代的人道主义在继承传统思想方面体现了批判精神，在吸收外来思想影响方面体现了思想的自主性，从而比较成功地确立了它在近代价值观中的地位。在传统博爱思想的继承与批判方面，是一个发展的过程。近代博爱主义思想的发展，是与个性解放、个性发展和平等观念的深化同步的。虽然改良派在宣扬救世的博爱思想方面，与他们自己积极提倡的个性解放与平等思想的矛盾是比较尖锐的，但在革命派思想家那里，已经指出了传统博爱思想是狭隘的，因为是一方之爱，因而不能及于人人。

民主派思想家从批判封建专制主义及其伦理道德、弘扬个人主义（个性主义）价值观出发，引出了进取的、个性发展的人生观中的博爱，以及由此把家族的精神推扩于四海的博爱。因此，近代博爱主义是以个性思想为基础的。从谭嗣同的"上下通，人我通"，到邹容的批判奴性，再到李大钊的批判孔教强调个性自觉，其中对于个性与平等的肯定，对于传统思想的批判、对于博爱的讴歌，是个不断深刻化的过程。这样，传统的救世的博爱思想在近代逐渐失去它的影响力；而"老吾老以及人之老，幼吾幼以及人之幼"的推己及人的观念，在平等和个性为基础的思想改造之后，完成它向近代的转化，这样，个人主义（个性主义）与博爱主义的紧密结合，构成了近代价值观的基本内容。

同样，在吸收和接受外来思想影响方面，天赋人权（自由、平等）、民主、个性思想以及互助的博爱观是中国近代思想家们最感兴趣的部分。他们的思想融合，本质上是完成近代个人主义与博爱主义相结合的一个环节。因而他们在宣扬法国大革命时期的博爱口号时，并不去深解它的意蕴，而是以自己所理解的博爱思想来接受它。这样，从确立近代价值观过程中不断深化的传统思想批判以及西化过程的重点，可以看出它始终是在批判封建纲常和传统的退守、奴性、因循的观念，而弘扬个人主义以及从个人主义中引出的博爱主义。因此，近代思想家在传统思想的继承与批判以及融合外来思想方面体现了不断深化的思想自觉性。

再次,近代救国救民的历史使命的自觉,是思想家博爱主义发展的根本动力。救民思想发展所体现的献身精神以及为国民谋幸福思想的深化,已如上述所分析;但救国所表现的爱国主义与博爱主义交织在一起,完全是中国近代独特的思想贡献。康有为《大同书》欲消弭战争、去除国界、主张天下大同,孙中山的和平与博爱,朱执信把爱上升为民族国家的道德关系的主张,陈独秀对于军国主义的揭露,李大钊以互助、人道来否定侵略主义等等方面,都是把博爱主义与爱国主义结合的典型。对于中国近代思想家来说,博爱主义不仅没有削弱爱国主义,相反,因为他们所向往的是和平、互助、友爱的国际环境中的民族独立和国家富强,而不是仅仅关注狭隘民族主义的民族国家强大,因而博爱主义对内可以引唤爱国的热情,对外可以批判帝国主义,揭露帝国主义博爱思想的虚伪。例如章太炎说:"始创自由、平等于己国之人,即实施最不自由、平等于他国之人。"①这同时显示了自己反抗外来侵略压迫,以取得世界正义、人道主义力量的支持的合理性。这是中国近代博爱主义思想最深刻的内容之一。

最后,中国近代人道主义思想反映了近代思想追求上的理想主义精神气质,从消极方面说,无政府主义的博爱主义、自由主义和平均主义的普遍幸福观的影响是其代表。对于近代中国落后的社会条件以及面临着的艰巨的社会政治变革的历史任务来说,无政府主义实际上是一种反动的力量。例如,《人道》杂志于1920年8月刊登了一篇题为《人道主义》的文章,其中写道:"狭隘的、几千年来的国家观念,要因之而化为冷雨轻烟,趋于灭绝之途,而大社会的世界的社会的理想,深入人心,终将有实现的日子。"同样,平均主义不仅直接承袭了封建时代的思维方式和价值观念,排斥发展,与近代个人主义价值观相悖逆,而且与幻想的乌托邦思想合流,抵抗着资本主义的发展,并在社会主义思想中渗透了它的惰性,权利的平均而不是能力与义务的不同决定权利的取舍。自由主义则起着瓦解革命力量的作用,尽管它也带着否定封建专制主义的特征。从积极的一面来说,近代思想家始终高举着一面完美的理想旗帜,以此来验证社会进步水平和思想合理性,并尽心竭力地带着献身精神来追求它的实现。这样,在

---

① 章太炎:《五无论》,《章太炎全集》(四),上海:上海人民出版社,1985年版,第433页。

世界观念背景下,社会进步与思想的提高促使他们的理想不断升格。改良派的社会理想是日本立宪制度,革命派的理想是避免资本主义痛苦的民生主义的"社会主义",民主派的理想是既有现实性又有理想性的社会主义。理想主义的积极力量与消极作用都随着人道主义思想的发展而强化了。无疑它是近代思想的过滤器。因此,理想主义是近代人道主义思想丰富、复杂的决定性因素。同时也是近代人道主义影响到社会政治变革以及国际关系诸方面的成因。正是在这种理想主义精神气质的氛围中,我们看到了中国社会发展走向以实现普遍幸福为理想的社会主义的方向选择的必然性。

无疑,近代思想家在思考个人主义与博爱主义和谐关系原则时,较明显地忽略了利益关系上冲突的种种可能性,因而也就忽略了对个人利益与群体利益和谐关系的深入探讨。因为不管是以追求大多数人的幸福为目标(改良派的救世与革命派的献身)还是以追求个人幸福之上的群体幸福为目标(民主派的人道主义),都在很大程度上忽略了将人道主义制度化以确保利益与权利分配的合理之迫切性。

虽然近代人道主义思潮中贯穿着伦理启蒙的思想运动,但人道主义伦理学始终是模糊的,道德理想的高扬,使道德原则的确立缺乏现实的基础。个性的发展与每个人对于社会伦理秩序的职责之间的关系未能明朗,博爱与自由的权利之间的和谐缺乏具有说服力的分析,这一未能深入的课题,减弱了近代人道主义的思想锋芒。

此外,近代的理想主义既削弱了思想发展的连续性与近代思想循序渐进的基础,又促发了道德精神至上信念在现代以来的蔓延。

近代人道主义思潮是一首浪漫主义的诗歌。李大钊在叙说平民主义时所表达的,正是他们对于人道主义的颂歌:

> "平民主义"是一种气质,是一种精神的风习,是一种生活的大观;不仅是一个具体的政治制度,实在是一个抽象的人生哲学;不仅是一个纯粹的理解的产物,实在是濡染了很深的感情、冲动、欲求的光泽。若把他的光芒万丈飞翔上腾的羽翮,拘限于狭隘的唯知论者的公式的樊笼中,决不能得到他那真正的概念。那有诗的趣味的平民主义者,直想向着太阳飞,直想

与谢勒(Shelley)惠特曼(Whitmen)辈搏扶摇而上九霄。①

虽然诗的意境过于迷蒙而浪漫,但带着革命者的热情和献身精神,带着真诚的理想追求,带着坚定的实践性格。中国近代思想家的人道主义,确乎有其永久的魅力在。

参考文献

邵伯周:《人道主义与现代中国文学》,上海:上海远东出版社,1993年版。
高瑞泉编选:《理性与人道——周作人文选》,上海:上海远东出版社,1994年版。
陈少峰:《生命的尊严——中国近代人道主义思潮研究》,上海:上海人民出版社,1994年版。
胡义成:《人道悖歌——马克思主义人道主义新论》,北京:华夏出版社,1995年版。
高瑞泉编选:《向着新的理想社会——李大钊文选》,上海:上海远东出版社,1995年版。
陈明主编,杨信礼等执笔:《中国传统文化中的人道主义》,北京:华夏出版社,1995年版。
靳辉明、罗文东:《人道主义与现代化》,合肥:安徽人民出版社,1997年版。
周峰:《人道主义历史观的超越》,北京:国家图书馆博士论文文库,2003年。
雷颐:《理性的觉醒:世纪初人道主义思潮略论》,《北方论丛》,1993年,第2期。
签原仲二:《中国人的解放及其主体性的自觉》,《立命文学》昭和23—25年,第64、66、67、69、76期。
昆上暮英:《鲁迅的个人主义与人道主义》,《鲁迅与现代》,东京劲草书房,1976年版。
王景山:《五四时期鲁迅人道主义思想初探》,《鲁迅研究》,1980年,第1期。
钱理群:《试论鲁迅与周作人的思想发展道路》,《中国现代文学研究丛刊》,1981年,第4期。
魏松年:《前期鲁迅与尼采"超人"思想》,《辽宁师院学报(社会科学版)》,1981年,第5期。
王好立:《从戊戌到辛亥梁启超的民主政治思想》,《历史研究》,1982年,第1期。
王左峰:《梁启超后期哲学中的人格主义》,《哲学研究》,1983年,第11期。
王鑫焰:《略论中国现代资产阶级民主运动》,《历史研究》,1983年,第4期。
丁文:《试论中国近代三种乌托邦思想》,《中国哲学史研究》,1983年,第2期。

---

① 李大钊:《平民政治与工人政治》,《李大钊文集》下册,北京:人民出版社,1984年版,第569页。

陈正夫:《评康有为〈大同书〉的人道主义思想》,《江西社会科学》,1984年,第2期。

姜义华:《章太炎的人性论与近代中国人本主义的命途》,《复旦学报(社会科学版)》,1985年,第3期。

冯契:《青年梁启超的自由学说》,《学术月刊》,1987年,第1期。

林非:《鲁迅青年时代对"人"的呼唤及其衍化的历程》,《中国社会科学》,1988年,第5期。

舒芜:《女性的发现——知堂妇女论略述[周作人的"妇女观"]》,《中国社会科学》,1988年,第6期。

高力克:《论李大钊的自由观》,《北京师范大学学报(社会科学版)》,1989年,第6期。

王铁仙:《略论鲁迅人道主义思想的演进》,《文艺理论研究》,1991年,第6期。

第三章
世纪末的新世界观

——进化论思潮

19世纪末,是清王朝的"世纪末",由于它是中国最后一个封建专制政权,因而这也是中国封建专制统治的"世纪末"。

回首19世纪40年代至19世纪末的中国,历史是这样写就的:40年代至50年代,在外国侵略者坚船利炮和起义农民大刀长矛的双重夹击下,清政权摇摇欲坠;60年代至80年代,随着太平天国的失败和洋务运动的勃兴,清政权似乎呈现出重建昔日盛世的希望,"同治中兴"成为当时的流行语,表达了对这一希望的期待;90年代中期甲午战争的惨败,昭示人们,"中兴"的希望只不过是幻想而已,因而清政权在19世纪末无可挽回地走向了它自己的"世纪末"。

幻想的破灭酿成了新的觉醒:历史否定了归复旧物的"中兴",也就意味着历史否定了旧物存在的合理性。因此,中国必须跨越清朝封建专制统治而寻求新的出路,于是就有了19世纪末和20世纪初浪翻波连的戊戌维新、辛亥革命和新文化运动。这一期间,指引中国人寻求新的出路的思想光芒,来自腾升在19世纪末中国夜空的新世界观——进化论。

本来进化论是产生于19世纪欧洲的自然科学理论。它认为事物按照量的积累从简单到复杂、从低级到高级逐渐向前发展。广义的进化论,在内容上包括宇宙无机物的进化、生物的进化和社会的进化等自然历史过程,其中生物的进化是非生命进化到人类社会进化的中间环节。狭义的进化论是指达尔文以来的生物进化论。在近代中国形成的进化论世界观,其基础既包括了广义进化论的内容,又以达尔文生物进化论为主体。因为尽管中国近代的进化论把自然界天体演化作为重要内容,但是将进化论作为世界观来着力渲染并使其盛行于世的,则首推严复译述的以阐发达尔文生物进化论为宗旨的《天演论》。

进化论急速地涨涌于戊戌前后,主宰了直至"五四"前后的中国思想界,成为这一时期主流思潮。从维新志士到革命党人再到"五四"骁将,无不受其滋润哺育。这是人们所熟悉的历史图景。它之所以能为几代人延续信奉,是因其具有新世界观的性质。这也是学术界普遍的共识。但是,这一共识还有待于深化。本章力图更深入地论证进化论作为世界观在中国近代思想史上的地位,即

从世界观变革的角度来研究近代中国的进化论思潮,着重讨论以下两个问题:

首先,世界观的变革并非是因某个思想家提出一种世界观就意味着完成了,它是通过被社会的广泛接受和采纳来实现的。一种新的世界观只有得到社会的普遍认同,才能够获得存在的现实形式,否则只能是提出这一世界观的思想家本人的自言自语。那么,中国近代的进化论是否在现实中完成了世界观的变革呢?本章打算通过考察它和中国近代政治思潮的关系来回答这一问题。

其次,世界观的变革并非是一个单纯的直线接受的过程。对于中国近代的进化论来说,尤其如此。这是因为近代中国的进化论是把原来在西方是自然科学的理论提升为世界观,这就意味着不是单纯地重复作为自然科学的进化论,而是对其意义作了新的理解。由于社会文化背景和主体自身诠释视域的制约,近代中国人对进化论意义的理解是多重的。这种多重的理解,既深化了进化论世界观的变革,又丰富了进化论世界观的内容。所以,近代中国进化论的世界观变革,是一个由多重理解所组成的复杂的曲线创造过程。本章准备通过展示进化论在近代中国的演变轨迹来表现这一过程。

世界观的变革无疑是用新世界观取代旧世界观。这一取代是对传统思想观念的变革和沟通的统一。新世界观取代旧世界观,包含着对传统思想的变革是不言而喻的。然而,排斥旧世界观是为了使人们认同新世界观。对任何对象的认同,总是或多或少地使其与原有的某些思想观念相沟通,认同新的世界观也不例外。中国近代进化论世界观的变革就是在对传统思想观念的变革和沟通中完成的。

一、进化论:吹响中国近代民族主义的号角

进化论风行喧腾的戊戌前后至"五四"前后,是近代中国思想最为活跃的时期,各种思潮前推后涌,激荡不已,层出迭现。然而,在这些思潮喷沫飞溅的奔流声中,无不鸣奏着进化论的旋律。在"五四"巨澜之余波犹存的1922年,曾有人描述了这一壮观的情景:"我们放开眼光看一看,现在的进化论,已经有了左右思想的能力,无论什么哲学、伦理、教育,以及社会之组织、宗教之精神、政治

之设施,没有一种不受它的影响。"①正是在进化论支配着这一时期各种思潮的意义上,我们称其为近代中国思想界的第一大潮。

不过,这里只论述进化论对于近代中国政治思潮的重大影响,而不旁及它是如何左右其他思潮的。这固然有着受篇幅限制的缘故,但更重要的是为了说明进化论世界观得到社会普遍认同的一个标志,即被广泛地用来指导解决时代的中心环节——政治问题。中国近代,空前激烈尖锐的民族矛盾和阶级矛盾,使政治问题的讨论成了社会普遍关注的时代中心环节。因此,政治思潮在中国近代社会思潮中占有最突出的位置,是最主要的组成部分,其他方面的思潮,如哲学、史学、文学、教育、宗教等,无不围绕这一中心环节而展开,并服务于它。

戊戌前后至"五四"前后的中国政治思潮,可以归结为民族主义、自由主义和社会主义。这三大政治思潮鼎足于19世纪的欧洲,随着欧风美雨的东渐,它们传入了近代中国。进化论同这三大政治思潮的关系是怎样的呢?

中国近代,燃眉之急的民族危机,必然会唤起民族意识的自觉,引发民族情感的高扬。然而,近代中国最初用以聚合民族力量的旗帜,仍然是以夷夏之辨为核心的传统民族主义。它的基本原则是:"内诸夏而外夷狄。"而中国近代民族救亡的历史逻辑则是:要摆脱民族危机,实现民族自强,就必须"师夷狄"(向西方学习)。于是,"外夷狄"和"师夷狄"形成了尖锐的对立。这意味着传统民族主义和中国近代民族救亡的历史走向是悖离的。这就使得曾起过排拒西方入侵作用的传统民族主义到戊戌前后已成了民族救亡的落伍者和障碍物。当时的守旧派抵制救亡图存的变法运动,夷夏之辨是他们的主要凭借之一。因此,只有跨出传统民族主义的壁垒,与中国近代民族救亡相适应的近代民族主义才能奔跃而出。可以说,是否以夷夏之辨为核心,是中国的传统民族主义与近代民族主义的分野。近代民族主义推倒夷夏之辨壁垒的重要思想武器,正是进化论。因为达尔文进化论揭示出人类有共同的起源,都是由动物进化而来的。严复译述的《天演论》及其他论文一再阐明了这一点。这就从根本上击破了夷夏之辨——夷夏在本源上是没有界限的。所以,在进化论的牵引下,和日益高涨的变法自强运动相合拍的近代民族主义,形成于戊戌前后就不是偶然的

---

① 陈兼善:《进化论发达略史》,载《民铎》,3卷5号,1922年。

了。以进化论来吹响近代民族主义的号角,是严复的自觉意识。这从他强调《天演论》于"自强保种之事,反复三致意"①中,可以得到印证。那么,进化论向近代民族主义提供了哪些反对夷夏之辨的曲谱呢?

进化论使近代民族主义冲破了传统民族主义的封闭性。夷夏之辨导致传统民族主义以闭关锁国来抵御外来民族的入侵。进化论则指引近代民族主义从世界各民族竞争的大势来考察中华民族的存亡。严复指出,在生物界里,开放的"四达之地"的物种,有较强的竞争力,而与世隔绝的"孤悬岛国"的物种,则竞争力较弱,一旦"外种闯入,新竞更起,往往年月以后,旧种渐湮,新种迭盛。此自舟车大通之后,所特见屡见不一见者也"②。因此,近代民族主义认为,中华民族要自立于世界民族之林,对"外物之来,深闭固拒,必非良法,要当强立不反,出与力争,庶几磨厉玉成,有以自立。至于自立,则彼之来皆为吾利。吾何畏哉!"③正是进化论使近代民族主义剔除了夷夏之辨的封闭性,强调"中国今日之阽危,论者莫不知由于全国人民不能对外竞争之所致"④。

进化论使近代民族主义淘洗了传统民族主义的守旧性。按照夷夏之辨,华夏固有的事物是最好的,变动不得的。因此,传统民族主义总是把维护"祖宗之法"和反对以夷变夏联系在一起。近代民族主义强调民族救亡的必由之路是变革(改良和革命)。"能变则全,不变则亡;全变则强,小变仍亡。"这段话出自康有为《上清帝第六书》,代表了近代民族主义者的共识。这一共识是以进化论为依据的:"法何以必变?凡在天地之间者,莫不变。"按照适者生存的道理,唯有主动顺应客观的进化过程,自觉变革,民族方能生存,"变而变者,变之权操诸己,可以保国,可以保种,可以保教"⑤;"宇内各国,无不准进化之理。其所以雄飞突步得有今日者,进化为之也,非自古而然,革命亦其一端也"⑥。正是由此而肯定"革命者,争存争亡过渡时代之要义也"⑦。可以说,没有进化论,近代民

---

① 严复:《天演论·自序》,王栻主编:《严复集》第 5 册,北京:中华书局,1986 年版,第 1321 页。
② 严复:《天演论·导言四·人为》,王栻主编:《严复集》第 5 册,北京:中华书局,1986 年版,第 1333 页。
③ 严复:《有如三保》,王栻主编:《严复集》第 1 册,北京:中华书局,1986 年版,第 82 页。
④ 《论国民宜改良对外之性质》,载《神州日报》,1908 年 5 月。
⑤ 梁启超:《变法通议》,《梁启超哲学思想论文选》,北京:北京大学出版社,1984 年版,第 9 页。
⑥ 陈天华:《中国革命史论》,《陈天华集》,长沙:湖南人民出版社,1982 年版,第 214 页。
⑦ 邹容:《革命军》,张枬、王忍之编:《辛亥革命前十年间时论选集》第 1 卷下册,北京:生活·读书·新知三联书店,1960 年版,第 651 页。

族主义的变革是中华民族强盛的必由之路的观念,就不能深入人心。

进化论使近代民族主义摈弃了传统民族主义的封建性。在夷夏之辨里,"攘夷"和"尊王"并提,因而传统民族主义具有把忠爱于民族和忠诚于君主相混同的封建色彩。近代民族主义用以振兴民族的变革,在政治上就是要革除封建君主专制。他们抨击封建君主专制的理由之一,就在于它是造成中华民族败弱的根源。因为清朝的君主是满族,所以近代民族主义提出了"排满"的口号。这一口号固然残留着夷夏之辨的大汉族主义,但其主要矛头是指向封建君主专制,不可和带有忠君封建烙印的夷夏之辨混为一谈。因此,中国近代民族主义在戊戌前后把救亡图存和倡言民权相连,而在辛亥前后则进一步把民族主义和民权主义并列,宣称中国"要是没有经过民族主义,要站在这优劣竞争的世界上,是万万不能的"①,而"民族主义与专制政体不相容"②。指导近代民族主义树立这一信念的,是进化论阐明的历史进化规律:人类社会必然要从封建君主专制演进为资产阶级民主制。正是在由据乱(君主专制)而升平(君主立宪)而太平(民主共和)的进化论照耀下,康有为表达了维新志士改革封建专制制度以谋求中国强盛的民族主义思想:"立行宪法,大开国会,以庶政与国民共之,行三权鼎立之制,则中国之治强,可计日待也。"③也正是基于人类社会循着由神权到君权再到民权而演变的进化论,孙中山表达了革命党人以建立民主共和国为目标的民族主义。他在1905年指出,"民族主义大有一日千里之势,充布于各种社会之中,殆无不认革命为必要者",而民族革命则要越过君主立宪,实现"直截了当之共和"。④可见,进化论赋予近代民族主义以民主气息。

进化论使近代民族主义克服了传统民族主义的落后性,夷夏之辨用以凝聚民族力量的,是一种落后的理论:"非我族类,其心必异。"之所以其心必异,是因蛮夷之性与禽兽相类。直至戊戌前后,传统民族主义仍是袭用这种落后的理

---

① 蕊卿:《白浪花》,载《浙江潮》,第4期,1903年5月。
② 余一:《民族主义论》,载《浙江潮》,第1期,1903年2月。
③ 康有为:《请定立宪开国会折》,汤志钧编:《康有为政论集》上册,北京:中华书局,1981年版,第339页。
④ 孙中山:《在东京留学生欢迎会上的演说》,张枬、王忍之编:《辛亥革命前十年间时论选集》第2卷上册,北京:生活·读书·新知三联书店,1963年版,第125—127页。

论,以鄙洋人为禽兽来集合民族的力量。近代民族主义在科学知识日渐传扬的时代,不可能再来搬用如此落后的理论,它在自己的旗帜上写着"合群救国"。"合群"即团结聚合全民族的力量。它在阐述为何"合群"时,是以进化论为依据的。达尔文进化论指出,生物的生存竞争不是以个体为单位,而是以群体为单位进行的,因而凝聚力强的种群比凝聚力弱的种群有更强的生存能力。"天演之事,将使能群者在,不群者灭;善群者存,不善群者灭。"①近代民族主义以此来论证"合群"的重要:"以物竞天择之公理衡之,则其合群之力愈坚而大者,愈能占优胜权于世界上。"②"红、黑、棕色之种,伏于黄人,黄人复制于白人……彼人之自保则奈何?曰:合群明分而已矣。苟能此,则无不自立。譬之蜜蜂,虽细不败。"③近代民族主义把"合群救国"建立在"合群进化"的基础上,使其凝聚民族力的理论有了以自然科学为根由的先进性。

从上述可见,进化论的大风鼓荡起近代民族主义的篷帆。革命党人胡汉民在20世纪初(1906年),已从自身的经历中直观地感受到了这一点。他说:"自严氏书出,而物竞天择之理,厘然当于人心,而中国民气为之一变,即所谓言合群、言排外言排满者,固为风潮所激发者多,而严氏之功盖亦匪细。"④经严复之手而传播的进化论,点燃了"言合群、言排外、言排满"的近代民族主义的烈焰。这表明了进化论世界观为整个民族所崇信的广度,而这广度又表明了进化论世界观生存发展的现实根据,在于紧扣了中国近代救亡图存的历史主题。

二、进化论:奠定中国近代自由主义的基石

如果说进化论使民族主义在近代中国完成了由传统到近代的转变;那么,对于中国近代自由主义,进化论则为之奠定了基石。

在中国传统思想里,民族意识是固有的,而自由意识则是空缺的。如严复

---

① 严复:《天演论》案语,王栻主编:《严复集》第5册,北京:中华书局,1986年版,第1347页。
② 梁启超:《十种德性相反相成义》,张品兴主编:《梁启超全集》第1册,北京:北京出版社,1999年版,第429页。
③ 章太炎:《菌说》,朱维铮、姜义华编注:《章太炎选集》,上海:上海人民出版社,1981年版,第81页。
④ 胡汉民:《述侯官严氏最近政见》,张枬、王忍之编:《辛亥革命前十年间时论选集》第2卷上册,北京:生活·读书·新知三联书店,1960年版,第146页。

所说:"夫自由一言,真中国历古圣贤之所深畏,而从未尝立以为教者也。"①毫无传统思想资源可作依托的自由主义,是在进化论的召唤下,登上近代中国舞台的。首先给近代中国施以自由主义洗礼的严复,正是因阐扬进化论而闻名的。他对自由主义的青睐,是以进化论为中介的。他指出:"彼西洋者,无法与法并用而皆有以胜我者也。"其之所以能胜我,在于西方社会建立在自由主义的政治原则上,"推求其故,盖彼以自由为体,以民主为用"②。因此,为了生存竞争,中国必须从西方引入原先阙如的自由主义观念。通过进化论然后接受自由主义,前者就成了后者的理论基石。这就不难理解严复用以陶铸中国近代自由主义的舶来品,基本上出自具有进化论思想的斯宾塞、赫胥黎、穆勒。③ 在严复之后,中国近代自由主义形成了声浪时起时伏的思潮,但进化论始终是其理论基石。这主要表现在以下三方面:

首先,进化论为中国近代自由主义确立了关于个体自由的价值观。无论是西方或是中国,自由主义区别于其他学说的根本标志,在于重视个体自由的价值。然而,竖立起个体自由的价值的支柱,中国却和西方不同。众所周知,西方自由主义以洛克直至卢梭的"天赋人权"即每个人生而自由的预设为前提,从而肯定了个体自由的价值。中国以儒学为主体的传统思想是贬斥个体自由的。如严复所说:"中文自繇,常含放诞、恣睢、无忌惮诸劣义。"④但是,严复不仅没有搬用"天赋人权"说来论证个体自由的价值,反而对其提出了批评。他以进化论为指导,认为自由是人类智、德、力进化的产物,"民之自由亦以智、德、力三者程度为高下,初无可为典要者"⑤。由此驳斥了"天赋人权"说:"卢梭《民约》,其开宗明义,谓斯民生而自由,此语大为后贤所呵,亦谓初生小儿,法同禽兽,生死饥饱,权非己操,断断乎不得以自由论也。"⑥严复以进化论批评了自己曾赞同

---

① 严复:《论世变之亟》,王栻主编:《严复集》第1册,北京:中华书局,1986年版,第2—3页。
② 严复:《原强》,王栻主编:《严复集》第1册,北京:中华书局,1986年版,第11页。
③ 如史华慈所指出,尽管穆勒不是自觉的达尔文主义者,但其具有某种类似达尔文主义的概念。参见本杰明·史华慈《寻求富强:严复与西方》,叶凤美译,南京:江苏人民出版社1995年版,第127页。
④ 严复:《群己权界论·译凡例》,王栻主编:《严复集》第1册,北京:中华书局,1986年版,第132页。
⑤ 严复:《政治讲义》,王栻主编:《严复集》第5册,北京:中华书局,1986年版,第1294页。
⑥ 严复:《群己权界论·译凡例》,王栻主编:《严复集》第1册,北京:中华书局,1986年版,第133页。

过的"天赋人权"说①,表明了他要根据自由是人类进化的产物的进化论观点,来肯定个体自由的价值。事实正是这样。他说:"禽兽下生,驱于形气,一切不由自主,则无自由,而皆束缚。独人道介于天物之间,有自由亦有束缚。治化天演,程度愈高,其所得以自由自主之事愈众。"②介于天(绝对自由的上帝)和物(毫无自由的禽兽)之间的人类,其进化过程就是不断地摆脱束缚而趋向自由,以自由为目标,进化的程度愈高,自由便愈多。同时,只有让个体在自由竞争中优胜劣汰,方能演进到理想社会,"惟与以自由,而天择为用,斯郅治有必成之一日"③。因此,自由也是人类进化的动力。这就用进化论凸现了个体自由的价值:它是人类进化的目标和动力,是人类有别于上帝和禽兽的独特之价值。

严复在用如上的进化论观点肯定个体自由的价值的同时,也就为个体自由和国家富强之间的关系作了定位。因为在他看来,人类进化是以群体的形式实现的,所以,作为人类进化产物的个体自由应从属于国家(群体)富强:"政治宽严、自由多少,其等级可以国之险易,内患外忧之缓急为分。"④这正如史华慈所指出的:严复把关于个体自由的内容,"以斯宾塞-达尔文主义的语言塞进那些含有'适者生存'意思的领域,即把自由作为提高社会功效的工具,并因此作为获得富强的最终手段"⑤。

可以说,严复用进化论确立的关于个体自由的价值观,存在着个体自由既是目的又是手段的矛盾。这样的价值观制约了整个中国近代自由主义思潮。在中国近代自由主义思潮的演进中,从20世纪初梁启超把欧美的历史描绘成一部"自由发达史"⑥,到《新青年》创刊号宣称"国人欲脱蒙昧时代,羞为浅化之民,则急起直追,当以科学与人权并重"⑦;从1920年代提出"好政府"应当"充

---

① 严复:《论世变之亟》:"唯天生民,各具赋畀,得自由者乃为全受。"见王栻主编:《严复集》第1册,北京:中华书局,1986年版,第3页。
② 严复:《群己权界论·译凡例》,王栻主编:《严复集》第1册,北京:中华书局,1986年版,第133页。
③ 严复:《群己权界论·译凡例》,王栻主编:《严复集》第1册,北京:中华书局,1986年版,第133页。
④ 严复:《政治讲义》,王栻主编:《严复集》第5册,北京:中华书局,1986年版,第1298页。
⑤ 史华慈:《寻求富强:严复与西方》,叶凤美译,南京:江苏人民出版社,1990年版,第122页。
⑥ 梁启超:《新民说·论自由》,张品兴主编:《梁启超全集》第2册,北京:北京出版社,1999年版,第675页。
⑦ 陈独秀:《敬告青年》,任建树、张统模、吴信忠编:《陈独秀著作选》第1卷,上海:上海人民出版社,1993年版,第135页。

分容纳个人的自由"①和 30 年代"新月"派喊出要求政府"保障自由"的口号,到 40 年代新自由主义者力图实现既有"政治自由"又有"经济自由"的社会体制;这些都蕴含着以人类进化的目标和动力来肯定个体自由之价值的进化论理念,正如 40 年代自由主义者自己所说:"时代进一步,所欲求的自由也跟着进一步。"②同时,在中国近代自由主义阵营里不时传出屈从于专制的噪声:从辛亥革命前梁启超鼓吹"开明专制",到辛亥革命后严复寄希望于"强人政治";从 30 年代"开明专制"被冠以"新式"的字样再度泛起,到 40 年代后期,在国民党独裁统治下提出"没有容忍,不会有自由"③;这些论调的理由之一,就是个体自由与社会稳定发生冲突时,前者必须让位。这样的理由正体现了进化论将个体自由作为国家富强之手段的价值定位。

其次,进化论为中国近代自由主义构筑了关于社会改革的历史观。从 19 世纪末变法维新中君主立宪的主张到 20 世纪 40 年代后期"第三条道路"的蓝图,中国近代自由主义者提出了形形色色的社会改革方案。它们的具体内容虽然不尽相同,但是基本精神却是一贯的。这就是以渐进的方式推进社会改革。在这一基本精神里,有两层含义:其一是肯定社会历史是不断向前发展的过程。其二是认为社会历史的发展是逐渐积累的过程。这两层含义,恰恰首先是由进化论的历史观传递的。

在近代中国,最早提出和表述进化论历史观的,是康有为的"公羊三世"说。其基本观点是:人类历史从据乱世进而为升平世再进而为太平世,这是个"循序而行"、"进化有渐"的过程,不可"躐等"。④ 很清楚,这种进化论历史观肯定社会必然向上的进步,并强调这样的进步是以点点滴滴的渐进来表现的。如果说康有为的进化史观是依傍孔子而获得某种权威的;那么,严复的进化史观则是凭借科学而具有说服力的。他受到斯宾塞的影响,认为达尔文所讲的生物通过物竞天择而以微小变异的逐渐积累方式实现进化的道理,也适用于人类社会。因此,他的进化史观一方面说明了人类社会总是发展和进步的,"世道必进,后

---

① 胡适:《我们的政治主张》,《胡适文存》2 集,合肥:黄山书社,1996 年版,第 297 页。
② 杨人楩:《自由主义者往何处去》,《观察》第 2 卷,第 11 期,1947 年。
③ 胡适:《容忍与自由》,《胡适作品集》第 26 册,台北:远流出版公司,1986 年版,第 251 页。
④ 参见康有为的《论语注》、《中庸注》、《礼运注》等著作。

胜于今"①;另一方面认为人类社会"其演进也,有迟速之异,而无超跃之时。故公例曰:万化有渐而无顿"②。可见,进化论在其潮头初起时,就已为自由主义的社会改革构筑了历史观。当然,由于在康有为之后孔子遭到了越来越多的批判,而科学的威望则越来越高,因而严复的建立在生物进化论基础上的进化史观,就更有力地影响了中国近代自由主义者。

如上的进化论历史观,由于同中国自由主义既赞成社会改革,又不提倡激进的方式(尤其是暴力革命)的政治主张相契合,因而始终为自由主义者信奉。继最先将自由主义曙光投射中国的严复之后,自由主义的主要鼓吹者梁启超发挥其老师"义取渐进,更无冲突"③的进化史观,以论证和平改良和反对暴力革命;自"五四"时期直至20世纪40年代末,一直是自由主义中坚人物的胡适,不止一次地表明对进化史观的接受:"达尔文的生物演化学说给了我们一个大教训:就是教我们明了生物进化,无论是自然的演变,或是人为的选择,都由于一点一滴的变异。"胡适还用实用主义来论证进化史观:"实验主义从达尔文主义出发,故只能承认一点一滴的不断的改进是真实可靠的进化。"④值得注意的是:辛亥革命以后,自由主义者虽接过了革命派民主共和的理想,但他们不仅没有接过革命派张扬革命的进化论,反而恪守严复式的反对革命的进化史观;"五四"以后,进化论不再是社会的主潮,自由主义者在以其他主义为世界观之后,并没有和进化史观分道扬镳,而且将其纳入自己信仰的主义之中。这些突出地表明自由主义一直以进化论最初替自己构筑的历史观为不可或缺的理论基石。

中国近代自由主义之所以认为社会改革唯有渐进的方式才能奏效,重要的一条理由是:民智未开,而启迪民智并非短时期内能办到的。即使是最为激进的"五四"新文化运动中的自由主义,也是如此。陈独秀明白无误地宣称:《新青年》"本志主旨,固不在批评时政,青年修养,亦不在讨论政治"⑤,而将兴奋点集

---

① 严复:《天演论》案语,王栻主编:《严复集》第5册,北京:中华书局,1986年版,第1359页。
② 严复:《政治讲义》,王栻主编:《严复集》第5册,北京:中华书局,1986年版,第1265页。
③ 梁启超:《南海康先生传》,张品兴主编:《梁启超全集》第1册,北京:北京出版社,1999年版,第495页。
④ 胡适:《介绍我自己的思想》,《胡适文存》第四集,合肥:黄山书社,1996年版,第453页。
⑤ 陈独秀:《答顾克刚(政治思想)》,任建树、张统模、吴信忠编:《陈独秀著作选》第一卷,上海:上海人民出版社,1993年版,第331页。

中于唤起民众对于个体自由的觉悟。① 可见,在这激进的背后,依然是提高民众思想文化以求社会改革的缓进底蕴。这一底蕴也是由进化史观灌浇而成的。严复认为生物的进化是物种的改进,而物种是由个体组成的,只有每个个体的质量提高了,物种才能适应变化了的环境以求生存。人类社会的进化亦是如此,"是以西洋观化言治之家,莫不以民力、民智、民德三者断民种之高下"②,"民之能自治而自由者,皆其力、其智、其德诚优者也"③。在中国当时的情况下,民力、民智和民德"三者又以民智为最急也"④。这就把人类社会不断趋向自由的进化过程归结为人群力、智、德的提高,并以开民智最为首要,从而也就把社会改革归结为一般的教育任务,但教育民众是个无穷而缓慢的过程,"民之可化,至于无穷,惟不可期之以骤"⑤。正是从这样的进化史观出发,严复成了自由主义者中教育救国的先驱。由于中国近代自由主义渐进的社会改革,是同开民智相联系的,因此其营垒中的人大都有教育救国、科学救国的倾向,且是教育救国、科学救国最努力的倡导者和实践者,而这最初的理论依据则源自严复上述的进化论历史观。

再次,进化论为中国近代自由主义提供了关于思想言论自由的竞争观。在中国近代自由主义忽隐忽显的潮流中,思想言论自由是始终荡漾不散的涟漪,是其坚持到底的追求目标。他们用以论证思想言论必须自由的理论依据之一,是进化论的竞争观。思想自由和言论自由是相联系的,言论自由即表达思想的自由,换言之,言论自由是思想自由的担保。因此,严复把言论自由作为实现个体自由的重要表现。他说:"须知言论自繇,只是平实地说实话求真理,一不为古人所欺,二不为权势所屈而已,使理真事实,虽出之仇敌,不可废也;使理谬事诬,虽以君父,不可从也,此之谓自繇。"⑥他以进化论来确立个体自由的价值,同样也以进化论作为升起言论自由旗帜的旗杆。他认为生物是以优胜劣汰的

---

① 参见陈独秀:《吾人最后之觉悟》,任建树、张统模、吴信忠编:《陈独秀著作选》第一卷,上海:上海人民出版社,1993年版,第175—179页。
② 严复:《原强》,王栻主编:《严复集》第1册,北京:中华书局,1986年版,第18页。
③ 严复:《原强》,王栻主编:《严复集》第1册,北京:中华书局,1986年版,第27页。
④ 严复:《原强》,王栻主编:《严复集》第1册,北京:中华书局,1986年版,第14、25页。
⑤ 严复:《原强》,王栻主编:《严复集》第1册,北京:中华书局,1986年版,第25页。
⑥ 严复:《群己权界论·译凡例》,王栻主编:《严复集》第1册,北京:中华书局,1986年版,第134页。

竞争来实现进化的,这是个普遍的公理,同样适用于思想学说的发展,而要让思想学说展开竞争,就必须言论自由。他指出西方的思想学说"争驰并进,以相磨砻,始于相忌,终于相成,各殚智虑,此既日异,彼亦月新"①。反观中国,封建思想专制窒息了言论自由,"嬴、李以小人而陵轹苍生,六经五子以君子而束缚天下",都是"崇尚我法,劫持天下,使天下必从己而无或敢为异同者",因而就谈不上思想学说间的竞争,由此造成了中国的"教化学术非也"。②

梁启超综观中国学术发展史,进一步用进化论的竞争观论证了言论自由。他说:"宇宙之事理至繁赜也,必使各因其才,尽其优胜劣败之作用,然后能相引以俱上。若有一焉,独占势力,不循天则以强压其他者,则天演之神能息矣。"因而学说专制违逆进化论的竞争观,"苟专制矣,无论其学说之不良也,即极良焉,而亦阻学问进步之路"③。"五四"时期的蔡元培,也正是用进化论的竞争观来坚持言论自由的。他说他之所以"循'思想自由'原则,取兼容并包主义",是认定"无论为何种学派,苟其言之成理,持之有故,尚不达自然淘汰之运命者,虽彼此相反,而悉听其自由发展"④。在20世纪三四十年代要求言论自由的论述中,我们还可以看到类似的话语。

以上我们分析了进化论是如何为中国近代自由主义奠定基石的。中国近代自由主义者是个以知识分子为主的群体。知识分子是社会中思想最深刻的阶层,就此而言,进化论对中国近代自由主义的影响,表明了进化论世界观影响中国近代精神思想的深度,而这深度又表明了自觉地将进化论作为世界观的,主要局限于知识分子阶层。

三、进化论:榫接中国近代社会主义的先导

斗转星移,潮来潮去。20世纪20年代以后,马克思主义取代了进化论的

---

① 严复:《原强》,王栻主编:《严复集》第1册,北京:中华书局,1986年版,第23页。
② 严复:《救亡决论》,王栻主编:《严复集》第1册,北京:中华书局,1986年版,第53—54页。
③ 梁启超:《论中国学术思想变迁之大势》,张品兴主编:《梁启超全集》第2册,北京:北京出版社,1999年版,第592页。
④ 蔡元培:《致〈公言报〉函并答林琴南函》,高平叔编:《蔡元培全集》第3卷,北京:中华书局,1984年版,第271页。

地位,成为探照中国前进道路的主导世界观。社会主义是马克思主义的题中之义。因此,如果说民族主义和自由主义是应和着进化论的节拍而汇成涌流之潮的;那么,社会主义和进化论则呈现出后浪推前浪的交替。然而,这是榫接式的交替,即进化论直接地孕育和启导了社会主义。所以,在20世纪初的头几年里,社会主义裹挟在进化论的大潮里,成了起于青萍之末的微风,然后借助俄国十月社会主义革命的炮声的震撼力,顿时而为浩荡的雄风。

作为一种理论先导,进化论开辟了社会主义思潮兴起的道路。按理说,社会主义的兴起是以对资本主义的否定为前提的,然而,进化论却在服务于资产阶级民主政体取代封建主义专制政体这一变革的同时,也在中国近代首先论证了社会主义的兴起是不可避免的。之所以如此,从学理上来说,在于进化论是社会向善论。

中国近代的进化论始终为社会进化预设了一个至善尽美的终极目标——大同世界,社会的进化是朝着这一终极目标不断进步的必然进程。于是,进化论就成了进化即进步的社会向善论。康有为的"公羊三世"说历史进化论,以为社会进化是严格按照"三世"的顺序"日进而日盛"①,最终达到盛之极至的"太平世"(大同)。梁启超强调进化论所谓的社会进化,不是泛指一般的"变",而是指"日趋于善"②的变。严复更为明确地指出社会的进化,和其趋善的进步是一致的。赫胥黎认为达尔文进化论的进化,没有进步的意思:"以天演言之,则善固演也,恶亦未尝非演。"③严复则予以反驳,认为斯宾塞的社会进化即向善之进步的观点是坚不可摧的:"斯宾塞所谓民群任天演之自然,则日必进善,不日趋恶,而郅治必有德而臻者,其竖义至坚,殆难破也。"④革命派的进化论同样认为社会进化是趋向至善的终极目标的过程,孙中山把社会向善的趋势比作长江黄河的流水,"水流的方向或者有许多曲折,向北流或向南流的,但是

---

① 梁启超:《南海康先生传》,张品兴主编:《梁启超全集》第1册,北京:北京出版社,1999年版,第489页。
② 梁启超:《变法通议·自序》,张品兴主编:《梁启超全集》第1册,北京:北京出版社,1999年版,第10页。
③ 严复:《天演论》,王栻主编:《严复集》第5册,北京:中华书局,1986年版,第1392页。
④ 严复:《天演论》,王栻主编:《严复集》第5册,北京:中华书局,1986年版,第1392页。

流到最后一定是向东的,无论是怎么样都阻止不住的"①。所不同的是,革命派的进化论强调革命是推动社会向善的手段;"革命破坏有害的秩序,建立有益的秩序,革命能够给人民一个更好的秩序"②。

根据这样一种社会向善的进化论,改良派和革命派都以为西方资本主义比中国封建主义要美妙,因而在中国发展资本主义,在社会日趋向善的进化程序中是必然的;然而他们发现西方资本主义并非是理想化的至善王国,因而比资本主义更完善的社会主义的兴起,在社会日趋向善的进化程序中也是必然的。严复指出:"夫自今日中国而视西洋,则西洋诚为强且富,顾谓其至治极盛,则又大谬不然之说也。"③孙中山表达了同样的看法,他指出欧美的工业文明创造了巨大的财富,"似乎欧美各国应该家给人足,乐享幸福,古代所万不能及的。然而试看各国的现象与刚才所说,正是反比例"④。改良派和革命派对西方资本主义的批判,最主要的有两个方面:一是贫富两极分化;二是极度的自私自利。然而,社会主义正可救治这些弊病,于是,他们相信按照社会向善进化的必然程序,社会主义取代资本主义是无可怀疑的。梁启超说,社会主义有医疗资本主义贫富不均的药方,因而"社会主义,其必将磅礴于二十世纪也明矣"⑤。孙中山为首的革命派指出:"民生主义(Socialism),日人译名社会主义。二十世纪开幕以来,……吐露锋芒,光焰万丈。"其之"发达何以故?曰:以救正贫富不均"⑥;"社会主义者,无自私自利,专凭公道真理,以图社会之进化"⑦。正因为社会向善的进化论论证了至善的社会主义是社会进化的前途,所以,当十月革命在进化论盛行的年代传来中国时,人们认为这是对社会向善进化的必然规律

---

① 孙中山:《三民主义·民权主义》,《孙中山选集》,北京:人民出版社,1981年版,第706页。
② 朱执信:《恢复秩序与创造秩序》,《朱执信集》,北京:中华书局,1979年版,第865页。
③ 严复:《原强》,王栻主编:《严复集》第1册,北京:中华书局,1986年版,第24页。
④ 孙中山:《"民报"周年纪念大会上的演说》,张枬、王忍之编:《辛亥革命前十年间时论选集》第2卷上册,北京:生活·读书·新知三联书店,1960年版,第538页。
⑤ 参见梁启超:《中国之社会主义》、《干涉与放任》,张品兴:《梁启超全集》第1册,北京:北京出版社,1999年版,第383—384,392页。
⑥ 冯自由:《民生主义与中国政治革命之前途》,张枬、王忍之编:《辛亥革命前十年间时论选集》第2卷上册,北京:生活·读书·新知三联书店,1960年版,第418,419页。
⑦《伸论民族、民权、社会三主义之异同》,张枬、王忍之编:《辛亥革命前十年间时论选集》第2卷下册,北京:生活·读书·新知三联书店,1960年版,第1008页。

的证实,于是满怀激情地预言:"试看将来的环球,必是赤旗的世界。"①

进化论锻造了衔接社会主义理想的环节。由于进化论把社会主义视为至善的理想社会,因而在进化论支配下的中国人从社会主义一传入起,就用中国古代所描绘的至善的理想社会"大同"来称呼它。如果说古代的大同理想是社会主义理想的历史资源,那是不错的;因为前者财富均等、天下为公的境界和后者有很大的相似性,于是中国人对后者因似曾相识而心向往之。但是,由此而把古代的大同理想看作社会主义理想的一种现成的思想基础,则有简单化之嫌。这是因为传统的大同存在于原始的太古,社会愈向前演变则离其愈遥远,即理想在于过去,而社会主义则是社会发展的未来趋势,即理想面向未来;所以,只有将传统的大同进行改铸,才能使其成为社会主义的直接出发点。这一改铸工作正是由进化论来完成的。

在近代中国,最先使大同理想复苏的是太平天国。它鼓动农民群众在地上建立"天国",实现"天下一家,共享太平"的大同境界。这里包含着与古代大同不一样的理想在未来的新思想的萌芽。但是,它的大同理想以小农经济为基础,不合乎中国社会已经开始了的以大工业为基础的近代化发展方向,因而在实际上并未能够提供走向未来的理想蓝图,其理想在未来的萌芽还是潜在的。真正使这一萌芽破土而出的是进化论。如前所述,进化论是社会向善论,因而理想的大同境界自然是在未来的。率先提出历史进化论的康有为正是提供了这样的大同理想,正如梁启超所评价的:古已有之的大同理想"以为文明世界,在于古时,日趋而日下。先生独发明《春秋》三世之义,以为文明世界,在于他日,日进而日盛。盖中国自创意言进化学者,以此为嚆矢焉"②。的确,由于康有为将进化论和大同理想相联系,因而最早树立起大同理想在未来而不在过去的新观念,这一新观念为以后的进化论者所继承。正因为大同理想在未来,所以康有为设计的大同世界指示了中国的未来走向:资本主义近代工业的充分发展和资产阶级自由、平等、博爱原则的充分贯彻。这样的大同理想虽包含有社会主义的内容(如财产公有),但主要是以理想化的西方资本主义为底本的。

---

① 李大钊:《Bolshevism 的胜利》,《李大钊文集》上册,北京:人民出版社,1984 年版,第 603 页。
② 梁启超:《南海康先生传》,张品兴主编:《梁启超全集》第 1 册,北京:北京出版社,1999 年版,第 489 页。

革命派的进化论在这基础上,把大同理想和社会主义相糅合。孙中山说:"民生主义就是社会主义,又名共产主义,即是大同主义。"①如前所述,革命派认为社会主义能克服资本主义的弊病。因此,他们所描绘的以社会主义为理想的大同世界,一方面以发展近代大工业和实现近代人道主义为基础,"提倡实业,实行民生主义,而以社会主义为归宿"②。认为"社会主义者,人道主义也。人道主义,主张博爱、平等、自由,社会主义之真髓,亦不外此三者"③。另一方面消除了西方资本主义发展造成的弊病,反对将"欧美日本伪文明推行于中国"④。于是,社会主义就成了"真文明"的大同理想:"社会主义之革命……实行科学的进化,求世界之真文明,于是以人道大同、世界极乐为其究竟。"⑤虽然他们所讲的社会主义并不是科学社会主义,但是他们在这里勾画的既不同于传统小农经济又不同于西方资本主义的大同理想,显然是最直接地连结着科学社会主义的环节。从上述可见,这一环节正是经过康有为到孙中山的进化论所锻造的。

进化论培育了一跃而为社会主义的信念。近代中国面临的历史课题是:在尽可能短的时间里,走完西方几百年走过的路程,后来居上。在这样的历史背景下,尽管康有为十分强调循序渐进,但也表露了后来居上的愿望:"天道,后起者胜于先起也;人道,后人逸于前人也。"⑥不过,认真回答中国如何后来居上的是革命派的进化论。孙中山认为,在社会进化的历史过程中,能够产生后进赶上先进的飞跃。他把这样的飞跃称为"突驾",认为中国可以"突驾"日本,超胜西方。⑦ 这种"突驾"说和中国一跃实现社会主义的信念有着内在的逻辑联系,

---

① 孙中山:《三民主义·民生主义》,《孙中山选集》,北京:人民出版社,1981年版,第802页。
② 孙中山:《在上海中华实业联合会欢迎会上的演说》,广东省社会科学院历史研究室编:《孙中山全集》第2卷,北京:中华书局,1982年版,第340页。
③ 孙中山:《在上海中国社会党的演说》,广东省社会科学院历史研究室编:《孙中山全集》第2卷,北京:中华书局,1982年版,第510页。
④ 何震、刘师培:《论种族革命与无政府革命之得失》,张枬、王忍之编:《辛亥革命前十年间时论选集》第2卷下册,北京:生活·读书·新知三联书店,1960年版,第953页。
⑤ 千夜:《就社会主义以正革命主义论》,张枬、王忍之编:《辛亥革命前十年间时论选集》第2卷下册,北京:生活·读书·新知三联书店,1960年版,第1011页。
⑥ 康有为:《日本书目志·自序》,姜义华编校:《康有为全集》第3集,上海:上海古籍出版社,1992年版,第585页。
⑦ 孙中山:《在东京留学生欢迎会上的演说》,张枬、王忍之编:《辛亥革命前十年间时论选集》第2卷上册,北京:生活·读书·新知三联书店,1960年版,第126页。

即前者是后者的前提,后者是前者的演绎。"突驾"说的核心,是以为社会的进化在某种条件下可以跳越某些环节而实现跃进,中国作为后起的近代化国家,无须将西方走向近代化过程中的每一环节都加以充分的展开,这就犹如发明机器和仿造机器的关系:"各国发明机器者,皆积数十百年,始能成一物,仿而造之者,岁月之功已足。中国之情况,亦犹是耳。"①以此为前提,那么既然已看到社会主义能够消除资本主义的恶果,中国就完全应当跳越西方经历过的资本主义充分发展的环节而一跃实行社会主义,从而在社会进化的道路上把西方资本主义国家抛在后面。

革命派进化论的"毕其功于一役",正体现了上述的逻辑联系:"余维欧美之进化,凡以三大主义:曰民族,曰民权,曰民生。"欧美国家依次进化,到了"二十世纪不得不为民生主义之擅场时代也",而中国则可以将实行民族主义和民权主义的政治革命与实行民生主义的社会革命同时并进,"举政治革命、社会革命毕其功于一役。环视欧美,彼且瞠乎后也"②。这里说的实行民生主义的社会革命,也就是革命派说的"预防资本主义制度"的社会主义,因为"共产主义是民生的理想,民生主义是共产的实行"③。这种"毕其功于一役"诚然是主观的空想,但在这空想中包含了有现实内容的信念:近代中国可以超越资本主义充分发展的阶段而跃为社会主义,唯有如此,中国才能后来居上。这一信念贯串于自"五四"直至今天的中国科学社会主义潮流里,并且正是围绕着这一信念的理论和实践,赋予中国的社会主义不同于西方社会主义的最显著的特色。然而,这一信念是进化论(主要是革命派的进化论)培育的,这正好映照出它是社会主义的接引者。

进化论包含了社会主义哲学基础的萌芽。科学社会主义以唯物史观为哲学基础,这是因为唯物史观正确地说明了产生社会主义的物质基础和实现它的物质力量,使其由空想发展为科学。唯物史观揭示出:社会物质生活的生产方式制约着整个社会历史的过程,是社会变迁的终极原因;人类社会发展的历史

---

① 孙中山:《在东京留学生欢迎会上的演说》,张枬、王忍之编:《辛亥革命前十年间时论选集》第2卷上册,北京:生活・读书・新知三联书店,1960年版,第126页。
② 孙中山:《〈民报〉发刊词》,《孙中山选集》,北京:人民出版社,1981年版,第75、76页。
③ 孙中山:《三民主义・民生主义》,《孙中山选集》,北京:人民出版社,1981年版,第830页。

归根到底是生产发展的历史,物质资料的生产者——人民群众是创造历史的基本的和决定的力量。于是,唯物史观消除了以往历史理论中只考察人们历史活动的思想动机和没有说明人民群众历史活动意义的主要缺点。① 中国近代的进化论在考察社会进化时,表现出重视物质生产和群众活动的趋向,从而为跨进唯物史观的门槛铺设了台阶。

如前所述,进化论从一开始就突出"合群进化"。康有为以为历史的进化"以群为体";严复以"群与群争"解释历史的进化。梁启超则进一步断言"群"是历史进化的主体:"欲求进化之迹,必于人群。使人人析而独立,则进化终不可期,而历史终不可起。盖人类进化云者,一群之进也,非一人之进也。"② 但是,他把"以群为体"的进化看作是以"社会心理"为实体。章太炎则用工具的创造和使用来说明"群"的起源和进化。他以制弓矢、筑城造车等证明"群"是在"器"(工具)的创造和使用过程中形成的③,因而"合群进化"的人类历史就是以"器"相争的历史,"人之相竞也,以器"。于是,他把"器(包括生产工具)"的演变作为社会进化的标志,"石也,铜也,铁也,则瞻地者以其刀辨古今之期者也"④。孙中山认为历史进化规律体现着世界潮流的趋势,而这种趋势是由人民的需要造成的,因此,他强调"一国之趋势,为万众之心理所造成"⑤。在他看来,人群最根本的需要是解决求生存的问题,因而认为"民生是社会进化的重心",所谓民生,就是"人民的生活——社会的生存、国民的生计、群众的生命"⑥。显然,孙中山在这里表现出以人民的力量以及他们的物质生活作为社会进化之基础的企图。进化论在上述思想中包含的唯物史观的萌芽,意味着它成为社会主义的先导是有哲学根基的。

进化论为继其而起的社会主义思潮作了铺垫,表明它对中国近代社会思潮的影响具有持久的厚度,而这厚度又表明了它并不会在其作为主流思潮消退之

---

① 参见列宁:《卡尔·马克思》,《列宁选集》第 2 卷,北京:人民出版社,1995 年版。
② 梁启超:《新史学·史学之界说》,张品兴主编:《梁启超全集》第 2 册,北京:北京出版社,1999 年版,第 740 页。
③ 参见章太炎:《訄书·尊史》,《章太炎全集》第 3 卷,上海:上海人民出版社,1980 年版。
④ 章太炎:《訄书·原变》,《章太炎全集》第 3 卷,上海:上海人民出版社,1980 年版,第 191 页。
⑤ 孙中山:《孙文学说》,中国社会科学院哲学所中国哲学史研究室编:《中国哲学史资料选辑·近代之部》下册,北京:中华书局,1983 年版,第 647—648 页。
⑥ 孙中山:《三民主义·民生主义》,《孙中山选集》,北京:人民出版社,1981 年版,第 802 页。

后,就了无痕迹了,而是继续得到绵延,发出某种历史的回响。

近代西方的民族主义、自由主义、社会主义在价值取向上有巨大差异:民族主义强调国家至上,要求个体作为国家的一分子而存在;自由主义提倡个体本位和重视个体自由,要求国家保障个体自由不受侵犯;社会主义突出社会财富的公平分配,要求通过生产资料公有化使其获得实现。在近代中国,这三种政治思潮的起点都为进化论所涵盖,因而它们的价值取向就有着某种互相交叉。如自由主义和社会主义最终是为了谋求中国之富强,所以时常激发出民族主义的气息;反过来,民族主义也因此而时常把自由主义和社会主义引为同道。这种交叉,既是近代中国人在自己的土地上对这三种来自西方的思潮的创造,也造成了不同于它们在西方的原本面貌的失真。无论是创造还是失真,都深重地影响了这三种思潮在中国的演进轨迹,而这轨迹最初依循的轨道就是进化论。

进化论包容了戊戌前后至辛亥前后的民族主义、自由主义和社会主义,不仅展示了它的第一大潮的气魄——首先以浩大的声势和宽广的流域席卷了作为近代中国之中心的政治思想舞台,而且说明了它是在现实中扎下根的世界观——为从不同立场来回答"中国向何处去"的人们提供了总观点、总态度。作为现实中得到普遍认同的世界观,进化论已内化于近代中国人的文化心理结构中,成为近代中国独特的精神传统。

那么,这一精神传统是怎样形成的呢?这就需要考察进化论思潮的演变历程。

四、由器而道:中国近代进化论思潮的形成

这里用中国传统哲学的范畴"器"和"道"来把握中国近代进化论思潮的涌来退去,把中国近代进化论思潮的演变历程概括为器道升替。

按照《易·系辞上》的界定:"形而上者谓之道,形而下者谓之器。"进化论作为具体的自然科学知识,属于"器"的范围,然而它一旦成了宇宙和社会的普遍规律,则进入了"道"的领域。进化论思潮形成于戊戌前后,就是将其从前者提升为后者,因而可以说是由器而道。

中国近代进化论思潮的涌动,是以中学与西学论争中的"道(体)器(用)"之

辩为前奏的。在甲午战争之前,西方自然科学的地质、天体、生物进化论思想已传入中国。但在那时进化论并未引起近代中国人的世界观变革。这是由于人们把中学与西学的关系限定在"中道(体)西器(用)"的格局里。从19世纪40年代初的魏源到90年代初的郑观应,长达50年之久的中学与西学的论争,都困于"中道西器"即"中体西用"的框架之内。他们的基本观点是:以儒家伦常名教为核心的中学是形而上之道;作为富强之术的西学是形而下之器;器可变而道不可变。王韬和郑观应的话可作为代表,他们说:"形而上者中国也,以道胜。形而下者西人也,以器胜。""器则取诸西国,道则备自当躬。盖万世而不变者,孔子之道也。"①"中学其本也,西学其末也;""道为本,器为末,器可变,道不可变,庶知所变者富强之权术,非孔孟之常经也。"②显然,在这样的格局里,进化论只能定位于形而下之器而不可能跻身于形而上之道。

因此,"中道西器"或"中体西用"虽然有过给西学以立足之地的进步作用,但是,由于其固守传统的世界观即正统儒学之道,其作用就同历史的前进背道而驰了。甲午战争之后,资产阶级的变法维新日益走向实践上的政治变革,迫切需要有一个思想启蒙为之先导。这样的思想启蒙所要求的,不仅仅是个别观念的更新,而是整个意识形态的转换。世界观是意识形态中起着统摄作用的部分,因而变法维新的政治变革期待的思想启蒙包含着变更形而上的世界观之道的要求。但是,"中道西器"或"中体西用"在这时候恰恰成了抗拒启蒙的历史要求的旗帜。张之洞正是在这旗帜下筑起了抵御世界观变更的防线:"不可讲泰西哲学……中国圣贤经传无理不包,学堂之中岂可舍四千年之实理,而骛数万里外之空谈哉?"③哲学是系统化、理论化的世界观,以鼓吹"中体西用"而闻名的张之洞的上述这段话表明,"中道西器"或"中体西用"阻碍着中国人对西学的认识由"器"而进于"道",从西学中获得新的世界观。

但是,"中道西器"或"中体西用"同时又是西学由"器"而"道"的通衢。本来

---

① 王韬:《弢园尺牍》,《弢园文录外编》。
② 郑观应:《盛世危言·西学》,《盛世危言·增订新编凡例》,夏东元编:《郑观应集》上册,上海:上海人民出版社,1982年版,第276、240页。
③ 张之洞:《筹定学堂规模次第兴办折》,苑书义、孙华峰、李秉新主编:《张之洞全集》第2册,石家庄:河北人民出版社,1998年版,第1501—1502页。

"中道西器"或"中体西用"是要用"西器"来补救"中道",但这正好在无意中暴露了"中道"的落后和过时:无法解决如何使中国走向富强的时代课题。从郑观应对于中学偏重"道"而"堕于虚"的批评和对于西学偏重"器"而"征诸实"的赞赏中,可以窥见这一点。另一方面,把西学作为富强之术(器),意味着有可能产生一种新视野:通过富强之"器"来认识其富强之"道"。郑观应下述的话正表现了这一点:"《易》独以形上形下发明之者,非举小不足以见大,非践迹不足以穷神。"①认为形而下之"器"虽小,但由此才能见识"道"之大。从"中道"的过时可以引申出变更它的合理性,从"西器"见其"道"则展示了寻求富强之"道"的方向。因此,可以说"中道西器"或"中体西用"内在的对其自身的否定性,蕴含着把西学由"器"提升为"道"的逻辑的必然性。

既是障碍又是通衢,这就决定了西学由"器"入"道",成为新的世界观,必须是越过而又经过"中道西器"或"中体西用"。同时,由于"道器"之辩的实质是讨论社会历史的变易问题,这也决定了由"器"入"道"的西学必须是能够解释社会历史变易的。标志着进化论思潮兴起的康有为的历史进化论,正合乎着上述的逻辑。

康有为披着公羊三世说的经学外衣,第一次把进化论引入社会历史,认为从据乱世到升平世再到太平世是人类社会进化的普遍规律。"盖自据乱进为升平,升平进为太平,进化有渐,因革有由,验之万国,莫不同风。……孔子之为《春秋》,张为三世,……盖推进化之理而为之。"②这就使进化论超出具体的自然知识的范围,成为涵盖了社会历史普遍规律的世界观。于是,进化论就由形而下之"器"进入形而上之"道"。康有为说:"道尊于器,然器亦足以变道矣。"③这句话典型地表明进化论由"器"而"道"是越过了而又经过了"中道西器"或"中体西用":前半句留有"中道西器"的印痕,后半句则突破"中道西器"的防线;然而人们正是通过"西器",意识到了改变"中道"的必要,西学就由"器"

---

① 郑观应:《盛世危言·道器》,夏东元编:《郑观应集》上册,上海:上海人民出版社,1982年版,第242—243页。
② 康有为:《论语注》,楼宇烈整理:《康有为学术著作选》,北京:中华书局,1984年版,第28页。
③ 康有为:《日本书目志》卷七,姜义华编校:《康有为全集》第3集,上海:上海古籍出版社,1992年版,第833页。

而"道"。

康有为之所以在西学中选择进化论,赋予其形而上的世界观的性质,不仅仅在于它能用以阐述社会历史之变易,而且在于其本身就是摧毁"中道西器"或"中体西用"的理论根据"器变道不变"的锐利武器。进化论指明"类"(如各类天体、生物物种、社会形态等)并非一成不变,而是不断地由一类向另一类转化,构成由低级到高级的发展系列,因而不能把某类事物的规律(道)凝固化。康有为据此反对了"器变道不变":"《春秋》发三世之义,有拨乱之世,有升平之世,有太平之世,道各不同。"[①]这里的"三世"即三类社会形态,"三世"逐渐演进,"道"亦随之变更。康有为还进一步用自然界的进化图景来破除"道不变"的传统观念。按照正统儒家的说法,"道"之所以不可变,是因为作为其本原的天是不变的。这就是所谓"道之大原出于天,天不变道亦不变"[②]。与此针锋相对,康有为的进化论首先从自然界(天)尤其是各种天体的无穷变化讲起,这在他的《诸天讲》中是很明显的。然后,他得出结论:"变者,天道也。"[③]既然"天"是变的,那么"道"之变就是不言而喻的了。这种从天道(自然规律)推衍到人道(社会历史规律)的论证,贯串于整个进化论思潮的历程:从戊戌前后直至"五四"前后的进化论,无不以自然为起点而以社会为终点。之所以如此,从康有为那里可以看到原因在于:为了有效地驳斥"天不变道亦不变",赋予进化论以涵盖宇宙万物包括自然和社会在内的总规律的世界观的性质。然而,当进化论这样驳斥"天不变道亦不变"时,其论证的思维逻辑和"天不变道亦不变"却是相同的:由天道演绎出人道。这是在更深的层次上表现出进化论由"器"而入"道"是越过而又经过"中道西器"或"中体西用"。

虽然康有为首先使进化论成为世界观之"道",但真正使进化论世界观产生巨大震荡和深远影响的则是严复。这并非偶然。

首先,与康有为相比较,严复使进化论世界观更具有明确性和完整性。康

---

① 康有为:《日本书目志·自序》,姜义华编校:《康有为全集》第3集,上海:上海古籍出版社,1992年版,第583页。
② 董仲舒:《举贤良对策三》,《中国哲学史资料简编·两汉隋唐部分》上册,北京:中华书局,1973年版,第198页。
③ 康有为:《进呈俄罗斯大彼得变政记序》,汤志钧编:《康有为政论集》上册,北京:中华书局,1981年版,第225页。

有为的进化论有着传统儒学的外观,因而隐晦不彰;而严复则明确地以进化论作为新世界观的旗帜,"天演之学"公然昭示。后者的明确性不只表现于外观,更表现于内容。康有为虽然肯定宇宙万物是进化的,但只是提供了社会进化的普遍法则即"三世"更递,而未能指出囊括宇宙万物之进化的普遍法则是什么,即万物进化的普遍法则是缺乏明确内容的。这就使得他的进化论不那么完整——严格地说只是历史进化论。这种不明确和不完整,都同康有为受其肤浅的进化论知识所局限有关。严复则对西方进化论有深刻的了解,他着重译介的是当时最新的进化论即达尔文进化论。当他把进化论由"器"升华为"道"时,达尔文揭示的"物竞天择"的生物进化规律就转换为宇宙万物进化的普遍法则。"不变一言,决非天运。而悠久成物之理,转在变动不居之中。……虽然,天运变矣,而有不变者行乎其中。不变惟何?是名天演。以天演为体,而其用有二:曰物竞,曰天择。此万物莫不然,而于有生之类为尤著。"①明确指出万物进化无不遵循物竞天择的法则,不仅使进化论世界观更具涵盖一切的完整性,而且使其有了更为明确的内容:主体必须按物竞天择的法则来改造世界和发展自己:"人欲图存,必用其才力心思,以与是妨生者为斗。负者日退,而胜者日昌。胜者非他,智德力三者皆大是耳。"②这样,进化论就成了完整而又明确的世界观。

其次,严复从世界观的高度阐发进化论的自觉意识,是康有为所不及的。康有为用孔孟之道附会进化论,这同以进化论变革传统世界观是相抵牾的。严复则强调进化论在西方导致了旧世界观的变革。"自有歌白尼而后天学明,亦自有达尔文而后生理确也。"③进化论的出现是哥白尼式的革命,造成"泰西之学术政教,一时斐变",起到了"一新耳目,更革心思"④的作用。可见,严复非常自觉地用进化论来促成中国实现类似西方的世界观变革。他同康有为一样,把进化论由天道衍生到人道,因而再三肯定斯宾塞将物竞天择贯彻到社会历史领域的普遍进化观念:"有斯宾塞尔者,以天演自然言化,著书造论,贯天地人而一

---

① 严复:《天演论》,王栻主编:《严复集》第5册,北京:中华书局,1986年版,第1324页。
② 严复:《天演论》按语,王栻主编:《严复集》第5册,北京:中华书局,1986年版,第1351—1352页。
③ 严复:《天演论》按语,王栻主编:《严复集》第5册,北京:中华书局,1986年版,第1325页。
④ 严复:《原强》,王栻主编:《严复集》第1册,北京:中华书局,1986年版,第16页。

理之。"①同是把进化论作为贯诸天道人道的"一理",康有为和严复的关注点却不同:前者是论证政治制度的变革,后者是呼唤世界观的变革。严复说:"尝谓中西事理,其最不同而断乎不可合者,莫大于中之人好古而忽今,西之人力今以胜古;中之人以一治一乱、一盛一衰为天行人事之自然,西之人以日进无疆,既盛不可复衰,既治不可复乱,为学术政化之极则。"②西方富强之根本在于以进化论为最高法则即世界观。进化论由此超出了自然(天道)范围而成为人道领域的世界观之"道"。可见严复把进化论从天道推移到人道,表现出确立主体(人)的进化论世界观的自觉性。

再次,严复的进化论世界观具有的近代科学品格,是康有为所没有的。进化论作为新的世界观,能否得到社会的广泛认同,首先取决于它是否可信。世界观的不同,意味着主体对客体世界的意义有不同的体察,而对意义体察的可信性是无法凭借事实或实验来加以证实的。因此,世界观的认同必须依赖于接受者的理解,从理解走向相信。康有为企图以孔子的权威和儒学的术语,使得进化论容易为中国人既相信又理解,从而获得认同。然而,孔子的权威在当时已遇到越来越多的怀疑而日益失落,因而仰仗这样的权威并不能使进化论增加可信度。同时,把进化论填塞在儒学术语里,由于牵强附会,反而增添了理解的困难。严复在阐述进化论世界观时,力求做到"信、达、雅"③,并与"吾古人有甚合者"④相沟通,固然也是为了接受者易于理解。但是,严复突出强调的是这一世界观的科学品格,即已为事实、实验所证实。他说达尔文进化论刚诞生时,被守旧者攻击,然而"卒之证据厘然,弥攻弥固,乃知如如之说,其不可撼如此也"⑤。科学的社会认同与世界观的社会认同在方式上有重要区别。科学发现一旦得到事实、实验的证实,便会以"强迫"的手段让人相信并认同。就是说,对于已为事实、实验所证实的科学发现,不管人们理解与否,都会予以相信并认同。因此,科学的社会认同方式是:相信→理解。世界观的社会认同方式与此不

---

① 严复:《天演论·自序》,王栻主编:《严复集》第 5 册,北京:中华书局,1986 年版,第 1320 页。
② 严复:《论世变之亟》,王栻主编:《严复集》第 1 册,北京:中华书局,1986 年版,第 1 页。
③ 严复:《天演论·译例言》,王栻主编:《严复集》第 5 册,北京:中华书局,1986 年版,第 1321 页。
④ 严复:《天演论·自序》,王栻主编:《严复集》第 5 册,北京:中华书局,1986 年版,第 1321 页。
⑤ 严复:《天演论》按语,王栻主编:《严复集》第 5 册,北京:中华书局,1986 年版,第 1345 页。

同,如上所述,它是:理解→相信。显然,严复赋予进化论世界观以科学的品格,是把科学和世界观两种不同的社会认同方式相混淆了。但是,这一混淆使得进化论世界观有了毫无疑义的可信性,因而能在极短的时间内风靡于世,得到了广泛的社会认同。当然,这一混淆也反映了进化论世界观的科学主义倾向。

因为严复具有上述超过康有为的地方,所以,经严复的创造性阐释,进化论作为世界观之"道"就此而确立于近代中国社会。这样,进化论从西方来到中国后,就发生了变异:其核心不再以论证自然界事物的演进过程为对象,而是以变革人们的世界观为对象。而后者是要改换整个意识形态,因而进化论成为广泛冲击旧观念的思潮。正是在这个意义上,我们说进化论由自然知识之"器"而提升为世界观之"道",就是这一思潮的形成。

如果说进化论的由"器"入"道",开始于康有为而完成于严复;那么,梁启超和谭嗣同则对这世界观之"道"作了补充。这主要表现在对社会历史进化过程和社会历史进化动力的认识上。

关于历史进化过程,康有为和严复都强调循序渐进,并认为这是个直线发展的过程。在他们循序渐进的思想中包含着合理的一面,历史进化是有阶段性的。梁启超将这合理的一面扩大了。他提出"三世六别"说,把据乱、升平和太平三世对应于多君为政之世、一君为政之世和民为政之世;而多君为政之世又别为酋长之世和封建及世卿之世,一君为政之世又别为君主之世和君民共主之世,民政世又别为有总统之世和无总统之世。① 这就把历史阶段划分得更细致了。同时,他对历史进化阶段的辩证本性有了更多的认识。他指出在历史进化的不同阶段之间往往有个"过渡时代"②。这意味着历史进化阶段的界限并非是截然分明的,历史阶段的进化是个过程。他还指出历史阶段的进化"非为一直线",不是像登楼梯那样直线上升的,而是呈现为螺旋式上升,"或尺进而寸退,或大涨而小落,其象如一螺线"③。可见,梁启超对历史进化阶段性的认识,

---

① 参见梁启超:《论君政民政相嬗之理》,张品兴主编:《梁启超全集》第 1 册,北京:北京出版社,1999 年版,第 96 页。
② 参见梁启超:《过渡时代论》,张品兴主编:《梁启超全集》第 2 册,北京:北京出版社,1999 年版,第 464 页。
③ 梁启超:《新史学·史学之界说》,张品兴主编:《梁启超全集》第 2 册,北京:北京出版社,1999 年版,第 739 页。

比之康有为和严复,是更为细致和辩证了。谭嗣同的"两三世"说同样表现了这一点。所谓"两三世"的大意是:初九,太平世也,于时为洪荒太古;九二,升平世也,于时为三皇五帝;九三,据乱世也,于时为三代;以上是"内卦之逆三世"。社会历史继续进化,九四,据乱世也,于时则自孔子之时至于今日;九五,升平世也,于时为大一统(全球群教、群国统一);上九,太平世也,于时为遍地民主(教主、君主均废)。以上是"外卦之顺三世"①。这不仅把历史进化的阶段描绘得更细致了,而且把历史阶段的进化理解为从原始阶段的太平世到最高阶段的太平世的曲折过程,由"逆"而又返"顺",既非直线演进又非简单循环。因此,这里还闪烁出历史阶段的进化是螺旋式上升的辩证法。

关于历史进化的动力,康有为和严复都以为竞争是历史进化的动力,但他们反对把竞争推向矛盾激烈冲突的极端,认为这反而会妨碍历史的正常渐进。因此,他们不主张用暴力革命、流血斗争的手段来推动社会的进化。对此,梁启超和谭嗣同都有某种程度的突破。梁启超也认为竞争是历史进化的动力,然而他强调有动力必有反动力;因此,竞争必定导致矛盾的两种势力的冲突。于是,唯有"破坏"旧势力才能"上于进步之途"。② 与此相联系,他把"革"(改革与革命)的观念纳入进化论:"革也者,天演界中不可逃避之公例也。"③谭嗣同以产生雷电"异同攻取"的轰隆碰撞,来阐释"日新"进化的动力④。这表明他意识到雷鸣电闪般的剧烈斗争才能使社会焕然一新。所以,他进一步就说出了这样的话:"今日中国能闹到新旧两党流血遍地,方有复兴之望。"⑤尽管这种将竞争与革命相联系并进而把革命包括在进化论之中的思想,在梁启超和谭嗣同那里只是一闪而过,并未被确定和发展起来,但这却显示了进化论思潮进一步发展的朝向。

---

① 谭嗣同:《仁学·四十八》,蔡尚思、方行编:《谭嗣同全集(增订本)》下册,北京:中华书局,1981年版,第370页。
② 参见梁启超:《新民说·论进步》,张品兴主编:《梁启超全集》第2册,北京:北京出版社,1999年版,第686页。
③ 梁启超:《释革》,张品兴主编:《梁启超全集》第2册,北京:北京出版社,1999年版,第759页。
④ 谭嗣同:《仁学·十九》,蔡尚思、方行编:《谭嗣同全集(增订本)》下册,北京:中华书局,1981年版,第319页。
⑤ 谭嗣同:《上欧阳中鹄·二十一》,蔡尚思、方行编:《谭嗣同全集(增订本)》下册,北京:中华书局,1981年版,第474页。

梁启超、谭嗣同对康有为、严复奠定的进化论所作的补充,表现了他们的进化论的特色。这种特色虽然尚未达到冲决康、严维新改良立场的地步,但是,这却预示着一旦历史否定了维新改良,进化论之"道"的裂变就是不可避免的了。

五、 道之裂变:中国近代进化论思潮的发展

道并不是凝固停滞的,进化论思潮在辛亥前后有了进一步的发展。它表现为在外部历史条件变化的制约下,进化论的后继者在接受前辈的进化论文本时,又对其文本进行了再书写,使其发生了某种变异。因此,这一发展可以称为道之裂变。

如前所述,自甲午战争至戊戌维新,进化论由"器"而"道",形成为思潮,提供了戊戌维新所需要的思想启蒙,为其作了论证。然而,在历史宣告维新改良的道路走不通之后,革命派取代改良派而站在了时代的最前列,但革命派服膺的依旧是改良派信奉过的进化论世界观。历史在这里表现了它的辩证法:改良和革命既对立又联结。后者主要指两者同为中国近代资产阶级的代表,都要求变革半殖民地半封建的旧中国,建立近代化的新中国;前者主要是指两者在变革的方式和道路上存在分歧,一方为和平渐进,实现君主立宪,一方为暴力革命,实现民主共和。两者的同一性决定了他们以同一进化论作为指导自己思想的世界观之"道";两者的不同一性决定了他们对同一进化论的理解和运用有着明显的相异之处。就是说,同一进化论之"道",在革命派那里发生了裂变,构成了与改良派进化论相区别的独特风貌。这裂变也是进化论思潮的发展,因为它将进化论的内涵丰富和深化了,从而拓展了其理论的社会意义。

那么,革命派进化论有哪些不同于改良派进化论的思想特征呢?

革命派进化论的最显著的首要特征,是把进化和革命相联系。"革命者,天演之公例也。"[①]这句话简练而又鲜明地表现了这个特征。相信人类社会不断地向前发展,是中国近代进化论的基本观点。改良派和革命派对此并无分歧。

---

① 邹容:《革命军》,张枏、王忍之编:《辛亥革命前十年间时论选集》第1卷下册,北京:生活·读书·新知三联书店,1960年版,第651页。

但是,改良派的进化论认为中国社会的进化必须按照由君主专制到君主立宪再到民主共和的顺序循序渐进;革命派的进化论则强调中国社会的进化能够由革命而越过君主立宪实现民主共和。于是,革命派的进化论就把曾在梁、谭头脑里闪现过的思想加以确定和发展,这就是:革命是社会进化的"公例"。

首先,革命派从一般意义上指出革命是社会实现进化的重要手段。针对改良派斥革命为一味破坏,反而造成社会退化的观点,革命派指出,革命不只是荡涤旧的污泥浊水,而是新社会诞生的胚胎:"革命者,非徒抉旧目的物以去,且将载新目的物以来。"① 针对改良派民智未开不可骤进的观点,革命派指出,革命将促使社会进化的主体即人的智慧和素质获得空前的提高:"今日之民智,不必恃他事以开之,而但恃革命以开之。"② 其次,革命派就近代中国的具体情况而言,强调只有革命才是中国实现后来居上之"突驾"的途径。由于中国已落后于西方列强,因此中国社会的进化不能按部就班地渐进,必须加速前进才能摆脱后进的地位,而革命就是加速前进的动力,"革命多而猛,则社会之进化速而大"③。按照这样的进化论,中国可以通过革命来跨过君主立宪而实现民主共和,所以孙中山说:"不可谓中国不能共和,如谓不能,是反夫进化之公理也。"④ 再次,革命派以为革命本身的性质是进化的。他们指出当时风起云涌的民主革命,与中国"由汤武以至于今"的革命不同,后者是"图少数人权利之革命",前者是"图众人幸福之革命"⑤;这样的革命是"平民革命",比诸法国的"市民之革命"和美国的"商人之革命",是类似俄国的更为彻底的"根本之革命"⑥。正因为这比以往的中外革命都进步,所以它一定能使中国社会出现前所未有的

---

① 汪精卫:《驳革命可以生内乱说》,张枬、王忍之编:《辛亥革命前十年间时论选集》第2卷上册,北京:生活·读书·新知三联书店,1963年版,第522页。
② 章太炎:《驳康有为论革命书》,朱维铮、姜义华编注:《章太炎选集》,上海:上海人民出版社,1991年版,第176—177页。
③ 李石曾:《普及革命》,张枬、王忍之编:《辛亥革命前十年间时论选集》第2卷下册,北京:生活·读书·新知三联书店,1963年版,第1021页。
④ 孙中山:《在东京中国留学生欢迎大会的演说》,《孙中山选集》,北京:人民出版社,1981年版,第74页。
⑤ 《新世纪之革命》,张枬、王忍之编:《辛亥革命前十年间时论选集》第2卷下册,北京:生活·读书·新知三联书店,1963年版,第976页。
⑥ 何震、刘师培:《论种族革命与无政府革命之得失》,张枬、王忍之编:《辛亥革命前十年间时论选集》第2卷下册,北京:生活·读书·新知三联书店,1963年版,第952页。

进步。

革命派进化论的这一特征,为进化论思潮提供了改良派进化论未曾有的新东西。如果说,改良派的进化论使中国人相信社会是必然向前发展的;那么,革命派的进化论则使中国人相信社会的向前发展是必然离不开革命的。在传统观念里,革命即"违上、作乱",直至改良派仍把革命和"暴乱"、"内乱"划上等号。革命派的进化论肯定了革命对于推动社会进化的伟大作用,确立了革命的价值。改良派对此惊呼道:"数年以来,革命论盛行于国中……其势力益旁薄而郁积,下至贩夫走卒,莫不口谈革命……遂致革命党者,公然为事实上之进行,立宪党者,不过为名义上之鼓吹。气为所慑,而口为所箝。"①这表现了革命派进化论不仅为辛亥革命作了思想准备,而且使革命的观念由此深入人心。因而即使辛亥革命失败了,近代中国的思想主潮仍然是深信中国社会的进步必须诉诸革命。革命派的进化论还意识到革命本身必将从以往为少数人的革命进化为多数人的"平民革命",这也包含着一个新思想:中国的民主革命是既不同于以往的农民革命又不同于欧美资产阶级革命的新式革命。尽管革命派的进化论还没能完全说清楚这种新式的民主革命是怎么样的,但毕竟是最早在理论上触及了这个问题。

不过,革命派进化论讲的革命,突出的是社会制度的革命,"世界之进化与否,悉视乎政体之得失"②。相形之下,忽视了思想领域的革命即思想启蒙。因此,革命派的进化论没有把革命的观念贯彻到思想领域的各个方面去。相反,倒是改良派的梁启超用进化论来鼓吹思想领域的革命:"史学革命"、"小说革命"、"道德革命"等。从一定意义上讲,这是对革命派进化论的一个补充。两者的进化论表现出不同一性中的同一性。

当然,就特征而言,更多的是表现为同一性中的不同一性。革命派进化论的特征之二——把大同理想和立即实行社会主义相联系,正是这样的。改良派和革命派的进化论都借用"大同"来指称人类进化所要达到的理想社会,都从西

---

① 与之:《论中国现在之党派及将来之政党》,张枬、王忍之编:《辛亥革命前十年间时论选集》第2卷下册,北京:生活·读书·新知三联书店,1960年版,第607—608页。
② 侯生:《哀江南》,张枬、王忍之编:《辛亥革命前十年间时论选集》第1卷下册,北京:生活·读书·新知三联书店,1960年版,第536页。

方资本主义弊病中认识到社会主义的兴起是必然的。但是,改良派的进化论以为社会主义虽然高尚美妙,但不可立即在中国实行。梁启超明确地对主张中国应早日实行社会主义的美国社会主义者表示:"进步有等级,不能一蹴而几。"①他强调中国的当务之急是"以奖励资本家为第一义",对他们的工商经济"稍加补苴之力,使循轨道以发达进化"②。康有为写了有空想社会主义色彩的《大同书》,"既而思大同之治,恐非今日所能骤行,骤行之恐适足以酿乱,故秘其稿不肯以示人"③。可见,改良派的进化论把发展资本主义作为达到大同理想的必由之路,其大同理想(以《大同书》为代表)是西方资本主义的理想化。革命派的进化论则与此不同。如前所述,它强调通过"社会革命"而跨越资本主义,立即"一跃"而为社会主义,在迈向大同理想的社会进程中,超过西方列强。尽管革命派要立即实行的社会主义并未超出国家资本主义的范围,但是他们以立即实行社会主义作为通往大同理想的正确道路,以社会主义为大同理想,显示出与改良派进化论不同的色彩。

在这不同色彩的背后,蕴含着两者进化论的一个重大的理论差异:生存竞争原则是否适用于人类社会。改良派和革命派的进化论都以为资本主义终究会被社会主义取代,是因为后者能救治前者的两大弊病:贫富不均和极端的自私自利。这在前面已有论述。然而,改良派进化论并不把资本主义的两大弊病归咎于生存竞争,相反,以为人类社会正是依循生存竞争原则而"日进无疆"、"背苦向乐",最终臻于大同极乐世界。革命派进化论指出,由于将生存竞争原则搬用于人类社会,造成了资本主义的两大弊病。他们认为,"放任竞争,与贫富悬隔,有必然之关系",因为"竞争之结果,生无数贫困者,而一方胜于竞争者,积其富日益以肆矣"④;"生存竞争,专为一己"⑤,"以优胜劣败、弱肉强食为立国

---

① 梁启超:《新大陆游记》,张品兴编:《梁启超全集》第4册,北京:北京出版社,1999年版,第1146页。
② 梁启超:《社会革命果为今日中国所必要乎》,张枬、王忍之编:《辛亥革命前十年间时论选集》第2卷上册,北京:生活·读书·新知三联书店,1963年版,第339、332页。
③ 张伯祯:《南海康先生传》,北平琉璃厂文楷斋,1932年版;转引自李泽厚《中国近代思想史论》,北京:人民出版社,1979年版,第146页。
④ 朱执信:《论社会革命当与政治革命并行》,张枬、王忍之编:《辛亥革命前十年间时论选集》第2卷上册,北京:生活·读书·新知三联书店,1963年版,第436页。
⑤ 章太炎:《演说录》,张枬、王忍之编:《辛亥革命前十年间时论选集》第2卷上册,北京:生活·读书·新知三联书店,1963年版,第449页。

之主脑,至谓有强权无公理"①。因此,在人类社会中贯彻生存竞争原则,必将是离大同理想愈来愈远。正是从否定生存原则适用于人类社会出发,革命派要求跃过资本主义而立即实行社会主义。因为社会主义反对以生存竞争作为社会进化的原则:"共产云者,即人在社会之中……不相妨害,不相竞争。"②于是,社会主义就能避免资本主义的两大弊病而实现大同理想。他们指出主张立即实行社会主义并不是否认资本主义用"竞争"之术造就了"有胜于昔日"的工业文明,而是"悯众生之不平,悲人世之多难,故欲企此不争无竞之大同世界耳"③。这样,革命派的进化论明确得出了人类社会有着不同于生物界生存竞争的进化原则的结论:"物种以竞争为原则,人类则以互助为原则……人类顺此原则则昌,不顺此原则则亡。"④

革命派进化论的特征之二,也有着改良派进化论未曾有的内涵。把大同理想和立即实行社会主义相联系,表明了先进中国人的社会理想正处在又一次的转折中。如果说从太平天国的大同理想到改良派的大同理想,标志着近代中国的社会理想由以小农经济为基础的"桃花源"转向以西方资本主义工业文明为蓝图的"太平世",那么,从改良派的大同理想到革命派的大同理想,则意味着近代中国的社会理想开始以社会主义为旗帜。更值得注意的,是这个特征中对于把生存竞争原则搬用于人类社会的否定。因为这是对进化论思潮的发展。肯定了人类社会的发展规律是不同于自然界发展规律的。尽管革命派未能正确阐明人类社会的发展规律,但毕竟是把进化论关于社会发展规律的探讨推进了一步,为走向正确指出人类社会发展规律的唯物史观打开了大门。这和其以社会主义为社会理想是相一致的。不过,这一发展也意味着进化论作为世界观之"道"即将走完它在思想舞台上的行程,因为进化论由"器"而成为世界观之"道",正是通过将生存竞争原则提升为适用于人类社会的普遍原则而实现的。

在革命派直接跃入社会主义、实现大同理想的进化论里,存在着把竞争原

---

① 孙中山:《在北京湖广会馆学界欢迎会的演说》,《孙中山全集》第2卷,北京:中华书局,1986年版,第423页。
② 孙中山:《在上海中国社会党的演说》,《孙中山全集》第2卷,第512页。
③ 君平:《天演大同辨》,张枬、王忍之编:《辛亥革命前十年间时论选集》第1卷下册,北京:生活·读书·新知三联书店,1960年版,第873页。
④ 孙中山:《孙文学说》,《孙中山选集》,北京:人民出版社,1981年版,第156页。

则和资本主义划等号而与社会主义相排斥的缺陷。竞争是市场经济的基本动力，因而把社会主义看作是"不争无竞"的，实际上就是以为一旦实现了社会主义就可以摈弃市场经济。这自然是不可苛求于革命派进化论的。因为这一缺陷我们也是在20世纪90年代意识到的。然而唯此才使得革命派的进化论更有值得回味和深思的内涵。

同样值得回味和深思的，是革命派进化论的特征之三——把破除经学和保存国粹相联系。改良派和革命派的进化论都和中国传统思想文化有着既变革又融通的关系，但这种关系在两者里呈现的面貌颇为不同。改良派的进化论保留了儒家经学的权威，康有为的进化论是穿着儒家经学外衣而出场的，严复的"天演论"虽然没有披上经学的服装，但也不敢正面对孔子和经学的权威提出挑战。同时，作为改良派进化论最主要代表的严复对经学以外的中学皆称之为"旧学"，要求"尽弃旧学"，以"新学"即西学取代之。革命派的进化论则相反，它一方面直接"绝圣排孔"，呼号"请行孔丘之革命"①，一方面又主张保存经学之外的国粹。

革命派进化论首先指斥儒家独尊的经学扼杀了学派竞争，因而阻碍了学术的进化。"中国学术所以日衰者，由于宗师之一统也。宗师之统一，即学术之专制也。统一故无竞争，无竞争故无进步。"②因此，从进化论观点看来，挣脱经学的枷锁是天经地义的。其次，革命派的进化论指出儒家经学虽曾有一定的历史作用，但已不适宜当今时代了。"总而言之，孔子虽好，必不能合现在的时候了。"③因此，依适者生存的说法，经学被淘汰是很自然的。再次，革命派的进化论指出儒家经典的原本面目是反映中国古代社会进化的史料。章太炎说，六经对于古史来说，表现了"上世社会汙隆之迹"，"以此综贯，则可以明进化；以此裂分，则可以审因革"④。这就反对了将儒家经典置于为百世"制法"的至高无上的地位。

---

① 绝圣：《排孔征言》，张枬、王忍之编：《辛亥革命前十年间时论选集》第3卷，第207—209页。
② 《道统辨》，张枬、王忍之编：《辛亥革命前十年间时论选集》第1卷下册，北京：生活·读书·新知三联书店，1960年版，第738页。
③ 君衍：《法古》，张枬、王忍之编：《辛亥革命前十年间时论选集》第1卷下册，北京：生活·读书·新知三联书店，1960年版，第532页。
④ 章太炎：《訄书·清儒》，《章太炎全集》第3卷，上海：上海人民出版社，1984年版，第159页。

在革命派眼里,破除经学是合乎进化论的,保存国粹也是合乎进化论的。他们断然否定了对于"兹而倡国粹,毋乃与天择之理相违,而陷于不适之境乎?"的责难①,指出保存国粹是选择传统文化中"优美"、"壮旺"、"开通"的适合于当今时代需要的东西,这恰如进化论选择良种以促进物种进化,"天演家之择种留良,国粹保存之主义也";"尽故本我国之所有而适宜焉者,国粹也"。② 他们认为在中国民族危机深重之际,提倡国粹本身就是适宜的,因国粹能激发中国人的爱国心,使中国人的群体道德(民德)得到进化。如果不是"用国粹激动种姓,增进爱国的热肠",那么"自甘暴弃,说中国必定灭亡"的"欧化主义"③就会泛滥。因此,提倡国粹是合乎中国社会进化之需要的。

革命派进化论把破除经学和保存国粹相联系的特征,对于中国近代思想启蒙具有双重价值:既有灼见又有教训。批判儒家经学是中国近代思想启蒙的重要内容。太平天国砸碎了孔子的牌位,但其权威依然没有在思想上被打倒。康有为将儒家的某些经典斥为"伪经",但仍然企图在崇尚孔子为最高权威的前提下,构造新的经学宫殿。自革命派的进化论始,批判的矛头直指孔子,提出了在思想上拆除经学殿堂的要求。这是继康有为之后,给了儒家经学以更为有力的一击,并成为"五四"时期"打倒孔家店"的先声。中国近代思想启蒙是在西方文化冲击下发生的,因而在否定儒家经学权威的同时,不对传统文化的精华予以价值认同,确实有走向"委心向西"的"欧化主义"的危险。革命派的进化论意识到这个问题,于是用进化论把破除经学和保存国粹统一起来。这不仅揭示了中国近代思想启蒙中的一大难题:既要批判传统思想又不能将其弃之如敝屣,而且为解决这一难题作了尝试。但是,革命派进化论所要保存的国粹是以传统道德为核心的"精神之学"、"心性之学",这就为经学的存在保留了地盘。因为儒家经学主要就是以"精神之学"、"心性之学"为思想内涵的。革命派中的好些人以后转向了早先批判过的尊孔读经,甚至孙中山也反对新文化运动对旧道德的

---

① 许守微:《论国粹无阻于欧化》,张枬、王忍之编:《辛亥革命前十年间时论选集》第 2 卷上册,北京:生活·读书·新知三联书店,1963 年版,第 52 页。
② 黄纯熙(黄节):《国粹保存主义》,《政艺通报》第 22 期,1902 年。
③ 章太炎:《演说录》,张枬、王忍之编:《辛亥革命前十年间时论选集》第 2 卷上册,北京:生活·读书·新知三联书店,1963 年版,第 448、452 页。

批判，这同革命派进化论的保存国粹有着内在的联系。这给我们留下了历史的教训。

革命派进化论的三个特征，既显示了与改良派进化论相异的独到之处，也呈现出转向马克思主义的轨迹。革命派进化论里表露出的一些观点，如以平民革命来建立新社会、跨越资本主义而直接进入社会主义、在革命斗争中开民智、选择传统文化中"优美"的精华等，和以后的中国马克思主义有着某种接近和相通的地方。这就是说，作为道之裂变的革命派进化论，既是对进化论思潮的发展，又是这一思潮即将进入尾声的预告。

然而，犹如大潮的退潮仍旧是壮观的一样，进化论思潮的落退是在洪波涌动的新道代旧道的场景中闭幕的。

六、新道代旧道：中国近代进化论思潮的落退

"五四"以后，进化论作为罩盖整个中国近代思想舞台的第一大潮逐渐走向终结。各种表达着某一世界观的新思潮竞相登台，然而这些新思潮跃登的舞台是进化论搭建的，所以这些新思潮都以进化论为起点；最终，先进的中国人的世界观由进化论转向唯物史观。于是，进化论思潮落退的图景就呈现为新道代旧道。

辛亥革命是一次既胜利又失败的革命：推翻了两千年的封建帝制，而其建立的民国则很快名存实亡了。在这之后出现的新文化运动，既是由护卫辛亥革命的胜利成果而来，又是从反思辛亥革命的失败教训而始。因此，新文化运动一方面依然崇信曾经指引了辛亥革命的进化论，另一方面又在选择新涌进的各色各样的"主义"以取代进化论。于是，"五四"前后是进化论思潮的末端。不过，置身在狂飙巨澜般的新文化运动之中，这一末端仍然有着浩大的声势和锋锐的气势。

综观新文化运动，大约可以概括三个互相联系的方面：摧毁以孔子为代表的旧文化；树立以科学和民主为旗帜的新文化；而上述两方面主要是在道德和文学这两个领域展开的。进化论在这三方面都是主要的思想武器之一。

从辛亥革命后的尊孔读经与复辟帝制沆瀣一气的社会现实为认识起点，新

文化运动首先把批判的矛头指向孔子。如前所述,辛亥革命前革命派的进化论已发出了"排孔绝圣"的呐喊。但是,与强调社会制度革命的巨大声浪相比,这一呐喊是极其微弱的。再加上保存国粹的牵制,这一呐喊就微乎其微了。没有自觉地进行以批孔为主题的思想启蒙,是革命派进化论的缺陷之一,也是辛亥革命失败的原因之一。正是意识到了这个问题,标志新文化运动兴起的《新青年》创办者陈独秀,如前所述,强调该刊的宗旨不是批评时政而是对青年思想启蒙。依照发动思想启蒙而不是强调变革社会制度的主旨,批孔就成了新文化运动的开端,因为"孔教之精华曰礼教,为吾国伦理政治之根本。其存废为吾国早当解决之问题,应在国体宪法问题解决之先"①。由于新文化运动的批孔是对革命派进化论缺陷的克服,所以,虽然其用来批孔的武器还是进化论,但其自觉性和彻底性远在革命派进化论之上。

然而,不能否认正是革命派进化论的"排孔绝圣"启发了新文化运动的"打倒孔家店"。这突出表现在后者的批孔集中地论述了"孔子之道不合现代生活"。康有为的"三世说"历史进化论,表达了"道与世更"的观点,革命派的进化论发挥了这个观点,指出孔子之道已不适宜现时代了。新文化运动的批孔,继而用进化论将此更为鲜明地提了出来,并加以展开和深化。新文化运动强调:任何一种学说的兴废,"恒时时视其社会之生活状态为变迁","此'道与世更'之原理,非稽之古今中外而莫能破者乎?"②因而孔子之道是否废弃在于它是否适应现代生活。"吾人倘以为中国之法,孔子之道,足以组织吾之国家,支配吾之社会,使适于今日竞争世界之生存,则不徒共和宪法为可废",凡近代以来的种种革新,"应悉废罢"。③可是,"孔子生长封建时代,所提倡之道德,封建时代之道德也;所垂示之礼教,即生活状态,封建时代之礼教,封建时代之生活状态也"④。因此,随着社会的进化已越过了封建时代,孔子之道不能适

---

① 陈独秀:《宪法与孔教》,《陈独秀文章选编》(上),北京:生活·读书·新知三联书店,1984 年版,第 144 页。
② 陈独秀:《孔子之道与现代生活》,《陈独秀文章选编》(上),北京:生活·读书·新知三联书店,1984 年版,第 152 页。
③ 陈独秀:《宪法与孔教》,《陈独秀文章选编》(上),北京:生活·读书·新知三联书店,1984 年版,第 148 页。
④ 陈独秀:《孔子之道与现代生活》,《陈独秀文章选编》(上),北京:生活·读书·新知三联书店,1984 年版,第 155 页。

应当今社会而遭淘汰是自然的。"孔子生于专制之社会,专制之时代,自不能不就当时之政治制度而立说",于是,"其学说之精神,已不适于今日之时代精神",必须"加以人为之力"①予以摧毁。所以,新文化运动的反对孔教,并不是反对孔子个人以及抹杀孔子思想的价值,正如陈独秀说:"孔子的精华乃在祖述儒家,组织有系统之伦理学说……其伦理学说,虽不可行之今世,而在宗法社会封建时代,诚属名产。吾人所不满意者,以其为不适于现代社会之伦理学说,然犹支配今日之人心,以为文明改进之大阻力耳。"②如果说"道与世更"在康有为的进化论那里还是庇护于孔子之道下面的,那么在新文化运动的进化论里,它则成了反孔子之道的理论依据。而这是通过革命派进化论来展开的。

新文化运动的"孔子之道不合现代生活",还深化了革命派进化论用"道与世更"的观点对孔子的批判。这表现在新文化运动在揭出"孔子之道不合现代生活"的同时,强调"现代生活,以经济为之命脉"③,开始从社会经济生活状态的变动来论证排拒孔子之道的必然性和合理性。这无疑把"道与世更"的进化论观点深化了,而深化的方向是朝着唯物史观接近。这表明新文化运动很快就要转向以唯物史观之"道"解释孔教崩颓的原因。

新文化运动是冲击以孔子为代表的旧文化和树立以科学、民主为旗帜的新文化的同一。新文化的倡导者正是运用进化论把科学和民主联结在一起的。陈独秀从进化论出发,认为中国和西方存在着时代的差距,前者"未能脱古代文明之窠臼,名为'近世',其实犹古之遗也",后者乃"可称曰'近世文明'者"。④ 而之所以造成两者的时代差距,在于西方以科学和民主作为社会进化的动力,"近代欧洲之所以优越他族者,科学之兴,其功不在人权说下,若舟车之有两轮焉"。因此,"国人而欲脱蒙昧时代,羞为浅化之民也,则急起直追,当以

---

① 李大钊:《自然的伦理观与孔子》,《李大钊文集》上卷,北京:人民出版社,1984年版,第264页。
② 陈独秀:《再答俞颂华(孔教)》,任建树、张统模、吴信忠编:《陈独秀著作选》第1卷,上海:上海人民出版社,1993年版,第309页。
③ 陈独秀:《孔子之道与现代生活》,《陈独秀文章选编》(上),北京:生活·读书·新知三联书店,1984年版,第153页。
④ 陈独秀:《法兰西人与近世文明》,《陈独秀文章选编》(上),北京:生活·读书·新知三联书店,1984年版,第79页。

科学与人权并重"①。新文化运动自此而把民主和科学视作社会进化的两大动力。在这之前的进化论一般把民主和科学作为中国社会进化的目标,而新文化倡导者的进化论强调民主和科学是中国社会进化的动力,这个转换意味着讨论的重心有所不同,以及对科学和民主的内涵的认识有所不同。新文化倡导者的进化论不再热衷于讨论科学技术和民主政治是中国社会进化所应该追求的,而是转而讨论科学和民主在西方为何可能,而在中国又为什么扎不了根。他们认识到没有多数国民在思想观念上树立科学精神和民主意识,社会就缺乏发展科学技术和实行民主政治的动力。因此,作为社会进化动力的科学和民主的内涵就有了变化:科学不只是指外在的器物工艺和知识体系,更主要的是指内在的科学精神;民主不只是指外在的社会制度和国体政体,更主要的是指内在的个性自由的觉悟(以人权来称呼民主,就表明了这一点)。

换言之,新文化倡导者用进化论来呼唤科学和民主,是以国民观念的变革为对象的。因而他们虽然和以往的进化论者一样,肯定"进化公例,适者生存"②,但他们强调主体只有一切按科学和民主的观念行事,才能适者生存。陈独秀斩钉截铁地说,必须拥护科学和民主这两位先生为最高裁决者,中国才能实现欧洲那样的由黑暗到光明的进化,"我们现在认定只有这两位先生,可以救治中国政治上道德上学术上思想上一切的黑暗"③。这意味着科学和民主成了对主体具有普遍规范意义的世界观之"道"。然而,当进化论推动中国人把科学和民主作为整体而升华为普遍准则,也就决定了进化论自身将要从世界观之"道"还原为具体生物科学知识之"器"。

新文化运动对旧文化的冲击和新文化的重建,主要是在道德和文学领域进行的。这一时期的"道德革命"和"文学革命"都将进化论充当自己的武器。

新文化运动认为,孔子之道不合现代生活的主要方面是伦理道德,因而要求用适合现代生活的新道德反对同现代生活不相容的旧道德,这里贯穿着的依

---

① 陈独秀:《敬告青年》,《陈独秀文章选编》(上),北京:生活·读书·新知三联书店,1984年版,第77、78页。
② 陈独秀:《吾人最后之觉悟》,《陈独秀文章选编》(上),北京:生活·读书·新知三联书店,1984年版,第107页。
③ 陈独秀:《〈新青年〉罪案之答辩书》,任建树、张统模、吴信忠编:《陈独秀著作选》第1卷,上海:上海人民出版社,1993年版,第443页。

然是"道与世更"的进化论观点。从这个观点出发,新文化运动打破了以三纲五常为核心的儒家伦理道德永恒不变的神话。陈独秀说:"盖道德之为物,应随社会为变迁,随时代为新旧,乃进化的而非一成不变的,此古代道德所以不适于今之世也。"①李大钊也指出,宇宙万物无不遵循"自然法则"而"渐次进化"的,"道德者,宇宙现象之一也。故其发生进化亦必应其自然进化之社会",因此,随着社会的自然进化,儒家旧道德"于今日之社会为不适于生存"。② 这就论证了以新道德代替旧道德的"道德革命"的历史必然性。应当说,梁启超已在本世纪初用同样的进化论观点提出了"道德革命"③,但是,仅隔一年,他就将"道德革命"的旗子收卷起来了,认为道德皆来自良心,无所谓新旧之别。④ 如果说。梁启超的"道德革命"对相对忽视思想启蒙的革命派进化论曾经不失为一个补充;那么,新文化运动用进化论再次竖起"道德革命"的旗帜,不仅是对革命派进化论的补充,而且是对梁启超在"道德革命"上的倒退的扭转。

然而,这一扭转不是重复而是超越。尽管新文化运动和梁启超同样是用进化论来论证"道德革命",但在理论上有超越梁启超的地方,就是注意到"道德革命"的经济原因。新文化运动认为,儒家三纲五常的旧道德是"无独立自主之人格"的"奴隶道德"⑤,因而其提倡的新道德,是以与此相反对的个性自由为本质的。用这样的新道德取代旧道德的"道德革命",是由现代经济生活作依托的。陈独秀说:"西洋个人独立主义,乃兼伦理、经济二者而言,尤以经济上个人独立主义为之根本也。"⑥这里指出了"道德革命"是由社会经济生活的变迁决定的。这和前述的将"道与世更"的进化论观点向唯物史观方向推进是一致的。以后,李大钊沿着这一方向,把进化论和唯物史观结合起来讲道德的变迁。他指出道

---

① 陈独秀:《答淮山逸民》,《陈独秀文章选编》(上),北京:生活·读书·新知三联书店,1984年版,第190页。
② 李大钊:《自然的伦理观与孔子》,《李大钊文集》上卷,北京:人民出版社,1984年版,第264页。
③ 参见梁启超:《释革》,《新民说·论公德》,张品兴主编:《梁启超全集》第2册,北京:北京出版社,1999年版。
④ 参见梁启超:《新民说·论私德》,张品兴主编:《梁启超全集》第2册,北京:北京出版社,1999年版。
⑤ 陈独秀:《一九一六年》,《陈独秀文章选编》(上),北京:生活·读书·新知三联书店,1984年版,第103页。
⑥ 陈独秀:《孔子之道与现代生活》,《陈独秀文章选编》(上),北京:生活·读书·新知三联书店,1984年版,第153页。

德的基础"就是自然,就是物质,就是生活的要求。简单一句话,道德就是适应社会生活的要求之社会的本能"①。既然如此,它就应当随着社会物质生活的变动,由旧到新地逐渐进化。这里明显地残留着早先视道德为宇宙间现象的进化论的痕迹。不过,这正好从一个侧面反映出从进化论之"道"过渡到唯物史观之"道"的轨迹。

就"文学革命"而言,进化论在其间表现为世界观和方法论相兼的即"道"即"器"。所谓"道",是指进化论为"文学革命"提供了理论指导。所谓"器",是指进化论为新文学的文学史研究提供了新的方法。

语言是文学的基础,因而"文学革命"以语言形式的变革为先导,这就是以白话取代文言。首倡白话文的,是胡适的《文学改良刍议》,而进化论则是其基本依据:"文学者,随时代而变迁者也。一时代有一时代之文学……此非吾一人之私言,乃文明进化之公理也。""以今世历史进化的眼光观之,则白话文学之为中国文学之正宗,又为将来文学必用之利器,可断言也。"②如果说这里表现了以"道与世更"的历史进化论作为普遍之公理;那么,响应胡适而起的陈独秀则把以革命促进进化的革命派进化论作为普遍之公理。他说一切事物"莫不因革命而新兴而进化"③,白话文亦如此。可见,进化论作为具有普遍意义的世界观之"道",指导了"文学革命"的语言形式变革。

"文学革命"不只是语言形式的变革,还是文学内容的变革。这就是张扬以个性解放为本质的人道主义,因而新文学以人为主题内容,称呼自己是"人的文学"。这同样是受进化论的世界观之"道"所支配的。在中国近代进化论思潮的开端,提倡人道主义就是其内容之一。康有为把人的"去苦求乐"作为衡量社会进化的标准:"日益思为求乐免苦之计,是为进化。"④严复亦持同样的看法:"人道所为,皆背苦而趋乐。"由于乐增苦减,所以"世道必进,后胜于今"⑤。可见,人道主义包容于进化论之内。因此,当新文学以人道主义为内容时,必定是在

---

① 李大钊:《物质变动与道德变动》,《李大钊文集》下卷,北京:人民出版社,1984年版,第138页。
② 胡适:《文学改良刍议》,《胡适文集》第3卷,北京:人民文学出版社,1998年版,第18、28页。
③ 陈独秀:《文学革命论》,《陈独秀文章选编》(上),北京:生活·读书·新知三联书店,1984年版,第172页。
④ 康有为:《大同书·癸部》,郑州:中州古籍出版社,1998年版,第357页。
⑤ 严复:《天演论》按语,王栻主编:《严复集》第5册,北京:中华书局,1986年版,第1359—1360页。

进化论世界观照耀之下的。周作人的《人的文学》鲜明地表现了这一点。它指出:"我们要说人的文学,须得先将这个人字,略加说明。我们所说的人,不是世间所谓'天地之性最贵'或'圆颅方趾'的人。乃是说'从动物进化的人类'。其中有两个要点,(一)'从动物'进化的,(二)从动物'进化的'。"因第一个要点,故而人有"肉的一面",因第二个要点,故而人有"灵的一面"。① 显然,这种呼唤灵肉都获得个性解放的新文学是立足于进化论的。

按照进化论的观点,任何事物都经历了一个逐渐发展的变迁过程。因此,信奉进化论的新文学的发难者,为了给新文学提供历史的根据,就需要从文学史的研究中梳理出新文学如何演变而来的线索。胡适的《白话文学史》正是这样的。胡适对中国千余年的白话文学史作了系统的考察,得出结论:"白话文学是有历史的,是有很长又很光荣的历史的。我要人人都知道国语文学乃是一千几百年历史进化的产儿。"②在这里进化论的观念运用于文学史研究,即转化为历史的方法。胡适说,"进化观念在哲学上运用的结果,便发生了一种'历史的态度'(The Genetic Method)",那就是"研究事务如何发生,怎样来的,怎样变到现在的样子"。③ 胡适以这种旨在探明事物沿革变迁的线索及其原因的历史的方法,在文学史领域里,对《西游记》、《水浒传》、《红楼梦》、《三国演义》等进行研究,取得了引人注目的成绩。进化论作为历史的方法,同时走向更广阔的文学史之外的历史领域,在"五四"前后大放异彩。

当进化论作为历史研究的工具(器)深受青睐之际,正是其作为世界观之"道"的消退之时。事实确是如此。如前所述,随着新文化运动把科学整体提升为普遍之"道",作为从某一特殊科学领域提升为世界观之"道"的进化论,就必定要还原为生物科学之"器"。在新文化运动之前,达尔文进化论的代表作都没有翻译出版。正如新文化运动时期一位学者所指出的:"自从严复氏将赫胥黎的《进化论与伦理学》介绍到中国来以后,关于进化论的普通知识,以及'自然淘汰'、'生存竞争'等等的名词,总算洋溢于中国的学术界中了。可是,'进化论'的名词,虽在二十多年前,已喧腾于众口,然而进化论本身的根本意义,却不甚

---

① 周作人:《人的文学》,载《新青年》第5卷第6期,1918年12月。
② 胡适:《白话文学史》,《胡适文集》第4卷,北京:人民文学出版社,1998年版,第20页。
③ 胡适:《实验主义》,《胡适文存》第1集,合肥:黄山书社,1996年版,第216页。

为学者们所注意。"① 这说明在进化论作为世界观之"道"而被信奉的同时,其作为具体科学知识之"器"的一面则被相对冷落了。在新文化运动期间,达尔文、海克尔等进化论著作在中国翻译出版,并涌现了很多介绍进化论科学知识的通俗读物。② 进化论在这里由"道"而返"器"。这固然是进化论思潮落退的表征,但就中国人对进化论的认识而言,则是更进了一层:不仅认识了它的世界观意义,而且认识了它的知识意义。

在进化论由"道"而返"器"的同时,西方的各种主要思潮蜂拥而入。在诸多"主义"中,被中国人选择为世界观之"道"而发生深重影响的,主要有杜威的实用主义、尼采和柏格森的非理性主义、马克思主义唯物史观。这三种主义都表现出和进化论有着这样或那样的既相连又分化的关系,由此完成了进化论之"道"为其他新"道"所替代的过程。

杜威的实用主义属于实证主义流派。实证主义的开创者孔德、斯宾塞和进化论思想有十分紧密的关联,尤其是斯宾塞和达尔文进化论更为交融相契。因而杜威的实用主义和进化论有着思想渊源。中国近代的进化论在其形成为世界观时,就和实证主义胶粘在一起。这在严复身上表现得十分突出:他译述的《天演论》的原作者赫胥黎是达尔文进化论的捍卫者,也是实证主义者;他把进化论提升为涵盖一切的世界观,在很大程度上是以斯宾塞普遍进化的实证主义观点为凭借的;他赋予进化论世界观以科学实证的品格,使其有了实证主义的浓厚色彩。③

进化论和实证主义有着上述的历史渊源,而且传扬实用主义的胡适又深受进化论熏染,所以实用主义在中国的兴起必定要以进化论为媒介。胡适说:"这六十年来,哲学家所用的'进化'观念仍旧是海智尔(Hegel)的进化观念,不是达尔文的《物种由来》的进化观念。到了实验主义一派的哲学家,方才把达尔文一派的进化观念拿到哲学上来应用;拿来批评哲学上的问题,拿来讨论真理,拿来研究道德。"④ 实用主义为进化论所滋养,但又超越了进化论。胡适认为19

---

① 转引自卢继传:《进化论的过去与现在》,北京:科学出版社,1980年版,第91页。
② 参见卢继传:《进化论的过去与现在》,北京:科学出版社,1980年版,第90—94页。
③ 参见本书关于实证主义思潮的论文。
④ 胡适:《实验主义》,《胡适文存》第1集,合肥:黄山书社,1996年版,第216页。

世纪中叶以来,"不能不认达尔文、赫胥黎一派的思想为哲学界的一个新纪元。自从他们提出他们的新实证主义以来",可分为两个时期,赫胥黎"代表这第一时期的思想革命……第二个时期,是新实证主义的建设时期;演化论的思想侵入了哲学的全部,实证的精神变成了自觉的思想方法,于是有实验主义的哲学。这两个时期是五六十年哲学思潮的两个大浪"①。这里所说的从赫胥黎到杜威即实用主义经过而又越过进化论的情形,在很大程度上道出了从严复到胡适即进化论之"道"为实用主义之"道"所取代的过程:后者接续前者而来,同时把前者原有的科学实证倾向发展为实证主义。这就是进化论思想侵入了哲学的全部,实用主义只是实证性的科学方法而拒斥哲学的世界观功能,尽管这本身也是一种世界观。所以,胡适在介绍自己思想时说:"实验主义是生物进化论出世以后的科学方法。"②实用主义正是在与进化论既衔接又分离中取代了进化论。

柏格森和尼采的非理性主义既吸纳了达尔文进化论的思想资料,又对达尔文进化论提出批评,认为它是"机械的进化论",忽视了意志在事物进化中的作用,因而他们颂扬"生命意志"、"权力意志"。正是这种推崇自由意志的非理性主义,在新文化运动期间受到了中国人的欢迎。这和近代中国的进化论有着历史联系。中国近代进化论从自强保种出发,强调在生存竞争中必须发扬人的意志力量才能获胜。因而在近代进化论思潮中裹挟着唯意志论:从谭嗣同以"心力"为社会进化的动力到梁启超以"民族意力"为历史进化的实体,再到章太炎把物种进化归结为意志力量的作用,"物苟有志,强力以与天地竞,此古今万物之所以变"③。正是沿续着这样的裹挟,新文化运动把柏格森和尼采唯意志论的非理性主义看作是进一步发挥进化论意义的西方新思想。

陈独秀说:"人生如逆水行舟,不进则退,中国之恒言也。自宇宙之根本大法言之,森罗万象,无日不在演进之途,万无保守现状之理;特以俗见拘牵,谓有二境,此法兰西当代大哲柏格森(H. Borgson)之《创造进化论》(L'Evolution

---

① 胡适:《五十年来之世界哲学》,《胡适文存》第2集,合肥:黄山书社,1996年版,第267页。
② 胡适:《介绍我自己的思想》,《胡适文存》第4集,合肥:黄山书社,1996年版,第453页。
③ 章太炎:《訄书·原变》,《章太炎全集》第3卷,上海:上海人民出版社,1982年版,第191页。

Creatrice)所以风靡一世也。"①李大钊更明确地指出,柏格森的创造进化论之所以能具有鼓动人们在生存竞争中奋发向前的作用,就在于其"本自由意志之理"。他说:"吾人不得自画于消极之宿命说(Determinus),以尼精神之奋进。须本自由意志之理(Theory of free will),进而努力,发展向上,以易其境,俾得适于所志,则 Henri Bergson 氏之'创造进化论'(Creative Evolution)尚矣。"②对于尼采思想的摄入,出自同样的宗旨。鲁迅和茅盾从进化论出发,确信人类未来可以造就出理想的新人即尼采所说的"超人",而这种"超人"以意志自由来求得生存。鲁迅说:"他用了力量和意志的全副,终身战争,就是用了炸弹和手枪,反抗而且沦灭。"③茅盾说:"惟其人类是有这'向权力的意志',所以不愿做奴隶来苟活,要不怕强权去奋斗。"④可见,新文化运动对于柏格森和尼采的非理性主义的倡导,是视其为和进化论一脉相传的。然而,当它把柏格森和尼采作为"主义"揭橥出来时,又表现了对进化论的取代。

在新文化运动期间,柏格森的非理性主义取代进化论还有另一种方式:以前者诘难后者,从而取代它。这表现在与新文化运动相对立的玄学派梁漱溟、张君劢等人的身上。近代中国的进化论认为社会历史按其固有的秩序不断进化。玄学派借助柏格森的意志自由超越因果律制约的思想,否定了进化论的这种客观必然性或普遍规律性的观念。梁漱溟赞赏柏格森以"生命冲动"的意志作为唯一实在的世界观,反对新文化运动依据进化论而提出的传统中国文化必然要进化为近代文化,认为文化是由"意欲"造成的,因而不受从低级向高级进化的规律的制约,于是断言"世界未来文化就是中国文化的复兴"⑤,亦即由近代文化向传统文化回复。这是为了给正在被打倒的"孔家店"张目。出于同样的目的,张君劢在"科学与人生观"的论战中,以柏格森哲学来论证人生观出于意志自由,不受科学因果律支配。他说:"柏格森氏《时间与自由意志》一书出

---

① 陈独秀:《敬告青年》,《陈独秀文章选编》(上),北京:生活·读书·新知三联书店,1984 年版,第 75 页。
② 李大钊:《厌世心与自觉心》,《李大钊文集》上册,北京:人民出版社,1984 年版,第 148 页。
③ 鲁迅:《译了〈工人绥惠略夫〉之后》,《鲁迅全集》第 10 卷,北京:人民文学出版社,1981 年版,第 169 页。
④ 茅盾:《尼采的学说》,《茅盾全集》第 32 卷,北京:人民文学出版社,2001 年版,第 88 页。
⑤ 梁漱溟:《东西文化及其哲学》,《梁漱溟全集》第 1 卷,济南:山东人民出版社,1989 年版,第 525 页。

版,阐明人生之本为自觉性。此自觉性顷刻万变,过而不留,"因此,"绝对无可量度,无因果可求。"①否定了科学因果对人生观的支配,也就否定了把某一科学领域的理论提升为世界观的进化论。由此,他要求表彰"侧重内心之修养"的"宋明理学家"。②

柏格森和尼采的非理性主义取代进化论的两种方式,表明了取代进化论之"道"的新"道",并非都是指引着历史前进方向的。真正指引着历史前进方向的代进化论而兴的新"道",是马克思主义唯物史观。

如前所述,中国近代进化论表现出重视物质生产和群众活动的趋向,包含了唯物史观的萌芽;而且从改良派的进化论到革命派的进化论,在总体上显示了转向马克思主义的轨迹。简言之,进化论思潮的主流是朝着唯物史观而奔腾向前的。因此,唯物史观作为世界观之"道"为中国人信仰,是对进化论的继承和发展。

这在中国最初由进化论转向唯物史观的马克思主义者身上可以得到印证。李大钊指出,如果"以历史行程的价值"即对历史的发展是否予以肯定为标准,那么进化论和唯物史观是一致的,都是与"退落的或循环的历史观"相对立的进步的历史观;但如果"以历史进展的动因为准",唯物史观则更胜一筹。因为它把历史进化的动因归于"物质",归于"社会的生产方法"③,社会"以其内部促他自己进化的最高动因,就是生产力"④。与此同时,他从普通劳动群众造成了生产力的发展的角度,肯定了劳动人民是历史的主人:"一个智识的发现,技术的发明,乃至把是等发现发明致之于实用,都是像我们一样的社会上的人人劳作的结果。这种生活技术的进步,变动了社会的全生活,改进了历史的阶段。"⑤陈独秀在从进化论转向唯物史观的过程中,同样把原先包含在进化论中的唯物史观萌芽,加以继承和发展了。他对蔡和森的"马克思主义的骨髓,在综

---

① 张君劢:《再论人生观与科学并答丁在君》,张君劢、丁文江等著:《科学与人生观》,济南:山东人民出版社,1997年版,第72页。
② 张君劢:《再论人生观与科学并答丁在君》,张君劢、丁文江等著:《科学与人生观》,济南:山东人民出版社,1997年版,第116页。
③ 李大钊:《史观》,《李大钊文集》下册,北京:人民出版社,1984年版,第265—266页。
④ 李大钊:《我的马克思主义观》,《李大钊文集》下册,北京:人民出版社,1984年版,第59页。
⑤ 李大钊:《史学要论·现代史学的研究及于人生态度的影响》,《李大钊文集》下册,北京:人民出版社,1984年版,第764页。

合革命说与进化说"的观点表示赞同,指出"唯物史观固然含着有自然进化的意义,但是他的要义并不只此,我以为唯物史观底要义是告诉我们:历史上一切制度底变化是随着经济制度底变化而变化的",因而"创造历史之最有效最根本的方法,即经济制度的革命"。① 他同时指出对资本主义经济制度进行革命的第一步是劳动阶级取得政权,"达到第一步,劳动阶级就利用政权渐次夺取资本阶级的一切资本"②。这明显是对革命派进化论的延续和推进。

唯物史观在继承和发展进化论的同时取而代之,并在"五四"后期便迅速被人们特别是年轻一代所欢迎。这和进化论初兴时的情景几乎是一样的。唯物史观能够很快取代进化论而成为新的世界观,原因有不少,但是就它们作为世界观的本身而言,在于唯物史观具有比进化论更加"可信"和"可爱"的品格。

如前所述,进化论之所以在短时期内得到了社会的广泛认同,是因其被赋予了科学实证的品格。唯物史观优越于进化论之处,在很大程度上是它更科学地解释了人类历史进化的规律。就肯定人类历史有其固有规律而言,唯物史观和进化论具有同等的科学品格。但是,进化论把生物进化的规律说成是适用于同生物有别的人类,在科学知识逐渐普及的新文化运动时期,毕竟显得不那么科学。因为科学以分类为认识对象的前提。因此,唯物史观从人类社会自身的生产力发展来解释社会进化的原因,提出有别于生物进化的社会发展规律,就比进化论更具有科学的说服力。邓中夏在比较"进化论历史观"和唯物史观时,指出"唯物史观派,他们亦根据科学,亦应用科学方法","所不同者,只是他们相信物质变动(老实说,经济变动),则人类思想都要跟着变动",这是其"尤为有识尤为澈底的所在"。③ 就是说,唯物史观比进化论更具科学性。同时,在进化论指引下的戊戌维新和辛亥革命或夭折或流产,而唯物史观则被十月革命的胜利所证实,这就强化了唯物史观科学实证的品格。于是,唯物史观较之进化论就更为"可信"了。

---

① 陈独秀:《答蔡和森(马克思学说与中国无产阶级)》,《陈独秀文章选编》(中),北京:生活·读书·新知三联书店,1984年版,第157页。
② 陈独秀:《马克思学说》,《陈独秀文章选编》(中),北京:生活·读书·新知三联书店,1984年版,第197页。
③ 邓中夏:《中国现在的思想界》,载《中国青年》第6期,1923年11月。

唯物史观具有比进化论更加"可爱"的品格,在于它提出了社会主义和人道主义相统一的社会理想和人生理想。李大钊指出,"现在世界进化的轨道,都是沿着一条线走,这条线就是达到世界大同的通衢";在这一通衢上,"一方面是个性解放,一方面是大同团结。这个性解放的运动,同时伴着一个大同团结的运动。这两种运动,似乎是相反,实在是相成"。[①] 要求个性解放是人道主义的实质,大同团结是社会主义的理想,所以唯物史观"主张以人道主义改造人类精神,同时以社会主义改造经济组织"[②];而以"阶级竞争"作手段来改造经济组织是基本的,因为通过阶级斗争粉碎剥削制度,本来受到限制的人道主义便将得到充分发扬,"人人都把'人'的面目拿出来对他的同胞"[③],于是就实现了既有个性自由又有大同团结的社会新秩序。如前所述,进化论认为社会朝着尽善尽美的大同世界进化,在这过程中个性不断得到解放。因此,进化论具有"可爱"的品格。但是,进化论反对用阶级斗争来实现大同理想,认为阶级斗争是有悖人道主义的。然而进化论又找不到实现大同理想的切实有效的手段,这就使其"可爱"性流于空泛。同时,进化论以生存竞争的观点来讲个性解放,生存竞争的残酷无情或多或少地弱化了其中的人道主义。虽然,进化论后来引进了互助原则加以修补,认为竞争和互助都是进化的原则,但因其反对阶级斗争,所以说明不了竞争和互助如何达到统一。这又使进化论的"可爱"性打了折扣。李大钊说,"阶级竞争说恰如一金线",把马克思主义联贯起来。[④] 他也正是通过"阶级竞争"说将社会主义和人道主义相统一,使唯物史观的社会理想和人生理想比之进化论,具有更加坚实充盈的"可爱"品格。

唯物史观因为具有比进化论更为"可信"和"可爱"的品格,所以它取代进化论成为新的世界观之"道"是合乎逻辑的。同时,唯物史观具有的"可信"和"可爱"的双重品格,也使其在取代进化论的新"道"中占据了主导地位,得到更多人的拥护和信仰。

20世纪初的王国维,曾为实证主义"可信不可爱"和非理性主义(包括唯意

[①] 李大钊:《平民主义》,《李大钊文集》下册,北京:人民出版社,1984年版,第597页。
[②] 李大钊:《我的马克思主义观》,《李大钊文集》下册,北京:人民出版社,1984年版,第68页。
[③] 李大钊:《"少年中国"的"少年运动"》,《李大钊文集》下册,北京:人民出版社,1984年版,第43页。
[④] 参见李大钊:《我的马克思主义观》,《李大钊文集》下册,北京:人民出版社,1984年版。

志论)"可爱不可信"而陷入苦恼。在新文化运动中取代进化论的实用主义和尼采、柏格森非理性主义,正表现了"可信"和"可爱"的对立。胡适将实用主义归为"科学方法",一切以"科学试验室的态度"为准则,赋予其"可信"的品格。但当他用科学包括达尔文进化论来解释人生时,人生就变得笼罩在因果必然性之下而毫无生气:"因果的大法支配着他——人——的一切生活,生存竞争的惨剧鞭策他的一切行为,——这个两手动物的自由真是很有限的了。"[①]显然,这种在生存竞争的鞭子抽打下很少有选择自由的人生是不"可爱"的。与此相反,梁漱溟、张君劢反对用科学因果律支配人生,强调人生的一切是意志自由的结果,使柏格森等非理性主义具有非机械的、合乎人的意志愿望的"可爱"性,但对科学因果律的否定,又使其丧失了"可信"的品格。因此,在取代进化论的新"道"中,"可信"和"可爱"兼备的唯物史观成为继进化论之后的主流思潮,也是合乎逻辑的。

进化论思潮就这样消退了。19世纪末的新世界观在20世纪的20年代为更新的世界观——唯物史观所取代了。然而,近代中国在它照耀下走过的思想路程,却永远记载在历史的册页上。

参考文献

陈兼善:《进化论纲要》,北京:商务印书馆,1935年版。
周振甫:《严复思想述评》,上海:中华书局,1940年版。
王栻:《严复传》,上海:上海人民出版社,1975年增订版。
曾乐山:《中西哲学的融合——中国近代进化论的传播》,合肥:安徽人民出版社,1991年版。
郝翔:《进化论与中国近代社会观念的变革》,武汉:武汉水利电力大学出版社,2000年版。
王中江:《进化主义在中国》,北京:首都师范大学出版社,2002年版。
吴丕:《进化论与中国激进主义(1859—1924)》,北京:北京大学出版社,2005年版。
李泽厚:《严复论》,《历史研究》,1977年,第2期。

[①] 胡适:《科学与人生观·序》,《胡适文存》第2集,合肥:黄山书社,1996年版,第152页。

陈元晖:《严复和近代实证主义哲学》,《哲学研究》,1978年,第4期。

杨宪邦:《孙中山的进化论的唯物主义世界观》,《中国哲学史论文集》,济南:山东人民出版社,1980年版。

邬国义:《关于严复翻译〈天演论〉的时间》,《华东师范大学学报(哲学社会科学版)》,1981年,第3期。

叶晓青:《早于〈天演论〉的进化观念》,《湘潭大学社会科学学报》,1982年,第1期。

杨宪邦:《论严复的天演论哲学》,《社会科学辑刊》,1984年,第1期。

马自毅:《康有为进化观形成时间考》,《华东师范大学学报(哲学社会科学版)》,1984年,第3期。

曾乐山:《再论中国近代哲学史上的进化论》,《中国近代哲学史论文集》,天津:天津人民出版社,1984年版。

邝柏林:《中国近代进化思想发展初探》,《中国近代哲学史论文集》,天津:天津人民出版社,1984年版。

肖万源:《进化唯物主义思潮的兴起》,《中国近代哲学史论文集》,天津:天津人民出版社,1984年版。

冯契:《李大钊由进化论向唯物史观的转变》,《华东师范大学学报(哲学社会科学版)》,1987年,第6期。

郝翔:《论中国近代资产阶级哲学对进化论学说的改造》,《中国哲学史研究》,1988年,第1期。

陈卫平:《论中国近代资产阶级革命派进化论的特征》,《哲学研究》,1991年,第7期。

陈卫平:《中国近代的进化论与政治思潮》,《华东师范大学学报(哲学社会科学版)》,1995年,第6期。

陈卫平:《中国近代进化论思潮形成的内在逻辑》,《文史哲》,1996年,第3期。

陈卫平:《器道升替:中国近代进化论的历程》,《学术界》,1997年,第1期。

刘黎红:《五四时期进化论的变迁与文化保守主义》,《天津社会科学》,2002年,第4期。

王贻社:《中国近代进化论哲学的发展演变》,《山东大学学报(哲学社会科学版)》,2004年,第3期。

第四章
融入与逸出
—— 实证主义、科学主义思潮评析

实证主义作为一种世界性的哲学思潮，兴起于19世纪中叶的西方。从哲学的逻辑演进看，实证主义的理论先导可以上溯到近代西方的经验主义，而其更广的历史背景则包括近代科学的发展。经验论传统的制约，使实证主义将哲学的领域主要限制在现象界（现象主义），拒绝讨论可经验现象之外的问题（反形而上学）；近代科学的凯歌行进，则使实证主义极为注重实验科学及与之相关的逻辑与方法论，并力图实现科学的统一及哲学的科学化，这种情况是一种更为广泛的社会文化思潮，即以科学崇拜为特征的科学主义在哲学上的表现。一句话，既重视科学，又对科学作现象主义的诠释，是实证主义的基本致思倾向。显然，这是在相当宽泛的意义上对实证主义的规定，在这种规定下，实证主义涵盖了包括孔德和穆勒的实证哲学、马赫主义、实用主义、新实在论、逻辑实证主义等在内的众多的哲学流派。

自19世纪后期开始，随着东渐的西学从声、光、化、电扩及哲学观念，实证主义便被系统地引入了中国，并逐步与中国传统冲撞、交融，成为近现代中国引人注目的哲学思潮。西方近代的实证主义在其衍化过程中，历经数代，并形成上述不同的流派，这种变迁、演化在中国近代也几乎一一得到了再现。然而，当实证主义传入中国之时，它所遇到的，是一种不同于近代西方的哲学、文化传统与历史背景，后者既为实证主义的东渐提供了前提，也使之在理论上有所变形。这样，中国近代的实证主义尽管源于西方实证论，并与之存在相近的哲学趋向，但同时又受到文化传统及近代历史进程的双重制约，从而多方面地异于西方实证主义。中西近代实证主义这种相即又相离的历史现象，从一个侧面折射了近代中西哲学交汇的复杂形态。

一、历史演变和主要人物

1. 严复：实证哲学的东渐

中国哲学步入近代后，第一个比较系统地引入实证主义的，是严复。当他超越"技"、"器"，试图从哲学的层面向西方寻求"实测内籀"之学时，严复所遇到的,首先是以孔德、穆勒、斯宾塞等为主要代表的第一代实证主义。实证哲学的一个显著特征是注重近代实证科学方法。孔德将培根以来注重事实的精神,视为实证哲学的基本要求,并把观察、实验、比较及历史等方法,列为自然科学和社会学的主要方法。[①] 穆勒进一步将实证科学方法加以系统化与具体化,创立了完整的科学归纳法。斯宾塞则把科学方法分为三类:抽象科学的方法(逻辑与数学方法),抽象-具体科学的方法(物理学与化学等方法),以及具体科学的方法(天文、地质学、生物学等方法),并主张将这些方法同时引入社会学研究。[②] 实证哲学的另一个重要方面,即是其现象主义的原则,它首先表现为对实证科学方法适用范围的划界。在实证论看来,科学方法固然是自然科学与社会学研究必不可少的手段,但它们只能适用于现象界,现象背后的本质或本体超越了人的认识能力,科学方法在那里并无用武之地。实证哲学的二重内容对严复产生了深刻影响。严复所感兴趣的,首先自然是实证哲学所涉及的近代科学方法,他极力推崇并急于向国人引介的便是"实测内籀"之学。所谓"实测内籀",也就是在即物实测(观察和实验)的基础上,通过归纳(内籀)概括出一般的公例,最后又将公例放到实验过程中加以验证,使之成为定理。但是,严复是以实证哲学为接受、引入西方科学方法的媒介的,因此,他也难免以现象主义的观点来看待"实测内籀"之学。严复认为,科学的公例来自归纳(内籀),而归纳的范围总是不超出"对待之域"即现象界的;即物实测的对象,主要限于现象,而公例则无非是现象之间的恒常联系的概括。可见,在"实测内籀"之学的范畴中,既包容了近代实证科学的方法,又融入了现象主义的原则,二者的交织纠缠使严复的哲学带有明显的实证论倾向。同时,在注重直接的、可感知的经验事实方面,实证主义与功利主义有相通之处,事实上,英国的实证论者穆勒同时又是一个著名的功利主义者。二者的交融同样体现在严复身上。不过,与西方实证主义以现象主义的原则拒斥形而上的本体不同,严复并不否定本体世界("无对之域")的存在,只是认为"无对之域"不同于"对待之域",超出了人的认识能力,从而"不可思议"。这样,在严复那里,本体界和现象界便处于一种既相互并存,

---

① 参见孔德:《实证哲学》,英译本,下卷,伦敦,1853年,第97—100页。
② 参见斯宾塞:《社会学研究》,英文版,安阿伯,1961年,第23—30页。

又相互对峙的状态。所以,尽管严复把"形而上"的"无对之域"排除于科学认识之外,但并未进而将其从哲学领域中清洗出去。事实上,在严复的思想中,我们确实也可以看到形而上学的多重印痕,特别是其"天演之学",既是一种自然哲学,又是一种政治哲学、价值哲学,其涵义已远远超出了实证科学。

2. 王国维:徘徊于可信者与可爱者之间

稍后于严复,王国维在某种程度上也表现出实证主义倾向。王国维早年曾研究过德国思辨哲学,对康德和叔本华下过一番苦功,显示了对形而上学的浓厚兴趣,但后来逐渐意识到形而上学虽"可爱",但不"可信",真正可信的是实证论。与严复一样,王国维所理解的"实证论",首先与其中所涉及的科学方法相联系,不过,与严复基本上着重于西学的东渐不同,王国维在引入西方近代的科学方法(包括逻辑方法)的同时,又以独具的眼光,注意对西方近代科学方法和乾嘉学派的传统方法作了多重沟通,从而在甲骨文、金文等史学领域的研究中取得了举世瞩目的成就。当然,实证论的另一面即其现象主义原则同样也影响着王国维。实证论的现象主义倾向首先表现为反形而上学的立场,王国维在接受实证论时,同样表现出类似的倾向,他对超越的存在提出了质疑和批评。与此相应,王国维在把近代科学方法运用于史学研究时,也表现出注重现象关联的倾向,以为科学的首要目标在于"记叙事物"以"尽其真"[①],其史学研究主要限于现象领域的考证。不过,王国维虽然肯定实证论为"可信者",但又认为它并不可爱,因为实证论无法解决人生意义、终极关怀等问题。在王国维以下这段话中,很典型地流露出其复杂的心态:"伟大之形而上学,高严之伦理学,与纯粹之美学,此吾所酷嗜者也。然求其可信者,则宁在知识论上之实证论,伦理学上之快乐论,与美学上之经验论。知其可信而不能爱,觉其可爱而不能信,此近二、三年中最大之烦闷。"[②]这种看法实际上已注意到了实证主义的限度。

3. 胡适:实用主义的引入和变形

19世纪末、20世纪初,西方的实证主义开始出现了不同的分支,实用主义即其中之一。"五四"前后,随着新思潮的涌动,实用主义开始传入中国,并产生

---

① 王国维:《观堂别集》卷四。
② 王国维:《静安文集续编·自序》。

了多方面的影响,而这一过程始终又与胡适相联系,他是实用主义在中国的主要代表。作为实证主义的分支,实用主义对超乎经验-现象界的传统哲学问题(即所谓形而上学问题)采取的是一种搁置起来的态度。在实用主义的创始人皮尔士那里,这一倾向即已初露端倪:"本体论形而上学的命题,如果不是无意义的废话——一个词定义其他词,这个词又被另一些词定义,却始终不能达到真实的概念——就是完全荒唐的东西……就此而论,实效主义①是一种准实证论。"②在尔后的演进中,它不断地为继起的实用主义哲学所引申和发挥。如詹姆士即一再声称,"在鄙弃一切字面的解决、无用的问题和形而上学的抽象方面,它(实用主义——引者)与实证主义是一致的"③。杜威也说:"实用主义关于实在的概念的主要特色,正在于它认为关于实在的一般理论是不可能的,或者说不需要的。"④所谓"关于实在的一般理论",指的就是超验的形而上学。实用主义的反形而上学倾向直接影响了胡适。在他看来,杜威对传统哲学问题的消解,不啻是哲学史上的一场革命:"杜威在哲学史上是一个大革命家。为什么呢?因为他把欧洲近世哲学从休谟(Hume)和康德(Kant)以来的哲学根本问题一齐抹煞,一齐认为没有讨论的价值。"⑤和杜威一样,胡适主张对唯心论、唯物论等传统的形而上学问题采取不了了之的态度。不过,胡适同时又深受传统自然主义的影响,并承认,"在那个自然主义的宇宙里,天行是有常度的,物变是有自然法则的"⑥。对宇宙内在法则的这种肯定,与实证论(包括实用主义)拒绝讨论现象之后的本体,显然有所不同。不仅如此,胡适还将自然主义引入人生观,提出了自然主义的人生观。这些看法,多少表现出对形而上学的某种容忍。

实用主义和科学、科学方法论的关系,在不同的哲学家那里情形各异。皮尔士的主要兴趣是澄清科学探究的某些方面,他的实用主义是其科学方法论的一个核心部分,皮尔士原则的基本内容就是用可感的经验效果来确定理智概念

---

① 作者注:Pragmatism,皮尔士在后期将其实用主义理论又称为实效主义。
② 皮尔士:《皮尔士文集》,第5卷,英文版,布鲁明顿,1982年,第423节。
③ 詹姆士:《实用主义》,北京:商务印书馆,1979年版,第30页。
④ 杜威:《哲学复兴的必要》,载《创造的智慧》,纽约,1917年,第55页。
⑤ 胡适:《实验主义》,《胡适文存》第2集,上海:亚东图书馆,1935年版,第444页。
⑥ 胡适:《科学与人生观·序》,《胡适文存》第2集,合肥:黄山书社,1996年版,第152页。

(主要是科学概念)的意义。詹姆士虽然是医学博士,且对心理学作出过杰出的贡献,但他的实用主义主要是一种解决形而上学争端的技术的理论,一种支持宗教假设的正当性的哲学根据。杜威不像詹姆士那么注重宗教经验,其哲学具有科学性和客观性的外观,他和皮尔士一样重视方法论问题,其实验探索方法(即著名的思想五步法)就是在实用主义立场上对近代实证自然科学方法的概括,但和皮尔士主要注目于科学不同,杜威试图用他的实验探索方法来解决人类经验和文化的一切领域中的问题。胡适对实用主义的接受,主要是视之为一种科学方法论,因此,他更倾向于皮尔士和杜威,而对詹姆士则颇有微词:"詹姆士是富于宗教心的人,他虽是实验主义的宣传者,他的性情根本上和实验主义有点合不拢来。"[①]胡适不仅介绍了实用主义的方法,而且还在更为一般的意义上介绍了近代实证科学的方法,但由于实用主义以及更为一般意义上的实证主义的影响,他也接受了现象主义的原则,以为人的认识只能限于现象和经验的领域,这是胡适方法论的一个方面;另一个方面,胡适又上承清代朴学等传统的方法论思想,并将传统方法与近代科学方法作了沟通,从而在一定意义上推进了方法论的近代化。这两方面集中地体现在他的"科学试验室的态度",即其以"大胆的假设,小心的求证"为核心的方法论中。

4. 丁文江和王星拱:中国的马赫主义者

与胡适引入实用主义几乎同时,丁文江、王星拱着力将马赫主义介绍到了中国。就哲学形态而言,马赫主义大致可归入第二代实证主义,它不仅继承第一代实证论的经验主义与现象主义立场,并以反形而上学为己任。马赫强调,作为构成世界的最基本的分子——要素既非物质,亦非精神,而是中性的。这样,世界的本源既不能归结为物质,亦不能说是精神,而传统哲学中争论不休的基本问题,由此得到超越。马赫是一个颇有成就的科学家和科学史家,在声学、冲击波理论及科学史等方面均有重要建树,同时又善于利用科学的最新成果为其哲学主张作论证,因此,他的哲学具有科学的外观,很容易影响崇尚科学的中国近代思想家。丁文江和王星拱分别从事地质学与化学的研究,具有科学家与哲学家的双重身份,因而马赫主义对他们便具有了一种特别的吸引力。他们接

[①] 胡适:《五十年来之世界哲学》,《胡适文存》第2集,合肥:黄山书社,1996年版,第250页。

受了马赫以中立要素一元论反传统形而上学的思想,且更为直接地揭明了要素说的感觉论特征,如丁文江对物质做出如下界说:"我们所晓得的物质,本不过是心理上的觉官感触。"①不过,与马赫较多地关注于科学和哲学的关系有所不同,丁文江、王星拱对人生观表现出很大的兴趣。事实上,丁、王对马赫主义的介绍和发挥,即发端于人生观的论战。在丁、王看来,科学与人生观不能分家,人生观应当受科学的制约,正是在这里,体现了科学的统一性。一般而论,追求科学的统一性是实证主义的共同趋向,当然不同的派别有不同的方略。第一代实证论者孔德就企图在实证方法的共同基础上实现科学的综合,马赫将统一的基础设定在不同科学研究的共同题材——要素上,以后的逻辑实证论者纽拉特、卡尔纳普等则力求在统一的科学语言——物理语言上来完成科学统一的大业。在这方面,丁、王无疑继承了实证主义的传统。但也正是由强调科学的普遍性,丁文江、王星拱又表现出某种唯科学主义的趋向,以致把人生理解为一种类似力学运动的过程,就此而言,丁、王似乎又以更极端的形式,凸现了实证论的内在缺陷。

5. 冯友兰:新实在论的融入和逸出

与实用主义几乎同时,英美哲学界出现了实证主义的另一流派——新实在论,其主要代表有英国的穆尔、早期罗素,以及美国的霍尔特、培里、蒙塔古等。作为实证主义的一个流派,新实在论有明显的反形而上学的倾向,这突出地表现在其对思辨的教条的排拒上。"所谓'思辨的教条',是指为了种种哲学上的目的而作的一种假定,认为有一个完全齐备的、完全普遍的原则,一个单一的根本的命题,能够充分恰当地规定或解释一切事物。"②具体地说,"思辨的教条"包括两方面的内容:"传统的心灵主义的概念,如意志、活动性、直接性、生命等等,和唯物主义把物体看作是一个不可简化的实体一样,都是根据于同一的根本性的误解。"③对"思辨的教条"的拒斥,实质上即是对传统形而上学的否定。新实在论重视利用自然科学的成就,特别是数学、逻辑学的成就,相对前述的实证主义各派而论,新实在论的特点在于引入并注重逻辑分析方法。新实在论的

---

① 丁文江:《玄学与科学》,《努力周报》第 48 期,1923 年 4 月。
② 霍尔特等著:《新实在论》,伍仁益译,北京:商务印书馆,1980 年版,第 23 页。
③ 霍尔特等著:《新实在论》,伍仁益译,北京:商务印书馆,1980 年版,第 20 页。

主将罗素,便是现代逻辑的创始者之一,他和怀特海合著的《数学原理》是数理逻辑的经典之作。正是逻辑分析方法的自觉运用,使新实在论和后来的逻辑实证主义有密切的关系,罗素就常被引为逻辑实证主义的先驱。逻辑实证主义通过语言的逻辑分析,指出形而上学的命题既非分析命题,亦非综合命题,因此没有认知意义,在科学的立场上,应当拒斥形而上学。在20世纪30、40年代,新实在论、逻辑实证主义以及与它们密切相关的数理逻辑开始传入中国。介绍数理逻辑的学者有俞大维、金岳霖、万卓恒、沈有鼎、汪奠基、张荫麟、王宪钧、胡世华等,其中金岳霖在1938年出版的《逻辑》一书影响最大。介绍逻辑实证主义最出色的是石里克的学生洪谦,其《维也纳学派》是中国第一本系统介绍逻辑实证主义哲学的专著。冯友兰和金岳霖以新实在论为基本立场,出入逻辑实证主义,运用逻辑分析的方法,融会中西,创造性地构建了自己的哲学体系,他们的哲学标志着中国近代实证主义思潮发展的最高水平。

在对形而上学的态度问题上,冯友兰首先把传统的形而上学作为"坏"的形而上学而加以否定,从而表现了与新实在论和逻辑实证主义相近的思路。但同时,冯友兰又认为,除了坏的形而上学之外,还有一种"最哲学的形上学"。后者的特点在于完全由形式命题或分析命题所构成,而不涉及实际的世界。而他要重建的,正是这样一种形式化的形而上学。通过净化传统的形而上学,冯友兰运用逻辑建构的方式,以理、气、道体、大全等范畴为主干,形成了其新理学的体系。这种新形而上学体系在理论上并不很成功,因为它追求哲学的形式化,而哲学按其本质而言是无法形式化的:一旦将其形式化,便意味着剔除一切实际的内容,其结果即是使之成为缺乏现实根据的思辨虚构。不过,它对实证主义的偏向却多少有所限制。实证主义在拒斥形而上学的同时,也拒斥了对世界统一性原理及宇宙发展法则的考察。当王国维感叹实证论无法解决"伟大的形而上学"问题时,便已注意到了实证论的以上局限。较之正统实证主义的褊狭眼界,冯友兰的新形而上学尽管仍带有思辨的特点,但毕竟重新确认了世界统一性原理和宇宙发展法则在哲学中的地位,从而起到了某种纠偏的作用。

在认识论和方法论上,冯友兰融入了实证主义的经验证实原则,并吸取新实在论及逻辑实证论的逻辑分析法,但同时又将命题分为两类,即本然命题与实际命题。本然命题以本然(自在)之理为内容,不管是否为人实际地表述,它都是存在的;实际的命题则以本然命题为依据,它乃是人们对本然命题的陈述。本然命题是永真的,实际命题唯有与之相符合,才具有真的性质。不难看出,所谓本然命题,无非是一种不依赖于经验而存在的认识形式,它在本质上具有超验的性质。对这种命题的设定,与实证主义显然有所不同,而冯友兰也正是以本然命题的设定为依据,对实证主义(特别是逻辑实证主义)的约定论提出了批评。与设定本然命题相联系,冯友兰在肯定实证主义的逻辑分析方法的同时,又进一步主张由辨名而析理。在他看来,科学方法固然包含语义分析和句法分析,但对概念的这种分析(辨名)必须与析理(把握本然之理)相联系:"照我们的看法,逻辑分析法,就是辨名析理的方法。这一句话,就表示我们与维也纳学派的不同。"① 较之逻辑实证主义仅仅囿于语言的逻辑分析,冯友兰的视野似乎更为宽阔一些。

冯友兰通过辨名析理而重建形而上学,最终乃是为了引导人们进入理想的人生境界,后者便涉及到了道德哲学。在伦理学上,实证主义(特别是新实在论及后来的逻辑实证主义)的特点在于由传统的规范伦理学转向元伦理学(Meta-ethics)。元伦理学以道德语言的研究为主要内容,它在某种意义上把伦理学归结为道德概念与道德判断的逻辑分析。实证主义的这一趋向,也明显地影响了冯友兰。在道德哲学的研究上,冯友兰十分注重概念的澄清和净化。不过,他并不赞成新实在论及逻辑实证主义将伦理学仅仅归结为道德语言的分析,认为哲学应与人生相联系,并根据觉解(理性觉悟)的程度,将人生区分为自然境界、功利境界、道德境界、天地境界四种境界。在冯氏看来,要达到人生的最高境界,便必须借助于本体论上的道体、大全等范畴。本体论和人生观的这种联系,蕴含着天与人、真与善相统一的运思倾向。相对于丁文江、王星拱以物理世界的因果法则来宰制人生,以及逻辑实证主义将人生逻辑化的趋向,冯友兰的如上看法无疑亦有纠偏的意义。

6. 金岳霖:中国近代实证论思潮的终结

中国近代新实在论的另一重镇是金岳霖。受新实在论影响,金岳霖对传统

---

① 冯友兰:《论分析命题》,涂又光编:《三松堂全集》第5卷,郑州:河南人民出版社,1989年版,第233页。

的形而上学颇有微词。在他看来,传统的形而上学往往热衷于从宇宙本体的角度讨论心物关系等问题,而这种心物之辩其实并没有多大意义:"如果我们以物为心,或者以心为物,那么,结果是宇宙一元。唯心派的'心'与唯物派的'物'就是一件东西,叫它'心'也好,叫它'物'也好,没有很大的分别。……两派闹了许久的上下前后,而对于一时一地的一事一物,没有增加我们的知识。"①既然心物之争并不能增加我们的知识,那么,结论自然是应当超越唯心派和唯物派。这种超越唯心与唯物的要求与新实在论大致一脉相承,体现的是同一种实证主义趋向。不过,批评传统形而上学并不意味着拒斥一切形而上学。在金岳霖看来,玄学(元学形而上学)有新老之分,对二者可以有不同的态度:"我觉得新玄学与老玄学有极重要的分别,反对老玄学的人,不见得一定反对新玄学。"②心物之争一类的形而上学固然没有意义,但不能由此否定一般的玄学。讨论哲学,总是不能完全离开玄学的问题,因为玄学不仅可以给人以"情感的满足"③,而且是解决其他哲学问题的必要条件。基于这样的认识,金岳霖借助传统哲学的概念,运用逻辑分析的方法,建构起一个以"道—式—能"为主干的元学体系,将宇宙之道理解为一个"无极而太极"的过程,太极虽然无法达到,但却构成了一个"至真、至善、至美、至如"的境界④,作为真、善、美的统一,这种境界体现了人的价值理想,因而能给人以情感的满足。对形而上学意义的如上确认,已逸出了实证主义的立场。

较之冯友兰由辨名析理而指向人生哲学,金岳霖的关注之点更多地集中于认识论。按照金岳霖的看法,知识论应当从感觉说起,"说知识有进步,简单地说,就是不同的正觉有增加"⑤。就其以感觉为知识之源而言,这种看法与实证主义无疑彼此相近。不过,实证主义主要上承休谟的经验论,以为认识论无法超越感觉,从而将主体的感觉与外部对象隔绝起来,在知识论上持唯主的出发方式,即以主观的或此时此地的感觉现象为出发点。金岳霖指出唯主方式的两

---

① 金岳霖:《金岳霖学术论文选》,北京:中国社会科学出版社,1990年版,第156—157页。
② 金岳霖:《金岳霖学术论文选》,北京:中国社会科学出版社,1990年版,第158页。
③ 金岳霖:《论道》,北京:商务印书馆,1983年版,第17页。
④ 金岳霖:《论道》,北京:商务印书馆,1983年版,第212页。
⑤ 金岳霖:《知识论》,北京:商务印书馆,1983年版,第953页。

大缺陷:1.得不到独立存在的外物,2.得不到真正的客观共同并难以区分真假。主张非唯主的出发方式,即除了承认"有官觉"的命题之外,还承认"有独立存在的外物"的命题。为了统一"有官觉"和有外物这两个命题,肯定感觉能给予客观实在,金岳霖提出了"所与是客观的呈现"的理论,肯定"内容和对象在正觉的所与上合一"。他说:"我们称正觉底呈现为'所与'以别于其它官能活动底呈现。所与就是外物或外物底一部分。所与有两方面的位置,它是内容,同时也是对象。就内容说,它是呈现;就对象说,它是具有对象性的外物或外物底一部分。内容和对象在正觉底所与上合一。"①正觉即正常的感觉活动,所与即外物在正觉中的呈现,感觉的对象和感觉的内容在所与上合而为一,二者之间没有无法逾越的鸿沟,感觉能够给我们提供外部世界的真正信息,这种观点超越了实证论所坚持的休谟主义传统。

从以上前提出发,金岳霖进而分析了意念(概念)的作用,认为意念既摹状(摹写)所与,又规律(规范)所与。"所谓摹状,是把所与之所呈现,符号化地安排于意念图案中,使此所呈现的得以保存或传达。"②摹状即把所与符号化地安排在意念图案中,它表现为一个"得自所与"的过程。"所谓规律,是以意念上的安排,去等候或接受新的所与。"③规律即以得自所与的意念,进一步去接受新的所与,并对所与加以整理,它表现为一个"还治所与"的过程。不难看出,在意念的如上双重作用中,感性与理性表现为一种统一的关系,它在某种程度上已开始突破极端的经验主义立场。

概而言之,从严复到金岳霖,中国近代的实证主义经历了一个曲折演进的历程。作为一种哲学思潮,中西实证论无疑存在一系列共同特征并有其相近的哲学史意义,但是,显而易见的是,中国近代的实证主义不是西方实证主义的简单翻版,在其历史演变中,它呈现了自身的某些理论特点。如何概括这些特点?其形成的根源是什么?这是进一步的研究必须解决的问题,而要对此作出较为具体的阐释,便不能不对中、西实证论作更为深入细致的比较分析。

---

① 金岳霖:《知识论》,北京:商务印书馆,1983年版,第130页。
② 金岳霖:《知识论》,北京:商务印书馆,1983年版,第356页。
③ 金岳霖:《知识论》,北京:商务印书馆,1983年版,第364页。

二、理论特点及其历史意蕴

1. 对形而上学的态度

实证主义在西方兴起之后,便成为现代哲学的一大思潮,并与另一大思潮——人本主义——形成了对峙之势,二者的根本分歧之一,在于对形而上学的不同的看法。实证主义的基本原则,便是所谓拒斥形而上学。从孔德到逻辑实证主义,尽管彻底程度各异,但反形而上学确实构成了实证主义一以贯之的主线。在这一前提下,他们将本体的研究、价值的关怀、人生意义的追求等,都一一从哲学之中加以净化。于是,世界似乎被分解为各种物理、数学的规定(可以用物理、数学等语言来描述的现象),而人(主体)亦仅仅作为物理学、生物学、心理学等之对象而存在。总之,在实证主义那里,世界和人都变得片面化了。

相形之下,中国近代的实证主义在如上问题上更多地具有二重性:一方面,他们对现象之后的本体往往采取存疑的态度,从而表现出实证论的立场;但另一方面,他们对形而上学的问题常常显得比较宽容,从而有别于西方实证主义的无情拒斥。严复对不可思议之域的确认,王国维在可爱与可信之间的徘徊,胡适之出入于实用主义和自然主义,冯友兰之反传统形而上学与重建形而上学,金岳霖之形式化追求和确认元学意义,等等,无不展示了双重哲学品格,与其说这是实证论原则的未能彻底贯彻,不如说是对西方实证主义片面性的扬弃。

导致中西实证主义如上差异的原因是多方面的,从观念领域看,它显示了中国传统哲学根深蒂固的影响。回溯中国哲学的历史演进过程,我们可以注意到一种引人注目的传统,即注重形而上之道。道家以道为最高本体,并要求"技进乎道";儒家虽然关心日用人伦,但同时又强调人伦乃是形而上之道的体现,正是基于后者,他们主张"君子不器",并追求一种"弥纶天地之道"的境界;在宋明理学中,儒道以上倾向又与佛教的超验观念相结合,获得了进一步的发展;当然,此外还有朴素元气论的传统等。对中国近代实证主义来说,无论是容忍形而上学,还是重建形而上学,几乎都与传统哲学的楔入相联系。尽管严复和所有的实证论者一样,对传统哲学中的思辨倾向颇有微词,但并未因此而完全游离传统。作为一种深层的观念,传统哲学仍然内在地制约着其运思趋向。在严复的著作中,我们可以一再地看到这一点:"老谓之道,《周易》谓之太极,佛谓之自在,西哲谓之第一因,佛又谓之不二法门。万化所由起讫,而学问之归墟也。"①"道之本体,无小大也。……一本既立,则万象昭回。"②如此等等。这里不仅仅是借用传统的概念,而且是对传统哲学的引申与阐发,其注重之点,则是传统的形而上学。可见,传统思想的融入,对实证主义反形而上学的要求,无疑具有某种抑制作用,在其他的实证主义者那里,我们可以发现类似的情形。胡适正是由于继承了以王充为代表的中国哲学中的自然主义传统,并将其和西方近代科学思想加以融合,从而在某些方面对实用主义的原则作了一定的修正与限制。冯友兰的新理学体系就是接着程朱理学讲的,金岳霖的《论道》不仅引进了"无极、太极、几、数、理、势、情、性、体、用"等传统哲学的术语,而且和冯友兰的新理学一起,复兴了中国传统哲学中的天道观上的"理气"之辩。从历史的层面看,中国近代是一个社会剧烈变革的时代,启蒙、救亡、走向现代化等,成为无法回避的问题,而本体的探寻则从更高的层面折射出这一点。所有这一切因素,都使中国近代的实证主义难以像西方实证论那样远离历史与本体世界。

  如果作进一步的透视,则可以看到,在徘徊于现象世界与本体世界这种二重化理论的背后,蕴含着更为深沉的历史意向。自19世纪中叶以来,实证主义与人本主义两大思潮的对峙,构成了现代西方哲学的基本格局。而在二者对峙的背后,则蕴含着科学与价值、真与善、现象与本体等的分离。实证主义在追求哲学科学化的同时,又表现出唯科学主义的倾向,并越来越远离现实的人生;人本主义在关注人的存在的同时,又将个体的非理性因素规定为人的终极本体,从而最终走向了非理性主义。从严复到金岳霖的哲学流变在总体上无疑应归入实证主义的思潮,但其中显然又多方面地融入了人本主义的内容。如果说,实证主义的洗礼使他们拒斥了冯友兰所谓"坏底形而上学",那么,传统哲学的影响及历史变革的交互作用,则使他们时时与人本主义产生某种共鸣。二者的

---

① 严复:《〈老子〉评语》,王栻主编:《严复集》第4册,北京:中华书局,1986年版,第1084页。
② 严复:《〈老子〉评语》,王栻主编:《严复集》第4册,北京:中华书局,1986年版,第1090页。

并存,或多或少表现出在实证论立场上扬弃两大思潮对峙的趋向,而其内在的理论涵义则是沟通真与善、科学与价值、现象与本体等,它在某种意义上似乎预示了今日西方哲学中两大思潮由对立到对话、从排斥到融合的历史走向,在罗蒂的新实用主义、伽达默尔的解释学、哈贝马斯的交往理论等当代西方哲学的演进中,我们已不难看到这一点。

2. 认识论的研究

在认识论上,实证主义大致可以归入经验论之列,其思路表现为休谟哲学的逻辑展开,这一特征同样一定程度地体现于中国近代实证主义者那里,不过,在接受经验论的现时,中国近代的实证论并没有完全囿于这一传统。虽然,严复说,"心物之接,由官觉相,而所觉相,是'意'非物",认为"人之知识,止于意验相符"①,"可知者止于感觉"②。从而表现出与经验论一脉相承。但与孔德拒斥经验现象之后的本体不同,严复确认了现象之后的本体,即绝对者或无对者,这种无对者用中国哲学的术语来表述,称为"太极",以西方哲学的概念来表示,则是"庀音"(being),即绝对的存在者。严复不仅认为"庀音"(being)是真实的存在,还进而肯定其为引起感觉的终极原因:"然'在'实与'有'同义,既有矣,斯能为感致觉,既感既觉,斯有可言,何可废乎?"③这就不同于休谟而更接近于康德了。胡适认为人的认识不能超出经验,但同时又肯定主体可以把握对象的真实状况,"我们整理国故,只是要还他一个本来面目,只是直叙事实而已"④。这就意味着从经验走向对象。金岳霖的"所与是客观的呈现"的理论,强调在正常的感觉活动中,对象和内容、外物和呈现是统一的,亦即确认了感觉能够提供客观的实在。如果说,严、胡更多地表现了对正统实证论的偏离,那么,金岳霖则已开始突破实证论,而中国实证主义在感觉论上的如上衍化,又存在着内在的逻辑关联。

经验与理论的关系,是认识论所涉及的另一基本问题。在突出经验作用这一点上,中西实证论无疑有相通之处,不过,西方实证论把认识过程主要理解为

---

① 严复:《论九·真幻》,王栻主编:《严复集》第 5 册,北京:中华书局,1986 年版,第 1377—1378 页。
② 严复:《〈穆勒名学〉按语》,王栻主编:《严复集》第 4 册,北京:中华书局,1986 年版,第 1036 页。
③ 严复:《〈穆勒名学〉按语》,王栻主编:《严复集》第 4 册,北京:中华书局,1986 年版,第 1039 页。
④ 《胡适致钱玄同》,《中国哲学》,第一辑,第 329 页。

现象的经验描述,拒绝对内在于客体的普遍之理加以考察,由此甚至要求从经验观察中净化一般的理论。与这一思路有所不同,中国近代的实证主义对理论思维及其成果并不完全采取简单贬抑态度。胡适在引入实用主义的同时,亦注意到学理在认识过程中的作用,主张在整理、研究经验材料时,必须以学理为指导:"有了学理作参考材料,便可使我们容易懂得所考察的情形,容易明白某种情形有什么意义。"[①]所谓以学理作参考比较,也就是运用一般的理论知识对具体对象加以比较分析,以揭示其性质与特点。尽管胡适对学理的界定仍带有片面性,但毕竟有别于极端的经验论。冯友兰提出由辨名而析理,将把握普遍之理视为认识过程的题中应有之义。虽然冯氏的理世界多少具有虚构的性质,但析理的主张确实逸出了实证主义的经验论立场。金岳霖在确认所与是客观的呈现的前提下,进一步强调了意念(概念)对所与的规范和摹写作用,从而表现了统一经验和理性的趋向。

  中西实证主义在认识论上的如上差异有其多方面的根源。由培根开其端,中经洛克、贝克莱、休谟等,西方近代已形成了一种根深蒂固的经验论传统,它在某种意义上构成了实证主义的理论前导,并规定了其基本的思路与格局,作为经验论传统演进的逻辑结果,实证主义一开始便深深地受到前者的限制。相形之下,在近代以前,中国并没有形成西方 17 世纪以来那种单向的经验论传统,经验主义与理性主义之间,也远非壁垒分明。清代朴学固然有某些经验论倾向,但同时却始终没有怀疑经学义理的普遍指导意义。如果由此上溯到整个中国古典哲学,则更可以看到对道、理的孜孜追求。这种哲学背景,使中国近代的实证主义很难接受极端的经验论立场,相反,倒是比较容易对理性的原则有一种较为宽容的态度,从胡适一直到金岳霖,都体现了这一点。当然,从另一方面看,中国古典哲学没有出现单一的经验论的传统,固然避免了理论上的褊狭,但同时亦多少妨碍了对某些认识环节的深入考察。中国近代实证主义在避免极端化的前提下,对一系列认识环节作了细致探讨,由此提出所与是客观的呈现,意念(概念)的双重作用等理论,这不仅具有突破实证论的意义,而且使中国哲学在理论上得到了深化。

---

① 胡适:《多研究些问题,少谈些主义》,《每周评论》,第 31 期,1919 年 7 月 20 日。

3. 方法论的探索

认识论内在地关联着方法论。在本文开头,我们已经指出,广义的实证主义包含着双重内涵,即它既融入了近代实验科学的方法与精神,又以现象主义原则和反形而上学为主干,二者往往很难分解地纠缠在一起。孔德在社会学中引进的观察、比较、实验等方法,穆勒的系统化的归纳逻辑,逻辑实证论所注重的符号逻辑,等等,在本质上都属于实证科学的方法,当然,这些方法往往又被置于实证主义原则之下。西方近代实证主义的如上二重性,对中国近代实证主义产生了颇为复杂的影响。在实证论的形式下,中国近代实证主义既引进了现象主义原则,也输入了西方近代的科学方法,从严复的"实测内籀"之学,到胡适的"科学试验室的态度",等等,无不体现了如上特点。如果说,西方实证主义作为一种哲学流派,其重心始终在现象主义和反形而上学上,那么,中国近代的实证主义往往更多地关注科学方法本身。在某种意义上,西方实证主义似乎构成了引入近代科学方法的中介,而之所以需要这一中介,则与中国近代科学发展相对落后,未能形成近代实验科学的方法相关:在缺乏实验科学的现实根据这一条件下,科学方法往往只能经过哲学的折射才能展示其内涵并获得确认。

而且,中国近代实证主义已开始注意到西方近代科学方法与传统治学方法及一般方法论思想的沟通。王国维、胡适、冯友兰、金岳霖等都在不同程度上,从不同的侧面对此作了努力。中西方法论思想的融合,使传统方法论思想中富有生命力的内容获得了近代定位,也使西方的方法论思想能够更好地在中国文化传统中生长发育。西方近代科学方法作为东渐的外来观念,在未能接上中国传统思想之时,往往会给人以异己之感,从而难以得到普遍认同,唯有与传统相沟通,才能使之获得内在根据,并为人们所普遍接受。中国近代实证主义在会通中西方法论思想方面所作的努力,对西方近代科学方法能在中国立足并得以广泛传播,确实有其不可忽视的意义。从另一方面看,传统方法论思想固然不乏值得珍视的内容,但相对而言,由于缺乏实验科学的基础,往往带有朴素的性质,并存在多方面的局限。历史步入近代以后,方法论思想本身也面临着一个如何从传统走向近代的问题,中西方法论思想的结合无疑适应了这一历史需要。它在为西方近代科学方法提供传统根据的同时,也使传统方法获得了某种近代的形式,从而推进了方法论的近代化。在这方面,中国近代的实证主义无疑展示了不同于西方实证论的理论意义。

历史地看,尽管中国古代科学取得了世所公认的成果,然而科学的内在价值往往未能取得应有的确认。按照中国正统的观点,科学始终只是"技"而有别于"道",学术的正途是体察形而上之道,而不是科学研究,至宋明时期,甚至有视研习具体科学为"玩物丧志"者。与这一文化传统相联系,形式逻辑长期受到冷落。后期墨家虽已提出了一个形式逻辑的体系,但很快便成为绝学。魏晋的名辩思潮只是昙花一现。唐代传入因明,但却后继乏人。明清之际亚里士多德的逻辑得到介绍,但问津者寥寥。直到近代,与实证主义思潮的崛起相应,科学的价值才从哲学的层面上得到了肯定,而形式逻辑及科学方法也相应地越来越受到重视。这种转换既以走向近代的历史需要为其根据,又反过来为近代化的过程提供了内在的推动力。尽管中国近代的实证论不免表现出某种科学主义倾向,但相对于近代文化保守主义由批评科学而断言"科学破产",实证主义无疑更多地折射了新的时代趋向。

就哲学本身的演变而言,实证主义对科学及逻辑分析方法的注重,亦有其不可忽视的意义。西方近代的实证主义一开始便强调哲学与科学的联系,并表现出追求哲学的科学化之倾向。一般而言,中国近代实证主义对哲学的科学化并不十分热衷,在这一点上,与西方的实证主义显然有所不同,不过,这并不意味着忽视科学与哲学的关系。事实上,从严复到金岳霖,都从不同程度上确认了哲学的科学基础,正是对科学基础的自觉关注,构成了中国近代实证主义超越传统哲学的重要之点。当然,这并不是说,传统哲学与科学没有关联,但自觉地强调哲学应当有科学的根据,这确是近代的观念。与肯定哲学应建立在科学之上相应,近代实证主义开始将逻辑分析的方法引入哲学之中,注重对哲学范畴、概念、命题的界说、厘定,强调论证的严密性,要求实现内容与形式的双重体系化,等等。这既体现于对传统哲学的爬梳整理,也展开于其自身哲学体系的建构。相对于古典哲学,近代实证主义所运用的概念、范畴确实是显得更为清晰的,其内在的逻辑结构也更为严密。正如传统方法与西方近代科学方法的沟通使方法论开始步入近代一样,哲学与科学关系的突出以及逻辑分析方法的引入等,从更广的意义上推进了哲学本身的近代化。

以上从形而上学、认识论和方法论三个方面对中西实证主义进行一番分析比较，我们看到，中国近代实证主义作为西方近代实证主义和中国传统哲学在近代这一特定历史背景下冲撞、融合的结果，有其自身的特点。它在接受西方实证主义的同时，又对其经验主义、现象主义和反形而上学的立场都有所抑制和修正，它在深受传统哲学内在制约的同时，又对中国哲学的近代化（特别在认识论和方法论上）作出了杰出的贡献。当然，由于中国近代实证论缺乏实验科学的坚实基础，因而在理论上也存在这样那样的问题。比如就科学方法和逻辑学而言，中国近代的实证主义对这方面的最新成果就不是很敏感。事实上，早在 1903 年，罗素与怀特海就已奠定了数理逻辑的基础，但除了金岳霖，其他实证主义者几乎都没有对符号逻辑作过深入研究，这是中国近代实证主义的一个明显的缺陷。

三、科学主义的正负效应

近代以来，实证自然科学的蓬勃发展是人类文化生活中的一个突出景观，其技术应用使人类在征服自然的过程中获得了空前的成功。在这种胜利的喜悦中，人们对科学及其方法产生了崇拜，认为科学是万能的，只要运用科学的方法，人间的一切问题都能迎刃而解；只要贯彻科学的原则，一个人间天堂就将不期而至。经过这样的一番提升，科学不再是一种有具体的对象、只在特定领域中有效的知识形态，而是一种放诸四海而皆准的信条体系；不再是一种实证性的（positive）认知成果，而被转化成一种规范性的（normative）评价尺度。这就是所谓的"科学主义"（Scientism）。科学主义牵涉面极广，在社会文化的各个领域都有体现，以上所述的实证主义，是其在哲学层面上的反映。它也是一种世界性的思潮，不过本节主要讨论中国近代的科学主义。

1. 形成：从器→技→道

中国近代的科学主义思想是随着西学的传入以及中国人的科学观念的不断泛化和提升而逐渐形成的，大致经历了如下几个阶段。

从某种意义上说，林则徐、魏源等是第一批具有近代意识的知识分子。当一般的士子还埋首于故纸孜孜爬梳之时，他们已敏锐地将目光投向了西方。早在鸦片战争前夕，林则徐即已编撰了《四洲志》，此后，江文秦、杨炳、萧会裕等又分别编撰《红毛英吉利考略》《海录》《英吉利记》等，而最为著名者，则是魏源的《海国图志》与徐继畬的《瀛环志略》。通过这些著作，人们已经可以依稀地窥见西方近代文明的大致轮廓。于是，一种新的视野开始产生。然而，魏源等毕竟是从中世纪走过来的第一辈，他们虽然以一种超乎同时代人的气度开眼看世界，但对西方文明的了解基本上还处于浅表的层面。在他们看来，西方近代文明之长，主要在于"器"："夷之长技有三：一战舰，二火器，三养兵练兵之法。"①在这里，"技"完全与"器"混而为一。换言之，科学技术本身基本上埋没于其外在结果之中。这种将"技"等同于器的观点，表明作为转折时期的过渡人物，魏源等对科学技术本身的内在本性及价值还不甚了了。

继魏源等之后，进一步注目于西方之"技"的，是洋务派。洋务运动以兴建实业为主要内容。办工厂、修铁路、开矿山，一时成为洋务派的热心事业。就其实质而言，这种实业并未超出"器"的范围。在这方面，洋务派大致沿袭了走向近代的第一代知识分子的思路。然而，值得注意的是，在兴办实业的同时，洋务派还设立了译书馆等机构，有组织地翻译了大量西方的科学技术文献，如《谈天》《代数学》《代微积拾级》《重学》《植物学》《地学浅释》，随着这些译著的问世，西方近代天文学、代数学、微积分、力学、植物学、地质学等开始传入中国。尽管当时对西方科学技术著作编译、介绍基本上采用口授笔录方式，因而并不十分精确严密，但它毕竟终结了"技"与"器"融混为一的状况。西方科技开始从器之中分化出来，并作为"学"（西学）而获得了某种相对独立的地位。从近代科学观念的演变过程来看，这无疑是个历史的进步。

然而，在洋务派那里，西方之科技虽然被列入了"学"的领域，但这种学只具有"用"的功能，居支配地位的体始终是中学（主要是传统儒学）。洋务运动后期的重要代表张之洞曾说："中国学术精微，纲常名教以及经典大法无不具备。但取西人造诣补我不逮足矣。"②在"体"（中学）的巨大阴影下，西方的科技虽然与具体的器区分开来，但其地位并未得到真正提升。作为中学（传统儒学）的附庸，它对人们的思维方式、观念体系并未产生具有普遍意义的影响：在文化的较

---

① 魏源：《海国图志·筹海篇》，中华书局编辑部编：《魏源集》下册，北京：中华书局，1983年版，第869页。
② 张之洞：《劝学篇》。

高层面,作为西学的科技没有获得立足之地。

随着维新派的崛起,洋务派的科学观开始受到严重挑战。如果说,洋务派基本上带有官僚的特点,那么,维新志士的主要成分是作为社会良心的代表的知识分子。他们中的不少人,曾接受过西方近代科学的洗礼(如严复),这就使他们对西方科学的本性及功能有着更为切近的认识。

严复曾指出:"不为数学、名学,则吾心不足以察不遁之理,必然之数也;不为力学、质学,则不足以审因果之相生,功效之互待也。"[①]在此,数学、物理(力学)、化学(质学)等西方科学不仅有别于具体的"器",而且超出了"技"的层面,它实际上已开始具有某种方法论的意义。后者使科学不再仅仅与坚船利炮等洋务实业相联系,而且直接制约着人们以什么方式来把握必然之理与因果关系。科学内涵的以上提升,意味着它开始涉足于一般观念的领域:它所要改变的,已不仅仅是对象(物),而是主体本身(人)。事实上,在维新志士那里,科学总是超出形而下的自然知识的范围,而被赋予某种形而上的性质,后者在进化论中表现得特别明显。进化论本来是一种生物学的原理,但是,一经维新志士的解释,它立即就由自然之原理升华为一种普遍的宇宙法则(广义的道),从而,其重心也不再仅是生物演进的自然序列,而是适者生存、自强保种等激发救亡意识的历史命题。正是通过这种转换,进化论在近代产生了巨大震荡和深远的影响。

总之,从开眼看世界的第一批近代知识分子(魏源等)到19世纪与20世纪之交的维新志士(严复等),对科学的理解经历了一个从器、技到道的过程。作为器和技,科学以物作为变革的对象;作为道,它则以主体(社会整体及个体)的观念作为变革对象。前者旨在通过引入西方科技工艺而实现物的近代化;后者则进而要求通过观念转换而实现人的现代化。这样,科学从器到技到道的演进,既意味着内涵的深化,又意味着社会功能的扩展。

严复等辈的科学观,在历史与逻辑的双重意义上构成了"五四"的先声。作为与民主并立的一大口号,科学既不是器或技,也不是具体经验知识,而是普遍之道。与严复等主要将某一特殊科学领域(如数学、力学、化学及生物学中的进

---

① 严复:《原强》,王栻主编:《严复集》第1册,北京:中华书局,1986年版,第17页。

化论等)加以提升不同,"五四"时期的知识分子进而将科学作为整体而升华为一种普遍的规范体系。一切都必须按科学行事,一切都必须以科学的原则加以裁决:"今且日新月异,举凡一事之兴,一物之细,罔不诉之科学法则,以定其得失从违。"①在这里,科学的功能已不仅仅在于认知,而且在于评价。换言之,科学已从单纯的知识形态转化为价值的形态。事实上,当"五四"的知识分子将德先生(民主)与赛先生(科学)视为新文化运动之左右两翼时,便明显地表现了以上趋向:民主在本质上更多地表现为一种价值的选择,将科学与民主等量齐观,即意味着赋予科学以某种价值的性质。如果说,维新志士的"技进于道"主要地表现为赋予某种形态的科学以较为普遍的规范功能,那么,"五四"知识分子对科学内涵的提升,则将科学规定为一种具有高度涵盖性的世界观。总之,到了"五四"时期,中国的科学主义已经基本成型,对这一时期的科学观念进行深入的考察,将有利于我们对中国近代的科学主义思潮作出较为合理的估价。

2. 二重性:积极意义和消极影响

由于科学已被升华为一种普遍的价值体系与涵盖面极广的世界观,所以"五四"时期的科学主义一开始就超出了实证科学的范围而成为一种广义的文化变革,这种变革首先就表现在思维方式上。如前所述,严复等维新志士已开始将科学与把握必然之理及因果关系的方式联系起来;不过就总体而言,这种联系由于缺乏具体的环节而带有比较抽象模糊的特点。"五四"时期的知识分子则进一步将科学明确地规定为一种思维方式,这种思维方式常常又被称为"科学的精神","凡立一说,须有证据,证据完备,才可以下判断,对于一种事实,有一个精确、公平的解析:不盲从他人的说话,不固守自己的意思,择善而从。这都是科学的精神。"②此处的基本之点即是一种实证的要求和理性的观点,而"五四"知识分子之揭橥二者,则首先旨在将人们的注重之点从传统的六经转回事实界,并把主体理性从经传圣训之桎梏中解脱出来。陈独秀之强调以科学证明真理,"事事求诸证实"和"一遵理性",胡适之疾呼"拿证据来",李大钊之主张

---

① 陈独秀:《敬告青年》,《陈独秀著作选》第一卷,上海:上海人民出版社,1993年版,第135页。
② 毛子水:《国故和科学的精神》,载《新潮》,1卷5号,1919年5月。

"与其信孔子、信释迦、信耶稣,不如信真理",等等,无不体现了这一点。从今天看,这些提法平淡无奇,近乎常识,但在以"子曰诗云"为据的传统尚未摆脱的"五四"时期,这种注重实证的科学精神却包含有转换思维模式的时代意向。不妨说,"五四"科学思潮的历史意义,并不在于提供了多少具体的实证科学知识,而在于通过科学精神的升华而提供一种新的运思方式。

思维方式的转换同时又伴随着更广义的观念的变更。当"五四"时期知识分子将科学精神理解为尊重实证与尊重理性时,便内在地蕴含着这种变化。理性与外在的压抑相对,尊重理性,同时就意味着肯定个人具有独立思考的能力,而个人的独立品格与个人的独立人格之间并不存在截然分隔的鸿沟:前者可以合乎逻辑地向后者过渡。陈独秀说:"若有意识之人间,各有其意识,斯各有其独立自主之权,若以一人而附属一人,即丧失其自由自尊之人格。"①所谓"有意识",也就是具有理性和自主性。在此,作为科学精神之体现的理性,即构成了确立自由独立人格的直接依据。从广义上说,个性自由、人格独立,属于民主的范畴,这样,以理性的自主性为中介,科学的观念与民主观念实际上已融为一体。正是通过这种融合,尊重理性的科学精神开始超出了思维方式的范围,而理性对圣典的否定则进一步延伸为个性自由对传统整体主义的扬弃,也正是在这意义上,陈独秀将民主与科学比作"车之有两轮"。②

科学精神的另一基本之点是实证的要求。实证作为一种普遍法则,以注重事实为其主要特征,后者在本质上并不限于思维方式,它可以被赋予更广的涵义。正是基于广义的理解,"五四"知识分子将这种科学精神引入了人生观,主张"拿科学做人生观的基础"(胡适语)。科学精神一旦运用于人生观,即具体化为一种讲究实效、肯定功用的人生态度:"科学之精神……即进步的精神。一切事物无论其于遗袭之习惯若何神圣,不惮加以验察而寻其真,彼能显示其优良者即直取之,以施于用。"③在这里,以验之事实的科学精神为中介,求真(寻其真)与求善(施于用)即表现为相互联系的两个方面:真构成了善的前导,善则是真的结果,而在这种推绎过程的背后,则蕴含着一种价值观的变更。根据传统

---

① 陈独秀:《一九一六年》,载《新青年》,1卷5号,1916年5月。
② 陈独秀:《敬告青年》,载《新青年》,1卷5号,1915年9月。
③ 李大钊:《东西文明根本之异点》,载《言治》,第3册,1918年7月。

儒家的观点,道与功、义与利是不相容的。当董仲舒宣称"正其谊不谋其利,明其道不计其功"时,他强调的正是这一点。从这种说教中,逻辑地衍生出非功利主义的价值取向。与此相对,当"五四"的知识分子将求真与求善(广义的善)视为同一过程的两个环节时,即意味着在"科学精神"的前提下,确立了一种新的价值观。

可见,正是通过思维模式的变革、价值观念的转换,"五四"的科学主义思潮推进了主体自身的近代化,并对整个近代社会产生了广泛而深远的积极影响。但是,另一方面,当"五四"时期的知识分子把科学视为涵盖各个文化层面的普遍之道时,科学便开始获得了"无上的尊严"(胡适语),成为信仰对象:"我们也许不轻易信仰上帝万能了,我们却信仰科学的方法是万能的。"[1]这种"科学万能"的思想不可避免地具有某种消极的意义。

在信仰科学的"五四"知识分子那里,科学既是天道(关于自然的必然之理)又是人道(支配主体自身的普遍原理),无论是自然现象,还是主体之行为,最终都诉诸科学的解释。正是根据如上确信,"五四"的科学主义者将科学视为人生观的基础。就理论的内在逻辑而言,人生观总是涉及对人(主体)本身的规定。将科学引入人生观,也就是要求以科学原则来界定人自身。一般而论,科学活动更多地表现为一种理智的操作,当"五四"时代的知识分子将科学精神与"一遵理性"联系起来时,肯定的也正是这点。这样,以科学原则来解释主体,即相应地意味着将主体纳入理智的框架之下,以理智为主体主要的乃至唯一的品格。正是在后一意义上,丁文江将"我"比作一种思维机器:"我的思想工具是同常人的一类的机器。机器的效能虽然不一样,性质却是相同的。"[2]这种看法显然忽视了自我作为主体,不仅包含理智的品格,而且具有情感及意志,在本质上表现为知、情、意的统一。人的行为,特别是道德行为固然必须受到理智的支配,但同时又往往出于意志的自主选择,后者则赋予这种行为以自愿特性。一旦将主体仅仅理解为理性的机器,那么,自我也就同时被还原为人格化的理智或逻辑的化身,而人生也就相应地变为一种理智的或逻辑的机械的运作。事实

---

[1] 胡适:《我们对于西洋文明的态度》,《现代评论》,第83期,1926年7月10日。
[2] 丁文江:《玄学与科学(续)——评张君劢的'人生观'》,载《努力周报》,第49期,1923年4月。

上,"五四"科学主义者对自我、道德等的理解,确乎有一种十分明显的唯理智论或准机械论的倾向。他们试图把人生与道德观纳入理智与逻辑框架之中,结果却使丰满而复杂的人生领域变得抽象干涸了。这种科学主义的观点,后来曾引起玄学派的不满。尽管玄学派本身存在着完全割裂科学与人生及唯意志论等缺陷,但他们批评科学派"托庇科学宇下建立一种纯物质的纯机械的人生观"(梁启超语),要求主体"皆得享受人格之发展"(张君劢语),确实也有见于科学主义者将自我及人生片面化之弊。

作为"五四"科学思潮影响下形成的第一代马克思主义者,他们或多或少亦带有某种科学主义的特点。与信仰科学的其他"五四"知识分子相仿,早期马克思主义者也强调科学作为人生观的基础:"每一'时代的人生观'为当代的科学智识所组成;新时代人生观之创始者便得凭借新科学智识,推广其'个性的人生观',使成为时代的人生观,可是新科学智识得之于经济基础里的技术进步及阶级斗争里的社会经验。所以个性的先觉仅仅应此斗争之需要而生,是社会的或阶级的历史工具而已。"[①]在此,尽管科学具有了更广的内涵——它同时包括社会历史领域的科学,但在强调以科学支配人生观这一点上,却并未离开当时的科学主义思潮。这里表现为内在理智的人格化,而根据早期马克思主义者的理解,主体则是历史的工具。如果说,前者通过科学推论而将主体抽象化了,那么后者虽然扬弃了对自我的抽象规定,但同时却在科学这一总前提涵盖之下,将主体等同于手段。早期马克思主义者对主体的这种界说,显然包含着内在的理论缺陷。主体(人)绝非仅仅是历史的工具,他同时应当理解为目的:人类历史的演进,在某种意义上即是以人的全面发展为其目标,科学的进步,社会的变革,归根到底是为了实现这一目标。这一点是马克思主义的创始者所一再申述的。

根据"五四"时代的知识分子的看法,科学作为人生观的基础,是以因果关系为其基本原理的。因果大法既支配着物质现象,也支配着精神现象,而这种普遍的因果法则主要又被理解为一种线性的因果律:它基本上表现为一种单向的决定。当"五四"科学主义者将科学引入人生观时,他们同时即突出了线性因

---

① 瞿秋白:《自由世界与必然世界》,载《新青年季刊》第2期,1923年12月20日。

果决定论。在这种因果律的制约下,人的自由变得十分有限:"因果的大法支配着他——人——的一切生活,生存竞争的惨剧鞭策着他的一切行为,——这个两手动物的自由真是很有限的了。"①不难看出,此处之因果大法与人的自由实际上被视为对立的二极,因果的必然性仅仅表现为对自由的消极限制。在唯意志论逐渐抬头的近代,这种观点虽然具有遏制意志主义思潮的意义,但它毕竟忽视了人的自由问题。

值得注意的是,当时的马克思主义者也持有类似的看法,从瞿秋白的如下论述中,我们即可窥见这一点:"一切动机(意志——原注)都不是自由的而是有所联系的;一切历史现象都是必然的。——所谓历史的偶然,仅仅因为人类还不能完全探悉其中的因果,所以纯粹是主观的。"②就最一般意义而言,自由表现为两种形式:其一,意志的自主性;其二,在必然规律所提供的可能范围内加以选择。必然性之所以能够成为主体选择的根据,即在于它总是以偶然性为自己的多重表现形式——如果只有赤裸裸的必然性,那么主体的选择也就失去了基本前提。瞿秋白在否定意志自由的同时,又把历史的偶然完全归结为一种主观因素,这就在双重意义上勾销了主体的自由。这是以因果必然性取消自由选择的观点,与"人是历史的工具"的理论有着逻辑联系:把人视为历史的工具,即意味着强调人完全为历史必然性所决定。尽管当时的马克思主义者一再将自己与宿命论区分开来,但二者的理论联系似乎并未真正完全割断。

如果说因果大法的宰制主要被视为科学的外在表现,那么,真理性则被理解为科学的内在规定。根据"五四"知识分子的看法,科学作为普遍之道,同时也就是一种无所不包的真理体系,它不仅提供了对宇宙人生的最为正确的解释,而且构成了裁断一切学说、观念的准则。作为真理的化身,科学被推上了君临一切的地位,只有得到科学认可,才有立足之可能。一旦被判以非科学,则同时即意味着被逐出了真理之域。于是,科学俨然成为一种新权威:它普遍有效而又绝对正确。对科学的如上推崇,在新旧思潮激战的"五四"时代固然有助于

---

① 胡适:《科学与人生观序》,《胡适文存》第2集,合肥:黄山书社,1996年版,第152页。
② 瞿秋白:《自由世界与必然世界》,载《新青年》季刊二期,1923年12月20日。

推翻传统权威,然而,无可否认的是,权威化往往蕴含着独断化,在科学的权威化背后,我们确实可以看到一层独断论的阴影。当"五四"时代的知识分子要求以科学来裁决一切,并把科学之外的一切思想斥之为"愚人妄想"(陈独秀语)时,其中不能不说带有某种科学独断主义色彩。

另外,将科学确立为一种新权威,注重的主要是科学的规范功能。一般而论,科学可以区分为内在结构与外部价值两个方面,前者表现为一种认知体系,后来则构成了科学的社会功能(广义的规范功能)。"五四"科学思潮以启蒙为其历史内容,而启蒙则是社会变革的前奏。这一特定的历史条件使"五四"知识分子一开始便把目光投向科学的外部价值。在他们那里,科学与民主一样,主要是一种解决政治、道德、观念等问题的手段:"我们现在认定只有这两位先生(即德、赛二先生——引者),可以救治中国政治上、道德上、学术上、思想上一切的黑暗。"①当"五四"时期的知识分子将科学提升为一种普遍之道时,他们所强化的即是科学的外部价值(工具或手段的价值),而科学权威化同样也体现了这一点。对科学社会功能的突出,当时无疑有其历史的理由。然而,在注重外部价值的同时,科学本身的内在价值——作为认知体系的科学却相对地受到了历史的冷落。中国近代科学发展缓慢固然有其多重的、复杂的原因,但毋庸讳言,对科学内在价值——认知意义上的科学之忽视,显然也是一个不可低估的因素。从逻辑上说,科学的外在价值(社会功能),是以其认知本性为内在根据的。科学的社会功能,总是受到知识体系本身发展程度的制约。"五四"时代的科学思潮固然产生了广泛的影响,但对科学的内在认识本性的忽视,或多或少也限制了思想启蒙的深度。

3. 根源:时代的要求和传统的制约

上述分析表明,"五四"的科学主义思潮一开始即包含着正面与负面两重意义,而二者在理论上又与科学被提升为普遍之道(世界观、价值-信仰体系)相联系,但是作为知识体系的科学,在为"五四"知识分子所引入以后,为什么会泛化为一种普遍之道?这确实是一个耐人寻味的问题。

众所周知,"五四"是一个文化裂变的时代,传统、规范、观念、价值、信仰等,

---

① 陈独秀:《本志罪案之答辩书》,载《新青年》,第6卷第1号,1919年1月。

至少在表层上已受到了普遍冲击和否定。这种冲击和否定当然并非开始于"五四"。但正是在这时期,它达到了空前激烈的程度。而面对旧的价值-信仰体系的崩溃,"五四"时代的知识分子在摆脱传统内在压抑的同时,十分自然地产生了迷惘而无着落之感。他们迫切需要一种新的价值-信仰体系,以便重新获得归依与范导。而传统的观念体系,也只有在新的价值-信仰体系确立之后,才能真正消亡。于是,重建价值-信仰体系便历史性地提到了"五四"知识分子面前。就其本质而言,价值-信仰体系应当既具有可信的品格,也具有世界观的功能,前者决定了它至少必须在外观上包含真的形式,后者则要求提供最大限度的涵盖面。在近代中国,只有科学才内在包含着被赋予以上二重品格的可能:这不仅在于科学以真为追求目标,而且在于科学思想作为一般观念可以经过泛化而成为普遍之道。严复等维新志士在将进化论等提升为普遍原理(救亡图强之一般根据)时,即已经朝这一方向迈出了一步。这样,当"五四"知识分子为重建新的价值-信仰体系而上下求索之时,严复辈的终点便成了他们的起点,科学经过再一次升华与泛化而成为一种新的范导体系。正是由于科学主要作为价值-信仰体系而被推到时代的前台,因而它一开始便超出了具体的实证与经验之域。

重建价值-信仰体系的过程,同时又与思想启蒙相联系:以新的价值-信仰体系取代旧的价值-信仰体系,其内在含义即在于使主体从传统走向近代,而后者又构成启蒙的历史主题。一般而论,启蒙作为一种思想的变革,主要表现为观念的转换:人的近代化之本来内涵,首先是观念的近代化,作为启蒙内容的观念转换,当然不仅仅是个别观念的更新,而是一种总体上(格式塔式)的转换——即整个意识形态框架的变更。后者所需要的,显然不是某一领域的具体知识,它的实现,恰恰要求突破特定的经验领域。这样,当科学与启蒙的历史要求相遇时,它首先便面临着一个自身超越的问题,换言之,它必须由具体的知识形态转换为普遍的观念形态。"五四"的知识分子在确立新的价值-信仰体系的过程中,实际上即同时完成了以上的转换,而后者的直接结果,便是使科学获得了普遍之道的品格。

当然,科学由技进于道,并不仅仅取决于启蒙的历史要求,它有着更为深刻的文化历史背景。"五四"时代知识分子在不同程度上都有反传统的倾向。然而,传统的反叛者往往并不能完全摆脱传统的制约。当"五四"时代的知识分子试图通过科学的形而上化以确定一种反传统的价值-信仰体系时,这种转换方式本身却内在地打上了深层的文化传统的印记。

正如我们在讨论实证主义时所指出的,在中国文化的历史演变中,有一个重道轻技的传统。在这样一种文化背景之下,中国古代的科学很自然地产生了如下趋向,即力图超越实证的领域而向天地之道靠拢,它突出地表现为以阴阳相互作用之类的一般原理来解释千差万别的具体现象。例如,为什么会有电?答曰:"阴阳相激而为电";地震是如何产生的?答曰:其因在于"阳伏而不能出,阴迫而不能蒸";磁石何以能吸铁?回答还是"皆阴阳相感,隔碍相通之理"。总之,科学的结论往往被提升到超越的层面。"五四"时代的知识分子对科学的看法,当然既不同于鄙视科学的正统儒家,也有别于滞留于笼统直观水平的古代科学,但这并不意味着他们已完全超越了传统文化的深层结构,在科学被转换为普遍的价值-信仰体系的背后,我们不难看到一种追求普遍之道的传统意向。不妨说,启蒙的历史要求,主要为科学的泛化提供了外在推动力,而技进于道的传统则内在地影响着"五四"知识分子对科学本性的理解,正是在二者的结合中,科学完成了其形而上化的过程。

总之,近代以来,随着西方科学的引进,中国人的科学观念经历了一个由器到技到道日渐泛化的过程,到"五四"时期形成了一股蔚为大观的科学主义思潮。其结果具有内在的二重性,它既导致了广义的文化变革及普遍的观念转换,并使在科学旗帜下展开的思想启蒙具有空前的涵盖面与渗透性,又蕴含了向消极面发展的契机。作为一种文化现象,科学内涵的泛化与提升,并不取决于少数知识分子的偶然意向,它以重建价值-信仰体系的时代需要为其历史根据,又表现为对传统文化深层观念的某种认同。如果说,时代的选择主要体现了文化演变的历史必然性,那么,传统的内在制约在显示传统本身的深沉性的同时,也将如何在现代化过程中创造性地转换传统文化的问题提到了我们面前。对"五四"科学主义的反省,可以从一个侧面为我们今天的思考提供历史的借鉴。

参考文献

胡伟希：《金岳霖与中国实证主义认识论》，上海：上海人民出版社，1988年版。
王鉴平、胡伟希：《传播与超越——中国近现代实证主义进程研究》，上海：学林出版社，1989年版。
陈遵沂：《严复对西方近代实证方法与逻辑方法的认识》，《理论学习月刊》，1989年，第10期。
杨国荣：《胡适与实用主义：排拒形而上学及其他》，《华东师范大学学报（哲学社会科学版）》，1989年，第4期。
洪晓楠：《冯友兰与维也纳学派》，《中州学刊》，1992年，第2期。
王中江：《金岳霖与实证主义》，《哲学研究》，1993年，第1期。
郭颖颐：《中国现代思想中的唯科学主义》，南京：江苏人民出版社，1989年。
林毓生：《民初"科学主义"的兴起与含义》，载林毓生：《中国意识的危机——五四时期激烈的反传统主义》，穆善培译，贵阳：贵州人民出版社，1988年版。
严搏非：《思想的歧途——"五四"时期中国知识分子对科学的理解》，载《文汇报》，1988年9月13日。
杨国荣：《科学的泛化及其历史意蕴——五四时期科学思想再评价》，《哲学研究》，1989年，第5期。
顾昕：《"赛先生"与中国知识分子》，《知识分子》，1990年夏季号。
刘青峰：《二十世纪中国科学主义的两次兴起》，《二十一世纪》，1991年，第4期。
李正风：《"科学主义"辨析》，《哲学研究》，1993年，第2期。

第五章
"心力"的觉醒与扩张

——中国近代唯意志论思潮简论

在漫长的历史中发育流布的古代中国哲学丰富多彩,然其主流无疑是理性主义的。尊崇理性的态度在以孔子为发端而被宋代道学推达极致的正统派儒学中,表现得尤其鲜明、突出,其末流却亦走向偏执、极端。然而到了近代,一个前所未有的革命的时代,情况发生了急剧的变化,从对往昔的极端理性主义或理性专制主义的批判中开出了非理性主义的一脉,最集中最典型最具社会影响力的就是唯意志论思潮。唯意志论又指意志主义,通常可以有两种解释:狭义的指把意志看成存在的最高原则的一种哲学流派;广义的唯意志论的中心思想,是指意志对于理智或理性乃是处于优先或优越的地位。更概括而言,唯意志学说就是用意志这个概念去解释经验与自然的各方面的问题;或者就像某些古老的哲学所主张的那样,用激情、欲望、愿望或自然倾向这些概念去解释经验与自然的各种问题。按照后一种界说,我们去检讨近代中国的思想流程,可以发现,从龚自珍开始至20世纪40年代的"战国策"派,唯意志论思潮前后绵延达百年之久,提供了若干我们今日仍然应当珍视的精神成果,也包含了不少值得警惕的思维教训。

一、缘起与渊源

像一切其他深刻地影响人类精神与历史进程的哲学思潮一样,中国近代唯意志论思潮的产生有其社会历史根据,质而言之,是由于中国社会正在经历一场亘古未有的动荡与变迁,传统的农业社会向现代化转轨所难以避免的历史与价值的冲突。

鸦片战争以来的一个多世纪之所以被称作"近代",乃是因为传统的农业经济-皇权制度此时迅速解体,中国逐渐进入了向现代工业社会过渡的革命时期。但是这种"进入",最初对于中国人来说是被动的乃至是痛苦的,因为当时摆在我们先人面前且触目惊心的只是难以应付的社会危机与民族危机,面对着先进的也是野蛮的资本主义列强的逼迫,衰朽的中华帝国依然步履蹒跚。历史表现出巨大的惰性。

这种历史的惰性一方面来自社会的结构与制度，一方面来自维系历史传统的精神力量——被历代统治阶级当作思想统治工具的正统派儒学。从孔子的"畏天命、畏大人、畏圣人之言"开始，天命论与权威主义（独断论）就与儒家传统结下不解之缘，中经汉儒董仲舒的发挥，至宋代理学家，以先验主义的天理论与复性说为核心，形成了相当精致的理论体系。这一派儒学对中国哲学及文化的发展当然有其不容抹煞的贡献，但是，借助灵化的方式——天命论，为其物化的基础——宗法制度或礼教——辩护，则是其一脉相承的主旨。天命论在历史和道德领域两翼展开为天命史观与道德宿命论。前者从孟子"五百年必有王者兴"，经董仲舒"王者承天命以从事"，到宋儒演变为天理史观：历史不过是理或太极的流行，它表现为帝王中心论、历史循环论或朱熹式的历史退化说。后者从唐李翱以来演绎为渐臻圆熟的"复性"说。

天命论在正统儒学的展开过程中，形成一个价值体系。它以独断论的"天人合一"为鹄的，以非功利主义的伦理理性为核心，以泯灭个性的"无我"论为手段。按照朱熹对"天命之谓性，率性之谓道，修道之谓教"的解释，人的本性是天所赋予，因而是预定而不可更改的，道德宿命论的基调由此铸定。他们进而论定，必然之理与当然之则是统一的，自然规律与社会规范是合一的；按照社会规范来教化人，就能使人性复归乎天理，达到天人合一的境界。"天人合一"的理想，就其强调自然与人的统一而言，可以说是中国哲学的优点之一。但是当理学家把社会规范（人道）与必然规律（天道）在"天理"的规定中完全等同起来的时候，而"天理"不过是纲常名教的形而上化，那就无异于宣布纲常名教、宗法制度是天然合理、神圣不可侵犯的。正统派儒家对人格构成中的理性因素极为重视，他们都坚信道德可以通过教育来培养，圣人可以通过学习来造就，对道德行为的自觉原则有广泛而深入的探讨。但是他们往往否定人的感性活动，尤其贬抑人的意志、情感、欲望，从理性统率意志、情感，走到反功利主义与禁欲主义。所以理学家大多主张"无欲"、"忘情"，认为只要"识得此理，以诚敬存之"，就能自动地窒息人欲。理论上就是用自觉原则代替自愿原则，用伦理理性吞并人的感性要求，以理智消弭人的情感与意志，归结为一条公式，就是："存天理、灭人欲。"他们又把"天理"叫做"公"，即以宗法制度、纲常名教为"公"，而把人的感性活动、物质欲求统统称做"私"。换言之，他们从感性活动的个体性特点推论出物质欲求是"私欲"的结论，又从个体（我）即"私"得出"无我"的原则，这样就从总体上为泯灭个性的说教提供了理论依据。

尽管历代都有一些异端思想家对正统儒学的价值观念提出不同程度的批判，特别是明清之际的启蒙思想家对它曾经有过深刻的反省，清代大哲学家戴震甚至喊出过对"以理杀人"的抗议，但是中国历史仍然沿着巨大的惯性缓慢滑行。有清一代，程朱理学被尊为官方哲学，新价值观的幼芽在历史传统的重压下，难以破土而出。

普列汉诺夫曾经机敏地说过，为了理解每一特定的批判时代的智慧状态，为着解释为什么在这一时代中正是这些学说，而不是另一些学说胜利着，应该预先认识前一时代的智慧状态。中国近代是一个革命的时代、批判的时代，既然此前的主流哲学只是高标理性、规则、自觉，没有给人的意志、情感、欲望、创造性和自由留下多少余地，而这些又恰恰正是近代社会革命所迫切需求的，那么在中国近代出现一个对传统的天命论的精神反拨，就是必然的。换言之，中国近代唯意志论思潮产生的基本原由，就是反映社会革命的深刻要求而对传统的天命论的反叛与批判，它是政治上反宗法、反皇权制度，思想上反天命的精神产物。

这就决定了从思想渊源上说，中国近代唯意志论在其发轫之际，必定首先汲取的思想资源主要是被正统派儒学所排斥的异端，包括佛教、王学特别是王门后学如泰州学派及李贽等人的思想，以及明清之际的伟大启蒙思想家的理论。像许多变革的时代一样，以往的异端现在变为时尚。

从龚自珍开始，中国近代那些倾向于唯意志论的哲学家如梁启超、谭嗣同、章太炎、梁漱溟、熊十力诸人大多深谙佛典；更推广些说，近代思想史上强调道德主体的能动性，反对道德宿命论的思想家如魏源、康有为等也都热衷于从佛教汲取思想滋养。其中原委除了因价值真空造成的负压将佛教吸入人们的视界，还有佛学在学理上的内在根据。因为佛教不论大小乘都不讲"天命"而信"缘起"。缘起论是佛教关于人生和宇宙现象如何生起，万物的本源、本体与现象是怎样的关系等问题的理论。简言之，"缘起"也就是一切事物所赖以生起的因缘。就以龚自珍所信奉的天台宗而言，它偏重的业感缘起说认为，宇宙万物都是有情众生的业感缘起感召而成。从人生观的角度说，业感缘起论即十二因缘说,它把人生现象分为从无明到老死的十二个环节,辗转感果、互为条件,所以叫因缘。有情众生就在这十二因缘顺序组成的因果链条中轮回而生死流转。人的生命、痛苦、命运都由自己造因,自己受果,因此能否最后解脱、达到涅槃,只在于能否认识因缘实相、灭尽无明——盲目的生存意志。在宇宙观上,业感缘起论视业力是一切有情众生乃至佛及其所居世界产生的原因或根源。所谓业,是造作的意思,指内心的活动和由内心的思维发动的言语行为;所谓业力,就指众生的行为和支配行为的意志。这种宗教理论,把宇宙、历史、人生都归结为业力所造,显然不同于正统儒家的天命论。当龚自珍等对天命论怀疑、厌恶,又没有更新的理论可供使用的时候,走向佛教是十分自然的。

  应当指出,佛教和唯意志论并无必然联系。因为佛教本身与其说是把意志看作一种独立活动,还不如说是一种思想形式。十二缘生理论强调贪欲等意志活动的作用,它把主体接触外在客体的意向活动叫做"行"(也包含一般的"意志"的意义),而"行"是认识活动的前提;它又把"爱"——对外境的贪欲——看作诱发现世"业"的"感",它们构成了来世的原因。但是贪欲本身是认识活动的结果,而十二因缘的原初环节"无明"虽然也会有盲目的生存意志的意义,佛教强调的却是它的"愚昧"含义,即所谓"痴"。所以佛教对命运持一种含糊而且模棱两可的态度:前世继承的宿业是必须享受的善报和必须忍受的恶报的总汇。就此意义而言,它是命运;但是它也不同于命运,因为我们无时不在制造我们自己的业报,从而决定我们来世的特性。同样,佛教对意志活动也持双重态度:贪欲要消除,但是"意志、愿望,奋斗都被认为是好事,只要它们的目的是好的"①。作为宗教,佛教归根到底不是依靠理性而是依持宗教实践与信仰的力量。所谓解脱,正是在佛教真理的指引下依靠意志力量消除"业力"的过程。所以,佛教解释现实生活时,固然是宿命论;但它强调主体的道德责任时,又是自由意志论。这就为唯意志论伏下了重要的契机。

  事实上,中国近代唯意志论思潮中人,正是抓住这一契机来发挥他们的道德意志主义的。如梁启超就有意识地对佛教作唯意志论的解释。他阐释佛教

---

① 参见查尔斯·埃利奥特:《印度教和佛教史纲》,李芬熙译,北京:商务印书馆,1982年版,第71—72页。

十二缘生理论,认为"无明"是无意识的本能活动,"行"是意志活动;认识活动产生于意志,意志又产生于无意识本能。"要之,佛以为一个人的生命,并非由天所赋予,亦非无因而突然发生,都是由自己的意志力创造出来。"① 这是把人本质上解释为意志,意志先于认知,而意志本身又产生于盲目的本能冲动,这确乎典型的唯意志论了。所以他解释"业"为:"各人凭自己的意志力不断的活动,活动的反应的结果,造成自己的性格,这性格又成为将来活动的根柢,支配自己的运命。从支配运命的那一点说,名曰业果或业报。业是永远不灭的,除非'业尽'——意志活动停止。"② 而且业力决不随生命的死亡而终了,个体的生命死亡了,业力可以转换方向从而形成新的生命,就是轮回。梁启超认为:"此说对于行为责任扣得最紧而鼓舞人向上心又最有力,不能不说是最上法门。"③ 由此把佛教固有的主体道德能动主义的理论用西方唯意志论加以强化,进而又对佛教的解脱之道加以心理主义的分析,认为可以从知、情、意三方面达到解脱之途。在意志修养方面,"一方面为意志之裁抑,他方面正求意志之昂进。阿难说'以欲制欲'(杂阿含三十五)……佛则有一绝对无限的大欲在前,悬以为目标,教人努力往前进……佛对于意志,不仅消极的制御而已,其所注重者,实在积极的磨炼激励之途"④。由此就把大乘佛教所谓菩萨立志普度众生、不住涅槃、不舍众生的教义与道德上的善良意志联结起来。佛教修持确实需要人发扬意志力量,即使是禁欲主义的生活,也需要意志的力量,但那主要是意志的坚毅性与专一品格。更宽泛地说,在宗教信仰与实践中,常常是意志的品格高于理智的品格。

值得注意的是,西方近代唯意志论最典型的代表叔本华、尼采都是对佛教有深入研究并有所汲取的。叔本华的哲学体系的重要来源之一,即早期佛教;而尼采更多的受到晚期佛教(大乘)的影响。人们据此可以推测,佛教正是中西近代唯意志论的重要交接点。

只是叔本华吸收早期佛教的思想资料来构筑其唯意志论思想体系时,把世

---

① 梁启超:《佛陀时代及原始佛教教理纲领》,《饮冰室合集·专集之五十四》。
② 梁启超:《佛陀时代及原始佛教教理纲领》,《饮冰室合集·专集之五十四》。
③ 梁启超:《佛陀时代及原始佛教教理纲领》,《饮冰室合集·专集之五十四》。
④ 梁启超:《佛陀时代及原始佛教教理纲领》,《饮冰室合集·专集之五十四》。

界描述成生存意志派生出的表象世界和客体,又通过觉悟到个体化原理导致的生存痛苦乃注定不可逃脱,然后持反身向后的禁欲态度,消除生存意志以获得解脱,渗透在这一体系之中的,是强烈的悲观主义。而中国唯意志论思潮在其原创者手中,借助佛教教义散发的却是踔厉奋发的澎湃大气!他们要用佛教的能动主义来替代儒学宿命论。"运命云者,由他力所赋以与我,既已赋与,则一成不可变者也。业报云者,则以自力自造之而自得之,而改造之权常在我者也。"[1]这远远超出个人善恶祸福的范围,直指国家的兴衰、民族的存亡。在一个弱肉强食、充满竞争风险的时代,衰弱的中华民族如果将历史统统诿诸运命气数而束手以待之,那无异于自投死地。所以他们批判天命论,借重佛教因缘业报的理论,无非是为了论证尽管国运日衰,但是依靠人的力量完全可以挽回。化为谭嗣同的口号,就是著名的"以心力挽劫运"。这一命题表述了大乘佛教的基本信仰,即人们的精神或心灵具有拯救个人乃至世界的潜在能力;经谭嗣同的引述,又从一个超越性的命题转呈出丰厚的世俗内容,即中国人的意志力量可以挽狂澜于既倒,自强不息。显而易见,它显示出的气质完全不同于叔本华理解的佛教,不是悲观主义的而是乐观主义的,甚至是浪漫主义的。

人们不难发现,19世纪中叶以后,"心力"概念一度是一个使用频率甚高的概念。事实上,从龚自珍开始,"心力"就成为一个很重要的哲学范畴。他认为历史是自我创造的,自我依靠的就是"心力":"报大仇、医大病、解大难、谋大事、学大道,皆以心之力。"[2]"心力"范畴在龚自珍的文本中含义是多重的,还包括智力和情感力量;但因为他更多地强调心力的驱动性与持久性,所以我们可以说龚自珍的"心力"主要指喻意志力量。这个意义,他又常常用佛教的"愿"来表示。他说:"依经纶说:行是车船,愿是马楫,有船无楫,难可到也。"所以表示要"今生坐大愿船,自鼓愿楫,尽诸后身"[3]。总之,龚自珍对心力、意愿的力量深信不疑,因为从动力因来说,心力与天命相对,世界的最终动力是意志而不是天命。受龚自珍影响,对"心力"十分虔敬、推崇的谭嗣同则说:"人所以灵者,以心

---

[1] 梁启超:《新民说》,《饮冰室合集·专集之四》。
[2] 龚自珍:《壬癸之际胎观第四》,《龚自珍全集》,上海:上海人民出版社,1975年版,第15—16页。
[3] 龚自珍:《发大心文》,《龚自珍全集》,上海:上海人民出版社,1975年版,第392页。

也。人力或做不到,心当无有做不到者……心之力量虽天地不能比拟,虽天地之大可以由心成之、毁之、改造之,无不如意。"①显然,谭嗣同不是在一般的主观能动性或认识能力的意义上强调心力,他的心力概念,主要指"心"的驱动能力,即"人之所赖以办事者也"。更早的时候,谭嗣同则用儒家的"诚"来表示之。人借助于它可以与宇宙本体达到会通于一②。像谭嗣同一样,梁启超也经历过一个龚自珍崇拜时期,一样认可"心力"说。他认为:"盖心力涣散,勇者亦怯;心力专凝,弱者亦强。是故报大仇、雪大耻、举大难、定大计、任大事,智士所不能谋,鬼神之所不能通者,莫不成于至人之心力。"③

通过"心力"范畴,中国早期的唯意志论者实际上借助佛教教义,演绎出他们对意志力量的推崇。但与西方唯意志论者如叔本华辈有一点明显区别,即龚、谭、梁诸人的"心力"代表的是一种道德意志或善良意志,而叔本华的生存意志(will to live)本身就意味着罪孽与痛苦,因此是应该被取消的。龚自珍们倡导"心力",因为这种善良意志不仅可以使人道德纯洁,而且可以改造世界,由此就从佛教的道德能动主义中演绎出历史能动性的理论——符合当时社会变革需求的历史理论。

除了佛教,另一种被早期唯意志论者张扬、发掘、阐释的古代思想资源是王学,特别是王门后学。阳明心学虽然属于宋明儒学的一派,但与程朱理学有不少舛违对立之处,最突出的一点,即在于程朱理学强调服从一个普遍的无可改变的"理",而阳明心学则较为强调应当承认个体性的原则,从而发挥道德能动性。清代官方哲学的代表是程朱理学,但是近代以来与正统的程朱派备受批判相映成趣的是,阳明心学大受追捧。从魏源到康有为、谭嗣同、梁启超、章太炎,直至梁漱溟、熊十力等,呈现出王学复兴的思潮,同时也使王学成为近代唯意志论的一个重要理论来源。

王阳明的哲学之所以称为"心学",正在于他对"心"——主观精神及其结构

---

① 谭嗣同:《上欧阳中鹄·十》,蔡尚思、方行编:《谭嗣同全集》(增订本)下册,北京:中华书局,1981年版,第460页。
② 张灏先生认为谭嗣同的这种乐观主义与他研究佛教、儒教,甚至基督教都有关系。他认为谭嗣同其实是一个虔诚的基督徒,他研究的所有宗教教义都在互相强化,使他相信人通过心力可以拯救自己。见张灏:《危机中的中国知识分子:寻求秩序与意义》,北京:新星出版社,2006年版,第三章。
③ 梁启超:《新民说》,《饮冰室合集·专集之四》。

与力量作了深入的探讨与高度的张扬。其对意志的诸种品格（专一与坚韧）的探索，对意志所代表的道德行为的自愿原则的肯定等，都大大不同于程朱理学。从王学主张良知"自作主宰"、"无假于人"而言，王阳明似乎把意志力量抬高到了至高无上的地位，可以说有某种唯意志论的倾向。尽管王阳明又说意志不能离开理智的规范作用，在"志知之辩"上没有离开理性主义的路线过远，但已经暗开了导向唯意志论的通道。这方面，王阳明与康德有某种相似之处。康德的批判哲学坚持实践理性与理论理性是同一个理性，因此其理性主义的品格是鲜明的。但是康德又认为道德高于认识，实践理性优先于理论理性，道德上的意志自律是超脱因果限制的人的自由因。他说的绝对命令把意志对行为的选择作为无条件的道德规律，已经打开了唯意志论的大门。后来德国唯意志论如叔本华从康德哲学出发，并非偶然。在王阳明之后，泰州学派将王学原有的倾向发展为清晰明确的唯意志主义。王艮已经说过："'虚明之至，无物不覆，反求诸身，把柄在手。'今观此数语，便是宇宙在我，万化生身矣。"（《语录》，《王心斋先生遗集》，卷一）此处之"宇宙在我"，正在于可作为"把柄"的精神（虚明），即足以自我决定的意志。或者说，正由于我们的意志可以自己决定自己，心学的唯心论才能变成唯意志论。此时王艮甚至对天命论也提出了异议："我命虽在天，造命却由我。"（《再与徐子直》，《王心斋先生遗集》卷二）更值得注意的是王栋，他将意志视做"自做主张，自裁自化"的心理要素，可以脱离理性制约，主宰"心"的一切活动。王栋说："盖自身之主宰而言谓之心，自心之主宰而言谓之意……大抵心之精神无时不动，故其生机不息，妙应无方。然必有所以主宰乎其中而寂然不动者。所谓意也，犹俗言主意之意。盖意字从心从立，中间象形太极圈中一点，以主宰乎其间，不著四边，不赖倚靠。人心所以能应万变而不失者，只缘立得这主宰于心……"（《王一庵先生遗集》卷一）这意味着意志不仅不需要理性的指导，反而应当主宰包括理智在内的一切心理活动；甚至因其"不著四边，不赖倚靠"，而成了接近乎太极那样的本体。

正因为这样，王学不断向近代唯意志论思潮提供着具有传统意义的精神资源。戊戌维新前后，一个新兴然而幼稚的资产阶级面对强大的对手，不得不依赖意志的力量，所以除了严复以外，维新派的领袖人物几乎都推崇王学。康有为从王学中发掘出道德能动主义，梁启超称赞的是"王学之激扬蹈厉"，称道"晚明士气,冠绝前古者,王学之功不在禹之下也"①。希望以一个自由的意志去"除心奴"。革命派思想家章太炎,倡导"依自不依他",固然是从佛学中引述的命题,但他认为这与儒家传统尤其是王学精神完全一致,因为"王学岂有他长?亦曰'自尊无畏'而已"②。而王阳明立身行事"贵乎敢直其身,敢行其意也"。"五四"以后,第一个形成唯意志论体系的梁漱溟更是毫不隐讳他对泰州学派的继承与汲取。新儒家重镇熊十力之"新唯识论"的理论来源之一,也是王学。熊氏"心本论"中分明有心学的成分。

近代唯意志论思潮从中国古代哲学获得的又一大灵感,是明清之际的启蒙思想。明清之际三大启蒙思想家清算宋明理学,批判天命史观和道德宿命论,这些在清代沉默了200年的绝学,至世纪之交突然大放异彩。近代启蒙思想家们用欣喜的目光注视他们前辈们的遗嘱:王夫之提出了理势合一的历史观,而且"天视自我民视",所以历史必然性只有到民众的生活与意愿中去寻找。一切被人民恒久地接受的东西背后,都存在着某种历史必然性。他反对"复性"说,主张"性日生而日成",赋予主体意志以某种道德选择的自由。他和黄宗羲都主张德性的培养要知、情、意相统一,要使自觉原则与自愿原则相统一。与此相联,黄宗羲认为"养气即养心",王夫之认为"成身"与"成性"相统一,坚持灵与肉、理性与感性都是统一的健全人格中不可或缺的。针对理学家所谓"大公无私"的说教,黄宗羲提出了"人各得有私也,人各得自利也"(《明夷待访录·原君》);顾炎武则断言:"天下之人各怀其家,各私其子,其常情也。为天子为百姓之心,必不如其自为,此在三代以上已然矣。"(《亭林文集》卷一)王夫之更明确地断言:天理即在人欲之中,没有离开人欲的天理,所以天理应当是人们食色等自然欲望能得到合理的满足。总之,明清之际启蒙思想家们肯定人的个体之"私"、肯定人的自然之"欲"都是合理的。清代大哲学家戴震也主张人性本来包含有"欲"、"情"、"知"三方面,"而理者存于欲者也"(《孟子字义疏证》);精神始于肉体,"有血气始有心知"(《原善》卷上),所以真正的德性是人性的圆满发展,离开人的自然情欲,决无所谓德性的完善。总之,这批孤寂的启蒙思想家都努

---

① 梁启超:《新民说》,《饮冰室合集·专集第四》,第126页。
② 章太炎:《答铁铮》,《章太炎全集》(四),上海:上海人民出版社,1985年版,第369页。

力为个体、感性乃至情欲争取合法的地位,成为近代唯意志论思潮直接的精神背景。我们将会看到,正是在唯意志论这样一个非理性主义的理论形态下,近代哲学大大地张扬了个体原则、感性原则、利益原则以及感情与意志的价值。

中国不是在孤立与封闭的状况中而是在资本主义列强的逼拶与侵蚀下进入近代的,这就给中国固有的历史与价值的冲突添加了新的因素。资本主义的侵略一方面给中华民族造成深重的灾难与痛苦,促使中国人民在民族自救中迅速觉醒;另一方面它加速了中国传统社会的解体。洋务运动以后,近代工商业开始发展起来,这不仅使反对传统的天命论的任务显得更加迫切,而且给予它们以决定性的推动。从唯意志论思潮产生的背景而言,它不仅有着深刻的社会历史根源,而且有了外来思想的渊源。随着西方文化的输入,先进的中国人越来越多地汲取西方资产阶级的理想。中国近代哲学再不像古代哲学那样,在东方文化环境中循着独立的线索发展。所以,西方唯意志论著述的传译、介绍就很自然地成为中国近代思潮的第二个源头。

唯意志论在西方可谓源远流长。在西方哲学史上,自由意志和决定论的矛盾与论争,贯穿古今直抵当代,只不过在不同的时代里采取了不同的形式。早在古希腊时代,伊壁鸠鲁与卢克莱修就已经用偏斜原子说来论证了自由意志的存在,反对宿命论。罗马帝国时期教父哲学的代表奥古斯丁曾把意志当作其他一切精神活动的基础。在横贯中世纪的经院哲学往复辩难"原罪"是否出于人(或上帝)的自由意志以后,文艺复兴中的人文主义者重新发现了伊壁鸠鲁,把人的自由意志抬高到宇宙的中心。在西方文化中,意志常常与自由异名同义。到近代,卢梭的启蒙哲学,休谟的怀疑论和康德的批判哲学从不同侧面开启了唯意志论之先声。卢梭哲学的目标之一就是论证人的自由,罗素把他称为"浪漫主义运动之父,是从人的情感来推断人类范围以外的事实这派思想体系的创始者"[①]。卢梭认为人的感性要比理智的推断更重要更可靠,并且认为意志有比理智更优先的作用。他说:"我相信,有一个意志在使宇宙运动,使自然具有生命"。"一切行动的本原在于一个自由的存在有其意志,除此以外,就再也找不到其他的解释了……凡是真正的意志便不能不具有自由。因此,人在他的行

---

① 罗素:《西方哲学史》,何兆武等译,北京:商务印书馆,1983年版,第225页。

动中是自由的……既然人是主动的和自由的,他就能按他自己的意愿行事;他一切的自由行为都不能算作是上帝有系统地安排的,不能由上帝替他担负责任。"①休谟认为理性所注意的只是用演绎论证一个目的,或用归纳获取因果关联,它自身并不提供目的,"单是理性既然不足以产生任何行为,或是引起意志作用,所以我就推断说,这个官能[理性]同样也不能制止意志作用,或与任何情感或情绪争夺优先权"。"理性是,并且也应该是情感的奴隶,除了服务与服从情感外,再不能有任何其他的职务。"②对于康德来说,休谟与卢梭都有非同寻常的意义。康德说,是休谟把他从独断论的迷梦中惊醒,卢梭则教会了他尊重人。他的批判哲学必然与卢梭、休谟密切关联。事实上,批判哲学的任务就是为理性划界,他区分现象与自在之物,认识只停留在现象界,惟道德可以进入本体界,所以他坚持实践理性占首位的观点,人凭自由意志为自己立法,行为是自由的。康德以后,费希特把康德的实践理性进一步付诸行动,他从知识学三原理出发,把伦理学的根本原理归结为下列公式:"你要这样行动,就是把你的意志的准则能够想象为你自己的永恒规律。"③他将意志等同于理性,认为意志即自我,是现实的创造者,可以达到绝对自由。

然而,中国近代唯意志论思潮最初所接受的西方资源,尚不是上述近代哲学的遗产,而主要是叔本华、哈特曼、尼采等德国唯意志论,其原因可能应归结为传输渠道。从中国近代哲学发展的角度着眼,日本曾经充任过西方哲学输入中国的首要通道与中介。中日两国在不长的时间里相继被西方列强打开了国门,与日本在19世纪中叶就开始大量输入西方哲学不同,中国在甲午战争以前基本上没有系统地传译什么西方哲学。甲午海战以后中国的知识精英觉悟到"学问饥荒",大批学子涌向扶桑求学,且正是留日学生最早地翻译哲学社会科学类著作。而19世纪80年代后期开始,德国哲学占据了日本思想界主流,先是流行黑格尔哲学,继而是康德、叔本华、哈特曼、尼采哲学风靡了学界,他们(特别是后三者)的唯意志论对中国近代思潮起了重大影响。最早系统介绍西方唯意志论的王国维就是借助日译本而精研有得的。1898年开始,王国维花

---

① 卢梭:《爱弥儿》,北京:商务印书馆,1991年版,第389—401页。
② 休谟:《人性论》,关文运译,北京:商务印书馆,1980年版,第453页。
③ 费希特:《论学者的使命》,梁志学、沈真译,北京:商务印书馆,1984年版,第9页。

了两年时间,通过文德尔斑的《哲学史》的日译本上溯康德,因不得其门而改读叔本华《作为意志与表象的世界》,再由叔本华上溯批判哲学,下及尼采。由此王国维写了一系列论文,不仅成为第一个系统向国人介绍德国唯意志论的学者,而且首创用叔本华哲学去诠释古典名著《红楼梦》,大大地扩大了叔本华哲学的社会影响面。紧接着,先后旅居日本的梁启超、章太炎、陈独秀、李大钊、鲁迅、郭沫若等人都在日本受到尼采哲学的影响。鲁迅和郭沫若还翻译过《查拉图斯特拉如是说》。

虽说同属唯意志论,但在哲学气质上,尼采与叔本华简直形同霄壤。悲观主义者叔本华生存意志说的意义,在于指明生活即痛苦,解脱之道在于洞穿个体化原理,借助禁欲以灭绝生命意志。尼采却高标"重估一切价值"和权力意志,他尖锐地批判基督教文明,主张高扬意志与创造的力量,达到完全新型的"超人"。在尼采看来,生命就是追求力量增强和扩展的竞争,人生的意义不在于改变自己去适应环境,而在于征服环境、支配环境,在于不断超越自己。摆脱一切以往的价值评估而独立,以坚强有力的创造意志达到与世界意志的统一,就是自由。显而易见,不是叔本华而是尼采才能同近代中国的革命基调相契合,特别是同"五四"时期文化激进主义的反传统气氛相协调,适应知识阶层个人主义、自由主义的心理期待。所以,在所有德国唯意志论哲学家中,影响中国最大的还是尼采。

可与尼采的影响相颉颃的,是法国生命哲学家柏格森。他的创化论(Creative Evolution)认为生物进化的动力是生命冲动、创造意志。宇宙大生命本来就是一个创化过程,它由两个方向相反的趋势构成:一是生命不断上冲的创造过程,一是向下堕落的崩解过程。向上冲击的动力是创造意志,一旦受束缚于物质,就陷入沉眠状态;一旦清理,又恢复其绝对的自由。人在宇宙之生命中凭着创造意志可以摆脱物质的限制,与宇宙生命融合而达到自由。在充满着青春朝气与乐观主义的启蒙思想家看来,柏格森的"创造意志"饱含着鼓舞人心积极奋斗与创造的精神。这就是柏格森生命哲学在"五四"时代与尼采一样成为唯意志论思潮一大来源的重要原因。事实上,柏格森对中国思潮的影响相当持久,也相当复杂。新文化运动的健将陈独秀、李大钊等赞赏他;"五四"的批判者、现代新儒家的代表梁漱溟、熊十力辈也汲取他。这两派在文化的价值取向上严重对立,但融合柏格森的创化论却大致相同,其原因正在于生命哲学强调意志能动性、竞争的辩证法和主体的创造作用,与天命论恰相对立,某种程度上契合了中国唯意志论思潮的理论期待。

与中国近代思潮较少科学理论的支撑不同,西方近代唯意志论思潮与科学的关系相当紧密,特别是与心理科学的进步有千丝万缕的联系。实验心理学之父冯特是一个唯意志论者,对意志过程有很精细的分析,并认为意志是支配统觉的;而统觉本是人类知识经验之所以可能的首要条件。美国哲学家詹姆士同样是一位重要的心理学家,他用进化论、精神动力论(dynamism)和创造概念去解决意志问题,以此证明一切机械论的错误。他认为人的心理是一种意识或思想流(the stream of thought),不分主客体的浑浊一片,唯有依靠意志力的切割才能形成确定的客体。柏格森对心理学也有很深的研究,对心理"绵延"、深层心理与理性的分离状态,人感受时间与空间的心理机制,以及记忆过程都有独到的分析与描述,因而已经明确提出了深层心理比表层意识更根本的思想。另一个杰出的心理学家、精神分析论的创始者弗洛伊德发展了潜意识的学说,他的深度心理学(the depth psychology)虽说用了决定论的方法去医治心理疾病,但他的泛性论意味着本能冲动决定了人的精神世界,意识远没有欲望、本能冲动之类的潜意识重要,因为"意识不是心理的实质,而只是心理的一个属性,一个不稳定的属性,因为它是旋即消失的,消失的时间远较长于存在的时间"[①]。这样一种非理性主义注重的乃是动机的作用,所以与唯意志论结盟是毫不奇怪的。事实上,叔本华早已从强调直观作进一步推论:"可以大胆地作一心理学的假设,把意识范围内的思想当作发生于大脑表面的思想,而把无意识思想当作发生于大脑内部的思想。"[②]这位泛意志论者已经提到了后来汇为潮流的潜意识理论的关键点。

西方近代从心理学来阐述的唯意志论对中国近代同样造成了某种辐射。杜威的实用主义曾经在中国颇有信徒,詹姆士作为其前驱也受到知识界的关注,但是张君劢、梁启超利用詹姆士的恰恰正是其自由意志的理论。弗洛伊德

---

① 弗洛伊德:《精神分析引论》,高觉敷译,北京:商务印书馆,1984年版,第7页。
② 《叔本华选集》,刘大悲译,台北:志文出版社,1985年版,第112页。

的潜意识学说对中国知识界的影响可能首先是借助文学创作与文学理论来实现的,并且与一般的非理性主义、浪漫主义相互濡化。

总之,19世纪末年,中国近代唯意志论思潮开凿了另一个理论源头——西方唯意志论,并将它与固有的理论资源相杂糅、融合,发展出了自己的历史。

二、演进中的两大主题

中国古代哲学中的天命论在历史和道德领域两翼展开为天命史观和道德宿命论。作为天命论的直接对立面与反动,唯意志论思潮在这两个侧面对天命论发动了最激烈的批判。这不仅为思想的逻辑所决定,而且首先是由历史的需要所决定的。因为中国近代哲学的主题已经被规定为回答"中国向何处去"的问题,或者说"中国向何处去"已经铸成了中国近代哲学发展的基本背景。面临一个巨大的历史转折,要解决一个前所未有的历史难题,人们一定会借助历史经验与历史理论,即龚自珍所谓"欲知大道,必先为史",所以从近代一开始,历史观就赫然凸现。空前的革命时代,需要宣扬主体能动性的历史观。同时,历史观的依托不但可以为政治变革作论证,而且是为了伦理价值的实用功能。事实上,社会-政治革命的任务既有政治制度方面的,又有伦理道德方面的。伴随着政治革命,近代同样经历了一场道德变迁。它先是传统道德蜕化、解体、嬗变的结果,而后则是仁人志士奋斗目标的一部分——以新的道德来代替旧的封建道德。与历史观领域张扬历史主体的能动性一样,道德领域的变革表现为道德主体的能动性受到高度关注,这正是唯意志论乐意驰骋的田野。总之,中心是一个价值观念的变革。围绕此中心,中国近代唯意志论思潮主要发生在历史观与伦理学两大领域。

从时间跨度上说,唯意志论思潮几乎伴随着中国近代历史之始终:自19世纪中叶起,以龚自珍为其先驱,是它的产生期。19世纪末20世纪初,唯意志论思潮进入了传播-发展期,不仅改良派和革命派宣传它,甚至单纯的学者也可能皈依它。新文化运动时期,是唯意志论思潮的高峰-衍变时期,此时其主流仍服从于政治上反对宗法皇权制度、哲学上反对天命论的母题,但"五四"以后开始与文化保守主义结合,预示着一种转折。20世纪30、40年代,唯意志论思潮进入了消退-批判的时期,唯意志论被利用来为专制政治服务,使这种哲学一时声名狼藉,并理所当然地遭受到严厉的抨击;同时,唯意志论的某些观念、原则却被消化、接纳,成为这一时期中国哲学家哲学创造的一个构成部分。

在清代面临一场社会巨变之际,诗人哲学家龚自珍曾以他指天画地的社会批判与文化批判,开出了近代哲学的先路,孕育了唯意志论思潮的发端。

龚自珍眼里的清代社会,如"将萎之华",一派衰世景象,唯一的出路在于进行社会改革;而要改革,就必须提供一种历史"大道"为指导。他认为,只有历史变易观才是这样的大道,因为举凡历史上的制度、风俗、趋势等都是不断变易的,"自古及今,法无不改,势无不积,事例无不变迁,风气无不移易"①。虽说龚自珍尚未超出循环论的眼光,但是在"举国方沈酣太平"之时,他强调历史变动,不仅传达了强烈的忧患意识,而且理论上大有深意。因为他更注重的是历史主体的能动性;历代兴盛都是革除前代弊政的结果,只要发奋改革,中国完全可以变弱为强,这同"天命"、鬼神无涉。正是在向传统的天命史观的挑战中,龚自珍大胆地提出了"自我"是创造历史的主体的崭新理论。他说:"天地,人所造,众人自造,非圣人所造。……众人之宰,非道非极,自名曰我,我光造日月,我力造山川,我变造毛羽肖翘,我理造文字言语,我气造天地,我天地又造人,我分别造伦纪。"②在浓厚的浪漫主义色彩之下,它实质上是宣布:一、历史是人创造出来的。龚自珍相信,历史是人谱写的,是人的历史活动谱写的,"一代之治,即一代之学也;一代之学,皆一代王者开之也"③。所以,历史的主体是人而不是天命。这是中国古代"力命"之争的继续。二、创造的主体是与"圣人"对立的"众人"。而传统的天命史观总是将天命授予圣人。三、决定众人活动与存在的,是众人之"我",即众人的主观精神,或者自我意识。尤可注意者,龚自珍直接把"我"和程朱理学的天理、太极、道之类形上法则对立起来。根据程朱理学的"理一分殊"论,是第一原理的太极派生出万物,所以万事万物都遵循着一理。这一严重扼杀个性的理论,遭到了龚自珍的批判:天地日月、山川人物、文字语言、人伦制度,无一例外都出自"我"的创造,而非理的派生。这里有两个富于时代特点并

---

① 龚自珍:《上大学士书》,《龚自珍全集》,上海:上海人民出版社,1975年版,第319页。
② 龚自珍:《壬癸之际胎观第一》,《龚自珍全集》,上海:上海人民出版社,1975年版,第12—13页。
③ 龚自珍:《乙丙之际著议第六》,《龚自珍全集》,上海:上海人民出版社,1975年版,第4页。

被尔后的哲学家反复强调的观念:自我和创造。自我的核心是独立人格、自由意志;创造作为一种实践活动,也须由意志来推动。而且,在龚自珍看来,人的主观精神是万能的创造力量,它并不需要按照外在法则行动,相反是它创造了对象与法则。他说:"民我性能记,立强记之法,是书之始……民我性能测,立测之法,是数之始……民我性能分辨,立分辨之法有四:名之曰东西南北……民我性能类,故以书书其所生。"①于是有了姓氏、宗族、政治、伦纪、善恶的区别。总之,人为自然界立法,也为社会立法,根据纯在乎本性中的"能"——自由创造的能力。

"自我"依靠什么才足以不受拘束地创造历史?龚自珍答曰:"心力。"他用"心力"概念来表达意志与情感的力量,行为的驱动力与持久力,依靠"心力",人可以成就一切。这样高度地张扬主体的意志力量,使龚自珍的历史观乃至整个哲学呈现出鲜明的唯意志论色彩。

按照龚自珍的信念,天地万物都是众人自造,道德原则也是人所自造,善恶也应由人自己决定。很显然,为了破除天命论,龚自珍的唯意志论从历史观进入了伦理学。因为提出自我是创造历史的主体的理论,目的在于社会改革,改革必须依靠人才。什么是人才?龚自珍说,有心力者即人才,"心无力者,谓之庸人"②。并且进而提出了与正统派儒家的醇儒、圣贤绝然不同的理想人格——豪杰。只要有所发明有所创造,即使是范金、抟埴、削楮、揉革、造木几的普通劳动者,也足以称作豪杰。③ 创造和心力这两大观念又复现了,而且他着意强调豪杰意志的坚韧性:在孤独中毫不畏缩,敢于径行独往,完全凭借意志力量去从事创造活动。

用意志力和创造性为标准,回顾晚清社会,人才是如此稀少,不但士农工商中人才奇缺,甚至市侩、偷儿、强盗也多平庸之辈!其原因就在于衰世对人们心力的摧折,"其法亦不及要领,徒戮其心,戮其能忧心、能愤心、能思虑心、能作为心、能有廉耻心、能无渣滓心"④。整个社会无处不在地销蚀人的意志力量、摧毁

---

① 龚自珍:《壬癸之际胎观第二》,《龚自珍全集》,上海:上海人民出版社,1975年版,第14页。
② 龚自珍:《壬癸之际胎观第四》,《龚自珍全集》,上海:上海人民出版社,1975年版,第15页。
③ 参见龚自珍:《纵难送曹生》,《龚自珍全集》,上海:上海人民出版社,1975年版,第172页。
④ 龚自珍:《乙丙之际著议第九》,《龚自珍全集》,上海:上海人民出版社,1975年版,第6—7页。

人的独立人格和创造精神，人们赞赏的只是"病梅"那样被扭曲的人格，龚自珍则发愿要解除人的精神枷锁、疗救残缺的人心。所以他主张充分尊重个性、解放个性，承认一切个性都有自由发展，实现自身的权利，"各因其性情之近，而人才成"。这是时代精神的体现，也是"众人之宰，自名曰我"理论推尊心力的合乎逻辑的结论。

正是在对"心力"——自由意志的高度推崇下，龚自珍在中国近代率先恢复起道德自律的尊严。

在先秦儒学孔孟荀诸家，道德自律曾有一席之地。随着儒学取得独尊地位，权势者以利禄驱使天下，通行的道德就越来越变为他律的道德、甚至奴隶的道德。如今，龚自珍坚持道德自律必须以独立的人格尊严为前提，所以主张"自尊其心"。他猛烈地抨击专制独裁统治"震荡摧锄天下之廉耻"，使人丧失独立的人格意识。认为只有在平等的关系中，各人都有人格的尊严，才会出现真正的节操德行。

龚自珍还进一步提出了道德自律与个人利益的关系问题。他认为，道德自律一方面指人出于意志自愿做到不为利欲所动，贫贱不能移、富贵不能淫；另一方面毕竟要以一定的物质需求的满足为必要条件。所谓古代圣贤忘其身家，恰恰是以他们可以对家身的物质利益泰然无忧为前提的。① 龚自珍大胆地推断，人皆有私，即使圣帝哲后、忠臣孝子、寡妻贞妇无一不以"私"为价值标准，都是以自我的利益为中心的。私不等于恶，人的欲望是自然的、正当的，只有满足了这种私欲，真正的道德自律才可能出现。

龚氏的理论预示了中西唯意志论思潮的一个明显的差别。康德的道德自律主张属于一种道义论，他认为服从于功利的行为，是一种意志的他律，所以康德伦理学是非功利主义的，这同时也是费希特、叔本华、尼采一派唯意志论者的共同立场。因为康德伦理学原本是作为英国功利主义的对立面而存在的，但并未完全拒斥幸福的目标，只是其后学如叔本华才走到了禁欲主义。中国近代唯意志论思潮是作为程朱理学的反叛者出现的。程朱的禁欲主义德性论绝对排斥功利的目标，把善（天理）与快乐（人欲）截然对立起来。所以我们将会看到，

---

① 参见龚自珍：《明良论一》，《龚自珍全集》，上海：上海人民出版社，1975年版，第29—30页。

从龚自珍开始,唯意志论者大多既主张道德自律、意志自由,又主张欲望的满足与功利的原则。当然,这里将会遇到一些很困难的理论问题,但是从总体思路看,中国思潮更多地从人的感性存在出发,因而可说更为人道。

概括地说,龚自珍的"心力"道德理论,认为善恶是后起的而不是先验的,道德原则、伦理制度都是人所自造;人遵守道德规范也不能依靠外在强迫,而应出于意志自律,不过道德的自律要以一定程度的物质需求的满足为前提。所有这一切,对于正统儒学的禁欲主义与道德宿命论发起了全面的反叛。

龚自珍反对天命史观与道德宿命论,开了近代唯意志论的先声,同时也将诸多偏颇与舛误作为遗产留给了后代,归根结底是贬斥了理性的作用。当他在高谈自我创造历史的时候,将这一过程视为一种非理性的活动,不仅毋须按照外在规定进行,其本身也无所谓规定性。在他看来,人类不过是与动物相差无几的"倮虫","谓天地古今之续为虫之为,平心察之弗夺矣"①。"倮虫"创造了世界,这种历史是倏尔变化、旋转簸荡、难以言状的、无规律的。当他在谈论道德自律的时候,他就否定了理性对道德的意义。因为他不但忽略了心力和创造的规律性,而且认为礼制刑法教化都对人的德性无所作为。他从揭露虚伪残忍的礼教刑法导致人的德性每况愈下,得出结论:尽管人们可以惩恶劝善,却不能由此培养人的德性。愤激的龚自珍否定道德行为的自觉原则,否定德性可以通过后天教育来培养,因此,理性对意志就没有意义。

以唯意志论的方式来处理意志与理性的关系,并不能真正摆脱宿命论的纠缠。事实上,龚自珍并未完全废置"命"的观念。他已经猜测到世界包含着必然与偶然的矛盾,决定论与非决定论的矛盾,但尚不能正确地把握这种矛盾,只能勉强地承认"命"的存在。他所说的"命"是何物呢?"命之正,命之无如何,又各有其本,因是已,缘是已,宿生是已。"②这意味着不合理的现实有着决定它的根据,就是因缘和合、宿生的造业。在《发大心文》中,他列举了种种现世生活中善行得恶报、真心遭讥嘲的现象,最后半是悲愤、半是无可奈何地归结为宿业。因此,龚自珍用自我、心力反对天命,走向了唯意志论,却又拖着一条宿命论的尾

---

① 龚自珍:《释风》,《龚自珍全集》,上海:上海人民出版社,1975年版,第128页。
② 龚自珍:《尊命二》,《龚自珍全集》,上海:上海人民出版社,1975年版,第85页。

巴,某种程度上预示着唯意志论思潮的历史命运,也预示着中国近代哲学要从宿命论传统中解放出来,将是一个极为艰难的历程。

龚自珍以剑气箫心抒写风雷之文,为晚清思想界开了推尊自我、崇尚心力的风气,但过了半个世纪之后,才真正获得回响。正如梁启超回顾的那样:"光绪间所谓新学家者,大率人人皆经过崇拜龚氏之一时期,初读《定庵文集》,若受电然。"①承接着龚自珍开创的源头,近代唯意志论思潮迎来了它的传播-发展期。

毋庸置疑,维新派思想家几乎天然地倾向着唯意志论。因为他们面对的中国比龚自珍时代的中国处境更为险恶,改革以救亡图存的任务更为急迫。而且维新派已经接触了西方文明,不再如龚自珍那样"药方只贩古时丹",而要求努力学习西方的科学、技术、民主和社会政治学说,大力发展资本主义经济。积极进取、寻求变革的基本政治-文化的立场,决定了维新派的思想路线一定强调主体能动性,这一点,康有为、梁启超、严复、谭嗣同几乎无一例外。加之维新派面对的保守、反动势力特别顽强,因而可能驱使一部分人趋向激进。譬如梁启超认为,中国社会假如可以逐步改良,便不必革命;但旧制度的势力积重难返,只有从根本上予以再造。维新派中最激进的思想家谭嗣同甚至赞美法国大革命,"誓杀尽天下君主,使流血满地球,以泄万民之恨",因而渴求陈胜、杨玄感那样的反叛者。如此慷慨激昂的态度,却出诸一个相当稚弱的资产阶级,当时的中国民众,更缺乏改革的觉悟。强烈的意愿与实现愿望的力量阙如之间显而易见存在着矛盾,这是推动他们走向唯意志论的重要原因。

谭嗣同、梁启超的出发点依然是以"心力"反"天命"。但是他们并未像龚自珍那样停留在怀疑天命的合理性,或者只是感叹国人"有力不庸,而惟命是从"②的水平上;而是公然揭露天命出于统治者的伪造,专制统治者愚弄人民,使普天下人都彷徨迷惑,不相信自身的力量,以为贫贱富贵都有宿命。反过来,正是传统的崇天敬天心理,便于帝王僭称"奉天承运",并以之为工具残害天下人民。一旦专制政治被铲除,天命论"皮之不存,毛将焉附"?说明他们比龚自

---

① 梁启超:《清代学术概论》,朱维铮校注:《梁启超论清学史两种》,上海:复旦大学出版社,1985年版,第61页。

② 梁启超:《新民说》,《饮冰室文集·专集之四》。

珍对天命论的认识大大地深入了一步。当然,经历过龚自珍崇拜的维新派思想家很顺当地继承了"心力"说。如梁启超就说过:"盖心力涣散,勇者亦怯;心力专凝,弱者亦强。是故报大仇、雪大耻、举大难、定大计、任大事,智士所不能谋,鬼神之所不能通者,莫不成于至人之心力。"①谭嗣同则喊出了"以心力挽劫运"的著名口号。他们都真诚地相信,只要国人有最大的热忱,发挥最大的意志力量,就一定能成就惊天地泣鬼神的事业,变老大帝国为生气勃勃的少年中国。

维新志士强调历史主体的能动性、重视意志在历史发展中的作用,与龚自珍毕竟有很大的不同,他们已经超越了循环论,不再仅仅以易学为根据,停顿在变易史观的水准,而获得了新的哲学理论或世界观基础——进化论。因此他们的唯意志论是与进化论相联系的。

进化论与唯意志论(非理性主义)的理论契合或濡化关系相当复杂。在西方,进化论是一种科学理论,虽然出现在19世纪,却有久远的文化背景,可以追溯至基督教关于人类堕落—救赎—恢复人神和睦的宗教教义。达尔文提出的生物进化论,一方面是科学的一大进步,同时也为非理性主义打开了一道阀门。因为它告诉我们,人类的能力并非与低等动物的能力完全不同,实际上,达尔文十分强调人的动物性。按照达尔文的理论,人类尽管处于生物进化的顶端,但是人与猿的区别比猿与更低等的生命譬如鱼之间的区别要少得多。人与动物共享着某些基本的直觉与本能。换言之,人类从动物界演化而来,决定了他永远也不可能最终脱离动物界。因此,生物进化论参与了19世纪开始的下述精神历程:它唤起了现代人对理性主义传统的怀疑和对人的非理性因素(尤其是对意志、本能、欲望等)的张扬。从尼采到柏格森、詹姆士,都可以看作是这种精神历程的哲学反映。在中国,进化论一传入知识界,就是一种哲学或者世界观,它给中国人提供了一幅新的世界图景。但它为中国近代唯意志论思潮提供的是另一条渠道。简要说来,中国思想家是从"生存竞争"和"优胜劣汰"这样一条弱肉强食的自然规律中引申出必须激扬起民族意志的结论。

实际上,在生物进化论介绍进中国以前,康有为已经将公羊三世说改造为历史进化论了。不过,对中国近代哲学进化论贡献最大的是严复,他翻译的《天

---

① 梁启超:《新民说》,《饮冰室文集·专集之四》。

演论》哺育了两代中国知识分子。他们都用进化论去批判顽固派"天不变道亦不变"的旧说和洋务派"中体西用"的理论,以推进变法维新。尤其是严复,他不赞成"任天而治"忽视人的主观能动性的思想,而认为"赫胥黎氏此书之恉,本以救斯宾塞任天为治之末流,其中所论,与吾古人有甚合者。且于自强保种之事,反复三致意焉"①。他对赫胥黎所谓伦理过程与宇宙过程对抗的理论有所批评,却汲取赫氏"尚力为天行,尚德为人治"的观点,并将之与柳宗元、刘禹锡"天人不相预","天人交相胜"的理论糅合起来。他认为一方面自然界的盲目力量互相较量造成它有不以人的意志为转移的客观规律;另一方面人也应当发挥主观能动性,依靠"群"的力量去战胜自然。严复在中国面临深重的民族危机和社会危机的关头,呼吁自强保种,确实有发扬人的意志力量的意义;而且他主张只有承认人有意志自由,才能有真正的道德责任。所以他说:"盖不自繇则善恶功罪,皆非己出,而仅有幸不幸可言,而民德亦无由演进……治化天演,程度愈高,其所得以自繇自主之事愈众。"②人类的进化就是不断摆脱束缚争得自由的历程,自由既是进化的目标,又是衡量进化水平的尺度。不过,严复本人并没有像本杰明·史华慈断言的那样形成了一个唯意志论世界观。真正十分鲜明地把唯意志论引进进化论的是梁启超与谭嗣同,他们为了号召人们自强变法,对进化论作了唯意志论的解释。

一般说来,在论证其理想的合法性、论证资产阶级改良方案的合理性时,梁启超们的进化论有一种严格的决定论色彩,整个世界是按严格的时间历程与阶段顺序展开的,是一个被必然性控制的无法更动的有序过程,而历史有着不以人的意志为转移的"理势",倾向于严格的历史决定论。但是,当谈论到进化的动力,特别是谈论到历史进步的主体、根源与动力诸问题时,梁启超们立刻诉诸唯意志论。按照谭嗣同的说法:"日新乌乎本?曰:以太之动机而已。"③但"以太"不过是"心力"的代名词,"以太"显为用,就是"仁"、"兼爱"、"慈悲"、"爱力"、"吸力"。所以谭嗣同实质上把进化的动力归结为善良意志。只要人的意志力

---

① 严复:《天演论·自序》,王栻主编:《严复集》第 5 集,北京:中华书局,1986 年版,第 1321 页。
② 严复:《群己权界论·译凡例》,王栻主编:《严复集》第 1 册,北京:商务印书馆,1981 年版,第ⅷ页。
③ 谭嗣同:《仁学·十九》,蔡尚思、方行编:《谭嗣同全集(增订本)》,北京:中华书局,1981 年版,第 319 页。

专而精,"则冥冥中亦能挽回气数"①。梁启超则认为,国家民族的存亡,"行之维何?曰仍在国民力而已。国民何以能有力?力也者,非他人所能与我,我自有之而自伸之,自求之而自得之者也"②。只要国民有强烈的争自存的欲望,就会有强大的国民力,国家必然因之而强大。梁启超把唯意志论引入历史进化论是以佛教业报轮回说为中介:恶浊世界原系众生业识熏结而成,所以迫在眉睫的是既要造切实的善因拯救自身,又要造宏大的善因拯救世界。只要人们都不断造此善因,中国就会不断进化。这意味着社会进化的规律乃是人们依靠自己的力量创造世界。除了佛教,梁启超还吸收了詹姆士和柏格森的唯意志论来支持他的理论。他欣赏詹姆士的"人格的唯心论",认为人类生活的根本要义在于保全人格、发展人格,包括社会的人格和个人的人格;这两者互相促进,共同向上,"这就是意力和环境提携便成进化的道理"。而柏格森的创化论,将宇宙归结为意识流、绝对绵延,其进化是"人类自由意志发动的结果"也深得梁启超的赞许,认为它"给人类一服'丈夫再造散'",可以鼓励人们一往无前地奋勇努力。③

从这一理论中,梁启超发展出一种"民族意力"说。历史过程纷繁曲折,从事历史活动的人的目的也极为冲突,所以从现象看,似乎没有共通的一以贯之的目的;意识的作用也若有若无,"及综若干年之波澜起伏而观之,则俨然若有所谓民族意力者在其后"。梁启超相信历史决不是天命的演绎,而是人类自身的创造,"历史为人类心力所造成,而人类心力之动,乃极自由而不可方物"。④ 每个历史事件都是不可复制的过程,每个历史人物都有特殊的个性,每个人的意志、愿望、目的都各各有别,"而最奇异者,则合无量数互相矛盾的个性,互相分歧或反对的愿望与努力,而在若有意若无意之间,及各率其职以共赴一鹄,以组成此极广大极复杂极致密之'史网',人类之不可思议,莫过是矣。"把意志视为历史发展的终极动因,当然是唯意志论。但是梁启超已经将龚自珍

---

① 谭嗣同:《上欧阳中鹄》,蔡尚思、方行编:《谭嗣同全集(增订本)》下册,北京:中华书局,1981年版,第462页。
② 梁启超:《论近世国民竞争之大势及中国前途》,《饮冰室合集·文集之二》。
③ 参见梁启超:《欧游心影录》,《饮冰室合集·专集之二十三》。
④ 梁启超:《中国历史研究法》第六章,《饮冰室合集·专集之七十三》。

"自我"以心力创造历史的观点推进了一大步。因为他已经看到具体的历史发展过程背后总有作为共性的民族意力,或者社会意志、公共意志在驱使人们从事社会活动;已经猜测到历史发展的方向与社会成员的意志合力相一致,不能离开人类意志、群体意识去探求社会历史的规律性,因而注意到考察群体意识的重要性,尝试着探索个人意志和民族意力的关系。①

维新派张扬历史主体的能动性的目的是改造社会,也包括改铸国民道德,因此谭嗣同的"以心力挽劫运"就延伸为一个伦理学的任务,梁启超则将它发展为"道德革命"的口号。其中一以贯之的中心是道德主体的选择自由问题。在谭嗣同那里,集中表现在他否定三纲五常,认定五伦中只有朋友一伦是可取的,"所以者何? 一曰'平等',二曰'自由',三曰'节宣惟意'。总括其义,曰不失自主之权而已矣"②。朋友关系与君臣、父子、兄弟以及封建婚姻关系的最大不同,是可以自由选择;而且这种选择并不是单向的或一次终结的,选择了朋友并不因此丧失再选择的权利。谭嗣同所理想的人伦关系都应是朋友关系,即意志自由应当是一个普泛化的原则。在梁启超那里,自由意志成为其伦理学说的中心问题。他像严复一样,认为承认意志自由是谈论主体道德责任的必要公设,"而不然者,吾生若器械然,其为善也有他力使之,其为恶也有他力使之,既非我所自为,则我亦何能任其责夫?"③并且调动了康德-费希特和佛学来论证自由意志的存在。康德以二元论来解决自由与必然的矛盾,并且贯穿到实践哲学的领域;人作为感性存在物,是现象世界的一部分,受自然律与欲望的支配,没有意志自由;但人又是理性的存在,因此同时又属于本体界,可以不受自然律与感性欲望支配,达到意志自律。费希特以主观唯心论超越康德,表现出比康德更多的唯意志论倾向。费希特认为,人的一切行动都有必然性这个原则,会败坏社会道德,从而把自由意志树立为其哲学体系的中心概念,并且强调人类一切活动只有一个本源,即能动的自我。这样,费希特把"自我"主要看作从事实践活动的理性存在物,以此来克服康德由于把"自我"看作主要是从事认识活动的理性存在物而滞留的理论理性与实践理性的二元论观点,最后推导出如下的公

---

① 参见梁启超:《中国历史研究法》第六章,《饮冰室合集·专集之七十三》。
② 谭嗣同:《仁学》,蔡尚思、方行编:《谭嗣同全集(增订本)》下册,北京:中华书局,1981年版,第350页。
③ 梁启超:《饮冰室合集·文集之三十二》,第83页。

式:"你要这样行动,就是把你的意志的准则能够想象为你自己的永恒规律。"①梁启超对康德-费希特的这一思路十分赞赏,他说:"我既为我而生,为我而存,以我之良知折择事理,以我之良能决定行为,义不应受非我者之宰制,蒙非我者之诱惑,若是者谓之自由意志,谓之独立精神,一切道德皆导源于是。"②并且又用佛教来支持他的选择自由论,把人本质上解释为意志,意志先于认知;而意志本身又产生于盲目的本能冲动,表现出典型的唯意志论。

谭嗣同、梁启超的意志自由论也有某些差别,扼要地说,谭嗣同比较注重意志应具备自由选择与自主专一的双重品格,梁启超则试图沟通自由意志论与功利主义。谭嗣同说:"盖心力之用,以专以一。"③他坚持如下原则:真正的德性应当是对业经选定的道德行为抱坚毅专一的态度,持之以恒地贯彻实践,直至意志与其初始目的达到同一。维新派思想家大多持反禁欲主义的态度,谭嗣同公开地宣言人的感性欲望、感性反应、感性存在的合法性,主张采取自然主义的态度,满足人们的感性欲求。梁启超则沟通康德的德性论与边沁的幸福论,认定幸福就是善,与自由意志并无二致。所以道德(意志自由或意志自律)就是幸福。

稍后于维新派登上历史舞台的是资产阶级革命派,它的精神代表、中国近代最深刻的哲学家章太炎,同样活跃在唯意志论思潮中。

最初的背景非常富于时代性。章太炎也是从进化论引出意志主义的。与谭、梁诸人不同的是,章太炎接受了拉马克的"用进废退"、"获得性遗传"的理论,并将其引申为人类社会的规律。在他看来,人之所以生存发育,是精子"有慕为人形之志",推而广之,生物对进化的欲求和意志是生物世界由低级向高级发展的根本动因。人类越用智力,智慧就越发达,形体也越高大俊美,逐渐"蜕其故用而成其新用",最后将出现智力高出于人类的物种;反之,如果人不用其智,智慧退化而变得愚蠢,形体也将残缺支离,甚至退化为下等动物。而生物器官使用的程度取决于自身的欲求,这样,"用进废退"的公式就成为意欲推动进

---

① 费希特:《论学者的使命·人的使命》,梁志学、沈真译,北京:商务印书馆,1984年版,第9页。
② 梁启超:《饮冰室合集·文集之三十二》,第75页。
③ 谭嗣同:《仁学》,蔡尚思、方行编:《谭嗣同全集(增订本)》,北京:中华书局,1981年版,第361页。

化的内在机制。他和梁启超同样希望唤醒人民,自强不息,争得民族独立和社会解放,所以特别强调生存竞争中意志力量的作用:"物苟有志,强力以与天地竞,此古今万物之所以变。变至于人,遂止不变乎?"①他认为一个民族只要有执着坚毅、一往无前的意志,就一定能自强不息。

章太炎从强调活动和器官的使用来讲进化,又强调发挥主体的意志力量的进化论意义,二者结合,极大地张扬了人的主观能动性。借助这一唯意志论的形式,他得出了人类社会的生存竞争是"竞以器、竞以礼"的结论,蕴含着主体在改造客体的过程中得以改造自身的观点,包含着社会革命的结论。

章太炎进化论的归宿却极其个人化,那就是著名的"俱分进化论":进化是历史发展的规律性现象,但历史进化的社会效应却值得分析,在社会历史现象中,只有人类的知识在不断累进,"若以道德言,则善亦进化,恶亦进化;若以生计言,则乐亦进化,苦亦进化。双方并进,如影之随形,如罔两之逐影"②。所以叫"俱分进化"。"俱分进化"论表明章太炎对资本主义文化的矛盾与现代社会的悖论的认识比梁启超等更为深刻,但也使章太炎丧失了早期的乐观主义,而浸染上叔本华意志主义和佛教人生观中的悲剧意识。他与叔本华关于生活本质上是在痛苦与无聊之间不断来回的钟摆的说法,明显地有着共鸣,同时承认叔本华泛意志论中关于意志自己拼斗自身的说法是合理的,并且用佛教所谓从"我执"生出好胜心来予以阐释,终于得出了人生即痛苦的结论。最后则认可了他一度曾予以严厉批评的意志本体论:"若夫有机、无机二界,皆意志之表彰,而自迷其本体,则一切烦恼自此生,是故求清凉者,必在灭绝意志,而其道始于隐遁。"③

在伦理学的领域,章太炎的唯意志论与他的"革命道德"说相联系,集中体现在他的"依自不依他"论之中。它包括三个层次的内容:

首先,"依自不依他"的"自"指主体,"他"是异己的力量,"依他"不但指对上帝、鬼神之类超自然力量的崇拜,而且指对天理、公理、规则等的盲从。章太炎对一切宿命论、绝对主义和目的论都持坚决的批判态度,不承认任何客观必然

---

① 章太炎:《訄书·原变》,《章太炎全集》(三),上海:上海人民出版社,1985年版,第27页。
② 章太炎:《俱分进化论》,《章太炎全集》(四),上海:上海人民出版社,1985年版,第386页。
③ 章太炎:《四惑论》,《章太炎全集》(四),上海:上海人民出版社,1985年版,第446页。

性。延伸到社会生活,人既无外在目的支配自身,就不应受外在道德规范所约束,而且个体是独一无二的,所以道德的首要原则就是主体的自由选择。章氏自由选择论的独到之处在于人的道德选择并非限定在善恶两项之间作非此即彼的抉择,而可以在"无善无恶"("无记")以上的若干项中自由选择。①实际上,章太炎指出了社会道德规范应当有一个度,人们可以在这一有层次分别的度以内自由选择,这就比梁启超等泛泛而谈道德责任以自由选择为前提深刻得多,也丰富得多;特别在道德转换期,它可能保证社会从旧的有序经无序状态进入新的有序状态的过程中,个体享有自由选择的合法权利。

其次,"依自不依他"的"自"是主体,但不是人的肉身、功利或感官享受,而是指"心",是自由意志、独立人格。他从康德、叔本华伦理学出发,认为如果从功利出发,受利己欲望支配,就是一种他律,不但丧失了意志自由,而且会产生伪道德。他认为人格自尊与意志自律同功利欲求是互相排斥的,"故近世欲作民气者,在损其好利之心,使人人自尊,则始可以勇猛无畏"②。他盛赞王学和禅宗,认为剔除了污浊的富贵利己之念,不以心为形役,才能真正忘我奋斗。所以章太炎的意志自律是与非功利主义相联结的。

再次,"依自不依他"所要求的自由意志、人格尊严包括了意志的另一重品格——专一,即对业经选择的目标,以意志的坚韧性一以贯之地实行。章太炎非常重视人应当有坚定不移的意志,认为国家之富强依赖于国民的坚强意志。他批评中国人的国民性有种种劣根性,特别抨击缺少坚定的节操或坚毅的意志。他要以宗教来振兴国人的道德,就因为中国人少执着个性、人心散乱、无所附丽,需要像法相宗、禅宗那样足以引动人们庄敬震动之情的宗教来培养执着专一的意志品格。所以他认为:"道德者不必甚深言之,但使确固坚厉、重然诺、轻死生则可矣。"③他反复强调贞信,即意志专一,以此为中心列出了四条规范:知耻、重厚、耿介、必信,将它们列为革命道德的核心。④

总之,章太炎在唯意志论的形式下倡导人们从利己之心中解放出来,保持

---

① 参见章太炎:《四惑论》,《章太炎全集》(四),上海:上海人民出版社,1985年版,第445页。
② 章太炎:《五无论》,《章太炎全集》(四),上海:上海人民出版社,1985年版,第437页。
③ 章太炎:《革命道德说》,《章太炎全集》(四),上海:上海人民出版社,1985年版,第277页。
④ 参见章太炎:《革命道德说》,《章太炎全集》(四)上海:上海人民出版社,1985年版。

独立自尊的人格与自由意志,并且充分论证了自由选择与自主专一统一的原则,在当时社会动荡、价值迷失的状况中,有着特殊的意义。

世纪之交之所以被认为是唯意志论思潮的传播-发展期,一则因为这一思潮此时开始接续上了西方思想的源头,改变了半个世纪前仅靠本土资源的状况;二则因为到世纪之交,这一思潮中的人物不再仅仅是社会改革家而扩大到一般知识界,它所影响的也不再是哲学与政治思想,而借助文学扩大到一般的观念世界。这两个特征集中体现在王国维的身上。

王国维是一个严肃的自甘寂寞的学者,正是他,以《叔本华之哲学及其教育学说》、《〈红楼梦〉评论》、《叔本华与尼采》等论文,在中国知识界率先系统地介绍了德国唯意志论。他对叔本华的泛意志论持存疑的态度,但却接受了叔本华的非理性主义,或者说围绕着人生观这一核心,接受了唯意志论。他在此基础上写了一组哲学短论,通过考察中国传统哲学的"理"、"命"、"性"等范畴,表达了他的伦理学观点。其中《释理》一篇,尤其能传达他的非理性主义。

王国维认为,从语源学上说,"理"分"理性"和"理由",根据叔本华的观点,无论哪一种"理",都只有主观的意义而无客观的意义,只有认识论的意义而无本体论的意义,而朱熹那样的客观唯心主义者,"皆预想一客观的理存在于生天生地生人之前,而吾心之理不过其一部分而已"①。然后按照理一分殊的理论,万物都从它派生出来,万物之理都从一理(太极)出,人性也就服从于天理。从哲学的高度来批判程朱理学的道德宿命论,王国维的分析是切中要害的。

但是,王国维的立足点是唯意志论,所以认定:"理者,主观上之物也。"②像很多唯意志论者一样,王国维只强调理性是人生的工具,否认理性同时又是人生的法则,结论是赞同叔本华的理性对德行不生发的原则。他说,"德性之不可以言语教也与美术同"③,并且说,"理性之作用,但关于真伪而不关于善恶"④。理性和德性、真和善,两不相通,理性"除为行为之手段外,毫无关于伦理上之价

---

① 《王国维遗书》第5集,《静安文集》第21页。
② 《王国维遗书》第5集,《静安文集》,第21页。
③ 《王国维遗书》第5集,《静安文集》,第39页。
④ 《王国维遗书》第5集,《静安文集》,第21页。

值"①。因为道德的根源不在于理性而在于非理性的冲动,合理的生活与有德的生活远非一回事;相反,人们为善由理性,为恶也由理性,甚至有了理性精于心计、巧于谋划,可以作更大的恶。面对着现代社会科学与人生日见严重的背离,王国维对科学与理性的社会功能有着深深的忧虑,同时又继承了近代唯意志论的传统:反对正统儒家强调自觉原则把封建伦理形而上学化及其导致的道德宿命论;只是他又走到了另一个极端:贬低了理性对道德的意义,否认道德行为的自觉原则。

"五四"前后,唯意志论思潮先是达到了它的高峰期,即在新文化运动中乘批判礼教和整个封建文化、张扬个性与精神自由、注重文化重建的大潮,唯意志论获得了广泛的社会认同。然后在启蒙运动渐渐退潮之际,唯意志论与文化保守主义结合,走出了一个下行的曲线。同时,早先倾向唯意志论的启蒙思想家开始扬弃唯意志论,转向唯物史观,预示着这一思潮开始分化。

背负着空前的价值冲突与权威丧失,新文化运动为中国思想界迎来了短暂而宝贵的百花盛开的春天。各种各样的西方思想蜂拥而入,继康德、叔本华以后,尼采和柏格森对"五四"思想界产生了广泛而深刻的影响。第一次"尼采热"就发生在这一时期,陈独秀、鲁迅、郭沫若、李大钊、田汉、李石岑、傅斯年、胡适、茅盾、蔡元培……几乎思想界人人都谈尼采,谈"一切价值的重估",谈反对奴隶道德。柏格森也受到读书界的广泛注意。它表示唯意志论的社会影响面达到了前所未有的广泛程度,最有代表性最具社会影响力的可推陈独秀与李大钊。

像以往的唯意志论者一样,陈、李二人对进化论也取正面领纳的态度,但又有他们的特点,即强调斗争、重视创造。所谓强调斗争,是指他们认为,宇宙间一切进化过程,都是新旧势力斗争的结果,所以历史要进步,就不应惧怕、逃避斗争。陈独秀用生物进化论的生存竞争、优胜劣败来论证人力胜天命,这是中国近代进化论的主题。但是未免把它泛化了,以至得出结论:"抵抗力者,万物各执其避害御侮自我生存之意志,以与天道自然相战之谓也。"②李大钊不但认为整个生物进化史就是生命系列为了达到"全生之志"不断与环境作斗争从而

---

① 《王国维遗书》第 5 集,《静安文集》,第 24 页。
② 陈独秀:《抵抗力》,《陈独秀文章选编》(上),北京:生活·读书·新知三联书店,1984 年版,第 90 页。

演进的历史,而且认为牛顿力学的宇宙"阖辟"两种力量,"叔本华则曰'意志',斯宾塞则曰'抵抗',各张其说,立为普则。其言不必相谋,其理实有相通。森罗万有,各具意志。意志所在,乃可云存"①。从强调与环境斗争,到把生存意志泛化为宇宙的动力,唯意志论凸现了。所谓重视创造,是指他们受柏格森创化论的影响,认定创造就是进化,离开创造就没有进化。在柏格森看来,宇宙的创化过程不存在任何理智所能把握的法则,生物进化纯粹是偶然的事变,人的精神是不可言诠的绝对绵延,以此来反对宿命论、机械决定论、目的论,提倡创造意志。这些对在全力关注着再造现代民族文化的陈、李来说,是极能鼓舞人心的崭新观念。

以上两大特点归结到历史哲学,李大钊认为历史是由人的意志造成的,是普遍心理的记录。但他不同意英雄史观,不同意英雄个人的意志决定历史发展的观点;相反,英雄豪杰的作用,是由世运、风俗决定的,而世运、风俗都是公众意志的综合。要之,李大钊认为历史取决于"众意总积"。用意志要素解释历史,虽然在唯意志论倾向上与梁启超相类似,但是,李大钊的"众意总积"是民众及其意志、力量的原因;而梁启超的"民族意力"往往是少数豪杰的意志与灵感的结果。因此,同样在唯意志论形式下,在历史与意志的关系问题上,李大钊比梁启超向唯物史观前进了一大步。

新文化运动的一个重要内容是道德革命。陈独秀、李大钊都努力以新的理想、价值来代替陈旧的桎梏人心的"奴隶道德",首先就是以功利主义来反对封建的禁欲主义道德,尤其反对以专制政治来推行禁欲主义。他们都认为避苦就乐是人性的自然状态,人的这种求生意志和自主本能决定功利主义可以成为道德的基础。所以陈独秀说:"执行意志,满足欲望(自食色以至道德的名誉,都是欲望),是个人生存的根本理由,始终不变的(此处可以说"天不变,道亦不变")。"②建立在这种自然状态的情感意志之上的道德才是真纯的道德——合理的利己主义,至于理性、知识之类对道德就没有意义。③ 要改善道德状况,只

---

① 李大钊:《战争与人口(上)》,《李大钊文集》上册,北京:人民出版社,1984年版,第373页。
② 陈独秀:《人生真义》,《陈独秀文章选编》(上),北京:生活·读书·新知三联书店,1984年版,第240页。
③ 参见陈独秀在《基督教与中国人》一文中对梁漱溟理论中理性对德行不生发原理的称道,《陈独秀著作选》第二卷,上海:上海人民出版社,1993年版,第87页。

有提倡"兽性精神"。① 所谓"兽性"就是意志顽狠、一任本能冲动,且体魄强健。因为道德的冲动本是非道德冲动的继续。这是一种典型的非理性主义。

从理论上讲,把道德归结为本能当然是失当的,但其内在旨意却是继承近代唯意志论的传统:强调道德自律的原则。他们强调真正的道德都应当是出于自由意志和独立人格自由选择的行为,否则就只是尼采所谴责的奴隶道德,人应有昂首阔步、独往独来、不待他人的气概;在精神上、在伦理关系中,每一个体都是自身俱足的,意志是自由的,这才是人之为人的根据。除了这种个人主义的人格独立理想以外,陈、李两人超越前辈的地方在于他们已经认识到,伦理关系上的个人独立,根本还要靠经济结构中的个人独立,看到了伦理思想变革的社会条件。这些,促使他们超越唯意志论,接近唯物史观。

"五四"以后,李大钊、陈独秀从文化革命走向社会革命,相继接受了唯物史观,从个人主义民主主义走向马克思主义。毋庸置疑,唯意志论被扬弃了,但是它的某些合理的因素作为哲学革命与文化革命的积淀被综合到新的理论形态之中。在历史观方面,李大钊继续运用唯物史观批判宿命论和天命史观,特别告诫人们不能将唯物史观理解成机械决定论或宿命论,相反它应当唤醒人民自觉自身的权威与力量,变被动为主动,去创造自己的历史。原先在唯意志论形式下的合理因素,如强调历史主体的创造意识,群众意志推动历史等,都以中介的形式包含在唯物史观中间。尤为有意义的是强调了:历史规律内在地包括了主体意志的作用,特殊事件与人物并不因历史有其普遍规律而丧失价值。唯物史观在李大钊那里呈现出勃勃生机。在伦理学领域,李大钊将道德的自由选择原则与正确处理群己关系联结起来,认识到民众要获得解放,只有自觉自愿地参加解放事业;又从群众自己解放自己的原理发展出"个性解放"与"大同团结"统一的崭新理想。个性解放是走向大同世界的必要环节,但不是终极目的;大同团结作为自由人的联合体,并没有吞并个性自由,相反却容纳并保证着每一个人的自由发展。② 在转变为马克思主义者以后,李大钊始终坚持个性自由是不容取消的。他坚决反对独断专横与各种形式的专制主义,认为每一个体,必

---

① 陈独秀:《今日之教育方针》,《陈独秀文章选编》(上),北京:生活·读书·新知三联书店,1984年版,第89页。
② 参见李大钊:《平民主义》,《李大钊文集》下册,北京:人民出版社,1984年版,第597—598页。

有其自由的领域,所以应当容许各个个体的并立,而不能以任何形式压服异己。在未来的理想社会中,个性是自由的,社会又是有秩序的;但秩序不是刚性的划一的规范,而是保有个性选择的自由度的,因而是一种生机勃勃的活的机体。从19世纪中叶以来,几代追求自由的知识者,终于找到了最高的社会理想。

早期马克思主义者扬弃唯意志论,唯意志论思潮却并未到此终止。如果说在此前数十年它曾经与近代哲学的主流同步的话,那么当近代哲学的革命进程已经由进化论到达唯物史观时,唯意志论思潮就开始与主流哲学分道扬镳,其最初的表现是与崛起不久的文化保守主义思潮相结合。

梁漱溟哲学就是这两种思潮结合的代表。

梁漱溟以其文化观名世,但其核心则是以生命意志为动力因与质料因的文化哲学。他认为生命意志及其满足与否是文化的内核,它是特定文化的"最初本因"即出发点或终极原因,生命意志追求的方向不同,造成了各有异彩的文化类型。文化哲学的方法,就是从不同类型的文化特征去反推生命意志追求方向的差别。

按照这种唯意志论的文化哲学,梁漱溟把整个人类文化图景按照"人生三问题——生活三态度——文化三路向"的公式顺次展开。人必须面对天人关系、人我关系、灵肉关系;相应的有意欲向前追求、意欲自为调和持中和意欲反身向后要求三种生活态度,由此产生西、中、印三种文化类型,即分别以理智、伦理、宗教为特色的三大类文化。

依据其文化哲学,梁漱溟论证了他对世界文化的预言——世界文化三期重演说。近代中国文化与印度文化处于落后与失败的态势,不再被认作东方文化本身的病弱,而是早熟得不合时宜。现在西方文化已经碰壁而百孔千疮,所以未来必定是中国文化的复兴,继之以印度文化复兴。"于是古文明之希腊、中国、印度三派竟于三期间次第重演一遭。"[①]梁氏世界文化模式很难逃脱虚构的批评,但他的目的是实实在在的,即为日见衰微的中国传统文化寻找一个复兴的契机,由此确定了梁漱溟新儒家的文化保守主义立场。

---

① 梁漱溟:《东西文化及其哲学》,北京:商务印书馆,1987年版,第24页。

在近代唯意志论思潮发展史上,梁漱溟是一个有特殊意义的人物,因为他不仅代表了该思潮运动路向的根本转折,而且正是在他手里,形成了第一个唯意志论的体系。它糅合了唯识宗、柏格森生命哲学、泰州学派等中外哲学,以意欲、直觉、理性等范畴为骨架,分别展开了关于本体论、认识论与伦理学的内涵。就本体论而言,梁漱溟认为宇宙是一个大生命,作为宇宙本质的生命,在现象界即呈现为生活,而"生活就是没尽的意欲"。他用生命、生活、意欲,后来又用良知、情意、阿赖耶识等一连串概念,来形容本体,归根结底是说世界即意志,而意志是精神性的盲目的创造活动,是绝对的流变,又是人类的善良意志。如此鲜明地把意志抬到宇宙本体的地位,并作了多方面规定的,梁漱溟是中国近代第一人。相应地,梁漱溟在认识论中严厉批评理智的局限,贬低逻辑思维的功能与地位。从理智与对象的矛盾说,静止的理智不能把握流动的本体,作为生活工具的理智无法把握生命内里的情意,分割、抽象的概念无法观照整体大全;而从理智的实践功能说,理智的品格更是弱于能动的意志的品格。所以,真实的认识手段只能是直觉。意志本体呈现于人伦关系,就是理性。或者说,理性是意志的表征与实现,是意欲和直觉的综合与归宿。其实理性有十分现实的内容:"所谓理性,要无外乎父慈子孝的伦理情谊,和为善改过的人生向上。"[①]所以梁漱溟说道德出于理性,意味着向中国传统的伦理规范复归,根本上要认同中国古代传统的伦理理性——价值理性。为了维护宗法性的儒家道德,从梁漱溟开始,文化保守主义(东方文化派或玄学派)丢弃了传统的天命论,转而信仰唯意志论,这对于儒学是一大转折,对于唯意志论思潮也是一大转折。

梁漱溟的论著在当时学术界所引起的争论主要是文化问题,他的唯意志论并未招致批评,说明当时唯意志论与知识界的共识并无严重的冲突。但是,仅仅两年以后,张君劢等玄学派的唯意志论就受到了猛烈的反击,标志着社会心理的急剧转变和唯意志论思潮与主流意识形态的背离。

关于1923年发生的科玄论战,学术界素有讨论,但其哲学史意义在于,它是科学主义思潮与非理性主义思潮在近代中国的第一次正式冲突,焦点是决定论与自由意志论之争。这一点,挑起争端的张君劢十分自觉,他说这场公案"若

---

① 梁漱溟:《中国文化要义》,成都:路明书局,1949年版,第294页。

去其外壳,而穷其精核,可以一言蔽之,曰自由意志问题是矣。人事之所以进而不已,皆起于意志,意志而自由也,则人事之变迁,自为非因果的非科学的,意志而不自由也,则人事之变迁,自为因果的科学的"[1]。

在这场历史领域的自由与必然之辩中,张君劢的态度完全是非决定论的。他将历史的动因完全归结为意志,以此命题作为公设,又将意志解释为纯粹的心理活动、不可分割的绵延,所以不服从因果律,最终将意志推论为整个生物界进化的初始动因。这一理论的基础是柏格森的生命哲学,从心理主义的绝对绵延论出发,它否认决定论的原则,不承认任何因果关系,至少在历史领域不可能预知"恒常的陆续出现",因为每一瞬间的心理状态都是独一无二的,不可重复的,因果律在此宣布无效。由此,张君劢等玄学派对科学与理性提出了责难,主张复兴宋明理学,并且严厉批评进化论的机械决定论。而唯物史观被解释为宿命论。张君劢的知识结构有很大的缺陷,对科学及其发展缺乏理解,但是他紧紧地守住他最核心的堡垒:个人的意志不受任何因果律的制约,是绝对自由的。由此作为自在自为的意志主体,人不但可以决定自己的德性和人格,而且足以消除一切外界的阻抗:"往往有理智的判断上,以为极不可能的事,而靠着意志的力量,竟可以实现。"[2]孔子、耶稣、释迦牟尼一类天才人物就得以自由地创造人类文化和历史。唯意志论与天才崇拜在此合而为一。

张君劢的理论立刻招致了丁文江等"科学派"的批评,他们坚持理性在精神现象中的领先与支配的地位,维护了理性主义的传统。但是在自由意志论这一核心问题上,科学派表现得十分疲软无力。他们沿用机械决定论与还原论的观点,认为人的心理纯粹是被决定的;人无非是一种动物,其一切需求归根到底都可以约化为食色的生物性本能,再可约化为无机物"质力相推"的运动。结果人类的能动性,意志的自因性活动都被忽略了。正如玄学派梁启超批评的那样,是一种"纯物质的纯机械的人生观"。

论战后期,马克思主义者介入到这场争论中来。先是陈独秀试图以唯物史观的原则来回答唯意志论:"在一定范围内,个人意志之活动,诚然是事实,而非

---

[1] 张君劢:《人生观之论战·序》,上海:上海泰东图书馆,1923年版,第12页。
[2] 张君劢:《科学之评价》,《科学与人生观》,沈阳:辽宁教育出版社,1998年版,第208页。

绝对自由,因为个人的意志自由是为社会现象的因果律并心理现象的因果律支配,而非支配因果律者。"[①]他还指出自然科学与社会科学有不同的规律,不应该因为它们都适用于因果决定论就混为一谈,社会生活中是相类的因产生相类的果,避免了科学派把社会历史领域的因果律简单化的弊病。但是他既没有深入思考个人意志活动的"一定范围"的具体规定,也没有讨论人的意志何以能够发生作用。相反,他倾向于认为意志既然有原因可寻,科学可以把具体的意志内容放置在因果关系中予以说明,就证实并无所谓意志自由。在论战的核心问题上,陈独秀离开科学派的水准并不太远。接着,瞿秋白以《反杜林论》为依据,对科玄论战作了哲学的反省。他赞成恩格斯的界说,认为"所谓'意志自由',当解作:'确知事实而能处置自如之自由'"[②]。强调人的意志处于普遍必然的因果关联之中,意志的最后根源是经济条件;意志欲有所作用,必须以认识客观规律为前提。这是以一种严格的决定论和理性主义对唯意志论的认真批判。然而它又存在着很大的弱点与失误,主要表现在对规律范畴作机械性的理解和对主体选择自由的估计严重不足。瞿秋白侧重于论证规律的客观必然性,对与此相联的其他范畴甚为忽略。如他忽视了偶然性的意义;过于强调规律的普遍性,不懂得普遍规律既包含和制约着特殊规律,又必须通过特殊规律才能起作用;倾向于把规律理解为现实诸因素的稳固联系,不懂得规律还有否定性的特征。而且他对历史规律的特点认识不足,不懂得历史规律正是在人们为了实现自己的利益和需要而进行的有目的活动中存在和展开的;人类创造自己的历史,决不是按照某种先验的逻辑作历史的展开,因而很大程度上忽略了意志的价值与主体的选择自由。这些缺陷使他的理论带有教条主义的气息,潜藏着发展为宿命论的可能。

总之,近代史上对唯意志论思潮的第一次批判并未完成它的理论使命。

20世纪30年代,另一个哲学家对科玄论战作了反省与总结,不过是从玄学派的立场作的总结,他就是创立"新唯识论"的熊十力。对科玄论战的核心——自由意志问题,熊十力作了既不同于科学派的机械决定论,又不完全等

---

① 陈独秀:《答张君劢及梁任公》,任建树、张统模、吴信忠编:《陈独秀著作选》第二卷,上海:上海人民出版社,1993年版,第690页。
② 瞿秋白:《自由世界与必然世界》,《瞿秋白选集》,北京:人民出版社,1985年版,第116页。

于张君劢的唯意志论的回答。简言之,"新唯识论"是高度崇扬意志自由的哲学,它内在地蕴含了某些唯意志论的倾向,但又在若干关节点上划清了与唯意志论的界限。

"新唯识论"是一种心本论,它强调的是心体的实践功能,即主体对客体的作用与改造。宇宙本体作为自我与万有的共同实体,叫"心";作为个人的心,主宰的势力或者实践的主体,叫做"意";作为认识的主体,叫做"识"。[①] 因此,熊十力不但认为意志是人格的核心,由意志而产生自我意识,而且他实际上承认意志是生命的本体,理智(包括感觉)是意志的作用,明显地包含着意志高于理智的意义。

在熊十力的"心本论"系统中,作为本体的意是"有定向的意",它的首要规定性就是自在自为的,即超越自由与必然对待关系的自因性存在。同时它又始终保持其独立的创造性本质,拒绝物化而能不断向上奋进,因而能够将本有生命力解放出来,使得本心即先验的道德意识"仁"得以呈现("复初")。可见,熊十力的意志实质上是实践理性,意志按照生生不息、不肯物化的法则不断发展,所以自身就是合理的。

以上所述可以看作熊十力对科学派和马克思主义决定论的回答。但是熊十力并没有沿着这一唯意志论倾向去发展其理论,相反却在若干关节点上划清了与唯意志论的界限。

熊十力坚持意志应当是合理的而不应是盲目的,反对叔本华、柏格森把人的意志界说为盲目的生存意欲,或者本能冲动。他承认人有本能冲动、生存意欲,它们有影响人生的巨大力量。熊氏肯定自觉的意志或觉悟化的意志,不是缠绕于一己的私欲,而是觉悟到生活之真理、大化之本质以后的明智、坚韧的意志。人们保有这种自觉的意志("志愿"),就可以沿着"辟以运翕"、"心以转物"、

---

① 参见熊十力:《新唯识论·明心上》,北京:中华书局,1985年版。尤其在第113—114页有一段极为重要的论述,集中阐述了他的心本论。他说:"如实义者,心乃浑然不可分之全体,然不妨从各方面以形容之,则将随其分殊取义,而名亦滋多矣。夫心即性也。以其为吾一身之主宰,则其对身而名心焉。然心体万物而无不在,本不限一身也。不限于一身者,谓在我者亦即在天地万物也。今反求其在我者,乃渊然恒有定向,于此言之,则谓之意矣。定向云何,谓恒顺其生生不息之本性以发展,而不肯物化者是也。故此有定向者,即生命也,即独体也。依此而立自我。虽万变而贞于一,有主宰之谓也。若其感而遂通,资乎官能以趣境者,是名感识。动而愈出,不待官能,独起筹度者,是名意识。"

"变染成净"的宇宙生化大流,一方面消除后起的种种染习,扬弃盲目意志,成能成性,渐趋理想人格,一方面也就能够改造环境。在自觉意志(志愿)阶段,自由意志扬弃盲目意志而实现了其现实性。尽管熊十力也像一般的唯意志论者那样,反对目的论,但他反对的是那类以为宇宙按一预定目的而展开的理论,并不赞成唯意志论者所说的宇宙是毫无法则的浑沌一团,认为宇宙过程体现为合乎规律的螺旋式上升运动,所以自由意志也应当是合理的。通常的唯意志论者在伦理学领域常常强调道德行为的自愿原则而忽略自觉原则,而熊十力讲"性修不二",既讲自由意志,又讲按道德规律指导行为的"修",比较辩证地重申了道德行为应当自觉自愿并重的原理。熊十力还打破了唯意志论的绝对自由幻想。他认为自由是在主体对客体的适应和改造过程中展开的,所以总是相对的,以为通过玄学的真理可以达到绝对自由,那只是幻想。所有这些,都是熊十力对唯意志论的批评与修正,也可以看作是对中国近代唯意志论思潮的某种总结与清算。

20世纪40年代,"战国策派"引发了近代思想史上对唯意志论的第三次批判。抗战后期,陈铨、林同济等在昆明创办名为《战国策》的刊物,他们断言历史又回复到二千年前的战国时代,在战乱频仍的时代,必须有另一种智慧与意志,民族才得以生存,从而重建中国文化和民族性格。因此他们宣传叔本华、尼采的哲学与人生观,鼓吹英雄创造历史和英雄崇拜理论,讨论文学批评和中国传统文化等问题,形成了一个哲学-文化派别,被叫作"战国派"或"战国策派",是中国近代唯一以唯意志论公开标榜的哲学-文化团体。

"战国策派"的理论来源主要是叔本华-尼采一派的唯意志论,更确切地说,是对尼采哲学的采撷与改塑。他们赞赏尼采反民主的思想、等级制度的主张和歧视妇女、压迫妇女的态度。他们最重要的观点是英雄崇拜与尚力主义。他们说:"人类意志是历史演化的中心,英雄是人类意志的中心。"[1]英雄受人崇拜,也理所当然地应该受人崇拜。其原因据说不但因为英雄是群众的救星,而且因为英雄本身是神秘的天赐之物。我们除了可以推测英雄就是宇宙本体的力量结晶以外,对他们何以产生,何以天赋超群,一概不得而知。尼采高度强调生命

---

[1] 陈铨:《论英雄崇拜》,载《战国策》(上海版),第3期,1941年3月15日。

本能的强健、有力，追求意志的力度感。"力量"可以说是尼采哲学的基本概念之一，是自由的必要前提。"战国策派"不但把"力"本体化，而且还借法家政治理论阐发力量崇拜。显然，他们所说的"力"不同于尼采的原意，而是专指暴力与武力，主张以暴力来统一天下、维持统治。

"战国策派"出现不久，共产党人就迅速作出了反应，《群众》杂志陆续发表批判文章予以抨击。从哲学史的角度看，这场批判主要是以唯物论的反映论批判唯意志论，以唯物史观批判英雄史观，以理性主义反对非理性主义。《群众》杂志所持的是唯物论的原则立场，坚持意志与情感应当服从理智指导的理性主义传统。所以，对"战国策派"的批判无疑是有积极意义的。但是，如果从它在唯意志论批判的历程来估价它的意义，那么，应当承认，由于政治局势的严峻紧迫和哲学对手的粗鄙，这场胜利的政治意义显而易见地超过了其理论意义。就哲学成果说，它基本上停留在科玄论战时瞿秋白的水平线上。

这场批判附带地还产生了一个结果。当时国际上，特别是苏联学术界因为纳粹利用尼采哲学，就认定尼采是法西斯哲学家。国内，国民党政府也以唯生论、"诚"的哲学和"力行"哲学为他们的专制独裁统治服务；"战国策派"又以唯意志论公开为法西斯张目——在共产党人看来，两者实在是异曲同工。唯意志论在中国从此声名狼藉。

一个上下纵贯百年的近代思潮终于消退了。

三、在文学与政治之间

唯意志论思潮并不仅仅是一个哲学思潮，而是有广泛影响力的社会思潮，它对近代社会生活的多个领域与层面都产生了影响，包括宗教、科学、文学、政治思想等。对宗教与科学，我们前面已有所论列，下面将着重讨论的是唯意志论思潮介入社会生活的两个最大的方面：文学与政治思想。

与文学艺术有密切的关系，是中西近代唯意志论思潮的一大共同点。西方进入工业社会以后，科学与人生分离，理性与情感分离，物质追求与精神理想分离，反映到哲学界就是实证主义与唯意志论等非理性主义的对立。实证主义拒斥形而上学，试图为科学寻找统一的基础。但是哲学不仅需要科学性，而且要能给人以理想,后者却被科学主义废弃了。作为一种解毒剂和必要的补充,各种非理性主义迅速发展起来。唯意志论擅长的是人生哲学、价值哲学、形而上学与美学,对社会生活有很强的渗透力,其影响圈当然远远超出学院的围墙。而且这一派哲学家大多兼为文学家或美学家:卢梭对法国文学的影响如此之大,以至拉马丁称他为法国第一位情感作家;叔本华和尼采都是文章高手,他们的悲剧理论对美学史影响深远,尼采甚至是一位诗人;柏格森与萨特是诺贝尔文学奖获得者;柏格森的潜意识理论、詹姆士的"意识流"说和弗洛伊德精神分析学说,是现代派文学的重要思想渊源。至于受尼采等唯意志论影响的一流作家,至少可以开出托马斯·曼、茨威格、萧伯纳、杰克·伦敦、高尔基、黑塞、纪德等一长串名单。

中国近代虽然尚未进入工业社会,但是由于中西文化的交汇与碰撞,以及中国资本主义的发展,西方文化的某些症候在中国也有了先兆。王国维在20世纪初就敏感地觉察到这一点,而以"可爱者不可信,可信者不可爱"来概括这种两难状态:科学与实证主义可信可用,却无法寄托理想;非理性主义,唯意志论、形而上学可爱却缺乏足够的科学支撑。鲁迅之所以提倡"意力主义",一个重要原因就是他觉察到近代西方由理性主义发展带来的"文化偏至"需要纠正。加之中国近代的基本历史任务是反对宗法、反对皇权政治,建立统一的现代民族国家,与此相应的观念世界变革的任务,是思想启蒙,而文学正是启蒙运动的主要载体之一。中国近代唯意志论思潮抗议与反叛性的主流决定了它与文学缔结了难分难舍的缘分。

近代唯意志论的先驱龚自珍是晚清杰出的诗人,他"怨去吹箫,狂来舞剑",一生创作了大量意境瑰丽,奇思妙构的诗歌。正如他自许的"名理孕异梦,秀句镌春心",他的哲学孕育了新型的理想,诗歌则寄托了他的哲理。他热烈地向往着个性解放的自由境界,因而提出了著名的"尊情"理论:"情之为物也,亦尝有意乎锄之矣;锄之不能,而反宥之;宥之不已,而反尊之。龚子之为长短言何为者耶?其殆尊情者耶?"[①]因为自由的感情是自由人格与独特个性的重要组成部分,是人的感性生活的自然产物,又是文学艺术的直接原因和现实内容,所以

---

① 龚自珍:《长短言自序》,《龚自珍全集》,上海:上海人民出版社,1975年版,第232页。

只要完整而真实地再现作者心态感情的就是好文章。为了论证"尊情"的必要,龚自珍认为感情是至高无上的,甚至试图借用佛学把感情推举到形而上本体的地位。他的理论与他美丽的诗歌,直接开启了近代文学的浪漫主义之源。

龚自珍之后,谭嗣同写得一手绮丽的骈文;梁启超的"新语体"颠倒众生,开创一代文风,而且他鼓吹"小说革命"、"诗界革命",更是有意识地运用文学手段宣传新的价值和理想,包括意志自由、个性解放的理想。然而此时将唯意志论与文学紧密结盟的,还要数王国维。

王国维是个一向自视甚高的诗人,在诗歌中他倾注了他之所爱与理想,也抒写了他悲慨的人生感叹。因此,王国维不仅仅用理论著述的形式,也用诗歌、评论的形式来表达唯意志论。他常常在诗歌中描写盲目的悲剧意味的人生,譬如《蚕》,对受生存意志驱使盲目地生生息息的人生,作了悲悯而无可如何的描述。一代一代人像蚕那样受饮食男女之欲驱使,盲目地生存,莫名地死亡。"茫茫千万载,辗转周复始",其实毫无意义。这很可以代表王国维的人生困惑。如果说龚自珍和谭嗣同已经开启了用文学表达其哲学意蕴的传统的话,那么王国维就已经相当自觉地把唯意志论与诗歌结合起来了。他的人生哲学以完整的意象,借助妥帖的比喻等手法表现出来,将诗和哲学融为一体。

王国维将文学与哲学结合起来,真正有广泛影响的还是《〈红楼梦〉评论》。它从哲学与美学双重角度来阐述《红楼梦》一书,在中国文学批评史上是开创性的。而从哲学史的视角检视此书,借文学批评如此全面地阐发唯意志论及悲观主义人生观,《〈红楼梦〉评论》也是近代第一书。他的主旨是说生活、欲望和痛苦三者是一致的,而男女之欲比饮食之欲更强烈、造成的痛苦更甚。只有艺术和宗教可以使人获得解脱。艺术常常使人忘却生活的痛苦,得到人生的慰藉。但是审美活动中的解脱只是暂时的,终极的解脱必须看透生存的荒谬与虚无,那便进入宗教境域。这些后来都成为读书界耳熟能详的了。——正好说明,从王国维开始,唯意志论以文学为中介,渐渐影响到更广阔的社会层面,积淀为文化心理。反过来,文化心理又会给哲学发展以滋养。

新文化运动前后,是近代唯意志论思潮的高峰期,其表征之一,就是"五四"新文学向唯意志论的强烈倾斜。

前文曾经分析过陈独秀的唯意志论,正是陈独秀首倡文学革命论,而且率先以个人对自由意志的追求来解释文学现象,使从龚自珍到王国维将唯意志论渗透到文学的传统透明化了。他说:"食色性也,况夫终身配偶,笃爱之情耶?人类未出黑暗野蛮时代,个人意志之自由,迫压于社会恶习者,又何仅此?而此则其最痛切者。古今小说之说部,多为此而说也。"①在陈独秀看来,古今中外的小说艺术都贯穿着个人自由意志的要求与社会恶劣环境之间的冲突;而且只有这样的文艺,才具备独立自尊气象,能够抒情写实,对社会民众有所裨益。

陈独秀以后,倾向于唯意志论对于文学家来说可以讲是一种群体现象。我们只要看"五四"新文学的三位最重要的代表鲁迅、茅盾、郭沫若不仅都曾经翻译过尼采的著作,而且都用他们的创作来传达唯意志论,就可以窥见一斑。

鲁迅作为批判现实主义作家,主要贡献了他的短篇小说与杂文。鲁迅曾经鲜明地标出自己尊崇唯意志论,他认为只有唯意志论才能振奋起压抑于畸型文明之下的主观精神,恢复个人的尊严感、独立性与创造性,所以他断言:"二十世纪之新精神,殆将立狂风怒浪之间,恃意力以辟生路者也。"②并称这种精神为"意力主义"。从鲁迅的论著杂文看,鲁迅大声疾呼争取人的意志自由,反对宿命论和一切偶像崇拜,强调主体创造价值的意义与地位。在伦理学领域,他坚持主体赋有自由选择的权能,又应当保持意志的坚韧性与专一品格;他的自由意志论与功利主义相联系,为其理想人格理论提供了必要的基础。这些是鲁迅"意力主义"的合理内核。从鲁迅的小说创作看,他特别着意于揭露和批判黑暗的社会环境对人的幸福的吞噬。鲁迅小说大部分都笼罩着浓重的悲剧气氛。这是一种命运悲剧,是对主人公意志的完全否定,因而不管他们怎样竭力挣扎、希图避免也不可逃脱。鲁迅所揭露的正是黑暗社会悲剧的必然性,是扼杀独立人格、否定人的意志自由的必然性,是以恶的形式出现的必然。换言之,鲁迅小说注意的,正是他论著中所追求的自由意志的反题。

如果说鲁迅在他的小说中着重从对恶劣的社会环境、阻遏自由意志的封建礼教、宿命论及庸众的抨击,去探讨自由意志与必然的矛盾;那么,浪漫主义者郭沫若就是以单色调的紧张心弦与亢奋的锐利音频,直接地呼唤与赞颂自由意

---

① 陈独秀:《碎簪记》后叙,《陈独秀文章选编》(上),北京:生活·读书·新知三联书店,1984年版,第150页。
② 鲁迅:《文化偏至论》,《鲁迅全集》第1卷,北京:人民文学出版社,1980年版,第55页。

志。郭沫若最重要的文学贡献是诗歌和历史剧,它们同时也最能代表他的内在精神,即一以贯之的主题——对自由意志的求索。诗人以其觉醒了的并且日益扩张着的自我意识,痛苦地敏感着旧的僵死权威对人的桎梏,因而以火山喷发似的诗情,呼唤人们去打破旧时代的偶像。像一切浪漫派诗人一样,郭沫若崇拜力量、宏伟与剧变,但他最崇拜的还是用炸弹与生命力去摧毁旧偶像的"我"——自由的意志、偶像破坏者。在郭沫若的《女神》中,我们可以看到,旧权威的沦灭、旧偶像的捣毁、旧事物的溃坏,都毫不可惜,因为只有抛弃了外在的限定与目的,主体才能依随自由意志创造理想的世界。郭沫若的唯意志论倾向中没有叔本华悲观主义的哀音,响亮的是尼采、柏格森的创造之声;这种创造完全是诗化的、凭着意志自由发展的行云流水般的过程。只要充分自由地表现自己,就可以创造风雨雷电、日月星辰、乃至整个宇宙。因此,在郭沫若的诗歌中,创造与破坏统一于自由意志,这种自由意志超越了有限的暂时的存在而蕴含着永恒和无限的实体的意味。正因为如此,郭沫若在他的历史剧中常常让他的人物自愿地选择悲剧的结局。他对人的赞赏决不停留在承认人的感性存在的正当性水平,而是追求精神的独立与陶醉,是意志的自愿选择,自己决定自己。

与鲁迅、郭沫若相似,作家茅盾在"五四"时期也对尼采很有所汲取:他以尼采"一切价值的重估"来否定封建道德,提倡创立新道德;以进化论为基础,从建设新的社会理想和人格理想的需要,去接受和解释尼采"超人"学说;从人的解放、自我主宰的角度,赞扬尼采的权力意志说。不过,与鲁迅、郭沫若不同,茅盾对中国读书界真正产生影响的是他的中长篇小说。在他的小说创作中依然活跃着对自由意志的追求。他喜欢塑造雄强自决的人物,尽管他们的行为有很大的盲目性,但却体现了那种具有独立人格,能够真诚地按自由意志去笑骂哭喊的生活理想,体现了作家对具备真诚而坚强的意志,能够自己决定自己、自己选择自己、努力实现自己的理想人格的向往。同时,作为一个现实主义作家,茅盾也反映了个体意志与外在环境的冲突。"五四"时代许多受唯意志论影响的知识分子,走向生活实践,必然身受客观环境的阻抗,正是这种冲突使他们的思想发生了分化和转变。茅盾早期的小说再现了这一时代精神转向的过程,以文学的形式探索了鲁迅与郭沫若的合题:意志自由与历史必然的关系。

近代唯意志论思潮的产生,原本与哲学上反天命、政治上追求社会革命相呼应,某种意义上可以说该思潮与政治思想、政治运动有着天然的联系。它鼓舞人们追求意志自由、人格独立、思想解放,获得人性的全面发展并且积极投身到民族民主革命的大潮中去,因此其主流无疑是与现代化的进程同向的。一个宗法的农业社会在走向现代社会的过程中,必须要造就独立的自由的人,才能以平等的契约的方式重构社会关系。在西方,这一过程的第一步是在宗教改革的外衣下实现的。中国没有西方那样的宗教改革,宗教改革的世俗任务只能以世俗智慧的进步来完成,唯意志论思潮的兴起可以说是其中的一种形态。实际上即使在西方,卢梭、康德、费希特的学说,也是启蒙时代人类自由的辩护状与福音书,尼采以及尔后的存在主义则表达了精神对现代畸型文明的抗议。

但是,唯意志论毕竟是一种极端化的思想,是非理性主义中带有较多破坏性的思想,对社会政治也产生了消极的影响。我们知道,卢梭后来成了法国无政府主义的先导,但他著名的"公意"说与极权主义有难分难解的因缘;叔本华、尼采的思想以最极端的政治形式见诸俄国的无政府主义与希特勒的第三帝国。

中国近代唯意志论思潮也相类似。当它与英雄崇拜等观念相联手,就可以成为专制政治的意识形态,譬如国民党的专制暴政很欢迎天才崇拜加唯意志论。同样,"文革"时代,唯意志论也相当流行。当它与反对专制暴政相呼应的时候,又存在着走向无政府主义的危险。我们以章太炎为例,可以大略地说明唯意志论如何为无政府主义提供哲学基础。

20世纪初,无政府主义思潮逐渐高涨。卷入这一思潮的人员很复杂,政治面目与后来的归宿各各有异,但就其哲学基础而言,不同程度地都倾向唯意志论,他们大多赞成卢梭的"人生而自由"的理论。"原人之始,莫不具天然之自由,饮欤、食欤、游欤、咏欤,各任其天然,此为大幸福大安乐。而自有君有政府以来,倡设政治,制造法律,俄而有宗教,俄而有教育,种种束缚天然自由之机关相袭而来,及人人于种种机关之范围,而天然自由如烟消火灭,邈不可得矣。故必欲尽举而破败之,以得返天然自由为其独一不二之真宗旨。"[①]他们像卢梭一样把自然状态美化为绝对自由的黄金时代,而文明则是对自然状态的破坏,因

[①] 马叙伦:《二十世纪新主义》,高军等主编:《无政府主义在中国》,长沙:湖南人民出版社,1984年版,第8页。

而也是对自由的否定;他们赞同卢梭"回到自然去"的口号,理由是可以重新获得自由。所以应该取消一切形式的国家与政府。这种非宗教的自由,同时又超越一切世俗的现存道德规范。人的情欲都是正当的、自然而然的,所以认为应当放任情欲之发达,不可少加制限。这种自由理想决定了无政府主义者必然反对社会生活中的一切权威与服从,把权力看作天地间最可憎恶的东西。

《民报》时期章太炎无政府主义的思想路线,与上述无政府主义者大致相同。章太炎怀有绝对自由的理想,他认为唯识宗的真如、老子的道、康德的自在之物,都是相通的、表达本体意义的范畴。特别是庄子认为观念起于自心,自心认识世界并不受因果关系制约,恰如佛教所说的"真如"。不受因果律制约的"无待"或"真如",实际上就是绝对自由的境界。要达到这种理想,只有回复到天然的状态,而不应有什么国家或政府。"政府云,国家云,固无自性。此政府与国家者,谁实成之?必曰:人实成之。夫自人成之,自人废之,斯固非绝特可惊之事。"①在论述群己关系时,章太炎以个人为本位,以为"个体为真,团体为幻,一切皆然。"②反对以群体之名干扰个人意志自由。在国家学说上,章太炎仍然站在个体立论,坚持国家本由个人集合而成,所以本无实体,人们可以随意废弃它。他认为只要个人甘心过自然淡泊的生活,完全可以离开社会而独立;社会与国家一旦离开个人却不能成其社会(国家)。以为个人可以遗世独立、断绝一切社会关系而生存,显然是一种无政府主义的幻想。

我们通常认为,无政府主义代表着小生产者的政治乌托邦倾向。事实上,中国人的无政府主义恰恰与长期的专制政治同时并存。前面的研究说明,唯意志论思潮的一个客观目标是反对专制政治,但是它却又有可能导向政治无政府主义;正如它在哲学上反对以"天命"论为形式的宿命论,但唯意志论自己却属于非理性主义,因而可能是一种哲学上的无政府主义。换言之,中国近代唯意志论思潮消长的历史,揭示了人类思想的这种吊诡之处——自由意志与决定论的矛盾并未到此终结。事实上,尽管作为一种影响巨大的通俗哲学,唯意志论在近代中国受到多次批评,在学院哲学中它饱受冷漠,在偏激的意识形态视野

---

① 章太炎:《五无论》,《章太炎全集》(四),上海:上海人民出版社,1985年版,第434页。
② 章太炎:《国家论》,《章太炎全集》(四),上海:上海人民出版社,1985年版,第458页。

中,它一度被宣布为"反动哲学",但是如果我们重返中国人的精神现象,而不停留在经典文本,我们将无论如何不会忘记在哲学教科书不断教诲人民尊重客观规律,甚至把规律形而上学化和教条化的同时,中国发生了像"大跃进"和"文革"那样的历史事件。在那段岁月中,人的意志力量被高估到几近荒唐的地步;而在个人崇拜的高潮里,个人意志转变为支配亿万人民命运的无上权力。这种两极对峙——专制政治与无政府主义的对峙、宿命论与唯意志论的对峙——说明,尽管唯意志论在中国近代历史上有其合理的因素,曾经起过相当革命的作用,但是它毕竟偏离了人类理性的大道过远,在它对传统哲学的抗议中包含了某种危险。

参考文献

冯契:《中国近代哲学的革命进程》,上海:上海人民出版社,1989年版。
张灏:《危机中的中国知识分子——寻找秩序与意义》,高力克等译,太原:山西人民出版社,1988年版。
张灏:《梁启超与中国思想的过渡》,崔志海、葛夫平译,南京:江苏人民出版社,1995年版。
高瑞泉:《天命的没落——中国近代唯意志论思潮研究》,上海:上海人民出版社,1991年版。
成芳:《尼采在中国》,南京:南京出版社,1993年版。
郜元宝编:《尼采在中国》,上海:上海三联书店,2001年版。
成海鹰、成芳:《唯意志论在中国》,北京:首都师范大学出版社,2002年版。
林毓生:《中国意识的危机》,贵阳:贵州人民出版社,1984年版。
金惠敏:《意志与超越》,北京:中国社会科学出版社,1999年版。
叶嘉莹:《王国维及其文学批评》,广州:广东人民出版社,1982年版。
张君劢:《人生观论战之回顾》,《中西哲学文集》,台北:台湾学生书局,1981年版。
魏斐德:《历史与意志:毛泽东思想的哲学透视》,郑大华等译,贵阳:贵州人民出版社,1995年版。
张正吾:《鲁迅早期尼采观探索》,《中山大学学报(哲学社会科学版)》,1981年,第3期。
魏松年:《前期的鲁迅与尼采"超人"思想》,《辽宁师院学报(社会科学版)》,1981年,第5期。

陆耀东、唐达晖:《论鲁迅与尼采》,《鲁迅研究》第 5 辑,北京:中国社会科学出版社,1981 年 12 月版。

钱碧湘:《鲁迅与尼采哲学》,《中国社会科学》,1982 年,第 2 期。

程代熙:《朱光潜与尼采——读〈悲剧心理学〉》,《读书》,1983 年,第 11 期。

郭志今:《尼采与鲁迅的前期思想》,《文学评论丛刊》第 17 辑,北京:中国社会科学出版社,1983 年 7 月版。

顾国柱:《郭沫若与尼采》,《青海社会科学》,1987 年,第 1 期。

陈宁宁:《尼采对王国维与陈铨的影响》,《时代与思潮》第 2 辑,上海:华东师范大学出版社,1989 年 12 月版。

颜敏:《试析"五四"文坛接受尼采学说的原因》,《江西师范大学学报(哲学社会科学版)》,1991 年,第 2 期。

陈鼓应:《陈独秀和尼采的比较》,《二十一世纪》第 5 期,1991 年 6 月号。

严搏非:《自由的失落:科玄论战的演变》,《二十一世纪》第 8 期,1991 年 12 月号。

郭国梁:《近代尚力思潮》,《二十一世纪》第 11 期,1992 年 6 月号。

高瑞泉:《严复:在决定论与自由意志论之间》,《江苏社会科学》,2007 年,第 1 期。

第六章
理性与乌托邦
——20世纪中国的自由主义思潮

一、冲击与反响

在西方近现代的政治学和政治思想史著作中,也许没有其他的名词比"自由主义"这一词语更为人们所熟悉,却也没有比它更容易带来混淆和具有多样化解释的了。这不仅因为各人所研究角度、关注问题和价值取向不同,人们对自由主义的理解不一,而且由于如下这么一个事实:在西方历史上,自由主义思想本身就经历了一个发展和变化的过程。"自由主义"的词源来自拉丁文Liberalis,原意为尊重个人自由、思想宽容等。故此,人们常将遵循自由主义思想原则的人称为自由主义者。自由主义虽可从古希腊、罗马思想中找到源头,但将它用以指称一种社会思潮和政治运动,却是近代以后的事情。在这种意义上,"自由主义"除保留有尊重个人自由的伦理道德的含义之外,还指与个人自由概念相联系的一整套社会政治思想,如"法律面前人人平等"、有限政府、个人权利神圣不可侵犯,等等。西方自由主义运动从17世纪的英国革命中开始发生,中经18世纪的美国独立战争和法国大革命,至19世纪以后终于扩展到广大的非西方地区,成为磅礴全球的一股思想洪流。自由主义思想在其发展过程中,产生了众多的流派,出现了各种各样的学说,其中最重要的流派有两支:一是以英国经验论哲学为背景的自由主义,其代表人物包括洛克、休谟、亚当·斯密、孟德斯鸠,等等;一是以大陆理性主义为特征的自由主义,其代表人物有卢梭、18世纪法国的"百科全书派"、康德,等等。自19世纪下半叶社会主义思想兴起以后,自由主义思想一方面在意识形态上与它发生严重对立,同时在相互碰撞过程中对社会主义思想也有吸收,从而思想学说更呈繁纷多姿。而其思想主流,则从17、18世纪主张放任主义和具有极端个人主义倾向的古典自由主义,逐渐过渡到功利的自由主义,其思想人物以边沁、穆勒父子为代表。从功利自由主义进一步发展,到20世纪初,又出现了"费边社会主义"和基尔特社会主义,其代表人物有萧伯纳、韦尔斯、罗素等。"费边社会主义"和基尔特社会主义尽管标榜社会主义,并且在许多具体社会观点上与社会主义者接近,但在对现存社会制度是逐渐改良,还是从根本上加以变革,尤其是对个人自由、个体价值的看法上,同社会主义者发生严重的分歧,故仍然属于自由主义的范畴。占据20世纪西方自由主义舞台的,除基尔特社会主义和费边社会主义之外,还有一种"民主集体主义",这种自由主义旨在扩大国家对社会经济领域的干预,提倡"福利国家",但在捍卫个人自由、强烈反对国家对个人领域的干涉方面,持毫不妥协的立场,其著名人物有托尼、凯恩斯;在实际政治事务中,持这种观点的包括美国总统罗斯福和英国的工党政府。相形之下,在20世纪前半叶,依然有少数自由主义者坚持早期自由主义关于极端个人主义和放任主义的信念,这些人物往往被社会舆论目为"保守主义者"。但经历第二次世界大战,尤其是1950年代以后,主张经济领域中的自由竞争的自由主义思想又开始抬头。这种自由主义思想不完全反对国家干预,相反,有时还强调国家对社会经济活动的干预,但认为这种国家力量的运用,其目的在保护而不是限制和阻挠经济的竞争。换言之,他们提倡的不是无政府状态的竞争,而是一种有计划的竞争,从而与早期主张放任主义的古典自由主义相区别。但总体来说,这种思想学说在思想原则和价值取向上较之19世纪以来的功利自由主义和修正自由主义更接近早期的自由主义理想,故可称之为"新古典自由主义",其当代著名人物有哈耶克、波普尔、柏林等人。

虽说流派繁多、学说内容歧异,但作为一种根本的价值观念与社会政治思想,西方自由主义依然有其前后一贯之旨。这一贯之旨是什么呢? J. 格雷在《自由主义》一书中标示出自由主义的四个特征:①个体主义的(Individualist);②平等主义的(Egalitarian);③普同主义的(universalist);④淑世主义的(meliorist)。这四大特征是从西方自由主义思想及其运动中概括出来的。换言之,在西方历史上,任何思想流派及运动,必须具备了这四个特征,方才可以称得上自由主义。而且,这四个特征不是并列的,其中,"个体主义"这一特征是整个自由主义思想的核心观念。因此,可以简单地这么说:自由主义就是一种以个体主义为根本特征的社会价值观及与此相适应的一套社会政治思想。

在中国,西方自由主义从19世纪末开始输入。这当中,维新运动是一个契机。1895年,当维新运动走向高潮之际,严复在天津《直报》上发表文章,宣传变法,同时介绍西方的自由主义学说。本来,在西方,自由主义的兴起与发展是与中产阶级的成长和壮大这一因素联系在一起的;早期自由主义思想中关于议会政治与有限政治的政治主张、放任主义的经济学说以及个人权利神圣不可侵犯的社会思想,都是中产阶级用以向封建贵族宣战及夺取政权的思想武器。但在维新运动中,中国的中产阶级远未壮大到足以取代封建政权的程度,自由主义是作为可以使中国富强和摆脱外国侵略的工具而被严复从西方思想武库中挑选出来的。直到辛亥革命以前,中国中产阶级同封建势力这一力量对比的基本情势并无根本改变;梁启超和立宪党人开展的具有自由主义性质的争取宪政活动,依然竖起了立宪政治可以富强中国这面旗帜。

辛亥革命以后,西方的自由主义在中国得到广泛传播,但这时在社会上受到欢迎的,已不是严复介绍的西方古典自由主义,而是20世纪以来在西方广为流传的功利自由主义和修正自由主义。功利自由主义在坚持早期自由主义关于个人自由的信念的同时,极力调和个人利益与社会利益的冲突,提倡"为最大多数人的最大幸福",除了在英国有边沁、穆勒父子为其中坚人物之外,在美国,以杜威对功利自由主义的提倡和诠释最为有力。杜威的功利自由主义是跟其民主政治的理想联系在一起的。他提出,民主首先是一种生活方式;自由应是个人能力的最大限度的发挥。与具有极端个人主义倾向的早期自由主义相比,他竭力提倡个人对公众事务与社会福利的关心与参与。在胡适眼里,这种积极有为的自由主义作为解决中国问题的思想工具显然十分合适。胡适是杜威的学生,留美返国后,即以介绍和传播杜威思想为己任。"五四"新文化运动以后,随着杜威的来华讲学以及胡适在思想文化界名声的扩大,杜威式的自由主义思想在中国知识分子中,尤其是文化教育界具有广泛市场。

几乎与胡适同时,张东荪在中国大力宣传英国的费边社会主义和基尔特社会主义。较之胡适,张东荪的自由主义容纳有更多的社会主义的内容。他看到20世纪以来社会主义思潮在西方各国兴盛,以及西方社会劳资冲突日益加剧的事实,认为中国要解决好"民生"问题,必以社会主义为依归。但他又提出,目前中国面临的主要问题不是社会财富分配不公,而是如何发展生产,使更多的消费者变为生产者的问题。因此,中国当务之急不是考虑如何实施社会主义,而是努力发展资本主义生产;同时在发展资本主义的时候尽量避免它带来的社会弊害。可见,张东荪的思想尽管具有折中主义性质,但主要倾向依然属自由主义。他还认为,社会主义虽然有分配公平的优点,但却也会限制个人自由和妨碍个性的发展。对于中国马克思主义者的阶级斗争和暴力革命主张,他采取严厉的拒斥态度,认为其结果必然导致专制与独裁。在他心目中,理想的政治应是英国的工党政府。1940年代末,当国共两党在战场上用武力决定中国未来的政治前途时,他提出"民主社会主义"的第三条道路,力图超越国共两党的对立。从20年代到40年代末,相当一部分不满意于北洋军阀和国民党的专制统治,同时又反对共产党人"过激"的社会政策的中国知识分子,都倾心于张东荪式的这种修正自由主义。

1950年代以后,中国自由主义思想的据点转移到了台湾地区。在雷震、殷海光等人的倡导下,《自由中国》继续宣传西方民主政治的思想,对于台湾国民党当局压制思想言论自由的做法表示不满和抨击。由于在文化观上提倡"全盘西化",它与台湾坚持中国文化本位的"现代新儒家"学派发生严重对立。1960年代中叶以后,台湾的自由主义者接受了西方当代新古典自由主义者哈耶克等人思想的影响,对传统文化攻击的势头有所减弱,同时对自新文化运动以来构成中国自由主义思想哲学背景的经验论和科学主义加以反省,其标志是台湾自由主义的中坚人物殷海光《中国文化之展望》一书的出版。

以上情况说明,20世纪中国的自由主义是西方文化对中国的冲击造成的结果,其思想源流主要来自西方。自19世纪末自由主义从西方传入中国之后,古典自由主义在中国仅仅昙花一现,很快就被功利自由主义和修正自由主义所代替。可以说,20世纪中国自由主义是以功利自由主义和修正自由主义为特色的。这与西方20世纪的自由主义的发展几乎处于同步的状态。但是,中国自由主义并非西方自由主义的简单翻版。由于中国近现代特殊的社会历史条件及其文化传统,更主要由于中国近现代面临着不同于西方近现代社会的问题,西方自由主义自传入中国之后就发生了重大变形。虽然由于思想的传承,中国自由主义同西方自由主义依然存在着某些"家族相似"的共同特征,但在基本文化性格上,它却深深地烙上了中国近现代社会环境和思想文化的印痕。

二、中国自由主义者的"理性崇拜"

在对西方自由主义传入中国的历史作考察时,很自然会提出如下问题:自由主义思想在西方是作为表达中产阶级的利益和意志的意识形态而出现和盛行的。在中国近代，中产阶级远未发展壮大到像 19 世纪的西方中产阶级那样强大的地步，但作为反映西方处于鼎盛时期的中产阶级意志的功利自由主义与修正自由主义，恰恰在中国获得广泛传播和极大反响。那么，这其中的内在合理性与机制到底如何？

韦伯在考察西欧资本主义文明的兴起时，曾提出过"工具合理性行动"和"价值合理性行动"的概念。他认为，工具合理性行动是由对处于周围和他人环境中的客体行为的期待所决定的，这种期待被当作达到行动者本人所追求的和经过计算的目的的"条件"或"手段"；而价值合理性行动是出于某些伦理的、审美的、宗教的、政治的或其他行为方式的考虑，与成功的希望无关，纯由对特定价值的意识信仰所决定。借用韦伯关于两种不同合理性行动的定义的划分，可以发现，中国近代知识分子对西方自由主义思想的接纳与介绍，是一种"工具合理性行动"。这种工具合理性行动，是基于目的的合理性，这是指对达成目的的可资运用手段的估价，在此基础上去追求一个限定的目标并设法预测其可能的后果。在中国自由主义者眼里，西方自由主义正是为达到一种合理的目的——救亡图存和富强中国的工具和手段而加以使用的。他们认为，自由主义这一目标的实现，将会使近代中国面临的种种问题获得解决。而为了适合中国问题的解决，他们也不惜将西方自由主义思想加以改造和变形。

将西方自由主义视为一种可以富强中国的手段与工具，这一看法起自严复，而其思想脉络则可以上溯至魏源。早在鸦片战争中，魏源目睹西方国家的船坚炮利，就提出了"师夷之长技以制夷"的战略思想。在后来的历史发展中，虽然"技"的内容屡变，但"师夷之长技以制夷"这一思想原则却一直为后来的中国人，包括严复继承下来。严复在总结西方成功的经验时，说西方"如汽机兵械之伦，皆其形下之粗迹，即所谓天算格致之最精，亦其能事之见端，而非其命脉之所在。其命脉云何？苟扼要而谈，不外乎学术则黜伪而崇真，于刑政则屈私以为公而已。斯二者，与中国理道初无异也。顾彼行之而常通，吾行之而常病者，则自由不自由异耳"[①]。这段文字，从"汽机兵械"开始，到"天算格致"，到

---

① 严复：《论世变之亟》，王栻主编：《严复集》第 1 册，北京：中华书局，1986 年版，第 2 页。

"学术"与"刑政",对西方富强之术的探究,可谓层层深入,并且概括了自鸦片战争以来,中国学习西方的几个阶段和思想历程:鸦片战争——学习西方的船坚炮利;洋务运动——学习西方的汽机兵械和天算格致;到了维新运动,有学习西方学术与刑政的必要。与康有为等主张学习西方要从政制这一要害处入手不同,严复提出,政制还不是最紧要的;在西方政制的背后,还有一整套的自由主义思想观念作为依托。故中国要真正学习西方而有成效,必须从根底处做起:输入西方自由主义的思想观念。姑且抛开严复对西学内容的认识较前人及他的同时代人有一如何重大的转折不论,在学习西方的动机及希望达成的目的上,严复与其他人并无根本区别。严复的学习西方属于一种工具合理性行动,这与其归于他个人思想的动机,毋宁说是近代中国特殊的社会历史条件使然。

为追求富强而学习西方是近代中国人普遍的态度。然而,西方自由主义之传入中国并对中国社会政治生活发生实际影响,除了以上这一中国人的根本态度之外,还与中国近代参与型知识分子的形成有关。所谓参与型知识分子,是指对社会公共事务及政治生活表现出一种极度的关心,并试图积极"参与"政治的知识分子。但这种政治上的参与,并不以谋取官职为终极目的。对于他们来说,参与政治或担任公职,只是一种实现其思想观念与政治抱负的方式而已;与其说他们希望到政府部门中任职,不如说他们更希望通过制造与鼓动舆论来对政府的政策施加影响。参与型知识分子由传统社会的"士"脱胎而来,而又与之有质的区别。在传统的封建社会,"士"虽说有积极干预政治的愿望,但由于科举制度的束缚,读书人往往以当官为唯一出路,"士"的参与政治的希望唯有通过仕途才能实现,故参与政治与当官往往是合二而一的事情。直到1905年清廷宣布废除科举制以后,仕途不再与科举联系在一起,新式学堂的设立及教育课程的改革,使读书人不再以做官为唯一目的。到了辛亥革命以后,随着科学、实业的兴办以及文教事业获得重视,大量学子纷纷留学回国。直到这时候,一个前所未有的新型知识分子群体才真正出现。这些知识分子大都分布在文教和政府部门,或以从事新闻出版为业。由于其职业及教育上的原因,他们往往关心现实政治并愿意担当起社会责任。他们对社会现实中的种种弊端表示出相当的不满,但并不愿意看到现存制度的瓦解,而希望加以改革与改良,故其政治态度通常是温和的。这种政治倾向使他们极易接受西方自由主义的社会政治思想。在他们看来,自由主义既没有社会主义那么偏激,亦无民族主义那么保守。由于他们专注的目标在于社会改造而不是根本的社会变革,他们更愿意采取与政府合作、对话的形式而不是自居于政府的反对派之列。在这种情况下,调和个人与社会的冲突、强调社会的和谐与进步的西方功利自由主义和修正自由主义自然会受到这些具有政治参与意识的中国近代知识分子的青睐了。自新文化运动以来,中国著名的自由主义分子绝大多数分布在高等院校、科研机关和新闻出版部门,这点殊非偶然,其中显示出中西方自由主义在发生机制上的根本差异。首先,对于西方来说,广大的中产阶级构成自由主义产生的社会基础。自由主义在西方不仅仅是少数知识分子的呐喊,常常还伴随着声势浩大的社会群众运动,其原因也在这里。而在中国近代,由于中产阶级力量的弱小,自由主义缺乏深厚的社会力量的支持,它不过反映了参与型知识分子要求参政与改革社会的意愿而已。其次,在西方,自由主义运动与其整个思想传统,尤其是宗教文化有着天然的联系,它不只是代表中产阶级利益和愿望的工具合理性行动,而且具有价值合理性。这种价值合理性的取得,在于它是西方历史上文艺复兴时期的文化、宗教改革时期的文化的自然的演进,并与社会的伦理规范、习俗和宗教信仰密切联系在一起。西方自由主义自17世纪发生以后之所以能发展为波澜壮阔的群众性社会与政治运动,延续二三百年而不息,并在社会各阶层中得到回应,道理也在这里。从这种意义上说,西方自由主义的发生和发展,乃出于一种"信念伦理"。"信念伦理"更多地受历史人文因素的制约,与之相应的行为与其说出于理性的思考,不如说主要由根深蒂固的习俗和信仰等"非理性"的因素所决定。反之,在中国近代,自由主义是为了一种明确的目的被参与型知识分子从西方引进的一种思想观念;这种思想观念的引进,如前所述,出于一种工具合理性的要求,故西方自由主义在中国成为工具理性。这样,中国知识分子对西方自由主义的追求,与其说注重它的内在价值,不如说重视它的效用性。这种从效用原则出发对于西方自由主义的接受和运用,基于一种"责任伦理"。

责任伦理与信念伦理的区别不仅仅在于前者以追求工具合理性为目标,后者以价值合理性为鹄的,而且还在于两者的思维方法以及对于思想理论的看法有重大的不同:前者注重思想理论的实际运用,故重理论如何与现实合一,追求理论的科学精神;后者注重思想理论的内在价值,故重思想理论与历史上思想文化的传承,由此而突出思想观念的人文精神。由此,对于西方自由主义来说,尽管自19世纪以来,其思想以经验论哲学为主流,但西方自由主义者的社会政治思想与其说来自这种哲学上的实证论或经验论,不如说更多地同传统思想文化有内在的关联。中国自由主义者则不然,经验论或实证论对于他们来说不仅仅是一种哲学,而且直接成为其社会政治思想的理论张本和方法论源泉。例如,严复在介绍西方古典自由主义的经济学与社会学理论时,就一再强调其思想理论同经验主义方法论的内在联系。

这种将西方自由主义同科学方法和科学精神联系起来的做法,使中国自由主义者产生了一种"理性崇拜"的倾向。所谓"理性崇拜",是视理性(科学理性)为万能;在社会历史观上,相信理性是人类历史发展的基本动力和社会改造的根本工具;因此,唯有运用理性和使理性得到充分发展,社会才会逐渐进步并最终臻至完善的境界。理性崇拜同社会改良主义有密切联系,但不是同一回事情。就承认社会逐渐地进步,反对在社会变革中采取激烈的手段,尤其反对"暴力革命"而言,理性崇拜与改良主义是相通的;但西方大多数自由主义者所理解的社会改良,与其说是出于理性的设计和应用,毋宁说是社会有机体自然而然的进化和发展。哈耶克强调:社会进步应依赖社会的自发力量,包括习俗、传统的力量,而强烈反对人为的设计,尤其是"社会工程"。为此,他区分了"人为组织"与"自发结构",认为社会进步的动力在于"自发结构"。在他看来,任何个人、集团乃至阶级提出的社会改造方案,无论表面上如何堂而皇之冠以"理性"之名,其背后实根源于人类意识中非理性的愿望和动机,充其量不过穿上"科学"的伪装而已。19、20世纪西方自由主义这种对人类理性的深刻怀疑,与其说同英国式的经验论哲学传统有关,不如说是对18世纪法国大革命反思的结果。在西方许许多多自由主义思想家眼里,法国大革命的思想前驱——从卢梭到"百科全书派",无不是强调人类理性的作用(尽管卢梭强调的"理性"与"百科全书派"的"理性"不同),但这种理性启蒙的结果,却造成大革命中种种惨绝人寰的暴虐和专制恐怖统治。因此,自19世纪以后,西方自由主义的主潮遂将社会改良作为其社会政治思想的重要内容,而同18世纪法国大革命时期希望借助人类理性的力量一下子将整个社会彻底地加以改造的激进主义思潮划清了界限。但对于中国的自由主义者来说,理性虽然与暴力革命相反对,却不与社会改造相对立;前者(理性)毋乃是社会改造的前提和条件;换言之,任何社会改造之进行都取决于人的理性的发展。所以,胡适的社会改造理论十分强调的就是养成一种"评判的态度"和培养一种"科学的精神"。

总括以上两点:自由主义思想在中国缺乏强大的中产阶级作为后援以及中国的自由主义者对西方自由主义出于"责任伦理"的接受而产生的"理性崇拜",决定了自由主义在中国没有发展成为像西方近代那样声势浩大的社会改革运动。尽管20世纪的中国自由主义与同时代的西方自由主义同道一样试图以社会改造为目标,但其"理性崇拜"意识却倾向于将社会改造首先视为一种思想文化的改造运动,从而在文化性格和精神气质上更接近18世纪法国的启蒙思想家而不是20世纪西方的自由主义者。

三、社会改造的理论与方法

1. 全盘反传统主义

在中国近代,中国自由主义者曾掀起了声势浩大的"全盘西化"和"全盘反传统"的宣传运动。这些思想运动是如此地旷日持久和影响深远,以至在人们心目中,"全盘西化论者"和"全盘反传统主义者"几乎成为中国自由主义者的同位语。作为西方自由主义的热心布道者,中国自由主义者在追求"西化"的同时,开展反传统的思想运动,这并不奇怪。在中国自由主义者眼里,中国传统文化在价值观念上同西方自由主义是如此地格格不入,所以,要传播西方自由主义思想与西方文明,理所当然地要对传统文化展开攻击。严复比较中西文化的差异时说:"自由既异,于是群异丛然以生。……中国最重三纲,而西人首明平等,中国亲亲,而西人尚贤;中国以孝治天下,而西人以公治天下,……"[①]总之,在他看来,中西文化的不同不是外表特征上的差异,而是价值观念上的根本不同。于是,从传播西学的要求出发,他对张之洞的"中体西用"论予以驳斥,强调中学与西学的截然对立。反传统运动在"五四"新文化运动中达到最高点,而这

---

① 严复:《论世变之亟》,王栻主编:《严复集》第1册,北京:中华书局,1986年版,第3页。

恰恰是中国知识分子对西学追求最热切的时期。到了20世纪30年代,以中国自由主义者为一方,以文化保守主义者为另一方,终于爆发了"全盘西化论"与"中国文化本位论"之间的论战,这场论战的流风余韵,一直持续到50年代的中国台湾而不息。

然而,同为反叛传统,中国自由主义者同中国近代具有其他不同思想背景的反传统主义者却有一明显区别。对于像陈独秀、鲁迅等富于浪漫主义、人文主义气质的启蒙思想家来说,反传统是全盘性的,同时也是彻底性的。这种彻底性意味着对传统文化不仅作无情的攻击,而且要连根拔除。其原因在于:他们认为传统文化之必须打倒,是因为它从根本上不合理。这所谓的不合理,就是违反"人性"。这种对传统文化的极度憎恨与厌恶,同其人文主义的背景有密切联系;他们的全盘反传统思想的形成,是基于一种"信念伦理"。而对于经验论的中国自由主义者来说,尽管他们对于传统文化的批判也指向其价值观念,但这种对传统价值观的批判,主要依据的却不是人文性的不合理,而是工具性的不合理。换言之,传统价值观之必须抛弃,在于它们无益于解决中国近代的社会与人生问题。所以,胡适在将中国的"东方的文明"的最大特色概括为"知足"时说:"这样受物质环境的拘束与支配,不能跳出来,不能运用人的心思智力来改造环境改良现状的文明,是懒惰不长进的民族的文明,是真正唯物的文明。这种文明只可以遏抑而决不能满足人类精神上的要求。"[①]由于对传统文化的否定基于其工具性的不合理,于是,我们看到了中国自由主义者全盘反传统主张的另一面,即他们尽管对传统文化持激烈的批判态度,却并不主张连根拔除,而是主张从根本上改造。所以胡适提倡"整理国故"。这"整理国故",按他的解释,就是"从乱七八糟里面寻出一个条理脉络来;从无头无脑里面寻出一个前因后果来;从胡说谬解里面寻出一个真意义来;从武断迷信里面寻出一个真价值来"[②]。总之,是要用"科学的方法"来还古代的学术思想的真面目。

[①] 胡适:《我们对于西洋近代文明的态度》,葛懋春、李兴芝编:《胡适哲学思想资料选》(上),上海:华东师范大学出版社,1981年版,第317页。
[②] 胡适:《新思潮的意义》,葛懋春、李兴芝编:《胡适哲学思想资料选》(上),上海:华东师范大学出版社,1981年版,第131—132页。

2. 积极自由与消极自由

在社会伦理观上，中国自由主义者热心于提倡"积极自由"。何谓"积极自由"？以塞亚·柏林说："'自由'这个词的积极意义，是源自个人想要成为自己的主人的期望。我希望我的生活与选择，能够由我本身来决定，而不取决任何外界的力量。我希望成为我自己的意志，而不是别人意志的工具。我希望成为主体，而不是他人行为的对象。我希望我的行为出于我自己的理性，有意识之目的，而不是出于外来的原因。"①"积极自由"是与"消极自由"相对立的。消极自由，又可称为"防卫的自由"，它要探讨的基本问题是："在什么样的限度以内，某一主体（一个人或一群人），可以，或应当被容许，做他所能做的事，或成为他所能成为的角色，而不受到别人的干涉？"②积极自由与消极自由的最大区别点是：前者是一个伦理道德的概念，而后者属政治哲学的范畴。按照西方自由主义的通常观点，所谓自由，首先是指政治上的自由，它实质上是一种"消极自由"或"防卫的自由"，其基本含义是要划定"一个人能够不受别人阻挠而径自行动的范围"③，也即个人权利的范围。自17世纪以来，西方自由主义运动无不以争取消极自由，或政治上的自由为目标。政治自由包含的具体内容，如大多数人的统治、代议制、有限政府原则等，无不以保障公民的个人权利与个人自由为鹄。但对于中国自由主义者来说，由于引入西方自由主义的目的在于解决中国面临的种种问题，他们在理论上从来不屑于对消极自由与积极自由作仔细的区分。在他们看来，自由只是达到国家富强的手段。这种对自由从工具合理性角度的理解，使中国自由主义者的自由思想中包含有更多的关于积极自由的观念。简言之，自由可以培养出独立的人格和有利于每个人才智的充分发挥，而这是为达到国家和种族的强盛所必需的。因此，在中国自由主义者对自由意义的解说中，大多强调的是自由与个人能力的关系，自由成为激发个人能力与活力的驱动力与力量之源。"五四"新文化运动中，胡适等人极力倡导一种称之为"易卜生主义"的个人主义，这种个人主义以宣扬"个性解放"为特征。尽管他将这种个性解放称为个人自由，但由于个性解放以突出个人的主体性及要求解除

---

① 以塞亚·柏林：《自由四论》，台北：联经出版社，1986年版，第241页。
② 以塞亚·柏林：《自由四论》，台北：联经出版社，1986年版，第229—230页。
③ 以塞亚·柏林：《自由四论》，台北：联经出版社，1986年版，第230页。

外界的束缚为特征,严格说来它只是一种积极自由的观念,而与西方自由主义以政治自由为内容的个人自由有相当大的分野。

对"积极自由"的追求,导致中国自由主义者对平等的热切向往。自由与平等虽为自由主义题中应有之义,但它们毕竟属于两种不同的价值理想。在西方古典自由主义学说中,强调的是个人自由观念,其平等,主要指"法律面前人人平等";20世纪以后,随着功利自由主义与修正自由主义的抬头,平等观念愈来愈受到西方自由主义者的重视,它除了指"法律面前人人平等"这一政治上的平等之外,还可以包含有社会平等乃至于经济平等的要求。但无论如何,就西方自由主义而言,个人自由始终是第一义的。而在中国自由主义者看来,个人自由既是个人能力的极大发挥,这种个人能力的发挥,必须依赖于社会其他条件,如经济平等、社会福利等才能实现。在这个意义上,他们常常将自由的条件与自由本身等同起来,甚至认为实现自由的手段与条件应该较之自由本身更值得优先考虑。丁文江宣称:"所以我一方面相信人类的天赋是不平等的,一方面我相信社会的待遇不可以太相悬殊。不然社会的秩序是不能安宁的。"[①]

这种情况很可以说明,为什么较之20世纪的西方自由主义者,中国的自由主义者常常对社会主义者的社会改革纲领抱有同情的理解。在大多数中国自由主义者眼里,除了暴力革命这一主张是他们无论如何不能接受的之外,他们自认为在社会政策上同社会主义者并无原则的分歧。张东荪表示:"西方历史告诉我们:民主主义的运动与社会主义的运动系抱着同一目的,向着同一的方向而运动的。""民主主义的概念基型是这些概念(即指自由、平等、公道、人权与理性等项),而社会主义的概念基型亦正是这些概念。并非有两个不同的概念基型。"[②]在20世纪30、40年代的中国政治舞台上,中国的自由主义者在争取自由、民主、平等和人权的斗争中,常常同中国共产党人结盟而反对当权者的高压与独裁政策,道理也在这里。

3. 个体自由、民主与自治

这里的"民主",指一种政治上的运作方式,与"大多数人的统治",或"大众

---

① 丁文江:《我的信仰》,载《独立评论》,1934年5月。
② 夏炎德:《读了张东荪先生新著"民主主义与社会主义"之后》,载《世纪评论》,第4卷,第5期,1948年7月31日。

管治"同义。由于重视积极自由胜于消极自由,在政治观上,中国自由主义者对于民主产生了不同于西方自由主义者的看法。对于西方自由主义者来说,民主的目的在于保障个人自由,为此,他们严格地区分作为手段、工具的民主与作为终极价值的自由;而且,承认它们两者之间会有不一致的地方。即是说,个人自由固然需要通过民主政治来保障,但民主政治或大多数人的统治却不必然地导致对个人自由的尊重;有时候,民主制度下对个人自由的侵犯与压制,可能比专制政体更加严重。为此,不少西方自由主义者从维护个人自由的角度出发,提出对"大众管治"要有戒心,要提防在"大多数人的统治"名义下施行的暴政。哈耶克说:"时下不加区别地将'民主'一词作为值得赞美的普遍词汇并非没有危险。因为这暗示我们:民主是好东西,所以它的扩张必为人类之福。这种看法似乎是不证自明的,但事实上并非如此。"①但是,20 世纪的中国自由主义者基本上是民主至上论者。按他们的理解,民主不只是手段,而且应该是目的。这种认识固然同他们对中国传统社会的观察有关,他们认为中国传统社会并非完全缺乏个人自由,但却没有民主。因此,从反传统出发,他们热心提倡民主。然而更为重要的一个原因是:在他们眼里,强调自由主义思想中的民主观念较之提倡个人自由,更能激发起人们对国家事务与社会公共生活的关心与参与,从而有助于中国问题的解决。故此,张东荪常常在思想自由或文化自由的意义上使用"自由"一语,当他谈到政治问题时,宁可使用"民主"而不使用"自由"这一词汇。胡适对于强调个体主义的个人自由观念也怀有警惕,提出要反对"独善的个人主义",而提倡过一种立志于社会改造的"非个人主义的新生活"。②

与"民主"相类似的还有关于"自治"的观念。在西方,"自治"与"自由"的区别是明显的。以塞亚·柏林说:"一个民主社会,事实上可能剥夺一个公民在别种形式的社会里,所能享有的许多自由。我们也完全可以想见,一个具有自由心态的专制君主,可能会容许他的子民,享有相当大尺度的个人自由。"③但在中国自由主义者眼里,"自由"常与"自治"同义。换言之,在他们心目中,自由除了指个人自由之外,还常常可以用来指国家的自由或民族的自由。故此,他们

---

① F. A. Hayek, *The Constitute of Liberty*, Chicago, 1960, p. 104.
② 胡适:《非个人主义的新生活》,载《新潮》,第 2 卷第 3 号,1920 年 2 月。
③ 以塞亚·柏林:《自由四论》,陈晓林译,台北:联经出版社,1986 年版,第 239 页。

更关心的是"谁统治我?"这个问题,而相对忽视了"政府干涉我多少?"这个问题;或者说,用前一个问题代替了后一个问题。这种将"自由"与"自治"等同起来的看法同他们将自由理解为积极自由有密切联系。积极自由观要求的是"自己做主",希望自己的人格获得尊重,以及追求自我肯定,自我价值的实现等的自由;从这种自由观出发,很自然会对"人民主权"以及"民治"的民主政治形式产生过高的幻想,以为一旦实现了"民治"或"自治",就会达到这么一种境界;在这个境界里,人人都可以有"依己意行事"的自由。但正如以赛亚·柏林所指出,这种"民治"或"自治"并不一定就是西方自由主义者所理解的自由。按照穆勒等人的观点,所谓"民治"并不一定就能构成"自由"。因为主持治理的人民,并不一定就是被治理的人民;而民主式的自治,也不可能是各人治理自己的事;在最理想的情况下,也仍是"每一个人都由其余的人治理"。在20世纪,中国的自由主义者看到了西方自由主义的社会政治理论愈来愈强调民主政治、自治这一事实,但由于对西方自由主义的价值理性一面始终存在隔膜,更由于中国自由主义者提倡自由主义的目的在于唤起人们对中国种种社会问题的关注,"民主"、"自治"的观念常常较之"自由"观念更易受到中国自由主义者的重视。

4. "激进型"的自由主义

在理论上,中国自由主义者都是社会改良主义者,提倡以和平、渐进的方式进行社会改造。但由于重视和夸大"理性"或"理智"的作用,在实际的社会改造活动中,他们常常流露出激进主义的倾向。这种激进主义具体表现为三方面:

第一,提倡"文化基因"改造工程。胡适谈到"理智"在社会改造中的决定性作用时说:"文化上的大趋势,大运动,都是理智倡导的结果,这是毫无可疑的。如文学革命的运动,如女子解放的运动,都是理智倡导到了一个很高的程度,然后引起热烈的情感,然后大成功的。"他遂以苏联的经验说明:"无论在经济方面,思想方面,宗教方面,政治方面,教育方面,都是由'理智'来计划倡导,严格的用理智来制伏一切迷恋残骸的情感,严格的用理智来制伏一切躲懒畏难苟且的习惯。"①胡适这种说法在中国自由主义者当中相当具有代表性。在绝大多数中国自由主义者眼里,"理智"的作用既如此重要,因此,思想文化的改造是其

---

① 胡适:《答陈序经先生》,载《独立评论》,第160号,1935年7月。

他一切社会改造的先决条件。为此,他们将思想文化改造视为最重要的社会改造工程。这种思想文化改造的激进性质在于:它认定西方文化无论在精神文明或者物质文明上,都远优于中国固有文化,因此,对于西方文化的接受,应该是"全盘性"的;而为了消除传统文化对外来文化的拒斥力,他们在对传统文化展开猛烈的攻击与批判的同时,还运用西方的观点和方法,对传统文化加以改造与消解。从早期的严复开始,一直到后来的胡适、张东荪和殷海光,其关注的重点都在这种"文化基因"改造工程。

第二,提倡"社会工程"。这里的"社会工程",指将整个社会组织与结构完全视为人为的产物,从而认为社会改造应该通过理性的设计加以完成。以胡适为例,尽管他提出"文明不是笼统造成的,是一点一滴的造成的。进化不是一晚上笼统进化的,是一点一滴的进化的"①。但这种点滴的进化,归根结底是"人为"与"人功"的结果。既如此,它的快慢与其说决定于客观事物的性质,不如说取决于人的主观能动性。所以胡适在社会改造中并不排除"革命"的观念。这里的"革命"不是指"暴力革命",而是指用人工促进社会的变化。他比较"革命"与演进两种方法的优劣时说:"第一,无意的自然演进是很迟慢的,是很不经济的,而自觉的革命往往可以缩短改革的时间。第二,自然演进的结果往往留下许多已失其功用的旧制度和旧势力,而自觉的革命往往能多铲除一些陈腐的东西。在这两点上,自觉的革命都优于不自觉的演进。"②正是在寄希望"也许人家需要几百年逐渐演进的改革,我们能在几十年中完全实现"③的急躁情绪的支配下,中国的自由主义者试图一股脑儿将西方国家的政治制度、经济措施以及思想观念全副搬运到中国,但忽视了它们该如何适应于中国近现代的国情以及如何同中国的民族传统相衔接这一重大问题。

第三,折中调和主义。因为提倡社会改造,与西方自由主义者相比,中国自由主义者似乎是更注重具体细节而忽视思想原则的事务主义者。以 1940 年代

---

① 胡适:《新思潮的意义》,载《新青年》,第 7 卷第 1 号,1919 年 12 月。
② 胡适:《我们走那条路》,葛懋春、李兴芝编:《胡适哲学思想资料选》(上),上海:华东师范大学出版社,1981 年版,第 330 页。
③ 胡适:《我们走那条路》,葛懋春、李兴芝编:《胡适哲学思想资料选》(上),上海:华东师范大学出版社,1981 年版,第 334 页。

的中国自由主义者为例,他们宣称:"在中国的具体条件之下,自由主义者也许永远不能掌握政权,甚至不一定能参加政权。'自由主义者的道路'不一定是夺取政权的道路,在中国尤其如此。自由主义者要有'成功不必在我'的气度,只须努力耕耘,不必希望收获一定属于自己。自由主义者应当努力促成自己的政治主张的实现,但不一定要在自己手里实现,自由主义者所应当争的是实际的工作,不是表面的功绩。"[①]表面上看,这种"只管耕耘,不问收获"的看法表明他们是注重解决具体问题,而不尚空谈的实干家;但实际上,这种实用主义态度正是他们急切解决问题而放弃思想原则的急躁情绪的写照。早在1920年代,胡适就提倡"多研究些问题,少谈些'主义'"。在他看来,"空谈好听的'主义',是极容易的事,是阿猫阿狗都能做的事,是鹦鹉和留声机器都能做的事"[②]。这种鄙视理论思维的倾向,使中国自由主义者们长期以来一直忽视思想理论的建设。无论是在同社会主义者还是同文化保守主义者的思想论战中,他们的理论既显得苍白,论据也显得贫乏。为了弥补理论上的漏洞,他们常常倾向于对不同的思想理论加以调和与妥协。像张东荪这样的自由主义者虽然信奉自由主义,却惯于标扮社会主义,原因就在这里;30年代丁文江等人倾心于"开明专制",在民主与独裁问题上划界不清,其原因也在这里。

四、理性的误区

至此,我们看到,西方自由主义传播到中国以后,已经发生了重大变形。这种变形固然使其能在某种程度上适应中国近现代的历史条件而得以生长和发展,但另一方面,却无论在理论上还是实践上都使它面临着困难。这种困难的产生,从根本上说,是同中国自由主义者引进西方自由主义时所犯的"具体错置的谬误"联系在一起的。

所谓"具体错置的谬误",用怀特海(A. N. Whitehead)的话说,是把具体感放错了地方的谬误。每一样东西都有其特殊性,如果把它放错了地方,那么它

---

① 施复亮:《论自由主义者的道路》,载《观察》,第3卷,第22期,1948年1月24日。
② 胡适:《问题与主义》,载《每周评论》,第31号,1919年7月。

的特殊便被误解,给予我们的具体感就不是它原来的特性了。换句话说,它本来没有这种特性,但由于它被放错了地方,我们却觉得它有了这种特性。在西方,自由主义是其社会历史长期演进的产物,它与其被认为是近代文明的原因,不如说是近代文明的结晶更为恰当。在西方近代的历史发展上,它本不与救亡或救贫结合在一起。但在 20 世纪,西方自由主义却被中国自由主义者作为可以救亡、救贫的工具引进到中国,这是他们将对自由主义的理解的具体感放错了地方的缘故。中国自由主义者的严重困难也由此而生。

首先,工具理性与价值理性的背离。如前所述,自由主义在西方主要是一种价值理性,但却被中国自由主义者当作救亡、救贫的工具引进到中国,由此,作为工具理性的自由主义与作为价值理性的自由主义便发生了冲突。其根源在于:中国自由主义者虽然将西方自由主义作为工具加以使用,但却又并非没有理想或信仰之士;相反,由于他们确信唯有在中国实现自由主义,中国才能走向富强,所以他们对自由主义理想的追求常常非常地执着。这样,尽管中国自由主义者引进西方自由主义属于一种工具理性行动,但一旦接受了自由主义,它便转化为指导他们行动的信念,故自由主义对于中国自由主义者来说,通常是工具理性与价值理性兼而有之的。问题在于:当自由主义被视为一种信念时,他们着眼于其价值理性;而将它具体应用于社会改造目标时,他们便注重其工具理性。由于在西方,自由主义主要并不承当工具理性的功能,故当其被运用于中国的社会改造实践时,同样也不能很好地解决救亡与救贫这类问题。在这种情况下,中国自由主义者通常面临三种选择:第一,为坚持自由主义的理念而放弃社会改造的目标;第二,为追求社会改造目标的实现而抛弃自由主义的理念;第三,试图既追求社会改造目标的实现而又不放弃自由主义,力图求得思想原则与现实目标之间的妥协。显然,前两种选择都不是中国自由主义者所希望的,因此他们中绝大多数人都采取了第三种做法。而事实上,这第三种做法实行起来却十分困难。因为自由主义的思想原则属于价值理性,而中国自由主义者追求的现实目标却需要一种工具理性,这两种理性即使不是形同水火,在中国近代的历史条件下却实难有同时兼顾之势。故而,中国自由主义者采取第三种做法的结果,总是在思想原则与现实策略上有畸重畸轻之别,当他们注重思想原则时,他们更接近西方意义上的自由主义者,但其思想原则却无法在现实中贯彻；当他们讲究现实策略的运用，并注重其效果时，其策略的运用却又会突破思想观念的限制，从而导致对基本原则的重大修改，这时候，他们便将不复是自由主义者。

其次，理念与行动的对立。自由主义之所以在中国近代难以奏效，是因为从本性上说，它无法克服理念与行动之间的对立。作为工具合理性行动，中国自由主义者采纳西方自由主义作为社会改造的工具，追求的是理论与实践的合一；即是说，对于他们来说，自由主义不只是一种思想观念，还应该转化为社会实践，而这种社会实践又是以思想观念为指导的。自由主义在这种意义上起着方法论的作用。但西方历史表明：自由主义运动往往发生在先，而后才有自由主义思想理论的出现，自由主义的理论与其说对西方自由主义运动起着指导的作用，不如说是对其实际运动的经验总结。但在中国自由主义者眼里，西方自由主义的政治制度、经济措施、社会政策乃至道德风俗无不是思想观念的产物，故他们赋予西方自由主义学说以一种它本来并不必然具有的社会实践品格。以思想言论自由为例，它本来是西方自由主义运动争取消极自由的一项重要成果；严格说来，它属于一种"个人享有的自由"；它的价值就在于它本身，而不基于其他功利的要求。可是大多数中国自由主义者却认为，思想言论自由之可贵，就在于它具有极其重要的工具价值。在他们看来，理想的社会应该是一种理性的社会，而理性的实现又以思想言论自由为前提；因为只有保障公民有随意发表自己对政治看法的权利，才能形成一种社会舆论，并进而对政府政策的制定与实施起监督作用。为此，他们热衷于提倡思想言论自由，并将主要的气力用于讲演和写文章，以为通过制造观念和制造舆论便可影响政府的政治与社会政策——这一切，他们称之为"忠诚的反对"：它似乎很好地体现了自由主义的理论与行动的统一。但当中国自由主义者的种种关于政治与社会改革的方案并未引起政府部门的重视，甚至其批评时政的言论遭到当权者的压制时，他们不能不感到理想与现实之间的冲突。这时候，他们也许会采取参加政府部门中工作的做法，力图通过"从政"以贯彻其政治理想与促进社会改革。一如1920年代部分自由主义分子参加到"好人政府"中那样。但事实证明这条道路是以放弃理念为代价的，参加到政府部门中的自由主义分子将不得不放弃自己坚持过的理念，而变为政府政策的应声虫；假如他们要坚持自由主义的理想，按照自由主义思想原则行事的话,早晚总会被排挤出政府部门。这样,在中国近代,真正坚持自由主义思想与操守的人大抵只能成为"观念之士"或纸上谈兵的人物。所以殷海光不得不承认:行动人物和观念人物的这种分化实在是不易避免的结果。而对于自由主义者来说,他似乎注定与行动人物无缘。

再次,"理"与"势"的冲突。中国自由主义者这种观念与行动的分离,除了有其思想理论上的弱点,如理性崇拜等主观原因之外,从根本上说,是因为中国近代缺乏自由主义成长、发育的气候和土壤。托克维尔说:"再没有其他事情比自由的训练更为艰难;……要在风暴中建立自由通常会发生困难。"①一般来说,以社会改良为主旨的自由主义要富有成效,总要以法制的健全、社会秩序的正常化以及社会的稳定能基本维持为先决条件的。但中国自晚清以来,社会一直处于急剧的变化之中;自辛亥革命以后,随着王权的崩溃,整个社会与政治秩序陷于分崩离析之中,甚至由于连年战乱,连基本的道德秩序与价值系统都无法维持。在这样一种社会秩序普遍失范的状态下,自由主义者所提倡的社会改造计划与方案自然无从实现。这种现实困境的产生,与其说由于他们错误地选择了自由主义,不如说在于他们错误选择了实现自由主义的时机。而更正确地说,是中国近代的客观情势根本没为他们提供自由主义可以付诸实现的机会。在这层意义上,J.格里德是有道理的。他说:"自由主义之所以失败,是因为中国那时正处在混乱之中,而自由主义所需要的是秩序。……它的失败是因为中国人的生活是由武力来塑造的,而自由主义的要求是,人应靠理性来生活。简言之,自由主义之所以会在中国失败,乃因为中国人的生活是淹没在暴力与革命之中的,而自由主义则不能为暴力与革命的重大问题提供什么答案。"②

然而,格里德没有进一步追索中国近代暴力行动与革命出现的原因。抛开军阀混战时期武人为争夺政权而相互之间的征战不论,中国近代下层社会与广大民众对现实政权的反叛常常采取暴力革命的形式。这种革命暴力的产生有其历史的必然性与基于人道的合理性。在近代中国,摆脱外来侵略压迫以及追求国家的富强固然是时代面临的基本课题,而对于广大劳苦大众来说,它的内

---

① qtd. from F. A. Hayek, *The Constitute of Liberty*, Chicago, 1960, p.54.
② J.格里德:《胡适与中国的文艺复兴》,鲁奇译,南京:江苏人民出版社,1989,第368页。

容并不深奥,相反十分浅显,它其实就是人民的生存权利与基本温饱问题。因此,在中国近代下层民众中广泛开展的革命与"造反",不仅仅说明社会上贫富对立严重、阶级矛盾的白热化,而且是广大劳苦大众对于统治者的任何社会改造措施都失却了希望的表征。这种失望不是就政府实施的旨在缩小贫富差别或扩大社会福利的某个具体的社会改革方案而言,而是整体性的失望。即是说,认为统治者不愿意、也无能力实施社会改革,从而,采取了不与统治者合作而与之对抗的姿态。在这种社会上下严重离心、无法实行社会整合的情况下,中国自由主义者希图采取与当权者合作或与之宣讲"道理"的方式来改革中国的种种"弊政",这不仅没有发生效果,而且使他们失却了广大的基本群众。自由主义在近代中国终究只能在部分知识分子中流行,却无法成为激励社会各阶层,尤其是广大劳苦大众为争取自身解放的思想旗帜。

参考文献

格里德:《胡适与中国的文艺复兴——中国革命中的自由主义》,鲁奇译,南京:江苏人民出版社,1989年版。
胡伟希、高瑞泉、张利民:《十字街头与塔:中国近代自由主义思潮研究》,上海:上海人民出版社,1991年版。
黄克武:《一个被放弃的选择:梁启超调适思想之研究》,台北:"中研院"近代史研究所,1994年版。
欧阳哲生:《自由主义之累——胡适思想的现代阐释》,上海:上海人民出版社,1993年版。
林毓生:《五四时代的激烈反传统思想与中国自由主义的前途》,《明报月刊》,第125—127期,1976年5月至7月。
韦政通:《新儒家与自由主义观念冲突的检讨》,《儒家与现代中国》,上海:上海人民出版社,1990年版。
雷颐:《近代中国自由主义的困境——30年代民主与专制论战透视》,《近代史研究》,第57期,1990年5月。
章清:《自由主义的两代人:胡适与殷海光》,《二十一世纪》,1991年12月第4期。

汪荣祖:《自由主义与中国》,《二十一世纪》,1990年12月第2期。

章清:《自由主义与"反帝"意识的内在紧张》,《二十一世纪》,1993年2月第15期。

许纪霖:《中国自由主义知识分子的参政,1945—1949》,《二十一世纪》,1991年8月第6期。

胡伟希:《意义与涵义:政治哲学的"两个世界"——以20世纪中国政治哲学为个案对政治哲学的反省》,《天津社会科学》,2004年,第2期。

许纪霖:《中国自由主义的乌托邦——胡适与"好政府主义"讨论》,《近代史研究》,1994年,第5期。

林建华:《论"修正组合型"的自由主义——兼论20世纪40年代中国自由主义思潮的特点》,《北方论丛》,2004年,第4期。

陆剑杰:《中国的自由主义和中国的马克思主义之关系的历史、现状与未来》,《哲学研究》,1999年,第11期。

Lubot, Eugence: *Liberalism in an Illiberal Age: New Culture Liberals in Republican China,* 1919—1937, Westport, Conn. and London: Greenwood Press, 1982.

Huang, Philip C: *Liang Ch'i-chao and Modern Chinese Liberalism,* Seattle: University of Washington Press, 1972.

第七章
凤凰涅槃的现代之梦

——文化激进主义思潮述评

文化激进主义是近代中国思想史上的重要现象,其时间之持久、程度之激烈、影响之深广,为世界现代化史上所罕见。在中国现代化的百年历程中,文化激进主义思潮几度兴衰,轮回不绝,其与文化保守主义相对峙颉颃而此消彼长,构成了一幅中国近代思想史上的独特景观。文化激进主义作为中国启蒙运动的主导思潮,对于20世纪中国的文化运动影响深巨。在世纪交替之际,研究和检讨百年中国文化激进思潮的历史演变、思想理路和理论教训,当为20世纪思想史研究的一项重要课题。

一、文化激进心态产生的历史缘由

现代文化激进心态的产生,有着复杂而深刻的历史文化原因。它与古代中国一统性政治结构和文化传统、晚清现代化运动的迟滞、西方文化的冲击以及中国启蒙运动的特性等,有着深刻的内在关联。

中国传统文化以儒学为骨干。儒学是集宇宙论、伦理学、政治学于一体的整全性价值系统,汉代以降,儒学作为帝国政治秩序一统独尊的意识形态资源,成为与帝国结构功能连锁的"官学"价值符号系统。儒学与帝制的这种"伦理政治化,政治伦理化"的政教合一结构,已经预定了儒学在现代中国的历史命运。如果说道统与政统合一的政治文化秩序使儒学在古代中国附丽王权而兴盛,那么晚清"西风"东侵则导引了传统社会政治秩序和文化价值秩序的连锁危机。而儒学自身之功能泛化的统合型结构,又使其难免因意识形态功能的困境而累及其整个价值符号系统,从而导引深刻的意义危机。儒学意义系统的危机不仅是价值性的,而且是结构性的。儒家文化在现代中国的困境,在于其处于现代化之价值转型和政治变革的双重压力之下。这是凡圣二元的西方基督教文化和日本传统文化所未曾经历的独特文化际遇。现代中国反儒运动的兴起,实源于知识分子对儒学之意识形态霸权的反叛。

现代化本质上是社会结构的整体性变迁。古代中国中央集权帝国的一统性政治结构,先天匮乏西欧(譬如英国)多元性社会政治结构之涵容变迁的能力。诚如艾森斯塔得所指出的,古代中国社会只有在帝国政治结构内的调适性变迁和边缘性变迁,而未产生导致制度转型的整体性变迁。其原因在于中央集权帝国的一统性政治结构,抑制了封建化、市民阶级和普遍主义宗教文化的发展。① 晚清"西风"东侵,当古老中国文明的调适性变迁和边缘性变迁已不敷应对这一挑战时,中国现代化运动渐趋激进化而导引整体性变迁的出场,就成为必然。由戊戌维新而辛亥革命,变革运动由师法日本立宪模式到步趋法国共和道路,而渐次染指王权政治秩序。激进主义是一统性专制政体的衍生物,大凡中央集权帝国,其大一统政体和强政府弱社会的结构,必滞碍其应变能力而致使现代化变革趋于激进途径。中国革命受法国启蒙运动和大革命影响甚巨,中法现代化进程中之激进主义现象的亲和性,源于两国历史文化传统的亲和性。托克维尔关于法国大革命的研究,曾揭示了法国社会有别于英国及西欧诸国的若干特质,如中央集权制、贵族封建制的解体和小农社会等。② 显然,法国社会的这些特征与东亚中国的社会政治结构颇为相似。关于中法政治风俗、民族性习的相似性,民初杜亚泉和陈寅恪亦早有洞见。③

中国的启蒙运动具有与欧洲启蒙运动迥异的特点。如果说欧洲启蒙运动是一场以个性自由为鹄的人文启蒙运动,那么中国启蒙运动则是一场旨在国家富强的现代化启蒙运动。这是中西启蒙运动的最基本差异。关于启蒙与现代化的关系,西方与中国适成倒置:在欧洲,是由启蒙而现代化;在中国,则是为现代化而启蒙。欧洲由启蒙而现代化是一个水到渠成的文化和社会转型过程,启蒙运动由意大利文艺复兴、苏格兰启蒙运动、法国启蒙运动至德国哲学革命历时数世纪,在人文领域巨人迭出而成果斐然。中国启蒙运动则是救亡的现代化运动的步骤。这种以民族危机为背景的现代化启蒙,不仅为救亡所驱策而匮乏欧洲启蒙的宽松环境和从容时间,而且自始即为"现代化情结"所缠绕,而不可避免地具有强烈的目的论和功利性色彩。这种启蒙的功利性,表现为其文化选择为富强主义所主导的片面性。20世纪比较文化思潮中的西化主义和反传统

---

① 艾森斯塔得:《帝国的政治体系》,阎步克译,贵阳:贵州人民出版社,1992年版,第328—332页。
② 托克维尔:《旧制度与大革命》,冯棠译,北京:商务印书馆,1992年版,第64—72页。
③ 参阅《杜亚泉文集》,上海:华东师范大学出版社,1993年版,第46—51页。吴学昭:《吴宓与陈寅恪》,北京:清华大学出版社,1992年版,第7页。

主义倾向,其源盖出于现代化启蒙的富强主义取向。另一方面,现代化启蒙的民族主义目标使其具有强烈的泛政治化倾向,从戊戌到"五四",启蒙者多兼学者与政治家的复合身份,而启蒙运动的旨归也在为政治变革寻求意识形态支援。这样,在中国现代革命的大背景下,启蒙思潮自然难免政治思潮的影响纠葛而趋于激进化。东方式的现代化启蒙还不可避免地具有超越社会历史条件的先验性。与西方不同,中国现代化进程并非内部现代性因素的累积生长,而是肇因于西方现代性的外部挑战。这样,旨在寻求富强而以西方文明为典范的启蒙思潮,鉴于中西文化的巨大时代落差和晚清现代化的挫折,极易忽略社会历史条件,而产生模仿西方和叛离传统的激进趋向。

革命是专制主义的产儿。中国作为历史悠久的专制帝国和农业社会,在政治经济制度、社会伦理习俗和文化心理诸层面积淀了根深蒂固的保守性。近代中国的政治激进和文化激进,正是对中国社会文化之保守性的反动。中国现代化的基本难题,在于严重匮乏现代化之整体性变迁的社会历史条件。这样,晚清变革运动的极限,只能是传统的适应性变迁与边缘性变迁相交织的防御型现代化,而无由产生日本明治维新式的由适应性变迁转化为整体性变迁的良性变革运动,中国现代革命遂由以出场。然而,匮缺新政治经济力量依托之革命运动的历史命运,并不比改良运动更好。推翻帝制的辛亥革命不久即为边缘性变迁和适应性变迁所消解,而蜕变为一场统治阶级内部权力转移的政治游戏。辛亥革命的困局,应验了托克维尔评论法国革命的一段话:"在每次革命中,政府被砍掉了脑袋,它的躯体依旧完好无损地活着。"[①]民初袁世凯的帝制复辟运动,暴露了旧制度深固难移的保守性和革命运动的深刻困境。在世纪初中国政治变革趋于激进化的进程中,与王权政治秩序难解难分的儒家文化也随之陷入困境之中。清末的废除科举和辛亥的推翻帝制,使儒学丧失了千百年来赖以附丽的制度依凭。而民初康有为发起的与袁世凯帝制运动合流的孔教运动,对儒学的影响更是灾难性的,正是这种文化保守主义和政治保守主义的合流,催生了"五四"激进的反孔运动。

文化激进主义的产生还离不开西学东渐的影响。清末的废科举阻断了旧

---

① 托克维尔:《旧制度与大革命》,冯棠译,北京:商务印书馆,1992年版,第234页。

制度吸纳民间精英的渠道，致使士人大量游学日本和欧美，成为叛离传统制度和文化的现代知识分子群体。世纪初达尔文进化论、斯宾塞社会进化论、卢梭社会契约论和孔德实证哲学等西方思潮的东渐，成为文化激进主义的重要思想资源。我们可以从"五四"启蒙思潮中清晰地看到这种西学的影响。另一方面，脱胎于士大夫的近代知识分子，由于一元论传统的浸润而具有深固的独断精神。"五四"知识分子以西学一统取代儒学一统的意识形态一元论进路，在思维方式和文化心态上毋宁说源于中国传统。以进化论为代表的近代西方思想和古典中国的一元论传统，在启蒙运动中成为文化激进主义的主要思想资源。

二、清末变革思潮与文化激进主义的滥觞

文化激进主义的生成是近代中国变革运动演化的产物，它启端于晚清洋务时代的"中体西用"思潮。"中体西用"论作为晚清最初的文化调整范式，产生于西学东渐与守旧势力的双重压力之下，其防御型现代化的取向先天具有中西新旧折中的性质。随着洋务运动的展开，"中体西用"论的范式限度和内在矛盾日益显露。冯桂芬等洋务派"以中国之伦常名教为原本，辅以诸国富强之术"的主张，意在突破守旧派"夷夏之辨"的文化观，而以"主辅"、"体用"、"道器"、"本末"的等次建构中西文化调和的文化范式，从而为引进西学和实行变革寻求合法性。易言之，"中体西用"论的重心与其说是守中学而卫道，毋宁说是采西学而开新。然而，"中体西用"论因其折中主义性质，而不能不具有与生俱来的内在矛盾。令洋务派始料未及的是，"西用"的采借不仅将损蚀其信誓旦旦地护卫的"中体"，而且将导引异质文化之"西体"的出场。对于儒学而言，从道器一体的"体用不二"到"中体西用"的体用分殊，无疑意味着儒学在西学东渐态势下一统独尊之文化霸权的丧失。不仅如此，"西用"作为富强之术的引入，实际上还不啻承认了儒学为无用之体和失器之道，儒家纲纪伦常之道器体用兼备的"内圣外王"神话亦宣告破灭。更有甚者，"中体"之纲常名教和"西用"之器数之学，分别表征着古典价值理性和现代工具理性，两者性质殊异而价值悖反，洋务派之中学西学并行不悖和"取西人器数之学，以卫吾尧舜禹汤文武周孔之道"的文化折中方案，也只能是一厢情愿的空想。总而言之，洋务派"中体西用"的文化调

整范式不可能达致其预期的护卫儒家道统的目标,倒毋宁说,儒学的危机自洋务派而始。这一点,守旧派对洋务运动"用夷变夏"的忧虑,也许更见眼光敏锐,他们正是从士人讲求西学和越洋留学的风气中,预见了"孔子之道将废也"的文化变局。

洋务派在"器"、"用"层面倡导西学,本来限于西学认知水平和改革策略考虑。然而,洋务运动的实践证明,仅靠采借无体之用的西学不可能致中国于富强。随着晚清西学东渐和变革运动的深入,"中体西用"文化范式的限度亦与日俱显,洋务派内部始酝酿超越"西用"樊篱而向西方学习经济政教的激进趋向。郭嵩焘、王韬、薛福成、郑观应等后期激进洋务派,已经认识到西方文明体用兼备,"西洋立国有本有末",坚船利炮和器数之学仅为其"用",而其"体"则在于议会政治和工商经济。他们批评洋务运动舍本逐末的偏失,主张全面学习西方文明。郑观应在《盛世危言》初刊自序中,引用张靖达的奏议,阐发了其新洋务主张:"西人立国具有本末,虽礼乐教化远逊中华,然其驯致富强亦具有体用。育才于学堂,议政于议院,君民一体,上下同心,务实而戒虚,谋定而后动,此其体也。轮船火炮,洋枪水雷,铁路电线,此其用也。中国遗其体而求其用,无论竭蹶步趋,常不相及。就令铁舰成行,铁路四达,果足恃欤?"[①]在《道器》一文中,郑更为明捷地提出了其全面学习西方文明的主张:"总揽政教之权衡,博采泰西之技艺。诚使设大、小学馆以育英才,开上、下议院以集众益,精理商务,藉植富国之本;简练水陆,用伐强敌之谋。"[②]显而易见,郑观应和张靖达的新洋务主张已突破"西用"范畴,而及于学习西方科技、教育、政治、经济、军事各方面。上述关于西方文化"具有本末"、"具有体用"的文化观,实际上已经突破了"中体西用"论的体用二元范式,而对于西方文化达到了体用合一的"西体西用"的认识。这一点在洋务后期几成思想界之共识,甚至张之洞的《劝学篇》也强调"政艺兼学","政尤急于艺"。然而,后期洋务派的激进并没有达致文化之"体"的核心——价值系统层面,因而其终究不可能越出"中体西用"文化范式。尽管后期洋务派的采西学已由"西艺"而深入到"西政"层面,但他们却在道统层面裹足不

---

① 郑观应:《〈盛世危言〉自序》,陈志良选注:《盛世危言》,沈阳:辽宁人民出版社,1994年版,第13页。
② 郑观应:《道器》,陈志良选注:《盛世危言》,沈阳:辽宁人民出版社,1994年版,第18页。

前,无不讳言"西道",而仍坚持以"尧舜周孔之道"为本。这样,他们就不可能最终突破业已过时的"中体西用"范式而形成导引中国文化现代化的新文化观,而其学习西方政教经济的激进趋向也只能隐伏于旧范式之中。洋务后期"中体西用"思潮的这种激进趋向与理论范式的矛盾,表现为"体用"范畴的变化:随着"西用"范畴由技艺而政教经济的扩大,"中体"范畴则缩小为孔教道统。因而洋务后期的"中体西用"思潮已名存实变,其调和中西的折中主义范式不仅反映了政教经济变革的趋势,而且凸显了儒学与西学的文化冲突。综而言之,晚清"中体西用"思潮具有开新与保守双重性质,它既启现代化变革之端绪,又开文化保守之先河。洋务时代"中体西用"思潮演变中"西用"与"中体"范畴的伸缩长消,实为中国文化现代化之走向与格局的预兆。

19世纪末,维新派承激进洋务派之余绪,倡言变法维新,并迈出了文化价值变革的第一步。曾负笈英伦的严复,最早洞察到西方的富强不仅在于其技艺和政制的先进,而且更在于其"风俗人心"中所内蕴的文化精神的优越。他引征斯宾塞的社会有机体论,指出民为国之细胞,民力、民智、民德为国家富强之本,中国救亡之道首在变革风俗人心,在鼓民力、开民智、新民德。严复的这一启蒙思想,成为维新派的重要改革理论。戊戌变法失败后,流亡日本的维新派巨子梁启超受日本明治启蒙思想家福泽谕吉的影响,进一步提出精神文明进步的文化变革主题。在梁看来,文明有形质与精神之分,衣食器械属形质文明,国民精神为精神文明,政治法律则为形质文明与精神文明的结合。其中,精神文明为文明的真髓和文化进化的关键,求文明进化必须从精神入手。严梁的启蒙主义显然已突破"中体西用"范式的樊篱,而将现代化变革引向"中体"的文化价值层面。

严复作为近代中国启蒙之父,是系统介绍西方哲学和社会科学的第一人。严复对达尔文进化论、斯宾塞社会进化论、斯密政治经济学、密尔自由主义和孟德斯鸠法学等西方社会政治学说的迻译介绍,对世纪之交的清末知识界影响深巨。严对西方哲学社会科学的介绍是富有创造性的,他精辟地指出,洋务派所致力于输入的"汽机兵械"和"天算格致"仅为西方文明之形下表征,而西方文明的命脉是,"于学术则黜伪而崇真,于刑政则屈私以为公",也即科学和民主;而其根柢则在于自由,中西文化之本质差异在此。严复将西方近代文明概括为

"以自由为体,以民主为用"。严的西学观在近代中国思想史上具有划时代的意义,其不仅突破了"中体西用"文化观而在清末思想界达致了难以企及的思想高度,而且后来的"五四"启蒙思潮之比较文化理论也难出其范围。

20世纪初,随着变革运动的趋于激进,卢梭学说和法国革命思想的译介和传布,逐步成为西学东渐的新热点。中国知识界所接受的卢梭学说是由流亡日本的维新派以及留日学生由日译本转译的。1901年和1902年,梁启超在《清议报》和《新民丛报》上先后发表《卢梭学案》和《民约论巨子卢梭之学说》,介绍卢梭的社会契约论。广智书局、商务印书馆、文明书局等也相继译刊和出版介绍法国革命史的论著和日本激进自由民主运动思想家中江兆民宣传法国启蒙思想和革命运动的著作。20世纪初,迟到的法国启蒙思想继严复输入的英国进化论和自由主义之后,迅速成为进步知识界的又一重要思想资源。而且随着现代化运动的趋于激进化,法国启蒙思想对青年知识分子的影响力也与日俱增而逐渐居于主导地位。

西学东渐深化了中国价值符号系统的危机。知识分子对西方价值理念的接受,不可避免地导致其对儒学意义秩序的怀疑、批判和叛离。我们从清末转型时代知识分子之孔教观的演变中,不难清晰地看出20世纪反传统主义的滥觞。严复的比较文化论虽未对中西文化作明确的优劣评判,但其以"自由"为坐标而揭示之中西文化的一系列基本差异,如三纲与平等,亲亲与尚贤,孝道与公正,尊主与隆民,等等,实已隐含了深刻的文化批判精神。以"儒教的马丁·路德"自居的维新派领袖康有为,则以孔学为精神资源而行"托古改制"的变法和建构其"大同"乌托邦,但其"尊孔"的儒教改革运动,并不能掩饰他思想中与孔学相偏离的激进趋向。当康将儒家"大同"理念与西方进化论、自由主义、社会主义和本土墨佛的平等主义等杂糅成其"大同"乌托邦时,这种康式"新孔教"不仅与儒家原典面目全非,而且两者在价值取向上具有诸多貌合神离的基本性紧张,如康三世说之历史进化论的未来取向与"公羊"三世说之历史循环论的复古取向的对立;"太平世"之消灭家庭、阶级、国家的平等主义和肯定物欲的幸福主义,对儒家纲常礼教和禁欲主义的否定。激进维新派谭嗣同的"仁学",则以自由平等理念会通孔、耶、佛、墨的仁爱思想,激烈批判传统礼教,号召冲决俗学、君主、伦常、天等一切传统网罗。谭指出,三纲是帝王奴化人民、禁锢人心的伦理专制工具,"独夫民贼,固其乐三纲之名,一切刑律制度皆依此为率,取便己故也"①。而"五伦"之中唯"朋友"一伦合乎平等自由之理,伦理变革应"惟朋友之伦独尊","四伦可废也"。在谭看来,伦理变革应为变法之本,"今中外皆侈谈变法,而五伦不变,则举凡至理要道,悉无从起点,又况于三纲哉!"②谭对儒家礼教的批判,实为近代反传统运动之先声,它在"五四"的反儒运动中得到广泛的回响。梁启超流亡日本后,受西学和日本明治启蒙文化的影响而思想趋于激进,开始疏离早年追随其师康有为的保教立场。梁认为,孔子为哲学家、教育家而非宗教家,孔教非宗教,因而孔教不必保也不当保。保教之说不仅有违信教自由之法律,而且会束缚国民思想而不合思想自由之原则。孔子立教于二千年前一统闭关之中国,其义与时推移者自不少,光大孔教当采群教之所长。梁还对儒教的思想专制提出批评:"秦汉而还,孔教统一。夫孔教之良,固也,虽然,必强一国人之思想使出于一途,其害于进化也莫大。""今试读吾中国秦汉以后之历史,其视欧洲中世史何如？吾不敢怨孔教,而不得不深恶痛绝夫缘饰孔教、利用孔教、诬罔孔教者之自贼而贼国民也。"③谭、梁等转型时代知识分子虽未直接对孔子提出批评,但其对儒教之思想霸权和名教纲常的批判,无疑形成了对传统意义秩序的深刻冲击。

维新派的思想启蒙不仅超越了洋务派文化观的羁绊而始染指"中体"层面,而且酝酿着现代化之理论范式的突破。针对洋务派变器卫道的"中体西用"论,康有为提出"以群为体,以变为用"的新变法理论;谭嗣同反其道而主张"器本道末","器既变,道安得不变?"梁启超则倡导福泽谕吉的"精神文明为本,物质文明为末"论。而严复则以斯宾塞社会有机体论为武器,对"中体西用"文化观的"体用"、"本末"、"主辅"诸论进行了系统的理论批判。严指出:"中学有中学之体用,西学有西学之体用,分之则并立,合之则两亡。"④"中体西用"与牛体马用一样荒谬。"政本艺末"论也同样谬误,"以科学为艺,则西艺实西政之本"。与

---

① 谭嗣同:《仁学》,中共中央党校文史教研室中国近代史组编:《中国近代政治思想论著选辑》上,北京:中华书局,1986年版,第454页。
② 谭嗣同:《仁学》,中共中央党校文史教研室中国近代史组编:《中国近代政治思想论著选辑》上,北京:中华书局,1986年版,第455页。
③ 葛懋春等编:《梁启超哲学思想论文选》,北京:北京大学出版社,1984年版,第113页。
④ 严复:《与〈外交报〉主人书》,王栻编:《严复集》第3册,北京:中华书局,1986年版,第559页。

西方相比,中国政治之绌败正在于不本科学而违背公例通理。洋务运动之采借西方富强之术而无效,"正坐为之政者,于其艺学一无所通"①。而"中西主辅"之说的不通,在于其与文化有机体之性质不合。"一国之政教学术,其如具官之物体欤?有其元首脊腹,而后有其六府四支;有其质干根荄,而后有其支叶华实。使所取以辅者与所主者绝不同物,将无异取骥之四蹄,以附牛之项领,从而责千里焉,固不可得,而田陇之功,又以废也。晚近世言变法者,大抵不揣其本,而欲支节为之,及其无功,辄自诧怪。"②严复对"中体西用"论的批判,击中了洋务派变革理论的要害。严的斯宾塞式的文化有机体论,在近代中国思想史上具有范式革命的意义,它所隐含的"西体西用"的潜逻辑,不仅为维新派的文化变革奠定了理论基础,而且成为"五四"启蒙激进主义的重要思想资源。当然,严的英国式古典自由主义立场使他在文化问题上并没有走得太远,他对中国文化变革的总体方针并没有越出维新派的改良主义路线。然而这样一来,严就不能不面对一个深刻的文化难题:中国如果"体用"俱变而谋"西体西用",将"民之特性亡,而所谓新者从以不固";而当他取"统新故而视其通,苞中外而计其全"之中道而会通中西文化时,他等于否定了其文化有机构成而不可分殊的文化整体观。在严文化逻辑所内蕴的激进倾向与其文化改良主义的温和主张之间,存在着一种深刻的内在紧张。这种徘徊于温和与激进之间的思想紧张,也同样存在于梁启超的思想历程中。

20世纪初现代化思潮演变的一个重要趋势,是革命派之政治激进主义的崛起,并取代维新派的改良主义而成为时代主潮。然而耐人寻味的是,政治上激进的革命派在文化问题上却显得相当温和,与文化上激进而政治上温和的改良派可谓相映成趣。孙中山在文化问题上坚持护存国粹的文化民族主义立场,主张光大中国道德传统,以弘扬民族主义精神。如果说改良派的方针是以文化变革来改革国民性,以为中国立宪政治奠基;那么孙中山革命派的方略则是以文化认同来动员民众以行民族革命。现代化模式的不同路向,决定了两者政治文化取向的歧异。需要指出的是,孙的文化民族主义是革命派共同的文化取

---

① 严复:《与〈外交报〉主人书》,王栻编:《严复集》第3册,北京:中华书局,1986年版,第559页。
② 严复:《与〈外交报〉主人书》,王栻编:《严复集》第3册,北京:中华书局,1986年版,第559—560页。

向。革命派的急先锋邹容和陈天华,其政治激进倾向似乎并没有影响其文化主张。邹在《革命军》中批判了汉学宋学以及士人的迂腐,但对孔子仍持尊崇态度。陈甚至在辞世的《绝命辞》中仍主张"尊孔教","兼奉佛教"。在革命派中,章太炎的孔教观最为激进。章在《訄书·订孔》篇中,坚持古文经学派观点而将孔子视为"古良史",以"订"专制帝王之缘饰和利用孔学。他还指出:"孔教最大的污点,是使人不脱富贵利禄的思想。自汉武帝专尊孔教以后,这热衷于富贵利禄的人,总是日多一日。"① 章的"订孔"在世纪初知识界颇具影响,其时《国粹学报》有文批评梁启超"保教非所以尊孔论"和章"订孔"的抑孔倾向,认为"余杭章氏'訄书',至以孔子下比刘歆,而孔子遂大失其价值,一时群言,多攻孔子矣"②。不过,章之孔教观的激进倾向总体上受制于其国粹主义,他提倡弘扬中国的语言文字、典章制度和人物事迹等历史文化,对孔子护存、光大文化传统的功绩仍高度赞扬。

在20世纪初激荡的革命思潮中,无政府主义的政治文化主张无疑是最为激进的,它可谓集政治激进与文化激进于一体。1903年,燕客在自然生译《无政府主义》序文中,激烈主张"杀尽孔孟教之徒,使人人各现其真性,无复有伪道德者之迹"③。1905年,清廷废除科举制,儒学顿失千百年来附丽王权的制度依凭,而从教育和政治领域被放逐,作为中国文化典范之孔子的精神权威遂一落千丈,知识分子边缘化后的反传统情绪也进一步滋长。如果说梁章所代表的改良派和革命派的反传统还限于"抑孔",那么无政府主义者则开始公然打出"排孔"旗号。1908年,绝圣于《新世纪》发表《排孔征言》,号召反孔的"孔丘之革命"。文中指出:"呜呼,孔丘砌专制政府之基,以荼毒吾同胞者,二千余年矣。今又凭依其大祀之牌位,以与同胞酬酢。""独怪热心革命者,或发扬周秦诸子,或排斥宋元诸人,而于孔丘则不一注意。夫大祀之牌位一日不入火刹,政治革命一日不克奏功,更何问男女革命,更何问无政府革命。擒贼先擒王,……欲世

---

① 《民报》,第6期。
② 许之衡:《读国粹学报感言》,载《国粹学报》,1卷6号,1905年6月。
③ 燕客:《〈无政府主义〉序》,葛懋春等编:《无政府主义思想资料选》上,北京:北京大学出版社,1984年版,第23页。

界人进于幸福,必先破迷信;欲支那人之进于幸福必先以孔丘之革命。"①无政府主义者的"孔丘之革命",实为"五四""打孔家店"之反孔运动的先声。耐人寻味的是,旅居法国的新世纪派无政府主义和"五四"新青年派的激进主义,皆与法兰西启蒙主义有不解之缘。

19、20 世纪之交的清末现代化思潮,已开始突破"中体西用"文化范式,而染指中国传统的政治伦理层面。与政治变革思潮的激进化相伴随的,是文化激进主义的滥觞。我们看到,在世纪初的思潮演进中,"五四"文化激进主义思潮的理论范式和基本主题,皆已显露端倪。

三、"五四"时代的激烈反传统主义

辛亥革命推翻清王朝后,旋因袁世凯的帝制复辟活动而变质,新生的"民国"因重蹈改朝换代的覆辙而归于流产。共和革命受挫的时局,再度凸显了维新派"改造国民"的启蒙主题。而民初尊孔复古思潮的兴起及其与复辟势力的合流,则成为启蒙运动的催化剂。由康有为及其弟子陈焕章领导的孔教运动,在全国遍设孔教会,倡议国会"定孔教为国教","以孔子配上帝"。袁世凯则以尊孔谋复辟,发布《通令尊崇孔圣文》和祀孔令,并亲率文武百官在孔庙行祀孔典礼。教育部令全国中小学恢复读经,《宪法草案》更规定"国民教育以孔子之道为修身大本"。民初孔教运动与帝制运动的联姻,对儒学的影响是灾难性的,它使儒学引火烧身而成为腐朽的王权政治的殉葬品。孔教与帝制的不解之缘,使进步知识界对共和革命以及中国现代化运动之失败原因的追寻,聚焦于"中体"核心的伦理纲常层面,一场"价值重估"的启蒙运动因此出场。1915 年夏,反袁斗争失败后避居日本的陈独秀返国,于上海创办《青年杂志》(翌年改名《新青年》),新文化运动由以启端。1917 年初,蔡元培出任北京大学校长,以"学术思想自由"、"兼容并包"方针治校,广揽新学人士,聘陈独秀为文科学长。陈赴北大就职后,《新青年》随之移京而成为北大新文化界同人刊物,胡适、李大钊、钱玄同、鲁迅、刘半农、周作人等相继加入而成为主要编辑者和撰稿人,北大由

---

① 绝圣:《排孔征言》,载《新世纪》,第 52 号,1908 年 6 月。

此成为新文化运动的中心。

在中西文化激荡的转型时代,比较文化是中国启蒙思潮的特定主题。《新青年》的启蒙活动亦围绕中西文化问题的讨论而展开。陈独秀在启蒙宣言《敬告青年》中,以比较文化的视界揭橥其启蒙主题,将东西文化的差异概括为"奴隶"与"自主"、"保守"与"进步"、"退隐"与"进取"、"锁国"与"世界"、"虚文"与"实利"、"想象"与"科学",并把"人权"与"科学"归为西方近代文明的两大基石,而力倡中国文化的西方化。在《东西民族根本思想之差异》一文中,陈进而从价值观层面比较评判东西文化,将两者的差异归结为"个人"本位与"家族"本位、"法治"本位与"感情"本位、"实利"本位与"虚文"本位,并主张革除东方民族平和安息雍容文雅的劣根性,而"以个人本位主义,易家族本位主义"。陈对东西文化的总体评判是进化主义的"东西古今"论。他把东西文明的差异归结为"古代文明"与"近世文明",认为东洋文明"其质量举未能脱古代文明之窠臼",而"可称曰'近世文明'者,乃欧罗巴人之所独有,即西洋文明也"①。陈的比较文化范式既承续了严复社会进化论脉络,又引借了孔德实证主义社会进化法则,其"东西古今"论以及其对"科学"的崇尚,皆立基于孔德主义。陈一再强调:"孔德分人类进化为三时代:第一曰宗教迷信时代,第二曰玄学幻想时代,第三曰科学实证时代。欧洲的文化,自十八世纪起,渐渐的从第二时代进步到第三时代,一切政治,道德,教育,文学,无一不含着科学实证的精神。"②陈的这种孔德主义文化进化论,成为主导"五四"知识界的新比较文化范式。

常乃德的东西文化观可谓陈独秀"东西古今"论的回响。常相信:"一般所谓东洋文明和西洋文明之异点,实在就是古代文明和现代文明的特点。""世界上只有古代文明和近世文明,没有东方文明和西方文明的区别。现代西洋的文明,是世界的,不是一民族的。是进化线上必经的,不是东洋人便不适用的。"常的立论也与陈独秀相同:"至于为什么古代文明是如彼,现代的文明就是如此呢?我想用孔德的学说来证明他。孔德分社会进化为三个阶级。最初是神权时代,其次是玄想时代,最后是科学时代。"③这种进化论文化观在"五四"知识

---

① 陈独秀:《法兰西人与近世文明》,《独秀文存》,合肥:安徽人民出版社,1987年版,第10页。
② 陈独秀:《近代西洋教育》,载《新青年》,3卷5号,1917年7月。
③ 常乃德:《东方文明与西方文明》,载《国民》,2卷3号,1920年10月。

界影响如此之深,以至于梁漱溟这样的文化保守派亦不能不对其表示赞同。

陈独秀和新青年派倾心的西方文化,主要为以法国启蒙主义为代表的欧陆现代文化。陈将法兰西文明归为欧洲近代文明之母,对其赞誉有加,并特以中法双语定名《新青年》,以示新文化运动之以法国启蒙运动为楷模。陈在《青年杂志》创刊号发表《法兰西人与近世文明》,强调欧洲近代文明最重要之三大成就的人权说、生物进化论和社会主义,皆功推法人。"此近世三大文明,皆法兰西人之赐。世界而无法兰西,今日之黑暗不识仍居何等。"① 显而易见,陈对法国文化的看法颇带主观色彩,而并不尽合历史事实。不仅"人权"理念源于洛克自由主义传统,而且近代"科学"亦以培根下迄牛顿的实验科学和达尔文进化论为标志。至于"社会主义",且不论中世纪末莫尔的乌托邦主义,欧文至少是18世纪与圣西门、傅立叶齐名的社会主义思想家。陈独秀的"法兰西情结"及其对法国启蒙主义的情有独钟,实源于对法国大革命的倾心。陈的文化激进主义源于其强烈的政治关怀和政治激进主义。采借法兰西模式的新文化运动,标志着20世纪中国启蒙运动的范式转换,它表明世纪初严、梁维新派启蒙之温和的英国路线,已为新青年派之激进的法国模式所取代。

新文化运动的宗旨在于为现代民主政治寻求文化价值支援。这场伦理革命的总体目标,在于以西方自由主义和民主主义价值观为武器,批判儒学意识形态和改造国民性,模塑共和国民的现代公民人格。陈独秀把自由平等精神归为现代民主政治的伦理基础,将培浚国民的自由精神,视为伦理变革的首要课题,号召个性解放,"脱离夫奴隶之羁绊,以完其自主自由之人格"。他对西方个人主义高度赞扬:"举一切伦理、道德、政治、法律、社会之所向往,国家之所祈求,拥护个人之自由权利与幸福而已。""个人之自由权利,载诸宪章,国法不得而剥夺之,所谓人权是也。"人为性灵、意志、权利之主体,而"所谓性灵,所谓意思,所谓权利,皆非个人以外之物。国家利益,社会利益,名与个人主义相冲突,实以巩固个人利益为本因也。"② 胡适对易卜生个人主义推崇备至,力主"个人须要充分发挥自己的才性,须要充分发展自己的个性"。他认为,"社会最大的

---

① 陈独秀:《法兰西人与近世文明》,载《青年杂志》,1卷1号,1915年9月。
② 陈独秀:《东西民族根本思想之差异》,载《青年杂志》,1卷4号,1915年9月。

罪恶莫过于摧折个性,不使他自由发展"。而自由人格是社会进步的基础,"社会国家没有自由独立的人格,如同酒里少了酒曲,面包里少了酵,人身上少了脑筋,那种社会国家决没有改良进步的希望"①。李大钊将自由归为人之生存价值,主张"自由为人类生存必需之要求,无自由则无生存之价值"②。李亦民则将个人主义归为英美民族强盛之由,而主张"顺人性之自然,堂堂正正以个人主义为前提,以社会主义为利益个人之手段"③。

如果说《新青年》的自由主义运动承续了世纪初严、梁启蒙之余绪,那么其"打孔家店"的反传统运动则标志着一个激进的文化批判时代的到来。《新青年》1卷6号刊发易白沙《孔子平议》,开启了新文化运动孔学批判之序幕。易文揭破中国二千余年尊孔之大秘密在独夫民贼利用孔子,认为孔子实"为独夫民贼作百世之傀儡"。稍后,陈独秀相继发表《驳康有为致总统总理书》、《宪法与孔教》、《孔子之道与现代生活》等一组批孔论文,吴虞、鲁迅、李大钊等人也随之撰文批判孔教。《新青年》自第2卷起,反孔批儒成为启蒙运动的中心主题。

《新青年》反孔运动起于康有为尊孔运动与袁世凯复辟运动合流的刺激,因而揭示孔教与帝制联姻的帝国"官学"实质,成为孔儒批判的一个重要主题。陈独秀一针见血地指出:"孔教与帝制,有不可离散之因缘。"④他在陈述反孔理由时明确表示:"学理而至为他种势力所拥护所利用,此孔教之所以一文不值也。此正袁氏执政以来,吾人所以痛心疾首于孔教而必欲破坏之也。"⑤李大钊认为,孔子为历代帝王专制之护符。"我总觉得中国的圣人与皇帝有些关系。洪宪皇帝出现以前,先有祭孔祭天的事;南海圣人与辫子大帅同时来京,就发生皇帝回任的事。现在又有人拼命在圣人上作工夫,我很骇怕,我很替中华民国担忧!"⑥"中国一部历史,是乡愿与大盗结合的记录。大盗不结合乡愿,作不成皇帝;乡愿不结合大盗,作不成圣人。所以我说皇帝是大盗的代表,圣人是乡愿的

---

① 胡适:《"易卜生主义"》,载《新青年》,4卷6号,1918年6月。
② 李大钊:《宪法与思想自由》,《李大钊文集》上,北京:人民出版社,1984年版,第244页。
③ 李亦民:《人生唯一之目的》,载《青年杂志》,1卷2号,1915年10月。
④ 陈独秀:《驳康有为致总统总理书》,《独秀文存》,合肥:安徽人民出版社,1987年版,第71页。
⑤ 陈独秀:《再答常乃惪(孔教)》,《独秀文存》,合肥:安徽人民出版社,1987年版,第678页。
⑥ 李大钊:《圣人与皇帝》,《李大钊文集》下,北京:人民出版社,1984年版,第95页。

代表。"①"故余之掊击孔子,非掊击孔子之本身。乃掊击孔子为历代君主所雕塑之偶像的权威也;非掊击孔子,乃掊击专制政治之灵魂也。"②

新青年派反孔的另一主题,是以思想自由、信仰自由、学术自由的原则,批判儒教一统独尊的意识形态霸权。汉代以后,孔学作为帝国意识形态之"官学"垂两千年,成为支配中华民族精神世界的文化典范。因而儒教批判应是价值重估之新文化运动的题中应有之义。陈独秀指出:"惟自汉武以来,学尚一尊,百家废黜,吾族聪明,因之锢蔽,流毒至今,未之能解;又孔子祖述儒说阶级纲常之伦理,封锁神州;斯二者,于近世自由平等之新思潮,显相背驰","即以国粹论,旧说九流并美,倘尚一尊,不独神州学术,不放光辉,即孔学亦以独尊之故,而日形衰落也。"③吴虞关于孔教的思想专制,也发表了相同看法:"……孔子自是当时之伟人,然欲坚执其学以笼罩天下后世,阻碍文化发展,以扬专制之余焰,则不得不攻之者,势也。"④李大钊则认为,中国古来以皇帝和圣人之权威重压累积于国民思想之中,而圣人之权威于中国最大者为孔子。圣人之权威匿身于偶像之下而劫持国民的思想自由,其祸尤烈于皇帝之权威。在中国欲实现自我之解放,必须"破孔子之束制"。

新文化运动的伦理革命旨在为现代民主政治提供价值支援,其反孔运动又起于尊孔运动与复辟运动合流之刺激,因而儒家伦理之意识形态层面的社会政治伦理——礼教纲常,遂成为新文化运动攻击的焦点。陈独秀在其伦理革命宣言《吾人最后之觉悟》中,矛头直指儒家礼教三纲。"儒者三纲之说,为吾伦理政治之大原","三纲之根本义,阶级制度是也。所谓名教,所谓礼教,皆以拥护此别尊卑明贵贱制度者也"。"盖共和立宪制,以独立平等自由为原则,与纲常阶级制为绝对不可相容之物,存其一必废其一。"⑤在陈看来,礼教纲常的要害在于奴化人民的伦理专制主义。三纲使天下为臣、为子、为妻者尽失独立自主人格,而沦为君、父、夫之附属品。"忠孝节""皆非推己及人之主人道德,而为以己

---

① 李大钊:《乡愿与大盗》,《李大钊文集》上,北京:人民出版社,1984年版,第619页。
② 李大钊:《自然伦理观与孔子》,《李大钊文集》上,北京:人民出版社,1984年版,第264页。
③ 陈独秀:《再答常乃德(古文与孔教)》,《独秀文存》,合肥:安徽人民出版社,1987年版,第649页。
④ 吴虞:《致陈独秀》,《新青年》,2卷5号,1916年12月。
⑤ 陈独秀:《吾人最后之觉悟》,《独秀文存》,合肥:安徽人民出版社,1987年版,第41页。

属人之奴隶道德也。人间百行,皆以自我为中心,此而丧失,他何足言?"①陈坚持认为,礼教为孔教之精华和根本,其属于宗法封建社会的道德伦理,伦理革命必须以废弃孔教为目标。他反对将孔教作"原始孔教"(民间化之真孔教)与"宋明孔教"(君权化之伪孔教)、"礼教"与"仁学"的辨分,而认为汉宋儒教三纲说之根本精神源于孔子之礼教。儒教经汉、宋明定纲常条目而成一完整系统的伦理学说,孔教和中国文明的特色正在于此。而孔学所倡"温良恭俭让信义廉耻"诸德,在陈看来则属人类普遍性道德,而未可划入孔教范畴。因而陈主张对以礼教为主干的孔教根本排斥。

反儒宿将吴虞对礼教的批判,矛头直指以孝道为核心的儒家家族主义伦理,将孝道归结为专制王权政治的伦理基础。吴指出:"儒家以孝弟二字为二千年来专制政治家族制度联结之根干,贯彻始终而不可动摇。""其主张孝弟,专为君亲长上而设。但求君亲长上免奔亡弑夺之祸,而绝不问君亲长上所以致奔亡弑夺之故,及保卫尊重臣子卑幼人格之权。"②在吴看来,孝道的要害在于愚弄、奴化民众的伦理专制主义。君主和圣人"他们教孝,所以教忠,也就是教一般人恭恭顺顺的听他们一干在上的人愚弄,不要犯上作乱。把中国弄成一个'制造顺民的大工厂',孝字的大作用,便是如此!"③"以家族的基础为国家的基础,人民无独立之自由,终不能脱离宗法社会,进而出于家族圈以外。麻木不仁的礼教,数千年来不知冤枉害死了多少无辜的人,真正可为痛哭呀!"④

鲁迅在其著名的讽刺小说《狂人日记》里,通过"狂人"之口揭示了"礼教吃人"的反儒主题。"我翻开历史一查,这历史没有年代,歪歪斜斜的每叶上都写着'仁义道德'几个字。我横竖睡不着,仔细看了半夜,才从字缝里看出字来,满本都写着两个字是'吃人'!"⑤鲁迅的杂文《我之节烈观》和《我们现在怎样做父亲》,也是批判礼教纲常的深刻之作。鲁迅认为,"节烈"是非人道的封建夫权主义的畸型道德,这种传统道德是用历史和数目的力量杀人的"无主名无意识的

---

① 陈独秀:《一九一六年》,《独秀文存》,合肥:安徽人民出版社,1987年版,第34—35页。
② 吴虞:《家族制度为专制主义之根据论》,载《新青年》,2卷6号,1917年2月。
③ 吴虞:《说孝》,载《台湾民报》,2卷6号,1924年4月。
④ 蔡尚思主编:《中国现代思想史资料简编》第1卷,杭州:浙江人民出版社,1982年版,第370页。
⑤ 鲁迅:《狂人日记》,《鲁迅全集》第1卷,北京:人民文学出版社,1956年版,第12页。

杀人团"。关于"孝道",鲁迅以生物进化观点,批判了礼教之"长者本位道德"的反进化本质,号召新青年洗净东方古传的谬误思想,对子女增加义务思想而减少权利思想,以合乎进化法则的"幼者本位道德"取代礼教的"长者本位道德"。

如果说新文化运动之批判儒家的思想专制和纲常礼教尚属戊戌谭、严、梁文化批判主题的展开,那么"五四"反传统运动的特点则在于对孔教所采取的整体性否弃的激进方针。陈独秀文化观之源于孔德社会进化论的文化进化论和基于斯宾塞社会有机体论的文化整体观,孕育了其激进的整体性西化和反传统的思想。关于中西文化,陈坚持认为:"无论政治学术道德文章,西洋的法子和中国的法子,绝对是两样,断断不可调和牵就的。""若是决计革新,一切都应该采用西洋的新法子,不必拿什么国粹,什么国情的鬼话来捣乱。"①陈以"古代/现代"二分法评判孔儒,认定孔子生长于封建时代,所提倡之道德、礼教皆为封建时代之道德、礼教,因而孔子之道不适合现代生活。陈指出,对于孔教,"吾人所不满意者,以其为不适于现代社会之伦理学说,然犹支配今日之人心,以为文明改进之大阻力耳。且其说已成完全之系统,未可枝枝节节以图改良,故不得不起而根本排斥之。盖以其伦理学说,与现代思想及生活,绝无牵就调和之余地也"②。尽管陈也承认儒家属中国文明之一部分,而君道臣节和名教纲常不过儒家之主要部分而非其全体,但他坚持认为,作为孔教之根本的礼教与现代性水火不容,故而主张坚决废弃孔教。"记者非谓孔教一无可取,惟以其根本的伦理道德,适与欧化背道而驰,势难并行不悖。吾人倘以新输入之欧化为是,则不得不以旧有之孔教为非。""新旧之间,绝无调和两存之余地。"③在陈看来,儒家礼教作为旧政治旧伦理的主导价值符号和意识形态,是梗阻中国现代化的文化症结,"尤与近世文明社会绝不相容者,其一贯伦理政治之纲常阶级说也。此不攻破,吾国之政治,法律,社会道德,俱无由出黑暗而入光明。"④陈的"破旧立新"的文化革命观,代表了"五四"知识界的主流思想趋向。汪叔潜关于"新旧"问题的看法,与陈可谓如出一辙。汪认为,新旧"二者根本相违,绝无调和折衷

---

① 陈独秀:《今日中国之政治问题》,《独秀文存》,合肥:安徽人民出版社,1987年版,第152页。
② 陈独秀:《再答俞颂华(孔教)》,《独秀文存》,合肥:安徽人民出版社,1987年版,第697页。
③ 陈独秀:《答佩剑青年(孔教)》,《独秀文存》,合肥:安徽人民出版社,1987年版,第660页。
④ 陈独秀:《答吴又陵(孔教)》,《独秀文存》,合肥:安徽人民出版社,1987年版,第646页。

之余地"。"旧者不根本打破,则新者绝对不能发生。新者不排除尽净,则旧者亦终不能保存。新旧之不能相容,更甚于水火冰炭之不能相入也。"①

新文化运动的反传统还不止于批孔,除了推尊民主和批判孔教,《新青年》启蒙的另一大主题是倡导科学和反对迷信。陈独秀主张以科学代宗教为人类文明进化的趋势,号召"国人而欲脱蒙昧时代,羞为浅化之民也,则急起直追,当以科学与人权并重"②。在宗教信仰问题上,陈坚持唯科学主义的反宗教立场,他相信,"人类将来真实之信解行证,必以科学为正轨,一切宗教,皆在废弃之列","故余主张以科学代宗教"。③ 此外,陈对于俗文化层面以道教为代表的民间巫术迷信进行了抨击,揭示了鬼神、灵魂、炼丹、符咒、算命、卜卦、扶乩、风水、阴阳五行等的反科学本质。钱玄同对陈的传统文化批判进行了热烈的响应,激烈地主张反孔非道。他指出,"欲祛除三纲五伦之奴隶道德,当然以废孔学为唯一之办法;欲祛除妖精鬼怪,炼丹画符的野蛮思想,当然以剿灭道教——是道士的道,不是老庄的道——为唯一之办法。""欲使中国不亡,欲使中国民族为二十世纪文明之民族,必以废孔学,灭道教为根本之解决。"④

文学革命是新文化运动之与伦理革命相辉映的又一主题。《新青年》2卷2号、2卷5号相继刊发胡适寄自美国哥伦比亚大学的与陈独秀论文学改良的书信和论文,揭开了新文学运动的序幕。胡在《文学改良刍议》一文中,以文学进化的观点,批评中国文学之以文胜质、摹仿古典、言文分离的流弊,力倡大众化的言文合一的"活文学",并将元代以降的白话文学归为中国文学的正宗和未来文学的趋势。胡在文中提出了其著名的文学改良八项原则:须言之有物,不摹仿古人,须讲求文法,不作无病之呻吟,务去烂调套语,不用典,不讲对仗,不避俗字俗语。胡的文学改良主张,得到陈独秀的热烈呼应。陈进而提出更为激进的"文学革命"论,主张"推倒雕琢的阿谀的贵族文学,建设平易的抒情的国民文学";"推倒陈腐的铺张的古典文学,建设新鲜的立诚的写实文学";"推倒迂晦的

---

① 汪叔潜:《新旧问题》,载《青年杂志》,1卷1号,1915年9月。
② 陈独秀:《敬告青年》,载《青年杂志》,1卷1号,1915年9月。
③ 陈独秀:《再论孔教问题》,《独秀文存》,合肥:安徽人民出版社,1987年版,第91页。
④ 钱玄同:《中国今后之文字问题》,载《新青年》,4卷4号,1918年4月。

艰涩的山林文学,建设明了的通俗的社会文学"。① 在陈看来,近代欧洲文明史即一部革命史。文艺复兴以来,政治、宗教、伦理、文学无不因革命而新兴和进化。文学革命与伦理革命同为政治革命之基础。"旧文学,旧政治,旧伦理,本是一家眷属,故不得去此而取彼。"②中国传统的贵族文学、古典文学、山林文学形式因袭,内容陈腐,其病在与宇宙、人生、社会无涉,而且这种旧文学正与中国阿谀虚伪迂阔的国民性互为因果。因而欲革新政治必实行文学革命。具有讽刺意味的是,旧学功底深厚的中国文字音韵学家钱玄同提出了最激进的"废灭汉文"的主张。钱认为,以废孔学和灭道教为主要目标的文化革命,必须以废汉文为前提。两千年来用汉字写的书籍多属孔学道教之类,内容无不荒谬有害。中国文字,字形属象形文字而不便识写,字义含糊文法不精,其应用无以表达现代新事新理,而纯属"记载孔门学说及道教妖言之记号。此种文学,断断不能适用于二十世纪之新时代"。因而,中国之救亡,"必以废孔学,灭道教为根本之解决;而废记载孔门学说及道教妖言之汉文,尤为根本解决之根本解决"。钱主张废汉文后代之以世界语,并以新体白话国文与西文并用为过渡。陈独秀也相信废汉文为进化公例,进而主张并废中国言语,但以先废汉文、且存汉语而改用罗马字母书写为过渡。③

新青年派激进的反传统主义植根于深刻的文化自卑心理,寻求富强的急切功利诉求,使其对中国传统文化抱持激烈的全盘否定态度。在陈独秀看来,古典中国的政治道德学术思想一片黑暗,无不与现代民主科学相违逆,中国文化差足观者惟文史美术而已。即便文史美术,也因史不明进化因果、文不合语言自然、音乐绘画太过简单,而难与欧学比肩。傅斯年则认为,古典中国一切学术为阴阳学术,一切文学为偈咒文学,其与西洋文明扞格不入,新文化运动应铲除中国学术思想界之基本误谬。钱玄同对传统文化的激愤之情,则最深刻地表现了脱胎于旧学营垒的"五四"知识分子的传统原罪情结。他在致陈大齐的信中谈到:"若玄同者,于新学问、新智识,一点也没有;自从十二岁起到二十九岁,东撞西摸,以盘为日,以康瓠为周鼎,以瓦釜为黄钟,发昏做梦者整整十八年。自

---

① 陈独秀:《文学革命论》,《独秀文存》,合肥:安徽人民出版社,1987年版,第95、96页。
② 陈独秀:《答易宗夔(论〈新青年〉之主张)》,《独秀文存》,合肥:安徽人民出版社,1987年版,第776页。
③ 钱玄同:《中国今后之文字问题》,载《新青年》,4卷4号,1918年4月。

洪宪纪元,始如一个响霹雳震醒迷梦,始知国粹之万不可保存。"①正是这种旧学的罪孽感,使钱玄同等国学名士对中国文化抱持彻底决裂的激进态度,而且其反传统的激进远在洋博士胡适辈之上。同时,启蒙知识分子的反传统主义又伴随着强烈的西化神话。他们虔信西方民主科学万能,可以根本解决中国问题。陈独秀在《〈新青年〉罪案之答辩书》中指出:"西洋人因为拥护德、赛两先生,闹了多少事,流了多少血,德、赛两先生才渐渐从黑暗中把他们救出,引到光明世界。我们现在认定只有这两位先生,可以救治中国政治上道德上学术上思想上一切的黑暗。"②陈的看法代表了《新青年》同人的共识,它既揭示了新文化运动之文化重建的基本方向,也反映了"五四"知识界将民主科学功能泛化的乌托邦期待。张灏将"五四"的这种"民主科学"乌托邦,归为"德菩萨"、"赛菩萨"崇拜。

"五四"追求民主和科学、反对孔教迷信的伦理革命,突破了清末"中体西用"论的樊篱,以西方现代性为坐标,对中国文化之以儒教为桢干的大传统和以道教为基础的小传统进行了"价值重估",揭示了中国文化变革和重建的基本方向。启蒙运动的文化批判,表征着中华民族走出中世纪的文化自觉,以及吸纳外域文化而再造华夏新文明的气度。对于中国启蒙运动来说,如果说其理论原创性主要萌生于世纪初转型时代维新派知识分子;那么"五四"新文化运动则将启蒙原则明晰化和大众化,而凸显了中国文化之价值重建的历史主题,从而推进了现代化之文化转型进程。然而另一方面,新文化运动作为东亚中国回应西潮的现代化运动之历史链环,又不可能不具有其历史局限性。身处救亡图存历史情境中的启蒙知识分子,受救亡之"富强情结"的支配和社会保守势力的刺激,其西化主义和反传统主义的激进主张,不可避免地具有先天的理论缺陷和内在矛盾。如前所述,新文化运动的主流范式是立基于孔德社会进化论和斯宾塞社会有机体论的文化进化论。这种文化进化论不仅以"传统/现代"二分法来评判中西文化,从而把中国文化的"现代化"视为一个与传统决裂的"西化"过程;而且以文化整体观来思考文化变革问题,把中国文化的现代化视为一个以

---

① 陈大齐、钱玄同:《通信:保护眼珠与换回眼》,载《新青年》,5卷6号,1918年12月。
② 陈独秀:《〈新青年〉罪案之答辩书》,《独秀文存》,合肥:安徽人民出版社,1987年版,第243页。

欧化代替传统的除旧布新的"文化革命"过程。然而我们看到,正是这种简单化的西化主义和反传统主义理路,使启蒙陷入了困境。

尽管新文化运动呈现出彻底决裂于传统的激进外观,但"全盘反传统"与其说是"五四"启蒙的本质特征,毋宁说是其表层的名义目标。且不说《新青年》的文化批判并未全面染指道佛墨法诸传统,即对于其大张挞伐的儒学,也主要聚焦于其意识形态层面。如果我们把儒家伦理大略分为意识形态化之社会伦理层面的"礼教"和超越伦理层面的"仁学",那么《新青年》的反儒显然主要限于批判礼教。这种意识形态层面的儒学批判,是由新文化运动为民国再造而变革伦理之"后政治启蒙"的宗旨所决定的。陈独秀将"孔教"化约为"礼教"的公式,显然旨在为其以偏概全的反孔运动辩解。尽管他承认名教纲常仅儒家之主要部分而非其全体,但他仍坚持认为孔教的精华和特色在礼教,据此而将孔教定位于特殊主义的"礼教"层面,而将孔儒"仁学"之普遍主义道德价值排除在外,而归之于世界道德文明的"公理"。关于孔教问题,陈在答读者信中谈到:"记者之非孔,非谓其温良恭俭让信义廉耻诸德及忠恕之道不足取;不过谓此等道德名词,乃世界普遍实践道德,不认为孔教自矜独有者耳。……惟期期以为孔道为害中国者,乃在以周代礼教齐家治国平天下,且以为天经地义,强人人之同然,否则为名教罪人。"①这里,陈明确表示《新青年》的反孔旨在反对儒家礼教的思想霸权和伦理专制,而并不全盘否弃孔学的普遍主义道德价值如"温良恭俭让信义廉耻"和"忠恕之道",只是他不愿以孔子仁学的普遍主义道德来界定孔教,不愿以分辨原儒与后儒、仁学与礼教来开脱孔子。显然,陈和新青年派对儒教否定的是其非现代性的负面的意识形态功能,其旗帜鲜明地反孔,意在从整体上摧毁帝国意识形态的价值符号系统,而实现中国文化价值的重建。

需要进一步指出的是,新文化运动的反孔甚至对"纲常礼教"也不无保留。实际上,陈独秀和《新青年》的反儒仅止于"三纲"(忠孝节),而并未及于"五常"(仁义礼智信)。礼教"五伦"之"兄弟"、"朋友"二伦,亦未遭否弃。新文化运动的保护人、温和的自由主义者蔡元培,曾对林琴南指责北京大学"覆孔孟"、"铲伦常"的罪名进行了全面辩驳。蔡指出:"至于五常,则伦理学中之言仁爱,言自

---

① 陈独秀:《答〈新青年〉爱读者(孔教)》,《独秀文存》,合肥:安徽人民出版社,1987年版,第714页。

由,言秩序,戒欺诈,而一切科学皆为增进知识之需。宁有铲之之理欤?""若谓大学教员曾于学校以外发表其'铲伦常'之主义乎?则试问有谁何教员,曾于何书,何杂志,为不仁、不义、不智、不信及无礼之主张者?"①在蔡看来,儒家伦理之"五伦",除"君臣"一伦已过时外,其余皆具普遍的道德价值。同时,在社会理想层面,儒家追求社会秩序和谐的"大同"理想,仍是对启蒙知识分子深具影响力的乌托邦资源。陈独秀、李大钊、蔡元培等人都对孔子"均无贫"的大同理想持赞赏态度。在群己关系这一伦理价值的基本范畴上,尽管新文化运动高张自由主义旗帜,追求以"个人主义"取代"家族主义"的伦理革命目标,但启蒙学者并未真正贯彻这一激进主张,而决裂于社群至上的东方伦理主义传统。胡适一方面高扬"个性解放"的个人主义(易卜生主义),一方面追求奉献社会的群体主义(社会不朽论),典型地反映了"五四"知识分子人生观之价值取向的矛盾。陈独秀、李大钊、易白沙、周作人、蔡元培等人无不持此中西调和而显然以"中学"为主的人生信仰。这种西方自由主义之"个性"与东方伦理主义之"群性"的并行不悖,也许是启蒙运动的一幅最富东方特色的思想图景。综上所述,"五四"反孔运动之激进其实是有限度的,启蒙学者对儒学的批判主要聚焦于作为王权意识形态的礼教三纲,而远未全盘诋毁儒学价值系统。尤其在价值结构深层的人生理念层面,启蒙知识分子的终极价值取向仍未脱东方特质,其意义世界的会通中西亦并未越出"中学"的结构边界。这样,新文化运动的这种"半盘反传统"实践,就不能不与其立基于文化整体观的"传统/现代"的进化论范式和"全盘反传统"的名义目标,产生名实不符的内在紧张。

  以欧洲启蒙理性主义为蓝本的新文化运动,其"科学-民主"的新文化模式并不代表近代西方文化的全部,西方文化至少还应涵括终极关怀层面的基督教传统。文艺复兴以降的西方启蒙思潮并未摧破作为西方精神传统资源的基督教文化。从英国自由主义运动、法国启蒙运动到德国哲学革命,西方理性主义启蒙思潮在精神信仰层面的主题,与其说是以理性摧毁信仰,毋宁说是调整理性与信仰的关系,重新安置宗教在现代理性世界中的位置。其间尽管有法国启蒙时代的反宗教运动,但基督教二三百年来在西方世界与现代化进程并存不

---

① 蔡元培:《致〈公言报〉函并附答林琴南君函》,载《公言报》,1919年4月1日。

悖,则是明显的事实。这样,新文化运动之西化取向的启蒙就难以绕开宗教信仰问题。脱胎于中国精神传统的"五四"知识分子,其儒家式入世理性主义性格先天具有非宗教倾向,而更多表现了与西方19世纪实证主义思潮的亲和性。启蒙学者拒斥基督教和"以科学代宗教"的反宗教态度,难免使其"全盘西化"有名无实,而空阙了终极关怀层面,成为仅有"德先生"和"赛先生"的"半盘西化"。如前所述,《新青年》的反孔又主要聚焦于社会伦理的礼教层面,而未及于儒家仁学之精神信仰层面,这种以"民主"、"科学"批判"礼教"、"迷信"的价值重估,显然称不上全盘性的,它至少空缺了中西终极关怀层面之儒学与基督教的对话。这一阙失暴露了"五四""民主-科学"之启蒙理性主义文化模式的深刻困境。这一启蒙范式的困境,在新文化运动的两位领袖人物陈独秀和胡适那里,表现为在毁教与尊教、科学与儒学之间的徘徊。陈起初主张废弃一切宗教而"以科学代宗教",后又转而大力倡导信仰基督教,他认为:"基督教底'创世说'、'三位一体说'和各种灵异,大半是古代的传说,附会,已经被历史学和科学破坏了,我们应该抛弃旧信仰,另寻新信仰。新信仰是什么?就是耶稣崇高的,伟大的人格,和热烈的,深厚的情感。"耶稣的人格情感是基督教的根本教义,"这种根本教义,科学家不曾破坏,将来也不会破坏"[①]。胡适的唯科学主义和非宗教倾向虽更为彻底,并着力建构其"科学的人生观"的新信仰,但其"为全种万世而生活"的大我主义人生理想,不过是儒家"三不朽"论人生观的现代版,其现代科学的理论包装并不能掩饰其儒家人生的价值内核。[②] 在信仰问题上,陈、胡苦苦徘徊于科学与耶、儒之间的困顿,深刻反映了新文化运动之唯理主义启蒙范式之信仰空阙的困境。

新文化运动之激进的西化主义和反传统主义倾向,在思想界招致了不少批评。由温和自由主义者杜亚泉主编的《东方杂志》和人文主义学者吴宓主笔的《学衡》杂志,对新文化运动的西化主义及其文化进化论范式、蔑弃宗教道德的唯理主义倾向和反传统主义的文化革命方针,提出了深刻的批评。杜以文化多元论反对新青年派线性的文化进化论,他认为,东西文化之别乃性质之异,而非

---

① 陈独秀:《基督教与中国人》,《独秀文存》,合肥:安徽人民出版社,1987年版,第283、286页。
② 参阅胡适:《〈科学与人生观〉序》,上海:亚东图书馆,1923年版。

程度之差,两者由于历史文化传统之异而演成"静的文明"与"动的文明"。东西文化各有优劣长短,欧战尤已使西洋文明破绽毕露,故而中国新文明的建构,必就东西文明取长补短,调和创造,以"既富加教"为人类理想生活之大纲。杜对《新青年》的西化和反传统运动提出批评,他认为精神文明之优劣,不能以"富强"与否为评判标准,新文化运动以羡慕西人之富强,而拾其文明断片以击破本土传统文明,其后果纯然是破坏性的,它导致了中国"精神界之破产"的意义危机和认同危机。杜对新青年派之"破旧立新"的文化革命进路亦大不以为然,在他看来,"推倒一切旧习惯"的偏激主张,代表了一种感情用事的态度,它与基于理性的"新思想"无涉。文化进化毋宁是一个"先立后破"的渐进的自然历史过程,旧习惯的破坏应为新文化成立后的自然结果。而"推倒一切旧习惯"的破坏,决不能达致建设新文化的目的。① 吴宓批评新文化运动"持论务为诡激专图破坏",在他看来,新文化运动之以"新旧"论是非的进化论标尺是荒谬的,天理、人情、物象外形常变而内律不变,人文之学的进化亦不似物理之学的直线以进。宗教道德虽因风俗、制度、仪节各国各时不同而常变,但其根本之内律则恒定而不变,各教各国皆同。新文化运动以宗教道德之一时形式之末而铲绝其万古精神之源,实属诬罔不察之极。吴将文化分为"天界"、"人界"、"物界"三级,以耶教、佛教为上级之"天界",以孔孟之道和西方古典人本主义为中级之"人界",而将西洋近代物本主义的科学文化归为下级之"物界"。在吴看来,新文化运动之病在于其"蔑弃宗教道德"、而以下级之物界为立足点。新文化运动之先灭绝国粹而后始可输入欧化的主张是错误的,其实作为西学精华与中国国粹的东西人本主义,多互相发明裨益之处,建设新文化不仅不必反对旧文化,而且尤需昌明东西古典人本主义,使二者融会贯通,撷精取粹,熔铸一炉,这样才能"国粹不失,欧化亦成",成就"新文化融合东西两大文明之奇功"②。杜、吴对新文化运动之激进方针的批评,深刻揭示了启蒙运动之理论片面性。

"五四"新文化运动是古老的中国文明被西学东渐所激活的一场划时代的

---

① 参阅杜亚泉:《静的文明与动的文明》、《战后东西文明之调和》、《迷乱之现代人心》、《答〈新青年〉杂志记者之问询》、《何谓新思想》,载《东方杂志》,13卷10号、14卷4号、15卷4号、15卷12号、16卷11号。
② 参阅吴宓:《论新文化运动》,载《学衡》,第4期,1922年4月。

文化复兴运动。其全方位采借西学和变革传统的文化主张,揭示了中国文化现代化的深刻历史主题。与维新派的启蒙相比,"五四"启蒙的深刻之处,在于其旗帜鲜明地从批判孔儒之意识形态变革入手,使戊戌滥觞的价值观念变革直指统治国人心灵两千年的儒家伦理,从而成为20世纪中国的一场意义深远的思想解放运动。启蒙运动之"伦理革命"的文化激进理路,源于中国社会文化之保守性的刺激,其激进性与古老中国历史文化的惰性和晚清以还中国现代化运动的挫折成比例。因而,这种启蒙激进主义具有文化变革之矫枉过正的历史合理性,是毋庸置疑的。然而另一方面,启蒙运动之激进文化变革,除了具有文化进化之正面的历史合理性,毕竟也难免其负面的理论片面性。这种理论片面性,表现为其启蒙范式之西化主义倾向,以及其重变革轻认同、尊工具理性蔑价值理性的偏颇。杜、吴等东方文化派反其道而对东方人文传统和价值资源的护存,是对启蒙运动之文化激进主义的补正。

四、"五四"以后的"全盘西化"思潮

"五四"运动的狂飙重新凸显了近代中国的救亡主题,新文化运动随之演变为社会改造的政治运动,而成为中国现代革命的序曲。"五四"事件以后,以《新青年》为核心的新文化营垒渐趋分化。新文化运动以现代文化改造国民性而为共和政治奠基的宗旨,自始已隐伏下启蒙运动之政治与文化的内在紧张。新文化派知识分子虽共同立基于儒家式人文精神而凝聚于启蒙旗帜下,但不同的生活经历和知识背景,使启蒙学者在"政"、"学"、"道"之间各有所重,尽管启蒙的同道一时掩蔽了其志趣差异和角色冲突。随着新文化运动演变为政治救亡的"五四"运动,以及李大钊、陈独秀的改宗马克思主义,启蒙营垒内部之"政"、"学"、"道"的冲突以及政见歧异,终导致了新文化阵营的分化。1919年夏秋之际胡适与李大钊的"问题与主义"之争和1920年底陈独秀与胡适等人的《新青年》编辑方针之争,标志着新文化运动的分裂。1923年,《新青年》改版为中共机关报而移地上海编辑出版,表征着新文化运动的终结。尽管其后胡适等自由主义者另创《努力周报》以继续新文化运动,但终究时势难再,20年代勃兴的大革命狂澜已不再给文化留有空间,它使民初启蒙运动成为20世纪中国革命交

响乐之中的一首激越而短暂的插曲。

新文化运动的退潮伴随着文化保守思潮的崛起。文化保守主义是文化激进主义的伴生物。如果说激进性和保守性是维新派启蒙的两个并存交融的思想趋向,那么激进主义与保守主义的对峙颉颃则为"五四"以还的现代思想现象。文化保守主义起于"五四"之启蒙激进主义的反动,其主题是批评西化主义和护卫东方人文传统。"五四"是一个文化危机的时代,当中国的启蒙运动采借欧洲启蒙文化而摧陷儒教传统之时,正值西方文化因欧战广遭怀疑批评而陷于困厄之际,这种传统危厄和西学困境的双重文化危机,成为文化保守主义崛起的催化剂。以巴黎和会观察员身份旅欧考察的维新宿将梁启超,返国后发表《欧游心影录》,大力宣扬西方科学文明的破产和东方精神文明的优越。现代新儒家先驱梁漱溟在其新出版的比较文化学名著《东西文化及其哲学》中,以儒家人生理念批评西方近代世俗工具理性的非价值性,力倡儒家文化的复兴。以留美学者吴宓为代表的学衡派则以白璧德式古典人文主义衡估新文化运动,批评其伦理革命和文学革命的反传统主义倾向。而张君劢则在"科学与人生观"论战中强调科学理性之于人生信仰的限度,以及宋明理学之超越西方科学文化的后现代价值。"五四"运动后方兴未艾的文化保守主义思潮,高举文化认同的旗帜而填补了启蒙运动退潮后留下的思想真空,成为与分化中的文化激进主义相颉颃的思潮流派。20世纪20年代末"大革命"失败以后,社会复古保守势力日渐抬头。南京政府重新祭起孔子亡灵,大力倡导"尊孔读经",推行弘扬儒家"礼义廉耻"的"新生活运动"。这种政治保守主义与文化保守主义的汇流,以及军阀混战所滞缓的现代化进程,催生了激进的"全盘西化"思潮。

胡适为"全盘西化"论的始作俑者。1926年,胡在《现代评论》发表《我们对于西洋文明的态度》,全面阐述了其亲西方的文化观。文中批评了保守派的"西方物质文明,东方精神文明"论,指出文明是由物质性和精神性因子共同构成的,物质文明与精神文明是统一的,精神文明须以物质文明为基础,因而"西方物质文明,东方精神文明"论是荒谬的。在胡看来,建立在幸福主义基础之上的西洋近代文明不仅物质富强,而且精神优胜。东西文明的最大差别在"知足"与"不知足",只有"不知足"而奋力改造环境的西方文明,才是自由的"人的"文明,而"知足"的东方文明则是"懒惰不长进的民族的文明",它只能遏抑而不能满足人类精神需求。1929年,胡在英文版《中国基督教年鉴》发表《今日中国的文化冲突》,在文化问题上反对选择折衷的态度,而主张"全盘西化"。胡指出,所谓"选择性现代化"不过是保守主义的理论伪装,其实选择性现代化的态度既无可能也不必要。文化本身由于大众受历史惰性的影响而具有巨大的保守性,因而思想家和政治家大可不必担忧传统价值的丧失,精英前进一千步,受制于传统的大众被带动不了十步。中国当下对西方现代文明唯有一心一意和毫无保留地接受,就像邻国日本那样。1930年胡在编《胡适文存》时撰文介绍其思想,进一步阐述其东西文化观。他很不客气地指责中国人为"又愚又懒的民族",其屈服于物质环境而"成了一分像人九分像鬼的不长进民族"。胡告诫青少年读者,中国欲实现民族复兴,唯一的出路在自己认错而全心全意地学习西方。"我们必须承认我们自己百事不如人,不但物质上机械上不如人,不但政治制度不如人,并且道德不如人,知识不如人,文学不如人,音乐不如人,艺术不如人,身体不如人。""肯认错了,方才肯死心塌地的去学人家。"[①]胡认为,学习西方不必怕模仿和丧失民族文化,因为模仿是创造的预备工夫,而中国绝大多数人的惰性已足够保守旧文化了。

在1935年的文化建设问题讨论中,胡适撰文批评王新命等十教授的"中国本位文化建设"主张。他指出,折衷调和的"本位文化"论是时下反动空气的最时髦表现,这种理论的谬误在于未明文化变动的性质。文化本身具有保守的惰性,而无需人为的保护。两种异质文化的接触,比较观摩的力量可摧陷文化的保守性和淘汰文化的不适因素,但文化变动终以不能灭除传统文化的根本保守性为限度,此即文化的"本位"。文化"本位"就是历史形成的生活习惯,也即无数的人民大众,它决无毁灭的危险。中国问题不在于"中国本位"的摇坠,而毋宁在于旧文化的惰性太大。中国应虚心接受世界文化,让其与中国传统文化自由交流,以促进中国文化的变革。这种文化大变动的结晶无疑仍然是中国本位的新文化,中国老文化有价值的因子将历经世界文化的汰洗而发扬光大。

陈序经是比胡适更为激进的"全盘西化"论者。1934年,陈于商务印书馆出版《中国文化的出路》,系统阐述了其"全盘西化"理论。关于中西文化及其性

---

① 胡适:《介绍我自己的思想》,姜义华编:《中国现代思想史资料简编》第3卷,第168页。

质的评判,陈的观点与胡适并无二致,他认定西方近代文化在政治、教育、科学、交通、出版、哲学、甚至道德等各方面都比中国文化进步优胜,"西洋文化是世界文化的趋势。质言之:西洋文化在今日,就是世界文化。"[①]因而中国文化的唯一出路,在于全盘西化。陈指出,文化在时间上处于变动不已的进化之中,在空间上则由于连带关系而趋于一致或和谐。两种文化相遇,最终将是高等文化同化低等文化而达致两种文化的一致和谐。文化的这种进化和趋同的特性,即"全盘西化"的理由。而复古派和折衷派之失,在其昧于文化之进化与趋同的特性。陈认为,晚清以降中国变革运动的失败,就在于未采取全盘西化的方针,即如陈独秀、胡适等新青年派亦如此。陈独秀虽全面反对中国旧文化的孔教化和主张西化,但其所倡导的民主和科学尚不足代表西方文化的全部。而胡适在陈序经看来仍属于折衷派,尽管他是"全盘西化"论的首倡者。

陈序经和胡适的"全盘西化"论在价值取向上并无歧异,两者都判定西方文化整体上优于中国文化,中国的现代化就是西化,并且都对传统文化持全盘否弃的激进态度;但两者立论的学理依据和思想意趣并不尽同。胡以"文化保守性"持论,尽管他对西方文化崇尚备至,并力主中国文化的西方化,但他并不相信中国文化在西潮冲击下会脱胎换骨地"全盘西化"。他承认:"文化自有一种'惰性',全盘西化的结果自然会有一种折衷的倾向。""此时没有别的路可走,只有努力全盘接受这个新世界的新文明。全盘接受了,旧文化的'惰性'自然会使他成为一个折衷调和的中国本位新文化。若我们自命做领袖的人也空谈折衷选择,结果只有抱残守阙而已。古人说:'取法乎上,仅得其中;取法乎中,风斯下矣。'这是最可玩味的真理。我们不妨拼命走极端,文化的惰性自然会把我们拖向折衷调和上去的。"[②]显然,胡适的"全盘西化"主张实质上只是一种矫枉过正的"全力西化"的文化方略,他并不相信中国文化的转型会有"全盘西化"的结果;另一方面,胡对文化折衷派的批评也是着眼于其文化态度或文化方针之助长保守和抗拒变革的负效应,而他并不否认文化进化过程之新旧冲突融合的折衷性。此为胡、陈西化论的基本歧异,胡也因此而被陈归入折衷派。

---

① 陈序经:《中国文化的出路》,上海:商务印书馆,1934年版,第101页。
② 胡适:《编辑后记》,载《独立评论》,第142号,1935年3月17日。

陈序经的"全盘西化"主张,其意蕴则不仅限于"策略"性,他以"文化有机体论"和"文化趋同性"立论,而相信中国文化进化无论在需要上、趋势上、事实上、理论上,全盘西化都具有可能性。陈坚持认为:"文化本身上是分开不得,所以他所表现出的各方面都有连带及密切的关系。设使因了内部或外来的势力冲动或变更任何一方面,则他方面也受其影响,他并不像一间屋子,屋顶坏了,可以购买新瓦来补好。……所以我们要格外努力去采纳西洋的文化,诚心诚意的全盘接受他,因为他自己本身上是一种系统,而他的趋势,是全部的,而非部分的。"①在陈看来,西方文化代表了世界现代文化的趋势,因而所谓"现代化"和"世界化"就等于"西化"。关于全盘西化的效果和前景,是陈、胡西化论之歧异的焦点,胡承认文化保守性的折衷调和作用,而将西方文化冲击下中国文化的重建,视为一个创造"中国本位新文化"的过程;陈则以文化趋同性推论,中国以西化为途径的文化变革运动,终将以同化于表征世界现代文化的西方文化为归宿。与胡不同,陈甚至相信,即便数量意义上的"全盘西化"也是可能的,"相信百分之一百的全盘西化,不但有可能性,而且是一个较为完善较少危险的文化的出路"②。

1935年1月,王新命等十教授在《文化建设》杂志联名发表《中国本位文化建设宣言》,批评激进派的全盘西化论,主张在文化问题上取选择综合的态度,不守旧,不盲从,对中国文化去芜存菁,对西方文化取长舍短,根据中国本位,采取批判态度,应用科学方法来检讨过去,把握现在,创造未来。十教授宣言发表后,在知识界引发了一场规模空前的文化建设问题讨论,诸多学界名流和重要报刊都参加了讨论。这场文化讨论围绕"全盘西化"论与"本位文化"论的聚讼论争而展开,多数论者对"全盘西化"论提出批评,而主张在有选择地迎受西方文化的基础上,实现中国文化的更新转化。对于"全盘西化"论,多数批评者对其盲目崇拜西方文化和激烈否弃传统文化的态度不以为然,而主张对中西文化进行选择性取舍存去。吴景超、张佛泉、张熙若等人指出,陈序经"全盘西化"论由以持论的文化单位不可分殊的文化有机体论,并不符合文化发展的经验事

---

① 转引自吴景超:《建设问题与东西文化》,载《独立评论》,第139号,1935年2月。
② 陈序经:《全盘西化的辩护》,载《独立评论》,第160号,1935年7月。

实,而西方文化内部之繁复性和矛盾性也决定了"全盘西化"并不具有操作的可能性。常燕生、严既澄、梁实秋等人认为"全盘西化"的概念本身缺乏逻辑合理性;张熙若指出"西化"与"现代化"并非同一概念,"现代化"可以涵括"西化",而"西化"却不能等于"现代化";叶青、丁遥思则运用马克思主义意识形态话语,批评"全盘西化"的实质为"资产阶级化"和"文化殖民化",指斥胡、陈等人为"殖民地买办资产阶级学者"和"文化界的洋奴买办"。李建芳则批评胡适"对西洋文化是一个没有选择能力的乞儿"。在文化建设问题讨论中,"全盘西化"论之以西方文化为蓝本而变革传统文化的主张,虽然在知识界赢得了一些同情的回应,但其迷信西方文化的"西化情结"和彻底否弃传统的民族虚无主义倾向,则在文化界遭致广泛的批评。而折衷的"本位文化"论,其保守倾向虽也遭到非议,但其高扬民族主体性的本土意识则受到知识界的广泛认同。

  文化建设问题讨论凸显了20世纪30年代比较文化思潮之文化综合的新趋向,这种产生于西化主义和保守主义对峙之思想张力的文化综合趋向,以"现代化"理论范式的生成为标志,逐渐取得对西化主义的思想优势,而成为比较文化思潮的主流。而作为"五四"启蒙激进主义之传承的西化主义思潮,则在走向"全盘西化"的激进极端之后再度趋于分化和衰微。胡适在"全盘西化"论受到批评后即承认其理论逻辑的失当,并表示愿意放弃"全盘西化"的提法改而倡导"充分世界化"。除陈序经外,多数西化论者在西方文化问题上仅持有限的"部分西化"和"选择西化"的立场,激进的"全盘西化"论在后启蒙时代日臻理性的知识界,已难再赢得广泛的同情者。未久,北平左翼文化界发起的"新启蒙运动",揭橥"中国化"的旗号,检讨了"五四"启蒙的偏激,提出"打倒孔家店,救出孔夫子"[①],批判地继承中国传统遗产。新启蒙运动不再一味毁弃中国传统文化和迎受西方现代文化,其所展望的未来新文化乃是"各种现有文化的一种辩证的或有机的综合"[②]。在20世纪30年代中后期中日战争的民族危难中强化的民族主义意识,成为温和的文化综合主义趋向兴起的思想背景,从中国本位文化建设讨论到新启蒙运动,复至毛泽东之马列主义中国化的新民主主义文化

[①] 张申府:《论中国化》,载《战时文化》,2卷2期,1935年2月。
[②] 张申府:《五四运动与新启蒙运动》,载《读书》,1卷2期,1937年6月。

观的形成,可以被视为这一立基于本土意识的文化综合运动的诸逻辑环节。20世纪30年代新本土文化运动的崛起和西化主义思潮的衰落相映成趣,它标志着"五四"以降文化激进主义思潮由兴而衰的演变历程。

20世纪30年代西化思潮的衰落并不意味着文化激进主义的终结,毋宁说,文化激进主义在现代中国绵延不绝。在风云激荡的20世纪中国,西方文明的压力、社会保守势力的顽固、现代化运动的迟滞、政治革命的连绵,构成了滋生文化激进主义的深厚土壤。我们在"文革"和20世纪80年代的改革时代,可以听到文化激进主义的主题一再重现和回响。

五、结语

文化激进主义是现代中国恒久不衰的思想现象。在百年中国思想史上,激进与保守犹如一对相依相伴的孪生子。诚如汪荣祖所言:"近代中国思想趋向上的激进,以及社会保守势力的顽强,可说相映成趣。"[①]在中国现代化进程中,思想趋向的激进恰与社会势力和文化传统的保守成比例。返观日本,其与西欧相似的多元性社会结构和文化传统,不仅未像大一统中国社会文化结构那样构成现代化变迁的阻力,反成为现代化可资利用的历史文化资源,激进现象自然无由产生。中日现代化运动初起时对西方冲击的回应相似,19世纪50—60年代,日本的"东道西艺"思潮与中国的"中体西用"思潮可谓异曲同工,同属东亚对西潮的防御性反应。所不同的是,日本未久即有明治时代的立宪维新与"文明开化"运动,而晚清中国则经历了早期现代化的一系列挫折和延滞,直至半个多世纪后方有辛亥革命和五四启蒙的激进变革。日中变革的温和与激进,自与两国现代化运动的顺利与迟滞有着因果关联。与18世纪欧洲启蒙时代的"理性世纪"和"哲学世纪"不同,近代中国是一个风云激荡的"革命世纪",激进现象则为"革命世纪"之一特定的历史景观。清末效法日本明治模式之温和改良的失败,导引了革命的历史出场。从辛亥的政治革命到"五四"的伦理革命、复至20世纪20年代的国民革命,政治激进与文化激进波澜叠起,交相牵引,汇成20

---

① 汪荣祖:《激进与保守赘言》,载《二十一世纪》(香港),1992年6月号。

世纪中国激越的革命交响曲。文化激进主义作为百年中国持久的思想现象,其兴衰长消具有周期性延续的特点。文化激进主义起于对文化保守主义的反动,两力相互颉颃而各趋极端,形成了一统性社会特有的激进与保守对抗之局,如"五四"的"打倒孔家店"与"儒学复兴"、20世纪30年代的"全盘西化"与"中国本位"的两极对峙。作为主流思潮的文化激进主义趋于极端而独断化之后则往往由盛而衰,思潮演变峰回路转,由激进与保守之两极张力而产生温和的"中庸"趋向。我们可以在"五四"时代、20世纪30年代和80年代一再看到这种激进现象的周期性轮回。激进现象归根结底属于现代化的挫折反应,激进思想的恒久魅力,源于中华帝国现代化运动的艰巨性和曲折性。返观日本社会传统与现代性的和谐交融,百年中国周而复始的激进轮回,不免令人感慨系之。

　　如果说"变革"与"认同"是文化进化的两个辩证的基本维度,那么激进主义则代表了中国现代化的变革一维。文化激进主义作为中国启蒙运动的主流思潮,其义无反顾的反传统精神内蕴着深刻的文化批判精神,表征着中国文化走出中世纪的理性自觉,它对于打破两千年来儒学作为"官学"之意识形态霸权,迎受世界现代文明的洗礼,实现中国价值系统的更新转化,具有文化批判和思想解放的深刻意义。变革的开新与认同的保守,构成了文化进化之两大互补的维度。对于现代化来说,开新为进化的"正"题,保守则为稳定的"反"题,两者的一进一挽构成文化变迁的历史连续体。比较而论,开新毕竟具有积极的第一主题的意义。因而,启蒙时代的文化激进主义无论如何偏颇,其思想史和文化史上的正面意义都不容低估。如前所述,中国启蒙思潮的激进有着复杂的历史文化原因,对于匮乏西方式多元性政治文化传统的帝制中国来说,其启蒙运动采借法兰西激进模式而非苏格兰温和进路,自有其深刻的历史原因。明乎此,方可理解近代中国启蒙思潮之由英式而法式的激进化趋向。关于近代中国的文化激进现象,我们如若对其偏激的价值取向加以历史的检视,就不难发现其在文化变革上矫枉过正、破旧开新的深刻历史意蕴。

　　然而毋庸讳言,近代中国的文化激进主义思潮既有其变革维度之"片面的深刻性",也难免其思想理路之"深刻的片面性"。启蒙激进主义在文化评判上一味以旨在救亡的富强主义为尺度,其以西评中、以今衡古的思想进路,反映了激进文化观之价值取向重工具理性而轻价值理性的严重片面性。按照这种唯富强主义文化逻辑,中国不能不因现代化的现时功利而摈弃优秀的东方人文价值和精神传统遗产。保守主义对本土传统人文资源的辩护和阐扬,即是对启蒙激进主义文化观的反拨和补正。激进派的西化主义文化观立基于把"现代化"等同于"西化"的理论预设,这一进化论文化公式认定文化只有新旧之差而无东西之别,西方文化即现代文化或世界文化,由此而把中国现代化的前景归为"全盘西化"。这种抹杀文化之民族性维度的西方中心主义文化观,反映了中国启蒙思潮的理论幼稚和偏失。现代化虽由西方文化演化而来,现代性与西方现代文化亦多有重合,但"现代化"并不等于"西方化"。而东亚中国的现代化道路更非简单的"西化"所能涵盖。中国社会的发展具有迥异于西方的历史文化背景,中国的现代化虽肇端于西方文明的冲击,但其成功则有赖于在中西历史文化会通基础上之中国现代性的生成。"五四"以后西化主义的由盛而衰,表征着中国现代化运动经历了一个由"西化"到探寻"中国现代性"的走向理性自觉的曲折过程。

全盘性的反传统主义,是"五四"时代文化激进主义的另一理论误区,尽管它不乏深刻的启蒙精神。启蒙知识分子以"传统/现代"的进化论二分法持论,把传统视为与现代性水火不容的历史惰性力量,而将彻底毁弃传统看作中国现代化的前提条件。显而易见,这种观点无论从价值取向抑或文化功能意义而言,都是难以成立的。"现代万能,传统万恶"的文化进化观,反映了启蒙激进主义之深固的"现代化迷思"。历史证明,"传统"与"现代"并非两个截然对立的价值范畴和历史范畴,而是一不可分割的历史连续体。对于现代化来说,传统是一个遗产与惰性并存的两面神。现代化与其说是一个摧毁传统的"除旧布新"运动,毋宁说是一个传统创造性转化的"推陈出新"过程。只有一个经过现代性批判的、开放的、有活力的传统,才能成为现代化生长的根柢和基石,而传统的废墟上不可能建筑现代化的大厦。中国文化现代化的实质,不是以"西化"摧毁传统,而是通过中西文化的交流对话,以西方现代性激活古老的华夏文明传统,实现传统的更新转化。由此可见,"五四"启蒙之"不破不立"的文化革命理路,在理论逻辑和历史经验方面,颇值得重新检讨。一方面,彻底毁弃传统将使新文化丧失生长之根柢,而导致"有破无立"的文化真空,严复世纪初即有"民之特性亡,而所谓新者从以不固"的卓见;另一方面,文化传统与社会政治经济结构相互依存而构成历史文化共同体,而唯文化主义的"文化革命"无论如何急进,都难免受制于社会结构的变迁而欲速不达,其所欲"立"的新文化尽管形式激进,但其实质却难以越出旧文化的结构边界,"五四"启蒙的历程证明了这一点。现代化的文化转型,是一个与社会转型同步的民族文化心理的再造工程,因而它必然是一个长期而渐进的历史过程。在这点上,杜亚泉等温和派之"以立代破"的文化改革论,似更近于文化进化的法则。

文化激进主义作为一种西潮压力下的变革反应,带有现代化情结和历史挫折感交织的强烈的情绪化特征。诚如张灏所指出的,"五四"表面推重西方启蒙运动的理性主义,而其骨子里却带有强烈的浪漫主义色彩。近代中国救亡图存的历史情境,使"五四"知识分子产生了一种将复杂的中国问题"一网打尽"的急切期待心理。这种"根本解决"的急进心态,导引了"西方求经"和否定传统两个方向的激进趋向,"五四"的科学民主乌托邦与反传统主义即此心态的产物。① 具有乌托邦心态的启蒙知识分子,其心灵深处还往往难以摆脱崇洋心理和民族虚无主义情绪的羁绊,这不能不影响其对中西文化和现代化问题的反应。

回眸近代中国的文化激进现象,个中不无深刻的历史经验和理论教训值得检讨。创造与守成,是文化进化之两大辩证统一的特性。托马斯·哈定在谈到文化进化时指出:"我们的主题是由创造和保守——这两个文化适应过程的特性方面所构成的。"创造是文化结构和模式进行自我调整以适应环境的进化,保守则为一种文化保持其结构和模式的稳定化趋势。② 文化激进与文化保守的孪生性,源于文化进化之创造与守成两大特性,因而其当属世界文明史和现代化史上的普遍现象。然而中国近代文化史之独异性在于,激进与保守并未达致良性互动而促成相反相成的文化进化,而是蹈入了相互颉颃、各趋极端之独断化的轮回陷阱,致使新文化运动破坏有余而建设不足。这种现象的产生自然有其复杂的历史文化原因,但革新者未明文化进化之理而将激进之独断视为进化目标的理论偏颇,亦不能不是重要的主观原因。实际上,激进主义的"文化革

---

① 参阅张灏:《五四运动的批判与肯定》,萧延中等编:《启蒙的价值与局限》,太原:山西人民出版社,1989年版,第51—56页。
② 哈定:《适应与稳定性》,《文化与进化》,杭州:浙江人民出版社,1987年版,第37—54页。

命"模式,不仅学理上悖于文化进化法则,而且缺乏操作的可能性。任何决裂传统而创造未来的"文化革命",到头来都只能是一厢情愿的虚渺的乌托邦。诚如希尔斯所言:"单单一代人并不能创造其自身的历史。"一代人甚或几代人不可能消除传统的影响,而随心所欲地全面重新创造未来的历史和文化。而且令反传统主义者始料未及的是,"即使那些宣称要与自己社会的过去做彻底决裂的革命者,也难逃过去的掌心"①。关于这一点,我们可以从"五四"启蒙和"文革"中,找到足够的例证。

百年中国急进而曲折的历史告诉我们:既然创造与保守是文化进化的两大辩证互补的特性,中西文化冲突交流的极限是文化融合,而文化进化又是一个长期而渐进的历史过程;那么,中国的新文化运动就应力戒浮躁的激进独断心态,而让激进与保守各司其职、互守边际而并行不悖,做到变革而不失秩序,守成而不碍进步。只有在激进与保守多元平衡与良性互动的张力中,中国文化才能在"中西新旧"合理配置的基础上实现创造性转化。

参考文献

林毓生:《中国意识的危机》,贵阳:贵州人民出版社,1986年版。
薇拉·施瓦支:《中国的启蒙运动》,李国英等译,太原:山西人民出版社,1989年版。
艾森斯塔得:《帝国的政治体系》,阎步克译,贵阳:贵州人民出版社,1992年版。
托克维尔:《旧制度与大革命》,冯棠译,北京:商务印书馆1992年版。
希尔斯:《论传统》,傅铿、吕乐译,上海:上海人民出版社,1991年版。
托马斯·哈定等:《文化与进化》,韩建军、商戈令译,杭州:浙江人民出版社,1986年版。
姜义华:《激进与保守:与余英时先生商榷》,《二十一世纪》,1992年4月号。
余英时:《再论中国现代思想中的激进与保守》,《二十一世纪》,1992年4月号。
汪荣祖:《激进与保守赘言》,《二十一世纪》,1992年6月号。
许纪霖:《激进与保守的迷惑》,《二十一世纪》,1992年6月号。

---

① 希尔斯:《论传统》,傅铿、吕乐译,上海:上海人民出版社,1992年版,第265页。

邓晓芒:《五四精神的失落——评林毓生先生的〈中国意识的危机〉》,《中国社会科学季刊》,1994年2月号。

张灏:《五四运动的批判与肯定》,载萧延中等编《启蒙的价值与局限》,太原:山西人民出版社,1989年版。

余英时:《中国近代史上的激进与保守》,载《钱穆与中国文化》,上海:上海远东出版社,1994年版。

Gasster, Michael, *Chinese Intellectuals and the Revolution of 1911: The Birth of Modern Chinese Radicalism*, Seattle: University of Washington Press, 1969.

Rankin, Mary Backus, *Early Chinese Revolutionaries: Radical Intellectuals in Shanghai and Chekiang, 1902—1911*, Cambridge, Mass.: Harvard University Press, 1971.

第八章
在历史与理念之间

——汉宋学术与现代文化保守主义思潮

文化保守主义是人类历史进入现代化阶段以后的普遍现象。但是，从英国柏克式的保守主义到伊斯兰世界的原教旨主义，其设定目标、表现形式的差距是如此之大，以至于任何对其作概念厘定的尝试，不是削足适履，就是大而无当。以某一主张为标准，在西方世界被认为是保守主义的东西，移到东亚社会，也许就显得相当激进。所以，保守是一个动态的概念，它只能同激进比较而言，两者是互相界定的。而且保守与激进的界定，也只有置入同一文化系统的变迁过程来判断。这样，我们对任一保守现象的理解，就必须兼顾纵横两个尺度。世界性是其横向维度，历史性则是它的纵向背景。

在世界范围内，文化保守主义有两种类型。一种发生在现代化是由内在因素催发的国家，其保守主义是针对反传统的激进倾向而言，例如英、法两国的情形。另一种发生在因外力而走上现代化道路的国家，其保守主义不仅针对反传统思潮，同时也针对外来文化，如德国、俄国、日本、印度等国的文化保守主义，大致归入这第二类型。前一类保守主义属于传统-现代的矛盾，基本上是一种传统主义。后一类保守主义，还纠缠着本土-外来的问题，即含有传统主义与民族主义双重因素。用中国学界熟悉的术语，前者是古今之争，后者则成东西之争。而所谓"东西文化"的冲突，按美国汉学家艾恺的提示，在19世纪初的德国就已发生了。[①]

毫无疑问，中国的保守主义属于后一种类型。[②] 由于"五四"以来的激进主义一般把古今与中西等同起来，作为其对立面的保守主义往往也就将传统主义与民族主义含混使用。两者的确是容易混同或可能转化的，但从起源与性质上讲，不是同一种问题。传统主义是对现代性的反应，民族主义则既可以发生在前现代化的历史上，也可能产生于不同的现代化国家或区域之间。以经验为依据，从逻辑上分清两者的区别，对于理解中国文化保守主义的思想根源、发展方

[①] 参阅艾恺（Guy, S. Alitto）：《世界范围内的反现代化思潮——论文化守成主义》，贵阳：贵州人民出版社，1991年版。
[②] 本文集中讨论由思想家、学者所表达的相关性质的价值倾向，其他如政治上的皇权意识或权威主义，以及配合意识形态需要的宣传均不在论列。

向及社会功能,有非常内在的意义。

一、瓶与酒的说法

应付现代性冲击的不适感,任何民族文化自身都没有固有的经验可借鉴,中国也不例外。但是,对付异族文化的挑战,或者从文化上动员抗击异族入侵或统治的精神力量,则以汉族为主体的中国文化拥有丰富、且不乏成功的经验。这种经验是现代保守主义的思想资源。当近现代中国遭受西方文化的冲击时,它很自然就被化简为某种反应模式,从而使这种保守主义带上鲜明的民族主义色彩。

中国文化消化外来文化最辉煌的成就,莫过于宋明新儒学对佛学的扬弃。这一点,常得到现代保守主义文化阵营的大师——无论是哲学家(如冯友兰)还是史学家(如陈寅恪)的称道。佛教来自印度,是外来货。但继魏晋玄学之后,隋唐佛学鼎盛,其影响不但是在思想界压倒儒学,甚至波及社会生活的各个方面。儒释的差别或矛盾主要表现为:理论形态上,佛学有一个自觉、精致而迷人的义理系统,而儒学以六经为主干编织起来的意识形态体系,理论较为粗疏。社会功能上,佛教以生活为苦,设立出家制度,要求解脱出世,这同提倡忠孝节义的儒家伦理造成冲突。站在儒学的立场上,这是不可接受而同时又是不易应付的。

接受这种挑战,举起卫道的旗帜,而又奠定了对佛学消解策略的人物是韩愈。《新唐书·韩愈传》评论其功绩说:"昔孟轲距杨、墨,去孔子才二百年。愈排二家(指老、释——引者),乃去千余岁。拨衰反正,功与齐而力倍之。……自愈没,其言大行。学者仰之,如泰山北斗云。"韩愈的成功,不在其立场,而在其策略。他不是盲目排外,而是站在儒学的立场上,积极吸取佛学中于己有用的东西。例如,仿禅宗传灯系统建立儒家道统;受佛性论启发,通过表彰《孟子》、《大学》彰显儒家心性论,等等。这是"师夷之长技以制夷"策略的古典套路,韩愈的精神基本上为宋明理学所继承、发扬。[①] 陈寅恪曾议论说:

[①] 参见冯友兰:《中国哲学史》下册,北京:中华书局,1984年版;陈寅恪:《论韩愈》,《历史研究》第2期,1954年5月。

> 宋儒若程若朱，皆深通佛教者，既喜其义理之高明详尽，足以救中国之缺失，而又忧其用夷覆夏也。乃求得两全之法，避其名而居其实，取其珠而还其椟。采佛理之精粹以之注解四书五经，名为阐明古学，实则吸受异教。声言尊孔辟佛，实则佛之义理，已浸渍濡染。与儒教之宗传，合而为一。此先儒爱国济世之苦心，至可尊敬而曲谅之者也。①

新儒学是成功的，其编织的体系基本成为宋元明清四朝意识形态的信条，雄踞庙堂达几个世纪。这也是中华文化的胜利，它对现代文化保守主义有着很大的鼓舞作用。陈寅恪下面这段话，被认为是表达了他们的共同纲领：

> 窃疑中国自今日以后，即使能忠实输入北美或东欧之思想，其结局当亦等于玄奘唯识之学，在吾国思想史上，既不能居最高之地位，且亦终归于歇绝者。其真能于思想上自成系统，有所创获者，必须一方面吸收输入外来之学说，一方面不忘本来民族之地位。此二种相反而适相成之态度，乃道教之真精神，新儒家之旧途径，而二千年吾民族与他民族思想接触史之所昭示者也。②

陈氏把这一经验，概括为"以新瓶而装旧酒"。然而，从保守主义的立论看，中国历史还提供另一类型的应付外来势力冲击的文化经验，它表现为清代汉学的兴起。无论梁启超还是钱穆的《中国近三百年学术史》，都提及清之代明对明清之际华夏知识分子的刺激及促成学风转变的影响。从当时汉族文人的观点看，满族是夷，清朝兴起是以夷变夏的惊变。其中，那些有使命感的汉族士人都在总结明朝覆灭的教训，寻求民族复兴的历史途径。他们也从文化上着手，顾炎武关于"保国"与"保天下"关系的议论最能说明问题：

> 有亡国，有亡天下。亡国与亡天下奚辨？曰易姓改号，谓之亡国；仁义

---

① 转引自吴学昭：《吴宓与陈寅恪》，北京：清华大学出版社，1992年版，第10—11页。
② 陈寅恪：《冯友兰中国哲学史下册审查报告》，《金明馆丛稿二编》，上海：上海古籍出版社，1980年版，第252页。

充塞，而至于率兽食人，人将相食，谓之亡天下。魏晋人之清谈何以亡天下？是孟子所谓杨墨之言至于使天下无父、无君，而入于禽兽食也。……自正始以来而大义不明，遍于天下。……是故，知保天下，然后知保其国。保国者，其君其臣、肉食者谋之；保天下者，匹夫之贱与有责焉耳矣！①

亡国是政权易姓，亡天下是纲常失范。把"保天下"放在第一位，实质上是取文化上的民族主义立场。顾氏谈的是魏晋，想的则是明清。不仅玄学清谈，宋学也有清谈，尤其是心学一系。"昔之清谈谈老庄，今之清谈谈孔孟。未得其精，而已遗其粗；未究其本，而先辞其末。……以明心见性之空言，代修己治人之实学。股肱惰而万事荒，爪牙亡而四国乱。神州荡覆，宗社丘墟。"②他要求拨乱反正，转变学风，由虚学（心性之学）走向实学（经世之学）。其入手处，便是切实研读经史，由读经而晓夷夏之辨的大义，由治史而知历朝兴亡之消息。此外连带涉及边疆地理沿革及漕运、钱粮、盐政之类经济问题的探究。沿顾氏及其同道之路，清学（无论做考据还是谈经世）复兴了汉学，为弘扬华夏民族文化做出了特有的贡献。尽管满洲贵族牢牢控制着政权，且清初通过文字狱对辨种性的异己行为进行镇压，但文化上最终被迫向汉族认同，把程朱理学接为正宗，暴力的征服者在文化上成了被征服者。

宋学与（清代）汉学有其共同的目标，即寻找华夏文化复兴之道。但"道"在哪里？如何显现？双方理解的倾向却有歧异。宋学着重往圣之学，汉学关心先王治绩。宋学的道统不是靠师徒相传或典策传播来延续，而是"心传"，其所得之道便是通过"体贴"而来的某种形而上的理念。汉学以经典为中介，通过原典的考释解读去把握先王制礼作乐之精神及历代兴亡之故事，它关心的不是几个抽象的观念，而是"道"具体展开的历史。"六经皆史"可以看作汉学的纲领。

其实，这"道"的设定的区别，是与各自面对的历史情势不同，因而要达到的具体目标也不同相联系的。宋学把文化价值抽象化，让一套形而上的理念同佛学精致的义理相通约，从而化解佛学的优势，同时又把传统的制度风俗纳入新

---

① 顾炎武：《日知录》卷十三，《正始》。
② 顾炎武：《日知录》卷七，《夫子之言性与天道》。

框架来说明,对固有的生活秩序作合理性辩护。用酒与瓶的说法,不变的制度风俗、生活秩序是老酒,新编织的义理系统则是新瓶,宋学所作的功夫就是为传统制作新瓶。汉学把传统精神具体化,它面对的不是异族精神文化的挑战,而是暴力的压迫,目的只是调动自家的精神资源,并促使其转化为现实的社会力量,从而维护自己的文化种性。它对传统的着眼点是发掘而不是改造。它只酿老酒,不制新瓶。用哲学的术语翻译,酒与瓶的关系是内容与形式的关系。形式与内容的分离是哲学思考的产物,传统史学则不如是,它要让过程展示义理而不是将其抽象剥离,否则就是历史哲学,如公羊三世说之类。故从一个文化系统着眼,史学也不承担建立抽象理论,或曰制瓶的任务。

就完成其文化理想而言,宋学、汉学都是成功的。但中国近代以来发生的文化危机,面临的情形则复杂得多,不但有前二种形势的混合,还增添了更严峻的条件。因此,固有的文化经验固然可以作为现代文化保守主义者的精神资源,但作为反应模式来借鉴,则会因面临新的难题而不得不加以变形。同时,在保守阵营内部,酿酒还是制瓶的策略选择,也是一个聚讼纷纭且令圈外人士感兴味的问题。

二、辨种性与悼礼俗

20世纪初,直接承清代学术传统而激发文化保守主义热情的重镇是章太炎。章太炎在社会政治方面与康有为针锋相对,看来颇激进。然其表现激进的具体内容是排满。这排满其实正是基于一种民族主义。章氏自号太炎,又名绛,都有追慕顾炎武的意义。他说:

> 原此考证六经之学,始自明末儒先,深隐蒿莱,不求闻达,其所治乃与康熙诸臣绝异。若顾宁人者,甄明音韵,纤悉寻求,而金石遗文,帝王陵寝,亦靡不殚精考索,惟惧不究,其用在兴起幽情,感怀前德,吾辈民族主义者犹食其赐。[①]

[①] 章太炎:《答梦庵》,汤志钧编:《章太炎政论选集》上册,北京:中华书局,1977年版,第398页。

辛亥前夕，章太炎有两句著名的口号，叫"用宗教发起信心"，"用国粹激动种性"。这种国粹主义就是文化民族主义。但他不只是明末遗民意识的重复，也有针对欧化的一面。他这样为大众说法：

> 为甚提倡国粹？不是要人尊信孔教，只是要人爱惜我们汉种的历史。这个历史，是就广义说的，其中可以分为三项：一是语言文字，二是典章制度，三是人物事迹。近来有一种欧化主义的人，总说中国人比西洋人所差甚远，所以自甘暴弃，说中国必定灭亡，黄种必定剿绝。因为他不晓得中国的长处，见得别无可爱，就把爱国爱种的心，一日衰薄一日。若他晓得，我想就是全无心肝的人，那爱国爱种的心，必定风发泉涌，不可遏抑的。①

章太炎去世后，晚辈的史家钱穆发表《余杭章氏学别记》以作纪念，强调"今论太炎学之精神，其在史学乎"。把其论史大义，归结为民族主义之史学，平民主义之史学及文化主义之史学三点。"然则太炎论史，三塗同趣，曰归一于民族文化是已。晚近世称大师，而真能有民族文化之爱好者，其惟在太炎乎！"②钱穆钦慕章氏，而他本人流传甚广的《国史大纲》，正是这种民族文化史学的实践。该书引论评述近世史学之衰弱说：

> 自南宋以来，又七百年，乃独无继续改写之新史书出现。此因元、清两代皆以异族入主，不愿国人之治史。明厕其间，光辉乍辟，翳霾复兴，遂亦不能有所修造。今则为中国有史以来未有的变动剧烈之时代，其需要新史的创写尤亟。而适承七百年来史学之末运，因此国人对于国史之认识，乃愈昏昧无准则，前述记诵考订宣传诸派乃无一能发展为国史撰一新本者，则甚于史学之不振矣。③

---

① 章太炎：《东京留学生欢迎会演说词》，汤志钧编：《章太炎政论选集》上册，北京：中华书局，1977年版，第276页。
② 钱穆：《余杭章氏学别记》，章念驰编：《章太炎生平与学术》，北京：生活·读书·新知三联书店，1988年版，第26页。
③ 钱穆：《国史大纲》上册，上海：商务印书馆，1939年版，第7页。

钱氏发愿填补这一空白。把修史同民族的存亡绝续联系起来,不仅是对史学的一种认识,更是对自己直接置身于其中的民族危机的反应。《国史大纲》撰写的年代,正值日本侵华,中华民族处在又一最危险的关头。

与章太炎、钱穆通过治史渲染民族主义相比,王国维、陈寅恪则是突出传统主义一面的史家。王国维带着辫子自沉的形象及那"五十之年,只欠一死;经此世变,义无再辱"的遗言,只能看作一个传统主义者同现代世界的决绝行为及最后心声。王国维也曾研西学而有得,然终不抵其对传统的眷恋。他检讨西学的影响说:"原西说之所以风靡一世者,以其国家之富强也。然自欧战以后,欧洲诸强国情见势绌,道德堕落……而中国此十余年中,纪纲扫地,争夺频仍,财政穷蹙,国几不国者,其源亦半出于此。"他强调"长治久安之道,莫备于周、孔"①。

王国维的治学道路是从哲学、经文学而走向史学。以治史为归宿,你可以说是其性格使然,更应说是与其世界观合辙。《殷周制度论》是其很有影响的史学文章,其结语所表达的正是一种传统主义的文化心态:

> 殷周间之大变革,自其表言之,不过一家一姓之兴亡与都邑之转移;自其里言之,则旧制度废而新制度兴,旧文化废而新文化兴。又自其表言之,则古圣人之所以取天下及所以守之者,若无异于后世之帝王;而自其里言之,则其制度文物与其立制之本意,乃出于万世治安之大计,其心计与规摹,迥非后世帝王之所能梦见也。

对王国维之死,众说纷纭。陈寅恪的评论是:"寅恪以谓古今中外志士仁人,往往憔悴忧伤,继之以死。其所伤之事、所死之故,不止局于一时间一地域而已。盖别有超越时间地域之理性存焉。"又说:"尝综揽吾国三十年来,人世之剧变至异,等量而齐观之,诚庄生所谓彼亦一是非,此亦一是非者。"②这也是借悼友人而述己志。他自称"寅恪平生为不古不今之学,思想囿于咸丰同治之世,

---

① 王国维:《论政事疏》,转引自叶嘉莹:《王国维及其文学批评》,广州:广东人民出版社,1982年版,第45页。
② 陈寅恪:《王静安先生遗书序》,《金明馆丛稿二编》,上海:上海古籍出版社,1980年版,第220页。

议论近乎曾湘乡张南皮之间"①。其中体西用思想,几乎终生不变。陈氏论史也对新旧嬗变极敏感,他说:

> 纵览史乘,凡士大夫阶级之转移升降,往往与道德标准及社会风习变迁有关。当其新旧蜕嬗之间际,常呈一纷纭综错之情态,即新道德标准与旧道德标准,新社会风习与旧社会风习并存杂用,各是其是,而互非其非也。斯诚亦事实之无可如何者。虽然,值此道德标准社会风习纷乱变易之时,此转移升降之士大夫阶级之人,有贤不肖拙巧之分别,而其贤者拙者常感受苦痛,终于消灭而后已。其不肖者巧者则多享受欢乐,往往富贵荣显,身泰名遂。其故何也?由于善利用或不善利用此两种以上不同之标准及习俗以应付此环境而已。②

无论是王国维还是陈寅恪,其所留恋的传统都非狭隘的由一家一姓治天下的君主制度,而是道德标准或社会风习,用社会学的术语,即与法理社会相对的礼俗世界的价值体系与生活秩序。③虽然陈寅恪提出"新瓶旧酒"的文化策略,其心目中的标本是宋学,但陈氏本人是史家,不但不必建构理论,也罕作宏观问题的历史预设,他是不制瓶而只沽酒的人物。

一般来说,文化保守主义在学术领域容易与史学结缘,但治史未必就是保守主义的表现。关键在于立场。钱穆之所以在《国史大纲》中要求读者先"对本国已往的历史有一种温情与敬意","至少不会对本国已往的历史抱一种偏激的虚无主义态度",正是针对另一群持激进主义文化立场的史家而言的。首先是针对疑古派。

疑古自古有之,但集其成而对现代思想文化构成影响的人物是清季思想家康有为。他的问题也承于清代汉学,主要是今文汉学一系。然其疑古是同其政治上的激进相联系的。康氏在传统衰落之际,借攻击"伪经"而"托古改制",援

---

① 陈寅恪:《冯友兰中国哲学史下册审查报告》,《金明馆丛稿二编》,上海:上海古籍出版社,1980年版,第252页。
② 陈寅恪:《元白诗笺证稿》,北京:文学古籍刊行社,1955年版,第78页。
③ 对礼俗世界的认识,可看费孝通的《乡土中国》,北京:生活·读书·新知三联书店,1985年版。

西人中,是为变法作合法性的辩护。他的目标在经世,虽然其辨伪在学理上说服力不强,其政治实践也没有成功,但对学术仍有影响。胡适、钱玄同、顾颉刚等人推动的古史辨运动,灵感来自康有为。这与康退入幕后以后,中国社会急剧变动,"五四"前后的文化激进主义蔚为大观相关。① 顾颉刚就说:"当'五四'运动之后,人们对于一切旧事物都持了怀疑的态度,要求批判接受",从而激发他们继续疑古辨伪的热情。②

同是治史,可以保守,也可以激进。顾颉刚提出要破除先验的偶像和权威,钱穆则要求先怀有温情与敬意。在保守的立场看,疑古是虚无主义,这种态度会导致史学失去任何根基。章太炎在批判今文学的孔子造六经之说时,就已指出对古史轻疑的后果了:"寻其自造六经之说,在彼固以为宗仰素王,无出是语,而不知踵其说者,并可曰孔子事亦后人所造也。噫嘻!槁骨不复起矣,欲出与今人驳难,自言实有其人实有其事,固不可得矣。则就廖氏之说以推之,安知孔子之言与事,非孟、荀、汉儒所造耶?孟、荀、汉儒书,非亦刘歆所造耶?"③ 章太炎揭康有为之说不必提,钱穆的成名作《刘向歆父子年谱》,也是针对康有为而来的。事实上,如果历史可以轻疑不信,那么,文化保守主义就会被釜底抽薪,失却依据。与钱穆的温情、敬意相类似,陈寅恪讲求欣赏与同情:

> 吾人今日可依据之材料,仅为当时所遗存最小之一部,欲藉此残余断片,以窥测其全部结构,必须备艺术家欣赏古代绘画雕刻之眼光及精神,然后古人立说之用意与对象,始可以真了解。所谓真了解者,必神游冥想,与立说之古人,处于同一种境界,而对于其持论所以不得不如是之苦心孤诣,表一种之同情,始能批评其学说之是非得失,而无隔阂肤廓之论。④

---

① 关于古史辨运动的思想史意义,参阅陈少明:《走向后经学时代》,《中国社会科学季刊》总第2期,1993年2月。
② 顾颉刚:《我是怎样编写古史辨的?》,《古史辨》第一册,上海:上海古籍出版社,1982年版,第9页。
③ 章太炎:《今古文辨义》,汤志钧编:《章太炎政论选集》上册,北京:中华书局,1977年版,第114—115页。
④ 陈寅恪:《冯友兰中国哲学史上册审查报告》,《金明馆丛稿二编》,上海:上海古籍出版社,1980年版,第247页。

史学是文化保守主义者必争的学术据点,但是借治史来辨种性,即表达民族意识,也许是古今皆然的方便法门,而靠治史来护礼俗,即实现传统主义的理想,则在中外都可能成问题。

陈寅恪盛赞宋明儒学消解佛学之功时,提及儒与释道的差别:"夫政治社会一切公私行动,莫不与法典相关,而法典为儒家学说具体之实现。故二千年来华夏民族所受儒家学说之影响,最深最钜者,实在制度法律公私生活之方面,而关于学说思想之方面,或转有不如佛道二教者。……释迦之教义,无父无君,与吾国传统之学说,存在之制度,无一不相冲突。输入之后,若久不变易,则决难保持。是以佛教学说,能于吾国思想史上,发生重大久远之影响者,皆经国人吸收改造之过程。"①这表明两点:其一,佛教对传统社会的影响,主要在思想而非制度;其二,佛学之所以被吸收为华夏文化的组成部分,是因为儒家是以其稳固的生活习俗、社会制度为依托的。所谓"不忘本民族之地位",不在义理而在习俗。它同时也无意中透露:如果隋唐真是圣道中落,是民族文化的危机的话,那么它仍是传统社会内的危机,是纯粹的民族文化问题,而不是"现代性"冲击造成的危机。因此,其反应模式在其时即使成功,运用于20世纪也很难奏效。

陈氏在悼念王国维时,对传统在现代面临的文化危机有一更透彻的说法,值得详引:

> 吾中国文化之定义,具于白虎通三纲六纪之说,其意义为抽象理想最高之境,犹希腊柏拉图所谓 Eidos 者。……夫纲纪本理想抽象之物,然不能不有所依托,以为具体表现之用;其所依托以表现者,实为有形之社会制度,而经济制度尤其重要者。故所依托者不变易,则依托者亦得因以保存。吾国古来亦尝有悖三纲违六纪无父无君之说,如释迦牟尼外来之教者矣。然佛教流传播衍盛昌于中土,而中土历世遗留纲纪之说,曾不因以动摇者,其说所依托之社会经济制度未尝根本变迁,故尤能藉之以为寄命之地也。近数十年来,自道光之季,迄乎今日,社会经济之制度,以外族之侵迫,

---

① 陈寅恪:《冯友兰中国哲学史下册审查报告》,《金明馆丛稿二编》,上海:上海古籍出版社,1980年版,第251页。

致剧疾之变迁;纲纪之说,无所凭依,不待外来学说之掊击,而已销沉沦丧于不知觉之间;虽有人焉,强聒而力持,亦终归于不可救疗之局。盖今日之赤县神州值数千年未有之钜劫奇变;劫尽变穷,则此文化精神所凝聚之人,安得不与之共命而同尽,此观堂先生所以不得不死,遂为天下后世所极哀而深惜者也。①

这正是传统的现代危机的深切体会,理念的丧失只是表象,礼俗的瓦解才是其底蕴。按《共产党宣言》的表达是,现代化"把一切封建的、宗法的和田园诗般的关系都破坏了"。它使"一切固定的古老的关系以及与之相适应的素被尊崇的观念和见解都被消除了,一切新形成的关系等不到固定下来就陈旧了。一切固定的东西都烟消云散了,一切神圣的东西都被亵渎了"。② 理念的维持或许可通过信心与学术来尝试,秩序的瓦解则无法用学问来修补。除非你学梁漱溟,带着一种唐·吉诃德精神,身体力行,搞乡村建设试验,作象征性的努力,尽管失败也是一种具体的尝试。但史家不是社会活动家,不论你把正在消逝的礼俗描绘得如何动人,其意义客观上不是对它的挽留,而是一种深切的悼念。

三、理念的防线

文化保守主义还有另一条战线,力量由一批热衷于制"瓶"的哲学家汇成,其思想也来自有本,即宋学。与近现代思想史上的许多问题一样,这里也要从康有为说起。康氏的思想,最能体现转型期新旧纠缠、激进与保守杂糅的特色。其"托古改制"、重建合法性的努力中,破古文是激进,立今文(连带张扬宋学)则为保守。维新的措施实质是消解民族文化危机的方案,目标即所谓保国、保种、保教,手段则是援西入中,推动社会的现代化。这毋宁说是民族主义与激进主义的结合。只有当他要利用(被重新解释过的)传统为自己辩护,且在维新失败

---

① 陈寅恪:《王观堂先生挽词并序》,转引自吴学昭:《吴宓与陈寅恪》,北京:清华大学出版社,1992年版,第53—54页。着重号为原文所有。
② 马克思、恩格斯:《共产党宣言》,中共中央马克思、恩格斯、列宁、斯大林著作编译局编:《马克思恩格斯选集》第一卷,北京:人民出版社,1972年版,第253—254页。

后仍突出保教的意义时,他才是真正的保守主义者。其保守思想混合有历史(今文)与理念(宋学)双重成分。新文化运动兴起后,陈独秀等激进主义者对他的攻击,重点正是抓住其历史形式(托古立教)的荒谬性。康氏的思想经验表明,传统只能提取抽象的义理而无法移用具体的原则,从历史提取政治方略不如从文化提取哲学精神更易立足。因此,宋学取代汉学成为另一批后来被称为现代新儒家的文化保守主义者的思想取向。

新文化运动中,站在维护儒家传统的立场,出来向激进主义者"应答"的重要人士是梁漱溟。他的法宝是向传统吸取精神而非承袭经验。梁氏指责康有为"数十年来冒孔子之名,而将孔子精神丧失干净"①。不但康不行,一般旧派人物也不行。"旧派只是新派的一种反动;他并没有倡导旧化。……尤其是他们自己思想的内容异常空乏,并不曾认识了旧化的根本精神所在,怎样禁得起陈(独秀——引者)先生那明晰的头脑,锐利的笔锋,而陈先生自然就横扫直摧,所向无敌了。"②

梁氏所谓"旧化的根本精神",体现在他的一套文化哲学中。他用"意欲—生活—文化"的公式解释西方、中国及印度不同的精神生活,建立文化类型学说。认为意欲是生活的本质,而由于意欲的不可能满足,导致不同的生活态度,而不同态度的生活实践,便区分不同的文化类型。西、中、印便分别代表着意欲向前、意欲持中及意欲向后三种文化路向。三者分别对解决人与自然、人与人及人与自身三种关系各有贡献。而从三种问题关联的逻辑发展看,大战后的世界,亟须解决的正是人与人的关系,故以孔子为代表的中国文化适逢其时。尽管它有自己的问题,必须向西方文化中的科学、民主学习,但到底应该批评地把原来的态度拿出来。经过一番抽象制作之后,激进主义者着力攻击,而一般保守主义者无力辩护的负面传统,便不是他的负担了。

梁漱溟被称为"最后一个儒家"③,因其知行合一,不仅有理论而且有实践。

---

① 梁漱溟:《东西文化及其哲学》,中国文化书院学术委员会编:《梁漱溟全集》第一卷,济南:山东人民出版社,1989年版,第464页。
② 梁漱溟:《东西文化及其哲学》,中国文化书院学术委员会编:《梁漱溟全集》第一卷,济南:山东人民出版社,1989年版,第531—532页。
③ 参阅艾恺:《最后一个儒家——梁漱溟与现代中国的困境》,郑大华等译,长沙:湖南人民出版社,1988年版。

他把中国文化之根分为"无形"与"有形"两种。无形之根是伦理精神,有形之根是乡村社会,两者是相适应的。当商业资本主义势力瓦解了乡村结构之后,梁漱溟要以他提取的传统精神来整合乡土社会,通过乡村建设来拯救传统文化危机。这是形上形下一体关切的文化战略,但传统在现代面临的危机,最开始且最根本的,恰好正是形下的那部分。梁氏的"知"到世纪末仍有反响,其"行"的痕迹则全淹没在历史的荒野之中。

梁漱溟在论及孔子精神时,曾以"仁"、"孔颜之乐"、"伦理精神"等作标榜,实际已触及宋明理学心性论的课题了,但他没有深入开掘。梁氏讲文化哲学,阵势仍然太大,难以逃避攻击。现代新儒家的另一位代表熊十力则缩小阵脚,他讲的儒家精神,立足于形而上的层次上,主题是心性论。与宋明儒学相近似,他也出入儒释,由释返儒。但他的目标不仅是重新消解佛学,而且是要抗击风头日劲的来自西学的功利主义思潮,即反物化。其代表作叫《新唯识论》,思路是用唯识论反唯物论,又用空宗反有宗,再用儒学反佛学。随说随扫,层层超越,最后去证会本心,明心见性,并衍化出体用不二、大用流行的命题。熊氏的主题从梁氏的社会文化凝缩到人生上来,这是一次重要的战略转移。傅乐诗的评论很确切:

> 大致而言,新儒家为他们信仰之皈依的人文主义精神赋予社会意义所作的尝试努力,较之他们证成这个人文主义的形上学意涵——换言之,证成道德行动有其本体论意义——所作的努力,其成果是逊色的。[①]

也就是说,理念上,熊十力优于梁漱溟。以唐君毅、牟宗三为代表的港台新儒家,基本上是接在熊十力一线上。在中国文化由经济到政治等经验层次级级崩坏且危及道德领域的情势下,正是在形而上的层次上,现代新儒家找到堪与西方文化抗争的最后防线,并试图以此为起点卷土重来。他们的形上学理念宣言是:

---

① 傅乐诗(Charlotte Furth):《现代中国保守主义的文化和政治》,姜义华、吴根梁、马学新编:《港台及海外学者论近代中国文化》,重庆:重庆出版社,1987年版,第218—219页。

西方一般之形上学,乃先以求了解此客观宇宙之究极的实在,与一般的构造组织为目标的。而中国由孔孟至宋明儒之心性之学,则是人之道德实践的基础,同时是随人之道德实践生活之深度,而加深此学之深度的。这不是先固定的安置一心理行为或灵魂实体作对象,在外加以研究思索,亦不是为说明知识如何可能,而有此心性之学。……然此形上学,乃近乎康德所谓的形上学,是为道德实践之基础,亦由道德实践而证实的形上学。①

从心性哲学的角度看,经济、政治都不是体、不是本,而是用或末。体不变,用则是可以更新的。由于新儒家从事的是哲学,与一般史学领域的保守主义者相比,能更灵活主动地构造理论体系,即能承担为传统之酒制新瓶的使命。他们应付现代性的挑战不是笼统宣扬传统的魅力或诅咒现代性的邪恶,而是把传统凝缩、提纯为一套抽象的价值理念构架,然后最大限度地吸收来自西学中的现代性因素,通过发展传统来保守传统。

陈寅恪是在评论冯友兰的《中国哲学史》时提出"新瓶装旧酒"的。后来成为哲学家的冯友兰建立"新理学"的体系时,便声称是对旧理学"接着讲",这是对陈氏号召的响应。由于历史情势的不同,新旧理学差别仍极大。宋儒是以固有的社会制度不变为根基,然后才改造抽象玄妙的佛学心性之理。西洋文明对中国的冲击则不是始于学,而是始于力,是让中国传统社会经济以至政治秩序变形的巨大压力。"新理学"要保的不是整个具体的秩序,而首先是抽象的义理,它要把这种冲击的影响规范在其义理许可的范围之内。甚至要证明世俗生活的某种转变,也是义理发展的要求。因此,"新理学"还要讲"新事论",要"别共殊,明层次",主张通过产业革命,把生产家庭化转变为生产社会化。

港台新儒家多排斥冯友兰,然而,牟宗三等人与乃师熊十力不同之处,却在于企图从心性论的基础上延伸出社会政治哲学(及认识论),用传统的术语叫"内圣外王",由内圣驾御外王。从回应现代性挑战来说,又叫"返本开新"。他

---

① 牟宗三等:《为中国文化敬告世界人士宣言》,封祖盛编:《当代新儒家》,北京:生活·读书·新知三联书店,1989年版,第19页。

们注解说:"返本者,返传统儒学之本,对自家文化能自作主宰;开新者,开科学民主之新,使西学中国化而为中国所用。如是,中国的现代化,就是出自传统文化内在自觉的要求,民主科学是共法,就不会引生中国传统儒学与当代科学民主不能相容的对立误解,也可以抛开西化移殖的感情难堪。"[1]

现代新儒家与宋明新儒家的共同之处在于:站在义理的层次上,论证道德的本体论依据,并力主通过教化、修养来正人心、淳风俗,协和社会秩序,振兴民族精神。两者区别在于,现代新儒家放弃了儒学的传统意识形态功能,引入西方社会政治理论,对科学理性主义作认真的反思,并借鉴西方哲学的方法来论证或表述自己的哲学信念。就此而言,现代新儒家同具有保守意识的史学家比,是显得较为激进的。余英时甚至断言:像熊十力的"反传统意识的激烈有时不在'五四'主流派之下"[2]。如果要追问新儒家的保守主义的主要内涵属什么,我们可以说,其民族主义一面强于传统主义的一面。不过这种文化民族主义也与史家的辨种性不同,他们是要传道统。这最典型地体现在牟宗三、唐君毅对中外文化所作的"判教"功夫上。

总括而论,中国现代文化保守主义的发展有两个方向,它们同汉、宋两种学术思想传统有渊源关系。在学术形态上,一表现为史学,一表现为哲学。史学以古为镜,考究、描述历代兴亡变迁之迹,显示民族文化精神凝聚、发展的实际历程,其方法是把信念还原于史实。哲学以明理为鹄的,从历史过程中分离出价值观念系统,方法是从实际抽绎出理念。这具体与抽象之别,导致其思想功能也不一样。史学的具体,使人们对往迹有体察入微的感受,对民族特性的揭示更细致,更易深入人心。而从回应现代性的挑战而言,传统经验中可借鉴的意义则不强,同时也无力提出整合新旧经验的理论方略,因而应变能力较弱。哲学的抽象,对以往的历史文化作理念上的概括,民族文化的精神内涵易于把握,同时抛弃对许多具体陈迹的纠缠,历史的包袱不重,应变的能力自然就增强。然理念这东西,越空灵就越抽象,结果它所标示的传统内涵必定越稀薄,保守得到的价值就可能太少。

---

[1] 王邦雄:《当代新儒家面对的问题及其展开》,封祖盛编:《当代新儒家》,北京:生活·读书·新知三联书店,1989年版,第196页。
[2] 余英时:《钱穆与新儒家》,《中国文化》,第6期,1992年9月,第17页。

说现代新儒家是"新瓶旧酒",可能还必须作补充或限定。与保守派史家比,新儒家确系制新瓶,然却不是只盛老酒,而是新旧酒相兑的了。这是把理念当形式,把生活当内容,即前者为瓶后者为酒来看的说法。然理念也可以有形式与内容的分解,即可继续移用瓶与酒的区分。在这一层次上,依激进主义的立场来看,它的确就是新瓶旧酒,新的是它的表述方式,旧的则是其精神内涵。这就造成现代新儒家于思想史舞台上处在既可左右逢源也会两面受敌的局势中。不过,由于现代文化激进主义占主流,它也自然而然地被固定划分在保守主义阵营之中。

四、摆脱汉宋轮回

汉宋分野,狭义讲是经学史上的不同阶段,广义说则是学术思想史上的两个流派。宋学与(清代)汉学的兴起,背后都有民族文化主义的动因,同时也因不同的历史情势而左右着各自的思想风貌、学术特征。因此,两者分别成为不同倾向的现代文化保守主义者的思想源泉,同时被运用到对付现代性挑战的战略之中,从而形成历史派与理念派的分野。然清代汉学取代宋学表明两者有学理以至社会功能上的对立,因而有所谓汉宋之争。这种对立也酝酿出现代保守主义阵营中历史派与理念派的矛盾,它虽然因历史变换而明暗不定,但至今仍未消失,需要进一步加以讨论。

余英时在《钱穆与新儒家》一文中,严辨史学与哲学两派之别,并引钱氏的《师友杂记》,显示早在"五四"时期,那些对中国文化抱认同态度的学者中,有人好"谈经史旧学"(钱穆),有人则好"谈哲理时事"(熊十力),表明其内部也有"守旧"与"趋新"的分歧。事实可能如此,但更有意思的是,也是同一阵营的当代学人,在论及他们的前辈时,仍透露出这种"历史派"或"理念派"的门户之见。

杜维明写了一篇流传甚广的赞扬熊十力的文章,文中论及:"熊氏所孜孜不倦的努力之一,就是揭露名流学者的浮夸。他们可以花上许多时间来讨论《红楼梦》的哲学观点或作者真伪的问题,这在熊氏看来,只是为中国知识分子之精神的瓦解,凭添更多怪异的现象而已。他们甚少触及一些深刻的伦理宗教性意义的问题。他们宣称,科学方法能开启古典学问的新领域,而这在熊氏认为是不可靠的。熊氏觉得,他们所真正成就的只不过是殊少创建的乾嘉余绪而已……"①它"也妨碍了把可以开花结果的理念用高层次的哲学加以系统陈述的努力"。② 这样说,熊氏不满的便不仅是胡适派。其反乾嘉余绪的态度,所蔑视的可能包括其他热衷于考据而缺少哲学眼界的史家。而事实上,像王国维、陈寅恪这些史学大师,都是以考据见长而常作带有通论性意义阐释文章的。杜氏文章没有这些推论,然他的评述蕴涵着其态度。

余英时的《钱穆与新儒家》应是一名文,但他站在相反的立场上。他辨析说:"中西文化不同型说并非自钱先生始,清末民初以来便已不断有人提及。梁漱溟在《东西文化及其哲学》中更作了系统的陈述。但钱先生论中国文化所采取的立场不是哲学而是史学。他不相信一部中国文化史可以化约为几个抽象的观念。……一言以蔽之,他所走的是一条崎岖而曲折的史学研究之路,其终极的目标是要在部分中见整体,在繁多中见统一,在变中见常。"③余文最后还特别声明:"为了说明钱先生和新儒家学术途辙截然异趣,本文不能不对新儒家有所质疑。但这种质疑只表现了我个人的史学偏见,并不代表钱先生的意见。根据我个人的了解,新儒家的主要特色是用一种特制的哲学语言来宣扬一种特殊的信仰。……但从史学的角度看,由于新儒家采取了最极端的'六经注我'的方式,其中自不免留有许多值得商榷的地方。"④

这种史学与哲学直接冲突的具体例子,是对"克己复礼"的诠释。在杜维明、刘述先同史家何柄棣的争论中,何柄棣的诘难文章,标题就是《"克己复礼"真诠——当代新儒家杜维明治学方法的初步检讨》。刘述先的回应则认为对方"始终囿于客观史学的窠臼,总要把他所支持的论点当作学术界的公论看待。事实上在思想史的领域之中,最高的极限在根据材料,作出善巧的解释,建立一个有说服力的论点,如此而已"。这不是个别学者间的笔墨官司。有人指出它是"文化保守主义"内部"史学与哲学"之争,是"哲学的傲慢"同"史学的傲慢"的

---

① 杜维明:《探究真实的存在:略论熊十力》,该文的中文译稿最少出现在四种大陆出版物上。本文引文出处为:封祖盛编:《当代新儒家》,北京:生活·读书·新知三联书店,1989年版,第258页。
② 杜维明:《探究真实的存在:略论熊十力》,转引自封祖盛编:《当代新儒家》,北京:生活·读书·新知三联书店,1989年版,第259页。
③ 余英时:《钱穆与新儒家》,《中国文化》,第6期,1992年9月,第6页。
④ 余英时:《钱穆与新儒家》,《中国文化》,第6期,1992年9月,第23页。

对峙。①

本来,不同学科有不同的范式、不同的知识功能,不必互相否定。即使面对同一对象,研究也可在不同层次上展开。这种争执笼罩着汉、宋之争的投影。撇开民族主义的因素不讲,汉宋嬗变有它内在的原因。"宋学的目标决定了其性质,同时也决定了它同汉学的分歧,包括治经的态度与解经的方法。汉学(尤其是今文经学)治经,目的是通经致用,为特定的政治主张服务,故治经为了治世。宋学治经,目的是成德成圣,为永恒的伦常秩序论证,故治经着重治心。……同时,方法上,汉学(尤其是古文经学)讲名物训诂,要求持之有故。宋学讲身心性命,只求言之成'理'。"②但两者又都是经学,都假定经典本身拥有全知全能的力量,都以为自家的方法是开启垄断真理之门的钥匙。因而有门户之争。现代学术本不必有争道统的意识,但由于文化保守主义者以问道为使命的特殊心态,使得有些人喜欢自命正宗、贬斥异己。如熊十力、牟宗三确实具有"哲学的傲慢"。这自然容易激起另一批以治史为问道之途的学者的不满,这种不满有时也会无形中转化为对哲学的轻蔑,这又促成另外少数人的"史学的傲慢"。两种情结如果没有同时消解的话,就会同步强化。

要摆脱汉、宋轮回的阴影,现代学者就必须正视:任何一种(即使有效的)方法,都只是问道(真理)途程中的环节,不能执于一偏。章太炎是汉学大师,然具通识,看到偏执之弊:

> 虽然,学术本以救偏,而迹之所寄,偏亦由生。近世言汉学,以其文可质验,故譬言无由妄起,然其病在短拙。自古人成事以外,几欲废置不谈。汉学中复出今文一派,以文掩实,其失则诬。若复甄明理学,此可为道德之训言(自注:即伦理学),不足为真理之归趣(自注:理学诸家,皆失之汗漫,不能置答,则以不了语夺之)。惟诸子能起近人之废,然提倡者欲令分析至精,而苟弄笔札者,或变为倡狂无验之辞,以相诳耀,则弊复由是生。此盖

---

① 这场争论的情形,可参见《二十一世纪》第八至十一期有关文章的内容。
② 陈少明:《六经注我:经学的解释学转折》,《哲学研究》,1993年第8期。

上圣所无如何也。①

这是意识到传统中考据(古文)、经世(今文)及义理(宋学)之学,各有其他人无法取代的思想学术功能,反对执于一偏。然对传统的保守必须同其发展相联系,学术上仅以传统(即使是多样)的规范来研究传统,也不足以应付西学(或现代学术)的挑战。中国哲学中最有成就的是宋明理学,主题为心性论,实质是以人性论为基础,把落脚点放在道德证悟上。它是极其主观、抽象的知识问题。而对现代学术影响较深的是乾嘉学术传统,它主张实事求是,重视典籍资料的验证,轻视概括性的解释。一是大而化之的观念,一是细小琐碎的知识,恰好是遥遥相对的两极。然而从心灵到名物之间,是一大片未深究的领域,它需要有创造性想象的头脑与严谨的论据分析的手段才能开展工作。现代社会科学的许多问题甚至学科导源于对历史的研究,而与中国传统史学相关的经世之学,已积累有相当丰富的资料,但多未有现代意义的处理与发展。因此,现代的古典学术,在继续保持两极张力的同时,需要运用现代社会科学的方法来开垦这个中间地带。简言之,只有韦伯式的眼光才能引导我们的古典学术,走出汉宋轮回的歧途。

五、余论

文化保守主义是一种现代性现象,但除少数现代化运动始发国家外,大部分因"西化"冲击而走上这一途径的民族国家,其保守主义都有民族主义与传统主义相混合的涵义。而对那些历史文化传统深厚的国家而言,用民族主义的框架来表达传统主义的意识,也是一方便模式。

但传统经验不同,具体反应也不一样。例如,中国的文化保守主义(尤其是20世纪),不论哪一个派别,都难找到一种类似于原教旨主义的理想或人物。这既因中国文化中没有排他性的宗教传统,也与宋明儒学成功消化外来佛教的

---

① 章太炎:《致国粹学报社书》,汤志均编:《章太炎政论选集》上册,北京:中华书局,1977年版,第498页。

经验有关。这使得中国的知识界,不论对传统的感情有多深,对外来的陌生的事物,总能保持理智的倾向,同时对自家固有的信念也持更有弹性的态度。所以,本文是从其思想方向来谈论保守主义的思想与人物的。

中国的保守主义,也是一种动态发展的过程,不同阶段或时期的保守主义者,具体主张并不一致。如果我们把19世纪末张之洞的"中体西用"当作保守主义的抽象模式的话,从其前后体用含义的衍化就可看出其思想的变迁。总的来看,是"体"的内涵不断减少,越来越抽象,而"用"的内容则不断具体丰富起来。

同时,保守与激进是互动的,许多重要的人物以不同时期的言论来衡量,可以被划入相反的阵营中。以康有为为例,戊戌时期,他古经今解,援西入中,其倾向同当时的普遍心态相比是颇激进的。但由其引发的西化思潮在"五四"时期的保守派代表,则不是康有为,而是西学素养比他更强的梁漱溟了。所以保守主义的总倾向虽一致,但不同的主张用不同历史坐标来衡量,对文化发展的功能并不一样。

20世纪的中国确实是保守与激进交战的世纪,但总体上是激进主义占上风。这是正常的,它表明中国社会正在不断远离传统。但至于远离传统是否必然意味着只有一个方向,还是也有多种歧路,则是个复杂的问题。这里只能说,如果是保守主义占主流的话,社会的变动(有人会讲"折腾")就不会这么大。直至今天,无论保守主义者还是激进主义者,对现状可能都是不满意的。激进主义者会断定,现实中保留着太多传统中的不良因素,必须加深变革。而保守主义者则认为现状把传统中的优良面丧失殆尽,剩下的只是些泡沫而已。也许各有部分道理,但双方一旦把立场抽象化,就会形成对峙。这种对峙未必一定有害,必要的张力会导致适当的平衡。就文化保守主义者而言,要令自己在社会文化舞台上扮演更重要的角色,其思想内容本身不能固守不前。在强大的现代性挑战面前,保守的有效方式就是对原有东西的发展。本文不以激进主义为坐标去描述保守主义的总体特征,而是对文化保守主义阵营作"历史派"和"理念派"两种理想类型的划分与分析,目的不是批判而是理解。也许,它不论对于有效的保守还是有效的激进,同样是有益的启示。

参考文献

艾恺:《世界范围内的反现代化思潮——论文化守成主义》,贵阳:贵州人民出版社,1991年版。

姜义华等编:《港台及海外学者论近代中国文化》,重庆:重庆出版社,1987年版。

冯友兰:《中国哲学史》,北京:中华书局,1984年版。

钱穆:《中国近三百年学术史》,北京:中华书局,1984年版。

李泽厚:《中国现代思想史论》,北京:东方出版社,1987年版。

林毓生:《中国传统的创造性转化》,北京:生活·读书·新知三联书店,1988年版。

余英时:《中国思想传统的现代诠释》,南京:江苏人民出版社,1989年版。

余英时:《现代儒学的回顾与展望》,北京:生活·读书·新知三联书店,2004年版。

封祖盛编:《当代新儒家》,北京:生活·读书·新知三联书店,1989年版。

罗义俊编著:《评新儒家》,上海:上海人民出版社,1989年版。

陈少明:《儒学的现代转折》,沈阳:辽宁大学出版社,1992年版。

景海峰:《新儒学与二十世纪中国思想》,郑州:中州古籍出版社,2005年版。

郑家栋:《本体与方法——从熊十力到牟宗三》,沈阳:辽宁大学出版社,1992年版。

萧公权:《康有为思想研究》,台北:联经出版事业公司,1988年版。

章念驰编:《章太炎生平与学术》,北京:生活·读书·新知三联书店,1988年版。

艾恺:《最后一个儒家——梁漱溟与现代中国的困境》,郑大华等译,长沙:湖南人民出版社,1988年版。

郭齐勇:《熊十力与中国传统文化》,香港:天地图书有限公司,1988年版。

叶嘉莹:《王国维及其文学批评》,广州:广东人民出版社,1982年版。

汪荣祖:《陈寅恪评传》,南昌:百花洲文艺出版社,1992年版。

吴学昭:《吴宓与陈寅恪》,北京:清华大学出版社,1992年版。

第九章
向着"无何有之乡"

——无政府主义思潮研究

近代中国流行的各种社会思潮中,无政府主义的传播一度引人注目。与那些瞬息即逝的思想、主张相比,无政府主义曾经掀起的传播热浪说明,它在近代中国拥有更广阔的市场。其实,在19世纪末20世纪初的中国,追求实现无强权、无约束,人人绝对平等和自由的无政府世界,无异于痴人说梦。但是这种梦境所产生的思想魅力,却并非是想入非非的幻念使然。从近代中国演进的轨迹来审视,无政府主义传播之广泛,与其说是茫然的感情冲动,还不如说是反映出社会和时代的某些必然特征。当然,由于无政府主义画饼充饥式的理想描绘与近代中国社会现实进程距离甚远,它的破灭与它的流行一样具有必然性。因此,研究无政府主义在近代中国的兴衰浮沉,不能仅仅把它作为一种幻想而视为思想界的"过路客"。在各种社会思想交互渗透、更迭嬗递的过程中,无政府主义对近代中国一些先进人物所曾产生过的作用和影响,要远比它那"桃花源"般的幻念说教更值得重视。

一、近代无政府主义思想的产生和发展

无政府主义正式形成为一股社会思潮,始于19世纪40年代。这个时间恰好与马克思主义诞生的时间相同。如果说马克思主义是代表无产阶级向资本主义制度的庄严宣战,那么,无政府主义则反映出资本主义制度倾轧下小资产阶级对现实社会的愤懑,它反映和代表的主要是小资产阶级的思想和利益。

从15、16世纪掀起的欧洲文艺复兴思潮到18世纪出现产业革命,西方世界经历着一场旷古未有的社会大变动。18世纪末至19世纪中叶,西欧各国资本主义制度相继确立。在一种全新的生产关系促动下,西欧各国以比中世纪高出几百倍、几千倍的社会生产力发展能量,更新了人类的物质生存条件,同时也变换了人类的精神需求结构。社会的不公正以一种新的形式表现出来。一部分人得到解放,一部分人套上新的枷锁。极度的繁荣同时也催生了空前的贫困。在资本主义制度下,除了无产阶级的利益被无情地吞噬外,其他小资产阶级也经常处于濒临破产的境遇。充满尔虞我诈的资本竞争,对于占有少量生产

资料、经营规模狭小的小资产阶级来说,受排挤、遭并吞的概率要大大高于他们攀升成为大资本的可能。在这种社会氛围下产生的无政府主义,正是小资产阶级濒临破产境遇的反映,它以反对一切国家和任何强权的极端主张,发泄出对不公正的资本主义制度的怨恨,在他们编织的无国家、无强权的理想化的社会图案背后,衬映出的是小资产阶级近乎于绝望的心态。

1793年,产业革命之乡的英国出版了一本题为《论政治正义及其对道德和幸福的影响》的书。作者威廉·葛德文将英国社会的弊端和道德败落,统统归咎于国家政权和私有财产。他明确提出反对政治权威,反对私有制,主张个人自由。五十年后,德国小资产阶级思想家麦克斯·施蒂纳在他的《唯一者及其所有物》一书中继承和发展了葛德文的思想。施蒂纳认为,世界上一切都是虚幻的,只有"我"是唯一实在、唯一合理的存在物。"我"就是"唯一者","我所做的一切,都是'为了我'。只有这样,世界才能使我满意"。于是,社会被肢解为一个个独立存在的"唯一者",他们行动绝对自由,不应受任何东西的束缚和压制,无服从、无权威、随心所欲。施蒂纳是一个备受贫、病折磨的知识分子和破产的小店主,平淡一生,并无突出的活动和可值渲染的事迹,但1844年出版的这本宣扬赤裸裸利己主义哲学的著作,却使他名噪一时。后来一些著名的无政府主义代表人物都从这部著作中吸取思想养料。因此,这部著作曾被称为"无政府主义的宣言",施蒂纳也被恩格斯称为"现代无政府主义的先知"[①]。

与施蒂纳同时期的法国小资产阶级思想家普鲁东,以更为系统和完整的无政府主义理论,奠定了他的创始人地位,后来的信奉者称他为"无政府主义之父"。1840年,普鲁东出版了第一部著作《什么是财产?》,初步提出了他的无政府主义观点。1849年他在《一个革命者的自白》一书中进一步阐述了颂扬社会无政府状态的思想,并以一整套的理论体系,促使无政府主义繁衍成一股影响社会的政治思潮。

普鲁东从小生产者的利益出发,仇视一切组织、制度、国家和政权。在他看来,国家纯粹是一种"虚构"的东西,是人类愚昧的产物。普鲁东设想的"自由"

---

① 恩格斯:《路德维希·费尔巴哈和德国古典哲学的终结》,《马克思恩格斯选集》第4卷,北京:人民出版社,1972年版,第217页。

社会是以"个人领有"为基础的"互助制"社会。这种互助制是"各个自由力量之间取得均势的一种制度,在这种制度下每一个力量只要履行同样的义务就享有同样的权利,在这种制度下每一个力量都能用劳务来换取相应的劳务"。这种"自由"社会"均势"的描绘,虽然衬映着普鲁东对资本主义欺压现象的抗议,但充其量只是"落后手工艺工人的田园诗"(恩格斯语)。普鲁东清楚地看到小私有者在资本主义自由竞争下岌岌可危的处境,幻想通过互助合作的方式,避免大资本吞食小资本的发生,十足反映了普鲁东维护小资产阶级利益的思想实质。在普鲁东那里,所谓"自由"社会的"无政府状态",虽然以互助合作为原则,但仍是以绝对个人主义为思想核心。与施蒂纳不同的是,那种赤裸裸的利己主义被包藏在小私有者互助合作的隐晦形式之下,其思想更具有迷惑性。

普鲁东的无政府主义思想一度对国际共产主义运动产生过消极的影响。19世纪后半叶,马克思、恩格斯为保障工人阶级的斗争沿着正确的轨道发展,曾从理论上对无政府主义作了批判,使无政府主义的影响明显减弱。但作为一股社会性的思潮,无政府主义仍时断时续地在一些国家流行。继普鲁东之后,两个俄国人——巴枯宁和克鲁泡特金,先后接过无政府主义思想的火把,成为在世界范围都有影响的无政府主义代表人物。

巴枯宁是一个深受沙皇专制迫害的流亡革命家。他一生的大部分时间在国外度过,他的主要活动也大多在欧洲。在西方无政府主义正式形成之初,巴枯宁已与普鲁东结交,彼此来往频繁,并接受了普鲁东的某些无政府主义观点。19世纪60年代末,巴枯宁的无政府主义思想成熟。1873年,他的《国家制度和无政府状态》一书在苏黎世出版。这部著作被无政府主义奉为纲领性的著作。巴枯宁宣誓与国家为敌。他认为,"有国家,就必然有统治,因而也就有奴役","任何国家,……都是一种羁绊,就是说,它一方面产生专制,另一方面产生奴役"。他反对马克思主义的无产阶级专政学说,主张"放弃"政治斗争,否认无产阶级组织政党的必要性;他以流氓无产者和农民为依靠力量,煽动无政府主义的冒险暴动。这些思想在沙皇专制统治极其强盛、资本主义发展十分微弱、无产阶级革命运动尚未起步的俄国,找到了流传的市场。1870年代俄国民粹派的活动家们对巴枯宁的无政府主义思想产生了浓厚的兴趣,虽然俄国民粹派并非是严格意义上的无政府主义派,但巴枯宁的无政府主义思想对它的影响是很深的。

巴枯宁死于1876年7月。19世纪末20世纪初无政府主义的著名代表人物是克鲁泡特金。他是俄国一个很有名望的科学家,曾以地理学研究的卓越成就闻名于科学界。同时,他也是与沙皇专制统治势不两立的政治活动家。1872年,俄国民粹主义运动刚刚发轫,克鲁泡特金前往苏黎世旅行,后又到了日内瓦。短短几个月里,他的思想发生变化。通过与巴枯宁门徒的接触,克鲁泡特金的无政府主义开始形成。5月回到俄国便加入了民粹派的秘密组织。1874年被沙皇政府逮捕。后越狱逃往英国,流亡生涯长达41年之久,直到1917年二月革命后才返回俄国。在西欧期间,克鲁泡特金以他颇有影响的"互助论",构筑起以无政府共产主义为特点的理论体系。他的《一个反抗者的话》(1885年)、《面包略取》(1892年)、《田园、工厂和手工场》(1898年)等著作,成为19世纪后期无政府主义思想的重要典籍。

克鲁泡特金发挥他从事科学研究的特长,运用地理考察得到的具体材料,提出社会的进化并非完全像达尔文所说的那样,是通过弱肉强食的竞争手段实现的。他认为,互助互援是包括人类在内的一切物种得以保种衍生并不断进化的主要原因。按照他的分析,互助是人类天生的本能。在没有权威、没有权力的地方,人类也能依靠这个本能的作用维持和平的社会生活。因而,没有国家和没有任何权力支配的社会不仅是完全可能的,而且将比存在国家和权力支配的社会更完善、更理想。他主张以没有权力支配的各种团体的自由联合代替国家政权,以共产代替私有。克鲁泡特金强调个人的无限自由,反对任何带有强制意义的约束。举凡国家政权、军队、法律、政党组织一概在排斥之列。他宣扬采取恐怖主义,号召穷人剥夺富人,清算财产进行公平的分配,实现"各尽其能,各取所需"的共产主义社会。可见,克鲁泡特金虽然以标新立异的"互助论"独树一帜,但其基本思想内容仍不脱无政府主义的窠臼。

19世纪中叶产生的无政府主义,迄今仍在世界某些国家不同程度地产生影响。尽管那些空想色彩的主张在现代理性精神的弘扬下已经失却了吸引力,但其中散发的反强权以及自由思想在当今世界还有一定的思想基础。在无政府主义思想发展过程中,虽然各个时期、各种代表人物的某些具体主张有所变化,但都是以绝对自由的个人主义为基本精神。对于中国而言,无政府主义作为一种理论思潮产生影响,主要是在近代社会。

二、中国早期无政府主义的思想特征

19世纪末,中国就有人提倡无政府主义。1889年,浙江平阳人宋恕著《高议》一书,亦名《古大同说》。因担心遭致文字狱灾祸,书成后付诸火炬,后人无法知其内容。书中《君道》、《吏道》两篇系引借宋元之际思想家邓牧《伯牙琴》一书中的篇名。宋恕后曾撰《书〈伯牙琴〉后》一文,认为邓牧所倡属"无政府之说",并称:"吾始闻无政府之说而独好之,独演之。"陈晢编宋恕年谱时,用"至欲废官制,去阶级,盖无政府主义"之语概括《高议》一书中《君道》、《吏道》两篇之内容。[①] 这里,宋恕和陈晢都已明确提出"无政府"一词。但就内容看,思绪还未脱中国古代废君废臣的反专制思想传统。可以肯定,宋恕所倡无政府之说与近代西方的无政府主义思潮并无干系。

中国人最初接触到近代西方无政府主义思想始于20世纪初年。日本是中国人最初接触无政府主义思想的"中转站"。1902年上海广智书局发行《俄罗斯大风潮》一书,译者马君武作序介绍说,无政府主义是一种"新主义"。同年商务印书馆出版《社会主义广长舌》一书,其中《无政府主义之制造》一章为日本早期社会主义者幸德秋水所作。1903年上海出版《无政府主义》一书,是由张继(署名"自然生")根据日文书刊中无政府主义思想资料编译的。也是这一年,上海广智书局翻译出版了两本宣传无政府主义思想的书,原作者均为日本人。《近世之社会主义》一书系日本人福井准造所作,其中介绍了普鲁东的生平、著作和学说,以及无政府主义思想的沿革和主要思想主张。另一本书名为《社会党》,由日本人西川光次郎所著,其中详细介绍了欧洲的虚无主义派。1904年上海东大陆图书译印局出版的《自由血》一书,由金一(天翮)翻译,依据的是日本人烟山太郎的《近世无政府主义》一书。以上所列当然只是20世纪初国内出版的无政府主义书籍中的一部分,但都是比较重要并有一定影响的著作。从这些著作来看,原作者基本上都是日本人,而翻译者又大多数为在日本留学的中

---

① 参阅熊月之:《中国近代民主思想史》,上海:上海人民出版社,1986年版,第188和450页。

国人。这种特殊的历史氛围,使中国人最初接触的无政府主义思想不能不受"中转站"日本情况的影响。

19世纪末20世纪初,社会主义思潮在日本十分流行。马克思主义、无政府主义以及社会民主主义等各种思想被陆续介绍到日本。一段时间里,这些思想相互混淆,鱼龙难辨。无政府主义被日本一些早期马克思主义者当作革命的、进步的思想加以接纳。宣传无政府主义的书籍相继出版,如宫崎梦柳翻译的《虚无党》、堺利彦翻译的《百年后的新社会》、烟山太郎的《近世无政府主义》等著作。这些著作除介绍无政府主义主张外,突出地介绍了俄国民粹主义派的思想和活动。民粹主义派形成于19世纪60年代,是俄国反映小生产者利益的政治派别。他们以农民群众为革命的主体力量,提出"到民间去"的口号。他们因以人民的精粹自居,故得名"民粹派"。俄国民粹主义者竭力宣扬恐怖主义,主张组织武装暴动和秘密暗杀,通过恐怖活动扩大影响,进而引起社会革命。民粹主义派的活动遭到沙皇政府的镇压,大批民粹主义者纷纷流亡国外,其中不少人逃到日本后,与日本早期马克思主义者交往密切并产生影响。俄国民粹主义者虽然受巴枯宁思想影响很大,但严格地说,民粹主义并不是真正的无政府主义,两者在旨趣和主张上都有很多的差别。但日本早期马克思主义者未将两者加以区分,在他们初期的一些著作里,"恐怖主义"、"民粹主义"成了无政府主义的译名。这种情况自然影响到当时在日本接触无政府主义的中国人。

1907年之前中国人介绍无政府主义的书籍或文章,基本上都出自于留学日本的中国学生之手。而这些书籍或文章,又都是将俄国民粹派作为无政府主义加以宣传。如马君武翻译的《俄罗斯大风潮》介绍的就是俄国民粹派的活动,金一翻译的《自由血》一书主要内容也是介绍俄国"虚无党"(即民粹派)的历史。1904年和1905年上海出版的《虚无党》和《虚无党女英雄》两本书,都以俄国民粹派的活动和人物作为素材。他们鼓吹民粹主义为"二十世纪之新主义",认为"二十世纪文明国必推俄","俄之有无政府主义,此俄之可以文明雄二十世纪之机钮也"。他们热情歌颂道:"奇乎哉,俄罗斯之无政府党矣!以专制最固且备之俄罗斯,而偏产一前无古后无来惊魂动魄之奇新主义,涌其潮流,磅礴澎湃,使皇帝为之惊恐,大臣为之震慑,亲王为之怖畏,将军为之防御,一动静而使全球为之注目,一伏发而使列国为之用心"。他们断定"俄罗斯之虚无党,乃无政府党之一派"。① 像这样热情洋溢地歌颂俄国民粹主义,并将它混同于无政府主义加以宣传的文字,在1907年前是很普遍的。由于这一原因,中国人最初接触无政府主义具有以下三个特征。

首先,崇尚暴力和恐怖。在无政府主义者中,巴枯宁是恐怖论的代表,俄国民粹主义者受巴枯宁影响较深的即是他宣扬个人秘密暗杀的思想主张。而20世纪初的中国人讴歌暴力、崇尚恐怖的思想则首先受俄国民粹主义者的感染。他们宣传:"无政府主义之由来与主张征讨暴主论者有密切之关系","无政府主义又与恐怖党相类","盖谓欲全人类之最大幸福,非由爆裂弹之力不足为功"②,"是故俄国之虚无主义,自革命文学时期升而为游说煽动时期,自游说煽动时期升而为暗杀恐怖时期,愈挫愈奋,愤盈旁魄,几使俄国政府权力威命之所及,俱陷于盲风晦雨之途焉。"③虽然暗杀、恐怖一类主张仍为中国后来的无政府主义者所秉承,但像这样赤裸裸地讴歌暴力、崇尚恐怖则是中国人最初接触无政府主义的鲜明特征。

其次,理论浅薄。由于对民粹主义者的推崇,最初接触无政府主义的中国人,把兴奋点凝聚在暴力、恐怖等主张上。至于无政府主义对平等社会的构想还十分朦胧,理论形态的无政府主义很少有人注意。虽然他们中也有提及普鲁东、巴枯宁和克鲁泡特金等著名无政府主义者的名字、活动和他们的概略主张,但粗陋之识到处可见。例如,张继1903年发表的《无政府主义及无政府党之精神》一文中,不仅将18世纪法国空想社会主义者马布利、巴贝夫等人视为无政府主义者,而且将资产阶级的雅各宾党也称为无政府党,将资产阶级启蒙思想家卢梭的民主、平等思想都等同于无政府主义。又如,不少宣传者在宣扬民粹主义时,仍以建立新政府、新国家为目标,"然则旧俄国之寿命殆将为所斩绝,而造出灿烂庄严之新政府,无疑矣"④,"是故暴动云者,开辟新局面之爱牟干也,筑造新国家之塞门得士也"⑤。"爱牟干"即英语"ammunition"之音译,意为"弹

---

① 马叙伦:《二十世纪之新主义》,载《政艺通报》,第14期,1903年。
② 张继:《无政府主义及无政府党之精神》,《中国白话报》,第2期。
③ 杨笃生:《湖南之湖南人》,《新湖南》,1903年。
④ 佚名:《虚无党》,《苏报》,1903年6月。
⑤ 杨笃生:《湖南之湖南人》,《新湖南》,1903年。

药","塞门得士"即英语"smother"之音译,意为"浓烟"。作者明确宣传以暴动为建立新国家之工具,显然与无政府主义排除任何国家政权的基本思想相违背的。出现如此情况,至少可以说明,当这些中国人将民粹主义当作无政府主义加以宣扬时,他们对无政府主义的认知是非常肤浅的。

再次,影响混杂。最初热衷无政府主义的并非仅限于留学日本的中国学生,当时流亡日本的一些资产阶级革命派代表人物和改良派人物也不同程度受到影响。1905年同盟会成立前后,资产阶级革命人士廖仲恺、章太炎等人尽管不赞成无政府主义,但都发表过译介无政府主义的文章。同盟会机关报《民报》上也时有介绍无政府主义的文章发表。例如该刊第3号刊登《一千九百〇五年露国之革命》、第4号刊登《俄国革命党之日报》、第11号刊登《虚无党小史》,等等。改良派梁启超也在《新民丛报》上发表了《论俄罗斯虚无党》的长篇文章,详细介绍了民粹主义者的活动。他写道:"虚无党之事业,无一不使人骇,使人快,使人歆羡,使人崇拜"。[①] 对民粹主义者的恐怖主张及活动大为折服。

以上这些特征均与中国人最初接触无政府主义时首先受俄国民粹主义的影响有关。还需要指出的是,无政府主义闯入中国人眼帘之时,正值国内维新改良运动夭折之后,和平改良幻想的破灭,使暴力推翻清政府成为历史的选择。一些热血青年对民粹主义恐怖思想所表现出来的热忱,恰恰又是与国内武装革命的趋势存在着相通之处。

三、《新世纪》和《天义报》

如果说20世纪初留日中国学生对无政府主义的热衷还只是零星举动的话,那么,1907年问世的《新世纪》和《天义报》则形成了中国人传播无政府主义的两个中心。

《新世纪》创办于法国巴黎,核心人物有张静江、李石曾、吴稚晖、褚民谊等人。这些人涉世较深,有的还颇有身份。张静江原为"上海张园主人之子","分得遗产巨万"。1902年到法国,在巴黎开设公司,经营中国古玩、茶叶和丝绸生

[①] 梁启超:《论俄罗斯虚无党》,《新民丛报》,第40—41期,1903年9月。

意,盈利丰厚。《新世纪》杂志的资金主要依赖于他。李石曾出身于大官僚家庭,时为留法农科学生,研究生物学和动物学,同时自己在法国经营一家豆腐工厂。吴稚晖为清末举人,1903年因在《苏报》上撰写鼓吹反清革命的文章遭通缉而流亡海外。1905年赴法国留学。1906年9月,李石曾、吴稚晖商谈出版刊物和结社事宜。该年冬,由张静江、李石曾、吴稚晖发起组织的世界社正式成立。1907年6月,《新世纪》周刊在巴黎问世。

《新世纪》自1907年6月22日创刊,至1910年5月21日停刊,维持时间近三年,共出版121号。此外还出版了《新世纪丛书》第一集。它对后来中国无政府主义的传播起的作用非常大。有人曾称:"中国无政府主义之种子,实由此报播之矣。"①《新世纪》在宣传无政府主义方面有如下几个特点。

第一,以介绍世界无政府主义者的人物事迹和译载其主要著述为重点内容。《新世纪》周刊上发表过《巴枯宁学说》、《克鲁泡特金学说》等文章,详细地介绍了他们的无政府主义思想。发表的克鲁泡特金著作译文有《互助》、《法律与强权》、《国家及其过去之任务》、《面包略取》、《狱中逃狱》等。《新世纪丛书》第一集第五册译载了《世界七个无政府主义家》一文,介绍了葛德文、普鲁东、梯于格、托尔斯泰、施蒂纳、巴枯宁、克鲁泡特金等人的简历、主要论点及其主要著作的名称。《新世纪》这样大量和较系统地介绍著名无政府主义代表人物的思想,不仅前所未有,而且也为他们之后的无政府主义宣传所不及。中华民国建立后,中国无政府主义者的理论资本主要凭借于《新世纪》的介绍。

第二,受西方近代科学和理性思潮的影响较为明显。《新世纪》大力推崇科学,并将无政府主义的宣传与科学相结合。他们认为,一切强权和迷信都是反科学的,宣称实现无政府主义是新世纪的革命,其基础是科学的日益发展,"人类进化,脑关改良,科学以兴,公理乃著,此新世纪革命之本原","科学乃公理","革命无非求公理而已"。② 他们套用近代西方进化论学说,糅合克鲁泡特金的"互助论",宣称生物的进化中互助成分将越来越重要,竞争成分逐渐缩小,人类社会就是沿着这个规律不断进化,而无政府主义的实行就是进化的最后结果。

---

① 师复:《致无政府党万国大会书》,载《民声》,第16号,1914年6月。
② 李石曾:《祖宗革命》,载《新世纪》,第2号,1907年6月。

他们宣扬以"爱力说"为中心的人性论,鼓吹扩充"无我博爱"的自然良德,为鼓吹无政府主义的个人绝对自由思想抹上科学的油彩。

第三,既宣扬暴力恐怖,又主张以教育为手段的"普及革命"。《新世纪》曾大量宣传西方各国历史上重大的暗杀事件,介绍著名暗杀事件中英雄人物的事迹。该刊第 34 号上还列出一份"世界暗杀表",列举了从纪元前 44 年到 1908 年期间发生的 49 次重大暗杀事例,证明恐怖手段是推翻政权的有效途径。但《新世纪》也很重视教育工作对实现无政府主义的意义。他们从"扩充人类之良德"的认识出发,主张通过教育,改造人们的思想,启发人类的博爱之心,以达到推动人类进化之目的。他们认为,"教育者,实人力的进化之原动力"[1],随着公理的昌明,"则革命益趋于公正,亦益趋于和平。昔以刀兵流血成渠而为革命也,今日仅以言论书报而成革命"[2]。吴稚晖说得更直接:"无政府主义之革命,无所谓提倡革命,即教育而已。更无所谓革命之预备,即以教育为革命而已。其实则日日教育,亦即日日革命"。[3]

第四,宣扬"合力"说,弥合虚幻的无政府主义革命与现实的资产阶级民主革命之间的差别。在本质上,《新世纪》并不赞成或者说反对孙中山等人的资产阶级民主革命纲领。他们指斥民族主义是"复仇主义"、"自私主义",民权主义是"自利主义",也反对"平均地权"、"土地国有"的民生主义。更加反对建立民主共和的国家。但他们仍主张与资产阶级革命派联合。他们认为,无政府主义"非与民族主义民权主义背驰也,不过稍有异同耳",民主革命仅"求一国一种族少数人之自由平等幸福",无政府革命乃"求世界人类自由平等幸福",两者"犹行程之有远近,初非背驰者也"。[4] 他们强调两者在推翻清政府方面的一致性,"无政府革命与有政府革命,于实行时固无所谓冲突,同抱颠覆政府之方针"[5]。因此,虽因主义不同,但"无碍其同为革命党",主张"合力以应敌","合力以达革命同一之目的"。[6] 这种合力论使《新世纪》的一些人与孙中山及资产阶级革命

---

[1] 李石曾:《续无政府说》,载《新世纪》,第 41 号,1908 年 4 月。
[2] 褚民谊:《普及革命》,载《新世纪》,第 15 号,1907 年 9 月。
[3] 吴稚晖:《无政府主义以教育为革命说》,载《新世纪》,第 65 号,1908 年 9 月。
[4] 褚民谊:《伸论民族、民权、社会三主义之异同》,载《新世纪》,第 6 号,1907 年 7 月。
[5] 褚民谊:《续无政府说》,载《新世纪》,第 41 号,1908 年 4 月。
[6] 李石曾:《与友人论种族革命党及社会革命党》,《新世纪》,第 8 号,1907 年 8 月。

党人有密切的交往。

《天义报》创刊于日本东京,核心人物是刘师培和张继。刘师培1884年生于江苏仪征,死于"五四"运动爆发的那一年,在世三十五年。他留下著作74种,其友编成《刘申叔先生遗书》。此人历史上名声不佳,政治上变化多端,既曾效命于清政府干过密探勾当,又为袁世凯帝制复辟做过吹鼓手。文化上倾心国粹,以保守而闻名文坛。1907年初,刘师培应章太炎之邀,偕妻何震及表弟汪公权到达日本。在此之前,张继已在东京与日本一些受无政府主义思想影响的活动家建立了联系。8月底,刘师培与张继等人,模仿日本具有浓厚无政府主义思想色彩的组织"金耀(星期五)讲演会"形式,发起成立"社会主义讲习会"。他声称:"吾辈之宗旨,不仅以实行社会主义为止,乃以无政府为目的者也。"①这个小型而短期的组织无严格入会手续,以召开研讨会、宣传无政府主义为主要活动内容。原先由刘师培妻子何震创办的"女子复权会"机关刊物《天义报》便成为他们宣传无政府主义的阵地。

《天义报》创刊于1907年6月,共发行19期。1908年4月另出《衡报》,实际上是《天义报》的继续。创办人、编辑人和大部分文章的执笔人都是刘师培。《天义报》的影响不如《新世纪》,但它的宣传也有自己的特点。

第一,偏重女权革命,把妇女解放与无政府革命联系在一起。这个特点显然与何震的加入有关。《天义报》上发表的文字,倡导妇女解放的内容占有相当分量,几乎每一期都有这方面的文章,如《女子复仇记》、《妇女解放问题》、《节妇辩》、《女界呼天录》,等等。这些文章愤怒地叙述了女子遭受的各种压制,呼喊女子觉醒,并立足于无政府主义关于人人绝对平等的观念,提出女子在政治、经济、文化教育等各方面享有平等权利的要求。这些颇有分量的文字,构成了《天义报》宣传上的一大特色,并使它在中国妇女解放运动的历史上占有一席之地。

第二,熔无政府主义思想与中国传统文化于一炉。刘师培一会儿称老子为无政府主义的发明家,一会儿又试图用儒家、道家思想阐释近代西方的无政府主义。他认为:"儒、道二家之学说主于放任,故中国之政治主放任而不主干

---

① 公权:《社会主义讲习会第一次开会纪事》,高军、王桧林、杨树林主编:《无政府主义在中国》,长沙:湖南人民出版社,1984年版,第19页。

涉。……名曰有政府,实与无政府无异。"①他推崇西汉末年萧望之、匡衡、贡禹诸人抑制豪民的思想,认定削豪民之特征正合无政府主义之主张。他推崇魏晋时期信奉老庄思想的鲍敬言,称鲍敬言的"言无君"思想"与无政府之说同"。②声称无政府主义"在欧美各国为理想之谈,然中国数千年来,即行无政府之实,今也并其名而去之,亦复何难之有","由是以观,则实行无政府主义,以中国为最易,故世界各国无政府,当以中国为先"。③《天义报》的这些观点曾受《新世纪》的批驳,但将近代西方无政府主义思想溶解于传统中国思想文化之中的思路,颇合一般"西学中源"的思维,即迎合了当时社会对西学的接受心理模式,对无政府主义从西方搬运到中国并流传推广是起到化解疑惑作用的。

第三,既宣传无政府主义,也介绍马克思主义。《天义报》注重宣传无政府主义理论,登载有《普鲁东无政府主义大纲》、《无政府主义之平等观》以及克鲁泡特金的《未来社会之生产方法及手段》等文章。但刘师培等人在宣传无政府主义时,并未将它与马克思主义相区分。这和《新世纪》将无政府主义与马克思主义截然对立起来的宣传是完全相反的。《天义报》和《衡报》上都曾发表过一些介绍马克思主义的译文。如恩格斯1888年为《共产党宣言》英文版写的序言、《共产党宣言》第一章、第二章,以及《家庭、私有制及国家的起源》一书中个别段落,都最早在他们的报刊上发表。他们还宣传过马克思主义阶级斗争学说、历史唯物主义思想及剩余价值理论。在《天义报》一派人物看来,马克思的社会主义学说与无政府主义思想并无原则的分歧,"社会主义多与无政府主义相表里","社会主义必有趋向无政府之一日,若徒执社会主义,而排斥无政府主义,此则偏于一隅之见耳"。当然,刘师培等人立足于无政府主义者的立场,并不赞同马克思的国家观及无产阶级专政理论。尽管如此,《天义报》在介绍马克思主义方面,无论就数量还是水平而言,在20世纪初中国同类报刊中是名列前茅的。

巴黎的《新世纪》与东京的《天义报》天各一方,东西呼应地鼓吹无政府主义。虽然它们在宣传上各有特点,并且观点上有过冲突,但在反对强权、排斥国

---

① 何震、刘师培:《论种族革命与无政府革命之得失》,载《天义报》,第6卷,1907年。
② 刘师培:《鲍生学术发微》,载《天义报》,第8—10卷合册,1907年。
③ 何震、刘师培:《论种族革命与无政府革命之得失》,载《天义报》,第6卷,1907年。

家政权、主张绝对自由以及提倡恐怖和暗杀等方面,思想是一致的。因而从根本上说,它们之间并无实质性的矛盾,相反还有一定的联系。《新世纪》曾刊登东京"社会主义讲习会"第一次开会记事,刘师培对这次会议的评论也见载于《新世纪》。而张继则于1908年离开东京去巴黎,与《新世纪》的主要人物有来往。当然,这种联系还不足以构成他们同心携手的基础。随着中国历史进程的发展,他们各自走上不同的路。

四、民国初年的传播

辛亥革命推翻了封建帝制。1912年,中华民国建立后,传播无政府主义的热点从海外移到国内,代表人物是刘师复。

刘师复原名刘绍彬,因立志反清,光复故国,改名刘师复。1884年出生于广东香山县,与孙中山同乡。1915年因患肺病逝世。虽然他享年短暂,但他对无政府主义的执着却使他的前辈张静江、李石曾、吴稚晖以及刘师培等人黯然失色。在中国无政府主义传播史上,没有第二个人像刘师复那样受到推崇,他被后来的信徒们奉为楷模,俨然以"中国的普鲁东"占据了无政府主义创始人的地位。刘师复死后,他的文章被汇集成《师复文存》出版,他的主张被标为"师复主义",不少无政府主义的刊物发行《师复纪念号》专辑,以志悼念。信徒们赞誉他为"官与财的大敌,大英雄、大偶像的眼中钉","我们后起者的模范","现在中国除师复外实在没有一个人能领受我们的敬意!"

早在辛亥革命之前,刘师复就已与无政府主义结下难解之缘。1901年,他"愤政府无状,吮脂歠血,视民为鹿豕,创设演说社香山城。提倡革命,发言诚挚,闻者感泣"[①]。1902年,他力排当地劣绅何玉铭和知县郑荣之阻挠,创办了香山县第一所女子学堂——隽德女校。1904年,刘师复赴日本留学。1905年加入同盟会。在留日期间,他深受俄国民粹主义思想的影响,热衷于筹划密谋暗杀活动。1907年,刘师复从香港回到广州,计划暗杀广东水师提督李准,因安装炸弹时不慎引爆,左手受伤而被截掉,并被关押香山县监狱。监禁期间,他

---

① 颛父述:《师复君行略》,载《民声》,第23号,1915年5月。

阅读了《新世纪》周刊,初步确立起无政府主义的信仰。刘师复自己叙述说:"入狱两年余,经种种刺激及研究,而余之思想一变。出狱后组织暗杀团,章程为余所起草,以'反抗强权'为宗旨,取单纯破坏之手段。自是之后,余虽未尝揭无政府之主张,然敢自确信为反抗强权之革命党,而非复政治之革命。且以后皆独立运动,与同盟会亦无关系矣。"①1909年刘师复出狱后即赴香港组织了"支那暗杀团"。1911年6月,在刘师复的策划下,暗杀团成员林冠慈在广州狙击李准;9月,暗杀团成员李沛基炸死广东将军凤山。武昌起义后,刘师复与无政府主义者郑彼岸及刘的女友丁湘田计划北上刺杀摄政王载沣,到达上海后因时事变化而中止。清王朝覆没后,刘师复认为实现无政府主义的时机到来了,开始积极从事组织和宣传活动。

  1912年,刘师复在广州进行了两项活动。一是聚约同人成立了取名为"心社"的组织。"心社"设立信约:凡良心上认为违背真理者,相与戒而不为,以"养个人之良德"②。表面上看,它似乎是个以净化个人道德修养为宗旨的团体,然而,"心社"社友相约之事,出现了"不用仆役"、"不婚姻"、"不称族姓"、"不作官吏"、"不作议员"、"不入政党"、"不作海陆军人"等戒规。这些戒规显然已超出中国修身养性的传统说教,而折射着无政府主义关于婚姻、家族以及政治方面的思想影子。第二项活动是成立"晦鸣学舍"。"二三人相聚读书论道于一室,名之曰晦鸣学舍。"③这原本是文人贤士传统的聚集会友之途,但该学舍的活动绝不是墨客论道讲学式的聚集,而带有鲜明的政治色彩。"晦鸣学舍"出版《晦鸣录》,发刊词中指出:"今天下平民生活之幸福,已悉数被夺于强权,而自陷于痛苦秽辱不可名状之境。推原其故,实社会组织之不善有以致之。欲救其弊,必从根本上实行世界革命,破除现社会一切强权,而改造正当真理之新社会以代之,然后吾平民真正自由之幸福始有可言。"④其纲要中有"共产主义"、"工团主义"、"万国大同"等条目。这些纲目与反强权相辉映,突出地反映了无政府主义的精神。"晦鸣学舍"成立后,刘师复主持编印了《新世纪丛书》和《无政府主

---

① 师复:《驳江亢虎》,《师复文存》,第225页。
② 《心社趣意书》,载《社会世界》第5期,1912年11月。
③ 师复:《〈晦鸣录〉发刊词》,《师复文存》,第57页。
④ 师复:《〈晦鸣录〉发刊词》,《师复文存》,第57页。

义粹言》,并将两书中的主要内容辑印成《无政府主义名著丛刊》。他们把这些书籍及《晦鸣录》等其他印刷品向内地广为散发,不收分文邮赠国内各报馆、会社及各省、县议会,以扩大影响。随着这些书刊的散布,无政府主义逐渐为国人知晓。刘师复称:"晦鸣学舍","是为中国内地传播无政府主义之第一团体,数年前《新世纪》所下之种子,至是乃由晦鸣学舍为之灌溉而培植之"。[①]

刘师复的无政府主义宣传和组织活动不久就遭查禁。1913年8月,广东军阀龙济光查封了"晦鸣学舍","心社"亦被"立饬解散"。刘师复被迫转到澳门活动,为躲避追查,将《晦鸣录》改名《民声》继续出版。但袁世凯随即命外交部照会澳门葡萄牙公使,禁止刘师复等人的活动。《民声》周刊仅在澳门秘密印刷了两期,因"侦缉过严,举动悉不自由,不得已复去而他适"[②]。

1914年1、2月间,刘师复到达上海。他与原"晦鸣学舍"成员郑佩刚等人在成都南路乐善里租了一间房屋,继续出版《民声》周刊,并积极与一些无政府主义者联络。7月14日,刘师复发起组织了"无政府共产主义同志社"(代号A·K·G,译称"区克谨"),发表宣言称:"主张灭除资本制度,改造共产社会,且不用政府统治者也。质言之,即求经济上及政治上之绝对自由也。"[③]刘师复发表《无政府共产党之目的与手段》一文,完整地阐发了他的无政府主义理想。归纳其观点主要是:1.社会一切财物(包括生产和消费资料)归公有,废绝私有制,废除钱币,人人从事无强迫意义和无限制约束的生产劳动,劳动所得之结果,人人皆可自由取用之;2.废绝一切政府机构,无军队、警察,无监狱,无法律条规,凡统治性的机关一概取消,社会管理由自由组织的各种公会承担。组织公会者为某种工作之劳动者,无压制他人之权,公会也无须任何章程或规则以限制个人之自由;3.废除婚姻制度,男女自由结合。设公共养育院抚养婴孩,设公共养老院照料50岁以上老人,设公共病院调治残疾及患病者;4.人人享有平等的教育和工作权利,无论男女,皆应得到最高等的教育。工作的目的不是为谋生,而是生活的一部分。每人每天只需工作2小时,至多4小时,剩余的时间自由研究科学及娱乐,从而使人的体力与脑力得到均衡发展;5.世界大同,采用

---

① 师复:《致无政府党万国大会书》,载《民声》,第16号,1914年6月。
② 师复:《致无政府党万国大会书》,载《民声》,第16号,1914年6月。
③ 师复:《致无政府党万国大会书》,载《民声》,第17号,1914年6月。

万国公语,"远近东西全无界限"。① 这些思想表明,刘师复及他成立的"无政府共产主义同志社"已确立了纲领性的理想目标。

刘师复注重下层社会工人群众的宣传。他认识到:"传播吾人主义于一般平民,务使多数人晓然于吾人主义之光明;学理之圆满以及将来组织之美善。"②在广州时,刘师复组织过理发工会和茶居工会,1914年8月,上海发生漆业工人罢工风潮,刘师复发表"感言",号召工人组织工团或工会,"以革命的工团主义为骨髓,而不可含丝毫之政治意味"。③ 他还刊印了不少宣传品向工人散发,向他们宣传无政府主义思想。邓中夏后来在《中国职工运动史》一书中评论说:刘师复的无政府主义思想影响南方工人运动持续时间长达十余年,说明其影响还是相当大的。

在上海活动期间,刘师复谋求集群的倾向日益明显。他主张"一方面联络世界同志,期为一致之进行,又一方面则鼓励内地之同志,各就其所在地设立传播机关,以为将来组织联合会及实行革命运动之预备"。④ 成立"无政府共产主义同志社"就是试图为组织全国性的联合会(即"支那无政府党联合会")做准备。刘师复号召信仰无政府主义的个人和团体,"随时与本社互通声气,务使散在各地之同志,精神上皆联为一体,实际上皆一致进行",他甚至倡议建立无政府党的"万国机关",认为各国无政府主义者"非联合则声气不通,势力不厚"。⑤ 为此,他以"无政府共产主义同志社"的名义致书世界无政府主义者大会,并与著名无政府主义者克鲁泡特金、大杉荣等建立了联系。

在刘师复的努力下,无政府主义在中国的传播渐见起色。除上海外,南京成立了无政府主义讨论会,常熟有无政府主义传播社,原中国社会党成员愤愤(沙淦)则与江亢虎分离,成立社会党,也标榜无政府主义。这些团体,虽然在社会上的影响不大,但无政府主义的基本思想已开始清晰明白地呈现出来了。1915年3月,刘师复患肺病入上海广慈医院治疗,因病重治疗无效,最后死于

---

① 师复:《无政府共产党之目的与手段》,载《民声》,第19号,1914年7月。
② 师复:《无政府共产党之目的与手段》,载《民声》,第19号,1914年7月。
③ 师复:《上海之罢工风潮》,载《民声》,第23号,1915年5月。
④ 师复:《无政府共产主义同志社宣言书》,载《民声》,第17号,1914年7月。
⑤ 师复:《无政府共产主义同志社宣言书》,载《民声》,第17号,1914年7月。

一家铁道医院中。他的去世,对刚有起色的无政府主义传播无疑是个沉重的打击。虽然1915年以后,"无政府共产主义同志社"仍勉强支撑了一段时间,一些宣传刊物也仍见继续出刊,但至"五四"运动爆发的这段时间里,无政府主义者的活动基本上是处在不死不活的低落状态。

从1912年至1915年,刘师复发表了不少宣传无政府主义的文章。除了一部分论战性的文章外,大部分均是普及性的宣传,浅显的介绍大于深奥的研究,就理论而言,刘师复并无独创性的建树。他之所以备受中国无政府主义者的推崇,更多的原因在于他忠于信念的虔诚和对无政府主义的那份执着追求。

在中国无政府主义传播史上,刘师复与江亢虎之间的论战引人注目。江亢虎为中国社会党首领。中国社会党于1911年11月在上海宣告成立。天津、北京、南昌、长沙、苏州、重庆等地随后都建立了社会党支部,其声势和影响一度比刘师复的组织要大得多。江氏出生于江西上饶一个仕宦之家,1901年留学日本,半年后受时任直隶总督的袁世凯之聘回国任北洋编译局总办和《北洋官报》总纂。后再次赴日本留学,1904年因病辍学回国。在日本期间,江亢虎受日本片山潜、幸德秋水等人的影响,接受了无政府主义的某些思想主张。他创立的中国社会党,举的是"社会主义"的旗帜,但无政府主义色彩很浓。江氏声称:"余极信仰社会主义,而亦极喜研究无政府主义,故无政府主义之入中国,余亦为其介绍之一人。"[①]但刘师复从一开始就对江亢虎介绍的无政府主义不以为然,毫不客气地发表一篇论文与江氏诘辩,由此而展开一场笔战。刘师复的批驳论文后来编辑成册,以《伏虎集》为书名。刘江两人的争论颇为激烈,大有一种你假我真的架势,但从他们论战的问题及分歧而言,仅是认识上的差异,无原则性的对立。双方的争论后来不了了之。然而,对于刘师复来说,这场论战却作用显著,它树起了刘师复作为正宗无政府主义派大师的形象。

刘师复的个人品行无疑也增添了他的偶像魅力。他不折不扣地践行规约,不食肉、不饮酒、不吸烟、不乘轿及人力车、不用仆役、不婚姻、不称族姓、不作议员、不入政党、不作海陆军人等。这些规约超出了历史上名贤士林中那种不入

[①] 《江亢虎文存初编》,见葛懋春、蒋俊、李兴芝主编:《无政府主义思想资料选》上册,北京:北京大学出版社,1984年版,第313页。

世俗的传统清高习风,而具有无政府主义理想人格的意义。因此,他被后来的信徒们奉为善美道德的完人。刘师复传播无政府主义的坚定信念和执着追求也使他的后继者们敬佩,他几次筹谋暗杀活动,甚至为此身残,为此下狱,却志向不移;他重病缠身,同人欲变卖印刷机供其交纳治病钱款,被他以事业为重,不可为活一人而弃之的理由,断然拒绝。此事在刘死后成为佳话流传开来,不免引起一般信徒的敬意。的确,在中国无政府主义者当中,像刘师复这样虔诚的人是很少见的。

五、"五四"时期的热潮

1915年9月,陈独秀在上海创办《青年杂志》。一场以思想启蒙为主要任务的新文化运动在知识界掀起。这场新文化运动的发生,是知识界反思辛亥革命的结果。陈独秀等一批激进的知识分子认为,辛亥革命后建立的民主共和国,之所以名实不符,空挂一块民国的招牌,症结在于未被触动的旧思想、旧道德和社会价值观念与从西方引进的新制度不协调。"我们中国多数国民口里虽然是不反对共和,脑子里实在装满了帝制时代的旧思想,欧美社会国家的文明制度,连影儿也没有,所以口一张,手一伸,不知不觉都带君主专制臭味。"①于是,他们将视线转入"伦理觉悟"、"道德革命"、换洗脑筋的思想启蒙。尽管这场新文化运动的目的是要在中国实现真正的民主共和国家,但它偏重思想启蒙的特性,却触发了各种思想主张的活跃。无政府主义就是在这种背景之下,获得了掀起传播热潮的契机。

1916年,无吾、求同、真风等人在南京组织"群社",这是刘师复去世后国内首先成立的无政府主义团体。1917年5月,太侔、震瀛(即袁振英)、竞成、超海(即黄凌霜)等人在北京大学发起组织了无政府主义团体"实社"。1918年,山西无政府主义者尉克水组织成立了"平社"。1919年,以上三个团体与原刘师复组织的"民声社"合并,成立了"进化社",在上海出版《进化》月刊,大力传播无政府主义思想。同年建立的还有另外两个无政府主义团体:一是由郑仲勋在广州发起组织的

---

① 陈独秀:《旧思想与国体问题》,《独秀文存》,合肥:安徽人民出版社,1987年版,第102页。

"社会主义同志会",一是由南京"群社"成员志道、真风与天津的姜般若联合组织的"真社"。1919年出现的无政府主义团体,以"进化社"的影响最为突出。

1920年建立的无政府主义团体较1919年更多。据目前见到的资料统计为7个。它们是:北京大学学生组织的"奋斗社"、安徽芜湖李冰心组织的"安社"、江苏南京遗恨等人组织的"安社"、上海成立的"安那其同志社"、重庆成立的"适社"、成都成立的"半月社"和"均社"。其中,"奋斗社"在宣传活动上比较活跃,有较大影响。

1922年和1923年无政府主义团体大量涌现。约略统计,1922年为18个,1923年为40个。这些团体的分布,以四川、广东、江苏、上海、北京、长沙和武汉等省市为主,济南、天津、太原、安庆等地也有一些无政府主义团体建立。

根据目前出版的资料统计,"五四"时期的无政府主义团体达70余个。从形式上看,这些无政府主义团体大都既无纲领和章程,又无严格的入会手续和纪律条文。往往几个人倡导就成一个团体,除了几个骨干分子外,成员有多少无法确知,甚至有单枪匹马的"独立大队"。从成分上看,这些无政府主义团体大部分是以青年学生和其他知识分子为主,也有少量信仰无政府主义的工人组成的团体。从实践上看,这些无政府主义团体主要从事思想理论宣传的活动,虽然不少人仍提倡和喧嚷暗杀等暴力活动的主张,但很少有付诸实践的行动。

与刘师复在世时期相比,"五四"时期无政府主义者的联合倾向更为显著。"进化社"虽然实际活动有限,但它串联了山西、南京、北京和上海等地的无政府主义者,开创省市联合形式之先河。"五四"运动爆发后,一些无政府主义者呼吁"联合"进行"世界大革命"。1919年夏,他们曾经召集全国各地的无政府主义小团体,举行了"第一次无政府联合大会",研究无政府主义在"支那进行之种种问题",但终因歧见丛生而未获统一。在联合进行所谓的"世界大革命"的呼吁下,一些国际"社会党"人也纷纷来华鼓吹无政府主义。据北洋政府汉口警察厅的报告,当时来华的国际"社会党"人就有俄国的懋心、美国的高曼等100多人,其中很多是无政府主义者。① 这些情况说明,"五四"时期的无政府主义者

---

① 中国第二历史档案馆编:《中国无政府主义和中国社会党》,南京:江苏人民出版社,1981年版,第28页。

虽然没有扭成一股统一的力量,但这种一哄而起,团体纷立,并寻求联合的架势,则使它在社会上产生前所未有的影响。

无政府主义宣传刊物也竞相问世。据不完全统计,"五四"时期这一类刊物总数达70多种。较有影响的有《进化》、《互助》、《学汇》、《工余》、《民钟》、《奋斗》、《自由录》等。出版的书籍达35种左右。这些刊物一般均由无政府主义团体创办,因此就往往随团体的生灭而存亡。刊物的生命力很短暂,能够维持一二年的并不多,有的仅出一二期就销声匿迹了。编辑出版的书籍大多是刘师复在《晦鸣录》和《民声》杂志上发表的文章汇编而成,如《无政府浅说》、《无政府主义讨论集》等。此外,巴黎《新世纪》杂志上刊登的文章也被汇集出版。翻译出版的著作有克鲁泡特金《近世科学与无政府主义》等。可以说,"五四"时期无政府主义的宣传很大程度上是刘师复早期宣传的重复,理论主张停留于抄袭性的贩卖,带有学理性研究和系统性宣传的无政府主义著作几乎没有。这种情况说明,无政府主义的传播即使处于热潮阶段,理论上仍然是贫乏的。然而,拥有近百种刊物和书籍形成的宣传势头,则远远超过了刘师复早期传播的时期,无政府主义在百花争艳的"五四"思想园地里则又不能不说是一朵异彩夺目的艳花了。

"五四"时期有较大影响的无政府主义者以黄凌霜、区声白为代表。这两人都是北京大学的学生。他们受无政府主义思想影响早在"五四"运动之前,后黄凌霜主要活动于北京,区声白在广州从事活动。黄凌霜曾在刘师复创办的《民声》杂志上撰写过文章。"五四"时期他们继承了刘师复的衣钵,成为当时著名的无政府主义者。他们的影响主要是积极从事无政府主义的组织活动,理论上的宣传则比刘师复逊色得多。由于俄国十月革命的发生,黄凌霜、区声白从否认国家、反对强权的无政府主义基本立场出发,集中把攻击的矛头转向俄国十月革命后的苏维埃政权以及指导十月革命胜利的马克思主义。

朱谦之也是引人注目的无政府主义者。他是当时北京大学校园里一个思想偏激的学生,在哲学思想上受叔本华的意志主义、柏格森的直觉主义影响较深。他强调个人"自我奋斗",鼓吹"破坏神圣",认为"无政府革命还是半截的、不彻底的",为了消灭强权,最彻底的革命,在把宇宙间的一切组织都推翻,几时革到无天无地、无人无物,这才是归宿。朱谦之宣扬的无政府主义比黄凌霜、区声白要显得更走极端,有人称他为无政府虚无主义派。但朱谦之并无系统的无政府主义主张,他在青年学生中名噪一时,主要不是因为他的无政府主义观点,而是他那好趋极端的激进倾向和他那"奋斗创造一切"的"生命哲学"思想。

当时还有一种所谓"中国式的无政府主义"凑过热闹。代表人物是郑太朴(名松堂,字贤宗)。"五四"运动前后,他在《民国日报》副刊《觉悟》上发表文章宣传无政府主义。1920年10月,陈独秀在《谈政治》一文中对无政府主义提出批评时,首先站出来反驳的就是他。郑贤宗认为,"中国底历史,向来是无政府的历史","无政府主义在中国实在是最合适了"。他申明自己不是克鲁泡特金主义者、巴枯宁主义者或普鲁东主义者,而是"中国式的无政府主义者",主张"若果要行无政府主义,必定要参酌中国的社会情形才可,决不能贸然把西洋无政府主义者的学说拿来生吞活剥如法炮制的装上"。① 陈独秀、施存统等人曾颇为认真地与他进行了辩论。其实,郑太朴的无政府主义思想更为粗陋,尽管他冠称"中国式的无政府主义",但并未提出什么具体的主张,在"五四"时期他的实际影响微不足道。

由于无政府主义主张思想绝对自由,因此在鼓吹者或信仰者中,往往仁者见仁,智者见智,东成一派,西树一枝,相互之间有时还发生龃龉,显得混乱纷杂而无统系。尽管"五四"时期无政府主义团体蜂拥而出,书籍杂志竞相问世,但却山头林立,调出多门,各显身手。与民国初年刘师复的宣传相对照,"五四"时期无政府主义宣传的杂乱是一种退步。然而,也正是这样的杂乱却又凑成了它的热闹场面。

国际上,施蒂纳、普鲁东的无政府个人主义,巴枯宁的无政府工团主义,克鲁泡特金的无政府共产主义,各具自身的理论特色。他们之间既有本质的一致,又独成体系,从而形成较为明显的无政府主义流派。中国则不然。中国的无政府主义者在接受无政府主义思想时,很少有细心之人,他们往往不加区分地将施蒂纳、普鲁东、巴枯宁、克鲁泡特金的思想理论混合在一起,几乎找不出有人对无政府主义的不同流派作过仔细的分辨,也未见什么人扯起某位无政府主义大师的旗帜独撑门面,以区别于其他无政府主义流派。"五四"时期的无政

---

① 太朴:《论中国式的安那其主义答光亮》,载《民国日报》副刊《觉悟》,第7卷17期,1921年7月17日。

府主义宣传也是如此。

当然,对于国际上的几位著名的无政府主义大师,中国的无政府主义者也是情有独钟的。稍注意的话可以发现,俄国人克鲁泡特金的理论最受中国无政府主义者的青睐。这有两方面的原因。第一,俄国是中国的近邻。当时中国人的一般认识中,曾经处于沙皇统治下的俄国国情与中国的国情比较相似。此外,中国人最初接触无政府主义思想虽然起始于日本和法国,但俄国民粹主义的影响先入为主地构成中国人认知无政府主义的第一印象。克鲁泡特金作为俄国无政府主义的理论大家,对于中国的无政府主义者似乎更有一种亲切感。第二,中国传统社会的一个重要特征是重伦理。儒学的宗教化既是政治伦理化的表现,又是伦理政治化的结果。虽然近代中国一些志士仁人(如谭嗣同)对宗教化的儒学疾恶如仇而猛烈地加以抨击,喊出了"冲决纲常之网罗"的响亮口号,但带有浓重人情味的重伦理倾向经历了几千年的积累,已在中国人的潜意识中固化为传统思维定式,很难挥之即去。而传入中国的无政府主义理论中,克鲁泡特金的理论恰恰带有浓厚的伦理色彩。他的"互助论"强调社会进化中人群互助的作用,认定人类可以通过互助进入无政府共产主义社会。这种观点显然更适合中国传统思维定式。尤其是当人们对"优胜劣败"、"弱肉强食"的达尔文主义渐生疑惑时,克鲁泡特金的"互助论"正好填补了中国人精神上的需求。因此,中国的无政府主义者从刘师复到"五四"时期形形色色的无政府主义团体和个人,对克鲁泡特金都无不抱持敬仰的态度,对他的思想理论予以偏爱。

总之,黄凌霜、区声白的"正统"无政府主义也好,朱谦之的无政府虚无主义也好,郑太朴的"中国式无政府主义"也好,其实只是宣传上的略异,严格地说并不构成流派上的区别。

六、中国无政府主义者的思想主张

无政府主义具有一整套泛杂的思想理论体系,其主张涉及政治、经济、军事、文化、教育和道德等诸领域。中国的信奉者们在散布西方无政府主义理论主张时,往往如蜻蜓点水,涉面而不及底。介绍比较多和比较集中的一般是围绕暴虐专制统治而展开的。在无政府主义的激昂主张下,他们每每以猛烈破坏旧世界的清醒开路,以现世难圆的幻梦继后。因此,在中国无政府主义者的思想主张中,既不乏切入时弊的灼见,又多有引人入邪的偏识。

第一,反对强权压制,排斥任何形式的国家和政治组织,鼓吹极端个人主义。

反对强权压制是无政府主义者的共同主张。刘师复说:"凡无政府党无不以反对强权为职志。"①他们服膺克鲁泡特金"无政府者,无强权也"的解释,认为强权是对自由人性的暴力干涉,而代表强权最显著的就是国家政权。"强权有种种,而政府实为强权之巨擘,亦为强权之渊薮,凡百强权,靡不由政府发生之而保护之",因此,"国家是万恶之本","政府者,万恶之源,强权之母也,欲无强权,必自无政府始"。② 无政府主义者根本不懂国家的实质是什么,为什么会形成国家。在他们看来,国家的存在是因为人的进化不完善所致,人类还保留着兽性。从这种认识出发,他们把战争的发生、社会阶级压迫现象的存在统统归咎于国家。任何形式的国家以及与国家统治有联系的东西,如政治组织、军队、法律等等一股脑儿地成为他们肆情鞭笞的靶子。他们列数国家的罪恶:制定法律,限制自由;保护阶级制度,制造不平等;摧残幸福,泯灭正义;颠倒是非,欺骗人民;阻隔人类交往,酿成国际竞争等。无政府主义者认为,人们的道德自由才是公理,人的自由权力既不能受到任何强权的压制,也不应受任何条件的约束,他们主张个人绝对自由。"无政府党主张完全自由,排斥一切政府,实为无政府主义之根本思想"③,"无政府主义以个人为万能,因而为极端自由主义"④。这一根本思想构成了无政府主义的理论基础和核心观点。

第二,仇视私有制度,描绘无政府主义的理想图式。

无政府主义者猛烈地抨击私有制度。刘师复指出:"社会之私有制度既成,有金钱者斯得最高之生活,而不必为出力生产之人。"有了私有制度,整个世界才成为"今日悲惨黑暗罪恶危险之社会。究其原因,则莫非私产制度为之阶",

---

① 刘师复:《江亢虎之无政府主义》,载《民声》,第17号,1914年7月。
② 刘师复:《无政府共产主义释名》,载《民声》,第5号,1914年4月。
③ 刘师复:《江亢虎之无政府主义》,载《民声》,第17号,1914年7月。
④ 黄凌霜:《评〈新潮〉杂志所谓今日世界之新潮》,《进化》,第1卷第2期。

因此,"无政府则剿灭私产制度,实行共产主义,人人各尽所能,各取所需"。① 中国无政府主义者对私有制度的仇视,从理论上说是来源于普鲁东的"财产就是盗窃"的观点。但普鲁东的这个思想萌生于破产的小资产私有者对资本主义所有制恶性膨胀的哀嚎心境,中国的无政府主义者对资本主义私有制创造的贫富极端悬殊并无实际的感受。他们对私有制度的抨击,主要缘于描绘无政府主义理想社会图式的需要。一般无政府主义者均以公有制度作为他们的理想社会图式。他们主张在废除强权以后,政治生活由自由组织的各种公会和团体主持,社会平等,个人独立;经济上,一切生产资料和消费资料都归全社会所有。无国家、无法律、无权威、无阶级、无压迫、无家庭……每个人竭自己所能为社会出力,劳动成为享受和义务;每个人尽自己所需领取社会公有的财物。"你要吃,就有个机关拿饭给你;你要穿,就有衣服给你;你要用,就有房子给你。人人都受平等的教育,没有智愚的分别。"②如此美妙的社会图式自然令人兴奋无比。对照专制统治下的黑暗现实,无政府主义者的描绘,诱人之处是显而易见的。

第三,强调人的社会公平地位,主张权利和义务均等。

无政府主义者宣传公平是人的自然权利。"平等者,权利义务无复差别之谓也;独立者,不役他人不倚他人之谓也;自由者,不受制于人不役于人之谓也。此三权者,吾人均认为天赋。"③他们以小生产者均等的眼光来理解公平原则,主观地设计了无政府社会中人的权利和义务划然同一的公平模式。刘师培提出的"人类均力说"最为典型。他指出:"处于社会,则人人为平等之人,离于社会,则人人为独立之人。人人为工,人人为农,人人为士,权利相等,义务相均,非所谓大道为公之世耶?"④为此,刘师培还具体拟出了一张图表,规定每个人从出生至5岁,由栖息所(类似托儿所)抚养;6岁至10岁在学校读书;11岁至20岁半天读书半天做工;21岁至36岁,既要务农,又要做工,做工又按年龄段分别从事建筑、制造、纺织等不同的工种;37岁至50岁,从事高级的社会服务

---

① 刘师复:《无政府浅说》,载《晦鸣录》,第1号,1913年8月。
② 蒂甘:《怎样建设真正自由平等的社会》,载《半月》,第17号。
③ 刘师培:《无政府主义之平等观》,载《天义报》,第4卷,1907年。
④ 刘师培:《人类均力说》,载《天义报》,第3号,1907年。

工作,如当厨师、工技师、医生等;50 岁以后到栖息所担任养育幼童和教育工作。这样就使"一人而兼众艺",权利和义务完全均等。这里,如果是论述未来社会人的智能可得到全面发展,不能说全无道理,但若作为现实目标来追求,显然是一种空想。而且刘师培作为理论基础的人类均力观点,实际上是以绝对平均主义的眼光来认识社会分工和人的权利与义务,是小资产阶级世界观的体现。刘师培之后的中国无政府主义者虽无如此详细的论述,但基本思想是一致的。

第四,提倡废姓,抨击宗法家族制度。

人各具姓名是人类社会交往所必需。"姓"是血缘关系的标记,往往为一群人所共有,而名则由个人所取用。当然,严格的家族制度下,名字的选取也有规定的谱系。中国无政府主义者认为,"姓"由于代表着血缘关系,它的存在便成为一种人身依附关系的象征。这是与极端个人主义的精神不符的。"族姓者,自私之物也。有族姓则有长幼尊卑之名分,长者尊于人,幼者卑于地,蔑视公道,丧失人格,莫此为甚。"无政府主义者认为,中国人"既人人自命为黄帝之子孙矣,则芸芸四亿之众,同出一祖,即当同系一姓,又何有为张为李之俨如异类乎?且自达尔文进化论兴,其学说已为世界所公认,是则人类远祖同出猿猴,五洲万国凡百族类莫非昆弟,又何一族一姓之可言哉?"①因此,他们明确提出废姓的主张。刘师复发起组织的"心社",戒规中有"不称族姓"一条,他本人则废刘姓,一直使用"师复"之名。后来的黄凌霜、区声白等人也仿而效之。一般无政府主义者或废姓称名,或不用原名另行取之,如彼岸、恨苍、悟尘、哀鸣、无吾、求同等,这些称呼并非通常意义上的笔名,而是无政府主义者主张废姓的体现。还有用英文字母,用阿拉伯数字代表名字的。从无政府主义者提出废姓主张的底蕴看,其旨意在摆脱封建宗法家族制度的束缚,很多无政府主义者都对宗法家族制度作过激烈的批判。《天义报》上发表过《毁家谭》一文,刘师复发表过《废家族主义》等文章,指出:"自有家族,而青年男女遂皆卑屈服从,无复独立人格。"他甚至把家族制度认作"一森严牢固之大狱",青年男女都成为里面的"囚

---

① 《心社趣意书》,载《社会世界》第 5 期,1912 年 11 月。

徒"。① 这些批判在一定程度上触及中国封建宗法制度的黑暗层面,有其进步意义。因此,他们的废姓主张尽管看似不合情理,但仍对不少进步青年产生很大的影响。

第五,幻想革命即日成功,宣扬暴动、暗杀的恐怖思想。

中国无政府主义者极端不满现实,但又受极端个人主义思想的制约,不赞同团体的组织行为。他们反对建立政党,反对以阶级斗争推翻封建专制。因此,只能将他们编织的美丽幻想寄托于突发性的侥幸成功,于是,提倡暴动,鼓吹暗杀,就成为他们宣扬无政府主义成功的主要途径。他们也主张广泛进行无政府主义的学理介绍,但认为"若徒借口舌笔墨之鼓吹,而欲达吾目的,真不知于何年何月,且敢决其无由达到。故吾人于口舌笔墨之外,不能不更以激烈行动助之,如罢工、暴动、暗杀等等"。刘师复举例说,辛亥革命之所以如此迅猛,归功于黄花岗战役及迭次之暗杀案,可见"激烈行动之效果,真有胜于十万书册之散布者"。② 当然,中国的无政府主义者并非都是清一色的恐怖思想提倡者,但由于无政府主义者找不到实现革命的正确途径,因此,提倡暴动、暗杀的恐怖思想仍有普遍性,并且对社会的影响比较广。辛亥革命前后国内频繁发生的暗杀案虽然并非都是无政府主义者所为,但却都与受无政府主义思想的鼓动不无关系。而这样的恐怖思想恰恰十分典型地表现出小资产阶级难熬革命的艰巨性,不愿脚踏实地进行长期革命的弱点。

以上归纳的无政府主义思想主张,一般为中国无政府主义者所共有。当然,从20世纪初中国人提倡无政府主义开始,到1907年形成《天义报》和《新世纪》两个传播中心,再到"五四"时期形成传播热潮,热衷无政府主义宣传的人物角色不一。他们中有昙花一现式的过场人物,也有比较虔诚的信奉者;有心血来潮、借此获取个人政治资本的投机客,也有饥不择食、信手拈来的盲目张扬者。除刘师复的思想稍有承继者外,中国的无政府主义宣传缺乏一以贯之的连续性。你说你的,我唱我的,歧见纷立成为中国无政府主义宣传的显著特点。因此,即使是以上归纳的思想主张,其普遍性仍有一定的限度。重要的是,这些

---

① 刘师复:《废家族主义》,《师复文存》,第115页。
② 刘师复:《答恨苍》,载《民声》,第20号,1914年7月。

相对而言比较普遍的思想主张,正是无政府主义对中国社会产生魅力的诱人所在。就无政府主义所起的历史作用来评价,在马克思主义成为中国思想界先进思潮的主流之前,无政府主义虽然具有不赞成甚至反对资产阶级民主革命的消极一面,但其与专制统治势不两立的姿态构成了无政府主义进步意义的主导方面。而当无政府主义转向攻击马克思主义时,其阻碍社会进步的一面则成为主导方面。然而,问题在于,不管是清政府、袁世凯政权,还是"五四"时期北洋军阀的统治,专制的邪恶已成为众矢之的,这种基本的社会氛围使无政府主义的这些思想主张,很容易诱导人们将它作为反抗专制、憧憬光明的精神支柱。

七、无政府主义何以影响中国

无政府主义思潮在中国流行一时,终未落根于中国社会。然而,它的影响是比较广泛的。尤其是在辛亥革命以后至"五四"时期,在20世纪初中国思想界流行的各种社会思潮中,无政府主义的醒目地位不可忽视。尽管它流于幻想,尽管它的理论宣传浅薄而杂乱,但在吸引先进知识分子尤其是青年学生方面却是其他思想主张所不及的。因此,从各个层面细致分析无政府主义影响中国的原因,很有必要。

首先,小资产阶级占人口绝大多数的中国社会,具有无政府主义流传的深厚基础。从世界范围看,无政府主义思想容易产生和容易传播的国家,大多为一些人口比重中小资产阶级成分较大的国家。例如,孕育普鲁东无政府主义思想的法国,在19世纪30至40年代共有工商企业64 000个,其中单干的有32 000个,占50%,25 000个企业只有2到10个工人干活,7 000个企业工人人数在10名以上,拥有1 000人以上的工厂只占少数。农业在法国经济中占的比重也很大。18世纪末法国人口总计2 510万,农民人数却达2 200万。经过工业革命,法国社会结构有较大的变化,但农业仍为全国占优势的职业。直至1896年,从事农业的人口还占全国人口总数的60%左右。又如产生过巴枯宁、克鲁泡特金等无政府主义著名人物的俄国,自1861年农奴制改革后,资本主义有较快的发展,但仍是一个封建农奴制极盛的落后国家。农业在俄国始终占着重要地位。1897年人口普查,俄国人口为12 564万人,其中从事农业生产劳动的人口为9700万,占77.2%,工商业人口为2170万,占17.3%,非生产人口为690万,占5.5%。农业占国民经济总产值的三分之二。全国出售的约2000万吨粮食,只有21.6%是大经济生产的,78.4%均由农民个体经营者生产。历史表明,无政府主义盛行的国家,恰恰都是资本主义不甚发达或者很微弱的地区和国家,因为无政府主义的思想主张代表了小资产阶级的利益。近代中国的社会土壤适宜于无政府主义思想的播种和生长。

其次,中国历史袭传的某些思想,也提供了无政府主义流行中国的文化认同背景。1840年鸦片战争后,东西方文化的融会和碰撞,导致了"夷夏之辨"的传统观念向"中体西用"、"西学中源"之类认知的变异。一些西洋舶来的思想主张,往往生硬地被纳入"古已有之"的认同范式。在中国一些无政府主义者的思想接纳过程中,老庄的"无为而治"主张、儒家的"人性本善"说、墨家的"兼爱"思想,以及令人迷恋的传统"大同理想",都曾被牵强附会地混同于西方近代的无政府主义学说。老子就曾被尊奉为无政府主义之先祖。儒家《礼记·礼运》一篇中关于大同社会的那段著名描述更是常常被用来套合无政府主义的理想,声称无政府社会"无父子,无夫妇,无家庭之束缚,无名分之拘牵,所谓不独亲其亲,不独子其子者,斯不亦大同社会之权舆欤"?[①] 还有人认定无政府主义以"复天然自由,去人为束缚为独一不二之宗旨,其兴味已直与佛氏涅槃、孔氏太平、耶氏天国无以异"。[②] 像这样的比附固然不免狐面狗身,但却给无政府主义在中国的流传造成"似曾相识"之感。

再者,进步的知识分子尤其是青年学生,构成近代中国无政府主义传播者的主体。从最初的留日学生、《天义报》和《新世纪》的一批人、民国初年的刘师复,到黄凌霜、区声白、朱谦之等"五四"时期的一代,不仅宣传无政府主义的绝大部分是知识分子,而且其影响的层面也主要在知识分子圈子里。这一社会阶层的脾性容易急躁盲动。接受过不同程度的教育、具备相应知识的条件,铸造了他们思想敏锐,敢言人之不敢言,行人之不敢行的长处,但脱离社会实践的局

---

① 《心社趣意书》,载《社会世界》,第5期,1912年11月。
② 马叙伦:《二十世纪之新主义》,《政艺通报》,第14期,1903年。

限又往往带给他们不切实际、异想天开的弱点。他们憎恶黑暗的现实,渴望光明的降临,但又无科学的世界观指引;他们耳闻目睹中国社会一次次改良、革命的失败,追求强刺激的剧烈行动,但又无作长期准备的耐心。因此,当他们急迫地寻求改造中国社会的道路时,面对蜂拥而至的各种社会思潮,表现出一种饥不择食的心态。什么主义急功近利,什么主张响亮过瘾,就接受什么。他们凭借满腔热情,最大限度地猎取、尽兴尽致地摄入他们认为时髦的思想和主义。无政府主义正好填补了他们的思想饥饿,它那向强权挑战的勇敢、对平等社会的遐想,以及"二十四小时实现无政府"的誓言,最合一般进步知识分子的口味和脾性。特别是无政府主义抹上"讲革命"、"讲科学"的油彩,使它顺利地在中国找到媒介和追随者。

如果再细致一点剖析无政府主义影响中国的原因,还有两个方面值得重视。一是辛亥革命至"五四"时期特定的历史环境;二是近代中国时代潮流演进的踪迹。

辛亥革命至"五四"时期的中国社会,处于一个迷失方向的特殊时期。旧的已经失范,新的又令人怅然。中华民国取代了专制皇朝,西方近代社会制度从形体上被移植到中国。设立国会、成立内阁、议员选举乃至政党政治都曾在表面上得到实现。但执行的结果总是扭曲变形,改调走样。如鲁迅所说:"可怜外国事物,一到中国,便如落在黑色染缸里似的,无不失了颜色。"①新的社会制度在袁世凯和段祺瑞等北洋军阀统治者的手里成为随心所欲的玩物,翻手为雨,覆手为云,变化无常。内阁总理走马灯似地被随意更换,国会选举或是以酒色名利引诱、贿赂议员,或是以武力恫吓,政党林立但形同虚设。于是,一方面,封建帝制的废除标志着传统价值中心的崩塌,另一方面,民国的新建并没有树立起新的价值中心。中国社会陷入不新不旧、新旧杂糅的两难窘境。伴随民国建立而来的是对新制度的普遍不满,"今号称民国成立矣,专制变共和矣,国会开幕矣,而官僚荼毒犹未去也,而军人跋扈如故也,而民生之瘠敝加甚也,而金钱贿买之风弥张也,而暗杀且屡屡发见也,旧疾未除,新患又增","于是民国政界,

---

① 鲁迅:《随感录四十三》,《鲁迅全集》第1卷,第404页。

旧毒未去,新毒又生"。① 这些愤慨之词出自无政府主义者之口,但又十足反映了当时一般人的心境。建立新制度、新政府的革命结局如此糟糕,民国和帝制半斤八两,原先充满憧憬和希望的所有人,如兜头一盆冰水,彻底心凉了。厌倦政治、蔑视国家政权的情绪油然骤升。这种情绪下,无政府主义的散播无疑具有广泛的市场。

从近代中国时代潮流的演进看,呼唤个性解放由隐而显地成为进步知识分子的思想要求。从反封建勇士谭嗣同"冲决网罗"的呐喊,到"五四"时期陈独秀辈揭橥"民主"和"科学",发现和实现人的自身社会价值,构成了近代中国时代潮流的主旋律。而无政府主义的主张所涉及的思想层面,几乎囊括了陈独秀等《新青年》一派人物所热切关注的全部问题。"五四"时期"打倒孔家店"的口号振聋发聩,伐孔檄文接踵问世,而首先指名道姓地批判孔子的则是一些无政府主义者。《新世纪》发表的《排孔征言》就是一篇宣战书。它破天荒地喊出"行孔丘之革命"的口号,指出:"孔丘砌专制政府之基,以塗毒吾同胞者,二千余年矣","以孔毒之入人深,非用刮骨破疽之术不能庆更生"。② 鲁迅的《狂人日记》将封建礼教的吃人本质揭露得淋漓尽致,在"五四"时期激起一层波澜。而无政府主义者对封建纲常的指责也掷地有声,他们指出:"三纲者三网也,后世专制帝王之所以网民也。"③君为臣纲、父为子纲、夫为妻纲的说教,置人于依附的网罩之下,毫无自由和尊严可言,无政府主义批判说:"人之所以为人者,以有自由也。无自由而束缚于人者,牛马不如也。"④"五四"时期倡导科学,反对迷信。无政府主义者指出,"科学者,进化之利器也;迷信者,思想之桎梏也",强调"迷信之大革命,真一日不容缓"。⑤ 陈独秀以"人权"为号召,主张人格独立。无政府主义者指出,"人不役人而不役于人,人不倚人而不倚于人,人不害人而不害于人,所谓自由平等博爱是也"⑥,言辞几乎与陈独秀《敬告青年》发刊词中解释人权的话如出一辙。可见,"五四"时期新文化运动骁将们麾军驰骋之地,每每

---

① 叔鸾:《中国革命原论》,载《人道》,第 14 期,1913 年 5 月。
② 绝圣:《排孔征言》,载《新世纪》,第 52 号,1908 年 6 月。
③ 社会党人来稿:《三无主义之研究》,载《社会世界》,第 5 期,1912 年 11 月。
④ 褚民谊:《普及革命》,载《新世纪》,第 15 号,1907 年 9 月。
⑤ 绝圣:《排孔征言》,载《新世纪》,第 52 号,1908 年 6 月。
⑥ 褚民谊:《普及革命》,载《新世纪》,第 15 号,1907 年 9 月。

可以找到无政府主义者冲杀过的足迹。这种体现时代潮流的因素,使无政府主义思想主张在近代中国比较早地起着思想启蒙的作用。这是它得以广泛传播的一个极为重要的原因。

毫无疑问,无政府主义是一种超越现实的理想主义。当人们把它作为一种现实社会目标来追求时,必然陷入幻想。但当人们把它看作一种对现实社会的反动时,却又取得了追随的价值。超越现实的空幻性与贴合时代的现实性,构成了无政府主义的二律背反。无政府主义的最后破灭缘于这个二律背反,同样,它兴盛一时的魅力也是这个二律背反作用的结果。

八、马克思主义与无政府主义

在西方,马克思主义和无政府主义同时形成于19世纪40年代。当时,无产阶级革命运动正蓬勃掀起,这两种社会思潮的产生,立即对工人阶级的斗争产生交叉影响。马克思和恩格斯等革命领导人很快就觉察到无政府主义思想的危害性。19世纪50年代起,他们为肃清无政府主义对工人运动的影响,进行了毫不含糊的斗争。他们鲜明地揭露了无政府主义的错误主张及其阶级实质,从理论上划清了马克思主义与无政府主义的界限。因此,尽管无政府主义起初也一度被视为社会主义思潮流传西方,但事实上马克思主义从一开始就与它处于对立的状态。

在中国,马克思主义和无政府主义也是在差不多的时间里传入的。据目前所见的资料,最先的零星介绍都散见于19世纪末外国传教士在中国办的一些杂志上。进入20世纪后,两种思想的介绍日益增多。虽然从宣传势头看,无政府主义的流传更猛一些,但它与马克思主义一样,都在"五四"时期进入传播的高潮。与西方不同的是,在较长一段时间里,这两股社会思潮之间保持着相互合作的密切关系。

在理论上,无政府主义与马克思主义常常被认作社会主义的两个不同的流派。很多无政府主义者即使清楚地了解这两股社会思潮的差别及其对立的情况,也试图求同存异,调解两者的对立。刘师复曾说,无政府主义与马克思主义"二派主张虽有不同,然苟欲其主义实现,必须从根本推翻现社会之组织,由资本家之手取回生产机关,此则二派共同之点也"①。自称"无政府主义之入中国,余亦为其介绍之一人"的江亢虎则说得更直接:马克思主义与无政府主义虽已分离,"惟两者原出于一本,距离非远,同点甚多,对于外界异党,断宜互相提携,互相劝勉"②。孙中山在1912年的一次演讲中,也将马克思主义与无政府主义归纳为社会主义学说中的两个流派。③ 在不少人看来,"无政府主义的主张是不同于马克思主义的,但达到共产主义社会,则是'殊途同归'"④。其实,所谓求同存异、殊途同归的认识,只是出于十分简单的理解,即马克思主义与无政府主义都主张公有制。因此,在两种社会思潮的原则界限未明了之前,凡是涉及一点生产资料公有、财产分配平均的主张,往往都被囊括到社会主义的名目之下。这种笼而统之的认识,自然使西方早已壁垒分明的马克思主义与无政府主义,传入中国后却被"和谐"于"新思潮"的宣传中,界限变得模糊起来。

在实践上,马克思主义者与无政府主义者也一度携手合作。像刘师培的《天义报》那样,一边宣传无政府主义,一边也介绍马克思主义的情况,到"五四"时期更为普遍。如北京《晨报》副刊自1919年2月李大钊参加编辑工作后,大量刊登介绍马克思学说的文章,成为当时"宣传社会主义的园地",但同时也"发表了几篇介绍无政府主义的文章和无政府主义鼻祖蒲鲁东的小传"。上海《民国日报》副刊《觉悟》实际"成为上海共产主义小组宣传马克思主义的阵地",但"投稿或通信的青年,最初很少不受无政府主义思想影响的"。⑤《星期评论》上同样"有宣传马克思主义的文章,也有宣传无政府主义的文章"。⑥ 它刊登过《马克思传》,也刊登过克鲁泡特金的著作。即使像《新青年》这样的刊物,也曾发表过吴稚晖、李石曾、黄凌霜、区声白、尉克水等无政府主义者的文章,其第六卷第五号的"马克思主义研究专号"上,甚至并行发表了李大钊的《我的马克思主义观》和黄凌霜的《马克思学说批评》,并行刊载了《马克思传略》和《巴枯宁传

---

① 刘师复:《孙逸仙江亢虎之社会主义》,载《民声》,第6号,1914年4月。
② 《江亢虎文存初编》,见葛懋春、蒋俊、李兴芝编:《无政府主义思想资料选》上册,北京:北京大学出版社,1984年版,第314页。
③ 参见《孙中山全集》第2卷,北京:中华书局,1982年版,第508页。
④ 《袁振英的回忆》,《"一大"前后》(二),北京:人民出版社,1980年版,第470页。
⑤ 以上引文见中共中央马克思、恩格斯、列宁、斯大林著作编译局研究室编:《五四时期期刊介绍》第1集上册,北京:生活·读书·新知三联书店,1978年版,第99、144、189页。
⑥ 邵力子:《党成立前后的一些情况》,《共产主义小组》(上),第70页。

略》。而信仰无政府主义的和信仰马克思主义的人又常常集聚在一起,共同创办刊物,共同组织团体,共同开展活动。不仅早期的马克思主义者曾以无政府主义者为"同盟者",而且无政府主义者也一度对与马克思主义者协作表现出极大的热情。在较早发起的上海、北京、广州等共产党的组织中,既有马克思主义者,也有不少无政府主义者。许多纪念性的集会活动以及对工人的宣传活动,也往往由两派人物共同发起和筹划安排。这些情况表明,在中国马克思主义与无政府主义两种社会思潮确实曾有过一段合流的历史经历。

当然,在马克思主义与无政府主义的流传中,很早就有人注意到它们之间的区别和分歧。刘师培曾指明马克思晚年的宗旨"与巴枯宁离析"。刘师复把无政府主义称为"共产社会主义",把马克思主义称为"集产主义",指出两者理论上存在分歧:无政府主义主张一切生产资料和消费资料属全社会公有,实行各尽所能,按需分配;马克思主义主张生产资料公有,消费资料则由国家或社会按劳分配,属个人私有。① 此外还有其他的划分,如将马克思主义称为"国家社会主义",将无政府主义称为"极端社会主义"或"完善社会主义",认为马克思主义主张建立无产阶级的国家政权,无政府主义则主张废除国家,后者比前者更彻底。但是,这种区别和分辨,在较长时间里并未引起人们的关注,而且也没有明显的现实意义。在一般人看来,"反对现实,憎恨政府是主要的,至于社会主义的前途,共产主义的远景都有可望而不可即之感",所以,《马克思传略》、巴枯宁和克鲁泡特金的传记,"大家都很喜欢读"。② 李大钊在与无政府主义者合作时,虽然意识到相互之间理论上的分歧,但认为"中国革命离无产阶级专政还远得很,此时无政府主义者和马克思主义者是可以不计较这一分歧,共同在一个组织里面携手并进的"。③ 可见,在马克思主义者鲜明地揭示自己的战斗纲领之前,反对现政权黑暗统治的共同性,成为马克思主义与无政府主义两股社会思潮联姻的基础。

然而,如果理论上的分歧不能统一,思想上的离异是必然的。随着历史进程的发展,"五四"时期中国思想界到了面临分野的十字路口。马克思主义与无

---

① 刘师复:《孙逸仙江亢虎之社会主义》,载《民声》,第6号,1914年4月。
② 包惠僧:《共产党第一次全国代表会议的回忆》,《"一大"前后》(二),第313页。
③ 张国焘:《我的回忆》第1册,第105页。

政府主义两股社会思潮的分流基于以下几个因素。第一,"五四"时期思想界极为活跃,各种新思潮纷至沓来,一时形成百花争艳的局面。而无政府主义思想大有"独霸一枝"的势头。刘少奇回忆说:"在起初各派社会主义的思潮中,无政府主义是占着优势的。"①"五四"时期十分活跃的张国焘在《我的回忆》一书中谈到当时北京大学的同学中,信仰无政府主义的人比信仰马克思主义的人还要多些。显然,无政府主义已构成马克思主义传播的严重阻碍。第二,俄国十月革命对中国社会产生巨大影响。"走俄国人的路"这一结论逐渐明确,使一些先进知识分子头脑里形成了改造中国的参照模式。如果说无政府主义者在以往"社会改造"的泛泛而谈中,还能容忍与马克思主义的一些思想分歧的话,那么当建立无产阶级专政的呼声成为真实追求时,他们与马克思主义的分歧便尖锐化了。第三,"五四"时期大量进步社团的涌现,使建立先进政党的任务提上议程。蔡和森说:"'五四'以后,证明过去指导革命的党是不行了,要求有新政党,新的方法来团结组织各种各派反帝国主义、反军阀的群众。"②这个时代任务一旦付诸实践,便立刻与无政府主义的思想主张发生明显的冲突。这些因素遂使马克思主义与无政府主义两股社会思潮的分离势所难免。

  1920年9月,马克思主义与无政府主义的论战发生了。陈独秀在《新青年》杂志上发表了《谈政治》一文,对无政府主义的基本观点进行了批判。无政府主义者郑贤宗立即写信反驳。该年底,陈独秀在广州活动,又与无政府主义者区声白发生舌战。于是,《新青年》、《共产党》月刊以及《民国日报》副刊《觉悟》上接连刊登马克思主义者的批判文章,论战日益激烈。1921年7月中国共产党正式建立后,《新青年》上刊出陈独秀与区声白的一组争辩通信,推动论战继续深入。党的机关刊物《向导》、中国社会主义青年团的机关刊物《先驱》等,继续发表了不少批判无政府主义的文章。这场论战在当时的思想界十分醒目。

  马克思主义者对无政府主义的批判,涉及各方面的问题。主要集中在三个方面。第一,批判无政府主义笼统地将国家政权与罪恶相等同的错误,指出,不应不加分析地反对一切强权,无产阶级的强权是"救护弱者与正义,排除强者与

---

① 见1939年5月出版的《中国青年》第3卷第5期上刘少奇撰写的纪念文章。
② 蔡和森:《中国共产党史的发展(提纲)》,《蔡和森的十二篇文章》,第17页。

无道",因此,"就不见得可恶了",强调在实现共产主义之前,无产阶级必须牢牢地掌握自己的政权,无产阶级专政是最后消灭阶级、实现共产主义的必经阶段。① 第二,批判无政府主义所谓"绝对自由"的主张,指出,在人类社会中,自由是相对的,个人的绝对自由是根本不存在的。要实现无政府主义所谓个人的绝对自由,只有脱离整个社会,到一个除了自我以外一切都不存在的环境中去。而这样,个人也无所谓自由了。第三,批判无政府主义在社会分配问题上的绝对平均主义错误,指出,要实现各尽所能,按需分配,只有在社会生产力高度发展,社会财富十分充裕的前提下才有可能。围绕这些方面,马克思主义者比较展开地论述了马克思主义的国家观、阶级斗争学说、无产阶级专政理论以及民主与集中的辩证关系的思想,从而划清了与无政府主义的界限。

马克思主义与无政府主义的论战,意义是重大的。从政治角度而言,这场论战直接影响着中国共产党的创建,没有马克思主义与无政府主义思想上的分离,无产阶级的政党组织就不可能诞生。从思想角度来看,这场论战则是一个主义筛滤的过程。从20世纪初开始,社会主义在各种新思潮中成为最引人注目的一派,而直至"五四"时期,"社会主义流派,社会主义意义都是纷乱,不十分清楚的"。② 因此,相信无政府主义的人嘴上不离社会主义,而相信马克思主义的人也赞同无政府主义。青年毛泽东"读了一些关于无政府主义的小册子,很受影响"③。恽代英、彭湃、周恩来等具有初步共产主义觉悟的知识分子都曾不同程度地受到过无政府主义思想的影响。这些现象正是社会主义思潮传入中国后浑浊不清的结果。马克思主义与无政府主义的论战,实际起到了清除社会主义思潮中杂质成分的过滤作用。而马克思主义也正是在这场论战中,确立起中国先进思潮的主流地位,担负起指导中国革命的历史责任。

九、 无政府主义在中国的衰落

"五四"时期热闹一时的无政府主义,在与马克思主义分离以后,便开始走

---

① 陈独秀:《谈政治》,《独秀文存》,合肥:安徽人民出版社,1987年版,第364页。
② 瞿秋白:《饿乡纪程》,《瞿秋白文集》第1集,第23页。
③ 斯诺:《西行漫记》,董乐山译,北京:生活·读书·新知三联书店,1979年版,第127页。

向它的衰落期,主要表现为政治上日趋背离革命的轨道,影响缩小,作用减弱。中国社会变革的实践,在选择、确定其历史方位的过程中,最终抛弃了无政府主义的幻梦。

经过思想理论上的辨析,马克思主义与无政府主义的原则界限明朗了,一些加入共产主义运动的知识分子觉悟到无政府主义的空幻性,而一般青年学生对无政府主义也失去了那般如醉如痴的热情。1924年后,反对北洋军阀的斗争使中国进入轰轰烈烈的大革命时期。无政府主义的惨淡经营已与汹涌澎湃的革命浪潮显得格格不入。1924年至1927年的4年中,约有18个无政府主义社团建立,主要的如:上海的七日评论社、自由人社、平社、民钟社,武昌的中社、星社,广东新会的火焰社,等等。这些社团均为少数几个人的组合,而且基本的主干力量仍然是"五四"时期无政府主义传播的热衷者,组织形式仍然保留了以往那种松散的特点,大都无纲领和章程,也无纪律规约。能够反映他们存在和活动的主要就是发行了一些刊物和书籍,继续散布无政府主义的思想主张。并且也主要集中在上海等少数几个大城市,散播范围非常有限,其颓势已无可挽回。"日归寂静,形同散沙,言念前途,不寒而栗"①,无政府主义者的这一哀叹道出了衰落期的凄凉情景。1927年大革命失败后,无政府主义更呈分崩离析之态,即便是松散的无政府主义团体也很少见了。剩下寥寥无几的鼓吹者形影相吊,不成气候。1928年,李石曾等人在上海筹办劳动大学,聚集了一些无政府主义信徒,出版《革命周报》刊物,并出版了几本丛书。上海"自由书店"也出版了《克鲁泡特金学说概要》、《蒲鲁东底人生哲学》等十余种无政府主义理论书籍。1931年,卫惠林、巴金主编《时代前》杂志,这是一份带有无政府主义色彩的刊物。1933年,无政府主义者卢剑波编辑发行《憧憬》半月刊,曾译载巴枯宁的《上帝与国家》等著作。抗日战争爆发后,散居各地的少数无政府主义者仍有一些零碎的活动,如1937年卢剑波主编的《惊蛰》和1939年主编的《破晓》两份月刊,都是宣传无政府主义的刊物。直至40年代初,还有个别无政府主义者试图继续进行无政府主义的组织和宣传工作,但没有成功。很明显,在抗日救亡和民主建国的社会大潮之下,无政府主义者的这些活动已显得十分

---

① 《民钟社全体社员启事》,载《民钟》,第13期,1925年9月。

渺小而无任何价值。值得一提的是，一些像样的无政府主义理论著作，如《克鲁泡特金全集》以及巴枯宁的一些著作，倒都是在中国无政府主义的衰落期内翻译出版的，这不妨看作是无所作为中的有所作为。

与"五四"时期以前相比，衰落过程中的无政府主义除了组织松散、理论宣传杂乱等共同之处外，另有一些值得注意的倾向性变化。

第一，对马克思主义采取极端攻击的态度。这种攻击初始于"五四"时期，贯穿在中国无政府主义的整个衰落期。由于中国共产党举起了马克思主义旗帜，"五四"时期以后的无政府主义者更是处处与马克思主义唱反调。如反对中国共产党的革命统一战线政策，竭力用无政府主义观点影响工人群众，抵制马克思主义对工人阶级的指导，指斥马克思主义的无产阶级专政学说，喧嚷"马克思主义的破产"。1927年后，一些无政府主义者甚至主张"安国合作"（"安"即"无政府主义"英文音译"安那其"之简称，"安国合作"即无政府主义与国民党合作），以联手反对中国共产党。

第二，力图扭转无政府主义高谈阔论玄妙理想的空泛形象，主张积极加入社会现实斗争。"五四"时期各派思想和主义的竞争，换得了改造中国社会出路的明晰。随后发生的实际革命运动，席卷了中国的每个角落。但在较长时间里，无政府主义者仍秉承旧旨，既与现政权的统治阶级势不两立，又与承担革命任务的阶级相对抗，满足于背离现实的清高。正像他们后来曾意识到的，自己成了实践的"旁观者"。一些无政府主义者提出要改变以往"单把原理奉为神圣"，"不愿过问现有的政治现象"，认为"应扫除旧的架空的观念，而走在实际的路上，走向社会里边去，去认识社会，同时去改造社会"，"并且要实际进入到现有的种种社会问题和社会运动中去，去参与他，去左右他"。① 还有人明确主张"原理与实际相结合"。虽然这并不改变他们的无政府主义立场，但这种务实的倾向则是一个重大的变化。

第三，抨击国家的激烈态度变软，实现无政府的要求由现实目标降退为下一步的理想。衰落时期的无政府主义者虽然未改变仇视国家政权的基本立场，

---

① 参见惠林：《无政府主义与实际问题》，葛懋春、蒋俊、李兴芝主编：《无政府主义思想资料选》下册，北京：北京大学出版社，1984年版，第826页。

但已很少直接以"无国家"为思想纲领。吴稚晖曾遭来一片非议的所谓"三千年实现无政府主义"的戏言,固然不足挂齿,但其中流露出来的对无政府社会难以期望的心境,在另一些无政府主义者中,则用另一种方式表达出来。他们认为,"在中国现在的环境之下,我们要立刻去实现无政府主义理想的全部是不可能的事","革命发生后,也只能引社会向着无政府主义的理想走去,不是一步便可走到的"。① 还有的无政府主义者则承认,在目前人民觉悟程度很低的情况下,设想即刻取消国家是不行的,"设一日没有政府,可就真糟了",声称"今后的大革命,先莫革政府的命,须用全力革民间的命,把民间的命革成了,那政府的命自然告终"。② 这种论调比照"五四"时期以前无政府主义者那般与国家政权不可一日同存的风格,显然大不相同了。

第四,批评暗杀的恐怖主张,开始强调组织群众运动。如果说,"五四"时期以前,无政府主义者普遍提倡暗杀的话,那么,衰落时期虽然也有个别穷极无聊的无政府主义者仍迷恋于此,但已有人对暗杀之类的恐怖主义思想持否定的态度。他们认识到:统治制度不推翻,靠暗杀性无政府革命是无济于事的。"无政府主义者所反对的是制度而不在个人,制度不消灭,杀了个人,也无用的","无政府主义者中也许有恐怖主义者,但这两种主义的本身并没有多大的关联",主张发动"有组织的群众运动"。③ 能够有此明确认识的在无政府主义者当中当然也不多,但却很值得重视。从总体上看,衰落时期无政府主义者恐怖思想的喧嚷和暗杀事件的发生,比起"五四"时期以前要平淡得多、少得多。

需要说明的是,以上列举的几点变化并不能代表衰落时期无政府主义者思想的整体状态。"五四"时期以后的中国,社会变化频率快,震动幅度也大。阶级斗争与民族战争并存交织,国共两党合作、分裂、再合作,各种社会力量不断分化组合,烽火四起,硝烟弥漫,这些场景使本来就不统一的无政府主义思想更是歧见丛生。尤其是,衰落时期提倡或者说继续宣传无政府主义的人员社会身份、政治面貌差异极大。既有参政并加入国民党的吴稚晖、李石曾之流,也有像

---

① 参见惠林:《无政府主义与实际问题》,葛懋春、蒋俊、李兴芝编:《无政府主义思想资料选》下册,北京:北京大学出版社,1984年版,第830页。
② 哀鸣:《答怀疑无政府主义者》,载《鸡鸣》,第1期,1923年6月。
③ 蒂甘:《无政府主义与恐怖主义》,载《民钟》,第2卷第6、7号,1927年10月。

卫惠林、巴金这样的文人墨客。他们之间甚至谈不上异曲同工。因此，从上述倾向性的变化，很难窥见衰落时期无政府主义思想之一斑。然而，注意这些倾向性的变化，却有助于我们仔细探寻无政府主义在中国衰落的原因。

马克思主义经典作家们曾以"理论上的一窍不通"来驳斥无政府主义思想的浅薄。① 这是无政府主义必然破产的基本道理。因此，"五四"时期发生的论战中马克思主义者开展的理论上批判，对中国无政府主义的衰落无疑具有重要意义。但是，无政府主义在中国的衰落还有多方面的原因。指出这些原因或许更为重要，因为在审视无政府主义衰落的必然性问题时，除了马克思主义者理论批判作用的一般原因之外，还必须从中国社会本身的特殊情况去阐释。

第一，半殖民地半封建历史条件下，中国民族危机的严重性决定了无政府主义所提倡的思想主张与时代氛围背道而驰。从1919年"五四"运动到1949年中华人民共和国建立，三十年的时代氛围烘托着爱国主义的历史主题。鸦片战争以降的中国社会，由于自身的落后和软弱，备受外来侵略的欺压和凌辱。因此，民族振兴、强国富民成为具有凝聚力的时代音符。无论是改造中国的内政变革，抑或是亡国灭族的危急关口，中国人民需要的是能够代表民族利益的权威统治和核心指挥，需要的是集体主义的意志和力量。无政府主义宣扬废除国家、否认权威以及主张个人绝对自由的思想，显然不合时宜。有的无政府主义者甚至对民族救亡的热情也嗤之以鼻，他们从反对任何形式国家强权的基本思想出发，反对提倡爱国主义，将反对帝国主义的民族斗争指责为狭隘行为，胡诌"殖民地的同志的一个重要责任，是设法消灭爱国狂潮"②。当然，无政府主义者中也有积极主张抵抗外国侵略的，如1937年卢剑波在四川创办的《惊蛰》杂志就代表这种倾向。它说明，一部分无政府主义者已经认识到其思想主张与时代氛围的悖违，因此，试图变换面貌以求适合社会大潮流。但是，在救亡图存的时代氛围之下，标榜无政府主义则无论如何都不可能为一般民众所接受。这可以说是中国无政府主义走向衰落的至为关键的原因。

第二，无政府主义不仅理论上支离破碎，而且没有任何可操作的把手。一

---

① 例如，列宁在1901年写了题为《无政府主义和社会主义》一文的提纲，指出无政府主义"没有任何学理、任何革命学说和革命理论"。见《列宁选集》第1卷，第218—219页。
② 柳絮：《主张组织东亚无政府主义者大联盟》，载《民钟》，第16期，1926年12月。

方面，面对当时中国社会制度的黑暗，无政府主义者强调破坏。但如何破坏？无政府主义者除了废除国家强权的空谈外，唯一可做的事就是搞个人暗杀。另一方面，无政府主义描绘的理想社会，确有引人入胜的魅力。但如何建设？无政府主义者除了"二十四小时即刻实现"之类的许诺外，希冀的就是人类善美天性的省悟。他们反对组织政党、反对参与现实政治、反对阶级斗争、反对工农革命。因此，破坏旧制度在无政府主义者那里，必然始终停滞于空谈，而建设新社会的理想蓝图，也只能是飘渺的蜃楼，不可能产生持久的诱人功效。诚然，衰落时期中的无政府主义者对此有所省悟，倾向上有所变化，如上面提到的"原理与实际相结合"、加入社会实际运动以及"组织群众运动"等主张，此外有的无政府主义者甚至开始承认阶级斗争。这些倾向的变化反映出他们试图缩小无政府主义与社会实践之间超时空的距离，弥补脱离社会的缺陷。问题是，无政府主义者并未由此找着涉入社会现实的进口。相反，五花八门的奇谈使无政府主义更令人讨嫌，如有人鼓吹"安国合作"，还有人硬是将无政府主义与三民主义相攀附，如此等等，丑相百露。毛泽东曾说，康有为写了《大同书》，但没有也不可能找到一条实现大同的路，无政府主义又何尝不是无法操作的纸上谈兵呢？

第三，中国无政府主义成员里多有蜕化变质者，从而极大地影响声誉。如前已述，中国无政府主义者信仰虔诚的寥寥无几，善始善终的更是凤毛麟角。社会的变动和革命的荡涤，不断瓦解和分化着无政府主义的信徒：转向接受马克思主义的有之，出家当和尚的有之，当官参政者有之，堕落为汉奸的有之。其中，后两类人影响尤大，世人广为贬恶。在无政府主义传播中国的历史上，从刘师培、吴稚晖、李石曾、褚民谊等人，到"五四"时期的黄凌霜、区声白之流，他们虽然以宣传介绍无政府主义招摇于世，但社会名声颇劣。刘师培勾搭清政府曾被唾弃一时，吴稚晖、李石曾、褚民谊等人后来都成为国民党政府的座上宾，黄凌霜堕落为"CC"派的文人，区声白抗日战争时期则充当了无耻汉奸的角色。更为糟糕的是，这些人甚至一边当官参政，一边仍振振有词地念无政府主义之经，因此，不仅遭到一般人的奚落，就连一些无政府主义者也以此为耻辱。即使有些人仍以"纯洁"的信仰保持着无政府主义者的"贞操"，但这类知名无政府主义者的表现，也同样引起社会对无政府主义的轻蔑。时人指出："他们之谈无政府主义,实如上海富家之念佛、玩古董,装清高罢了。"① 还有人率直地说:"无政府主义到中国即成为官僚主义。"② 有这样的名声,无政府主义再吹得天花乱坠,也难逃衰落之命运。

无政府主义留在中国的只是一场近世"桃花源"的幻梦。跌宕起伏的思潮,犹如社会脉搏跳动的测量器,载录下历史演进的曲线。无政府主义从最初传入、兴盛到后来衰落、破灭,伴随的是近代中国寻求出路中由迷茫向清醒的转变。曾几何时,无政府主义的美妙幻念吊起过一批先进知识分子的亢奋,但很快就烟消云散了。历史公正地给予各种社会思潮亮相竞艳的机会,历史也公正地作出了取舍扬弃的裁决。杜甫的《赠花卿》诗曰:"锦城丝管日纷纷,半入江风半入云。此曲只应天上有,人间能得几回闻。"这首赠送蜀将花敬定的讽刺诗,移用于无政府主义不也十分恰当吗!

参考文献

中国第二历史档案馆编:《中国无政府主义与中国社会党》,南京:江苏人民出版社,1981年版。
林森木、田夫编著:《无政府主义史话》,广州:广东人民出版社,1981年版。
徐善广、柳剑平:《中国无政府主义史》,武汉:湖北人民出版社,1984年版。
高军、王桧林、杨树标编:《无政府主义在中国》,长沙:湖南人民出版社,1984年版。
葛懋春、蒋俊、李兴芝编:《无政府主义思想资料选》,北京:北京大学出版社,1984年版。
伯纳尔:《一九○七年以前中国的社会主义思潮》,邱权政、符致兴译,福州:福建人民出版社,1985年版。
刘其发主编:《近代中国空想社会主义史论》,北京:华夏出版社,1986年版。
路哲:《中国无政府主义史稿》,福州:福建人民出版社,1990年版。
李怡:《近代中国无政府主义思潮与中国传统文化》,武汉:华中师范大学出版社,2001年版。
曹世铉:《清末民初无政府派的文化思想》,北京:社会科学文献出版社,2003年版。

---

① 陈公博:《中国国民革命的前路》,载《民众先锋》,第4期,1929年1月。
② 邓演达:《中国到哪里去?》,《邓演达文集》,第163页。

徐善广:《二十世纪初无政府主义在中国的传播和五四时期反对无政府主义的斗争》,《江汉论坛》,1979年,第3期。

张大勋等:《"五四"时期马克思主义反对无政府主义的斗争》,《学习与探索》,1979年,第2期。

匡珊吉:《无政府主义在中国的传播及其破产》,《四川大学学报(哲学社会科学版)》,1979年,第1期。

汤庭芬:《五四时期无政府主义的派别及其分化》,《华中师范学院学报(哲学社会科学版)》,1981年,第3期。

孙茂生:《中国无政府主义的政治思想》,《求是学刊》,1981年,第4期。

李光一:《无政府主义在中国的传播及其破产》,《史学月刊》,1981年,第2期。

沈俊:《中国早期无政府主义思潮初探》,《华中师范学院学报(哲学社会科学版)》,1981年,第2期。

周子东:《无政府主义在中国》,《社会科学》,1982年,第2期。

蒋俊:《无政府主义的传入与二十世纪初年的革命风潮》,《山东大学文科论文集刊》,1983年,第1期。

李兴芝:《〈革命周刊〉与"安国合作"》,《山东大学文科论文集刊》,1983年,第1期。

杨天石、王学庄:《论〈天义报〉刘师培等人的无政府主义》,《近代中国人物》,1985年,第1辑。

史也夫、刘云久:《五四时期无政府主义在中国传播的特点及其历史评价》,《北方论丛》,1989年,第2期。

马小泉:《五四以前无政府主义思潮论略》,《史学集刊》,1995年,第2期。

马小泉:《辛亥前后无政府主义与民族民主主义辨异》,《河南大学学报(社会科学版)》,1995年,第5期。

张亚东:《无政府主义与"五四"新文化运动》,《南京师范大学学报(社会科学版)》,1999年,第2期。

第十章
在现代性与民族性之间
——民族主义思潮

传统中国是一个以中华文明为核心的帝国,虽然在血统上以汉族为主流,但帝国的国家认同却是超越种族的文化中心主义:不管你是东夷、南蛮,还是西戎、北狄,只要承认中华文明的文化正统,承认以儒家价值为核心的天下秩序,就可以纳入到中华文明帝国的朝贡体系。甚至当蛮夷入侵中原,建立起异族统治政权,只要新的统治权力承认儒家的文化理想和政治理念,就获得了统治的正当性。古罗马帝国是以法律征服世界,为罗马帝国暴力所征服的各民族,只要接受以罗马法为基础的政治统治,就可以保持自己原有的风俗和文化。而传统的中华帝国并非以法,而是以文明为统治基础的帝国。在儒家的身—家—国—天下的认同系列之中,身(自我)、家(血缘宗法家族)和天下(以仁义为核心价值的道德秩序)是最重要的。梁漱溟指出:"中国人心目中所有者,近则身家,远则天下;此外便多半轻忽了。"①所谓被轻忽者,就是国家(王朝)。王朝国家缺乏现代的主权,没有现代的疆域、国民意识,但有所谓的正朔和非正朔之分:区别是否正朔、是否正统的核心标准,不是法律和政治的标准,乃是天下主义的文化理想。所谓"夷狄而中国,则中国之;中国而夷狄,则夷狄之"。梁漱溟将之看作是一种"超国家主义":"它不是国家至上,不是种族至上,而是文化至上。"在保国与保天下之间,保天下是最重要的,"每个人要负责卫护的,既不是国家,亦不是种族,却是一种文化"②。

传统的天下共同体到晚清在西方的冲击下逐渐发生了瓦解。这一瓦解的过程最初是从政治层面的天下解体开始。自从魏源以后,中国士大夫对世界地理和国际格局有所了解,逐渐了解了以中国为中心的华夏中心主义的荒诞性。帝国的朝贡体系崩溃了,中国与世界的关系被迫纳入到新的等级性的现代国家主权体系之中。一种新的共同体意识诞生了,这就是以全球竞争为背景的现代民族国家共同体。

20世纪是自由主义高奏凯歌的世纪,也是民族主义大行其道的世纪。民

---

① 梁漱溟:《中国文化要义》,中国文化书院学术委员会编:《梁漱溟全集》第3卷,济南:山东人民出版社,1990年版,第163页。
② 梁漱溟:《中国文化要义》,中国文化书院学术委员会编:《梁漱溟全集》第3卷,济南:山东人民出版社,1990年版,第162页。

族主义无论在世界上,还是在中国,都是一个颇有争议的意识形态,它是一把双刃剑,既有可能与自由主义相结合,像在美国和法国革命中那样,赋予自由主义和民主主义以民族国家的形式;也有可能与各种专制的威权主义或反西方的保守主义相联系,成为其政治合法性的借口。民族主义作为现代性的内在要求,不是一个要与不要的问题,关键在于如何将之与自由主义的政治理念相结合。

近代中国思想史上的一个核心问题,是如何重建民族国家共同体,如何使这一共同体既是一个普世性的自由民主政治共同体,又是一个有着独特文化认同的民族共同体;进一步而言,这一民族国家究竟是一个政治共同体,还是历史文化共同体?与此相关的是:公民们对之认同的基础是什么?是政治法律制度,抑或公共的政治文化,还是历史传统遗留下来的文化、语言或道德宗教?作为现代中国人,如何构成一个"我们"?——是政治的"我们",还是文化的"我们"?政治认同与文化认同,这两种认同各自有何合理性与内在限制?有没有可能超越这一紧张性?

显然,这些都是当代民族国家认同中相当复杂的问题。本章将分析近代中国思想史上三个典型性的个案:晚清时期的梁启超、民国时期的张佛泉和张君劢,将他们的思想放在启蒙的背景里面,重点研究他们在学理上是以一种什么样的形态打通自由主义与民族主义的,通过什么样的方式建立公共认同、建构民族国家共同体;他们是如何处理个人与国家之间的关系——这些在自由主义看来是互相对立的价值;中国的自由主义在民族主义的问题上,是如何从晚清梁启超的混沌思想开端,在历史文化语境的刺激下,逐渐分化为张佛泉所体现的具有共和主义取向的政治爱国主义和张君劢为代表的带有社群主义色彩的文化民族主义的;自由主义的政治认同和社群主义的文化认同这两种民族国家认同观,又具有什么样的意义和内在限制?

一、近代中国民族主义的历史脉络

1. 民族国家的两种共同体

民族主义与自由主义一样,都是一个现代性的问题。现代性不仅体现为一整套价值观念,而且也涉及人类社会制度的组织方式;建构一个什么样的共同体,以什么作为共同体的公共认同和联系纽带等。在现代社会以前,欧洲中世纪建立的是以上帝为中心的基督教共同体,而在中国是以儒家文化为核心的华夏文化秩序的天下共同体。宗教共同体和天下共同体都是一种拥有终极价值和精神正当性的文化秩序,其现实政治秩序的合法性形式是各种各样的王朝共同体。除此之外,家庭、宗法、庄园、地域等次级结构的共同体形成了人类的社会生活。宗教(或文化)—王朝—封建庄园(或宗法家庭),这一从精神秩序到政治秩序再到社会秩序的共同体系列,将中世纪的人们有效地组织到公共生活之中。在这其中,最高形式的宗教(或文化)共同体是最重要的,因为它与超越性的神意或天意相通,提供了普世性的平等尺度以及各种次级共同体的合法性渊源。那是一个神圣的年代,无论这种神圣性是以外在超越的上帝,还是以内在超越的宇宙/人心一体的方式表现,中世纪共同体的意义所指向的,不是世俗的人的生活,而是具有超越性的神圣境界。正是对这样的神圣理想秩序的追求,构成了宗教(或天下)共同体的公共认同。

在欧洲,当以上帝为核心的神学宇宙观瓦解、基督教共同体被颠覆之后,现代化的世俗生活需要想象一个新的共同体,这就是现代的民族国家。现代性带来的最大变化就是马克斯·韦伯所说的祛除神魅。当传统的基督教共同体和儒家的天下共同体轰然解体之后,各种各样的王朝共同体和封建庄园或宗法家族共同体也失去了其合法性基础。哈贝马斯(Habermas)指出:

> 对上帝的信仰崩溃之后,出现了多元化的世界观,从而逐渐消除了政治统治的宗教基础。这种世俗化的国家必须为自己找到新的合法化源泉。——民族的自我理解形成了文化语境,过去的臣民在这个语境下会变成政治意义上的积极公民。民族归属感促使以往彼此生疏的人们团结一致。因此,民族国家的成就在于,它同时解决了这样两个问题:即在一个新的合法化形态(Legitimation smodus)的基础上,提供了一种更加抽象的新的社会一体化(soziale Integration)形式。①

---

① 哈贝马斯:《欧洲民族国家——关于主权和公民资格的过去与未来》,载哈贝马斯著:《包容他者》,曹卫东译,上海:上海人民出版社,2002年版,第131—132页。

当人们告别神圣时代,进入祛魅的时代,他们需要一种新的共同体想象,世俗国家、世俗社会也需要新的合法性源泉,于是,民族主义诞生了,民族国家替代传统的宗教、天下、王朝共同体,成为现代世界最普遍、最有效的共同体架构。

民族主义并不是启蒙的对立面,其本身是启蒙的产物,启蒙思想的核心是通过肯定人的自主的理性能力,建立人的主体性。世界的主体从超越的上帝或天意,回到了人自身。这样,作为人类共同体的合法性也就不再来自外在的超越之物,而只能从人自身的理性历史和文化传统中去寻找。民族国家的自主性则是个人的自主性原则在群体范围的扩大和应用。

现代的民族国家(nation-state)包含着两种共同体:民族共同体和政治共同体,也就是在民族的范围内组织政治的国家。① 这一政治国家,按照启蒙的个人自主性理想,不再是君主专制的王朝国家,而应该是以人民主权为核心的民主共和国。作为现代的民族国家共同体,民族提供了共同体的独特形式,而民主提供了共同体的政治内容。正如盖尔纳(Ernest Gellner)所指出的,民族国家是西方现代性的产物,是主权国家为适应工业社会的同质性和规范化的世俗文化而建构的,在西方现代性脉络中,民族主义是与自由民主同等的政治正当性原则。②

民族国家认同回应的是两个不同的认同,一个是作为政治国家的普遍的公民资格,另一个是每个人所身处的特殊的族群和文化归属问题。人并不是一个抽象的概念,启蒙思想将人抽象为一个理性的主体,自由主义将人确认为权利的主体,这些虽然是必要和合理的抽象,但无法涵盖人性的全部。假如我们将启蒙理解为是理性主义的话,那么民族主义不仅是启蒙的产物,它又是反启蒙的,与浪漫主义传统有关。按照德国的浪漫主义的看法,人总是具体的、历史中活生生的人,而非理性的载体。历史和现实中的人不仅是理性的,也是有情感

---

① 英语的 nationalism 相对应的是民族国家。张佛泉认为此词最难译,梁启超最早曾经用过国家主义、国民主义和民族主义三个译名,蒋廷黻曾翻译为族国主义,张佛泉曾经译为邦国主义(参见张佛泉:《梁启超国家观念之形成》,《政治学报》(台北),第 1 期,1971 年 9 月)。目前在台湾地区翻译为国族主义,这一翻译比较兼顾到民族主义所内涵的两种不同的认同:对民族的认同和对国家的认同。但在大陆普遍翻译为民族主义,本文按照大陆的约定俗成,但必须注意到民族主义内涵中除了民族的共同体之外,还包含着政治共同体的意味。
② 参见盖尔纳:《国族主义》,李金梅译,台北:联经出版公司,2000 年版;盖尔纳:《民族与民族主义》,韩红译,北京:中央编译出版社,2002 年版。

的,人的情感总是与一定的族群和历史文化背景相联系,他必须获得一种文化和族群的归属感,必须生活在某种文化的共同体之中,否则无以形成完整的自我观念。

哈贝马斯认为:民族国家是解决现代社会一体化的方案。公民国家需要民族国家作为其共同体的形式,如果自主的公民们缺乏民族的框架,共和政体就会缺少活力。民族使得国民们有了归属感,有了自己的历史文化共同体。① 这就是说,民主宪政只能解决政治共同体的制度问题,这种政治共同体(国家)若要从普遍主义转向特殊主义,就必须与特定的语言、历史、文化共同体(民族)相结合,成为具有一体化的、拥有明确归属感的现代民族国家。在人性深处,从古以来就有一种对根源感的追求,对特定的族群、文化或宗教的归属感。民主宪政作为一种形式化的法律体制,自身无法提供文化上的归属感,所以一定要借助民族的想象。哪怕像美国这样的没有民族传统的国家,也要创造一种公民宗教,将自己想象为一个政治民族。民族国家不仅是利益的共同体,而且是情感的共同体。这就不仅需要民主的国家制度,而且需要民族的文化形式。共同体不仅有普世化的共和政治内容,也有特殊化的民族文化内容。在法国大革命中,民族主义与民主主义结合,创造了一个公民共同体。在美国革命中,自由主义与共和社群结合,建立了新的政治民族社群。因此,在现代性的开始,民族主义与自由主义不仅不是矛盾的,而且是一致的。

2. 晚清的民族主义建构

了解了民族主义与自由主义的一般关系之后,现在回过头来讨论中国。传统中国是儒家的天下共同体,按照张灏的说法,传统的天下观有两个层面:第一个是哲学层面,支配中国人世界秩序观的,是天下大同的乌托邦理想;第二个是政治层面,中国人对世界的理解是以中国为地理中心的华夏中心主义。② 天下共同体既是一个现实世界的有教化与蛮夷之分的等级共同体,又代表了儒家的天下归仁的道德理想之追求。它上通天意,下达人心,是中国人理解世界的核

---

① 参见哈贝马斯:《欧洲民族国家——关于主权和公民资格的过去与未来》,载哈贝马斯著:《包容他者》,曹卫东译,上海:上海人民出版社,2002年版,第131—134页。
② 参见张灏:《梁启超与中国思想的过渡(1890—1907)》,崔志海、葛夫平译,南京:江苏人民出版社,1993年版,第112页。

心所在。天下是一种普世化的文化秩序,没有族群、疆域和主权的明确界限。比天下次一级的共同体则是王朝共同体,正如列文森所说:天下代表了一种文化价值,而王朝代表着政治秩序。① 但这不意味着在传统中国文化秩序与政治秩序像欧洲那样是二元或分离的,恰恰相反,王朝为私,天下为公,王朝的正当性来源于天下的道德理想。普世性的天下文化秩序高于一家一姓的王朝政治秩序。朝代可以更替,但国之根本——天下归仁的文化理想却不容颠覆。

传统的天下共同体到晚清在西方的冲击下逐渐发生了瓦解。这一瓦解的过程最初是从政治层面的天下解体开始的。自从魏源以后,中国士大夫对世界地理和国际格局有所了解,逐渐了解了以中国为中心的华夏中心主义的荒诞性。帝国的朝贡体系崩溃了,中国与世界的关系被迫纳入到新的等级性的现代国家主权体系之中。一种新的共同体意识诞生了,这就是以全球竞争为背景的现代民族国家共同体。

民族主义理论的经典作家班尼迪克·安德森(Benedict Anderson)有一个著名的论断:现代的民族主义是一个想象的共同体,是为了适应世俗社会的现代性发展人为建构的产物。② 沈松侨通过对清末民初黄帝神话、民族英雄谱系和国民的叙事的系列研究表明,近代中国的民族主义是通过对历史文化的重构性想象而建立起来的,由此形成三种不同的民族想象模式:一是章太炎、孙中山等革命派知识分子以黄帝符号为中心、辅之以岳飞等反抗异族的民族英雄,建构起一个反满的种族民族主义;二是以梁启超为代表的立宪派知识分子反对以族群界限为依据,用向外开疆拓土、宣扬"国家"声威的张骞、班超、郑和等人建构民族英雄的谱系,试图建立一个国家民族主义;三是反对黄帝纪年、主张孔子纪年的康有为,将孔子所代表的儒家道德文化秩序,从普世性的天下理想,改造为民族特定的文化符号系统,从而建立一个儒教民族主义。③ 无论是种族民族主义,国家民族主义,还是儒教民族主义,这三套关于中华民族的近代叙事,在

---

① 列文森:《儒教中国及其现代命运》,郑大华、任菁译,北京:中国社会科学出版社,2000年版,第84页。
② 参见班尼迪克·安德森:《想象的共同体》,吴睿人译,台北:时报出版公司,1999年版。
③ 参见沈松侨:《近代中国民族主义的发展》,《政治社会哲学评论》(台北),第3期,2002年;《我以我血荐轩辕:黄帝神话与晚清的国族建构》,《台湾社会研究季刊》第28期,1997年;《振大汉之天声:民族英雄系谱与晚清的国族想象》,"中研院"近代史研究所集刊(台北),第33期,2000年;《国权与民权:晚清的"国民"论述》,"中研院"历史语言研究所集刊(台北),第73期,2002年。

晚清到民初都有一段重新想象和建构的历史。不过,在这里,我们也可以发现,中国的民族主义毕竟与美国或一些部落国家不同,在其文化、族群和历史中毕竟是有其"本",有其深厚的渊源所在。民族主义虽然是一套想象的神话,但在中国的历史记忆中有着丰富的和多元的神话资源。民族主义理论的另一位权威论述者史密斯(Anthony Smith)反对安德森的主观"发明"(invented)或"想象"(imagined)说,强调现代的民族主义不能凭空而来,只能在原有族群传统的基础上"重新建构"(reconstructed)。他说:

> 通常只要一个现代国族自认为拥有独特的族群历史,所谓"被发明的传统",就会暴露出它事实上比较接近于过去历史的"重新建构"。族群的过去会限制"发明"的挥洒空间。虽然过去可以被我们以各种不同方式"解读",但过去毕竟不是任何过去,而是一个特定共同体的过去,它具有明显的历史事件起伏形态、独特的英雄人物以及特定的背景网络。我们绝对不可能任意取用另外一个共同体的过去以建构一个现代国族。①

显然,从近代中国民族主义的产生来看,与其说是一种"发明"或"想象",不如说"重新建构",更接近拥有丰富而多元的历史传统的中国现实。杜赞奇(Prasenjit Duara)在《从民族国家拯救历史》一书中也提到,近代中国民族主义的产生是一个散失与传承的历史的复线运动,在中国的历史传统中,拥有两种不同的民族主义思想资源,一种是排他性的以汉族为中心的种族主义,另一种是包容性的天下价值的文化主义。这两种关于民族共同体的叙事互相分离,又纠缠在一起。② 于是,晚清的问题在于:发掘什么样的历史记忆,以何种途径重新建构民族国家共同体?

在晚清思想界,在民族主义问题上,最有代表性的是以孙中山、章太炎为代表的反满的族群民族主义和以梁启超为代表的以国民为核心的国民-国家民族

---

① Anthony Smith, The Nation: Invented, Imagined, Reconstructed? 译文转引自江宜桦:《自由主义、民族主义与国家认同》,台北:扬智文化事业公司,1998年版,第33—34页。
② 参见杜赞奇:《从民族国家拯救历史——民族主义话语与中国现代史研究》,王先明译,北京:社会科学文献出版社,2003年版,第48—49、61页。

主义。这两种民族主义的主要区别在于所反对的对象不同:前者是作为内部统治者的满清皇朝;后者是作为大中华民族(包括了汉满民族)外部敌人的帝国主义列强。虽然二者有很多分歧和争论,但从共同体形态上而言,都是政治民族主义。也就是说,在晚清的民族国家建构当中,无论是革命党,还是立宪派,他们关注的问题中心,与其说是中国作为一个独特历史文化语言的民族,不如说是作为一个政治实体的国家。这样的政治民族主义与民国以后的民族主义多以文化民族主义的形态出现很不一样。为什么会如此呢?这与近代中国的两种危机有密切关系。在传统中国的天下共同体当中,有一套内在整合的精神心灵秩序和社会政治秩序,其核心是宋明儒家"内圣外王"。其中一个是与个人安身立命有关的信仰或意义问题,另一个是由个人修身(内圣)推导出来的社会秩序安排(外王)的问题。按照儒家道德理想主义的规划,当社会中的君子都以道德的自觉修身养性,并由己而外推,一步步将儒家的仁义原则扩大到家族乃至国家、天下,不仅个人获得了生命和宇宙的永恒意义,而且也将实现圣人所期望的礼治社会。然而,"内圣外王"到晚清民初发生了严重的危机。它表现为两个层面:道德和信仰层面的意义危机和社会政治层面的秩序危机。在1895年以后,首先发生的是政治秩序的危机,由王权为中枢的帝国专制秩序在一系列的国难冲击下日益腐朽,再也无法维持下去了。但文化认同危机暂时没有像"五四"以后那样严重,儒家的终极价值以及作为中国文化之体的地位还在。这样,当晚清的民族主义开始出现的时候,是以政治的形态表现出来,更确切地说,民族主义是与民主主义联系在一起的,是一个硬币的两面。无论是革命党还是立宪派,他们所追求的都是一个有着民主政治内涵的民族国家共同体,就像在美国革命和法国革命中一样。他们对民主理解的区别,仅仅在于国体:是激进的全民共和还是温和的君主立宪?

虽然梁启超和孙中山的民族主义都有明确的政治取向,但分别代表了中国民族主义的两个路向:族群民族主义和国民-国家民族主义。这两种民族主义的基本脉络,在思想史和政治史上一直延续到民国。

孙中山的民族主义带有强烈的族群色彩,基本是对外来压迫的反应性抵抗。所谓的外来压迫,在晚清主要是针对满清异族统治,1920年代受到苏俄革命的影响,则针对帝国主义列强。孙中山有一个基本的看法,认为"民族是由于天然力造成的,国家是用武力造成的"①。因而他在谈到民族主义的时候,更多地是注意其自然属性:历史上共同的血统、宗教、语言和文化习惯。我们分析1924年孙中山所作的《三民主义》系列演讲,可以发现,他的民族主义和民权主义基本是分离的,以族群为核心的民族主义是对外的,为反抗帝国主义的压迫,这是一种卡尔·施米特式的区分敌我的民族共同体;而以民主为诉求的民权主义,则是内向的,乃是一种团结国民政治意志的民主共同体。民族与民权,民族共同体与民主共同体,二者之间缺乏内在的逻辑关联和实践结合。② 孙中山的这种族群民族主义,在中国自由知识界,基本没有什么影响,也没有形成重要的思潮。但它为党派型知识分子所继承,无论是国民党,还是共产党的民族主义理念,都以反抗帝国主义为号召,带有强烈的族群色彩。关于这一路向的民族主义,更多属于政治史的研究范畴,作为思想史的研究,这里暂不讨论。

在晚清思想家中,对民族主义做出最完整思考的是梁启超。梁启超面对的是竞争性的世界,他提倡的是政治民族主义,他所要解决的问题是:如何从天下转到国家? 如何从奴隶转到国民? 对他而言,中国的民族特性不言而喻,问题在于如何转向一个西方那样的普世化国家? 晚清的梁启超不是要寻找民族的独特性和本原性,而是要使中国融入世界,让中国在全球竞争中成为一个普世性的国家。

晚清时期的梁启超,是民族主义思潮最重要的鼓吹者,他所代表的是另一种国民-国家民族主义。其思想主要来自日本的明治维新。据日本著名思想史家松本三之介的研究,明治精神之中含有强烈的国家主义精神。"所谓国家精神,就是强调个人与国家一体化的倾向","这种把国家的问题当作自己的事情,即自己与国家的一体化倾向,以及对于围绕着国家问题所表现出来的强烈的热情和关心,形成了明治人共同的、一般的精神态度"。③ 受到明治精神的影响,国民与国家,成为梁启超民族主义思想中两个互动的,甚至可以互相置换的核心概念。国民主义与国家主义,虽然都是梁启超民族主义思想中的组成部分,

---

① 孙中山:《三民主义·民族主义》,《孙中山选集》,北京:人民出版社,1981年版,第618页。
② 参见孙中山:《三民主义》,《孙中山选集》,北京:人民出版社,1981年版,第615—801页。
③ 松本三之介:《国权与民权的变奏:日本明治精神结构》,李冬君译,北京:东方出版社,2005年版,第11—12页。

但在各个时期,他的着重点是不同的。简单地说,在《新民说》时期更侧重国民主义,后《新民说》时期转向了国家主义。本来,这二者虽然都是 nationalism 的题中之意,但由于各自的重心不同,具有内在紧张性。但在梁启超的意识中,不仅没有意识到二者的紧张,反而像经常混杂使用一样,它们也是相互纠缠在一起,未曾分化。这是晚清到"五四"的中国思想家所拥有的共同特征:西学对于它们而言是一个混沌的整体,各种在西方语境中相互冲突的思潮,在引进中国之后被整合为一个和谐的意识形态。今天已经分化了的自由主义、共和主义、社群主义和国家主义,在梁启超的民族主义思想中内恰地交织、渗透在一起,因而也成为民国以后各种民族主义思潮的共同思想源头。

  由于受到德国思想家伯伦知理的国家有机体论强烈影响,梁启超将国民与国家看作互为表里的同一性对象,这样就有可能从其理论中得出两个完全相反的结论,一个是引入卢梭的人民主权论,从而强调国民的自主性;另一个是侧重国家的自在目的,从而成为黑格尔式的国家至上论。梁启超在《新民说》前期走的是第一条路,他将卢梭与伯伦知理结合起来,从国民的自主性出发铸造中国的民族主义。1903 年梁启超访美以后思想发生了重大转变,其国民民族主义不再是卢梭式的民主共同体,而是德国式的以国民忠诚为前提的权威共同体。这样,原先以国民信仰为中心的民族国家共同体必须改变其认同方式,寻求国家权威背后的民族文化精神灵魂。1912 年梁启超发表《国性篇》,提出著名的国性论,认为国有国性,就像人有人性一样。国性是抽象的,但可以通过国语(民族本土语言)、国教(民族道德宗教)和国俗(民族文化习俗)表现出来。① 这表明,梁启超从原来的国民民族主义开始转向文化民族主义,这一重要的转变从《国性篇》开始,到 1918 年访问欧洲撰写《欧游心影录》最后定型。②

  一生多变的梁启超不愧为中国民族主义的启蒙先驱,他跌宕起伏的思想变化也为民国以后中国民族主义思潮的分化提供了丰富的思想源头:《新民说》早期具有共和主义色彩的国民自主共同体,后来被张佛泉继承,发展为与民主主

---

① 参见梁启超:《国性篇》,《梁启超全集》第五册,北京:北京出版社,1999 年版,第 2554—2556 页。
② 关于梁启超的国民民族主义以及后来的文化民族主义转向,参见许纪霖:《政治美德与国民共同体:梁启超自由民族主义思想研究》,《天津社会科学》,2005 年第 1 期。

义内在结合的共和爱国主义①;《新民说》后期具有权威主义倾向的国民忠诚共同体,民国成立以后被曾琦、李璜、左舜生为首的醒狮派接过去,蜕变为鼓吹"民族国家至上"的右翼的国家主义;而从《国性篇》萌芽的强调中国固有文明因素的"国性论",则被张君劢进一步发挥,形成了具有社群主义倾向的文化民族主义。

上述从梁启超思想中分化出来的三种民族主义思潮中,信奉"民族国家至上"的国家主义,将国家视为人格化的有机体,具有终极的、最高的认同价值。② 这种极端的国家本位论,由于受到"五四"以来个人主义和世界主义以及传统的天下意识的制约,在中国知识分子之中影响有限,此处存而不论。③ 而胡适、张佛泉所代表的共和爱国主义和张君劢所代表的文化民族主义,作为两种重要的民族主义思潮,将是本章研究的重点。

3. 自由主义内部的分野

满清的灭亡,不仅意味着中华帝国的寿终正寝,传统王权政治秩序的解体,而且也使得儒家成为孤魂,"五四"对传统文化的激烈批判,使得文化的认同发生了问题,中国的精神秩序也最终出现了危机:在新建的民族国家共同体中,是否要有民族文化的主体? 中国的公共道德伦理和精神价值建立在什么样的基础之上?

在民国初年,当帝国秩序和儒家文化秩序解体之后,这一问题表现得格外的尖锐。康有为力图将孔子的道德学说改造成为儒教,试图通过政治权力的认可,将儒教定为民族国家共同体的国教。然而,这种儒教民族主义不但没有缓和民初的政治和精神危机,反而进一步加剧了危机本身,因为它很快地蜕变为

---

① 张佛泉在晚年曾经撰写过《梁启超国家观念之形成》,发表于《政治学报》(台北),第 1 期(1971 年 9 月),对梁启超的国家观念及其演变做了非常仔细和深入的研究,可以从一个侧面证明其民族主义思想与梁启超的渊源关系。
② 有关国家主义的思想史研究,目前成果相当有限。比较系统的研究,见孙承希:《醒狮派的国家主义思想之演变》,复旦大学历史系博士论文,2002 年,未刊稿。
③ 笔者曾经以抗战时期的战国策派代表人物林同济为个案,研究过中国民族主义的终极关怀。发现民族主义并非中国知识分子的终极价值和关怀所在。在一个以力为中心的战国年代,林同济为建立一个拥有强大竞争力的民族国家呼吁过,但他内心所希冀的,却是一个自然的、审美的、宇宙与人心和谐共处的天人合一世界。参见许纪霖:《紧张而丰富的心灵:林同济思想研究》,《历史研究》(北京),2003 年第 4 期。

官方民族主义,种种政治化的祭孔和读经都成为军阀威权主义的工具。儒教民族主义无法在民主的基础上提供民族国家共同体的制度外壳。那么,自由主义是如何解决这一问题的呢?近代中国的自由主义,按其源头追溯,可以追到晚清的严复和梁启超。这两位中国的启蒙先驱,分别代表了中国自由主义两种不同的文化路向,到"五四"的时候分别为胡适和张君劢所继承。汪晖通过对晚清从传统的天理观到科学的公理观转变的研究,从知识论的角度区别了从严复到胡适和从梁启超到张君劢这两种不同的自由主义文化路向:占据主导地位的"科学世界观"大致可以分为两种类型,严复、梁启超是这两种"科学世界观"的重要阐释者。第一种是理学世界观和一元论的自然观的结合,它认为整个世界具有内在的同一性,因而需要通过格物穷理或实证的方法来理解宇宙、世界和人自身的规律性;另一种是心学世界观与二元论哲学(特别是德国唯心主义哲学)的结合,它虽然承认普遍真理的存在,但是强调在自然世界与道德世界之间存在深刻的鸿沟,唯一能够沟通这两个世界的方式是"知行合一"的实践:实践既是科学的方式,也是道德的方式。①

严复和梁启超所开创的晚清两种世界观,到"五四"演变为胡适和张君劢为代表的两种不同的自由主义文化路向。在20世纪20年代初著名的科学与玄学大论战中,表现为科学主义一元论和心物二元论的分歧。在解决文化认同的问题上,也因此产生了两种截然不同的理路。同样作为自由主义,胡适持普遍主义的一元论科学主义立场,他相信文化是普世的,中西之间并非是两种不同形态的共时态文化,而是在普遍的、一元的全球文化进化中不同阶段的历时性区别,或者说,西方文化是代表未来发展方向的普世性文化,而中国文化如果有其特殊性的话,仅仅是相对于这普遍性而言,是一种有待全球化的地方性知识。而张君劢以康德式的心物二元论立场,认为物质与精神、制度与文化应该加以区分,科学和政治的制度有其普遍性,中国可以学习西方,认同西方普世性的民主宪政制度,但在文化道德层面,在涉及价值和意义问题上,科学是无能为力的,因此,拥有丰富伦理思想的儒家文化,在科学的时代里依然具有特殊的意义,物质制度层面的西方文化与心灵精神层面的中国文化,是完全

---

① 参见汪晖:《现代中国思想的兴起》,北京:生活・读书・新知三联书店,2004年版,第15章。

可以并存的。

上述不同的文化路向,也造就了民族主义问题上的两种思想趋向。胡适虽然是一个态度上的爱国主义者,但他并非是一个意识形态意义上的民族主义者。在他的个人主义和世界主义论述视野中,取消了民族主义的文化认同这一核心问题。他所理解的共同体只是一个为一元文化进化论所支配的科学/民主共同体,是一个自由主义的"程序共和国"。而从晚清的梁启超发端,为"五四"后的张君劢所继承的自由民族主义传统,试图以一种心/物、道德/政治二元论的方式,处理不同的精神心灵秩序和社会政治秩序危机,试图将具有独特精神价值的民族共同体与普世化的民主政治共同体结合,在中国的历史文化传统基础上,重新建构一个既符合全球化普世目标、又具有中国特殊文化精神的民族国家共同体。

在中国自由主义的内部,我们看到了对民族国家共同体的三种不同的理解:晚清的梁启超所致力建构的是以国民自主为核心的共和主义的"公民共和国",胡适以及张佛泉所追求的是一个为普遍的制度法则所支配的"程序共和国",而张君劢所理解的则是一个有着独特历史文化的自由民族主义的"民族共和国"。在胡适的"程序共和国"里面,民族主义的文化认同事实上已经被取消了。而在从梁启超到张君劢的自由民族主义那里,经历了一个从"公民共和国"到"民族共和国"的过程。在刚刚进入世界的晚清时代,梁启超深切感觉到中国文化与西方文化的差异,他关心的是如何异中求同,通过新民的方法,建立与世界同步的国民共同体。但"五四"以后,中国已经深深地镶嵌到世界的进程之中。科学取得了全面的胜利。在一个全球化的时代里,张君劢更关心的是如何同中求异,如何在深刻的民族危机面前,建立民族的自信心,寻找民族文化的独特性、差异性和本原性。

自晚清的梁启超发端,到民国"五四"年间开始分化,中国的民族主义思潮从混沌到多元,走过了一个清晰的演变,形成了独特的思想谱系和历史脉络。

二、梁启超:国民-国家一体化的民族主义

在近代中国,许多思想家对民族主义都有论述,但至今为止,没有一个在问

题的敏感和思想的丰富上比得上梁启超。20世纪初,任公的一部《新民说》,以其"笔锋常带情感"的魔力,倾动神州南北,将民族主义的思想播种到无数青年知识分子的心里。他不愧为中国民族主义思想家之第一人。梁启超一生多变,就民族主义思想而言更是如此。其民族主义思想,以《新民说》为轴心,大约分为四个阶段:前《新民说》时期、《新民说》时期、后《新民说》时期和民国时期。其中,最重要的是三个转变:第一个转变,是从天下主义转向民族主义,那是发生在《新民说》时期之前;第二个转变,是从国民主义转向国家主义,那是发生在后《新民说》时期;第三次转变,是从政治民族主义转向文化民族主义,那是发生在民国建立和"五四"时期。而在思想史上发生最大影响,最能体现梁启超自由民族主义思想精华的,乃是《新民说》中所代表的国民共同体论述。

1. 从天下到国家

列文森说:"近代中国思想史的大部分时期,是一个使'天下'成为'国家'的过程。"[①]如前所述,中国的"天下"观有两个层面:一个是天下大同的乌托邦理想;另一个是以中国为地理中心的华夏中心主义。晚清以后,在西方列强的侵略打开中国人的世界视野之后,特别是1895年《马关条约》的签订,使得天下主义中的华夏主义世界地理观轰然倒塌,代之而起的是现代国际关系中的民族主义。但天下大同的乌托邦理想,作为儒家社会政治的终极价值,依然存在。在前《新民说》时期,大约在1896—1902年,梁启超开始萌生近代民族主义意识。但这个时候,他的民族主义思想还是康有为的公羊三世说的一部分。他以"群"这一概念来表述社会的各种共同体,"群"分为各种层次,有"国群"和"天下群"之分[②],前者指的是民族主义,后者指的是天下大同的儒家乌托邦世界。正如张灏所分析的,在梁启超那里,群"不仅是一种民族国家的制度和观念,而且在其背后也有一套相应的宇宙论和社会观"。"群者,天下之公理也。"合群不仅是人类社会的客观法则,也是天地万物的自然规律。[③] 显然,这种以"群"为客观法则的公理观,与传统中国以"仁"为道德原则的天理观是冲突的,前者视自然竞争为当然,而后者所追求的却是一个和谐、中庸的天下大同理想。不过,在

---

① 列文森:《儒教中国及其现代命运》,北京:中国社会科学出版社,2000年版,第87页。
② 梁启超:《〈说群〉序》,张品兴主编:《梁启超全集》第一册,北京:北京出版社,1999年版,第93页。
③ 梁启超:《〈说群〉序》,张品兴主编:《梁启超全集》第一册,北京:北京出版社,1999年版,第93—94页。

《新民说》之前,这两种矛盾的世界观在梁启超思想中并列存在,它们之所以相安无事,乃是被分别置于公羊三世说的时间序列里,在据乱之世,需要富于竞争力的"国群",到了太平之世,就会出现一个和睦大同的"天下群"。

1898年梁启超流亡日本之后,在日本广泛流传的社会达尔文主义的影响之下,他对天下大同理想的可行性渐渐产生了怀疑。次年,他在《清议报》发表《答客难》,说:

> 世界主义,属于理想;国家主义,属于事实。世界主义,属于将来;国家主义,属于现在,今中国岌岌不可终日,非我辈谈将来、道理想之时矣。故坐吾前此以清谈误国之罪,所不敢辞也……①

在日益急迫的亡国危机之下,梁启超对缥缈的大同理想越来越疏远。1902年发表的《新民说》,是他从天下主义走向国家主义的一个标志。在《新民说》中,他明确表示:天下大同的世界主义理想,只是"心界之美",而非"历史之美"。因为竞争为文明之母,竞争停止了,文明也就不再进步。世界主义的理想虽然道德崇高,但在现实世界缺乏可行性。因为大同理想即使实现了,也会因为人性上的原因复归竞争,而到这个时候,由于没有国家,反而使得竞争回到低级的野蛮水平。梁启超的结论是:"故定案以国家为最上之团体,而不以世界为最上之团体,盖有由也。"②

从天下主义走向国家主义的另外一个未曾言明的心理因素也值得注意。列文森在其名著《梁启超与中国近代思想》中敏锐地指出,在梁启超民族主义思想中,最核心的关怀是如何保持中国与西方的平等,"问题不在于中国与西方文明程度如何,而在于中国同西方国家的地位如何"③。在传统的"天下"框架中,中国在夷狄面前代表着更高一级的文明,但这样的文化自信在鸦片战争之后备

---

① 梁启超:《自由书·答客难》,张品兴主编:《梁启超全集》第一册,北京:北京出版社,1999年版,第357页。
② 梁启超:《新民说·论国家思想》,张品兴主编:《梁启超全集》第二册,北京:北京出版社,1999年版,第663—664页。
③ 列文森:《梁启超与中国近代思想》,刘伟等译,成都:四川人民出版社,1986年版,第5页。

受挫折。当梁启超来到日本后,读了福泽谕吉的《文明论之概略》,他的历史观受到了很大的颠覆。福氏将全球文明的发展分为野蛮、半开化和开化三个阶段,西方代表着文明的最高阶段,而亚洲仍旧处于半文明阶段,向西方文明学习是亚洲的唯一出路。梁启超几乎全盘接受了福氏的观点①,这一文明三阶段论与他原先所信仰的公羊三世说完全接轨,所不同的是,理想世界的终点发生了变化:从远古的中国三代置换为西方文明。他所感叹的,是中国在这世界文明进化中,处于一个相当尴尬的落后地位。② 在文明的维度上,中国与昔日的"蛮夷"之间的关系被颠覆了。

那么,如何重新建立起与西方的平等地位以获得民族的自身尊严？显然,唯一的出路就是建立一个像西方那样的现代文明国家,在这样的政治关系、而非文化关系中,中国才有可能捍卫自己在西方面前的平等地位。反观中国,梁启超发现,中国人却"知有天下而不知有国家","知有一己而不知有国家"。③ 正如张佛泉在《梁启超国家观念之形成》一文中指出的,在不断的亡国灭种的危机面前,梁启超产生了一种强烈的"无国"感。④ 这种"无国"感,指的不是"五四"以后人们说的那种"无国",即失落了民族国家的文化个性,而是缺乏像西方国家那样的政治共性,那种具有国际竞争力和内部凝聚力的现代国家。在晚清,中国文化还是比较完整的,尚未遭遇整体性的认同危机。在梁启超看来,民族主义的核心不是在于寻找中国文化的独特性——比较起西方来说,那是不言而喻的;问题只是在于如何异中求同——成为西方那样的普世性的政治国家。

在近代欧洲,民族主义有两种产生的途径:一种是法国大革命式的政治民族主义,通过对人民主权合法性的肯定,使全体公民对国家这一政治共同体产生集体的认同,建立一个以公共意志为内容、以宪政为形式的世俗化的公民宗教。另一种是德国浪漫主义式的文化民族主义,将国家看成是一个有最高意志

---

① 关于梁启超与福泽谕吉的关系,参见郑匡民:《梁启超启蒙思想的东学背景》,上海:上海书店出版社,2003年版,第2章。
② 参见梁启超:《自由书》,张品兴主编:《梁启超全集》第一册,北京:北京出版社,1999年版,第340页。
③ 梁启超:《新民说·论国家思想》,张品兴主编:《梁启超全集》第二册,北京:北京出版社,1999年版,第665页。
④ 张佛泉:《梁启超国家观念之形成》,《政治学报》(台北),第1期,1971年9月。

的有机体,通过对民族历史文化的想象和重构,反对启蒙运动的划一化,强调文化的多样性,以建立一个以本族的语言和历史为核心的民族文化共同体。这两种民族主义思潮,晚清期间在日本都有其重大影响。梁启超与严复不同,他因为不识西文,所以对西学的了解,基本上来自日本学者的转述和介绍。他对卢梭为代表的法国人民主权论思想的了解,来自中江兆民,对德国国家有机体论的认识,主要是通过日本学者翻译的伯伦知理(B. J. Caspar)的著作。① 梁启超对国家的理解,可谓兼容并蓄,同时内涵了法国的人民主权说和德国的国家有机体说,但在卢梭与伯伦知理之间,《新民说》时期的梁启超,更多地偏向前者。这是因为晚清时期的中国与近代德国不一样,尽管同样遭到外国侵略,但不缺乏民族的象征符号,所匮乏的是现代的民族国家意识和政治形式。因此,梁启超所致力建构的,更多的是一种法国式的政治民族主义,确切地说,是一种以国民共同体为核心的民族主义。

2. 政治美德为核心的国民共同体

现在我们来具体讨论,梁启超的民族主义究竟具体何指。按照张佛泉的详细考订,对于 nationalism 这一概念,梁启超先后和同时用过三个译名:国家主义、国民主义和民族主义。张佛泉特别指出:"最值得注意者,即此三个译名,竟渐渐取得其个别含义,而其微妙处,不仅为 nationalism 一字所不能表达,且已不能以适当名词再译回中文。"在梁启超的用语中,国家主义渐渐地含有"国家至上"、"一切以国家为重"的意味,特别是 1903 年以后;"国民主义"则主要强调国民之自立自主精神,而"民族主义"一词的重心落在联合国内各个民族,一致对付外来之帝国主义,而梁启超最注重的是国家主义和国民主义。②

国民主义与国家主义,虽然都是梁启超民族主义思想中的组成部分,但在各个时期,他的着重点是不同的。简单地说,在《新民说》时期更侧重国民主义,后《新民说》时期转向了国家主义。本来,这二者虽然都是 nationalism 的题中之意,但由于各自的重心不同,是具有内在紧张性的。但在梁启超的意识中,不仅没有意识到二者的紧张,反而像经常混杂使用一样,它们也是相互纠缠在一

---

① 关于梁启超如何通过日本学者了解伯伦知理和卢梭,参见郑匡民:《梁启超启蒙思想的东学背景》,上海:上海书店出版社,2003 年版,第 4、6 章。
② 张佛泉:《梁启超国家观念之形成》,《政治学报》(台北),第 1 期,1971 年 9 月。

起,未曾分化。这是晚清到"五四"的中国早期思想家所拥有的共同特征:西学对于它们而言是一个混沌的整体,各种在西方语境中相互冲突的思潮,在引进中国之后被整合为一个广义的、自恰的与和谐的意识形态。我们接下来将看到,西方的自由主义、共和主义、社群主义和国家主义是如何在梁启超的民族主义思想中交织、渗透在一起的。

现在,我们来研究《新民说》时期梁启超的国民主义。如前所述,梁启超的民族主义思想,最重要的来源之一是伯伦知理,按照伯氏的国家有机体论,国家乃是一个有生命的生物体,有其独立的意志和精神,它与自由主义的国家观不同,国家不是实现个人权利的工具,它自身就是一个目的。伯氏认为,近代的"国家"与"国民"乃一个硬币之两面,互为表里。"国民"这个词在德文中叫Volk,英文中无此对应词,只能翻译为 nation,梁启超将它翻译为国民。与此相对应的德文词叫 Nation,英译为 people,梁翻译为族民。国民与族民,是两个很不相同的概念,梁启超说:"群族而居,自成风俗者,谓之部民;有国家思想能自布政治者,谓之国民。"① 族民是一个文化和历史学的名词,以血统、语言、习俗等自然因素为依归,国民则是一个政治学的名词,它与现代国家密切相关,是政治建构的产物。仅仅有民族或族民这些自然要素,还不足以构成一个现代国家,必须有一种建国的自觉,这样族民才能转化为国民,民族才能转化为国家。特别要指出的是,这里的国民,并非公民(citizen),它不像后者那样是一个具有独立身份的个体,而常常指国民的总体而言,是一个集合概念。② 在这一点上,伯伦知理与卢梭是相当接近的,因此,梁启超的思想中可以同时兼容二者。

由于伯氏的国家有机体将国民与国家看作互为表里的同一性对象,就有可能从其理论中得出两个完全相反的结论,一个是引入卢梭的人民主权论,从而强调国民的自主性;另一个是侧重国家的自在目的,从而成为黑格尔式的国家至上论。梁启超最早走的是第一条路,他将卢梭与伯伦知理结合起来,从国民的自主性出发铸造中国的民族主义。1899年,他在《论近世国民竞争之大势及

---

① 梁启超:《新民说·论国家思想》,张品兴主编:《梁启超全集》第二册,北京:北京出版社,1999年版,第663页。
② 关于国民与部民的翻译以及区别,参见张佛泉:《梁启超国家观念之形成》,《政治学报》(台北),第1期,1971年9月。

中国前途》一文中,区别了现代的国民与传统的国家:

> 国家者,以国为一家私产之称也。……国民者,以国为人民公产之称也。国者积民而成,舍民之外,则无有国。以一国之民,治一国之事,定一国之法,谋一国之利,捍一国之患,其民不可得而侮,其国不可得而亡,是之谓国民。①

同年,他在《爱国论》中将国民置于卢梭的人民主权论的基础上:

> 国者何? 积民而成也。国政者何? 民自治其事也。爱国者何? 民自爱其身也,故民权兴则国权立,民权灭则国权亡。②

既然现代国家的建立和强盛建立在国民的自主、自由和能力的基础上,那么梁氏民族主义的重心从一开始就定位在国民身上,从国民到新民,于是便有了著名的《新民说》。国民既是特定政治共同体的成员,又是民族国家的主权整体。国民的塑造既是国家的塑造,也是民主的塑造。正如张灏已经指出的那样:梁启超的民族主义涉及三个方面的问题:政治的整合、政治的参与和政治的合法化,因此他的"民族国家思想涉及国民思想,民族主义与民主化密不可分"③。

关于这一点,在《新民说》里面可以明显地看到,梁启超的民族主义与现代的自由民主理念不仅不相冲突,而且在他看来,国民的独立自由是国家独立自由的前提("团体自由者,个人自由之积也"④)。因此他的民族主义既是自由主义的,肯定人的基本权利和法律自由;也是共和主义的,强调国民拥有参与政治的权利,通过契约形成公意;更是康德主义的,将现代国民视作对传统奴隶的否

---

① 梁启超:《论近世国民竞争之大势及中国前途》,张品兴主编:《梁启超全集》第一册,北京:北京出版社,1999年版,第309页。
② 梁启超:《爱国论》,张品兴主编:《梁启超全集》第一册,北京:北京出版社,1999年版,第273页。
③ 张灏:《梁启超与中国思想的过渡》,崔志海、葛夫平译,南京:江苏人民出版社,1993年版,第69、117页。
④ 梁启超:《新民说·论自由》,张品兴主编:《梁启超全集》第二册,北京:北京出版社,1999年版,第679页。

定,强调其个人道德和意志上的自主性。① 英国式不受强制的法律自由、法国式参与的政治自由和德国式的内心自由,这些在以赛亚·伯林看来具有内在紧张的消极自由和积极自由,在梁启超那里全然不构成任何冲突,反而形成了他对现代国民自由的一个全息理解图景。

《新民说》的中心理念是要以"利群"二字为纲,建立一个"合群"的中国。② "群"在梁启超的思想中是一个具有多种层次的国民自治群体所形成的公共关系:

> 吾试先举吾身而自治焉,试合身与身为一小群而自治焉,更合群与群为一大群而自治焉,更合大群与大群为一更大之群而自治焉,则一完全高尚之自由国平等国独立国自主国出焉矣。③

梁启超的民族国家理想不仅建立在国民自主的基础上,而且还建立在社会的、地方的自治基础上,只有社会形成了各种自下而上的自治的群体,一个自由的、平等的和独立的民族国家才有可能出现。在晚清,由于国家与社会都刚刚从传统的共同体里面分离出来,因此二者并没有相互分化,而形成了现代"群"的不同层次。正如汪晖所指出的那样,梁启超思想中的"群"既是现代的民族国家,又是高度自治的民间社会。④ 社会与国家之间不仅不是对抗的,反而形成了一个积极互动的公共"群"的网络。

从上引的梁启超那段话可以看到,"群"的建构是从"自身"出发,从身边的小群渐渐扩展到大群,乃至国家,虽然有着强烈的儒家"修身齐家治国平天下"的"路径依赖",但结合梁启超对公德与私德的讨论,我们可以发现,"群"所建构

---

① 参见梁启超:《新民说·论权利》、《新民说·论自由》,张品兴主编:《梁启超全集》第二册,北京:北京出版社,1999年版,第671—681页。
② 参见梁启超:《新民说·论公德》、《新民说·论合群》,张品兴主编:《梁启超全集》第二册,北京:北京出版社,1999年版,第662、694页。
③ 梁启超:《新民说·论自治》,张品兴主编:《梁启超全集》第二册,北京:北京出版社,1999年版,第683页。
④ 关于梁启超思想中"群"所具有的自治的民间社会性质问题,参见汪晖:《现代中国思想的兴起》,北京:生活·读书·新知三联书店,2004年版,第9章。

的不再是儒家式以"自身"为中心的私人关系,而是以"自身"(国民自主)为基础、以"群"为中心的公共网络。梁启超指出:中国的旧伦理与西方新伦理的区别在于,旧伦理讲的是君臣父子兄弟夫妇朋友,"则一私人对于一私人之事也",而新伦理讲家族社会国家,"则一私人对于一团体之事也"。① 梁启超是敏锐的,一语道破了中国为何无法建立"群"的问题所在:中国的传统伦理只有处理特殊私人关系的私德,而缺乏超越私人关系的普世性的公共伦理观念,尤其是民族国家观念。他大声呼唤国民的公德,试图建立一种国民的公共信仰,以国家为共同的认同对象,以此形成民族国家的凝聚力。

梁启超的国民共同体,究竟是一个政治共同体呢,还是道德共同体?② 这一问题的实质在于:作为现代的民族国家,它是应该像自由主义所理解的那样仅仅是一个实现世俗政治目的如富强、民主、自由的"程序共和国"呢,还是像社群主义所希望的犹如古希腊城邦那样的具有集体道德目标的"公民共和国"? 国民所认同的是一个世俗的政治族群呢,还是拥有公共善的道德共同体? 在梁启超的"群"的共同体之中,国家对于国民来说,不是工具性的存在,它本身就是一个具有自我目的的"群"。国民作为共同体的成员,不仅拥有法律的、政治的和意志上的自由,而且也有对共同体忠诚的义务,这就是公德。

然而,公德何以产生? 梁启超虽然认为公德的形成有赖于个人的私德("一私人而无所私有之德性,则群此百千万亿之私人,而必不能成公有之德性"③),但进一步指出,仅仅只有道德教化还不足以培养对共同体的信仰,他相信对于建立"群治"即民族国家政治秩序而言,由宗教而形成信仰是必不可少的。梁启超发现,中国的佛教由于其教义具有兼善、入世、平等、自主、知性和超越等特

---

① 梁启超:《新民说·论公德》,张品兴主编:《梁启超全集》第二册,北京:北京出版社,1999年版,第661页。
② 关于这一点,张灏与汪晖的看法是不同的。在张灏看来,梁启超的"群"的思想主要涉及的是政治整合、政治参与和政治合法性,这样的共同体把国家的道德目标变为集体成就和增强活力的政治目标,是一个世俗的政治共同体(参见张灏:《梁启超与中国思想的过渡》,前揭,第69、211页)。但汪晖强调,由于梁启超始终把国家看成是一个共同体成员的自治成果,他的自治观及其道德含义又主要是以区域性的社群为模式的,因此,他所理解的国家并不是一套单纯的政治结构,而是一个建立在其成员共同认可的道德一致性基础上的共同体(参见汪晖:《现代中国思想的兴起》第9章,前揭)。
③ 梁启超:《新民说·论私德》,张品兴主编:《梁启超全集》第二册,北京:北京出版社,1999年版,第714页。

征,对于建立现代的民族国家信仰是极有帮助的。① 从这里可以看到,梁启超所要建立的民族国家共同体,是以世俗化的国民信仰为纽带的,人们之间不仅是利益的关系,也有情感的关系,通过政治参与,对"群"尽个人的义务,对国家共同体忠诚。这种现代的公德与传统的儒家道德观不同,是非道德的政治美德。它不是整全性的伦理,不涉及何为善的价值问题,只是体现为政治性的公共美德:尚武、进取、自尊、忠诚、坚毅和合群。

从这个意义上说,梁启超可以说是中国的马基雅维利。他将政治与道德分离,又把它们结合起来。他在政治的模具中重铸美德,以政治美德为核心,希望建立一个法国式的国民信仰。梁启超所设想的共同体区别于传统儒家的以仁为中心的道德理想国,也同社群主义的具有公共善的城邦世界不同,它既是一个政治共同体,又是一个道德共同体,确切地说,是一个以政治美德为中心、以国民信仰为纽带的政治伦理共同体。这表明,梁启超的自由民族主义,虽然广采百家,但从其核心理念而言,更接近西方共和主义的"公民共和国"理想,而与现代自由主义的"程序共和国"有所隔。

3. 个人与群体

在国民共同体中,个人与群体的关系如何? 作为一个自由民族主义的先驱,在梁启超的论述中,是以国家为本位,还是以个人为本位? 关于这一点,至今为止的关于梁启超的研究,意见是比较分歧的。② 然而,这一问题的理论前提,假设了一种化约主义和主体论的立场,那么,在梁启超的思想中,是否有这样的理论预设呢? 他是如何理解和阐释个人与群体、公民与国家的关系的呢?

---

① 参见梁启超:《论佛教与群治之关系》,张品兴主编:《梁启超全集》第二册,北京:北京出版社,1999年版,第906—910页。

② 关于梁启超《新民说》时期的个人与群体的关系,过去比较主流的看法,以张灏、黄崇智为代表。他们延续史华慈对严复研究的思想传统,认为像梁启超、严复这些晚清启蒙思想家,虽然介绍了许多自由主义的观点,但从最终关怀和目的论上来说,还是一个集体主义者,以国家的独立和富强为目标(参见张灏:《梁启超与中国思想的过渡》前揭;Huang, Philip C. (黄崇智):*Liang Ch'I-ch'ao and Modern Chinese Libeialism*, Seattle: University of Washington Press, 1972)。但1990年代以来所出现的新近对梁启超的研究,提出了不同的观点,最具代表性的是黄克武提出的,他通过对《新民说》的详细分析,指出梁启超是将个人与国家放在一个相互协调的关系中加以论述和处理的,最后的重心还是落实在尊重个人的自由(参见黄克武:《一个被放弃的选择:梁启超调适思想之研究》,台北:台湾"中研院"近代史研究所专刊,1994年版)。

个人主义的出现是一个现代性的事件,它们是传统社会中社群主义瓦解的历史产物。按照迈克尔·奥克肖特(Michael Oakeshott)的研究,人类共同体的政治道德有三种模式:社群主义、个人主义和集体主义。前现代社会是一个社群主义的社会,每个人的身份、权利和义务取决于其在共同体的位置,社群与个人之间存在着一种互为主体的互动。个人主义和集体主义都是现代才出现的历史现象,它们都是以欧洲思想中特有的本位论为后设条件的。在中世纪上帝是世间万物的本位,经过文艺复兴、宗教改革和启蒙运动,个体渐渐替代上帝成为世界的主人,占据了本位,于是就有了个人主义。而集体主义不过是对个人本位的反弹,是反个体的集体本位主义,它与传统的社群主义中和谐的群己关系是很不同的。① 在欧洲,个人主义既然是从社群主义中蜕变而来,在其早期依然带有社群主义的历史痕迹。罗伯特·贝拉(Robert Bellah)在其名著《心灵习性》(Habits of the Heart)中指出欧洲早期的个人主义受到古典共和主义和基督教传统的很大影响,都将个人的自主性置于道德与宗教责任的背景之下。它们与霍布斯、洛克开始的后来发展为功利主义的本体论的个人主义是很不同的。② 简单地说,早期的个人主义是一种非个人本位的个人主义,受到了传统的社群主义的浸染;而从霍布斯、洛克那里发展出来的个人本位的个人主义,在现代社会占据主流地位,用 C. B. 麦克弗森(C. B. Macpherson)的话说,那是一种"占有性的个人主义"。③

　　就像欧洲早期的情况那样,晚清的启蒙思想家们,无论是严复还是梁启超,他们所接受和传播的都不是这种个人本体论的个人主义,而是受到社群主义影响的个人主义。这样的个人主义并不构成民族国家的对立面,相反地,近代中国的个人主义,与近代的民族主义几乎是同时诞生的,二者之间在一开始并不存在后来所具有的那种冲突和紧张关系,它们是早期中国现代化的同一个过

----
① 参见奥克肖特:《哈佛演讲录:近代欧洲的道德与政治》,顾枚译,上海:上海文艺出版社,2003 年版。
② 贝拉:《心灵习性》(中译本易名为:《美国透视:个人主义的困境》),张来举译,北京:社会科学文献出版社,1992 年版,第 180 页。
③ 参见 C. B. Macpherson, *The Political Theory of Possessive Individualism: Hobbes to Locke*, Oxford University Press, 1962。

程。① 刘禾在分析现代中国的个人主义话语时指出：

> 个人必须首先从他所在的家庭、宗族或其他传统关系中"解放"出来，以便使国家获得对个人的直接、无中介的所有权。在现代中国历史上，个人主义话语恰好扮演着这样一个"解放者"的角色。②

在晚清，个人的解放与民族国家的建构有着十分密切的内在关系，问题不在于是国家本位还是个人本位，而是所谓的"群己界限"，群体与个人在同一个共同体结构中究竟如何和谐互动。张灏引述西方学者的观点说，西方国民的观念中包含一个两重性的自我：个人的自我和社会的自我，他既是一个独立的个体，又是一个社会人。张灏认为，西方国民观念中的这一紧张性在梁启超思想中并不存在，因为"集体主义是梁国民思想表现出来的一个重要特征，新民的社会的自我几乎完全掩盖了个人的自我"③。张灏的前半个判断是正确的：在梁启超的国民观念中，并不存在西方那种个人与社会的紧张性，但后半个判断认为这是因为社会自我压倒了个人的自我的缘故，似乎有重新讨论的必要。我们发现，无论是《新民说》时期，还是在这之前，到处可以看到类似这样的论述：

> 吾以为不患中国不为独立之国，特患中国今无独立之民。故今日欲言独立，当先言个人之独立，乃能言全体之独立……④

可见，梁启超从一开始就是将个人置于与国家的互动关系中论述的，或者倒过来说也一样。究竟是个人重要，还是群体（国家）重要，二者何为本位，这一

---

① 参见汪晖：《个人观念的起源与中国的现代认同》，《汪晖自选集》，桂林：广西师范大学出版社，1997年版。
② 刘禾：《跨语际实践：文学、民族文化与被译介的现代性》，宋伟杰等译，北京：生活·读书·新知三联书店，2002年版，第128页。
③ 张灏：《梁启超与中国思想的过渡》，崔志海、葛夫平译，南京：江苏人民出版社，1993年版，第154—155页。
④ 梁启超：《十种德性相反相成义》，张品兴主编：《梁启超全集》第一册，北京：北京出版社，1999年版第428页。

问题对于梁启超来说,并不存在。之所以如此,我们可以从他所接受的西方思想和中国思想传统两方面进行分析。

如前所述,伯伦知理的国家有机体论给梁启超的民族主义思想以重大的影响。按照国家有机体论,国家的强弱兴衰,取决于国民的素质。关于这一点,与给予严复以重大影响的斯宾塞的社会有机体论是完全一致的。无论是国家还是社会的有机体论,由于其对群体和个人持有一种有机联系的互动看法,所以,从一个角度看可以说它们很重视群体,从另一角度看又可以说它们是个人主义。正如一位西方学者所指出的那样,这种认为个人决定群体性质的观点是一种"方法论上的个人主义"[①]。梁启超也好,严复也好,他们之所以特别重视新民,重视培养国民的道德、智性和体魄上的素质,乃因为渊源于此。

在晚清,社群社会的文化传统依然对梁启超、严复这代人理解现代社会中的群己关系具有重要的影响。关于中国文化的群己观,梁漱溟在《中国文化要义》中早就指出:中国文化既不是个人本位,也非群体本位,而是把重点放在人际关系上,是伦理本位或关系本位。[②] 中国哲学并不存在欧洲那样的根深蒂固的本体论和本位论传统。中国在天与人、自然与社会、个人与群体等关系上,不是像西方那样首先确定何为主体,何为客体,化约为某种本位意识。史华慈(Benjamin Schwartg)颇有洞见地指出:在中国的思想传统中,不存在西方那样的化约主义(reductionism)。[③] 虽然法家和墨家比较偏向集体,道家比较偏向个人,但作为中国文化传统主流的儒家文化,可以说是"择中而处,即居于集体与个体的两极之间"。[④] 无论是天人,还是群己,在中国文化传统中,都处于积极的互动与和谐之中。中国的纲常关系,如君臣、父子、夫妇关系,也不是西方式的主客体关系,而只能放在一个互为义务的互动关系中阐释。在儒家文化传统里面,人是一个关系的存在,社会是由各种以个人为中心的特殊主义的网络

---

① 参见 Steven Lukes, *Individualism*, London: Haper & Row, Publishers, 1979,转引自李强:《严复与中国近代思想的转型:兼评史华慈〈寻求富强:严复与西方〉》,《中国书评》(香港),第 9 期,1996 年 2 月。
② 参见梁漱溟:《中国文化要义》第五章,《梁漱溟全集》第三卷,济南:山东人民出版社,1990 年版,第 79—95 页。
③ 参见史华慈:《论中国思想中不存在化约主义》,张宝慧译,《开放时代》(广州),2001 年 5 月号。
④ 余英时:《群己之间:中国现代思想史上的两个循环》,载余英时:《现代儒学论》,上海:上海人民出版社,1998 年版,第 237 页。

组成的。余英时在其名篇《从价值系统看中国文化的现代意义》中谈到,"儒家一方面强调'为仁由己',即个人的价值自觉,另一方面又强调人伦秩序"①。也就是说,个人是很重要的,但这一"个人"不是西方个人主义的权利主体,而是一个具有价值自觉的道德主体,而这一主体对于群体而言又是非"主体性"的,他的道德价值必须在人伦秩序之中才得以实现。狄百瑞(De Bary)把儒家的这种个人意识看作是有别于西方个人主义(Individualism)的一种特殊的"人格主义"(personalism),"它肯定的是在社会、文化过程中得到塑造与成型的强烈的道德良知,其极致便是在天人合一之中达至自我实现感"②。

儒家的这些关于个人与群体的思想传统无疑给予梁启超很大的影响。梁启超虽然反省了中国文化中只有个人与个人之间的私人关系,而缺乏个人与团体的公共关系,但他在建构新型的群己关系时,依然继承了中国思想中的社群主义传统。你可以说他是集体主义者,但他并不把国家放在目的论的本位意义上,他重视的始终是不压抑个体自主性的群体。你也可以说他是个人主义者,但他又从来不是一个以个人为本位的个人主义者。梁启超的个人主义,用他自己的话说,可以叫做"尽性主义",他说:

> 国民树立的根本义,在发展个性。中庸里头有句话说得最好:"唯天下至诚为能尽其性。"我们就借来起一个名叫做"尽性主义"。这尽性主义,是要把各人的天赋良能,发挥到十分圆满。③

这一"尽性主义",显然是从儒家的"人格主义"发展而来,但个中的内容已经不限于道德之性,而是康德意义上的人之个性,具有自然人性和道德人性的广泛内涵。

总而言之,继承社群主义的思想,梁启超总是把个人和群体放在一个互动

---

① 余英时:《从价值系统看中国文化的现代意义》,载余英时:《中国思想传统的现代诠释》,南京:江苏人民出版社,1989年版,第30页。
② 狄百瑞:《个人主义与人格》,载狄百瑞:《亚洲价值与人权:从儒学社群主义立论》,陈立胜译,台北:正中书局,2003年版,第25页。
③ 梁启超:《欧游心影录》,张品兴主编:《梁启超全集》第五册,北京:北京出版社,1999年版,第2980页。

的脉络里面加以讨论。1900年他撰文讨论《十种德性相反相成义》,在他看来,像独立与合群、自由与制裁(法制)、利己与爱他等,并不是相互冲突的,而是互补的,他引用《中庸》的话说,"万物并育而不相害,道并行而不相悖"。在现代"合群"的国民共同体中,群己之间并不是目的和手段这样的工具理性关系,而是处于互动的辨证和谐。他所希望的是"有合群之独立"、"有制裁之自由"和"有爱他之利己"的中国式合一境界。[①] 深受中国传统影响的梁启超,就是在这样的互动辨证关系中理解个人与群体、国民与国家的关系,而伯伦知理的国家有机体论又进一步强化了这样的互动观念。

现代中国思想没有霍布斯、洛克那种本体论意义上的完全原子化的个人主义;个人的价值总是在群体的网络中获得其意义,即使到"五四"以后,比较彻底的个人主义者如胡适、鲁迅等,也是如此,也是强调个人的"小我"如何融入历史的"大我"(胡适),或个人如何融入民族的解放事业(鲁迅)。同样,现代中国思想也没有德国那种极端的民族本位、国家至上的国家主义,这是因为中国知识分子对群己关系抱有独特的儒家社群主义立场,也同从严复、梁启超开始,第一代启蒙思想家所接受和传播的是有机体论的国家/社会观有关。

国家与个人的关系,与对公与私的理解有关。在西方,公与私是一个非常明确的概念,公代表与国家或政府有关的事务,私代表个人的事务,互相之间有明确的法律界限。但中国传统的公私观念,是一个道德评价性的概念,其法律界限却是相当模糊的。正如费孝通所说,在中国人伦关系中的"差序格局"中,公和私是相对而言的,取决于个人所代表的相对利益。比如为家族争利益,对于国家来说他是私,但对于家族自身来说,又代表着公。所以中国人可以为家而牺牲国。[②] 虽然在社会关系中,公私相当模糊,但在儒家的道德观念中,公与私就像理与欲一样,代表着两种相反的价值,君子修身的最重要目的,就是要克服私欲,实现大公。不过,在明末清初的思想家李贽、顾炎武、黄宗羲那里,公与私被赋予了新的意义,他们肯定私的合理性,公是私的集合,他们试图找到一条

---

① 参见梁启超:《十种德性相反相成义》,张品兴主编:《梁启超全集》第一册,北京:北京出版社,1999年版,第428—432页。
② 参见费孝通:《乡土中国》,北京:生活·读书·新知三联书店,1985年版,第21—28页。

非道德化的"合天下之私以成天下之公"①的世俗途径。② 晚清的启蒙思想家梁启超、严复等所继承的,正是明末这一思想传统。根据黄克武的研究,梁启超他们所说的公,具有两个含义:一是道德性概念,代表着抽象的正义,二是社会政治概念,其指称为具体的民族国家。延续明末的"合私为公"思想,公与私被赋予了世俗的合理性,作为"私"的个人的权利、自由和利益,不再是作为"公"的民族国家的对立面,相反地,前者是后者的必要前提。这样,国家作为"合私为公"的天下公器,其对于个人来说就不是外在的、对立的,而是互补的、内在和谐的。③

4. 转向文化民族主义

1903年梁启超访问美国以后,其思想发生了重大转变。他通过对美国民主和唐人街华人社会的考察,发现共和主义需要国民的政治素质和从政能力,但这些在中国缺乏条件,而在国际竞争的民族危机之下,"我中国今日所最缺点而最急需者,在有机之统一与有力之秩序,而自由平等直其次耳"。④ 而这统一与有力之秩序的缔造者,就是一个强有力的国家。于是他转而成为一个开明专制的鼓吹者,而在其背后,他所追求的是国家理性。⑤ 所谓的国家理性,就是国家是一个合目的的存在,主权不在卢梭意义上的国民,也不在专制统治者,而是国家本身。在这之前,卢梭的人民主权论和伯伦知理的国家目的论在他思想中是平衡且和谐的,但在如今他认为卢梭思想已经在世界上过时了,伯伦知理则是新世纪的思想之母。⑥ 国民原来有两个含义:自主的公民和国家的一分子,现在梁启超对国民的理解只是后者,并且特别强调以"诚"为中心,国民中所内

---

① 顾炎武:《日知录》卷三。
② 参见余英时:《现代儒学的回顾与展望》,载《现代儒学论》,上海:上海人民出版社,1998年版,第20—28页;沟口雄三:《中国式近代的渊源》,载《中国前近代思想之曲折与展开》,陈耀文译,上海:上海人民出版社,1997年版,第1—42页。
③ 参见黄克武:《从追求正道到认同国族:明末至清末中国公私观念的重整》,载黄克武、张哲嘉主编:《公与私:近代中国个体与群体之重建》,台北:台湾"中研院"近代史研究所,2000年版。
④ 梁启超:《政治学大家伯伦知理之学说》,张品兴主编:《梁启超全集》第二册,北京:北京出版社,1999年版,第1066页。
⑤ 参见梁启超:《开明专制论》,张品兴主编:《梁启超全集》第三册,北京:北京出版社,1999年版,第1470—1486页。
⑥ 梁启超:《政治学大家伯伦知理之学说》,张品兴主编:《梁启超全集》第二册,北京:北京出版社,1999年版,第1065、1076页。

含的自主的民主内容淡化了,而作为与国家同构的整体目的强化了。这样,梁启超的自由民族主义发生了失衡:他的以国民信仰为中心的民族国家共同体不再是卢梭式的民主共同体,而是德国式的以国民忠诚为前提的威权共同体。

放弃卢梭,全盘接受伯伦知理,这就意味着,梁启超原先的以国民信仰为中心的民族国家共同体必须改变其认同方式,要么忠诚国家权威,要么认同民族文化传统。在清末,梁启超将国家理性作为最高的价值目标,但国家作为一个有机体仅仅是躯体而已,它的精神灵魂在哪里?德国浪漫主义的国家有机体观需要民族精神作为其认同的国魂。梁启超亦是如此。1912年,梁启超发表了一篇很值得注意的《国性篇》,他在文中认为国有国性,就像人有人性一样。国性是抽象的,但通过国语(民族本土语言)、国教(民族道德宗教)和国俗(民族文化习俗)表现出来。他指出:"国性可助长而不可创造也,可改良而不可蔑弃也",然而,"吾数千年传来国性之基础,岌岌乎若将摇落焉,此吾所为栗然惧也"。① 这篇文章,透露出民国以后的梁启超在民族主义立场上两个重要的变化:第一是从原来的政治民族主义开始转向文化民族主义,第二,从文明的普世主义开始转向文化多元主义。这两个重要的转变从《国性篇》开始,到1918年访问欧洲撰写《欧游心影录》方最后定型。

访问欧洲是梁启超个人思想中一个重要的转折点。发生在欧洲文明内部的惨绝人寰的世界大战令他对本来坚信不移的竞争进化论世界观发生了动摇,因而对国家主义的至上原则也产生了怀疑。既然人类的竞争不可避免,但在国家利益之上,是否还需要一个更高的世界主义制约国家?在这个时候,中国的天下世界观再次回来了,不过这一次是以现代的公理世界观的形式出现。而且他在一个类似公羊三世说的时间序列中安顿国家主义和世界主义。他说:

> 我们须知世界大同为期尚早,国家一时断不能消灭。……我们的爱国,一面不能知有国家不知有个人,一面不能知有国家不知有世界。我们是要托庇在这国家底下,将国内各个人的天赋能力尽量发挥,向世界人类

---

① 梁启超:《国性篇》,张品兴主编:《梁启超全集》第五册,北京:北京出版社,1999年版,第2554—2556页。

全体文明大大的有所贡献。①

在梁启超看来,国家不再是人类最高的团体,它的意义只是工具性的,只是"人类全体进化的一种手段"②。人类全体的利益和文明被赋予最高的目的和意义。民族国家作为一种阶段性的共同体,虽然依然需要,但必须受到人类文明的公理制约。这是梁启超从一战惨剧中引出的重大历史教训之一。

不仅民族主义的至上地位被调整了,而且民族主义的建构路径也得以修正,从政治民族主义变为文化民族主义。之所以如此,乃是因为"五四"时期的梁启超对西方文明产生了相当的失望,转而重新将民族主义的认同托在中国文化的传统基础上。如前所述,晚清梁启超的政治民族主义是以西方的普世文明为基础的,竞争的进化论和民主政治不仅是欧美特殊的道路,也是人类必经的普世文明。梁启超、严复这代晚清知识分子虽然以国家富强为目标,但在这一目标背后,仍然有着更高的对普世文明的追求。李强在批评史华慈的严复研究时指出:"如果我们将严复的思想作为一个整体来考察,就会发现一条贯穿始终的普遍主义的或道德主义的线索,而这条线索正是与传统文化中对超验价值的追求一脉相承。更为有趣的是,恰恰是达尔文主义中所包含的普遍主义因素,使严复将传统思想中的乌托邦变成'科学的'、以进化论为基础的社会理想。"③也就是说,在严复、梁启超那里,物竞天择的进化论规律中,具有超越意志的天所选择的不仅是强者,也是文明。适者作为一个强者,最重要的是遵从天道。西方文明之所以是中国的楷模,不是因为其强,而是因为它代表着比中国更高级的普世文明。中国的救亡表面上是求富强,但其实质是求文明。正如墨子刻(Thomas Metzger)所分析的那样,他们在西方那里发现了实现中国儒家理想的最好的手段。④

然而,欧洲文明内部的世界大战,使得梁启超对西方为代表的普世文明产

---

① 梁启超:《欧游心影录》,张品兴主编:《梁启超全集》第五册,北京:北京出版社,1999年版,第2978页。
② 梁启超:《欧游心影录》,张品兴主编:《梁启超全集》第五册,北京:北京出版社,1999年版,第2986页。
③ 李强:《严复与中国近代思想的转型:兼评史华慈〈寻求富强:严复与西方〉》,《中国书评》(香港),第9期,1996年2月。
④ 参见墨子刻:《摆脱困境:新儒学与中国政治文化的演讲》,颜世安等译,南京:江苏人民出版社,1990年版。

生了深刻的怀疑,他相信西方文明仅仅是一种有缺陷的特殊文明,即科学为主导的物质文明而已。这种特殊的文明缺乏精神文明的平衡,而中国文化传统中恰恰有丰富的道德精神资源。这样,他提出了一个超越两种文明的新文明方案:

> 我们的国家,有个绝大责任横在前途。什么责任呢?是拿西洋的文明,来扩充我的文明,又拿我的文明去补助西洋的文明,叫他化合起来成一种新文明。①

中国文明也好,西洋文明也好,如今在梁启超看来,都只是一种地方性的知识、特殊性的文明,在这一点上,他成为了一个文化多元主义者。但中国思想中普遍价值追求的天下理想,使得他不会仅仅停留在文化特殊主义的立场,他试图将这两种文明传统加以调适,整合为一个新的普世化文明:即西洋的物质文明加上中国的精神文明。这一看法后来在科学与玄学论战中,通过张君劢之口表达了出来。

这样一种以物质/精神、道德/制度二元论为预设的新文明,使得梁启超的民族主义到"五四"时期发生了重大的变化:民族主义的认同重心从国民共同体和国家主义共同体,转移到了民族文化的共同体。中国特殊的历史语言文化,成为新的民族国家的凝聚力。这一变化也深刻地反映了"五四"与晚清时代的重大区别:作为刚刚融入全球化的晚清时代,中国民族主义的核心问题是如何异中求同,如何成为像西方那样的现代政治国家;而到了"五四"时代,中国已经初步镶嵌到了全球化的进程之中,而在这一过程之中,本土文化如何保存、民族认同如何获得自己可靠的基础,如何同中求异,成为新一代自由民族主义者要解决的新的问题。

然而,到了"五四"时代,由于《新青年》一代启蒙知识分子的崛起,梁启超对社会的影响已经大不如前了,他的知识和精力已经无法支撑他一直站在思想的前沿。在这样的时刻,梁启超的学生和朋友张君劢接过了他的旗帜,继续探索

---

① 梁启超:《欧游心影录》,张品兴主编:《梁启超全集》第五册,北京:北京出版社,1999年版,第2986页。

那条自由民族主义的道路。

总而言之,梁启超晚清时期的国民民族主义更接近共和爱国主义,而民国建立以后则转向了文化民族主义。梁启超早期和后期民族主义的不同取向,分别为现代中国的自由主义和社会民主主义所继承。① 与梁启超有着"亦师亦友"情谊的张君劢,作为社会民主主义的思想领袖,沿着梁启超晚年的国性论,到1930年代发展出一套社群主义取向的文化民族主义理论。而张佛泉则成为了以胡适为领袖的自由主义群体中,论述共和爱国主义的思想代表。

三、 张佛泉:"去民族性"的民族主义

谈到中国自由主义者所信奉的共和爱国主义,为什么代表人物是张佛泉,而不是胡适?作为自由主义的精神领袖,胡适是一个彻底的个人主义和世界主义者,他虽然热爱祖国,但对民族主义一直怀有警惕和保持距离。胡适的爱国主义可以称之为"自责的爱国主义"。1935年,他在给陶希圣的信中说道:"我们提倡自责的人并非不爱国,也并非反民族主义者。我们只不过是狭义的民族主义而已。我们正因为爱国太深,故决心为她作诤臣,作诤友。"②那么,什么是他心目中狭义的民族主义和理想的民族主义呢?胡适说:"民族主义最浅的是排外,其次是拥护本国固有的文化,最高又最艰难的是努力建立一个民族的国家。"③排外和国粹,正是胡适所不屑的狭义的民族主义。在他看来,民族主义真正的使命,也是"最高又最艰难的"任务,乃是建立一个西方式"治安的、普遍繁荣的、文明的、现代的统一国家"。④ 中国的自由主义有其理想的民族主义——建立现代、文明的民族国家,但这一民族国家如何建立,如何实现公民对其认同,不管是胡适,还是其他的自由主义者,都语焉不详,似乎都不屑在学理

---

① 现代中国的自由主义分为新自由主义和社会民主主义两种类型,前者以胡适为领袖,后者以张君劢和张东荪为代表。参见许纪霖:《上半个世纪的自由主义》,《读书》,2000年第1期。
② 曹伯言整理:《胡适日记》,第6卷,合肥:安徽教育出版社,2001年版,第496页。
③ 胡适:《个人自由与社会进步》,欧阳哲生编:《胡适文集》第11卷,北京:北京大学出版社,1998年版,第587页。
④ 胡适:《我们走那条路》,欧阳哲生编:《胡适文集》第5卷,北京:北京大学出版社,1998年版,第356页。

上有所阐明，更谈不上提出一套自由主义的民族国家理论了。

然而，1930年代的中国，由于日本对中国的侵略得寸进尺、步步紧逼，恰恰又是民族主义运动最高涨的年代。谁占据了民族主义的制高点，谁就占据了民族的制高点。自由主义由于其普世主义的文明取向和个人主义的独立本位，与民族主义在基本预设上有许多不和谐之处，但自由主义，特别是作为共和爱国主义，其与民族主义无论在学理还是历史层面，都并非那样冲突，有结合为自由民族主义的可能性。① 当胡适等一班著名自由主义知识分子在民族主义学理上普遍缺席的时候，一位未满30岁的年轻学者站了出来，弥补了这一缺憾。他就是张佛泉。

即使对于研究中国现代思想史的专家来说，张佛泉可能也未必是一个耳熟能详的名字。在这里，有必要先简单地介绍一下其生平。张佛泉（1907—1994），河北宝坻人，高中毕业后保送到燕京大学读书。毕业以后去美国普林斯顿大学深造，拜著名的观念史研究大家亚瑟·洛夫乔伊（Arthur O. Lovejoy）教授为师，打下了扎实的西方思想研究功底。回国后先在天津《大公报》担任编辑，后由胡适推荐，到北京大学政治系任副教授，深得胡适欣赏。张佛泉1930年代在《国闻周报》和《独立评论》上发表了大量的文化政治时评（据不完全统计，有近40篇之多），参与了民主与独裁、中国本位文化等多次重要的论战。张佛泉可谓是胡适派自由主义群体中最活跃的人物之一。他的时评与众不同，常常从理论层面，引经据典讨论概念，层层分析，比一般的评论更富学理，论证清晰，多有睿见。令他声誉卓著的，是到台湾以后1954年发表的《自由与人权》一书，该书以西方思想史为背景，系统疏理和分析了两种不同的自由：一种是不可转让的、可列数的政治法律意义上的权利，即人权，另一种是缺乏公共标准的内心自由。张佛泉对自由的这一重要区分，与以赛亚·伯林著名的两种自由论（消极自由与积极自由）有异曲同工之妙，且早了好几年。《自由与人权》在台湾被公认为中国自由主义理论的经典文献，在这方面的研究至今无出其右者。可以说，张佛泉是中国思想史上最有理论涵养和学理深度的自由主义知识分子

---

① 关于自由主义与民族主义结合的可能性以及近代中国自由民族主义思潮的基本脉络，参见许纪霖：《现代中国的自由民族主义思潮》，《社会科学》（上海），2005年第1期。

之一。

1934年和1936年,张佛泉先后在《国闻周报》上撰写了两篇文章:《邦国主义的检讨》和《"民族主义"需要重新解释》①,从学理的层面深入研讨了民族主义的内涵以及认同方式。张佛泉在文章一开篇就指出:"我们近年来听得'民族主义'这个名词太频了,我们很少再有人追问这个字中到底含有甚么意义。"在这里,张佛泉委婉地批评了中国思想界一个长久以来的通病:各家各派喜欢谈新名词、新概念,但对名词概念背后的问题预设、学理脉络和复杂内涵,缺乏耐心去研究,常常采取"拿来主义"的功利方式。

作为一个受到规范训练的政治学者,张佛泉即使是面对公众发言,依然习惯于先将概念本身疏理清楚,然后进入实质性研究。他首先从nationalism的译名着手,进入问题的核心。张佛泉认为,无论是用民族主义、国族主义、还是国家主义来翻译nationalism,都不确切,因为"族"、"家"都含有自然的民族性(nationality)因素,而nationalism与nationality不一样,不是强调自然的民族性,而是建构的政治性。从中文本身的词源来说,nationalism翻译为邦国主义更为恰当。"民族性是属于'自然概念'(Natural Concept)的,而邦国主义是属于'价值观念'(Concept of value)的,所以这两个名词实是属于两个清清楚楚地不同的范畴(Category)的。"

1927年南京政府建立以后,孙中山的民族主义学说作为三民主义的一部分,成为国家主流的意识形态。张佛泉指出:孙中山民族主义演讲中所例举的血统、生活、语言、宗教和风俗习惯五个因素,通通都属于民族性(nationality),而非邦国主义(nationalism),有了这五个因素可以造就一个民族,而无法形成政治邦国。中国几千年来一直是个民族,却至今无法建立一个现代的民族国家。他尖锐地批评孙中山的民族主义的对象完全是对外的、消极的、破坏的。这种基于民族自然性的民族主义会产生所谓的革命外交,引发仇外心理,恶的影响不小,必须加以修正。

民族性与邦国主义(民族主义)的二元对立,成为张佛泉思想的基本立论。

---

① 张佛泉:《邦国主义的检讨》,《国闻周报》,第11卷,第40—41期,1934年10月;《"民族主义"需要重新解释》,《国闻周报》,第13卷,第1期,1936年1月1日。以下凡是引上述两篇文章的,不再注出。

他为了强调二者的区别,甚至到了某种偏执的程度。张佛泉在文章中引用了被艾瑞克·霍布斯鲍姆(Eric Hobsbawm)称为"民族主义理论双父"之一的卡尔顿·海斯(Carleton Hayes)的论述:民族主义乃是根据民族性达到族国(national state)的学说或运动,内含着民族性与爱国心(patriotism)的感情结合。他认为海斯的民族主义理论里面,依然有民族性的成分,是不能令人满意的。他坚持说:"邦国主义,几乎可以说是个纯粹的政治名词,与民族性属于文化的或 ethnic(族群)范围不同。"他所理解的邦国主义是"一个或一个以上的民族达到主权国的理论或运动",其中最主要的目标是获得政治的主权。这样,张佛泉通过对民族主义的"去民族性",获得了一个纯粹政治内涵的邦国主义。这个"去民族性"的民族主义,显然更接近政治性的爱国主义(patriotism)。

张佛泉的邦国主义,不仅是政治性的爱国主义——如果仅仅如此,可能与威权主义的国家主义无法划清界限——而且是具有共和主义倾向的爱国主义。他补充说,邦国主义不仅追求主权,而且追求自治,"邦国主义与争自由(liberty)是发自同一源泉的"。易言之,邦国主义与自由主义的原则是内在一致的:"我们如不否认'人当人'的原则,则我们亦不能否认'国当国'的原则。"二者的背后,都是启蒙运动所奠定的自主性原则。邦国主义与民主主义,是双生的理想,同以争自由为依归,是同一个事物的两面。"二者所悬的理想,同是'自由',或更确切地说,'自主'。"与胡适等其他的中国自由主义一样,张佛泉将建立现代的民族国家共同体置于追求民主政治共同体的政治目标之下加以理解,认为与法国革命同样,中国的民族国家与民主政治是同一个共同体的两面。在这两篇文章里面,张佛泉对此作了学理上的细致论证和阐释。

个人的自由和自主,一旦放大到整个民族国家,就体现为自治。自治成为张佛泉邦国主义思想中的核心原则。民主作为现代国家的大规模自治,要比城邦或地方的小规模自治困难得多,如果不借助民族主义的力量,是很难实现的。当时中国不少的自由主义者,比较轻视民族主义,认为它是中国民主化的障碍,但张佛泉看到了民族主义作为一种强大的动员和整合力量,能够帮助民主实现国家范围内的大规模自治。正如哈贝马斯所指出的那样:"如果已经获得自立的民众还没有形成一个由具有自我意识的公民组成的民族,那么,这种政治法律变革就会缺少原动力,已经建立起来的共和体制也会缺少活力。为了促进这场政治变革,需要一种能强有力地赋予这种变革以意义的观念。它应比人民主权和人权概念更能打动人心和激发热情。这个空白就由'民族'观念来填补。"①

邦国主义可以帮助民主在现代国家实现大规模的自治,那么,如何实现自治呢？张佛泉引用英国政治学家拉姆齐·缪尔(Ramsay Muir)的话说,现代国家大规模的自治,需要两个条件:一是国民对政治须有训练,二是在自治的社会当中,国民在感情上首先须有真实的结合。所谓"感情上真实的结合",乃是指形成一种民族精神。"在欧洲或在全世界,唯一能拥有自治成功的国家只是那些有优越的民族精神的国家。"

谈到民族精神,听上去有点像德国的浪漫主义,费希特就是将德国的民族精神解释为对德国历史中特有的文化宗教传统的认同。不过,张佛泉并不赞成这种浪漫主义的民族精神。相反,他认为既然民族性与邦国主义有区别,那么邦国主义的民族精神也应该是"去民族性"的。中国历史上多的是民族性情感,但并没有因此形成中国的民族精神和现代民族国家。现代的邦国主义情感,不一定必然包含民族性情感。那只是一种政治的爱国心,或者说公民意识。张佛泉说:"邦国主义唯一的特质是国民愿在同一独立政体下合作的意识与决心。"这种政治的爱国主义,不是对自己祖国无条件、无选择的认同,而是对特定的理想共同体的认同。这一特定的共同体,就是自由主义心目中以自由民主为内涵的共和政体。

当张佛泉说民族精神不包含民族性,不以民族历史上特有的文化、语言、宗教这些自然因素为认同对象时,他所说的民族精神实际上就接近卢梭所说的普遍意志(general will)。普遍意志是一个纯政治性的概念,是通过契约而形成政治共同体的公民们所产生的公共政治理性和政治文化。就像当年梁启超感慨中国人缺乏形成现代国家之"群"所必须的"公德"一样,张佛泉也认为中国历史上虽然有丰富的民族性遗产,但并不能以此为基础建立一个现代的民族国家,因为中国缺乏"那种积极的、有目的的、有意识的、肯定的、坚决的'普遍意志',

---

① 哈贝马斯:《欧洲民族国家——关于主权和公民资格的过去与未来》,载哈贝马斯著:《包容他者》,曹卫东译,上海:上海人民出版社,2002年版,第132—133页。

愿在一种自治的组织下彻底合作的意志"。而这一政治共同体所必需的普遍意志的形成,一方面有赖于良好的政治制度之建立,另一方面取决于公民意识和公民气质的养成。事实上,就在张佛泉写文章探讨在中国如何形成邦国主义的同时,他在《独立评论》和《国闻周报》上,也写了大量的文章,讨论中国的政制如何改革、中国需要什么样的宪法、民治的"气质"如何养成等重要议题。在他看来,就像民主政治的自治需要邦国主义来推进一样,邦国主义的民族精神和普遍意志也需要宪政的制度性前提。民众是否能形成普遍的参与热情,是否具有认同国家共同体的公民意识,这些公民的德性同样取决于制度是否优良。[①]

继承了梁启超国民民族主义传统的张佛泉,他所构想的现代民族国家,事实上也是一个共和主义式的公民宗教共同体:公民们在民主宪政体制之下,通过参与国家的公共事务,在政治基础上形成公共的民族精神和普遍意志,即对自由和人权这些基本政治价值的共同信仰。张佛泉说:"我们必须将民族主义放在道德基础上面,使它成为一种人人可以信从的健康的伦理原则。"这一道德基础就是民族主义与人权运动"这两者所悬的理想,同是'自由',或更确切地说,'自主'"。自由或自主,便是张佛泉心目中理想邦国的公民宗教,它是邦国主义的道德基础。

从这里我们可以看到,张佛泉的邦国主义背后,虽然有其道德基础,但这一道德基础,并非文化意义上的宗教或伦理价值,而只是政治层面上的公共理性或政治美德。这是一种弱的价值预设,一种仅仅限定在政治共识的普遍意志,颇类似罗尔斯的"政治自由主义"。如果说罗尔斯为了回应文化多元主义的挑战,不得不将宗教、哲学和道德的价值选择放逐到私人领域的话,那么,张佛泉为了与自然主义的族群民族主义或文化民族主义划清界限,确保将民族主义的目标与自由主义的诉求结合起来,也将文化的价值问题搁置在民族主义问题之外,拒绝任何民族性渗透其中。

不过,民族主义真的可以将文化问题用括号括起来,存而不论吗?共和爱国主义真的可以与民族的特殊文化价值完全隔绝吗?其道德基础真的可以仅仅建立在政治德性基础之上,与更深层次的宗教或道德价值不相干吗?关于这

---

① 参见张佛泉:《民治"气质"之养成》,载《国闻周报》,第12卷第44期,1935年11月11日。

些问题,张佛泉并没有直接回应,但在1935年开始的中国本位文化大论战中,却表明了他对文化问题的看法。

四、核心文化之争:什么是民族国家的文化本位?

"九一八"以后日益严重的国难,使得各派知识分子都感到建立一个统一、强大的现代民族国家之迫切。统一的民族国家,自然需要有一个统一的民族精神,而在民族精神背后,是否需要有一个公共的核心文化呢?如果需要,这又是一个什么样的核心文化?传统中国是有核心文化的,那就是儒家文化。然而,晚清废除科举、特别是"五四"新文化运动以后,儒家文化已经日益式微,不但不再是社会建制和政治建制的一部分,而且作为规范伦理和德性伦理,也受到了严重的挑战。另一方面,"五四"以后,欧风美雨席卷整个知识界,西风压倒东风,随着传统科举的废除和西式学校制度的建立,西方知识逐渐在中国取代传统的国学,获得了建制化的垄断地位。而各种泊来的文化观念、意识形态借助现代传媒的传播网络,迅速流行于全国,从沿海向内地、从都市向乡野扩张。

不过,西方文化并非铁板一块,其五花八门的各种思潮、学说和知识彼此之间充满了冲突和紧张:理性与浪漫、科学与人文、资本主义与社会主义、国家主义与个人主义、民族主义与世界主义,等等,这些对立的思潮在中国都有自己的代理人、自己的市场和自己的地盘,而且相互之间吵吵嚷嚷,莫衷一是。看起来,似乎这是现代社会的多元文化,然而多元有有序与无序的区别。"有序的多元"乃是有核心文化的多元,各种文化虽然取向不一,但在最基本的伦理价值和政治观念上,具有重叠的共识,而且这些共识为国家的宪法和制度所建制化,成为国家的公共伦理文化和政治文化。而"无序的多元",则是"价值诸神"在涉及共同体底线伦理和政治理念问题上,无法获得最基本的共识,处于文化的战国时代,处于双重的匮乏之中:既缺乏合法的制度和法律,也缺乏基本的公共文化。

民国建立以后的中国,与政治上的混乱分裂同步,文化上正处于这样"无序的多元"之中。"五四"是一个个人主义和世界主义鼎盛的时代,人们对此尚没有强烈的感觉,反而会为"多元"而欢欣鼓舞,但到1930年代,当国难日益加深,民族建国成为社会的主流声音以后,文化上的"无序"便成为突出的问题。1935年王新命等十位南京知识分子在《中国本位的文化建设宣言》中感叹"在文化的领域中,我们看不见现在的中国了","中国在文化的领域中是消失了"①,就是对中国失去了核心文化、处于文化无序状态的深刻忧虑。而随之展开的中国本位文化派与全盘西化派的知识分子大论战,表面来看,似乎还是延续了"五四"时期的中西文化之争,实质上,在20世纪30年代的国难背景下,其焦点已经悄悄地发生了变化:不再是对中西文化的态度本身,而是什么样的文化才能成为民族国家的核心文化?——是西方文化还是中国文化?以西方文化为本位,还是中国文化为本位?

1930年代的这一问题与亨廷顿最近提出的在美国重建盎格鲁基督新教的核心文化,虽然在时间和空间上差异很大,但问题的性质颇为相似。亨廷顿所面临的困境是:作为移民国家的美国,原先作为立国之本的原初移民文化——盎格鲁新教受到了文化多元主义和后现代的文化虚无主义的强烈挑战,因而要重新确立基督教的核心文化地位。而在1930年代的中国,是传统的主流文化儒家文化崩溃,各种外来思潮蜂拥而入,而打造一个现代的民族国家又需要某种核心文化,于是"中国本位文化"也好,"全盘西化"也好,就成为了如何重建中国核心文化的焦点所在。

张佛泉是中国本位文化论战的积极参与者,对于这一问题,张佛泉与胡适的态度一样,坚决反对中国本位文化。在《"民族主义"需要重新解释》一文中,他针对孙中山族群民族主义中恢复我国旧文化的主张,批评说:"他在这方面的主张,不幸成了近几年很大的保守势力。譬如尊孔、读经、新文化建设运动、十教授宣言等,全是承袭中山先生那种恢复旧文化的意念而来的。"有没有可能像中国本位文化的主张者南京十教授希望的那样,一方面吸收欧美文化,另一方面保持中国文化的本位呢?张佛泉认为根本不可能。在他看来,文化是有机的,中国文化与西方文化是根本的、质的差别,两者不可通约。② 不过,张佛泉

---

① 王新命等:《中国本位的文化建设宣言》,《文化建设》(南京),第1卷第4期,1935年1月。引自罗荣渠编:《从"西化"到现代化:五四以来有关中国的文化趋向和发展道路论争文选》,北京:北京大学出版社,1990年版,第391页。
② 张佛泉:《"民族主义"需要重新解释》,载《国闻周报》,第13卷第1期,1936年1月1日。

也不完全同意全盘西化论,他并不认为文化是不可分割的整体;文化可以有根本和枝节之分。即使提倡西化,也没有必要采取 All or None 的方式,什么都学西方,可以有所选择,枝节问题譬如打扑克还是打麻将好,没有必要全盘学西方。但是,在根本问题上,只有西化一条路。"我所主张的可以说是从根上,或说是从基础上的西化论。"①

什么是"从根本处西化"呢？张佛泉说:"我以为西洋文化背后有一种精神,有了这种精神做泉源,于是五光十色的西方文明的表象才发长出来,才放射出来。它这种精神,吾无确当名词以名之,姑名之为希腊的精神,或统称为西方的头脑。"②张佛泉干脆地指出:"我们目前最主要的工作,就是要整个改造我们的头脑,而要将中式的头脑换上一个西式的头脑(western type of mind),由一个'论语'式的头脑,换上一个柏拉图'共和国'式的头脑。"③现在很清楚了,张佛泉所要建立的核心文化,正是以西方为本位的希腊精神、柏拉图式的头脑。

那么,这种外来的西洋文化能够成为邦国主义的精神核心吗？张佛泉认为,讲邦国主义不一定要扯上所谓的"民族性",如前所述,这分别是政治和文化两个层面的问题。即使是为了邦国主义去激发国民的自信心,也不一定要借助原有文化。让人失去自信心的,就是教给他一套根本不足以应付现势的祖传方法。而彻底采用西洋文化,而可以对自己有极大的自信心,明治维新后的日本就是一个很好的榜样。④ 在这里,张佛泉对文化的立场不是作为认同对象的价值理性,而是仅仅将其看作功用性的工具理性,他说得很清楚:"东西文化到底那个真好,这是内在的价值问题,而不是可以用功用名词(functional terms)来做满意回答的。但只用功用名词却已经回答我们的为什么须从根本上西化的问题,……因为我们四万万人如想继续在这世上生存,便非西化不可,而欲求西化,则只有从根上西化才足以生效!"⑤

这是一种典型的文化工具主义。在以科学主义为知识论前提的自由主义

---

① 张佛泉:《西化问题之批判》,载《国闻周报》,第 12 卷第 12 期,1935 年 4 月 1 日。
② 张佛泉:《西化问题的尾声》,载《国闻周报》,第 12 卷第 30 期,1935 年 8 月 5 日。
③ 张佛泉:《西化问题之批判》,载《国闻周报》,第 12 卷第 12 期,1935 年 4 月 1 日。
④ 参见张佛泉:《"民族主义"需要重新解释》,《国闻周报》,第 13 卷第 1 期,1936 年 1 月 1 日;张佛泉:《西化问题之批判》,《国闻周报》,第 12 卷第 12 期,1935 年 4 月 1 日。
⑤ 张佛泉:《西化问题之批判》,《国闻周报》,第 12 卷第 12 期,1935 年 4 月 1 日。

者那里,文化不是发自内心情感深处的生命体验,不是安身立命的认同对象,更与根源感、家园感和归宿感无关;文化仅仅是一种工具,一种满足人类各种需求的有效工具。因此,张佛泉对文化不问其价值如何:在价值层面,自由主义者永远保持高贵的中立态度,甚至不可知论,他所关心的,是文化作为一种工具,作为一种具体的策略,对具体的目的性行动是否有效。而民族主义与民族性既然无关,那么民族主义对于文化的选择,自然就可以采取一种科学主义的工具理性立场,只要西方文化比中国文化更有救国的功效,就可以作为民族国家的核心文化,就应该从"根本处西化"——将中国人的孔夫子头脑换成西方式的柏拉图头脑。

这种文化工具主义的立场,并非张佛泉个人的立场,而是胡适所代表的西化派立场。无论是"五四"时期的中西文化论战,还是20世纪30年代的中国本位文化论战,西化派的所有观点都是以这一文化工具主义为基本理论预设的。因此,民族主义与文化的关系,也不再有价值认同、共同体归属的问题,而仅仅是一种工具性的效用关系:什么对民族国家有用,就是"有效"的文化,虽然它在内在价值上不一定是"好"的文化。

当胡适、张佛泉们将西化视作中国文化的本体、视作中国未来的核心文化的时候,另外一批自由主义者们——更确切地说,是一批中国的社会民主主义者们,以张君劢和张东荪为代表站了出来,对中国文化本位派表现出相当的同情性理解。张君劢多次忧心忡忡地谈到,"吾国之思想界中,隐然有美英法德俄国之势力范围存乎其中",中国已经丧失了"思想的自主权"。[①] 他们批判胡适等人的科学主义立场,认为"全盘西化"论也好,"充分西化"论或"从根本处西化"论也好,是"自己忘掉自己",失去了文化的主体和民族国家的本位。张东荪说:"必须恢复主体的健全,然后方可吸取他人的文化。……一个民族失了自主性,决不能采取他族的文明,而只有为他族所征服而已。"[②]张君劢特别欣赏中国本位文化宣言十教授之一的陶希圣的"自己发现自己"这句话,他认为,"文化

---

① 张君劢:《思想的自主权》,载张君劢:《民族复兴之学术基础》,《再生》杂志社(北京),1935年版。
② 张东荪:《现代的中国怎样要孔子?》,《正风》半月刊,第1卷第2期,1935年1月,引自罗荣渠编:《从"西化"到现代化:五四以来有关中国的文化趋向和发展道路论争文选》,北京:北京大学出版社,1990年版,第398页。

之创造与中兴,无论在任何时代,离不了自己",如果"民族自己不知道自己,不要说不能有所创造,就是要模仿人家,也是不能成功的"。①

在民族危机日益深入的20世纪30年代,张君劢继承了梁启超民国初年的国性论传统,以民族文化复兴为核心,举起了一面与张佛泉迥异的文化民族主义旗帜。"九一八"事变以后,民族主义思潮替代世界主义成为中国思想界的主潮。过去的问题是如何融入全球化,而现在变成如何在一个全球帝国主义时代,保持文化的独特性,重新唤回民族的自信心,以实现中华民族的复兴。在抗战爆发之前他发表一系列民族复兴演讲的时候,他主要处理的是民族认同的问题,而在抗战爆发以后撰写《立国之道》的时候,他主要解决的是如何立国的问题。晚清的梁启超寻找的是与世界的同,但张君劢所处的已经是一个全球化时代,他关心的是如何在这个时代自处,民族自信心如何建立,如何寻找民族文化的独特性、差异性和本原性,如何在这个全球化的世界上同中求异。因此,作为一位宪法学家和政治学家,张君劢虽然像张佛泉一样,也很关心民族复兴中政治共同体的法律制度建设,但他的思考重心最终却落在民族文化本位和核心文化的重建上,这使得他的民族主义表现出强烈的赫尔德式的文化民族主义色彩。

五、张君劢:民族文化本位的民族主义

梁启超与张君劢的关系,处在师友之间。他们不仅有密切的私人友谊,而且在思想传承上也是很明显的。1918年底,张君劢随梁启超访问欧洲。这次欧游是他们思想中的重大转折。在此之前,梁启超、张君劢相信世界上存在着普遍公理,这种普世公理是由西方文明所代表的,但欧洲人对自己文明的反省,特别是巴黎和会上中国的失败,使得张君劢从公理梦中惊醒。他在愤怒之中将国际法书籍付之一炬,决定留在德国跟随唯心主义哲学家倭伊铿(Rudolf Eucken)学哲学,以探求民族的立国之本。

1. 反思理性主义的主流启蒙

梁启超是近代中国启蒙思想的先驱,在他身上体现了启蒙思想内在丰富的

---

① 张君劢:《今后文化建设问题——现代化与本位化》,载《再生》,第4卷第1期,1935年。

复杂性。张君劢作为"五四"一代知识分子，虽然也是一个启蒙者，但更多地体现了启蒙的非主流的一面。"五四"新文化运动是一个范围广大、内涵复杂的启蒙运动，不仅有陈独秀、胡适为代表的主流的《新青年》和《新潮》，也有非主流的启蒙传统。一种是以杜亚泉和他主持的《东方杂志》为代表的科学启蒙和温和的以调适为主调的变革。① 另一种启蒙传统是以梁启超、张君劢、张东荪等人为代表，以《解放与改造》、《晨报》副刊、《学灯》副刊为阵地的另一种温和的、二元论式的启蒙思想。在"五四"时代，中国思想界形成了一个多中心的、松散的启蒙网络，各家各派对于启蒙都具有某种汪晖所说的"态度的同一性"②，即肯定现代性的价值，试图超越传统的价值。但更多的是表现为对启蒙的不同理解和分歧。欧洲的启蒙思潮，从来不是一个纯粹的、单一的思想体系。其中充满了各种对峙和冲突：欧陆的唯理主义和英国的经验主义、英法的理性主义和德国的浪漫主义，等等。20世纪西方思想中科学主义与人文主义、现代与后现代的各种冲突，其根源都可以追溯到近代欧洲的启蒙思想。"五四"时期对西方启蒙思想的接受是全方位的，而西方启蒙思想又是非常复杂和多元的，因此，"五四"的启蒙思想出现相互歧异和紧张便是相当自然的。张灏曾经研究过"五四"思想中异常复杂的多歧性，他认为在启蒙思想内部至少存在着四种自我的冲突：理性主义与浪漫主义、怀疑精神与新宗教、个人主义与群体意识、民族主义与世界主义。③

在这样复杂的和自我冲突的启蒙思想中，张君劢究竟处于一个什么样的位置呢，这一位置又如何决定了他的民族主义思想呢？简单地说，张君劢是一个反启蒙的启蒙主义者。之所以反启蒙，乃是他秉承德国的浪漫主义思想传统，反对以科学理性为代表的主流启蒙，但他之所以还是一个启蒙主义者，是因为他依然没有背弃启蒙的理性立场，但坚持要将科学与道德（宗教）分离开来，是一个康德意义上的二元论者，他的自由民族主义正是建立在科学与道德、制度

---

① 关于对杜亚泉启蒙思想的研究，参见许纪霖、田建业主编：《一溪集：杜亚泉的生平与思想》，北京：生活·读书·新知三联书店，1999年版；高力克：《调适的智慧》，杭州：浙江人民出版社，1998年版。
② 参见汪晖：《中国现代历史中的五四启蒙运动》，《文学评论》，1989年第3—4期。
③ 参见张灏：《重访五四：论五四思想的两歧性》，载《张灏自选集》，上海：上海教育出版社，2002年版，第251—280页。

与文化的二元分化立场上的。

在"五四"的时候,张君劢在著名的科学与玄学论战中,批评了启蒙运动中的科学主义霸权,这样的批判持续了他一生。如本章第一节所示,在中国自由主义内部,胡适代表了科学的自然一元论,而张君劢代表了心物二元论,因而产生了对民族主义的不同取向,前者把民族国家理解为一个取消了民族文化认同的"程序共和国",而张君劢则在科学/道德、制度/文化的二分的基础上建构一个拥有本土价值认同的"民族共和国"。为了有效地论证自己的主张,1940年,张君劢发表了《胡适思想界路线评论》,对胡适所代表的主流启蒙路线进行了全面的批判性反思。他认为,胡适思想的问题在于:追随欧洲的文艺复兴和启蒙运动,试图将它们推行于中国。胡适思想的核心是机械主义和自然主义,但他对理性主义时代以后的西方的意志主义和宗教精神一无所知。① 理性主义将所有的人都理解为抽象的理性人,以为可以通过知识和科学解决一切问题,包括人生的价值。然而,所谓的理性人、经济人,只是现代社会科学和经济学中的抽象,并不代表人的全部本质。②

张君劢特别强调人不仅有理性,也有意志和情感,科学理性不能替代实践理性。他深受德国浪漫主义传统影响,反对启蒙运动的普遍人性,将人性看作是一个自我创造的过程,与民族的文化有关,个人的意义是在文化传统中获得的。根植于民族文化之中,人只有通过民族和社群了解自己。科学主义和民主政治无法解决精神危机,必须从民族文化的根源反省。虽然张君劢的哲学受到倭伊铿和亨利·柏格森(Henri Bergson)的影响,有直觉主义和意志主义的成分,但诚如何信全所指出的那样,张君劢依然保持着理性主义的色彩,从整体上说,他是一个康德主义者,坚信知识与道德、事实与价值的不可通约。③ 也就是在这样的意义上,他提出了民族主义的核心——文化认同问题。

这样,张君劢不同于理性主义一元论的自由主义,他为自由民族主义确立

---

① 参见张君劢:《胡适思想界路线评论》,载张君劢:《中西印哲学文集》下册,台北:学生书局,1981年版,第1015—1021页。
② 参见张君劢:《我从社会科学跳到哲学之经过》,载《再生》,3卷8期,1935年10月。
③ 参见何信全:《张君劢论儒学与民主社会主义》,载何信全:《儒学与现代民主》,北京:中国社会科学出版社,2001年版,第133—140页。

了二元论的哲学基础。他的政治理念是英国的自由主义,哲学是德国康德的二元论。柏林的自由民族主义背后是多元主义的价值观,而在张君劢这里,自由民族主义是以心物二元论作为基础,以制度和精神、政治与道德的分离为前提:制度是普遍的,文化是特殊的,制度是西方的,文化是东方的,制度为理性所支配,而道德是意志选择的产物。自由主义是为解决社会政治秩序,而文化认同的心灵秩序,只有通过文化民族主义才能予以落实。

1931年"九一八"事变以后,民族主义思潮替代世界主义成为中国思想界的主潮。过去的问题是如何融入全球化,而现在变成如何在一个全球帝国主义时代,保持文化的独特性,重新唤回民族的自信心,以实现中华民族的复兴。张君劢特别强调民族国家共同体的意识,在20世纪30年代,他主要处理民族认同问题,40年代,主要解决立国问题。梁启超寻找的是与世界的同,但张君劢所处的已经是一个全球化时代,他关心的是如何在这个时代自处,民族自信心如何建立,如何寻找民族文化的独特性、差异性和本原性。在这个世界上,最重要的是同中求异。

2. 自信和反省的民族主义

在民族危亡的时刻,张君劢希望在中国扮演德国近代民族主义的缔造者费希特(Johann Fichte)的角色,呼唤起中国人的民族国魂。1932年,他在《再生》杂志上摘译介绍了费希特著名的《对德意志国民演讲》。事实上,早在1926年,他就注意到费希特,并在《东方杂志》上撰文介绍。现在的问题是,张君劢从这位德国民族主义鼻祖那里吸取了一些什么思想?他又是如何以中国的思想传统"再造"了费希特的?

费希特在《演讲》中,是以一种世界主义的眼光来理解德意志民族复兴的。在他看来,德意志的复兴问题同时也是人类如何从病态阶段(即利己主义)进入健康阶段(即理性的自觉)的问题。在这一过程中,世界主义将变为一种建立理性王国为宗旨的爱国主义。① 费希特特别强调,德意志民族独特的种族、历史、语言和文化,构成了民族的本原性和民族精神,这是一种对本原性的神秘而神

---

① 参见梁志学:《光辉的爱国主义篇章》,费希特:《对德意志民族的演讲》,梁志学等译,沈阳:辽宁教育出版社,2003年版,译序第3—6页。

圣的信仰,它是国民生命中永恒的一部分,是他们的天堂所在。具有永恒外壳的民族,值得每一个国民为之献身,牺牲自己。而要使国民具有高尚的爱国主义情操,最重要的是要实施国民的民族教育,让他们成为理性王国的新人。①

张君劢在对费希特的介绍中淡化了其爱国主义背后的世界主义叙述脉络,而特别突出了其演讲所处的特殊历史背景——德意志民族受到外敌入侵的危急时刻,这样,费氏民族主义背后的人类普世意识到张君劢这里成为一种特殊主义的民族情感。事实上,我们在上一节所引的梁启超《欧游心影录》中的话,还能够发现类似费希特的以普世主义为背景的民族主义:"拿我的文明去补助西洋的文明"。但到张君劢这代知识分子,特别是20世纪30年代以后,民族主义仅仅在民族救亡的意义上得以叙述,世界主义的普世意识已经大大淡化了。

在民族国家的观念上,张君劢接受了费希特的看法,将国家看成是一种具有自在目的的神秘之物,而非自由主义所理解的仅仅是保护个人权利的工具,国民的爱国也不是出于功利的动机,而是类似于宗教的神圣信仰:

> 国民所以爱国,不是为个人的利益,是为一国的文化和国民性的永久保存起见。这种爱国之念,发于求国家的天长地久而来,实含有宗教的神秘性,决不是股东合组的公司,只为谋利的所可同日而语。②

国家具有某种宗教的神秘性,爱国不是工具理性意义上的利益算计,而是与人的价值理性有关,是人的意志所选择的世俗信仰。与《新民说》时期梁启超的国民共同体相比较,张君劢这里所塑造的显然是一个民族共同体。他将民族国家的基础理解为三大要素:语言、风俗和历史,③显然,这些都是自然的历史演化,非政治建构的产物。在民族共同体内部,所认同的是梁启超所说的"国性",是抽象和神秘的民族精神。在他看来,中国的民族不用想象,但"五四"以后缺的是民族的自信心。其中,最重要的是民族国家意识,中国虽然有自己独

---

① 参见费希特:《对德意志民族的演讲》第7—9讲,梁志学等译,沈阳:辽宁教育出版社,2003年版,第91—138页。
② 张君劢:《爱国的哲学家:菲希德》,载《东方杂志》,23卷10期,1926年5月。
③ 参见张君劢:《中华新民族性之养成》,载《再生》,2卷9期,1934年6月。

特的语言、风俗和历史,却忘记了自己。他呼吁从民族智性、民族情感和民族自信知情意三个方面培养民族意识。①

值得注意的是,张君劢将费希特的《演讲》归结为三个要点,并把它们概括为"吾国家今后自救之方案"。第一,自责:"民族大受惩创之日,惟有痛自检点过失";第二,道德的再造:"民族复兴,以内心的改造为唯一途径";第三,爱国:"就民族在历史上之成绩,发挥光大之,以提高民族之自信力"。② 但张君劢按照自己的理解,对费氏进行了"再造"。从《演讲》来看,费希特是自信的,充满着对德意志民族的自豪,虽然他抨击德国国民的自私自利,造成民族萎缩,但这一自利性格并不是德意志民族的特殊国民性,而是资本主义时代普遍的世界性格。但在张君劢看来,中国人的"各呈意气、各图私利、不肯些微下克己工夫",显然是国人的国民性在私德和公德方面都有问题。③ 他像梁启超一样,将中国之所以无法建立民族主义,归咎于国民的道德的欠缺。费希特把解决问题的希望寄托在国民的民族教育上,目标是培养由自觉的理性所支配的全面而完善的新国民。而张君劢却将费氏的这一思想宋明理学化了,将之置换为理学内省式的道德修养。中国的国民性中所缺的,是民族国家意识,而要获得这一意识,首先要有民族自觉,国民自知其为民族。而克服自私自利,在道德上提升民族的情感、意志和智力,是爱国主义教育的唯一途径。④

不过,张君劢的困境在于:一方面他反对保守,清楚地意识到中国传统的负面,要进行反省和改造,另一方面又要提高民族的自信心。他承认:

> 今日又在改造之过渡期中,一方面因改造而生不信心,他方面因要发达民族性而求信心,信与不信相碰头,如何处置,实在很是困难了。⑤

正如列文森所说:"民族主义的兴起对中国思想家提出了两项无法调和的

---

① 参见张君劢:《中华民族复兴之精神的基础》,载《再生》,2卷6—7期合刊,1934年。
② 张君劢:《爱国的哲学家:菲希德》;《费希德〈对德意志国民演讲〉摘要》,载《再生》,1卷3期,1932年7月。
③ 张君劢:《爱国的哲学家:菲希德》,载《东方杂志》,23卷10期,1926年5月。
④ 参见张君劢:《中华民族复兴之精神的基础》,载《再生》,2卷6—7期合刊,1934年。
⑤ 张君劢:《中华新民族性之养成》,载《再生》,2卷9期,1934年6月。

要求:他既应对中国的过去怀有特殊的同情,但同时又必须以一种客观的批判态度反省中国的过去。"① 那么,如何走出这一困境,重新拾起自信心?张君劢认为,自信心来自中国的民族性,中国的民族性与欧洲不同,他们是从无到有,而中国是"从已有者加以选择,引起信心后,另造出一种新文化来"②。其中,最重要的是要有"思想的自主权",即民族文化的本位意识,运用自己的思想力,尊重本国的固有文化,不跟着西人的思想走,贵乎独创,不贵模仿。③ 从这里我们可以看到,1930年代张君劢的民族主义继承了德国赫尔德、费希特的文化民族主义传统,试图通过对民族文化的重构,让民族在生存危机面前获得精神上的再生,建立一个以民族精神为认同核心的民族共同体。

3. 自由与权力的平衡

1938年,张君劢出版了他的代表作《立国之道》,正式提出了"国家民族本位"。在此之前,他比较多强调的是从道德和意识上形成民族国家意识,具备民族的自信心。抗日战争全面展开以来,中国国民中爆发出强烈的爱国热情,相形之下,作为一个现代的民族国家,中国的国家制度和政府组织能力却大大落后。因而,张君劢从历史文化的要素转而强调国家的制度建设。他认为,一个民族立国于世界,固然离不开民族要素,但只有历史、语言、风俗这些自然条件,并不能成为一个国家。中华民族之所以内忧外患,缺的不是民族的诸自然要素,而是国家组织不健全。"所以,在民族建国这一词,应该把重点放在国字上。"④

从强调民族到突出国家,表面看起来,张君劢似乎是一个类似国家主义派或战国策派那样的国家主义者。事实上,在《立国之道》中,民族主义只是他建国整体方案的一部分,是无法与其他同样重要的思想——修正的民主政治、国家社会主义的计划经济、以精神自由为核心的民族新文化——相分离的。在《立国之道》中,他有一段很重要的话:

---

① 列文森:《儒教中国及其现代命运》,郑大华等译,北京:中国社会科学出版社,2000年版,第93页。
② 张君劢:《中华新民族性之养成》,载《再生》,2卷9期,1934年6月。
③ 张君劢:《思想的自主权》,载《再生》,2卷1期,1933年10月。
④ 参见张君劢:《立国之道》,桂林1938年版,第28—31页。

>一个国家对于自由与权力,仿佛人之两足,车之两轮,缺其一即不能运用自如。
>
>一个人自由寄托于国家身上,国家全体亦赖个人自由而得其巩固之道。此即今后立国之要义。从这观点来说,中国民主政治之一线光明,即在自由与权力平衡之中。①

在张君劢"自由与权力平衡"的核心原则中,国家与个人究竟处于一个什么样的关系中呢?他是一个自由主义的个人主义者,还是一个以民族国家为本位的集体主义者呢?

让我们首先来了解张君劢的国家与个人观。他同梁启超一样,受到德国浪漫主义哲学的影响,将国家理解为一个有机体:"现代的国家,可以一个字来代表,就是整个的,或说是有机的(organic)。——政府是脑神经,人民是手足,二者须互相一贯,如是乃能成一国。"②国家并非是个人利益之和,而是超越于个人之上,具有"公共性"、"普遍性"和"永恒性"。③然而,张君劢的国家观并非黑格尔那种忽视个人自由的国家绝对至上,而是像康德那样,将人看成是目的而非手段,从个人自由出发阐释国家存在的合理性。他在留学欧洲期间,从师非理性主义大师倭伊铿和柏格森,相信人的精神是创造世界的本原,人是具有最高价值的目的本身,国家的存在并不以压抑个人为前提,而是以个人的精神自由为预设。早在1928年,他就指出:

>国家之基础,在乎民智民德民力;人民而发达也,斯国家随而发达;人民而阻滞也,斯国家随而阻滞。④

在《立国之道》中,张君劢更明确地说:

---

① 张君劢:《立国之道》,桂林1938年版,第95、99页。
② 张君劢:《民族复兴运动》,载《再生》,1卷10期,1933年2月。
③ 张君劢:《立国之道》,桂林1938年版,第382—383页。
④ 张君劢:《发刊辞》,载《新路》(上海),第1期,1928年。

> 一国之健全与否,视其各分子能否自由发展,而自由发展中最精密部分,则为思想与创造能力。所以自由发展亦为立国不可缺少之要素。①

在不同的叙述脉络中,张君劢显然有两个本位:民族国家本位与个人自由本位。事实上,就像梁启超一样,他是把国家与个人放在一个积极互动的有机关系里面加以阐释,而这样的互动关系,又是以心物二元论为基础的。他将"自由与权力"比作"心与物"的关系:"权力是一架敏活机器的运转力,这是属于物的一方面;自由是人类前进的动力,这是属于心的一方面。"②这样,他也就为"自由与权力平衡"找到了各自的界域:在国家政治领域,必须以权力为轴心,以提高行政的效率;在社会文化领域,须以自由为轴心,确保社会的自由和思想的解放。③

那么,张君劢所理解的自由,是一种什么意义上的自由呢? 从张君劢对自由的阐释来看,他与洛克式的自由主义不同,不仅将自由理解为一种柏林所说的消极自由,而且由于受到拉斯基(Harold Laski)的影响,特别注重实现自由之条件。马考伦(G. G. MacCallum)曾经将自由看作是一个涉及三个要素的概念:人、束缚和行为。因而,所谓自由无非是某人自由于某种束缚,去自由地做某事。④ 这一将消极自由与积极自由整合为一的理解,是自约翰·密尔(John Mill)、格林(T. H. Green)到拉斯基的新自由主义的内在思路。张君劢等现代中国的自由主义者受到了他们的强烈影响。在张君劢看来,一个人自由与否,不仅要看他是否受到了强制,而且还要看他是否具有自由的能力,即由公道所保障的实现自由的社会条件,以完成自我的实现。可以说,康德化的自我实现和发展个性,是他理解自由价值的核心所在。

在各种自由之中,张君劢最重视的是精神的自由,即康德所说的个人自主性。作为一个唯心主义者,他将个人的精神自由看作是形成政治道德法律和维

---

① 张君劢:《立国之道》,桂林 1938 年版,第 149 页。
② 张君劢:《立国之道》,桂林 1938 年版,第 372 页。
③ 参见张君劢:《我们所要说的话》,载《再生》创刊号,1932 年 5 月。
④ G. G. MacCallum, *Negative and Positive*,转引自石元康:《洛尔斯》,台北:东大图书公司,1989 年版,第 57 页。

护民族生存的关键所在。① 然而,个人又如何获得其精神自由呢? 他说:

> 个人自由,惟在民族大自由中,乃得保护乃能养成;民族之大自由若失,则各个人之自由亦无所附丽。②

显然,在张君劢看来,个人只有在集体的民族性中才能获得个性,个人自由只有在民族自由中才能养成,个人主义与民族主义并非相互冲突,而是内在和谐的。其中,精神自由是最重要的,但个人自由离不开民族的自由。他注意到,民主政治只能保障消极自由和提供平等的、公道的自由条件,而个人自主性,只有在一个有机的、有生命力的民族传统中才能实现。正如约翰·格雷(John Gray)在评论伯林的自由民族主义时所说:个人的尊严不仅来自享受到消极自由,同时还依赖于其民族的独特的价值观念和生活方式。③ 张君劢将个人自由放在民族文化的有机传统中加以理解,力图创造一个以个人自由精神为基础的民族文化,这正是他自由民族主义思想的核心所在。

4. 从法共同体到道德共同体

张君劢要建立以个人自由精神为基础的民族共同体,那么,这个民族共同体是一个法的共同体还是道德共同体? 张君劢在《立国之道》中特别强调,对于民族建国来说,有两个原则是最重要的,一是法律,形成一个法治的社会,二是道德,建立一个公共的伦理道德。④ 前者是法的共同体,后者是道德共同体。作为一个宪政自由主义者,他自然重视国家制度的法治化,但作为一个康德哲学的继承者,他并不认为民族国家共同体仅仅是一个由制度作为纽带的法共同体,而且也应该是有着共同信仰的道德共同体。他所理解的社群既是政治的,有共同的法律,也是道德的,有共同的道德和文化认同。不仅是法的共同体,也是道德共同体。

不过,在法的共同体与道德共同体之间,在深受德国唯心主义哲学和中国

---

① 参见张君劢:《明日之中国文化》,上海:商务印书馆,1936年版,第121—122页。
② 张君劢:《明日之中国文化》,上海:商务印书馆,1936年版,第130页。
③ 参见格雷:《伯林》,路日丽等译,北京:昆仑出版社,1999年版,第102页。
④ 张君劢:《立国之道》,桂林1938年版,第33—39页。

内圣外王道统思想影响的张君劢看来,虽然二者是心物二元的关系,但显然后者是根本的,他引用德国思想家德莱兹基(Treichke)的话说:

> 国家者,道德的共同团体也。国家负介绍人类直接工作之责任,其最后目的即在经过国家内部种种之后,其民族能养成品行,此即最高道德之义务,不独个人为然,国家亦然。①

这里所说的国家,不是指政府,而是民族共同体。在张君劢看来,民族共同体并不是像自由主义所理解的仅仅是一个法的共同体,一个"程序共和国",而且是一个具有集体意志和公共德性的"伦理共和国"。集体道德的建立,有赖于一个富有生机的民族文化传统和公共政治文化。在这里,张君劢的思考显然比张佛泉更深了一步。固然,现代的民族国家认同需要借助公共的法律和政治制度,需要共同的宪法作为公共意志的建制化保障,然而,这些制度和法律背后的价值正当性何在?它们与中国自身的历史、文化传统有什么关系?普世化的现代法律和制度是否能够得到特殊的民族历史和文化的价值支撑?张君劢看到,民国建立以来,中国不是没有民主的制度和现代的法律,问题在于,"本来西方人是有了某种生活习惯,然后才产生某种政治法律制度与文化现象;所以两方是一致的,是殊途同归的。而我们的困难问题即在一方采用西方的制度,而他方则有几千年所沿袭的旧习惯,两方面是不一致的,是冲突的"。②易言之,大家都在拼命地引进欧美的制度和主义,但制度背后没有文化,无法在中国生根发芽,"制度与主义是新的,而生活习惯是旧的"③,制度与文化之间发生了严重的错位。

因而,张君劢在《立国之道》中,提出了一句名言:"我人以为今后要改造中国政治经济,其下手处应先从人生态度着手,或曰人生观应彻底改造。"④这一立场被后人批评为有文化化约主义的倾向。固然,在现代社会中,凯撒的事情

---

① 张君劢:《立国之道》,桂林1938年版,第41页。
② 张君劢:《立国之道》,桂林1938年版,第310页。
③ 张君劢:《立国之道》,桂林1938年版,第312页。
④ 张君劢:《立国之道》,桂林1938年版,第274页。

归凯撒管,上帝的事情归上帝管,政治与文化早已分离。不仅如此,为了彻底贯彻价值中立的自由主义原则,道德伦理内部,在什么是"正当"(right)的规范伦理与什么是"好"(good)的德性伦理之间也发生了分化。在自由主义看来,民族国家共同体不必去管公民的德性,在一个"价值诸神"的时代,每一个人可以自由地选择其价值,只要在公共政治层面,所有公民具有政治的公共善,在正义问题上具有公共理性就可以了。张佛泉的政治爱国主义理念,就类似于这样的思路。他拒绝谈文化,谈价值的好坏,将文化置于民族国家认同问题之外。在张佛泉看来,最重要的是如何形成国家的政治公共意志,如何通过民主的制度性设置,培养公民的参与意识和自治意识,从而形成以制度为平台的公共政治文化。

而张君劢思考的问题则在于,公共的政治文化渊源何在?除了制度的平台,其自身的价值渊源又是什么呢?各种政治意识形态,比如民族主义、国家主义、自由主义或社会主义就可以作为公共的政治文化吗?在政治文化的背后,是否还需要一套深层的价值文化?张君劢相信,如今各种政治意识形态的分歧已经无法消弭,如何超越意识形态的纷争,在公共道德层面寻找公共的认同,形成民族的核心文化,很容易得到各党派和全国一致的赞成。"所以我认为新道德标准的确立,乃是新中国最基本的工作。"①

显然,张君劢像麦金泰尔一样,看到在现代共同体仅仅靠一套政治文化的规范伦理来整合是不够的,还必须有共同的德性伦理。近代以来由于作为核心文化的儒家伦理的崩溃,中国不仅失去了什么是"正当"的规范伦理,而且在什么是"好"的德性伦理上也陷入空前的混乱。规范伦理所以不立,乃是因为德性伦理无以统一。事实上,在儒家思想传统之中,规范伦理和德性伦理本来就没有严格的区分,纲常伦理渊源于仁之德性,而大仁大德唯有通过日常生活中的纲常实践才能体现。在这一点上,中国儒家与西方的社群主义是共通的,不认为规范伦理可以脱离德性伦理而独立存在,离开了"好","正当"便成为了无本之源,不再拥有自明的价值合法性。

张君劢显然是一个儒家式的社群主义者,他之所以认为改造中国的政治经

---

① 张君劢:《立国之道》,桂林1938年版,第323页。

济,要从人生观改造入手,乃是坚信任何制度的背后,都有一套价值理念支撑着,这套价值理念不仅是"正当"的规范伦理,也是"好"的德性伦理,这二者是不可分的,而且"好"优先于"正当",德性高于规范。从这里我们可以发现,从表面来看张君劢是一个二元论者,将科学与人生观分离,事实与价值分离、制度与道德分离,但讲到最后,他依然是一个隐蔽的一元论者,儒家式的以德性为本源的唯心主义一元论者,相信所有社会政治问题的解决,都可以还原到个人的道德品性。

为了解决制度与生活习惯不协调的问题,张君劢提出了六条国民的道德标准:"由明哲保身变为杀身成仁、由勇于私斗变为勇于公战、由巧于趋变变为见义勇为、由退有后言变为面责廷诤、由恩怨之私变为是非之公、由通融办理变为严守法令。"①显然,在张君劢的公共道德中,并没有将政治德性与人生价值加以分离,他对道德的理解依然是梁启超的从私德发展到公德的修齐治平方式。虽然张君劢将制度与道德、科学与文化看作是二元的,他的二元论并不是彻底的。他看到了法律与道德之间的互动关系,但归根结底,人生价值和道德之心依然是决定性的。张君劢思想中的德国唯心主义和宋明理学的道德主义所产生的亲和性,使得他所提倡的道德共同体充满了儒家式社群主义的色彩。

这种儒家式社群主义倾向的文化民族主义,与为以赛亚·伯林所赞扬的文化民族主义非常相近。虽然张君劢在20世纪30年代介绍的多是费希特,而非赫尔德,但从其民族主义理论的整个取向来看,显然更近赫尔德。赫尔德和费希特虽然都是德国浪漫主义和民族主义的先驱,但两人有一些微妙的差别。《西方政治思想史》的作者约翰·麦克里兰(J. McClelland)这样分析说:民族主义有可能与启蒙主义联袂并进,也可能各行其道。赫尔德继承的是启蒙运动中孟德斯鸠法的精神,相信人类是一个整体,但人类精神实现于不同的民族形式之中。赫尔德的民族精神是一个文化的概念。但费希特的民族精神脱离了启蒙运动的轨道,被赋予族群的涵义,将民族浪漫化、神秘化和神圣化,其族群意识内涵着危险的排外主义潜在取向。②显然,张君劢的民族主义与其说是费希

---

① 张君劢:《立国之道》,桂林1938年版,第312—313页。
② 参见约翰·麦克里兰:《西方政治思想史》,彭淮栋译,海口:海南出版社,2003年版,第674—697页。

特式族群的、排外的和激进的民族主义,毋宁说是文化的、开放的、温和的民族主义。他所希望的,是一个有着现代法律和制度、同时又有以德性伦理为核心认同的民族国家,这不仅是一个法的共同体,而且是一个伦理的共同体,是一个充满着独特文化精神和道德精神的社群国家。

六、政治认同,抑或文化认同?

近代的民族国家认同,有政治性的爱国主义(patriotism)和文化性的民族主义(nationalism)两种典范。在欧洲,爱国主义起源于古希腊的城邦政治,集大成于罗马共和主义,其祖国概念以公民宗教为基础,以共和主义的方式实现对特定的政治共同体之认同。古典的爱国主义在中世纪曾经衰落,到近代随着法国革命的兴起又重新复活。法国革命既是共和主义的民主革命,同时也是现代法兰西民族诞生的象征。19世纪以后,随着德国浪漫主义的崛起,文化的或族群的民族主义代替共和传统的爱国主义,逐渐成为欧洲民族主义的主流。民族主义认同的是本民族共同体历史中特定的族群、历史、文化、语言与宗教,是对以普遍主义为名的法国启蒙运动的反动。[1] 维罗里(Maurizio Viroli)在分析爱国主义与民族主义的不同时指出:"前者视对国家的爱为一种人为的,亦即可以通过政治生活不断加固并再生的激情;而后者则视其为一种纯粹自然的,亦即不受文化交混及文化认同影响的情感。两者对于爱国情感的不同诠释,起源于他们各自所持对于国家(patrie)与祖国(nation)的不同理解。共和派的国家是一个道德的和政治的体制,而赫尔德的祖国则指一种天然形成的群体。"[2]

哈贝马斯在论述民族主义的形成过程时说:"这一过程导致公民资格具有双重特征,一种是由公民权利确立的身份,另一种是文化民族的归属感。离开对公民权利的文化阐释,民族国家在其形成过程中,就无法通过以民主的方式

---

[1] 关于爱国主义与民族主义的区别,参见萧高彦:《爱国心与共同体政治认同之构成》,载陈秀容、江宜桦主编:《政治社群》,台北:台湾"中研院"中山人文社会科学研究所,1995年版,第272页;商戈令:《读维罗里〈关于爱国:论爱国主义与民族主义〉》,载《公共理性与现代学术》,北京:生活·读书·新知三联书店,2000年版,第193—203页。
[2] 维罗里(Maurizio Viroli):《共和派的爱国主义》,商戈令译,载《公共理性与现代学术》,北京:生活·读书·新知三联书店,2000年版,第188—189页。

入籍建立更加抽象的社会一体化。"①在这里,哈贝马斯谈到了现代民族主义所具有的内在两重性:由政治法律共同体和民族文化共同体双重性质所带来的双重归属感。如果共和的政治内容内在地镶嵌于民族的历史形式之中(比如英国和法国),或者民族国家的文化通过政治的共同体原则重新创造(如美国),政治认同与文化认同之间并不一定会表现出紧张关系,反而会相得益彰。然而,对于许多非西方国家来说,当共和模式是外来的,而文化传统又是本土的时候,二种认同之间的紧张和冲突便难以避免。

晚清时代的梁启超、孙中山等这些民族主义的思想先驱并没有意识到这一矛盾,他们是乐观的民族主义兼共和主义者。"五四"以后,民族主义与共和主义的内在矛盾渐渐展开,于是中国的民族主义内部就发生了分化。本章所论述的张佛泉和张君劢,虽然他们都属于广义上的自由主义阵营,但由于他们内心深处各自的共和主义和社群主义倾向,使得他们的民族主义表现出两种迥然分明的范式,从而体现出两种不同的民族国家认同观。

"二张"在民族国家认同上的不同,还是表面的,其背后有着更深刻而广泛的理论预设的分歧。作为一个共和主义者,张佛泉的认同建立在政治意志的自主选择基础之上。自由的公民通过政治的参与形成公共意志,建立自治共同体,而公民的认同也就是对自身意志自由选择的认同。而深受德国浪漫主义传统影响的张君劢,他所理解的认同是情感性的,不仅是对普遍的政治理念和制度的忠诚,还是对民族特殊的文化价值、伦理道德和历史传统深刻的归属感。

张佛泉心目中的"理想国"是一个像西方那样普世主义的民主共和国。虽然按照维罗里的看法,共和派的爱国主义与公民民族主义不一样,它不是对西方式普遍主义民主的认同,而是对特殊的共和国的法律、政治制度及生活方式的执着②,然而,对张佛泉这些主张"从根本处西化"的中国自由主义者来说,当他们将民族主义"去民族化"以后,就无法想象,除了西方式的民族/民主共同体,中国还有什么可能建立一个非西方的、特殊的民族国家?在张佛泉的思想

---

① 哈贝马斯:《欧洲民族国家——关于主权和公民资格的过去与未来》,载哈贝马斯:《包容他者》,曹卫东译,上海:上海人民出版社,2002年版,第133页。
② 参见维罗里(Maurizio Viroli):《共和派的爱国主义》,商戈令译,载《公共理性与现代学术》,北京:生活·读书·新知三联书店,2000年版,第191页。

里面,预设了一个邦国主义/民族性、政治性的二元模式,前者是普遍的、文明的和现代的,后者是特殊的、自然的和传统的。中国的民族主义问题,于是就化约为一个如何从特殊走向普遍、从传统走向现代、从自然走向文明的历史主义目的论。如果说张佛泉认同的是普世性的制度规范的话,那么张君劢更注重的是特殊的文化价值。他理想中的国家,除了以普遍主义为基础但按照特殊的国情加以修正的民主政治共同体之外,更重要的是一个具有独特文化价值的社群共同体。所谓"以精神自由为基础之民族文化",里面蕴涵着自由的普世性符号,同时又充满着儒家的特殊性伦理传统。

当然,张佛泉所代表的共和爱国主义有时候也注意到文化问题,但他们对文化的理解基本是工具主义的,不问文化是否有价值,哪一种文化"好"——自由主义在"好"的问题上总是保持中立,而是考量哪一种文化有效,只要对形成现代民族国家有效,不管其内在价值如何,便有资格成为中国未来的核心文化。张君劢自然也关心文化的功用性,但他所理解的文化不仅是工具理性意义上的,更是价值理性的对象。从浪漫主义的立场来说,文化是个人对群体的归属、对历史之根的追寻。对于一个民族或一个人而言,文化不是外在的、可以随意选择的工具,而是内在于人性、内在于历史、内在于主体选择的生命本身。张君劢对文化的浪漫主义理解,决定了其在民族主义思想中的核心地位,他的民族主义因而也与伯林所理解的文化民族主义十分接近:民族主义意味着人们首先属于某个特殊的人群,正是这个群体独特的文化、历史、语言、宗教、制度和生活方式等,塑造了这个群体特殊的目的和价值。①

现代民族国家的认同,不仅有赖于公共的制度和法律,而且也以社会普遍认可的公共文化为前提。无论是张佛泉还是张君劢,在这一点上都存在着共识,分歧只是在于,这一公共文化究竟是什么?在共和爱国主义看来,所谓的公共文化主要是公民们所形成的普遍意志,在政治层面形成的最基本的公共理性——以自由和人权为核心理念的政治观念和理性规范——而这一切都通过宪法得以建制化,并内化为公民们的自觉意识。共和爱国主义的公民文化没

---

① 参见伯林:《民族主义:往昔的被忽视与今日的威力》,载《反潮流:观念史论文集》,冯克利译,南京:译林出版社,2002年版,第407页。

有、也没有必要涉及道德伦理领域——那些领域都是"价值诸神"的纷争地带，只要不违背公共理性的"正当"原则，任何一种自恰的"好"的道德、宗教和哲学都是可以接受的。然而，在具有社群主义倾向的民族主义看来，将政治与伦理分离、"好"与"正当"分离，正是社会无法整合、政治纷争不已、道德价值混乱的渊源所在。所谓的公共文化，不仅包括公共的政治伦理，也内含公共的规范伦理，甚至是公认的德性伦理。政治规范的"正当"渊源于伦理规范的"正当"，而伦理规范的"正当"又无法脱离"好"的德性。"好"优先于"正当"，正是张君劢从儒家的仁学中获得的社群主义精神传统，因此他要从人生观问题入手，从"好"的德性开始，重新整合中国的公共文化，为民族主义提供一个坚实的道德基础。

19世纪法国思想家恩斯特·勒南（Ernest Renan）在其名篇《国家是什么？》中说："国魂或人民精神的导引，实际是由可以合而为一的两个要素形成的。其一与过去紧密相连，其二与现在休戚相关。前者是共享丰富传承的历史，后者是今时今世的共识。大家一致同意共同生活、同心协力、坚定意志、发扬广大传统的价值。"[①]民族主义本来是过去与现在之间的连接和平衡，张君劢的文化民族主义就是如此，试图在历史记忆和文化传统中寻找民族的核心文化，寻找过去与将来的桥梁。而张佛泉的爱国主义是当下的，是斩断与过去联系的当下，这一当下不再有历史，只有未来，那个朝着世界历史普遍性前进的未来。胡适在《信心与反省》中说：民族的信心不应建立在祖宗的光荣上，而必须是反省的基础上。"我们的前途在我们自己的手里。我们的信心应该望在我们的将来。"[②]共和爱国主义是理性的，建立在历史进化论基础之上，对它来说，过去都成为了必须克服的"传统"，最要紧的是通向未来的"现代"，普世性的现代化目标成为当下一切的合法性依据。而文化民族主义是浪漫的，总是怀疑普世目标的合理性，一步三回头地反观历史传统，试图从民族的记忆中寻找当下的合法性。

对于现代民族国家，究竟是政治认同，还是文化认同？张佛泉和张君劢作了两个极端的选择。虽然二者之间充满了内在的紧张，但在共和主义与民族主

---

① Ernest Renan：《国家是什么？》，李纪舍译，《中外文学》（台北），第24卷，第6期，1995年。本文引用时译文稍有改动。
② 胡适：《信心与反省》，《胡适文集》第5集，第390页。

义之间,并非没有相互结合的可能。现代的民族国家,与传统的文明帝国(如以儒家文化认同为核心的中华帝国)和法律帝国(如以统一的罗马法整合各民族的罗马帝国)不同的是,其本身就是一个文化与政治的结合,是在民族的基础上形成的国家共同体。安东尼·史密斯(Anthony Smith)指出:"现代民族既是'法律-政治'共同体,也是历史文化共同体。"① 这就不仅要有基于民族本身的历史宗教语言的文化认同,也要有对法律和政治制度的政治认同。而无论是文化认同还是政治认同,都并非像麦金泰尔所认为的那样,在终极价值的意义上是非批判的、超越反思的,即所谓的豁免伦理(ethics of exemption)②,而是经过了理性的批判和反思:这个国家或文化不仅是我的,我要认同它;更重要的是,它是符合我理想的,是我理想中的国家和文化。在张佛泉的理想中,只有符合自由民主基本原则的政治共同体,才是可以接受的,而张君劢所认同的民族文化,也不是简单的事实认同,而是按照特定的现代标准(以精神自由为核心)加以选择乃至重新诠释过的文化传统。

问题在于:民主的政治共同体如何与民族文化传统接轨? 在理想的社会政治秩序背后,还需要有相应的核心价值作为其公共文化平台吗? 这一核心价值究竟是罗尔斯式的政治自由主义,即承认文化多元主义,在德性问题上保持中立,只是在正义问题上形成重叠共识,从而建立公共理性;还是像亨廷顿和麦金泰尔那样,民族国家的核心价值必须是一种整全性的、渊源于原初居民的历史文化传统,不仅在"正当",而且在"好"的问题上也形成社会共识? ——这一切问题都异常复杂,不仅是张佛泉、张君劢当年碰到的难题,如今也成为跨文化、跨国界的时代困境。两种不同的民族国家认同,以及不同的对公共文化的理解,对于个人来说,当然可以自由选择,或兼而有之。但对于一个共同体而言,究竟是以政治自由主义的途径,还是社群主义的方式来确定立国之本,似乎是一个永恒的争议性主题,曾经困扰过张佛泉、张君劢那代知识分子,今天又继续考验着我们的智慧和实践。

---

① 安东尼·史密斯:《全球化时代的民族与民族主义》,龚维斌、良警宇译,北京:中央编译出版社,2002年版,第63页。
② 麦金泰尔:《爱国主义是一种美德吗?》,参见萧高彦:《爱国心与共同体政治认同之构成》,陈秀容、江宜桦主编:《政治社群》,台北:台湾"中研院"中山人文社会科学研究所,1995年版,第275页。

参考文献

列文森:《儒教中国及其现代命运》,郑大华、任菁译,北京:中国社会科学出版社,2000年版。

列文森:《梁启超与中国近代思想》,刘伟等译,成都:四川人民出版社,1986年版。

杜赞奇:《从民族国家拯救历史:民族主义话语与中国现代史研究》,王先明译,北京:社会科学文献出版社,2003年版。

刘青峰编:《民族主义与中国现代化》,香港:香港中文大学出版社,1994年版。

张灏:《关于中国近代史上民族主义的几点省思》,载《幽暗意识与民主传统》,北京:新星出版社,2006年版。

张灏:《梁启超与中国思想的过渡(1890—1907)》,崔志海、葛夫平译,南京:江苏人民出版社,1993年版。

张佛泉:《梁启超国家观念之形成》,《政治学报》(台北),第1期,1971年。

郑匡民:《梁启超启蒙思想的东学背景》第2章,上海:上海书店出版社,2003年版。

沈松侨:《近代中国民族主义的发展》,《政治社会哲学评论》(台北),第3期,2002年。

沈松侨:《我以我血荐轩辕:黄帝神话与晚清的国族建构》,《台湾社会研究季刊》第28期,1997年。

沈松侨:《振大汉之天声:民族英雄系谱与晚清的国族想象》,《"中研院"近代史研究所集刊》(台北),第33期,2000年。

沈松侨:《国权与民权:晚清的"国民"论述》,《"中研院"历史语言研究所集刊》(台北),第73期,2002年。

汪晖:《现代中国思想的兴起》,北京:生活・读书・新知三联书店,2004年版。

汪晖:《个人观念的起源与中国的现代认同》,载《汪晖自选集》,桂林:广西师范大学出版社,1997年版。

刘禾:《跨语际实践:文学、民族文化与被译介的现代性》,宋伟杰等译,北京:生活・读书・新知三联书店,2002年版。

许纪霖:《紧张而丰富的心灵:林同济思想研究》,《历史研究》,2003年第4期。

许纪霖、田建业编:《一溪集:杜亚泉的生平与思想》,北京:生活・读书・新知三联书店,1999年版。

高力克:《调适的智慧》,杭州:浙江人民出版社,1998年版。

余英时:《群己之间:中国现代思想史上的两个循环》,《现代儒学的回顾与展望》,载余英时:《现代儒学论》,上海:上海人民出版社,1998年版。

余英时:《从价值系统看中国文化的现代意义》,载余英时:《中国思想传统的现代诠释》,南京:江苏人民出版社,1989年版。

黄克武:《从追求正道到认同国族:明末至清末中国公私观念的重整》,载黄克武、张哲嘉主编:《公与私:近代中国个体与群体之重建》,台北:台湾"中研院"近代史研究所,2000年。

李强:《严复与中国近代思想的转型:兼评史华慈〈寻求富强:严复与西方〉》,《中国书评》(香港),第9期,1996年。

狄百瑞:《个人主义与人格》,载狄百瑞:《亚洲价值与人权:从儒学社群主义立论》,陈立胜译,台北:正中书局,2003年。

沟口雄三著,陈耀文译:《中国式近代的渊源》,载《中国前近代思想之曲折与展开》,上海:上海人民出版社,1997年。

何信全:《张君劢论儒学与民主社会主义》,载何信全:《儒学与现代民主》,北京:中国社会科学出版社,2001年版。

第十一章
中兴与嬗变

——佛教复兴思潮与中国早期现代化

一、清末佛教复兴的社会文化背景鸟瞰

近代中国社会遭遇了亘古未有的剧烈震荡,五千年农业文明的衰落与周期性的封建王朝崩溃相随,文化传统基本框架的破裂与外来文化的巨大撞击接踵。如果把古代中国大一统思想主导的社会局面演化比作缓缓流动的长河,那么,近代中国社会的解体与重组则如激流飞湍,其变化之剧烈、涉及之深广、遭遇之悲惨均为历史上所罕见。

从宗教社会学视角看,这种整个社会的失范无序状态与历史性的动荡变迁,造成了人们原先仰仗于宗法伦理保护的安全感普遍失落;而贫富分化加剧造成的个人命运变化无常与功业追求无望之相续,使人们心灵慰藉的要求进一步强化。于是,人们竞相皈依宗教,形成了宗教之树生发的茂盛的肥沃的社会土壤。

首先,中国传统的宗教文化历久已形成儒主入世、佛道主出世的格局。清末道教衰落已甚,唯佛、儒可相颉颃。儒教(儒教思想一般作为学术对待,但后期儒学,特别是宋明理学具有严厉的禁欲倾向与整套的偶像崇拜仪式、规范,故亦可作为宗教对待)虽被尊为统治思想,但清代最高统治者自清世祖至清高宗,对佛教也世代提倡,加以利用。以儒起家的达官贵人下野后亦多潜心佛学,以资心理补偿。上有所好,下必甚焉!而且,中国佛教承传悠久,特别是禅宗和净土宗,历来在社会下层深有根基。可以说,佛教思想在社会剧变之际,相对于儒家的衰弱而言,已占据复兴的有利地位。

其次,中国佛教僧团也不同于儒教士大夫的个人性、分散性、在组织上对官方有很强的依赖性。佛教中虽也存在对官方的依附,但其有独立的密布全国的寺院组织,僧尼人数也相当可观。乾隆(1736—1795)初,持有清廷正式度牒者约有30余万。后度牒制废除,以律宗寺院戒牒相代,仅江苏句容宝华山一地,受牒戒子即以数十万计。清末汉传佛教僧尼总数当逾80万,受三皈依的正式佛教徒更倍逾此数。

第三,佛教不少寺院拥有丰厚的庙产,有较雄厚的经济支持。如镇江金山

寺拥有良田万亩,常州天宁寺寺田有案可稽者即达8500亩。这些庙产除用以弘法外,对生机维艰的穷苦大众也颇具吸引力。诸如此类,使当时道教、伊斯兰教与刚开禁的基督教都难以望其项背。以上,是清末佛教复兴的前提之一。

尤其应指出,与传统社会崩解相伴的宗法统治思想也正趋衰落。道光年间,曾经风靡天下近百年的儒家古文经学首先遭到有识之士的抨击。如沈垚认为,古文经学家的考据"于一姆一指察及罗纹之疏密,辨其爪之长短厚薄,可谓细矣! 而于一手一足之全,已不能遍识;况一心之大,一身之全乎"[1]? 而企图恢复程朱理学在思想界的统治的方东树则谓:"近世尚考据,与守贤为水火。而其人,类皆鸿名博学,贯穿百氏,遂使数十年承学之士,耳目心思为之大碍。"[2]可见即便未有外来文化冲击,古文经学自身已站不住了。

于是,程朱理学经世派代之而重振。然而,与其说理学经世派成功地适应了社会崩溃的需求,不如说这是由于太平天国宗教异端的反激——儒家本身的生存危机迫使士大夫起来卫道。所以这股支流虽一度泛滥,但仍挡不住宗法思想必然随宗法制之衰落而衰落的时代潮流。为了维持宗法制的根基,同治(1862—1874)中,理学经世说的倡导者曾国藩等也开始借鉴西方自然科学与技术,从而引进了近代西方文化。但是,以哲学而论,正是西方自然科学蕴含的宇宙观与本体论,给予包括理学、古文经学与今文经学在内的儒学世界观以致命的打击。在立足于近代天文学、地质学、物理学的实证世界观面前,一切传统的"天圆地方"、"天人合一"之类的臆测比附都动摇了。自孔子以下,孟子、董仲舒、何休、郑玄、陆德明、朱熹、王守仁等的天道观都一一露出了破绽。

但由于宗法社会对西方社会观的本能的拒斥,以及语言与交通的阻隔,西方近代文化在中国仍被围困在自然观一隅。在社会历史观方面,唯独西方进化论与儒家《易经》的变易思想以及《公羊春秋》的三世说杂糅起来的今文经学盘踞了另一角。今文经学虽不失为儒学中最具开放性的一派,其基础仍是古老的儒学。然而,历史观如果缺乏宇宙论、本体论、认识论、方法论等范畴体系的有机配合支撑,那必然是牵强的、苍白的、贫乏的、不能长久抓住人心的。于是,借

---

[1] 沈垚:《与张渊甫》,《落帆楼文集》,吴兴丝书本。
[2] 方东树:《汉学商兑》,卷下,六安求我斋刻本。

大的思想界出现了大片的"真空"。

尽管社会的崩解与西学的冲击加速了儒学的衰落,却并未构成根本威胁,若不是其自身患有致命之疾,只要正视社会现实与西方文化冲击提出的新问题,传统儒学的真正复兴不是没有可能的。但恰恰在致命点,即儒学价值观的根本——"终极指向"上,2500年儒学自身通过思潮更迭体现的演化趋势已证明其破产。儒学的终极指向即顾炎武所谓的"三代之治可复"①,亦即孟子的"王道仁政"。可是历史昭示人们,汉末王莽、北宋王安石等历次以复古为旗帜的改革最后都以失败告终,被人们笑为"迂阔"。唯遭受亡国剧痛的明末清初经学家还不甘心,他们仔细地研究了以往种种失败教训,提出了种种补救方案。可惜颜元、李塨规复古代礼乐的"内圣"之道固然不通,黄宗羲、王夫之倚靠鲁王、桂王的"外王"之路更处处碰壁。种种挫折使人们对复古理想未免有所怀疑,然而数千年的文化积淀哪会自动地轻易销溶?它通过自身所铸造的士大夫群体意识氛围,强有力地否定了任何旨在偏离的倾向——孔圣、亚圣的话决不会错。那么,是否后人对此的理解有误呢? 由此,顾炎武、黄宗羲等在把体现复古思想的著作藏诸名山、留诸后人的同时,开辟了考据学的道路,企图搞清"三代典制"的本来面目。清儒沿此历宋、唐而溯东汉,自东汉而直追西汉、战国。虽如阮元所说,愈逼近上古,"乃愈得其实"②,然而理想与现实的反差也因此更大。终于,道光年间(1821—1850)的许宗彦勘出了真相:若孔子生于当世,"当不远追三代为无征之言,而(质)之于世无一可用也。"③方东树也说:"井田礼乐诸大端,三代圣人已不沿袭,又何论后世而欲追古制乎?"④当洪秀全喊出:"推勘妖魔(清廷)作怪之由,总追究孔丘教人之书多错"⑤时,这不过道出数十万落第学子思想中难免一闪而不敢言的怀疑而已。当然,洪秀全不过是农家出身的极少希望破灭、铤而走险的读书人的代表。他所创立的拜上帝会的终极指向,即在地上建立平均主义"天国",因此也只能在贫苦农民中激起强烈反响。无论

---

① 顾炎武:《读〈明夷待访录〉》,《亭林文集》朱氏槐庐校刻本。
② 阮元:《诂经精舍记》,《研经室集》文选楼刻本。
③ 许宗彦:《寄答陈恭甫同年书》,《鉴止水斋集》咸丰八年(1858)重刻本。
④ 方东树:《汉学商兑》卷下。
⑤ 洪秀全:《太平天日》,《太平天国》(《中国近代史资料丛刊》第二册),上海:上海人民出版社,1957年版,第629—650页。

如何,在思想界代表儒家终极指向的复古旗帜已确然褪色,无比深刻的历史动荡与社会变迁,深重的民族危机,逼迫人们去思考,去寻找民族文化复兴之道,去探求新的"终极关怀"。因为在由传统向现代化过渡的转折关头,复以面临强敌,如果失落了"终极关怀",对民族就不可能提供有力的社会认同,就不可能凝聚一盘散沙,对抗内外种种压力,也不可能标示中国未来的路向;对个人则失去了可供参照的价值系统,无法解答乱世中人的生存意义问题。在新的"终极关怀"尚未成立,而旧的已经褪色之际,佛教的成佛或者净土彼岸便格外炫目。何况围绕着佛教的终极关怀,佛教的劫运说尚能解释社会无序状态产生的原因,佛教的报应说能回答悬殊的贫富日益分化问题,佛教的轮回说能维持人们残存的一丝希望,佛教的修持说能满足伦理断裂的社会需求……这些主要对下层民众而言。对知识精英而言,由于佛教思想极其丰富而庞杂,又处于人类辩证思维的较高发展阶段上,其业感缘起说——这种认为历史是由业力所造的思想,显然比儒家天命论更能解答近代社会剧变之因,华严一体多面的宇宙论亦比儒家僵硬的天地观与理、气两元论更圆融彻底;佛教唯识论较易与近代认识论接轨,佛教因明学的方法也可与西方形式逻辑思想遥接,佛教超脱的人生观则远比儒家拘守执着的人生态度有吸引力。这些,完全可以填补思想界的"真空"。不仅如此,面临西方文化咄咄逼人的攻势,佛教文化的最大优势在于它可以满足潜意识中感到中国的正统之学已不中用,坦然接受西方学说则心有未甘的中国人的群体自尊:既可以暂时用来抗衡西学,以保持心理平衡;又可用于诠释、引进西学,以对民族自救所需的理论——维新或革命学说进行整合。众所周知,以印度为中心的佛教文化圈处在儒家文化圈与基督教文化圈之间,佛教思想确为不中不西之说。然而,中国大乘佛教已把取自"西天"的经义与中国本土文化融贯,佛教自唐代以来已经中国化,它在儒家衰落之时被中国近代社会各阶层深入接纳乃属自然。

若进一步扩展视野可以发现,近代基督教文化圈在全球的扩张是佛教复兴与嬗变的更深层次原因:

其一,它触发了亚洲佛教复兴运动并直接影响了中国佛教界。亚洲佛教复兴运动实质为佛教文化圈反抗西方文化扩张的民族主义的宗教象征。在锡兰(今斯里兰卡)以达磨波罗为领袖的佛教徒于科伦坡与印度菩提伽耶等地,建立了具有近代组织形式的大菩提会,开展宗教活动,获得了僧加罗族人民的普遍拥护。在日本,由于西方文化与本土废佛毁释运动的冲击,各派佛教都进行了一系列自我改革,建立了近代形式的教团,创办了各类佛教教育、文化、社会福利事业。在缅甸、老挝、泰国、越南、朝鲜各国,都有佛教复兴运动规模不等的蓬勃开展。中国佛教与周边各国保持了长期的联系,清末由于中外交通的便利,更有不少僧人或南行朝圣,或东渡考察。他们深受周边各国佛教复兴的鼓舞和启发,回国后成为了中国佛教复兴的中坚。达磨波罗也曾来华,与中国名居士杨文会等取得了联系,相约共同致力于复兴佛教。杨文会创建的祇洹精舍——中国最早的近代佛教教育机构就与此分不开。日本僧人小栗栖香顶更是针对基督教的扩张,提出日本、中国、印度三国联盟,号召全亚洲佛教徒团结一致,并亲自来华试图实践其主张。其弟子与杨文会等亦多有交往。许多国外僧人在华活动,进一步激发了中国佛教界有识之士的危机感,成为中国佛教复兴运动的一大助力。

其二,基督教文化扩张间接激起了中国的宗教救国思潮。杨文会最早从西方先进的武器背后看到了作为其后盾的经济、政治制度力量,也看到了基督教把西方不同社会集团连结在一起的凝聚力,看到了教会在组织公民,提高公民的文化道德水准时所起的重要作用。康有为主张以儒教为国教,意在把儒教也可能具备的凝聚力导向促进民族自救。此外,中国伊斯兰教、道教组织也提出了宗教救国论,而提倡佛教救国是宗教救国思潮中最为强劲的一支。早在同治六年(1866),由于宗教热诚,杨文会等已真切感受到基督教在华扩张的威胁,遂发起刻印佛经,旨在重树佛经权威,使中国佛教各派以此为核心凝聚起来,进而开展各项事业。这也是晚清佛教复兴的第一步。到清末民初,爱国志士进一步认识到,维新与革命之所以都遇到强大的阻力,关键在于国民的不觉悟。在此应指出,"觉悟"一词本脱胎于佛教。而中国要跟上现代化①的世界潮流,必须从改造国民性的根本做起;建立新宗教或革新原有宗教,则是改造国民性的最有效手段之一。西方的宗教改革曾是西方早期现代化的重要源头,而基督教特别是新教在西方近代社会中扮演的"补天"角色,佛教同样也能胜任。新教"补

---

① 在当时应属早期现代化阶段,亦可为本书初版拙稿所称的"近代化"。

天"的社会功能,一在于从内部炸毁了当时天主教会思想控制这一中世纪的最后"精神堡垒",转换了西方文化传统,为思想自由,包括信仰自由,打开了通途。二在于通过"天职"伦理观,哺育出最初几代精于投资,具有理性生活方式的企业家与勤勉的工人,他们都具有以新教伦理形式体现的节欲道德的严肃与诚信,而这极大降低了市场交易的成本,推动了市场经济发展。三是新教的崛起,迫使天主教会也不得不改革,从而使基督教伦理与法律一起,节制了原始资本的横暴,构建了多层次的新的社会秩序,也为这一秩序的稳固,提供了道义上的正当性。四是通过举办教育、文化、社会慈善事业,补救了资本主义的弊病。总之,现代化的基石——市场经济之所以能席卷欧美,乃至全球,有其"精神动力"。① 实际上,大乘佛教通过苦行与戒律表现的禁欲主义也可能转化为积极的节欲主张,大乘佛教悠久的"行善积德"等传统也可补救现代社会之弊。虽然对西方宗教改革与资本主义迅猛发展的内在联系,当时国人不可能看得很清晰,但开明思想家已朦胧感到:西方宗教及其伦理,是一个截然有别于传统社会的新社会内部结构中很重要的有机组成部分。杨文会说:"地球各国,皆以宗教维持世道人心。"②夏曾佑说:"近代国家之祸,实由全国民人不明宗教之理之故所致。非宗教之理大明,必不足以图治也。"③沈曾植、陈三立等也有类似说法。这些名居士所谓的救国宗教,在中国当然是指佛教。章太炎在日本发表《建立宗教论》,更是倡言佛教救国,这是辛亥革命的舆论准备之一。

综上种种,传统社会的崩解与在西学冲击下统治思想的衰落,构成了佛教复兴思潮的国内背景,亚洲佛教复兴运动兴起与西方宗教改革的启示则构成了中国佛教复兴与嬗变的国际背景。

二、近代佛学复兴理路之剖析

在这些背景下,佛学首先开始复兴。从 19 世纪 30 年代到 20 世纪初,以龚

---

① 参见马克斯·韦伯:《新教伦理与资本主义精神》,阎克文译,北京:生活·读书·新知三联书店,1988年版;托尼:《宗教与资本主义的兴起》,赵月瑟、夏镇平译,上海:上海译文出版社,2006年版。
② 杨文会:《南洋劝业会演说》,《杨仁山居士遗著》第 7 册卷 1。
③ 夏曾佑:《与杨文会书》,《杨仁山居士遗著》第 9 册卷 6 附录。

自珍、魏源,康有为、杨文会,梁启超、谭嗣同、章炳麟为代表的前后三代思想家,充分利用了佛学固有的丰富性、兼容性,以及因同属印欧语系而与西方观念接轨的可能性、由于印度佛教文化中国化带来的被中国广大社会阶层接受的可取性,向正统儒学发起了冲击,为他们大力鼓吹的改革、维新、革命做了理论与舆论准备。同时,借助佛学的思辨性,推进了理论思维的深入,回应了西方文化的挑战,使佛学成了当时政治上对立分歧的思想家往往共同接受的一门"显学"。

从辛亥革命失败开始,加之第一次世界大战的爆发,使西方文化显露了其危机,多因素的交织,使曾扬释抑儒的一批思想家逐渐向儒学回归,用章太炎的说法是"回真向俗",佛学也逐渐由"显"归"隐"。但是,以欧阳渐、梁漱溟,熊十力、吕澂等为代表的近代第四、第五代佛教学者、思想家仍然在理论思维层次的加深、佛学研究空间的扩展方面,继续取得了显著成就。唯大多局限于佛学、佛教史本身,佛学对社会改革的影响已大不如前一阶段那么显著。总之,辛亥革命前后可以作为近代佛学复兴思潮的转折点。此前,佛学发展重在其"外学"。此后则重心回归欧阳渐所主张的"内学"。约至20世纪40年代后,随着时代需要与形势变化,佛学复兴浪潮趋于消退。

让我们把视线转回19世纪的中国。当时,哪怕是统治集团内部的比较清醒的士大夫意欲自救,首先必须摆脱的也是中世纪陈腐观念的羁绊;而社会变革的实行,更须有理论思维的突破作为先导。

长期以来,天命论反映着宗法制笼罩下的社会停滞的现实与近乎凝固的等级关系,阻碍着任何有所作为的企图。因此志士们攻击陈腐观念也以此为突破口,当然限于内外环境,他们也只能从已有思想资料出发,而佛学不失为对其颇有吸引力的选择之一。正如高瑞泉所论,龚自珍信奉天台宗的业感缘起说,是为了抗议儒家正统的天命论,反对儒家正统的性善论。因为业感缘起说认为,业力是一切有情众生乃至佛及其所居世界产生的动因或根源。换言之,业力乃是人类自身力量,善、恶报应都是人自作自受,而非天命所定。[①] 这样,龚自珍就为张扬历史变易观与主体道德责任,破开了两千年儒家正统思想凝结的坚

[①] 参见高瑞泉:《天命的没落——中国近代唯意志论思潮研究》,上海:上海人民出版社,1991年版,第12—30页。

冰。魏源也有类似见解。近世第一代有志改革的思想家主要以传统反传统,这是时代的局限。他们这一代固然还不可能完全越出儒学藩篱,但已经从自己曲折的人生道路中深知宗法衰世已不可救药;他们对正统儒学体系的抗议往往不便明说,但却以个人无可奈何地归宿于佛教,表达了对正统观念狭隘、僵死性的离弃,从此启导了又一代思想家以释、儒兼取或扬释抑儒的形式解放思想。康有为与杨文会就是第二代中上述倾向的代表。

康有为早年的学术趋向主要是儒、释兼取。他以今文经学的大同理想为鹄的,以佛教教义中某些原理为基本逻辑联系,同时偷用一些西方自然进化论、乌托邦理念,构造了其代表作《大同书》的框架。这反映了时代的新需要。他自幼志向宏大,复感念当时民生艰难,认为从"日理故纸堆中,汩其灵明"的儒学中,无法领悟出救国救民的真谛,于是试图从佛学中另觅一途。特别是通过接触西方自然科学,游历上海、香港,目睹资本主义社会秩序,深感儒家传统的终极指向已不足依持——悠悠万事,唯此为大。因为凡独立自存的一套文化体系,必有价值观为其中心。价值观是人生的出发点和归宿,人的社会行为的参照系,而终极指向则表现为对具体行为进行价值评估的最高坐标。既然恢复三代井田礼乐的理想已远远逊色于西方近代社会现实,那么要救中国,就必须在发掘古代传统精华的前提下,重塑社会目标,以减少来自只知有孔子的士大夫的抗拒维新变法的阻力,以勉励新一代不惜牺牲、为崇高理想而奋斗的勇气。翻开《大同书》,很明显地可以看到,佛教对人生的基本价值判断——"苦",是其基石。《华严经》"一切即一,一即一切"的原理被扩展为旨在泯灭人间一切差别的思想。难怪梁启超说其师"以华严宗为归宿焉"。[①] 他自己也承认:"凡人穷思,必入于佛。"[②] 末了,大同三世的"据乱"、"升平"两世尚不离儒家今文经学,而最高理想"大同"的具体内容则完全脱胎于佛教的极乐世界,基于佛教"众生平等"主张。大同理想的揭示既使康门弟子们深感鼓舞,又使他们中不少人疏远儒学而心向佛教。

杨文会继承发扬了佛教作为世界性宗教本具的兼容性,他公开主张国人应

---

① 梁启超:《南海康先生传》,《饮冰室合集》文集之六,上海:中华书局,1936年版。
② 康有为:《康子内外篇》,楼宇烈整理:《康有为学术著作选》,北京:中华书局,1988年版。

该兼习新学、西学。自然,当时所谓"新学"包含今文经学,但他尊佛陀,却只给孔子以"菩萨"地位,体现了扬释抑儒的思想倾向。其援儒入佛、援道入佛也是用佛教教义来阐释儒教、道教。他对净土教理、华严学、唯识论经典的整理阐发,对谭嗣同、梁启超、章太炎等第三代思想家都富有启示。

承此而起,谭、梁等维新思想家鉴于拘守传统的士大夫"卫道"的狂热及其人多势众,以"绌荀(卿)"为盾牌,发起了对正统儒学的全面讨伐。其起点与核心即在康有为止步处。康有为把佛教伦理引入了其思想体系,可对儒家伦理尚不敢展开正面攻击,而儒家纲常伦理正是维新变法的最大阻碍——中学之"体"是万万变不得的。其间,谭嗣同重在以糅入西学及所谓"孟(轲)学"的佛教"平等"、"慈悲(仁)"观念作为价值评判工具,摧毁廓清横在中国早期现代化进程上的路障。梁启超则着力涵泳佛学、西学以及儒学中的理性因素,由此生发出新伦理价值观。

谭嗣同的新世界观在康有为那里已经初露端倪。康有为以儒学的"太极"、"元"为本体,对"仁"虽也强调,不过是将其作为"元"的功能。谭嗣同的《仁学》,强调"仁"作为世界本体,更强调佛教的"无"。从而对康有为的核心思想作了根本改造,实质上的本位已从儒学移置到佛学之上。他认为:"言仁者不可不知元,而其功用可极于无。能为仁之元而神于无者有三:曰佛、曰孔、曰耶。佛能统孔、耶。"进而,他采纳近代天文、地理、物理、数学成果,吸取近代心理学、几何(逻辑)、比较宗教学的粗浅知识,用"以太"、"电"与"心力"、"灵魂"等概念分别置换了儒学"气"、"器"与"仁"、"道"等概念,企图重建自然观和社会观。贯通其中的乃"仁",而"仁"以通为第一义,"能汇万法为一,能衍一为万"。这仍然归结为华严思想。《仁学》的思想极为丰富,但谭嗣同用其理论进一步丰富支撑康有为重构的尚属贫乏的终极指向的努力,不能说是成功,只是表达了创立新的意识形态的时代需要而已。他的成功之处在于,对儒家正统的伦理观进行了大扫荡。

在戊戌变法之前,他扫荡宗法观念的武器还只是佛学,但注入了近代解释的佛教"平等"观念对付宗法等级制的伦理观仍然游刃有余。谭嗣同首先对宗法制的"五伦"开刀,认为其中除朋友之谊外,绝无平等可言:"嗟乎!以名为教,则其教已为实之宾,而决非(仁之)实也。又况名者,由人创造,上以制其下,而不能不奉之,则数千年来,三纲五伦之惨祸烈毒,由是酷焉矣。"君臣、父子、夫妻、兄弟、朋友各挟一名以相抗拒,"而仁尚有少存焉者得乎"? 唯有高居宗法等级之巅的"独夫民贼,固甚乐三纲之名,一切刑律制度皆依此为率,取便之故也"①。这破皮穿骨的剖示了儒家伦理与宗法制的关系。刀锋所至,直指洋务派"中学为体,西学为用"论的要害。紧接着,他把刃尖挥向维护宗法伦理秩序的思想专制主义,呼号冲决形形色色的思想罗网,为人性的复苏,平等的实现肇基。

谭嗣同虽然抨击了儒家伦理的负面,却无力构建新伦理观,梁启超承其遗愿,对此作了进一步探索。他预感儒家伦理必将被弃,而其后的道德断裂必须有所填补,乃用佛教的"真如",去解释德国哲学家康德、费希特学说中的"真我";用佛教十二缘生论并辅以西学,作为新伦理观重构的基础。他认为,"恶"产生于"无明",通过加强个人修养或戒律修持,消极方面可以通过消除"我执",达到意志的"裁抑"。这就是用节欲替代传统的禁欲。他强调,大乘佛教重在追求意志的昂进,并引用了阿难所说的"以欲制欲"和佛陀常说的"法欲"、"欲三昧"以资证明。又说:"凡夫被目前的小欲束缚住,失却自由。佛则有一绝对无限的大欲在前,悬以为目标,教人努力往前进……佛对于意志,不仅消极的制御而已,其所注重者,实在积极的磨炼激励之途。"②这样在积极方面,他便把节欲与佛教的终极关怀联系起来,接续了康有为、谭嗣同的思想余绪;对冲破儒家纲常束缚以后,人心如何向善问题也有了明确回答。

章太炎读了《仁学》,批评它"拉杂失伦"。由于章太炎代表的革命思想家无须再依傍皇帝与孔子的权威,而必须独立地回答中国现实与时代提出的理论问题,他对传统学术与西方近代学说的钻研也就更为深入。而法相唯识学的认识论以彻底独到见长,且与章氏自幼所染的严谨考据学风契合,很自然地被纳入他锻造的革命理论武库。加以自龚自珍始,近代佛学在历史观、价值观、宇宙观的思想领域,一一有了突破性进展,而在认识论领域,正如谭嗣同只知其一,不知其二所表明的:他对佛学钻研不深,早年所习的儒学格物致知认识论影响仍

---

① 参见谭嗣同:《仁学》,蔡尚思、方行编:《谭嗣同全集》下册,北京:中华书局,1981年版,第360—458页。
② 梁启超:《饮冰室合集》专集之五十四。

然存在,因而其理论往往凭借直觉与附会,缺乏缜密分析,难以回应西学的挑战。而章太炎则十分重视认识论问题,他说:"康德以来,治玄学者以认识论为最要,非次第所得,率尔立一世界缘起,是为独断。"法相唯识学"以分析名相始,以排遣名相终……乃达大乘深趣。私谓释迦玄言,出过晚周诸子不可计数,程朱以下,尤不足论"①。所谓"分析名相",也就是概念与事物的关系问题。其实,唯识论早已从"尘"(认识对象)与"识"两方面说明了概念的形成与运用。章太炎认为唯识论中包含了对知觉、想象、推理、判断等认识环节的细致划分与因明学的逻辑方法,不但未被西方近代康德、费希特、培根、霍布斯、洛克,以及斯宾诺莎、谢林、黑格尔各派哲学驳倒,而且各派哲学与唯识论对照比勘,他们各有局限。章太炎的这种说法自然失之片面,然而他意在以此证明东方民族的理论思维能力,以促进民族自救。

由此出发,章太炎进而用翻了一个面的佛教虚无主义的"五无"境界,替代康有为把现实地盘留给儒家的大同世界;用源于禅宗的"依自不依他",代替维新派的"依他",即把希望寄托在依靠没有实权的光绪皇帝与虚构的孔教教主身上;用带有佛教悲观主义色彩的"俱分进化论",代替了儒家公羊三世说……章太炎还认为,"孔教最大的污点,是使人不脱富贵利禄的思想,自汉武帝专尊孔教以后,这热衷于富贵利禄的人,总是日多一日","所以是孔教断不可用"。② 相反,他认为一方面革命需要"用宗教发起信心,增进国民的道德"。"佛教的理论,使上智人不能不信;佛教的戒律,使下愚人不能不信。通彻上下,这是最可用的。"③另一方面,他把西方的平等民主观与佛教教义中的"众生平等"嫁接,从中直接引申出革命的逻辑。他论证道:"昔者平等之说。起于佛氏。""佛教最重平等,所以妨碍平等的东西,必要除去。满洲政府待我汉人种种不平,岂不应该攘逐?"④这表明以章太炎为代表的革命派已把佛学研究对社会改革的促进作用发挥尽致。但是,毕竟佛学也脱离不了传统的羁绊,所以章太炎渐感力不从心,他初而说:"若专用佛法去应世物,规画总有不周。""唯有把佛

---

① 章太炎:《菿汉微言》,上海人民出版社编:《章太炎全集》,第一集,上海:上海人民出版社,1984年版。
② 章太炎:《东京留学生欢迎会演说辞》。
③ 章太炎:《演说录》。
④ 章太炎:《东京留学生欢迎会演说辞》。

与老庄和合,这才是'善权大士',救时应务的第一良法。"①继而,随着他对革命的失望,思想转向保守,便"粹然成为儒宗"了。章太炎的转向是佛学研究的着重点逐渐与社会改革脱节的信号。

然而,辛亥革命之后的佛学研究对促进中国学术理论思维深化仍有相当作用。继章太炎强调认识论之后,梁漱溟把方法论提高到首要地位。他主张:"思想就是知识的第一步,观察思想首宜观其方法。"他自称,研究知识所用的方法,就是根据唯识学。应当指出,这一重视方法论的主张,与提倡"西化"的胡适不谋而合。

与章太炎初次接触康德等所代表的西方思辨理性之后,便急于用富有东方思辨色彩的唯识论逐一驳斥不同,杨文会的高足欧阳渐在以佛经经义作为出发点的前提下,稍多一些地吸纳了西方思辨理性。他认为,通过已被西方学者研究的比较深入的梵文经论与汉文、藏文经论的比较会通,佛学也可以"广采时贤论",由经义"浑涵中推阐以极致,详前所略,厘前所杂,或疏失之纠修,或他义之资助,以期思想之大发达"。② 这种体现东、西方思辨理性会通的倾向值得称道。如果说,欧阳渐以佛学研究推进人类思想发展的意图尚不十分明了,那么,熊十力更明确地提出了中、印、西洋三方思想之调和的主张。他还强调用禅学"遮诠"方法补充西方逻辑推理的不足。其实,所谓"遮诠",即用否定的形式暗示所肯定的方向。

梁漱溟、欧阳渐、熊十力都深受第一次世界大战后流行思潮的影响,他们的思想主导倾向,均旨在以所谓东方精神文明补西方物质文明的不足,对西方知性探求则仍缺乏充分肯定。然而这一局限随即被又一代佛教学者扬弃。欧阳渐的继承人吕澂主张"实事求是,分析批判"。这明显受唯物辩证法的影响。受过严格的西方比较宗教学训练的许地山也引进了西方功能分析方法。与强调分析相反,苏渊雷则提倡综合,还驳斥了所谓西方物质文明与东方精神文明对立说,强调人类文明内在的一致性。他们运用多种多样的研究方法,各自获得了相应的学术成果,其佛学研究进一步开垦了在抗日救亡热潮面前,显得十分

---

① 章太炎:《论佛法与宗教、哲学以及现实之关系》。
② 欧阳渐:《与章行严书》,1925 年 8 月 15 日,《内学杂著》,支那内学院蜀院民国 31 年刻本。

清冷的理论思维园地,形成了近代佛学复兴思潮的余波。

不可否认,辛亥革命之后佛学研究的重点转移到"内学"一面也有合理性。那就是学者们的注意力相对集中,佛学自身研究领域相对得到了扩展。由龚自珍等开风气的佛经真伪考辨、中印佛学源流清理、中国佛教史研究等都因此获得了长足进展。除前述著名佛学家、思想家外,另有一大批学者也投入其中,如胡适、马一浮、王恩洋、韩德清、汤用彤、陈寅恪、陈垣、蒋维乔、黄忏华、释印顺等。此后尽管由于多方面因素,佛学研究渐成"冷门",但近代学者们的研究成果对我们正面临的传统文化如何适应时代,做出创造性转换的紧迫课题仍富有启示。

中国近代佛学复兴思潮曾经为维新与革命推波助澜,为中西文化接触做媒牵线,为理论思维园地增色添彩,特别对打破正统儒学伦理凝结的坚冰有导夫先路之功。同时,佛学复兴既然在近代中西文化撞击的背景下展开,就必然内含着佛学的自身变革,用西方启蒙思想重新阐释的佛学也必然影响于佛教。中国近代佛教改革随之掀起了一轮高潮,这第一轮高潮尽管历时未久,主要由僧人与名居士发动,然而对中国社会各方面曾经发生广泛影响。

三、佛教改革及其社会影响

撇开学术意味的清末佛教复兴是以传统的形式开始的。遭受太平天国的重创后,中唐以来盛行的净土宗最先恢复生机。禅宗末流虽被抨击,但南禅在中国毕竟根底深厚,仍然吸引着失意士大夫。源远流长的天台宗、律宗不久即振作起来。一度中衰的华严、法相诸宗也重新接上遗绪,藏传佛教在汉地的渗透势头亦加强了。然而遭受了多次与传统社会崩解相伴的人祸天灾与历次战争,许多寺庙残破不堪,饥荒遍野。各地僧俗大多只能倾全力于恢复寺院,赈济灾民,以讲经参禅安抚绝望的人们,为遭灾遇难者启建法会等传统宗教活动。这就限制了佛教适应社会新的变化。尽管佛教在传统的地基上复兴在客观上也配合着冲击正统儒学思想统治的社会思潮,如释瑞安之于魏源、杨文会之于谭嗣同的影响所标明的那样。

迄本世纪初,除了前述国际、国内大背景外,获得清廷鼓励的庙产兴学风潮从反面刺激了近代佛教教育的兴起,一些敏感的僧人参与维新与革命活动也与此有关。而维新与革命志士用西方近代观念重新阐述的佛学则实质上已经越过了传统的藩篱,尤其在接受了近代形式的佛教教育的青年僧人思想上激起了反响。于是,中国近代佛教改革扬起了风帆,并进一步激发了佛教复兴的活力。

近代佛教改革的代表人物首推释太虚。太虚系著名爱国诗僧敬安的弟子,早年受教于杨文会所创办的祇洹精舍。他受释华山影响,得读康有为《大同书》、梁启超主编的《新民丛报》、严复所译《天演论》、谭嗣同《仁学》等。辛亥革命之前,释栖云又介绍他看《民报》、《革命家》等革命书刊。作为出家人,自然会特别注意章太炎、释曼殊在《民报》上发表的宣扬佛教的言论。辛亥革命的浪潮席卷全国,太虚目睹传统佛教已难以适应新的时代要求,遂公然提出佛教革命倡议,其中包括教理革命、教制革命、教产革命三大方面内容。尽管他所倡导的佛教改革初步尝试遭受了挫折,但与当时佛学研究与社会改革渐形脱节相反,可以说,佛教界努力追随时代的潮流已转而反映在太虚所代表的佛教改革运动中。如"五四"以后,"劳工神圣"成为时尚,太虚发表《人工与佛学之新僧化》、《唐代禅宗与社会思想》等文,提出改革僧人坐受供养的传统僧制,要求僧人自食其力。在科学与人生观的大讨论中,他先后发表了数篇阐发新的佛教人生观的论著。国民革命时期,他撰写了《僧制今论》,发表《救僧运动》演说,呼吁僧人自救并服务社会。20世纪30年代,他从欧美弘法归来,提出《建设现代中国僧制大纲》,对基督教通过神学教育培养牧师制度不无借鉴之意。而《整理僧伽制度论》、《新与融贯》、《人生佛教》三文,则是太虚佛教改革思想的代表作。在这些著作中,他顺应第一次世界大战爆发后东西文化交流的转折,提出了大乘佛教文化体系构架与中国大乘佛教新本位说,提出了建设人间佛教的基本主张,标志着传统佛教教义的突破性变革,影响深远。在太虚之前或同时,类似的主张或建议不是没有,但太虚使之理论化系统化,而且力图以中国化近代化的宗教适应第一次世界大战期间与战后,民族工商业蓬勃发展的精神需要。因而其佛教改革主张,获得了以民族工商业者为主体的市民阶层与青年佛教徒的拥护,争取到一些具有新观念的名居士及开明的佛教前辈支持,引起了社会各界的重视。从1918年开始,太虚与民族工商业者取得了联络。以新的佛教团体——觉社与上海佛教居士林的成立为标志,中国佛教改革获得了实质性的推进。

一、沿江沿海各大中工商业城市纷纷建立了近代形式的佛教团体,特别是居士团体,其中许多参与者或负责人都是著名工商业者。当然,近代形式的佛教组织、团体早在1912年就有了,如中华佛教总会等,但一是数量少,二是基础薄弱,不久就被北洋政府所禁止。而在20世纪20、30年代成立的佛教团体、组织已简直不可胜数,仅上海一市就有数十个,且大多早期现代化的宗旨明确,建制健全,具有一定的社会基础。如上海的世界佛教居士林历任林长都是著名工商业者,登记会员达千余。这些团体大体可分为四类:1.各寺院的联络协调机构。2.讲经会与佛学研究团体。3.居士修行与弘法团体。4.救济与慈善团体。1929年4月,联合全国佛教徒的中国佛教会正式成立,主张温和改革的释圆瑛被选为主席,太虚被选为常委。不久全国21省、3特别市均成立了省、市级佛教会,各地县、乡两级佛教会也普遍建立,蒙、藏地区则由当地佛教领袖主持。上述各级各类许多佛教团体成为领导与推动佛教改革的组织形式,传统僧寺的地位与作用略有削弱。

二、以武昌佛学院、支那内学院、闽南佛学院为典范,新式佛教教育推行全国。1922年,太虚在湖北名流与武汉工商界人士支持下,创办了武昌佛学院。1927年又主持了闽南佛学院,使两院成为佛教改革的基地。据统计,由两院师生创办或任教的各地佛学院有近30所,构成了推行近代佛教教育的骨架体系。欧阳渐等也于1922年正式成立支那内学院,该院学制系统,教学富有特色,培养了一批高水平的佛学研究人才。在三大佛学院校的典范作用带动下,兴办新式佛教教育形成了潮流,各地寺院讲经堂等纷纷改为佛学院,聘请具有革新思想的僧人、名居士或大学教授前来任教。同时,佛教界兴办社会教育也蔚然成风,1928年10月,仅北平诸寺一下就创办了四所。此外,北京大学、东南大学、武汉大学、清华大学、复旦大学、成都大学等著名高校也曾聘请专家讲授佛教佛学,近代许多著名学者在中国哲学史、思想史、文化史及世界哲学、东西方哲学等课程中,都把佛学列为重要内容,予以相当高的评价。

三、佛教改革运动一马当先,各宗传统面貌有了改观。从1923年到1926年,以北平、武汉为中心,各地青年佛教徒掀起了佛化新青年运动。北平佛化新青年会还拥戴太虚为导师,获得了一批名僧与各界著名人士的支持。从1924年始,太虚等还提倡并掀起了世界佛化运动,国内外佛教界纷起响应。20、30

年代,华北佛教革新运动率先起步,华南佛教革新渐次推进,中原佛教一度复兴。在唐生智、顾净缘影响下,湖南、湖北佛化运动也曾盛极一时。

以太虚为代表的佛教改革主流奔腾着,各派支流也随之涌动。净土宗大师释印光对太虚某些激进做法虽不以为然,但他以身作则,提出了不当寺院住持,不收出家弟子,不登大座说话的温和改革主张;还针对传统佛教热中经忏、忽视修学的行为,强调今后传法只传贤,不论宗派;只传德,不论资排辈。这对宗法制影响下形成的子孙嗣法制是彻底的变革。其他净土宗人如释心净在兴办社会慈善事业方面,施省之、黄涵之、关䌹之等在组建近代佛教团体救济难民方面,徐蔚如、狄葆贤、余了翁等在佛教文化事业方面,都有所贡献。禅宗大师虚云也针对晚清狂禅摒弃戒律之弊,强调与近代工商业需要的自律精神相吻合的戒法戒律;针对狂禅不依经典,强调经教;并恢复了云门、沩仰、法眼宗门庭,延续曹洞、临济诸宗,改变了明清以来临济一枝独秀的局面,这无疑有利于南禅各派在自主争鸣中适应时代。他还倡导农禅合一、工禅合一,迎纳新进,兴办近代佛教教育事业等,在华南影响深远。江浙禅宗诸大丛林一向传统色彩较强,在释圆瑛等力倡温和改革的推动下,不少寺院面貌亦有改观。天台宗一向以江浙为基地,当佛教改革浪潮奔腾于各大都市时,天台宗转而谋求向东北、西北、山东、港澳地区发展。其代表人物中老一辈为释谛闲,新一辈则为倓虚、宝静等,他们大多具有改革倾向,往往纠正了太虚的过激,补充了其不足。近代律宗以释弘一、慈舟为代表。华严宗中老一辈推释月霞,新一辈以释应慈为代表。法相宗以释妙阔为代表。弘一与妙阔都很推崇太虚,慈舟、应慈等也为振兴近代佛教教育做出了很大努力,他们都在某种程度上呼应了佛教改革的进展。

佛教改革的发动改变了清末以来佛教"复兴"的性质,对20世纪前期佛教一度趋于鼎盛的现象,也许用"传统佛教近代化的高潮"来概括更为得当。既然传统佛教的嬗变适应了中国社会早期现代化的趋势,自然其社会影响更为广泛而积极。

就其广泛性而论,首先,佛教传播开始借助近代新手段,如石印、铅印佛经,出版大量的佛教工具书、教科书,创办众多的佛教报刊,将藏经楼改为图书馆、阅览室,举行佛教文物展览等,从而深入各社会阶层,其受众不再限于晚清追求避世出世的社会群体。如20世纪20、30年代,从南方非常国会议员到北洋政府头目都不同程度地对佛教表示好感。南、北各军将领也颇多皈依佛教,新、旧各派文人都对佛教改革表示关注。一向成为佛教存在的社会基础的老弱病残与妇女群体自不待说,最早接受近代生活方式的工商业者们由于面临洋货冲击,也纷纷寻求民族宗教——主要是佛教的精神安抚。据记载,仅印光一人的在家弟子即达数十万,虚云的皈依者竟达百万。随着佛教改革的深入,佛教的社会形象也逐渐改变,大体从一味追求出世、避世的传统宗教,向兼具入世、救世、补世取向的现代宗教过渡。同时,维护着出世的超越性。

其次,佛教文学艺术继承中国古典特色,获得欧风美雨滋润,发掘敦煌艺术遗产,进一步复兴更新。如释曼殊一改传统的多以佛、道为背景的古典小说创作途径,开始运用近代写实手法。他所创作的直接以佛教人物为主人公的佛教小说,在20世纪20、30年代倾倒了许多青年学者。许地山创作的小说也有浓厚的佛教气息。又如不少佛教报刊专辟有文学专栏,刊有多种多样的佛教文艺作品。在画坛上,吴昌硕继承了八大山人等绘画风格,融入了近代传入的尼泊尔佛画技法,其山水尤富禅趣。张大千在承传中国写意技法的基础上,融合近代西方与日本绘画之长,特别是他开辟的从敦煌佛教艺术中吸取养料的新路,被近代无数画家效法。其他如丰子恺的护生画,刘海粟、傅抱石的一些作品,也多与佛教艺术结下不解之缘。近代著名书法家、篆刻家多为名居士,而在音乐领域,仅弘一个人的创作,就足为佛教音乐生色,尤其是他出家后的作品,往往采用西方与日本曲调,然无形中中国佛教风格悠然而现,令人于肃穆之中忽感清泠扑面,体现了中西印三大文化的交融。

其三,佛教社会慈善救济事业借助近代组织形式,转换成近代内容大规模展开。佛教具有办慈善的悠久传统,如修桥铺路、开挖放生池、赈济寺院附近灾民等。这些活动当然也对社会有益,但远不能适应转型社会之急需。基督教在华教会所办社会慈善事业无疑给了佛教僧俗一定启发。于是,原先仅应急难的救济,渐转向由常设机构主持。到20世纪20、30年代,佛教慈善救济事业已有后来居上之势。如1920年,吴璧华居士发起组织了佛教筹赈会,朱庆澜居士联络华北、上海慈善团体,创立华北慈善联合会,康寄遥居士创立华洋义赈会,办《陕西灾情周报》等。各佛教团体也设立利生部或慈善部,专办慈善公益,许多寺院也创办了慈善机构。如法云寺出资创办南京佛教慈幼院,泉州开元寺附设慈儿院、养老院、放生会，高邮承天寺创办接婴堂，世界佛教居士林创办上海佛教慈幼园。此外，释镜盦在福建创办了佛教医院，丁福宝居士在沪创办医药书局，参与创建中国肺病学会、上海佛教医院、上海肺病疗养院。还有北平三时学会设立大良医院等，不胜枚举。依托这类近代形式的慈善组织与机构，佛教界或以佛教界为主的赈灾活动规模空前地推行。如20年代初华北大灾、30年代前后江苏里下河地区连年遭灾、武汉大水、陕西大旱等大面积的救济都靠虔诚的佛教徒志愿组织起来，分任筹款、总务、查放诸职，从根本上杜绝了历来官办救济之弊，以办理之善博得了社会各界的赞赏。

若干年以来，有关佛教论著多强调佛教对社会影响的消极面。然而至少近代佛教对社会之影响存在多方面的积极因素，主要表现为四点：一是具有中国特色的佛教伦理填补了社会转型中的大众伦理断层。二是佛教慈善救济事业多少补救了民族资本主义原始积累时期不可避免的诸多社会弊病。三是以佛教为主的中国宗教有效抵制了基督教强制性在华扩张。四是汉、藏佛教往来与中、外佛教交流促进了汉、藏民族团结与中外人民友好交往。当然，迄20世纪30年代，中国佛教改革还仅仅走了第一步，佛教文化对促进中国现代化的应有潜能尚未及发挥。如净土宗强调"他力"，理论上与基督教同样，具有激发利他行为的精神鼓励与督促作用，其"往生"信仰机制与现代"临终关怀"的要求契合。禅宗的自主自律精神为工商业社会所亟需，禅学内含着开发人类智慧潜能。天台宗的修行特色强调理论与实践相结合等，这些都尚未积极地加以转换。从历史的逻辑推论，中国化佛教的原生形态中也蕴含着与西方新教同样的适应资本主义需要的"亚文化"形态。就大众文化层次而言，中国佛教若能进一步改革，也应能从精神文明领域对促进中国社会现代化发挥更大作用。

不过，近代佛教以新式团体组织制度改造传统僧制，用寺有财产兴办佛教教育，各宗派纷纷呼应革新，以及在文化、社会慈善、中外交流诸事业上取得长足进展的势头并未能保持。

四、中西宗教改革成败的启示

近代佛教改革约至20世纪30年代初攀上巅峰。然而，1931年"九·一八"事变不但改变了远东政局,而且改变了中国新文化与传统文化创造性转换齐头并进、相互激扬的态势,打断了曲折而缓慢的中国早期现代化进程。佛教改革也受到几乎致命的冲击。

　　本来,中国近代佛教改革与欧洲宗教改革的主客观条件就不同。就社会基础而言,欧洲 16 世纪已存在强有力的中产阶级。由于天主教会腐败成风,罗马遣派的教职人员行为卑劣,各商业城市对宗教改革大多闻风而动。而尽管德国中产阶级软弱,新教还是能在瑞士、荷兰、英国等中产阶级力量雄厚的地区获得新发展,在德国本土则获得了带有资本主义倾向的部分诸侯庇护。在中国,虽然民族工商业者与追随他们的市民阶层与欧洲一样也是推动佛教改革的主要社会基础,但直至 1930 年代初,他们的力量仍相对弱小。部分是由于日本侵略的威胁所致,当时南京政府变本加厉对民族工商业采取了统制政策,加以世界经济危机的影响,至 1935 年民族资本已纷纷破产。不久,全面抗战爆发,余下的民族工商业被迫内迁,官僚资本乘人之危,采用接管、入股、用"救国公债"收买等办法进行吞并。留在沿海沿江经济中心的民资企业则或被日本当局"军管理"、"委托管理",或停产。私人资本气息奄奄。抗战胜利后,南京政府进一步借接受敌伪财产之名,对民族工商业户大肆敲诈勒索。紧接着内战爆发,恶性通货膨胀与所谓"金圆券改革",更使民族工商业者与市民遭到毁灭性打击。佛教改革的支柱倒塌了。对成功的宗教改革来说,仅仅传统社会的崩解是不够的,它还有待于商品生产、市场交换及其相应的政治、法律设施在社会中普遍生根,从而给失范状态下的民众提供新的机遇。只有信徒在现世的劳作能够获得宗教期许的证验,他们才能扩大对心理、伦理、教育等方面的新的宗教需求。英、美新教的"福音奋兴"运动之所以成功,就因为近代社会的相应物质基础已造就,新的精神需求便为人们所重视。而中国民族工商业者经此频频打击,且非个人能力所能抗衡,那么新的宗教需求便无从谈起,倒是旨在避世的传统宗教对他们更有吸引力,伴随而来的只能是佛教改革的逆转。

　　就力量对比而言,欧洲的传教士受过比较充分的教育。宗教改革前夕,神学知识界因路希林一案展开了大论战,有知识的下层僧侣多偏向于人文主义。而中国僧尼大多缺乏文化,虽然 1920 年代佛学院校培养了大批学僧成为佛教改革的拥护者,但他们充其量只占僧尼总数的 1%,多数僧尼仍然热中经忏,至多也不过关注一下阻止庙产兴学风潮。在佛学界,20世纪30年代后除少数学者外,研究课题愈益与佛教改革实践脱节,自杨文会以来借复古为创新之路亦走到尽头。回到印度佛学去,由释归儒等主张甚嚣尘上。这些都不利于佛教进一步改革。众所周知,德国宗教改革得到了农民与诸侯贵族支持,农民反对天主教会压榨,大小诸侯也企图瓜分教会财产,社会各界矛头一致对准天主教会。而在中国,庙产兴学风潮虽客观上对佛教改革有所推动,但其发起、主持者均别有用心。农民也由于历史的惰性,对佛教改革不是无动于衷,便是良莠莫辨。由于近百年土地制度未变,对多数农民来说,较易转换为资本主义经营方式的富农经济仍是一个遥远的梦。是故至1940年代末,全国县以下的佛教会多由宗法势力把持,他们视小寺院为家庙,僧人不过是他们供奉的举行荐亡超生仪式的主持者。太虚等虽主持中国佛教会,最多也只能干涉某一地区,对全国普遍状况则无可奈何。现代宗教信仰自由,建立在个人人格独立,具有自主尊严的基础上,而中国农村僧尼既然还不得不依附宗法势力供养,也就只能以满足这些人的要求为事。整个社会力量对比决定了佛教改革道路的坎坷。

总之,如果说德国中产阶级的软弱是路德宗教改革从前期立场倒退的因素之一的话,那么德国宗教改革的成果并未丧失,则主要是由于路德新教终究在国内外还找得到庇护所。可是,中国近代佛教改革的主要支柱——中产阶层顶不住的时候,又往哪儿去寻找扶助呢?重重挫折,使佛教改革的倡导者太虚也不能不承认自己的失败。

自然,中西宗教改革也有相似点。如中国近代佛教改革一度促成了佛教各宗的全面复兴,正如欧洲新教迫使天主教起而竞争,从而形成基督教在全球的扩张势态一样。同样,中国近代佛教复兴与改革高举了民族主义旗帜,这与德国新教以民族主义号召反抗罗马教廷也相接近。顺便指出,人们一向把隋唐由达摩禅向南禅的演变,称之为"禅宗革命",然而这一"革命"却无法与欧洲宗教改革相提并论。因为它只是印度佛教中国化的"革命",只是使外来宗教适应于中国小农社会,而不是由传统走向现代化。

马克斯·韦伯曾经断言:西方各民族在经过宗教改革后所形成的新教伦理观,对西方现代化起了促进作用。而中国、印度等民族的传统宗教伦理精神则对东方资本主义萌生与突破起了严重的阻碍作用。毋庸置疑,其前一观点已被历史所证实,但且不谈先有鸡,还是先有蛋这一古来就争论不休的老问题。从逻辑上看,韦伯把经过西方中产阶级按自己面貌改造的新教,与未经资本主义洗礼的东方宗教做类比,借用鸡与蛋的比喻,恰如比较受精卵与未受精卵,然后说前者能孵出小鸡是因为它已受精。这类推论殊难服人之心。自然,如果将其推理得出的结论,应用于说明文化对社会经济的反作用,那没错。但如运用这一理论证明西方基督教文化之优越,证明东方传统宗教中缺乏能适应现代社会的基因,那就大谬不然了。合乎逻辑的是应在西方未经改革的天主教与世界其他古老宗教对资本主义的不同阻碍机制之间进行比较,或者在各种古老宗教中所含的能适应现代社会的基因之间进行比较。本章主旨之一是就中国近代佛教与西方基督教复兴与改革问题,尝试略作同类比较。

笔者很赞赏韦伯的这一句话:当消费的限制与资本获利活动的自由结合在一起的时候,"(宗教)禁欲(准确地讲,应为节欲)主义的节俭必然要导致资本的积累"[①]。东方禁欲主义之所以对彼时彼地资本主义产生发展构成严重的阻碍,中枢就在古代东方尚很缺乏资本获利活动所需的自由。即使在近代,这种自由仍受多方压制。南京政府在20世纪30、40年代对民族工商业者的所作所为足资证明。相反,古老的佛教教义中并不缺乏可以适应工商业社会的基因。大乘佛教对释迦牟尼所说"我身生于人间,长于人间,于人间得佛"的观点早有发挥。如龙树提出:"一切资生事业悉是佛道。"无著认为,佛陀化身以教化众生的四种示现中,以"工巧"为首。中国禅宗更是高标"佛法在世间,不离世间觉"[②]。当然,无可讳言的是就整体来说,东方宗教的保守气息较为浓厚。但时至近代,章太炎提出把大乘佛教的根本观点"利益众生",作为传统佛教从重在出世切换到重在适应现代社会的基点。太虚更进一步要求学佛者要养成高尚的道德与品格、精博优良的佛学和科学知识,参加社会各部门的工作。如出家的可以参加文化界、教育界、慈善界等工作;在家的则政治界、军事界、实业界、金融界、劳动界都可以,这样使国家社会民众,都得佛之利益。他还认为:"学佛不但不妨碍正当职业,而且(正当职业)得着精神上的安慰,做得事来,便有系统

---

① 马克斯·韦伯:《新教伦理与资本主义精神》,阎克文译,北京:生活·读书·新知三联书店,1987年版,第135页。
② 释慧能:《坛经》,香港荃湾东普陀寺印赠本。

而不昏乱。"①这与西方新教的"天职"观念相比,应无逊色。但改革后的中国佛教与西方新教伦理在促进社会现代化的机制上仍有所不同。新教伦理鼓励资本主义精神的内在机制在于:一方面通过牧师布道,使教徒明确在现世尽职即是服侍上帝。另一方面靠教徒个人用禁欲主义节俭积累的财富,与上帝的"恩宠"相印证。这样,似乎愈信奉"上帝",尽职节俭,就愈得"恩宠",愈见财富渐渐积累,愈是对上帝感恩而信仰而尽职节俭——形成了物质与精神的"良性循环",而且承受了基督教个人本位的传统。以太虚为代表的中国新佛教伦理,则仍反映了东方以社会集体为本位的价值观,个人尽职为了报效国家社会民众,通过自利利他的善业,"即菩萨而进至于成佛",同时"使人类的生活合理化"、"道德化"②。佛教徒个人命运的改善因此与社会改良的成效联系在一起。这看起来不如西方新教那样直截了当,即禁欲主义积敛的财富很快可以通过投资收益的"上帝恩宠"表现,但对社会而言更为积极。从近代佛教改革特别是教义基因的切换中可以看出,一旦东方也有了充分的自由,传统的伦理观经过适当转换也无疑可以促进社会转型。

美籍华裔学者余英时也曾驳斥韦伯上述断言,他说,"中国的宗教伦理自新禅宗以来即一直在朝着入世苦行的方向转变","而受此启发的新儒家(指宋明理学)的伦理则直接有助于明清商人发展了类似资本主义的精神"。这种类似资本主义的精神之所以"未曾突破传统",则主要由于君主集权的官僚制度的扼杀。③ 对此,笔者也难以苟同。尽管余先生遍搜中外文献,列举了不少例证。但相反的证据俯拾皆是,何以视而不见呢? 我们认为:宋明理学在初起时不失为具有一定创新精神的学派,但其后期伦理观日益狭隘僵化,不但在文化上阻抑了理性精神的传播发育,而且恰恰充当了君主集权的官僚制度的代言人。其主要作用正如西方天主教神学对人文主义、理性主义的压制束缚一样。至于中国禅宗发展了入世苦行的伦理固为事实,但这种伦理与其说是与工商业社会相伴的现代理性精神,不如说是倾向与小农经济相适应的古代直觉主义。不过,这一入世苦行观念的产生发展,与小乘佛教教义相比而言是一大进步,还成为

---

① 释太虚:《怎样来建设人间佛教》,《太虚大师全书》台北善导寺印本。
② 释太虚:《人生佛教之目的》。
③ 余英时:《士与中国文化》,上海:上海人民出版社,1987年版,第472页。

近代佛教改革的前提之一。而近代佛学之更新则不但充任了冲破正统儒学思想禁锢的主力,还直接启发了新儒学的思想家。回顾以往,西方新教与天主教之间的竞争激扬曾经为世俗文化的崛起留出了空间,它们自身也因此获得了更新发展的动力。展望将来,我们期待大洋两岸的新儒家、新佛学也能百花齐放,为中国传统文化的创造性转换继续作出贡献。

比较中西宗教改革的成败得失颇有启示:其一,中印文化交流的结晶——中国大乘佛教教义中并不缺乏适应近代社会需要的基因。因此只要社会条件具备,中国佛教改革是必然的而且同样对社会现代化有所推动。东方宗教伦理经过创造性转换,其精神同样能推动公民社会发育成长。所谓"精神动力"机制并非基督教文化的专利。

其二,中国近代佛学复兴思潮顺应时势的要求,对冲破宗法统治思想的禁锢,整合接续现代观念,丰富推动理论思维的深化与扩展,起着积极的作用。佛教复兴与改革则对维系转型中的社会不致崩溃等方面有相当效能。只是其后来走向了衰弱,这与日本侵略导致的中国社会早期现代化进程被打断有关,而英美新教"福音振兴"运动并未受类似困扰。

其三,中国佛教改革从太虚提出佛教革命纲领到其逝世仅30余年,以"人间佛教"为标志的新教义已自成体系,僧制改革上也作出了探索,与社会各界联系的渠道亦已疏通,成就不小。仅从佛教教育事业看,20世纪20、30年代佛学院的数量与发展速度就不次于教会教育相当发达的美国19世纪同期水平。尽管由于社会条件不如欧美,改革一度失败,但太虚开创的事业不可磨灭。中国佛教协会就以"提倡人间佛教"为其宗旨。太虚提倡的佛教大文化不但是海峡两岸以及港澳人民的沟通渠道之一,而且成为东南亚、欧美华侨、华裔与祖国保持精神联系的一大象征。

其四,从发生论角度看,与其说现代文明首先从西方获得突破性进展主要由于基督教文化的推动,不如说那是由于西方中世纪社会已存在多元共生结构:经济上农业、手工业、商业的分权,城镇与乡村的分离;政治上教皇、国王、诸侯贵族的分权;文化上希伯莱、希腊传统的对立与渗透。相对于中国而论,西方经济、文化、政治之间不那么紧密结合的多元共生结构使资本主义的萌发容易找到突破口,进步一旦取得,便照例不易失去。而中国中世纪社会大体上则属相对的单元共扼结构:宗法小农经济、伦理(人治)政治、伦理中心主义文化(儒、道、佛均不例外)。对社会进步而言,这种紧密的伦理一贯制的单元结构中经济、文化、政治诸层次往往相互扯后腿,这里取得的进步又在那儿被扼杀。余英时小心翼翼地举例说明了中国君主独裁的官僚体制扼杀了明清商贾的儒学资本主义精神。我们同样以1927年国民党在全盘推倒民众运动的社会成果之后,怎样逐步扼杀民族工商业,说明了佛教改革受挫的社会原因。然而这些例证最多也只是证明了问题的一方面。其实较之商贾,官僚体制本身更深受正统儒学支配,其扼杀商业精神的根据即在儒家的耻利言义。当年国民党扼制私人资本主义也同样以"三民主义统一中国"为指导,所谓"新生活运动"渗透着儒学的不容异端的精神。可见中国政治曾扼制着经济文化进步,文化又反过来阻遏政治经济发展。如果说中央集权的官僚体制"有如天罗地网,岂是商人的力量所能突破"①,那么何以法国中央集权的官僚体制就未能把体现中产阶层、富裕农民及部分贵族的宗教倾向的胡格诺教徒镇压下去呢? 不但如此,在资本主义突破了封建藩篱之后,西方社会经济、文化、政治之间基本上呈现了相互促进作用,新教伦理助长了资本主义精神的发育仅为其表现之一。而在中国近代,帝制虽然崩溃了,社会单元共扼结构却基本依旧,至少改变不大。当然,强调社会经济、文化、政治间的相互作用并非新发现,用"单元共扼结构"与"多元共生结构"来表述也仅比韦伯的表述接近一点历史实像。同时,这一表述只限于作为中西社会主导倾向的比较而言。我们不否认西方经济、文化、政治之间也存在相互扯后腿现象。同样,中国社会经济、文化、政治之间也曾有过相互促进的表现。然而一般说来,只有在危机时代中国社会各子系统的互动倾向才比较明显,如甲午战争后,巴黎和会国耻之后。这是中国近代社会改革包括佛教改革尚能有所进展的原因之一。但一旦改革深入到决定性阶段,倘若缺乏成功先例,国人就多不敢贸然了,而且还不准少数人进行试验。于是像梁启超所说的那样,中国学术之争往往延为政争与内战⋯⋯

这种现象,在根本上是东方农业文明稳健性与小农狭隘意识通过各种途径的反映。梁漱溟的东方文化早熟说折射出这一点,鲁迅对国人凡遇前途未卜之

---

① 余英时:《士与中国文化》,上海:上海人民出版社,1987年版,第577页。

事,总是你看我,我看你,大家牵着扯着,谁也不敢迈出向前的决定性一步的刻画更是入木三分。但是,这类稳健性、狭隘性都是消极被动的。因此,它们终究挡不住工商业文明造就的机遇诱惑。20世纪30年代,释弘一曾到处手书"三省"两个大字与人结缘。如果与西方文化把源于基督教的原罪意识升华为对人性的缺陷及社会弊病的省思一样,国人也能把传统的个人内心反省扩充为对整个传统与国民性的反思,那么,我们应可把握住历史上不多的创造性地转换传统的机遇,在已经奠定的民族独立的现代化必要前提之下,通过不懈地难免有反复的努力,使中国社会刚开始形成的多元共生结构得以确立,精神与物质现代化都能够辗转推进。这是中西宗教改革成败启示于我们的希望所在。应该看到,尤其在精神上,文化断裂又重新扯着现代化的后腿。填补这一裂谷,包括佛教文化在内的中国传统文化义不容辞,但她既须涤除宗法污垢,又要迎纳新知重新整合,还负有帮助大众转换观念的使命,实在是任重道远。

参考文献

郭朋:《明清佛教》,福州:福建人民出版社,1982年版。
江灿腾:《人间净土的追寻——中国近世佛教思想研究》,台北:稻香出版社,1988年版。
蓝吉富:《二十世纪的中日佛教》,台北:新文丰公司,1991年版。
陈荣捷:《近代中国宗教趋势》,纽约:哥伦比亚大学出版社,1953年版。
杨一帆:《佛教在中国》,香港:联合出版社,1956年版。
牧田谛亮:《中国近世佛教史研究》,(日)平乐寺书店,1957年版。
塚本善隆:《中国近世佛教史诸问题》(日)大东出版社,1975年版。
郭朋:《中国近代佛学思想史稿》,成都:巴蜀书社,1989年版。
释东初:《中国佛教近代史》,台北:东初出版社,1984年版。
高振农:《佛教文化与近代中国》,上海:上海社会科学院出版社,1992年版。
麻天祥:《晚清佛学与近代社会思潮》,台北:文津出版社,1992年版。
李向平:《救世与救心》,上海:上海人民出版社,1993年版。
邓子美:《传统佛教与中国近代化》,上海:华东师范大学出版社,1994年版。

何建明:《佛法观念的近代调适》,广州:花城出版社,1998年版。

江灿腾:《现代中国佛教史新论》,净新文教基金会,1994年版。

江灿腾:《中国近代佛教思想的诤辨与发展》,台北:南天书局,1998年版。

陈兵、邓子美:《20世纪中国佛教》,北京:民族出版社,2000年版;台北:现代禅出版社,2003年版。

陈永革:《佛教弘化的现代转型》,北京:宗教文化出版社,2003年版。

望月信亨:《中国净土教理史》,台北:慧日讲堂印本,1974年版。

杨惠南:《当代佛教思想展望》,台北:东大图书公司,1991年版。

蒋维乔:《十年来之中国佛教》,《光华大学半月刊》三卷九、十期,1924年6月。

谭云山:《中国佛教现状》,《新亚细亚》八卷二期,1923年8月。

楼宇烈:《近代中国佛学的特点及其评价》,《文史哲》,1986年1月。

蓝吉富:《现代中国佛教的反传统倾向》,《世界宗教研究》,1990年2月。

高振农:《中国佛学与近代哲学》,《上海社会科学院学术季刊》,1986年1月。

冯契:《近代中国佛学的时代特征》,《中国哲学史(创刊号)》,1992年11月。

何建明:《民初佛教革新运动述论》,《近代史研究》,1992年4月。

第十二章
基督教传教与晚清"西学东渐"
——从《万国公报》看基督教在近代中国的传播

基督教在近代中国曾经有过相当广泛的传播。尽管西方宗教的东传远不自鸦片战争始,但这场战争以后,特别是1844年《黄埔条约》订立以后,基督教世界对华传教的热潮迅猛高涨。其过程错综而结果复杂。传教士怀抱的动机各式各样,教内外对其的评价也形同水火:简单地斥为宗教鸦片贩子和"海盗帮凶"者有之;捧为"上帝使者"和"布道英雄"者亦有之。但是如果我们从中国近代社会思潮运动的视角来分析这一基督教传播热潮的话,那么我们会发现,对19世纪下半叶的中国来说,"西学东渐"几乎离不开传教士播扬西方文化的努力。实际上,传教士传播西学的过程,与渐渐崛起的改良思潮大致同步。他们所提供的知识、观念与理想,成了社会改革家们不可或缺的思想资料,带动了中国思想界对中西文化之复杂关系的探讨,同时也内在地影响到人们的思维方式。另一方面,面对中华民族如此深厚的文化积累和晚清士大夫自身的文化意识,"东渐"之西学在与中学相接触的过程中,必然会产生一个相斥相纳的涵化过程,也即中国化的过程。所有这一切就构成了中国近代基督教传播思潮中非常值得研究的内容。

一、"伟大世纪"的基督教

基督教史上,19世纪被称为"伟大世纪"(The Great Century)。[①] 这一时期的基督教,特别是新教,呈现出许多新气象。它一扫积年的颓风,重新介入各项社会活动,被称为"灵性奋兴"(The Evangelical Revival)。这场运动发端于西欧、北美,波及全世界,并且跨越世纪,余绪至今。它为近代来华的传教士提供了活动背景和思想土壤,因而成为本文考察和研究的出发点。

从14世纪到18世纪,欧洲社会经历了文艺复兴、宗教改革、思想启蒙和社会大革命,期间贯穿着一个主题,即反对罗马天主教。当时,人类的理性虽从旧

---

① 见:Kenneth Scott Latourette: *The Great Century A.D. 1800—1914, A History of the Expansion of Christianity*. Vol. Ⅵ. (赖德烈:《基督教扩张史》第六卷《伟大世纪:1800—1914》)。

宗教、旧伦理的束缚中逐渐挣脱,但并未能在一种现成的新哲学、新伦理中得到寄托。在此文化断裂的时代,宗教衰落了。1731年,孟德斯鸠在英国看到,"许多牧师整天赌博、狩猎、酗酒,毫不掩饰他们对周围奄奄待毙的人们漠不关心"①。人们毫无宗教热情,以致有人认为:"十八世纪的头二十五年是英语民族宗教史上最糟的年代。"②

18、19世纪之交,情况发生了深刻变化,宗教开始回归。约翰·卫斯理创立的新教卫斯理宗,首先在英国活动,主张通过宗教道德的拯救,使人民恢复"内心的平安喜乐"。19世纪中叶,美国"奋兴布道家"穆迪和桑基③继起,新大陆和英伦三岛的宗教情绪日益浓烈。美国基督教史学者穆尔说:"到十九世纪前半叶,宗教大体上又取得了它在十八世纪似乎已永远失去了的地位。"④

值得注意的是,这次宗教复兴不是上层教会组织发起的自保运动,而是下层信徒,特别是青年学生、知识分子推动的社会运动。在英国,传教史上的"牛津三杰"⑤均是牛津大学学生。那里成了形形色色新神学的发源地。在美国,穆迪在耶鲁、普林斯顿等200个学院里,发动了一场志愿传教运动,一般来说,这些运动都是青年们自任自为,他们创立自己的教派教宗以及各种团体,独树一帜。因此,不能简单地视为"教皇的袭击"。事实上,它在形式和内容上,都对传统宗教有所发展。

是什么操纵着宗教的兴衰?同时代的哲学家费尔巴哈给了一个合理的回答:宗教的原因应在社会生活中去寻找。当时的资本主义社会不注重个人的生存,人沦为社会生产的奴隶,科学技术成了填塞人的欲壑的工具。建立在技术合理性上的社会,实质是一个弊端百出的资本社会。这对几世纪以来一直祈望

---

① 斯威特:《美国历史上的卫斯理宗》,纽约,1933年,第39页。转引自杨真:《基督教史纲》,北京:生活·读书·新知三联书店,1979年版,第439页。
② History of the London Missionary Society(1795—1895)。
③ 穆迪(D. L. Moody,1837—1899),美国新教布道家。生于诺思菲尔德工匠家庭。早年为鞋匠,1861年成为传教士,并在美英各地主领"奋兴布道会"。以布道情绪亢奋而著称。曾创立芝加哥穆迪学院,培养大批牧师。桑基(I. D. Sankey,1840—1908),美国新教布道家,生于爱丁堡,早年经商,后任基督教青年会主席,1871年起与穆迪合作。
④ 穆尔:《基督教简史》,郭舜平等译,北京:商务印书馆,1981年版,第299页。
⑤ "牛津三杰":约翰·卫斯理(John Wesley,1703—1791)、纽曼(John Henry Newman,1801—1890)、皮由兹(Edward Bouverie Pusey,1800—1882)。

通过发展生产来谋求幸福的欧洲社会,无疑是一种打击。既然科学技术未能解决人的幸福,人们便自然地寻找其他思想力量。英法的空想社会主义者,德国的叔本华和青年黑格尔派(包括早期马克思),寻找着一条哲学人本主义的出路;孔德、斯宾塞、穆勒把科学思想引入社会分析,奠定了20世纪的社会科学传统;另一群人则拾掇虽已残破但却与社会联系最密切的神学,重振基督教的权威。他们对旧神学进行的改造、扬弃和重新阐释,在20世纪衍流为新托马斯主义、新正教、宗教存在主义和元伦理学等,但在19世纪则表现为一种人道主义的新趋向。

新教的人道主义新趋向,具体表现为宗教的实用化、理性化、社会化和内心化。

实用化是新教走向世俗的必然中介。它的表征是向自然科学的妥协和对实用知识的重视,以及对人"灵性"之外生活的关心。自然科学在众多领域取得进展,创造出超越《圣经》的知识体系。"日心说"、"进化论"、"原子论"等学说,动摇了传统神学教条,"迫使神学逐渐地去适应科学"。① 新神学宽容地接受了许多自然科学和社会科学的新观念,许多实用知识便在这旧神学的退却中迂回曲折地渗入教义。在与世俗精神相妥协方面,新教显然比天主教开明。新教徒具有更高的科学热情。科学史家梅森统计:"在近代欧洲的大科学家中间新教徒往往比天主教徒占优势。"② 先进科学在新教国家,很少再有中世纪或当时天主教国家所遭逢的厄运。像进化论这样否认上帝创世的学说,虽然也受到来自国教会的非议,但达尔文却在英国受到普遍崇敬。19世纪后期,教会甚至顺应这种理论,在"自然选择"的理论基础上,建立"基督教社会主义"的学说。

人道主义新神学的另一个趋向,是把宗教盲从置换成近代经验理性,在宗教认识论中确立人的地位。教士们推崇"理性真理与启示真理'二重真理'论的拥护者"③弗朗西斯·培根。培根反对不假理性的虔信,倡导人类理解,主张通过实验寻找原因,借助归纳推导规律。但是,他又认为"事端出于上帝",在归纳

---

① 罗素:《宗教与科学》,徐奕春等译,北京:商务印书馆,1982年版,第6页。
② 斯蒂芬·梅森:《自然科学史》,周煦良等译,上海:上海译文出版社,1980年版,第16页。
③ 罗素:《西方哲学史》,何兆武等译,北京:商务印书馆,1982年版,第63页。

法使用限度以外,存在着神启的真理。从培根的哲学背景和倾向来看,这种理论肯定了人的经验认识,从而使科学有可能摆脱神学侍女的地位取得独立;同时它又保留了信仰体验,为神学留下了一块地盘。培根从亚里士多德、托马斯·阿奎那理论中提炼出的感觉经验论,经洛克、休谟、贝克莱的发展,这种感性的经验论成为当时神学哲学的支柱。

如果说,实用化和理性化是由科学与哲学的挑战所引起,那么,社会化倾向则是顺应当时严重社会问题挑战的结果。全面的社会困境,如影随形地追随着资本生产的发展,过剩和贫困、城市膨胀和农村凋敝交织在一起。对此,哲学和各门社会科学的反应异常活跃。英美国家中,马尔萨斯、斯宾塞、赫胥黎、欧文和亨利·乔治的理论盛行一时。但它们多少都有一个弱点,即缺乏直接的价值批判,未能淋漓尽致地满足人们对良善社会的渴望。怎样把社会科学的理论化为批判和改造社会的良方?正当人们苦苦求索之时,"社会福音"①的新教义阐释,暂时填补了这个空缺。

英国牧师莫里斯在19世纪30年代提出,应把基督教义中的正义、平等、博爱作为社会主义的精髓。通过"道德的新生"、"观点的改变"②和生产组合的合作化运动来实现社会主义。他们激烈地抨击工厂主、政府甚至教会。这股思潮在美国也得到响应,歇勒登、饶申布什等人把"社会福音"的神学思潮推向高峰,成为教坛上的强者。这种理论反对中世纪教会的苦修与禁欲、承认人有追求自由、幸福的权利,并创办医院、学校、救济所等慈善组织来帮助实现这种权利。这一切,使基督教在19世纪重建了与社会的联系。

怎样对待教会、教规的宗教躯壳,新旧时代和新旧教之间存在差别。政教合一、繁文缛节,曾是中世纪神学的顽症痼疾。新教在挣脱束缚的过程中发展出了信仰内心化的倾向。路德改宗提倡"因信称义";清教徒反对国教会的教学仪式;加尔文派冲击教阶制都体现了这一倾向。他们认为个人的感受才是信仰的基础,"信"、"望"、"爱"的内心情感才是得救的依据;而表面化的"圣事圣功",

---

① "社会福音":19世纪自由主义神学主张。认为只讲个人得救的福音是不够的,还需传扬改造社会的福音。主张把《圣经》中的基本原则推向社会。
② 莫里斯语。转引自约·阿克雷维列夫:《宗教史》下卷,北京:中国社会科学院出版社,1985年版,第75页。

森严的教阶制和宗教裁判,妨碍了人们对《圣经》的独立探求。

在英美,贝克莱主教的哲学总结了这种倾向。他否认在人的意识之外还有什么客观存在,"存在就是被感知"——这有可能把神从感官经验和客观自然中驱除。同时,他又说:"神总在感知一切。"于是,自然里没有上帝,上帝在自然之上,宗教便是对这种感知的感知。上帝被作为一种心灵的力量引入了内心。由于贝克莱的哲学把超验论融解在经验论中,因而成了19世纪调谐科学和宗教的英美神学基础。

由上可见,19世纪的英美新教具有许多新时代气息。正是神学上的这种突破,才重新赢得了众多教徒的热忱。这种神学看到西方社会的矛盾和危机,把人的异化作为神学新根据;同时倡导科学和理性,维护人的自由和尊严,主张宗教宽容和信仰自由。这些,都表现了人道主义精神。

毫无疑问,神学人道主义有它的理论极限。它的基本形式限制了近代人对自我的意志、愿望和情感的表达。但是,问题在于新教汲取了一部分西方最先进的思想成果,而这种思想兼容性,使得传教士们有可能在对东方进行宗教布道的同时,进行具有积极意义的文化传播活动。"基督教化就是文明化"(Christianization is Civilization),这句原本自大的话,也便稍具真实内容。

随着宗教情绪的高涨,海外传教也进入一个新时期。英国各教派都有自己独立的传教会。北美青年学生也纷纷组织传教团体。仅就美国"学生志愿海外传教运动"(The Student Volunteer Movement)的统计,至1906年为止,美国共向海外派出了2 953名学生志愿传教士。另一统计则称,该运动在1886—1919年间共向海外派出8 140名传教士。如此规模,为传教史所仅见。这是因为它有一个广泛的群众基础,即英美世界的宗教复兴。在华影响颇大的伦敦会于自己的历史上记载:"伦敦会,像其他十八世纪末十九世纪初涌现的宗教和慈善团体一样,是怀特菲尔德和卫斯理兄弟在英国领导的灵性复兴的产儿。"[1]

---

[1] *History of The London Missionary Society* (1795—1895).

在美国,海外传教的基本力量一直蕴藏在宗教意识最强烈的青年一代中。早在 1810 年,威廉姆斯学院(Williams College)的学生经过两年神学席明纳尔(Theological Seminary)讨论,自发形成一个秘密团体,后来发展为在华影响较大的团体——美国公理会传教会(The American Board of Commissioners for Foreign Missions)。1880 年,在狄乐播(Robert Mateer,在华传教士狄考文之弟)的努力下,普林斯顿大学建立"学院传教联合会"(The Interseminary Missionary Alliance),团聚了 30 多个神学院的几百名学生,成为"学生志愿海外传教运动"的骨干力量。

19 世纪的新教虽与旧时有很大不同,但在传教中体现出的征服异教的传统精神却依旧不变。"学生志愿海外传教运动"的口号就是:"世界在本代人之间的福音化"(The Evangelization of the World in This Generation)。这种自我中心意识,虽有别于殖民运动中的利欲狂泄,但因蕴有征服的潜意识而常与异种文化激烈冲撞,甚至被视为殖民主义的帮凶而受到民族抵抗力量或排外情绪的反击。因此,口号的提出者皮尔森在 1894 年重新解释说:"'Evangelization'并不意味着'Christianization',而仅仅是提倡把福音书送给每一个人。"①同时指出:"用福音、医学或教育,通过这些灵性信息的传播来提高非基督教国家的人类地位,是每一位学生义不容辞的职责。"②这样的解释淡化了征服色彩,为传播近代文化和世俗文明开启了通道;而且对奴隶贸易、鸦片贸易、不平等通商以及种族歧视的谴责,也使自己的形象与殖民主义者有所区别。

英美教士历来把中国视作最大的布道场所。但因清政府禁教而只能在马六甲、东南亚一带觊觎盘桓。1844 年《黄埔条约》订立以后,对华传教热潮猛烈迸发,英美教士蜂拥而来。以英国伦敦会和美国公理会传教会为先锋,几乎每个传教会都向中国派出大量传教士。仅就 1877 年在上海举行的新教传教大会统计,美、英、德共有 20 个教派在华布道。其中美国 10 个,英国 8 个,德国 1

---

① 见 Clifton. J. Philips: The Student Volunteer Movement and Its Role in China Missions. 1886—1920. J. K. Fairbank ed. *The Missionary Enterprise In China and America*,p. 91。
② 见 Clifton. J. Philips: The Student Volunteer Movement and Its Role in China Missions. 1886—1920. J. K. Fairbank ed. *The Missionary Enterprise In China and America*,p. 95。

个,各国联合 1 个。[①] 传教士们分布在上海、南京、汉口、杭州、厦门、宁波、北京、福州、芝罘(烟台)等口岸,而行迹则遍及内地各省,几乎浸入中国大半土地,中国成了世界上传教士最密集的国家[②]。

综上所述,19世纪新教传教的特征首先在于,它是本世纪宗教奋兴的产物,有其内在的发生原因和独立的发展过程。它虽与殖民势力同一条海路东来,但性质不完全相同。其次,新教传教士国籍以英美为主,后期尤以美国为甚。由于两国已完成了工业革命和社会革命,宗教作为一种文化载体有可能较多地传递新时代的知识技艺和思想学说。第三,本期传教士大多为受过高等教育的青年学生,有独立的神学探索经历。这不但使他们的科学知识大大超越前辈,而且使他们对"社会福音"、"基督教社会主义"等新神学精神也有较深理解。这些特征,不能不给传教带来时代的新气息。

从益智会到广学会,穿插着其他大小机构团体,有一个大体可寻的西方世俗文化的传播网络。

在大多数传教士那里,传播世俗知识确实只是一种传教手段而非自觉行为。一些具有洞察力的牧师,认识到传教活动的最大阻力并不在清政府的禁教

[①] 它们是美国十个:北美长老会(American Presbyterian Mission),美国南长老会(American Southern Presbyterian Mission),美国公理会传教会(American Board of Commissioners for Foreign Missions),美国美以美会(American Methodist Episcopal Mission),美国圣公会(American Protestant Episcopal Mission),美国浸礼会(American Baptist Missionary Union),美国南浸礼会(American Southern Baptist Convention),美国南监理会(American Southern Methodist Episcopal Mission),美国归正会(American Reformed Church Mission),美国圣书会(American Bible Society);

英国八个:英国安立甘会(Church Missionary Society),伦敦会(London Missionary Society),英格兰长老会(English Presbyterian Mission),英格兰循道会(English Wesleyan Mission),英国联合监理会(English United Methodist Free Church),英国中华圣公会(Society for the Propagation of the Gospel),苏格兰圣经会(Scottish United Presbyterian Mission),大英圣书会(British and Foreign Bible Society);

德国一个:巴色会(Baser Missionary Society);

国际性一个:内地会(China Inland Mission)。

名次按参加大会的代表人数多少编定。中文译名参照各书。英文名见 *Records of the General Conference of the Protestant Missionaries of China*, 1877. p.4。

[②] 据美国"学生志愿海外传教运动"统计,至 1906 年他们派出的 2 953 名传教士中有 826 名(占总数 29%)到了中国。比居第二位的印度 624 名高出 202 名。另一统计,1886—1919 年间同组织向中国派出 2 524 名传教士,占派出总数 8 140 名的 31%。

政策,而在于传统儒家思想文化的有力排斥。如何打破这层防线,成了传教成败的关键。他们既然在宗教、伦理即所谓性理之学的层次上,暂时不易得手,于是便仿效利玛窦旧法,在科学、技艺即所谓格致之学的层次上,寻找中国文化的薄弱环节,以学证教,借学布道。如郭士立在南洋利用近代印刷术出版《东西洋考每月统记传》,其目的就是要超过《京报》,"让中国人了解,外国人并不是他们的敌人,在艺术、科学和道义上也毫不比他们逊色"。①

事情的复杂性在于,经过一系列战败和形形色色西方名物的冲击,中国思想界的变革家在态度上已变得越来越乐于接受西方文化。与此对应,一部分长期在华、热心中国文化、有志于社会改革事业的传教士,则为另一种愿望所驱动,将中国的精神基督化和社会近代化当作自己的双重目的。一般来说,他们是"社会派"、"自由派",具有较强的世俗精神,并把社会责任感融解在宗教虔诚中,因而与较保守的"福音派"、"基要派"相对立。对于这部分人数虽少而影响甚大的传教士,人们不应笼统地斥之为"利用科学文化来贩卖宗教鸦片"。

19世纪,下列传教团体或传教士个人,兴办各种机构,承担了世俗文化的传播使命,它们是:

1. 协会②:

益智会(1834年,广州。Society for the Diffusion of Useful Knowledge in China)。

---

① *Chinese Repository June*,1833,p. 93.
② 益智会:1834年11月29日广州传教士和商人共同组织的团体。英商马地臣任会长,美商奥立芬任司库。裨治文、郭实腊、马儒翰任秘书。1837年,该会接办创刊于1833年的《东西洋考每月统纪传》,宣传西方科学技术。马礼逊教育会、马公学堂都是该会的附属团体。该会于1849年停止活动。
　　益智书会:1877年上海第一次传教士大会上,由狄考文、傅兰雅、韦廉臣、林乐知、丁韪良等人发起成立。目的在为教会教育和中国新式教育提供一套神学和数理史地等教材。
　　同文书会:它由苏格兰格拉斯哥、爱丁堡、阿伯丁的学者,教授和神职人员组成。成立于1884年的格拉斯哥。韦廉臣(先为伦敦会传教士)是该会在华活动的代理人。1887年,韦廉臣率领该会在上海的人员和设备资产加入重组的同文书会(更英文名为:"Society for the Diffusion of Christian and General Knowledge among the Chinese")为广学会前身。
　　广学会:1887年,韦廉臣的"同文书会"与"益智书会"的基本力量合并,成立改组后的"同文书会"。由韦廉臣任总干事,赫德任总董,花之安任编辑。此为广学会前身。1891年,韦廉臣去世,李提摩太继任总干事。1892年,该会中文名称改为"广学会"。英文名称仍旧。1905年,继任总干事季理斐改英文名称为"The Christian Literature Society for China"。以往,学术界对"益智会"、"益智书会"、"同文书会"、"广学会"的名称、衍变关系多有误译、混淆。以辨之。

马礼逊教育会(1836年,广州。Morrison Education Society)。

益智书会(1877年,上海。The School and Text Book Series Committee)。

同文书会(1884年,格拉斯哥。The Book and Tract Society of China)。

益智会(1890年,上海。Educational Association of China)。

广学会(1892年,上海。Society for the Diffusion and General Knowledge among the Chinese)。

尚贤堂(1897年,北京。China International Institute)。

2. 学校:①

英华书院(1818年,马六甲。Anglo-Chinese College)。

马公学堂(1839年,澳门。Morrison School)。

英华学堂(1865年,上海)。

登州文会馆(1876年,登州。Wen Hui Guan of Tengchow)。

格致书院(1874年,上海)。

中西书院(1882年,上海。Anglo-Chinese Methodist School)。

中西女塾(1890年,上海。Metyeire High School)。

3. 出版机构:②

墨海书馆(1818年,马六甲。The London Missionary Society Press)。

美华书馆(1849年,澳门。The American Prebytarian Mission Press)。

4. 报刊:

察世俗每月统纪传(1815—1821年,马六甲,中文)。

东西洋考每月统纪传(1833—1837年,广州,中文)。

中国丛报(1832—1851年。Chinese Repository)。

---

① 英华书院:早期伦敦会传教士米怜在华侨移民中建立的学校。米怜还发刊《中英杂志》(Lndo-Chinese Gleaner)。英华学堂:在沪教士举办的学校,傅兰雅任校长。曾进行技术职业教育,外语教育。郑观应曾就读于该校夜学。

② 墨海书馆:1843年,麦都思将该馆从巴达维亚迁至上海。主要从事翻译《圣经》新译本和帮助出版各类文件业务。伟烈亚力、艾约瑟、慕维廉等人都曾供职该馆。此外,王韬、李善、李善兰、蒋敦复、管小异等后来的改革思想家、科学家,原先都是该馆雇员。

美华书馆:为北美长老会出版机构。1860年迁至上海。出版业务和印刷技术均超过并取代墨海书馆。《万国公报》等大量世俗知识出版物均由该馆印刷。在编辑、校对的中国雇员中,也有许多是当时论坛巨擘,如沈毓桂、蔡尔康、范伟等。

遐迩贯珍(1851—1856 年。香港,中文)。

中外新报(1854—1861 年,宁波,Sino-Foreign News 中文)。

六合丛谈(1857—　上海,中文)。

中西闻见录(1872—　北京,中文)。

万国公报(1874—1907 年,上海,The Review of The Time 中文)。

益智新录(1876—1978 年,上海,中文)。

格致汇编(1876—1892 年,上海,中文)。

大体而言,这些机构都有较明确的文化传播意识。益智会(1834 年)的宗旨是:"出版能启迪中国人民智力的一类书籍,把西方的学艺和科学传授给他们。"①马礼逊教育会也以"把西方世界的各种知识送到他们手中"②自命。而李提摩太的广学会则更以采译"五大洲有用至善之法"③为务。就宗旨来说,这些组织在"基督知识"和"普通知识"间,偏重于后者。

再就宗旨的落实情况考察。马礼逊教育会在所属马公学堂里设置了英语、算术、代数、几何、生理、地理、历史、音乐等世俗课程。同文书会 1890 年中文出版物中,发行量最大的五种均非直接布道作品。④ 据 1880 年益智书会公布的教材目录,涉及天文、地理、生理、地质、数学、生物、工艺、历史、经济,却无一属于神理阐释。⑤

应该指出,这些组织和团体之所以在介绍世俗学说时具有如此大的自由度,很大一部分原因是由于具有较强世俗精神的传教士个人活动的结果。有的组织脱离了差会而成为专门的教育、科学和文化传播团体,如益智会、益智书会、格致书院、中西书院等。有的个人甚至脱离传教而直接从事世俗事业,像伟

---

① *Chinese Repository Dec*,1834,p. 378.
② *Chinese Repository* 1835.
③ 李提摩太《分设广学会章程》,载《万国公报》,第三十九册,1892 年 4 月。
④ 教会出版物有多种——Bible:整本《圣经》;text:单章单篇《圣经》;tract:布道书;plephet:传道小册子。也有一些喻教于俗,或直接以文化教育为目的的画刊,报纸教科书、箴言等。列同文书会 1890 年出版物最前的五种是:《训蒙画报》(19 500 册),彩色日历(14 500 册),《万国公报》(11 300 册),《成童画报》(8 360 册),《自画徂东》(6 500 册)。见 *Annua Reports of the Christian Literature Society* 1890。
⑤ 见《益智书会汇资刊书启》,载《万国公报》第 616 卷,1880 年 11 月 27 日。

烈亚力、福开森、秀耀春①那样。但是,更多的人却兼行着牧师与文化使者的职能。

19世纪下半叶的中国,活跃着一批注重文化传播的传教士。他们长期滞留中国,研习中国文化,传授西方文化——有的是业余翻译家,有的是兼职教师,有的则授受科学工艺等知识。与在华教士总数相比,人数不多,但他们的工作和思想迎合了中国社会内在的发展节拍,因而给予中国近代历史以很大影响。大批大批的传教士,随着传教热潮的退却而成过眼烟云;他们的名字,却因为同中国近代文化发展的历史相连,而经常被惦记。这类牧师中最著名者有:

丁韪良(1827—1916)。1850年来华,1863年由宁波调京,1869年经赫德动员和推荐,入同文馆任总教习。译有惠顿《万国公法》(H. Wheaton International Law)。他的功绩在倡导"公法学"和引进近代西方学制体系。他的思想与活动,影响了总理衙门周围的洋务人员。

韦廉臣(1829—1890)。1855年来华,先为伦敦会教士,1863年又代表苏格兰圣书会重返中国,在沪代理"同文书会"工作。除写作释经文字外,还介绍了大量西方哲学、伦理和政治、经济的基本观点。他的工作为广学会奠定了基础。

傅兰雅(1839—1928)。1861年来华,曾任职香港圣保罗书院(St. Paul's College)、同文馆、江南制造局译书馆。主编《格致汇编》,创办格致书院、格致书室(1885,The Chinese Scientific Book Depot)和英华书院。傅兰雅是杰出的科技翻译家,通过几十年主持翻译,为中国引进了近代科学理论与应用技术的初步体系。他的《大不列颠百科全书》翻译计划未竟,是中国近代文化史一大憾事。②

---

① 伟烈亚力:1847年受伦敦教会派遣来华,在墨海书馆工作。后对中国文化极感兴趣,于1860年辞职,历游中国内地各省,广交文友。撰有大量汉学专著。福开森:美国美的美会传教士。1888年来华。1897年辞职,协助盛宣怀创办南洋公学,并经管上海《新闻报》。秀耀春:英国浸礼会传教士,1883年来华。1892年与该会意见不合,脱离关系,入国文馆译学馆任英文教习。
② 傅兰雅译《大不列颠百科全书》计划见《江南制造局翻译西书事略》。此事未竟,实为中国近代文化史之大憾。联系日本明治时期思想家西周完整地翻译介绍英国 Encyclopaedia of Political Science(《政治学百科全书》)一书,成《百学连环》,推动日本思想界的状况,可以想象,如果此书译成,当能增进中国人对"西学"的正确理解,促进改良意识的发展,产生明显的启蒙作用。

林乐知(1836—1907)。1860年来华,因美国内战而与差会南监理会失去联系后,受雇于江南制造局和海关。在华译书390余部,大都与教无涉。创办博习书院、中西书院、中西女塾、《教会新报》、《万国公报》。所著《中西关系论略》、《中东战纪本末》、《险语对》、《五大洲女俗通考》、《李傅相历聘欧美记》等风行一时,是一位竭力主张中国社会国际化和敦促内部改革的宣传家。

狄考文(1836—1908)。1863年来华,次年创办登州文会馆。该馆虽非传教士所办第一所学校,但因狄考文数学造诣精湛,对中学兴趣浓厚,故其课题与教材能成功地适用于中国,成为宗教与科学、西学与中学结合较好的办学样板。他发起和主持益智书会,领衔奏请设立大学,可称著名教育家。

花之安(1839—1899)。1865年来华,德籍独立传教士,对中国文化兴趣浓烈,研究深入,曾任益智书会编委,广学会总编辑。著有中文《自西徂东》、《性海渊源》,外文《儒学汇纂》、《中国宗教导论》等书,是一位中外学术界公认的汉学家。

李提摩太(1845—1919)。1870年来华,先后在山东、山西传教。1890年任《时报》主笔,1891年至沪接任同文书会总干事,长期主持广学会,为推行新式教育,曾在归国度假期间去伦敦一大学进修,又去德、法教育部拜访考察。1901年,发起庚款办学,创办山西大学。与李鸿章、张之洞、翁同龢、奕訢、孙家鼐及康有为、梁启超等有广泛交游,其政论文章在《万国公报》上极受欢迎。他是当时的教育家、社会活动家和宣传家,是传教士中的后起之秀。

马林(1860—1947)。1886年来华,先后在上海、南京施医传教,介绍亨利·乔治、约翰·穆勒和斯宾塞的理论,丰富和填补了几十年西学介绍的空缺,使渐趋保守的西学介绍又呈现新的活跃。马林倾向民主、共和,反对专制;主张"社会主义"和专征地税;是典型的"基督教社会主义"教派代表。

在传播世俗学说时,传教士并非铁板一块、行动一致,而是充满内部争论。丁韪良、林乐知为代表的一派,和戴德生①为代表的另一派的分歧,在1877年的传教士大会上公开化。会上,韦廉臣提出,在当今世界,"印刷出版统治世

---

① 戴德生:1866年来华独立创立无国籍、无差会的传教团体——内地会。注重灵性信仰,纯化教义,代表宗教复兴运动中的虔敬思潮。因利用青年人热情、实行严密的组织化和改革传教方法,而在中国内陆省份传教成功,成为在华新教的一大派。

间",意图坚持和推广他们的文化传播行为。戴德生反唇相讥:别忘了是"耶稣上帝统治世间"。林乐知接着发表意见:"如果传教士们忽视世俗文艺(Secular Literature),宗教便会衰退,中世纪的黑暗便会重新降临。"戴德生又引经据典反驳说:"人们共知上帝之音:'我是世间之光','跟随我者决不会行于黑暗'。"①争论结果,戴德生获胜。当戴德生高呼"有谁反对丁韪良的,请站起来以示明立场"时,几乎所有与会教士都站了起来。

争论尽管十分激烈,但反对文化传播的一方毕竟不同于中世纪教会。具体说,他们并不反对科学及世俗知识本身,或许也不反对在中国传播这些学说,他们只是反对由牧师们来传播。"世俗文艺固不错,福音却更佳。传授科学可能重要,但我们众人都有更紧要的事须做。"②所以,他们没有阻遏已经开展并深受欢迎的文化传播。戴德生说:"林乐知先生的工作已大致表明他适于这一线的工作。那就让他继续进行。……但是,作为一个整体,还是让我们选择上帝,为在中国人中广布福音服务,把我们奉献给更高的召唤。"③新教的传教士大会不同于天主教的宗教裁判,所以戴德生的激烈反对并无约束力。同时,由于戴德生等不是在本质上反对科学文化,所以这种异议也就没有导致更进一步的分歧。"圣与俗"的争论虽未间断,"西学"的介绍传播却照样进行。

二、"广西国之学于中国"

"西学",在中国近代认识史上是个不断流变和充实的概念,它随着对西方文化认识的日益深化而逐渐成型。早期中国士人认为中学形而上(伦理纲常),西学形而下(船坚炮利),因此,"西艺"(工艺技术)几乎包孕了"西学"的全部内容。稍后,人们体察了这种认识的狭隘性,知道西方之学亦有其根本,因而企图对"西学"进行分类。如郑观应分"西学"为"天"、"地"、"人"之学④。梁启超分

---

① 见:*Records of the General Conference of the Protestant Missionaries of China*. 1877. pp. 235—239。
② *Records of the General Conference of the Protestant Missionaries of China*. 1877. p. 236.
③ *Records of the General Conference of the Protestant Missionaries of China*. 1877. p. 237.
④ 郑观应:《西学》,《郑观应集》上卷。

为"政"、"教"、"学"①三部分。更有人按照中国传统,分西学为"经、史、子、集"②四大类。这些分类都以传统模式为参照系,对外来文化的认识有着明显的局限性。

在传教士这里,"西学"一开始便是一个完整的确定的概念,即西方文化知识体系。花之安的《自西徂东》有"西学东渐"的蕴义,而其英文译名即《文明》(Civilization)。林乐知在1875年10月《万国公报》上发表的论文《中西关系论略》中明确交代了他所谓的"西学":"一曰神理之学,即天地万物本质之谓也;一曰人生当然之理,即诚、正、修、齐、治、平之谓也;一曰物理之学,即致知格物之谓也。"透过那个时代特有的文字比附可知,林乐知认为西学包含形而上之学、社会之学和自然之学。这种分类,与今天通用的哲学、社会科学和自然科学的分类基本吻合,涵盖了整个西方的近代文明与文化。

主观理解常常受着客观环境的制约。"西学"在"东渐"中受着中国社会需要的调节,传教士们只能根据当时中国的社会思潮对西方文化作有选择的介绍。19世纪50—60年代,传教士以散布福音为原旨,基督教神哲学,即所谓"西教",最早输入中国。60年代后,借着"师夷长技"的事业,西方工艺技术和作为其背景的科学理论,即所谓"西艺",大量涌进。80—90年代,社会改良思潮兴起,变革中国政治、法律精神亟切的社会需求,使"西政"、"西法"成为某些变法者的"枕中鸿秘"。90年代末期,变法失败。人们意识到社会经济、政治和教育的改造缺乏国民基础,因而开始注意"新民之学"。一贯注重精神变革的传教士,更以积极宣传宗教拯救的理论与之相呼应。而当20世纪反清革命风暴兴起后,传教士们势所必然地惧怕介绍更激进的社会学说,于是便回到了宣教布道的轨道。自19世纪中叶到20世纪初,基督教传教士对西学介绍的轨迹大致呈现了一个圆圈:从宗教神哲学到科技、经济,再到政治、法律、社会学说,然后又回到宗教"灵性"。除了最后一段,它大体上循着中国社会变革的需求而展开,最终形成为一个颇具规模的西学体系。

---

① 梁启超:《西学书目表》。
② 王仁俊:《格致古微》,光绪二十二年刻本。该书把西学知识按经史子集排列。

在自然观上,传教士向中国人介绍的"神创说",糅进了近代科学成果"元素说"和"原子说"。韦廉臣说:"天地万物皆以六十四元质配合而成。"他还开列了元素周期表:"经(氢)一、养(氧)八、淡(氮)十四、炭(碳)六、磺(硫)十六……"当时科学对粒子的认识尚未深入,一般认为原子的结构不可分割,是基本粒子,韦廉臣译为"微渺"。"微渺者何?取元质之一分之,而又分之,而再分之,以至于分之无可分,即所谓微渺者是。是微渺为物之所自出。"至此,传教士的自然观仍与科学相协调。

但是,缔造者的存在是基督教的根基,不可一日或无。新教神哲学的特点恰恰在于,它能把上帝藏匿在一切自然现象背后,回避现代科学的具体理论来建立它的"神创说"。"微渺故非自然而有,乃有主宰居其先,立其意而为之。故万之前有一无始无终之上帝在焉。"①在这里,上帝不是一个前台的劳动者,而是一个时间在先、空间居上的冥然意志,没有人格形象。自然则起源于神又独立于神。

基督教的认识论是结合了虔敬和感觉的神学经验论。在知识范畴内,它高悬上帝的神启明镜,又强调人的感官知性,这是从亚里士多德到托马斯·阿奎那再到贝克莱的传统。② 韦廉臣在《格物探源》中较为详细地介绍了经验论:"方寸其有何感自外来,即何念应之而起","人心之念"(认识)"各依所事而生"(起源于感官经验)。不同的兴趣和经历,造就了不同认识的人。"嗜史学者则史学之念起,嗜格物者则察物之念起"。农工商兵各有其念心。③

有人还介绍了经验论同先验论的传统争论。古希腊有反对"五官之知"而主"心思之知"者。因五官之知惟"知色知味以为物之质,而不能分乎物之质";心思之知则知多少、圆方、动静、高下之别。认为按照柏拉图的先验理性传统:"五官所见者非实也,因五官所见非实,故五官所见非真,独心之所察是真。"对此,介绍者指出,目前"人少从其教",可见其倾向于19世纪的经验理性精神。

---

① 韦廉臣:《格物探源》,载《万国公报》,第301卷,1874年9月5日。
② 阿奎那说:"我们的知识开始于感觉。"参见 St. Thomas Aguines,《神学大全》(Summa Theologiae)第一集,第一部85题3条。转引自车铭洲:《西欧中世纪哲学概论》,天津:天津人民出版社,1982年版,第97页。洛克说:没有感觉的进入,人心如同一块白板。贝克莱的名言:存在就是被感知。
③ 韦廉臣:《格物探源》,载《万国公报》,第327卷,1875年3月13日。

但是,经验论并未导向无神论,传教士强调,人的认识之上仍有神的认识,"耶稣为世宙大光,照临人心而觉悟之"。因为上帝握有真理,而人的感官却有局限,"世宙万事恍如难解之谜,微耶稣莫为之解"。他们用新教徒中的大科学家如培根、莱布尼茨、牛顿、开普勒、侯失勒、法拉第,来证明信仰与科学认识的统一,认为对上帝的信、望、爱能换来真、善、美的启示①。这些说法,与现代无神论承认的纯粹信仰有利于激发艰苦的科学探索精神有异有同,但在本质上仍是一种神启认识论。

中世纪伦理学认为,人生是在绝望中等待的苦修,这种原罪观念受着近代人文主义思潮的冲击。有鉴于此,某些激进的新教教派虽仍承认原罪观念,却不把人的现实利益从属于上帝。他们主张"教为人设",宗教为人生服务,认为"上帝为人生物之意无他。一是加增人之聪明;二是加增人之才干;三是令人喜欢快乐"。这肯定了人的智慧、才能和欲望。这一流露着边沁功利主义的幸福观,冲击了禁欲主义,大致反映了英美基督教界盛行的人道主义思想。

由于古希腊哲学与基督教神学的密切关系,最早由传教士选择介绍的哲学家是希腊先贤。1875年4月,艾约瑟在《中西闻见录》上介绍了亚里士多德。② 1883年,丁韪良在同文馆印行《西学考略》时叙及:"索格拉底(苏格拉底)、布拉多(柏拉图)、额利斯多(亚里士多德)三人有圣贤之目。索氏以修齐治平为急务,如中国先师孔子;布氏原出于索氏之门,复将师傅推广乏;额氏多出于布氏,旋另行设教。布氏以性道之学为大旨,额氏以格致之学为要归。"③古希腊哲学是欧洲文化的一大源头,而柏拉图、亚里士多德的先验论和经验论,更是西方近现代哲学的滥觞。这种介绍对中国近代思想界的作用是不能低估的。

时至19世纪80年代后期,中国社会出现了对西学更热烈的追求。包孕在神学中的哲学,已不能适应中国人的胃口,一部分传教士便抛弃了神学外壳,直

---

① 《希腊性理纪略》,载《万国公报》第598卷,1880年7月24日。
② 艾约瑟:《亚里士多得里传》,载《中西闻见录》,第三十二号,1875年4月。
③ 丁韪良:《西学考略·卷下·各国学业所同》,光绪癸未同文馆版,总理衙门印。同书介绍的著名哲学家、思想家还有:希罗多德(希罗多都)、阿奎那(亚圭那)、伽利略(加利略)、但丁(丹低)、拉斐尔(拉发)、培根(备根)、洛克(罗革)、莱布尼茨(雷伯尼兹)、笛卡尔(代加德)、牛顿(奈端)、哈维(哈斐)、莱辛(勒星)、贝克莱(柏耳革利)、富兰克林(弗兰革林)、斯宾塞(斯本塞)、亚当·斯密(斯未得)、孔德(弓德)。

接进行介绍。1899年9月,李提摩太翻译美国哲学史家浦忒的著作《性理学列传》,不但较详细地叙述了古希腊哲学三贤,而且介绍了许多富有近代精神的哲学家,如"善讲格致之学者"笛卡尔,"讲万物有道之学者"(泛神论者)施宾诺莎。对康德哲学介绍尤详,其中有对其哲学核心——先验时空观的解释:"英人陆克独讲五官为入学之门……德国大名土康透起而驳之……太空也,四时也,人皆觉之,而皆不由五官来,若夫足以定学之是非得失者非由外铄我也。我性为之主也。"他还以康德的思想学说贯穿后来的德国哲学,认为:"传康氏之学者厥有高足弟子三人:一曰费德;一曰鲜鳞;一曰海格。皆卓然有声于时。泰西各国之士无不读其书,亦无不服其说理之精。"①这些介绍,是20世纪初中国盛行新康德主义和其他德国哲学的先声。

传教士对于进化论的态度比较暧昧。半是由于达尔文的《物种起源》否定了上帝的"创造性劳动",半是因为社会达尔文主义确实具有弱肉强食、为殖民主义张目的非人道主义因素。因此,19世纪80年代初丁韪良提及斯宾塞时,并未如日后严复那样大事鼓吹。90年代末,庸俗进化论广为流传之际,这种原先存在于西方的学术冲突,便在传教士与中国新士大夫阶层中暴露了。

传教士反对把世界变为利薮,他们坚持神学人道主义,主张"人类之所以有社会往来交接,非仅为通商以得其食用之需,而必以成人为目的",尖锐抨击"斯宾塞优胜劣败之理",是"以荒野间草木禽兽之所行,窜入人类社会之中"。② 但是,进化论在中国的特定条件下转变为一种救亡理论,这是传教士们始料所不及的。

马林是传译西学的后起之秀。他编译了斯宾塞的《论自由》,突出介绍了进化论的历史观,以此反对专制束缚,要求解放人性。在译序中他写道:"天道不主故常,而世事终于完美。特其进化迟速之故,则仍以民智高下而分。必其占据之事渐除,束缚之风尽去,而后人仍得因其自然之性。……此自由一道,所以为进化之大枢纽、大关键也。"③把进化论变成一种争取自由、民主的理论,比之

---

① 李提摩太译,蔡尔康述:《性理学列传小序》。载《万国公报》,第128册,1899年9月。其中人名译法不同于今者:陆克→洛克,康透→康德,费德→费希特,鲜鳞→谢林,海格→黑格尔。
② 林乐知译旨,范祎述辞:《人学》,载《万国公报》,第180册,1904年1月。
③ 马林:《自由论略》,李玉书译,载《万国公报》,第136册,1900年5月。此为译序。署"施本思著、马林译"的《自由篇》,亦从本期始连载。以后分别续载于137册至150册、152、153、155、156册上,时间从1900年6月—1902年1月。斯宾塞的《自由篇》或译为《太平公例》。

严复把它变为"自强保种"的理论,具有更深远的意义。

如果说,传教士对西方哲学的介绍主要从属于教义灌输的话,那么,对科学技术的介绍则主要是中国近代工业发展的需要引起的。新式产业的兴起导致对大量工艺技术及其基础——科学理论的探求。按照西方文化的传统认识,科学技术和科学理论(包括理论体系和认识方法),是不同的两个方面。科学史家斯蒂芬·梅森说:"科学主要有两个历史根源。首先是技术传统,……其次是精神传统,它把人类的理想和思想传下来并发扬光大。"①洋务派只注重前者,引进工艺制造技术,被传教士斥为"徒袭皮毛"。为此,他们曾大力介绍西方自然科学的思想基础——培根学说。而这一点,尤其应该成为思想史考察的对象。

1878年9月14日到11月9日,《万国公报》连续八期登载慕维廉翻译介绍培根《新工具》的文章。② 关于培根,他说:"有其《格致新理》一书……更易古昔之遗传,尽人探求天地万物。兼综条贯,精察物理。……是书声名洋溢,始焉虽若扞格不入,而于二三百年之间凡有志修明者莫不奉为圭臬。"③慕维廉尊崇培根反对按前人成见和自己臆测来认识真理的思想主张;强调事必躬亲、识必自察的态度以及基于经验论的逻辑归纳法。他说:"惟培根言,独一真法渐次升高,乃从目睹耳闻习熟之物。即以最小之公论而后升至最高之总论,致成全赅之大道也。"这种表达虽诘屈聱牙,但思路仍然清楚。事实上,反权威的怀疑论,重理性的归纳法,正为当时缺乏科学传统的中国文化所急需。

培根著名的"四假象说",几乎被逐字翻译。"诸疑分列四等,一万人意像;二各人意像;三市井意像;四士学意像。乃即差谬数源。"④"四假象说"指出,真理受着社会习俗、个人教养、语言及文化传统的掩蒙。引导人们怀疑外在权威,

---

① 斯蒂芬·梅森:《自然科学史》,周煦良等译,上海:上海译文出版社,1980年版,第1页。
② 《万国公报》第505卷至513卷连载培根《格致新法》,慕维廉译。译序曰:"夫《格致新法》全书分作两大段,第一段指引,第二段盖欲预备人心承接第二段之道……"今译本亦有将《新工具》分此两段的,可证《格致新法》即《新工具》。另查广学会书目录(1894),有慕维廉译作《格学新机》附拉丁文原名 "Bacon's Novum Organum"。可证《格学新机》、《格致新法》与《新工具》均为同一著作的不同译本。
③ 慕维廉:《培根格致新法小序》,载《万国公报》,第505卷,1878年9月14日。
④ 慕维廉译:《格致新法》。载《万国公报》,第507卷,1878年10月12日。"四假象"今译:"族类的假象;洞穴的假象;市场的假象;剧场的假象"。见培根:《新工具》,北京:商务印书馆,1984年版,许宝骙译。

推倒思想偶像。"确立自主之法而循理格学",把认识基础移到人类自我理性上来。培根原本中反对《圣经》崇拜的文字虽未被翻译,但反对向教会圣贤盲目崇拜的文字仍然保留。

培根的许多具体思想,对当时的文化批判直接有用,因而被充分介绍。他反对追求语言的雄辩和奢华,正合传教士反对理学玄谈和"桐城派"文风的需要。他反对宗教信仰干预理性探索,主张两者分离,而中国文化虽非政教合一,但这种批评也适用于破除儒家教条造成的思想禁锢。培根倡导新知的理论,确使"万马齐喑"的清末学坛振聋发聩。19世纪80—90年代,培根学说开始成为针砭中国文化痼疾的思想"新工具","黜华求真"成为一时风尚。

1901年,马林又一次全面阐述了培根的思想。经过几十年的概念铺垫,这次介绍的深度开掘了。特别是原先无法展开解释的归纳法逻辑思想,在逻辑学热潮中被提出。培根重经验、轻思辨,但在逻辑学上却是归纳法与演绎法并重。马林传译:"夫格致之学有二,一则举本而推末,一则因流以溯源。举本推末者,内籀之学也;因流溯源者,外籀之学也。"像培根和他以后的经验论者一样,马林同意归纳法有重要价值,但却不能苟同严复,认为归纳法为科学之本的说法。他认为:"培氏主要之意不系乎此,亦非首行创行此法之人。"重要的不是具体方法,而是他的经验主义的哲学观念,"使人崇正黜邪,去虚务实"。看来,马林的话是有针对性的,因为,当时康有为、谭嗣同等人,有把科学精神等同于归纳法的简单化理解。应该说,马林坚持的经验论更接近培根。

伴随中国社会近代化的步伐,西方经济思想逐渐引人注目。19世纪70年代,诸开放口岸近代工业初起。新型的产业需要一种新型的经济秩序。西方亚当·斯密和李嘉图的生产经济学,如税收、海关、金融、集资和企业管理等知识成为必需。19世纪90年代后,社会变革进程由经济引申到政治领域。尽管西方流行的各种政治经济学说,大都为解决经济发展带来的各种恶果而生,也就是说,着眼于解决"发展后"的问题;而中国迫切所需的是如何通过改革来发展经济的理论,优先考虑的是"如何发展"的问题。但政治经济学因讨论了经济与政治的关系,甚至因触及"发展后"的诸多弊病,而受到激进与保守两方面人士的欢迎。于是,不仅马尔萨斯、亨利·乔治等人的理论相继被介绍,就连马克思的政治经济学理论,也由传教士刊物最早引进中国。

1882年1月,花之安在指责清政府和官吏们的横征暴敛之后,介绍了英国的年度预算和国民税收制度。此外,又简单介绍了发行国债、募集投资的办法。① 同年3月,花之安又对混乱的关税发表意见,介绍了英美德等新教国家的关税制度。② 差不多同时,《万国公报》还发表了署名"中西友"的《西国钱法》,介绍了西方金融货币制度。③

韦廉臣指出,中国传统的轻徭薄赋不是达到民富国强的善法。他列举数字证明,中国租赋额远低于泰西,也低于香港殖民政府和上海工部局。他主张加税,但认为税收不能由皇帝独享,应用于生产投资。韦廉臣实际上介绍了西方经济的一个基本思想,即强调资本的原始积累。④

卜舫济的《税敛要则》,具体介绍了西方近代税收原理和方法。他认为,税收基于国家机器的存在。近代国家为维护财产权利而设,因此人民便有义务纳税。"国不能不立法。俾人人捐输几分供给国用,税敛所以不可废也。"他还列举了八种现代"税敛之法",累进收入税、财产继承税、地租、资产税、人口税、关税、特别营业税(对财场、戏院、酒肆课税)和邮政税。⑤

对西方生产经济学比较完全的介绍,当推艾约瑟的《富国养民策》。⑥ 这是他根据亚当·斯密《原富》的体系,掺入自己对中国经济问题的见解译编而成的。该书介绍了亚当·斯密的一些基本经济理论,注重资本的积累,指出"蓄财不消费"的习惯不合于今,"增利之法"是购买铁路、贸易等各种公司股份,土地、工作和资本被称为"生财之源"。分工、资本、工资、地租、利息、利润等一系列生产理论均被详细介绍。如果从《万国公报》1892年8月首载篇算起,那么艾约瑟对《原富》的翻译介绍,比严复早了将近十年。

---

① 参见花之安:《慎理国财》,载《万国公报》,第672卷,1882年1月7日。其文有:"敢用之法,凡上至天子下至兵丁每年俱有定章,不能多取……必会计一岁之出入及所存之数颁于国中,使人周知,以昭公允。倘有不敷于用公项,或增或减亦须岁终上下两议院再议以定。"
② 参见花之安:《整饬关税》,载《万国公报》,第679卷,1882年9月4日。
③ 参见中西友:《西国钱法》,载《万国公报》,第676卷,1882年2月4日。
④ 参见韦廉臣:《治国要务》,载《万国公报》,第13册,1890年2月。
⑤ 参见卜舫济:《税敛要则》,载《万国公报》,第67册,1894年8月。
⑥ 艾约瑟译:《富国养民策》,载《万国公报》,第43册,1892年8月;44册,1892年9月;46册,1892年11月;60册,1894年1月;62册,1894年3月;64册,1874年5月;86册,88册,1896年5月。

艾约瑟对《原富》的翻译，注意了同中国经济生活的结合。反对官办和官督商办的声潮在中国兴起不久，艾约瑟1896年就在译文中加入反对国家垄断，鼓励自由竞争的内容，指陈"国家承办之各弊"。并说："旁观者平心论之，美国之铁路电报民间自行经理，较国家之由官兴办，自必为益多多矣。"① 艾约瑟还非常强调古典经济学的科学性，注重经济学与哲学的区别。他说，经济之事，"不宜间以理学，须皆准于经济学家"。经济学研究对象虽然至小至屑，但却与天文、化学等格致之学一样，一旦经"识见卓越之辈阐明"，人们便"不敢谓其论有舛错"。而且经济理论可以产生巨大效益，"国赖以富、民赖以养"。② 把经济学看成科学，这在欧洲已是常事，但在中国却另有一层意味。它划分中国学术畛域，使被理学扼制的"商贾负贩之学"、"经世致用之学"趋于独立，激发其向近代学术过渡，并使新一代知识分子的务实精神落到实处。

随着中国近代经济生活的展开，传教士的介绍也逐渐越出生产经济学而涉入政治经济学。1899年6月，带有基督教社会主义倾向的马林，编译了亨利·乔治的《进步与贫困》，写作了《富民策》、《论地租归公之益》，基本完整地介绍了乔治的理论。他认为，土地开发带来的租税增值，应归国家所有。"租之所出，实由人众而成，不尽以地之肥瘠而定。……租既为众人所成，利自应众人所得。"地税归公，则可解决社会贫困。"以其有余，补其不足，不患价贵而租多，且有愈多而用之愈足，分之愈均者。"③

马林早在1894年12月便开始介绍亨利·乔治的理论了。当时，他对卜航济的八种"税敛之法"不以为然，主张"单征地租"，"若房屋、庄稼、器皿、机器及人手所作之物，似应概不征税"。马林认为，各种税收不能解决社会不平等，把烟寮、酒肆、花馆列入国家税收，更是助纣为虐。只有乔治的单一租税理论，才符合社会公义，这种公义便是"基督教社会主义"。因为"上帝造地乃赐给人人，若地土仅属一人，其利亦属一人所得，非上帝之公义也"。④ 尽管马林给乔治的理论裹上了一件神圣的外衣，但后来使孙中山心醉的思想酵母，这里都已具备。

---

① 艾约瑟：《富国养民策》，载《万国公报》，第85册，1896年2月。
② 艾约瑟：《赋税原理新谈》，载《万国公报》，第41册，1892年6月。
③ 马林：《论地租归公之益》，载《万国公报》，第125册，1899年6月。
④ 马林：《以地租征税论》，载《万国公报》，第71册，1894年12月。

办教育与医药、出版一起，构成"间接传教"的一项重要内容。一套行之有效的教育思想和教育方法，不仅成了通过办教会学校达到传教目的的成败关键，而且在客观上是对中国传统教育的有力冲击。被选作办学指南和批判武器的，是当时最成熟的学说——裴斯泰洛齐自然主义教育思想。

裴氏集卢梭以来自然主义教育思想之大成，是开创现代教育的先驱。他以为人性向善，腐败的社会使人堕落，而良好的教育能使儿童得救。他反对硬性灌输没有爱作基础的"上帝观念"，反对把知识大杂烩拿来死记硬背。传教士秀耀春译述了裴氏著名的九条教育原理，其要点：一、学校的目的在于改造受教育者被社会歪曲了的人性（"学校之正理根本于性"）。二、善教者在于引导人类本性中的精神、感性和生理力量向德智体全面发展（"由性而生者，其身体所发动一也，思虑二也，能分善恶三也。……为师者宜引导之，使一一行其所当"）。三、传统教育中摧残人性健康的方法必须废除（"凡有碍读书者必力去之，有善于读书者必加助之，使学生但知其乐而不觉其苦"）。四、教育的目的在于培养有知识、能实践的劳动者（"学校之大意，原欲成就学生各种本领，若使已有学识不能试行于外，则犹未尽其所能也"）。五、教育的方法应是由近及远，由简到繁，从具体到抽象，循序渐进（"学生造诣，由近及远，由浅入深，自耳目所能及至心思所能到，步步推之，由一类以例百千万类"）。①

同时被介绍的还有裴斯泰洛齐的学生、幼儿教育的创立人福禄贝尔。他在幼儿教育中强调被教育者的主体性，主张培养儿童的自我发展，用故事、歌曲、游戏和美工等形式来激发儿童的知识想象力、善良情感和团体精神。他尤其反对强制性记忆，认为"孩童就学，原贵有记性，但专令其强记亦属不可"。他力行其师德智体并重的教育宗旨，"教习学生不但开其知识，并教以保养身体与练习身体之法，使其日渐强壮"。在教育内容方面，主张以自然知识和当代社会文化为主、为先，"先令考究万物之形质与其变化，并现在可用之语言文字，至于古

---

① 秀耀春、汪振声：《养蒙正轨·柏思大罗齐训蒙新法》。载《万国公报》第121册（1899年2月）。裴斯泰洛齐(Johenn Helnrich Pestalozzi, 1746—1827)，瑞士自然主义民主教育家。同情贫苦人民和儿童，曾因组织民主团体而被拘，后去乡村从事为贫民服务工作。1774年，创办孤儿院，1780年又创办中学和师范学院，均为欧洲同类学校之典范。其主要著作《林哈德和葛笃德》表达了反封建的启蒙教育思想和进步的教育方法，从中可以见到卢梭《爱弥尔》、《社会契约论》的影响。1792年，因这部著作而获法国大革命政府所授的"共和国公民"的荣誉称号。

今,有余力则学之"。①

　　长期从事教育实践的丁韪良,比秀耀春更早地介绍了裴斯泰洛齐。他在1883年写的《西学考略》中叙及裴氏理论,阐述了裴氏教育与生产生活实践相结合的近代教育办法,称赞"其教法以名实兼"。他颂扬哈佛、耶鲁、牛津、剑桥等著名大学都具有"实学"(科学)精神,"志在阐发新理","课程虽不轻视古今文学而以格致为重,故讲求书籍外,师生均研究各学,推求新理"。②

　　传教士在教育领域费心甚多,他们尝试在中国建立一套学校体系、教材体系,并着力引进"自由平等博爱"、"德智体全面培养"、"科学实验"等近代教育思想,这种作用在19世纪无人可以取代。和其他改造中国文化的活动相比,基督教教育领域取得的成果最大。这不但与教会擅长办新式学校有关,更与他们所推崇的裴斯泰洛齐教育思想正好解救了中国旧式教育的困境有关。

　　西方社会政治学说的介绍,把晚清的"西学"传播推向高潮。

　　1875年6月12日,林乐知发表《译民主国与各国章程及公议堂解》,超前于中国社会需要,向人们较完整地介绍了西方民主政体和议会制度。和同时代一些涉及这个领域的中国思想家们相比,他一开始就能抓住核心,指出,人权自由、权利平等的学说,是西方政治的基础。"泰西各国所行诸大端,其中最关紧要而为不拔之基者,其治国之权属之于民,仍必出之于民,而究为民间所设也。"文章还说,一切人生来平等,原无优劣之分。"或为君、或为臣,耳目手足无所加焉。降而至于小民,耳目手足无所损焉。"因此,"治国之法亦当出之于民,非一人所得自主矣"。西方民主的法理基础几乎全被揭示。

　　林乐知以"议法"、"掌律"、"行政",来译今之所称"立法"、"司法"、"行政"。他解释三权分立的合理性说:"其权柄之所必分者,欲行之有利而不相悖,有益而不相害耳。"他还介绍了议会(公议堂)的组织方法:"议法之员,分言之为上下两院,合言之即为公议堂。"上院由"国中亲王与爵位及朝廷所派之员充之",下

---

① 秀耀春、汪振声:《养蒙正轨·福若伯训蒙法》。载《万国公报》第122册,1899年3月。福禄贝尔(1782—1852),德国教育家。曾师从裴斯泰洛齐,推崇他的自然主义教育法,尤其注重儿童的早期启蒙和智力开发,确立把故事、游戏、歌曲、美工作为幼儿教育的内容。是幼儿教育的创始人。
② 参见丁韪良:《西学考略·卷上·纪游》。

院"由民间公举之人充之"。按照林乐知的意见,一个国家的政治是否清明良善,是否能称"宽政之国",有两个标准:一则所谓"使公议堂人员掌握大权,使士农工商皆得有公举人员之位分也";另则"国家不必轻视教会,而教会实不得干预国事"。这两个标准,前者是"普选制",后者是"政教分离",均为近代民主政治的本质内涵。

在"同光中兴"时代,清朝政体正缓慢地、被动地向着适应世界事务的方向演进,但还不像戊戌时期那样屡弱。因而传教士的态度比较谨慎,只是说:"本馆所以译论此事者非有辩论之心,亦无以此争长之意也。无非欲阅公报者知民主国之所由来及各国章程及公议堂之详细耳。"这种"无倾向"的态度延续了将近20年,在此期间,《万国公报》对西方民主政治理论的介绍十分有限。

自19世纪后半叶始,西欧工人运动的信息大量进入中国,《万国公报》长年地、连篇累牍地在"各国近事"栏介绍欧美工潮。对于尚未形成自为阶级的中国工人群众来说,这种信息是超时代的,难以引起共鸣。即使对思想敏锐的新型知识分子来说,这种信息也常常被视作与中国富强事业无关的"域外奇闻"。

为了破除这种割裂西方政治、经济,仅靠"商战"以臻富强的狭隘认识,马林在《富国策》中提出,工人运动也是"致富之术"。把工人运动认作"致富之术",当然很牵强,但把工人运动视作社会完善之术,以调和劳资矛盾达到社会发展的观点,倒是符合"基督教社会主义"一贯主张的。马林把社会比作一艘"船主"、"舟人"和"寄食之客"共济的大船:船主、舟人是资本家和官吏,寄食之客是工人、农民,前者驱使后者,终至冻馁而死。为使天下之人"无厚无薄,无贵无贱,要皆一视同仁",[①]寄食之客必须起而斗争。即使在基督教天下共济的调和倾向下,阶级斗争的理论还是朴素地得到了显扬。这种理论不能不引起中国新型知识分子的深思:如何才能使中国迅速走上富强之路而又不重蹈西方"阶级混战"的旧辙?

社会主义的激进派——马克思主义,是随着各派经济学、各家社会主义学说一并进入中国的。李提摩太在他的译著《大同学》中叙述道:"有讲求安民新学之一家,如德国之马客偲(马克思),主于资本者也。皆言人隶律法之下虽皆

---

① 马林:《富民策》,载《万国公报》,第114册,1898年7月。

平等,人得操举官之权亦皆平等,独至贫富之相去,竟若天渊。"①译著比较详细地介绍了马克思,说:"其以百工领袖著名者,英人马克思也。马克思之言曰:纠股办事之人,其权笼罩五洲,突过于君相之范围一国。吾侪若不早为之所,任其蔓延日广,……当即系富家权尽之时。何也?穷黎既至其时,实已计无复之,不得不出其自有之权,用以安民而救世。"②非常明显,这样的介绍,已经对马克思主义和其他社会主义流派有所区别,关于社会贫困的理论,关于垄断资本的理论,关于人民革命必将爆发的理论也已端倪初露。

三、"东渐"与"涵化"

"东渐"是个蕴含丰富而又较为模糊的词汇。它常被用来描述整个西方文化向中国传播的宏大运动;有时则越出狭义的文化传播,容纳进政治、军事、经济和外交等一切领域的中西交接现象。因此,今天有必要使之具有学科意义,给予适当的限制和定义。这里,我们尝试把"东渐"一词在与"涵化"概念相同的意蕴上使用。

如果说"西学"表征了西方文化体系,是个静态名词的话,那么"东渐"则是一个动态过程,它包含着西方文化在传播过程中被逐步东方化和中国化的意思。由于中西文化的差异,所有西方思想学说在汇入中国人观念意识的过程中,多少都被染上了些中国文化的特有色彩——或是其内容被赋予中国形式,或是接受其形式而改变其内容。产生了文化传播学上经常讨论的文化符号与文化实体相分离的局面。例如,"科学"(Science)被认同为"格致";"哲学"(Philosophy)被认同于"性理"。从这层意义上理解,"东渐"迹近东化、中化。"中化"既是与"西化"相排斥的对立体,又是与之相伴随的共生物。正是在这种双向的相斥相纳、相反相成的"涵化"过程中,中国近代文化超越着传统文化与外来文化间固有界限渐次地发展着。"西学东渐",逐渐弥合着中西文化的巨大鸿沟,引导着中国人艰难地走向世界。

---

① 李提摩太:《大同学·第三章》,载《万国公报》,第 123 册,1899 年 4 月。除介绍马克思以外,还提及"主于救贫民"的亨利·乔治,"主于均富"的贝拉米,"以能文著"的费边社。
② 李提摩太:《大同学·第一章》,载《万国公报》,第 121 册,1899 年 2 月。

"涵化"是文化传播中必然发生的一种认识现象。当一个文化客体与一个文化主体发生接触时产生了剧烈撞击,此后,双方的文化结构都不能维持原有状态。主客体文化间出现了一个边界模糊、交叉渗透的无秩状态。最后,就在无秩状态中,经由文化自新者的创导、全社会有意识和无意识的调整,一种非此非彼,即此即彼的新文化才能被综合出来。

如果我们作一番纵向考察,可以看出,"涵化"还是中国文化发展的一个历史现象。从三代人文之初到汉唐名物鼎盛,中国文化综合了各地区各民族的文化,形成一个绵延不绝、逐渐壮阔的结构体系;而春秋战国各家各派的论争,则表征着一个以儒家学说为主体的新文化的孕育过程。汉代传入印度佛教后,在西北曾出现刻意模仿、"全盘佛化"的时期。但当它与整个中国社会文化交接后,便发生了"涵化",唐代行三教并重,佛教已被禅化、玄学化、道教化。最后,在宋明时期便综合出一种儒佛道兼容的理学,成为中国文化的新象征。

中国文化与西方近代文化的接触,始于明末清初天主教传教士的东来。他们带来了西欧的名物制度和宗教信仰,与中国的礼仪习俗发生尖锐冲突。"中国礼仪之争"①,表现了对中西文化的两种态度:以罗马教皇和清朝皇帝为代表的对异文化的绝对排斥态度;以利玛窦、徐光启等人为代表的对异文化的宽容、吸收的"涵化"态度。这场"西学东渐"的前哨战,预示着更大规模文化冲突的到来。鸦片战争以后,中国面临"三千年未有之大变局",中国文化也开始了它最艰难的历史时期。因为西方近代文化的强大,它已不可能再沿用历史上成功有效的旧法,使外来文化客体称臣为仆、俯我就范;它只能在自己的原有体系被冲破,并经一番清理批判之后,结合着中西文化的各种因素建立新文化。

一个完整的"涵化"过程所应具备的文化传播、文化融合和文化新生三个过程,在近代中国的文化变迁史上次第出现。新教一部分传教士的可贵之处在于,他们不但参与了自己所擅长的文化传播,而且尝试着进行文化融合和文化

---

① "中国礼仪之争":中国天主教会历史上,在基督教义与中国文化之间发生的一场大论争。耶稣会传教士利玛窦来华(1579),见中国文化发达,传教收效甚微,故采取迎合中国文化的方法。峨冠儒服,同时兼容中国习俗和思想。以"天"比喻"上帝";以"祭祖"为报本;以"祀孔"为纪念先贤。因此,传教收效颇大。1643年,后到中国的多明我会据此指控耶稣会在华搞偶像崇拜,在梵蒂冈挑起争论,持续几十年。克雷芒十一世于1704年派使来华与康熙交涉不成,于1715年悍然发布禁约,指祭祖祀孔为异端。康熙坚持不改中国教化,厉行禁教。1939年,罗马教廷撤销了有关中国礼仪的一切禁令。

创新的工作。他们用"西学"观点和理念来批评中国文化;他们对中西文化进行深入比较;他们试图赋予中国文化某些具有生命力、表现力的内容或形式以近代意义;他们甚至为中国文化设想新的前景和出路。虽然其间有宗教挟带、文化误视和种族偏见,但他们的探索还是有意义和有价值的。

进行中国文化与欧洲文化的比较,从中概括出各自的特征,这是从明末传教士就开始了的认识传统。新教传教士发展了这种传统,对中国文化的特质展开了更深入的认识,这种比较认识成了对中国文化的评判基础。

传教士对中国文化的"人文类型"特征有强烈感受。因为中国文化重人文不重自然、重伦理不重宗教的传统,几乎使他们的传教活动无从入手。他们说:"中国之人,只知人与人交,而不知上交于天主,并不知下交于物类。"因此中国学术只有伦理而没有宗教("主宰")和科学("格致")。① 狄考文把话说得更明,"夫中国学问所知之事理","不过仁义礼智孝弟忠信耳,此外别无所学也"。② 显然,对中国文化"伦理型"特征的揭示有着贬抑的蕴意。这与天主教传教士对中国清明政治和人际关系的赞美,以及启蒙大师孟德斯鸠、伏尔泰辈推崇这种特征为"理性主义"的情调,大异其趣。③ 原因在于,这100多年里,欧洲社会对宗教又有较高评价,而中国的伦理政治在进入近代社会以后却愈见腐朽。

传教士尖锐揭露了中国文化在近代呈现出的"保守主义"倾向。李佳白曾说:"西人事事翻新,华人事事袭旧。"④传教士的终身合作者沈毓桂,批评中国政治"因循苟且,泥于古法而不知变通"。⑤ 林乐知还为这种文化特征寻找内在原因,认为中西精神"有动静之殊","华人惟主于静,故如信佛教也,吸雅片烟也;美人惟主于动,故有喜耽趋蘗之弊,与英法诸国相似。"⑥狄考文与林乐知见解相似,他把"保守主义"的原因归于传统教育中的崇古观念。"华友惟知重古

---

① 古吴志道老人:《耶稣圣教中国所不可缺》,载《万国公报》,第651卷,1881年8月6日。
② 狄考文:《振兴学校论》,载《万国公报》,第651卷,1881年8月6日。
③ 这一点在《利玛窦中国札记》以及卫三畏《中国总论》中都能见到。
④ 李佳白:《中国宜广新学以辅旧学说》,载《万国公报》,第102册,1897年7月。
⑤ 沈毓桂(赘翁):《泥古变今论》,载《万国公报》,第640卷,1881年5月21日。
⑥ 林乐知:《中美关系续论》,载《万国公报》,第64册,1894年4月。

而薄今",中国教育缺乏"必改古人之错"、"必补古人之缺"、"必求古人所未知"的大胆创新精神。① 清末社会确实弥漫着一股浓厚的保守主义倾向。这是延入近代社会的传统体制的巨大惰性和新的经济与社会力量十分软弱所致,并非中国文化的痼症顽疾。把这种倾向视为中国文化的本质特征,未免偏颇;但就其现实批判意义而言,它推动了社会改良思潮,影响了当时和今后的许多思想家。

"重耕读而轻工商",②是传教士对中国文化"义利"之辩的揭示。林乐知说:"(中国之士)聪明出众,只谋富贵于一身,而于农工商无与也。"其学只用以"持己"、"治人","叩其功绩,无补于世"。他看到中国不乏像李善兰、徐寿、华蘅芳等精于格致工艺之学的人才,他们的学问虽对社会直接有用,但终被正统"义利观"目为"谋富之术"而斥于儒学之外。林乐知认为,这一重农重义、轻商轻利的特征,还表现在中国政府不如西方政府那样扶助工商,倡导贸易。他指责中国士大夫"养尊处优,徒工文字而待食于人",期望出现一大批新型知识分子,既懂治人身心之学,又习社会谋富之"治法"。新教传教士改变了明末天主教传教士对传统"义利观"的一味赞扬,转而取批判态度。这一面标示了中国文化在近代的急遽衰落,另一面则表明西方宗教也已世俗化、人道化。他们承认了神学伦理以外,还有法律、经济、政治和社会学的独立存在。从西方"圣俗之辩"到中国"义利之辩",给中国思想学术带来了新时代的启迪。

清末的中西文化比较是对中国传统文化批判的一个部分。同治初年至戊戌前后,是传教士们对中国文化展开全面批判的时期。因为,这时他们取得了相对自由的传教权利,深入内地和各社会阶层,更了解中国宗教、伦理、风俗和教育的落后状况;同时他们在"新政"活动中取得了不容低估的策士地位,这也增添了批判的权威性。

儒家士大夫文化是整个中国文化的支柱,它一直起着抵御基督教文化的作用。因此,要打破中国文化的旧体制,就必然要批判儒家思想。晚清,传教士们开始改变明末迎合儒学以行教的方法。1878年,署名"知非子"者,继艾约瑟

---

① 狄考文:《振兴学校论》,载《万国公报》,第651卷,1881年8月6日。
② 林乐知:《中西关系论略·再续第四次谋富新法》,载《万国公报》,第358卷,1875年10月16日。

《释教辩谬》之后,著《儒教辩谬》,着手用近代基督教思想系统批判儒家思想,认为"儒教较释道二教虽甚悬殊……其中亦多有偏执之弊"。①

《儒教辩谬》中有《论祭祀》、《论魂魄》、《论祀圣》等篇,涉及儒家的宗教意识。儒家思想的最高归纳不是宗教,它对"神"、"上帝"等不朽观念的放任态度,使它的宗教意识一直处于较低状态。在传教士看来,中国人的不朽观尚未升到基督教的一神论高度。《周礼》中规定的祭祀之礼仍处在偶像崇拜、祖先崇拜和自然崇拜的初阶,他们把对祖宗、先圣和各类偶像的祀礼斥为"淫祀",指责只祭生世父母而不尊"上帝为人之大父母"为"虚文掩饰";他们还认为中国的实物祭不是无私地奉献,而是功利地钓取,较之耶稣"以身代羔,献祭天父赎民之罪"②的行为有天壤之差。19世纪的流行教义中,"上帝"已不是主宰天堂或冥间祸福的神灵,而是真理(The true)、世间原始(The First Cause)和万物法则(The Nature Law)的化身。对它不能以外在的礼仪相交接,而应以内在精神相沟通。这种包含了科学自然观的"因信称义"的新宗教观,也构成为对儒家所包容的迷信、宿命思想的冲击力量。

《儒教辩谬》的《论性》、《论五常》、《论中庸》等篇,深入到了儒家思想的核心——它的发达的伦理意识中。对人性的认识,是中国伦理意识的基础之一。儒家的达观精神认为,人性本善,罪恶之源在后天的环境习染,移风易俗便能使人性复善。基督教则要人承认自己生来获罪于上帝。"原罪说"和"性善说"尖锐对立。"耶稣教之论性,直指人性之恶;儒教之论性,曲说人性之善。"这两种认识模式虽各执一端,在理论上却都有可能导致一些积极的或消极的意义。但在当时,传教士的论点相对显得有力。他们抓住了"性善说"的虚伪性,针砭了社会上"人人为不善"又皆"自以为善"的假面。③ 晚清性理之学末流的症结之一,就是它无法克服的内省与外行脱节。正由于此,基督教的原罪人性理论比儒家的性善说更切时弊。

儒家的仁义礼智信五常都是"人所固有之心",而非对至真、至善、至美的认

---

① 夏察理:《儒教辩谬序》,载《万国公报》,第481卷,1878年3月23日。本书虽为"中土文士著成",但语由"福州公理会教士夏察理嘱"。故仍能代表传教士观点。
② 知非子:《儒教辩谬》,载《万国公报》,第493卷,1878年6月15日。
③ 知非子:《儒教辩谬》,载《万国公报》,第499卷,1878年7月27日。

识。对此，传教士们不是全行排斥，而是企图从中抽出一些神性，升到信仰高度。"知非子"论证，孔子所以"罕言仁"，是因为"仁"像"上帝"一样，"全面不偏"、"纯而不杂"，不可妄称其名。上帝是最大之义、最全之礼、最高之智、最敬之信，五常是基于个人自觉的道德，可作主观解释，如"好刚使气"为"义"，"常恶匿非"亦可为"义"。因此，传教士以"上帝"所定原则对"义"加以限定，使其具有自由、平等、博爱等具体内容。这些内容是近代社会的伦理准则，但传教士对此并未充分宣传。

传教士们还对儒家各派学术进行批判，晚清学术界流行的汉学（考据）和宋学（性理）两派都受到贬斥。数人解一字、几辈辩一说的汉学，与新教神学格格不入，传教士批评它有"穿凿之过，流为支离；支离之失，成为怪诞"；对于宋学，他们指责"其理皆凭虚而造"。传教士们抨击了儒家学术的泥古性质和非科学态度，指出："汉儒之失在胶固，而宋儒之失在虚诬。"中国士大夫出入于汉宋之间，焉能创造新文化？中国传统学术至清末已渐入颓境，龚魏等有识之士企求振奋学坛，但都苦于回春乏术，只能求救于怪诞的"西方之学"（佛学）和素朴的"经世之学"（治学）。在这种历史条件下，传教士对汉学、宋学的批判以及他们提供的包含在神学中的科学思想方法，不能不启迪着中国士大夫的文化创造意识。

传教士们深悉，儒家学术的主旨在统治，它是为士绅及官僚阶层所尊奉、运用的一套上层原则，是"独关于君相，无济于侪民"①的治世之学。而在下层，人民却普遍缺乏理性化的文化，社会生活被一些原始的制度和陋习所控制。为"释放人心"，解救"身"与"灵"之苦，传教士激烈抨击这套蒙昧状态的社会文化习俗。他们除了传授一些医疗、教育和生活、生产知识外，还注意提供比较具有人道主义气息的思想观念。

经常受到传教士们谴责的是溺婴、殉节等陋习以及缠足、纳妾等非人道恶俗。这些谴责几乎都集中在妇女问题上，"责备华人待其妇女如罪犯"，②成了传教士们持续几十年的言论焦点之一。妇女问题不是一个单方面的问题，它所

---

① 知非子：《儒教辨谬》，载《万国公报》，第516卷，1878年11月30日。
② 《中国女学》，载《万国公报》，第500卷，1878年8月3日。

表现的是男女关系,"根据这种关系就可以判断出整个文明的程度"。① 因而,这种批判实际上也就触及了中国社会强大的把男女关系仅仅视为繁衍工具的宗法思想。

他们谴责闺房制度是把妇女"定罪监禁牢内",②使妇女丧失她们最宝贵的年华,因而一生无知,仅能成为繁衍的工具和男人的玩物,而不能像泰西妇女那样有所作为。他们尤其反对裹足,痛斥其摧残女子身心,违背人道,"戕乎天质,逆乎天理","使数千年来海内多少女子同受苦楚"。他们驳斥中国人对此所作的辩解,认为"美者不因乎裹足而愈美,丑者不因乎裹足而不丑"。③ 传教士们除了以人道主义精神批判纳妾制度外,还借用了儒家的"和"、"安"认为纳妾制的最大危害,是促使家室家族纷争,抢财夺利,"卒使国亡家破"。这种又批判又迎合的做法,收到了相当明显的宣传效果。

人道主义和宗法思想是两种不同的价值观。在西方传教士眼中已属极端人身迫害的行为,当时中国的百姓却看作天经地义。妇女问题上的宗法观,是近代社会解放的大敌。遗憾的是,传教士们只是停留在对这些行为的简单谴责上。由于对宗法观缺乏分析,又把一些论辩的依据诉诸神意(如说"上帝创造人类只容一男一女",故一夫一妻),这种批判也就缺乏逻辑的震颤力,更难被不信"上帝"的中国人所接受。但无论如何,这种社会批判还是在渐渐地影响着中国的一批新型士大夫,启导他们在戊戌前后提出了一些风俗改良的主张。到了新文化运动时期,青年一代应用生气勃勃的以民主与科学为内核的西方思想武器,对中国传统的宗法伦理进行批判,纲常名教和陋习恶俗才受到真正冲击。

只有比较和批判,才能显露中国文化的特征和弊病,才能使旧文化发生破裂并向新文化开放。因此,它是涵化过程的第一步,是新文化创造的出发点。传教士们对中西文化的比较和对中学的批判,虽然初步揭露了中国文化的特征和弊病,引起了相当大的社会反响,但由于教会的桎梏和神学的制约,这种批判也就难以产生更大的冲击力,未能更多地帮助人们在扬弃旧文化的过程中创造新文化。

---

① 马克思:《1844年经济学哲学手稿》,北京:人民出版社,2000年版,第72页。
② 《中国女学》,载《万国公报》,第500卷,1878年8月3日。
③ 《裹足论》,载《万国公报》,第503卷,1878年8月31日。

如果说比较与批判是一个求异的过程,那么西学的变异和中国化就是一个求同的过程。在后一个环节中,中西文化产生了调谐和融合。传教士一方面以极大的优越感坚持基督教文化高于一切的态度,另一面也承认中国文化具有自己充分强大的力量。1877年5月15日,老资格的传教士黎力基在全国第一次传教大会上说:"中国人不是一个野蛮民族,他们具有如此高度的文明,以致我们必须爽快地承认他们高于其他异教民族。"①这个认识影响了他们的许多文化见解和行动,促使他们对中国文化采取既批判又利用的策略。

五口通商前后,传教士对中国内地莫测高深,中华帝国的经济与政治完整统一。他们把这些都看作是中国文化的力量表现,对儒家持赞颂态度。理雅各认为,孔子不但是"中国黄金时代箴言的诠释者、解释者",而且"以最好的和最崇高的身份代表着人类最美的理论"。②卫三畏承认孔子时稍有保留,他只是在将"孔子的著作与希腊和罗马哲人的训言相比"时,才肯定其历史上的优越地位;只是看到四书五经在东方"对千百万人的思想施加了无可比拟的影响"时,才说它的势力"除了《圣经》以外,是任何别种书都无法与之匹敌的"。③可见,孔子在他们眼中至少是一个不亚于古希腊苏格拉底的哲人形象。值得注意的是,两位传教士都是在研究了中国文化并向西方较为客观地介绍中国文化时,才持这种肯定态度的。

相对而言,林乐知等人对孔子的颂扬、附和,则带有传教的功利目的。林乐知曾系统地将基督教义与儒家的某些思想作类比,以《圣经》中叙及君臣、父子、夫妇、兄弟和朋友的片言只语,印证儒家五伦,牵强附会地论证"耶稣心合孔孟","吾教亦重五伦,吾教亦重五常"。对这一做法,李提摩太的解释是:"借中国旧有的语言,发扬基督教义;以耶稣真理为骨子,妆饰为中国化。"④

无论是真诚的推崇或是假意的奉承、故意的偷换,中国文化强有力的存在

---

① *Records of General Conference of the Protestant Missionaries of China*, 1877. p. 162.
② James Legge, *The Chinese Classics. The Life and Teaching of Confucius*. p. 95. 转引自顾长声:《传教士与近代中国》第186页。
③ S. W. Williams, *The Middle Kingdom*. I. pp. 663—664. 理雅各(J. Legge, 1814—1897),英国苏格兰传教士。1861—1886年间将四书五经译为英文出版,1875年在牛津大学设立第一个中国学讲座,为英国汉学开创者。卫三畏(S. W. Williams 1812—1884),美国传教士、外交官。1848年出版《中国总论》(*The Middle Kingdom*),1877年在耶鲁大学任汉学专业教授,为美国汉学开创者。
④ 苏慧廉:《李提摩太传》,上海:上海广学会,1924年,第15页。

总是事实。因而严肃认真的在华传教士,对中国文化都有浓厚的兴趣,甚至潜心钻研。伟烈亚力遍索《三通》、周游内地十数省,学习了中国语言文字,写了大量汉学著作。理雅各则在王韬帮助下,把儒家经典译为《中国经卷》。卫三畏的《中国总论》,洋洋大观地向世界介绍了古老的东方之谜。花之安、李佳白等人对中国哲学的见解,不在中国儒生之下。这都表明,中国文化强有力的存在,内在地影响着西学的传播,并使西学原有的形质发生变异。

语言与文化的关系最直接。社会语言学揭示,异文化相遇时,必然在语言文字上生出一个同化过程。本位文化的认识者,会在自己习惯的认知方式、语言模式中寻找相近相似的概念、思想和语汇,与外来的新概念、新思想和新语汇建立一种共同关系。由于各民族的语言文字都是"约定俗成"的特定体系,因此在跨越这个体系、凿通中外文化的时候,必然会因受着这个障碍而呈现变异。

中国语言文字的独特性,使它在最初表现西方文化时显得格格不入。例如,由于缺乏科学传统,傅兰雅的科技介绍便遇到诸多不便。"西国所有格致,门类甚多,名目尤繁。而中国并无其学其名,焉能译妥。"① 译书助手王韬不解其中之难,抱怨"彼邦人士拘文牵义,其词诘曲,即使尼山重生亦不能加以笔削"。② 要克服这些障碍,一般有三种方法:一是放弃翻译而纯用外来文字;二是改造语言文字的表现形式以适应新文化;三是焕发本民族文字的创新能力。三种方法中,后一种最艰难,最需要深厚的文化背景作依托,但也最具个性意义。

传教士们采取的正是最后一种方法。"中国语言文字与他国略同,俱为随时逐渐生新,非一旦而忽然俱有,故前时能生新者,则日后亦能生新者,以至无穷。"③ 这既表明了中国语言文字的活力,也表明了传教士对中国文化的谨慎态度。

傅兰雅为西书中译确立了三条原则:一、利用"华文已有之名"(用汉语旧词);二、"设立新名"(用汉语创新名词);三、"作中西名目字汇"(列中西文对照)。这三条原则确实有效地指导了当时的翻译事业。如借用"性理"来译"哲

---

① 傅兰雅:《江南制造总局翻译西书事略》。
② 王韬:《弢园尺牍·与所亲杨茂才》。
③ 傅兰雅:《江南制造总局翻译西书事略》。

学";创用"镁"、"钾"、"养气"、"轻气"等新名词。创用之词尚可按创用者的解释来理解;而借用之词则不得不受原有辞义的干扰,使外来观念发生意义变换。

传教士们深知这一点,所以费尽心机地突破文字重围,以求维护教义"纯洁"。麦都思在最后完成《新约》修订时,采用了"上帝"这一最近似基督教神学观念的词,仔细淘汰了"天主"、"主"、"神"等他认为易起歧误的词。即便这样,传教士内部还是产生了"定圣号"的争论。有人说:"曰神、曰上帝,不得已也。"透过"不得已"三字,我们看到的是传教士迁就中国化的良苦用心。

当时中国社会流行不同的宗教意识。一种是来自下层的观念,它是佛教与原始巫术神话的混合,认为世界分别由各种鬼神来主宰生、老、病、死;人能升为神仙,而神仙亦可转世为人。另一种则是有教养的士大夫们信奉的理学世界观。他们理解的"存在"是本于虚空的"无中生有",生物本源、天道原始则是阴阳之道的生成化合。这两种宗教意识都与基督教独一尊神的观念不同。尤其是理学世界观,含有类似无神论的因素,可能会动摇基督教的根基。因此,传教士们坚决避免在这一点上发生中国化或本色化的演变。为了防止"臣而误认其主,子而误认其亲"①的危险,他们在前半世纪重点批判佛教以后,从 19 世纪 70 年代开始大力批判儒学。他们喋喋不休地解释:"上帝不是气与理,"②"造物非太极,非理气,亦非道。"③

和竭力避免在本体论、存在论上的佛教化、儒学化不一样,传教士在伦理学说上却充分利用了中国文化。基督教的人道主义精神,在儒家伦理学说外衣的掩蔽下,显得颇有活力。因而传教士欣然承认:"博爱之谓仁。"④除了林乐知用五常解释《圣经》,花之安也用仁、义、礼、智、信为《自西徂东》分篇立章,阐发基督教精神。

在基督教中,"孝"是并不重要的概念,它是"博爱"的一部分,从属于人类兄弟情感。但为适应中国传统伦理观,它被大大传扬了。花之安曾嘱命他的副手、中国牧师王炳耀作《孝道折衷》。他写道:至大之道"由地而推天与从而降

---

① 黄品三:《圣号论》,载《万国公报》,第 488 卷,1877 年 7 月 21 日。
② 觉梦居士:《上帝不是气与理》。载《万国公报》,第 606 卷,1880 年 9 月 18 日;重载第 628 卷,1881 年 3 月 5 日。
③ 韦廉臣:《造物非太极非理气亦非道》。载《万国公报》,第 648 卷,1881 年 7 月 16 日。
④ 慕维廉:《公报弁言》。载《万国公报》,第 502 卷,1878 年 8 月 24 日。

地"之别。"由地而推天者孝,本于亲,人道也,从天而降地者孝,本于天道也。"①这里,"孝"成了天地间或自然与人生间的本体存在,成了一种永恒法则。这种说法固然没有否定西方的人道精神,但此类"旧瓶新酒"的做法,很容易把人诱入中国传统思想的窠臼。

科学在传播中也产生了中国化现象。科学通常可被划为应用技术、基础理论和认识方法三个部分。应用技术和基础理论形式固定,较少具有民族性,无法进行"本位化"的加工,但涉及认识方法就有见仁见智的众多说法。

在中国,古已有之的"格致说",一度曾被用来容纳西方的经验认识论。清代盛行的认识论,是宋明理学的"格致说"。对此,陆象山和朱熹又分为两说:陆象山提倡"安心瞑目,用力操存,夜以继日",等待"此心澄莹中立"的顿悟境界。②朱熹则反对陆派的纯主观内省,强调格每一事、每一物,通过渐修完成认识。这两派在总体上都持直觉领悟的态度,而与科学认识方法的"感知经验论"大相径庭。即使"格物",认知对象亦非客观事物及其规律,它以"知止"为目的,而"止于至善"③则带有浓烈的伦理学旨趣。显然,用这种认识模式去理解自然科学,就会陷入混乱。

惟因如此,传教士在用"格致说"来表达和讲述科学时非常谨慎。在陆象山和朱熹之间,他们倾向于后者,因为朱熹"物物皆格"的说法,给经验主义理论如培根的归纳法,洛克的"白板说",留下了可以重新解释的余地。即使屈就"格致"名下,他们仍然企图通过严格的意义辨析来加以区分。"格致之学,中国与泰西有各异者,有相似者。有同而异、异而同者。""泰西格物非空谈义理,必以试验得实,著有成效者为据。"④这就把科学实验方法与直觉领悟的方法区别了开来。对"格物致知",他们除了限制其玄学倾向外,还对它进行拓展发挥,认指"《大学》所谓格物致知,本末兼赅。不独系乎性理,又系乎天地万物"。⑤ 这又

---

① 王炳耀:《孝道折衷》。载《万国公报》,第455卷,1877年9月15日。
② 《陆象山全集》语录·卷三五。
③ 朱熹:《大学章句》。
④ 朱戴仁:《问格致之学泰西与中国有无异同论》(征文),载《万国公报》第20册,1890年9月。
⑤ 林乐知:《培根格致新法小序》。载《万国公报》第505卷,1878年9月14日,区别"人性之理"与"万物之理"是近代思想的一大进步,它赋自然科学以独立地位。这种区分在日本早于中国进行。日本著名哲学家西周在介绍西方学说体系中,区分了"物理"与"心理"。这名词在中国用"格致"类比自然科学失败后,为中国思想家所接受和沿用。

使朱熹的人性之理,升至万物之理,改变了中国传统的天人不分,自然界不能成为独立认知对象的思维习惯。

针对"格致说"的混乱,李提摩太在主持广学会后,曾发起了长达四年之久的"格致之学泰西与中国有无异同"①的讨论。这是对前几十年在西方自然科学认识上的附会和歧误的一次匡正,又是对后几十年西方"科学"精神正确理解的一次铺垫。讨论中的论文一般都认为,格致的"中西二说,疑若冰炭之绝不可合,枘凿之难于强投"。② 这些认识把中学、西学区别和对立起来,抹去了涂在西方科学理论上的中国化油彩。它似乎是一种反同化、反融合的言行,其实,辩证地看来,他们反对的是一种浅薄的攀附和抱残守阙的拒斥心理,因而将把中西学的融合会通工作引向深入。"古已有之"的说法贻为笑柄,严肃认真的学理比较得以展开。

戊戌前后,出现了一个似乎反常的现象,一贯倡导西学、挪揄儒家的传教士,忽然放低调子,宣传起"救世教成全儒教"、"广新学以辅旧学"和建立"新学"的主张来。围绕这一观点,李佳白、李提摩太等传教士忙碌地写文章、作讲演、办协会。这一倾向与当时全国兴起的尽弃中学旧学、以求西学新学的风气相比,似乎较为保守。但若进行全面分析,可以发现其中不乏冷静的观察,认真的审思。尽管他们的某些具体判断不尽妥帖,以致为旧学遗老所用,可是它反映了企图熔中西文化于一炉,开创近代新文化的愿望,是一次可贵的最初尝试。这种既顺应认识规律又切近中国社会需要的意识,值得人们重视。

中西并重、华洋一体并非应时口号,而是传教士的长期见解。林乐知为自己所办的学校起名"中西书院"、"中西女塾",就表明了他中西学并重的主张。其他传教士如李提摩太、花之安等人,早期也都有既批评中国文化,又精研中学,企图融中学入西学的思想。只是因为当时社会思想过于保守,这种主张便较多地显露了它的批判性。戊戌维新前后,社会思潮转向,西学从被人不耻于

---

① 这次讨论以征文的形式进行,从1890年8月到1893年10月共发表五位作者的十篇论文。征文标题为:《问格致之学泰西与中国有无异同》、《问泰西算术何者较中法为精》。主要作者有吉绍衣、朱戴仁、寓南逸人、钟清源、胡汉林。
② 吉绍衣:《问格致之学泰西与中国有无异同论》(征文),载《万国公报》,第19册,1890年8月。

口的地位,一下跃入宫廷书斋,士大夫阶层引为时髦。"全盘西化"的意识开始在人心中萌动,已有人主张把中国文化"轻于废弃而以西学代之"。① 对中国文化有一定研究的人并不赞同这一过激倾向,他们主张继承与批判结合,用渐进的文化改良,使社会稳定向前。为此,他们提出种种见解。

"救世教成全儒教说"的立论者,德国传教士安保罗在1896年11月说:基督教对儒教"非以坏之,乃以成之"。"欲成全(中国)本国旧教也。"他的成全之法是:"保守其善道";"改革其差谬";"弥补其缺憾"。这一说法有两个值得注意的动向:一是作者明确以为东西宗教可以"彼此相为勉励",②并行不悖,儒家可以从基督教中获取活力;二是作者明确主张对儒家采取"保守"与"改革"的双重态度。安保罗的见解,避免了过激的全盘西化,又未落入泥古守旧的顽固立场。他提炼了孔子"择善而从"的中庸思想和"天下一家"的大同思想,并和晚近兴起的尊重民族文化个性的世界主义精神协调。应该说,这是一个比较符合人类理想的文化原则。

基于这种认识,安保罗没有就"改革"和"弥补"儒家文化作批判性阐发,而是首先对"保守其善道"展开论述。他认为,儒家在"待上帝"、"待己"、"待人"三方面均有可扬之处。他特别推崇儒家慎独克己、躬行实践、正心诚意、仁义礼智信、安贫乐道等"待己"之善道,"孝行为先"、"忠心为要"、"爱众亲仁"等"待人"之善道,肯定它们能"明人伦之要"、"先施而后求"。③ 他认为这些观念都是不朽的,并用基督教的伦理观加以肯定。他使用的方法是将儒家学说从社会实践中抽象出来,化为基督教能够接受的一套伦理观。但是安保罗不了解,儒家思想在中国决不仅仅是抽象理论和意愿,它失去了独立的发展,早已成为几千年专制统治的工具。忠孝节义、纲常伦理,都在社会实践中构成对人的身心自由的巨大压抑。因为在儒家思想继续支撑着专制统治的情况下,要让人们抛弃它实践中的恶性含义来承认其抽象的合理性,是非常困难的。传教士们这种"好心"的理论探索是一种徒劳,因为他们离开了具体的历史条件,错用了一条原本正确的文化综合的原则。如果把这种方法付诸实践,即不但肯定儒家思想,而

---

① 李佳白:《论调和新旧学界之法》,载《万国公报》,第204册,1906年1月。
② 安保罗、沈少坪:《救世教成全儒教说》,载《万国公报》,第94册,1896年11月。
③ 安保罗、沈少坪:《救世教成全儒教说》,载《万国公报》,第94册,1896年11月。

且肯定儒术实践,那么,不可避免的归宿就是沦为保守和反动。李佳白的实践,充分证明了这一点。

李佳白主"以新辅旧说"。① 他说:"中西并立,新旧迭乘,专尚西学而竟弃中学者非也;然笃守中学而薄视西学者实属失之太隘。"所以,中西学互应"取彼所长,补我之短。有利必兴,有害必除"。② 至此,他仍保持了一个局外关切者的冷静态度。在当时中学西学,维新守旧两派激烈斗争的情况下,这不失为一个持中的主张。

但是,李佳白的实践,否证了他的主张。当他提出维新事业要分别"中国可用与不可用之法","西国可用与不可用之法"时,采取的还是一个不错的文化融合取舍的原则。而当他用这条原则去观察时政,认为科举制"意在得明体达用之儒",是中国"至善之法"应予保留时,当他认为只要君主贤明,"天子意美法良,诚不必如泰西君民共主,致多纷更"③时,这位力主"以新辅旧"的美国传教士和学者,竟站在民主革新事业的对立面,成为中国旧学的辩护士。关键在于,李佳白并不懂得中国的国情。在中国,科举制是专制统治的附庸而非英国的文官制度,中国的腐败社会,亦决不是一两个彼得大帝、伊丽莎白式的君主所能拯救,中国文化只有通过民主、自由精神的输导,才能走出迷津,跨入现代。李佳白的失足表明,如果在对西学缺乏全面理解,对中学又未展开充分批判的情况下,急于从形式上综合中西文化,就难免不犯复归旧学的错误。这个历史教训蕴含的深意,不应等闲视之。

文化融合说之所以失败,还有对中西学片面理解的原因。他们有的把基督教理解为西学的全部;有的只认儒家是中国文化的唯一代表。其实,基督教不可能把飞速发展的西方科学、文化全部吸收,在华传教士也不可能把全部西方世俗文化都传递到中国;同时,在儒家思想以外,中国还存在着许多有活力的各地区、各民族、各家、各派的思想文化。忽视上述情况,就会使文化批判、文化引进、文化提炼和文化交融,都显得片面而不充分。

相对而言,李提摩太的"新学说",避开了以上两说的某些短处。他主张未

---

① 李佳白:《中国宜广新学以辅旧学说》,载《万国公报》,第102册,1897年7月。
② 李佳白:《新命论》,载《万国公报》,第95册,1896年12月。
③ 李佳白:《新命论》,载《万国公报》,第95册,1896年12月。

来的中国文化,应该是一种"横竖普专"的"新学"。"横",即世界各国所重之学;"竖",即一国之中自古至今历代有用之学;"普",兼包并举无扞格;"专",精一学而能举一反三。① 这样,新文化就既有开放性,又有继承性;既突破了中国各家各派的畛域之见,建立起各科全面的知识体系,又提倡了面向世界、艰苦求索的科学态度。应该说,这样的新文化,具备了"古今中外"和"博大精深"的特征,有很大的涵盖面。它所批评的,也大多是中国旧文化的弊病,所以"新学说"的理论价值,不言自明。在实践中,李提摩太也不像李佳白那样维护旧制度,他提倡改良,注重引进西方科学文化知识,批判中国政俗的非人道主义,主张通过兴办大学帮助"新学"在中国立足。在中国,用一套中西结合的教育体制来培养的是有"新学"素养的一代新人。他吁请清政府尽早开办大学,并积极运动各国在华势力,终于在 1901 年争得部分"庚款",创立了"山西大学堂"。可见,这个原则在李提摩太的实践中也是得到实施的。当然,这种实践的效果要另作评价。

到 19 世纪末期出现了那么多关于中西学文化整合的见解,这决非偶然。从同治初年到戊戌维新,几十年的"新政"搅动了沉滞的社会秩序,整个社会文化逐渐进入痛苦的转折时期,出现了"新衣未成之前弃其旧服"的情况。旧文化已渐渐褪去,新文化却未能填补,新学与旧学之间、西学与中学之间、现代与传统之间,发生了文化断裂。最严重和最明显的一例就是"科举与学堂不相为谋"②,旧教育与新教育完全脱节这一状况造成了知识界、文化界的极大混乱。

在这痛苦而漫长的过渡时代的开端,人们已有一种文化整合体的失落感,已开始热切企望着新文化的出现。敏感的思想家们,提出了种种新的理论来弥补这个文化断裂。传教士所作的尝试,也正是应运而生。他们都企图充当这动荡时代的文化创造者。他们所作的尝试虽已成为历史,但是,始于中国近代的文化断裂现象并未成为过去,因此,他们留下的教训可供我们记取,设想的原则可供我们借鉴。特别是,他们强烈的文化创造意识可作我们的激励。这些不也是一笔有意义的文化遗产嘛!

---

① 李提摩太:《新学序》,载《字林沪报》,第 2 册,1889 年 6 月 23 日。
② 李佳白:《论调和新旧学界之法》,载《万国公报》,第 204 册,1906 年 1 月。

四、传教士与近代思潮的演化

由于传教士在西学传播中的主导地位,晚清中国的改良思想家很少有不受他们影响的。且不论读他们编的报刊杂志和听他们演讲的大群普通知识分子,甚至登堂入室,与传教事业和传教士个人关系密切,后来成为改良思想家的,亦不在少数。① 在晚清士大夫中,传教士大致影响了三代改良人物。

受基督教影响的第一代改良人物,较早地出现在两广地区。鸦片战争前,受清政府禁教政策的严格控制,传教士只能局促于新加坡、澳门等地,无缘影响中国思想家。虽然他们不能与中国文化和士大夫阶层发生更多接触,但仍通过宗教布道、治病救人、炫耀器物而扩大了社会影响。尤其是在他们的学堂和教堂里,用西方科学、文化和宗教布道培养了一小批学生,如容闳、梁发、洪仁玕等,②他们是中国最早出现的一批具有西方思想因素的人物。由于接受了一些西方观念,他们具有初步的批判意识。但是,这批人物来自社会的底层,对传统文化和西方文化的了解都非常有限,因而不可能产生出具有震撼力的思想。

稍晚,第二代人物出现在江浙皖一带。开埠以后,传教中心北移至思想土壤深厚的长江流域。这里不但是传统的人文荟萃之地,而且几乎是全国唯一延

---

① 柯文(Paul. A. Cohen)把这一部分人称作"基督教改革派"(The Christian Reformers)。他认为:"在那些属于沿海的改革家中有为数可观的人碰巧都在一段时间内受了基督教的影响。"他列举的八位早期改良家中,六位在孩童时入了教会学校:容闳、唐景星就学于马公学校,何启就学于阿伯丁大学和圣托马斯医学院,伍廷芳就学于香港圣保罗书院,马建忠、马相伯就学于天主教徐汇公学;郑观应与傅兰雅交往很深;而王韬则与伦敦会传教士关系极密切。这八人中,何启、马建中、马相伯出生于基督教家庭;容闳、王韬、伍廷芳曾先后受洗入教。可见,基督教思想确实影响了早期改良人物的成长。见 Paul. A. Cohen, *Between Tradition and Modernity: Wang T'ao and Reform in Late Ching China*. pp. 245—252。
② 梁发(1789—1855),别名阿发,1811年受洗入教,为马礼逊传教助手,是中国最早的基督徒,后在广州和南洋一带传教。曾著布道书《劝世良言》,并在马六甲《察世俗每月统纪传》中发表论文,劝人以基督教理移风易俗。洪仁玕(1822—1864),广东花县人。1847年随洪秀全一起去罗孝全处学习基督教,1852年又在香港结识瑞典巴色会传教士韩山文,次年受洗入教。1854年到1858年,充任伦敦会传教士达四年之久,1858年去南京辅佐洪秀全后曾邀请艾约瑟、杨笃信、罗孝全和容闳等教中人物商谈宗教和天国内政改革问题。所作《资政新篇》充分显示了他十多年的西学修养。

续明末西学的地区。天文学、算学、器物工艺学都有传人。① 在精通传统文化而又倾心格致工艺之学的知识分子中,传教士们本可以较好地展开中西文化的接触。但是,由于中国传统文化的自大情绪和民族屈辱带来的文化仇视气氛,这种接触也就不那么容易。只有一些在仕途或举业上失意的落拓文人,才完全投身于西学。他们受聘于教会的出版社、医院、学校和报馆,有的则充当个人的中文秘书。他们不仅为西学传播做出了贡献,而且在此过程中,本人的思想也倾向变革或改良。他们是蒋敦复、李善兰、王韬、何启、马建忠、钟天纬、沈毓桂、蔡尔康等。还有更多的人在传教事业以外与教士接触,接受了他们的某些思想和主张,成为倡言改革的人物。他们是冯桂芬、周弢甫、郑观应、龚孝拱等。②

随着洋务事业的开展和改良思潮的酝酿,早期中外交往的隔阂逐渐破除。传教士被延为海关、同文馆、制造局的"客卿",在维新高潮中甚至被聘为"帝师"。他们的思想主张,受到社会的瞩目。因而第三代人物,从一开始便公开地接受传教士的许多见解。由于传教士介绍的西学不够充分,第三代人物如康有为、梁启超、谭嗣同辈以及稍后的邹容、陈天华等人,西学根底较差而又迫于救亡图存,因此,他们虽然推进了西方社会政治理论在中国的批判应用,但对西方

---

① 明末清初衍至清末的西学线索以江南为主流。据梁启超《中国近三百年学术史》所举人物:徐光启,江苏上海人;李之藻,浙江仁和人;王寅旭,江苏吴江人;梅文鼎,安徽宣城人;惠士奇,江苏吴县人;顾栋高,江苏无锡人;戴震,安徽休宁人;董祐诚,江苏阳湖人;徐有壬,浙江乌程人;李善兰,浙江海宁人;刘熙载,江苏兴化人;华蘅芳,江苏金匮人;徐寿,江苏无锡人。梁启超说"当是时(道咸之际),江浙间斯学(指天文历算)极盛"。此言非过。引文均见朱维铮校注:《梁启超论清学史二种》,上海:复旦大学出版社,1985年版。
② 蒋敦复(1808—1867),字剑人,江苏宝山人。受雇于墨海书馆,与传教士合译著作甚多,曾最早在《中西闻见录》、《万国公报》等刊物中介绍西方名人。他与李善兰、王韬同事,又共同愤于时艰,常以吟诗酣酒发遣,故被称为:"海上三异人"。
　　钟天纬(1840—1900),字鹤笙,江苏华亭人。长期与罗亨利、傅兰雅等传教士合作翻译西书,为当时有影响的时务言论家。言论涉及中国时政文化和思想,论著结为《刖足集》。
　　沈毓桂(1807—1907),字寿康,别号赘翁、古吴居士。江苏吴江人。曾协助林乐知创办中西书院,为中文掌教,也是林乐知主编《万国公报》时的主要助手。他在甲午前后发表的言论为世所重。
　　蔡尔康(1851—1921),李提摩太的得力助手。1892年为广学会罗致时方年逾三十。此前已在《申报》《沪报》办报十多年。他协助李提摩太翻译了《泰西新史揽要》等书,发表了许多变法主张,是当时突出的报人和时务言论家。
　　周弢甫(1816—1862),江苏长洲人,字腾虎。当地名士,太平天国时流亡上海,与西人游、谈时务,曾为淮军借舰运兵,设立中外团防局和借兵助剿太平军出谋划策。在上海论时事与冯桂芬齐名。
　　龚孝拱(1817—1870),浙江仁和人。出生于上海,龚自珍子。早年随父宦游四方,后归居上海,与王韬、冯桂芬、周弢甫为友,又与传教士交游,其言论为上海学林所重。

文化的整体理解力并没有多大提高。他们缺乏第二代人物所有的那种身居口岸,与传教士朝夕相处,仔细切磋中西文化的稳定环境。当然,他们用激昂的政治情绪和高涨的斗争意志,弥补了他们理论准备上的不足。

严复的译著加入晚清"西学"后,大大改变了这一代人物的境况。严复对英法社会经济、政治、哲学和逻辑学的翻译介绍,第一次使改良派能够脱离传教士的译著来直接理解西方的学理。一部分人把进化论奉为改良主义的理论基石,而另一部分人则在"自由"、"民主"的口号推动下倡导革命。传教士虽然努力更多地介绍一些西方世俗学说,但他们的旨趣始终在于改良,因而当革命越益深入人心时,他们必然丧失原有的西学垄断地位。这种变化,在20世纪初年的留学高潮以后看得更加清楚,留学生们将西方各家各派的学说纷纷引进中国,传教士的影响便也退回自己的宗教天地。

如果说,对第一代改良人物的影响,主要是通过传教士师生相授的关系,那么,传教士后来对中国社会的影响,无论在渠道或范围方面,都比原先宽泛得多。比如,通过丁韪良和同文馆的关系,林乐知、傅兰雅在通商口岸和洋务官员的交往,以及从1876年起李提摩太和李鸿章亲密的个人关系,传教士从各方面把自己改良中国的政治主张传递给清廷。1895年10月,经李鸿章引见,李提摩太得与翁同龢会见,翁同龢"以优礼相待"。同时,孙家鼐也当面称赞李提摩太写的《泰西新史揽要》,并用此书向光绪皇帝传授[1]。据翁同龢的日记,当时朝廷曾认真讨论了李提摩太的教民、养民、安民、新民的治国理论。[2] 用沈毓桂的话说"上而达官贵人,中而胶庠俊乂,阛阓老成,靡不相与推重"[3]李提摩太。

甲午以后,谭嗣同为求新学,遍游各地,结识了许多传教士。他把伟烈亚力、韦廉臣、艾约瑟、李提摩太等人都引为学问上的师友,为完善他的"宗教救国"("以心挽劫")的思想,他"重经上海,访傅兰雅"。当时,傅兰雅正回国休假,不遇。但谭嗣同得读"其所译《治心免病法》"[4]一书,后成为他"仁学"思想的一大来源。

---

[1] 见苏惠廉:《李提摩太传》,上海:上海广学会1924年。
[2] 参见翁同龢《翁文恭公日记·卷三十四》。引自中国近代史资料丛刊《戊戌变法》第四册,第514页。
[3] 沈毓桂:《书〈直报〉后》,载《万国公报》,第28册,1891年5月。
[4] 谭嗣同:《上欧阳中鹄》,《谭嗣同全集》下册,北京:中华书局,1981年版,第461页。

向来目空一切不太愿意披露自己思想来源的康有为,对他曾受传教士的西学影响却供认不讳。他说自己"舍弃考据帖括之学","以经营天下为志"的时候,读了传教士编译的《西国近年汇编》、《环游地球新录》及西书数种。这些著作,引导他跳出了"《周礼·王制》、《太平经国书》、《文献通考》、《经世文编》、《天下郡国利病书》"等传统经世致用之学。他所收集的这类著作,成为日后"讲西学之基"。① 后来康有为在规划改革方案时,也受到了传教士的直接指导。1895年,广学会用五百两白银在全国学者中征集倡言改革的最佳论文。在80位获奖者中,康有为得四等末奖。② 差不多同时,康有为在北京与李提摩太过从甚密,称道李提摩太的变法主张。他是如此推崇传教士的改良方针,以致把自己办的报纸也起名《万国公报》。康有为在《上清帝第五书》中向光绪推荐的《泰西新史揽要》、《列国变通兴衰记》、《日本变政之次第》,均为传教士所译编。

总的看来,传教士译介的西学,影响越来越大,它的社会作用,戊戌前后达到最高点。在此之前,它一直追随着中国社会变革的节奏;在此之后,则因反对激进的社会革命而终于退出。

19世纪末期是中西学大抗衡的时期。退却中的中学,还未完全丧失力量;壮大起来的西学,还未获得"五四"以后那种咄咄逼人的优势。在这样的格局下,研究两种文化的关系,就成为中外知识分子普遍关心的问题。"中学西源"、"西学中源"、"西学古微"和"中体西用"等命题,正是这一倾向的集中表现。

"中学西源"说的提出,因于传教需要,并倡"中国文化西来说"之先声。一些传教士企图把孔子与耶稣统一起来,于是便寻找中国文化与基督教文化的源流关系。1875年6月5日,《万国公报》刊登署名"济南牧师"的《盘古氏论》。他用牵强附会的考证方法,在中国上古神话中寻找耶稣基督的神迹,指认《尚书》所记"盘古开天地说",与《圣经》"创世说"同源。上帝的后人"生育众多,分散到四方大洲小岛,各居各地,成为邦国"。还说:"向来不知中华之盛民当列在何名之下,今案考对证东西书籍便得实凭据,能把此枝接在老根上。"这样,中国

---

① 康有为:《康南海自编年谱》。
② 见 Annua: *Reports of the Christian Literature Society*. 1895。

文化竟成了基督教文化的衍流。

擅长神学注释的艾约瑟,也参与了这项凿通中西的工作。他说:"中土各国皆有吉凶相应之星,占之,以测国中后日所有吉凶之事。而此事实,先见于巴比伦古书。即五行,亦波斯古书所载。""阅《旧约·但以利书》二章,所设之官分巫觋、太史、博士,与中土分立公孤六宫相似。可知中国古时与西国风俗本自相通,而从西方以至中国为无疑义,明也。"①

人类文明的起源到底是多源还是一源,这本是人类学讨论的问题。运用历史记录、考古成果和民俗神话作手段进行研究,都是正当的。但是由于基督教传教的狭隘目的,这种讨论已经越出了学科意义,染上了宗教偏执和文化自大的气息。因此,"中学西源"说是片面的、非科学的。

与"中学西源"说同样片面和非科学的,是"西学中源"说。学古堂主人胡玉缙在《格致古微跋》中说:"……西法入中国,其时徐光启不学无术,诧为绝诣。不知其衍中土之绪……"②其他许多思想并非保守的人物,也有过这段认识经历。如译书助手钟天纬早年曾说:"举凡西人今日之绝技,莫非中国往哲之遗传。""溯其本源,实事事胚胎于中土。或变其名目,或加以变通,中国为其创而西人为其因;中国开其端而西人竟其绪。"③王韬在《原学》中也认为:"中国为西土文教之先声。"④他们用"礼失而求诸野"的陈说,来解释西学在中国的传播,认为这只是中学又一次从周边地区向中原复归。直到谭嗣同,起先仍以为:"天子失官,学在四夷,譬如祖宗遗产,子孙弃之,外人业之。"⑤"西法皆原于中国,则中国尤亟宜效法之,以收回吾所固有而复于古矣。"⑥

显然,"西学中源说"是对传教士主张的"中学西源说"的一种反其道而行之的模仿。两种说法都有以自己民族文化为中心的倾向,而只是把文化传播的方向互为逆转。经过这样的反向,人们既能表达追求西学的态度,又维护了文化

---

① 艾约瑟:《论黄帝》,载《万国公报》,第28册,1891年5月。
② 胡玉缙:《格致古微跋》,见《格致古微》光绪二十二年(1896)刻本。
③ 钟天纬:《刖足集·内篇·格致之学中西异同论》,光绪二十七年(1901)刻本。
④ 王韬:《弢园文录外编·原学》,北京:中华书局,1959年版。
⑤ 谭嗣同:《南学会讲义·论今日西学与中国古学》,参见蔡尚思、方行编:《谭嗣同全集(增订本)》,北京:中华书局,1981年版。
⑥ 谭嗣同:《报贝元征》,参见蔡尚思、方行编:《谭嗣同全集(增订本)》,北京:中华书局,1981年版。

自大。彭玉麟说:"西学者,非仅西人之学也,名为西学,则儒者以非类为耻。知其本出于中国之学,则儒者当以不知为耻。"①因此可见,"中源说"和"西源说"一样,也是一种以情绪和愿望作支撑,而不是以事实为论证的怪诞理论。当然,"中源说"的资格要比"西源说"老得多。

"西学古微"是清末人们对中西文化关系的另一种流行说法。它坚持说,西方一切科学、哲学、伦理思想在中国古代都已存在。王仁俊辑编的《格致古微》,集此说之大成。他用经史子集列目分卷,辑出在他看来是与西学相近的古训语录,并在解释中将古训类同于西方科学、哲学、政治、风俗、礼仪等各科知识。例如,他解释"河出图、洛出书"一句,便说:"此上古地图及地理书也……";又如解释"震为雷、离为电"一句,便说:"此郑君言电学也……"②经学大师俞樾以总结的口吻说:"西学亦吾道之所有也……西法之新奇可喜者,无一不在吾儒包孕之中。"③借助传统注经的方法,曲解典籍的片言只语以类比近代西学,此所谓"西学古微"。

稍加辨析就能看出,"西学古微"说与传教士译书的"中化"措施也有关系。傅兰雅、林乐知、韦廉臣等人在译介西方科学、哲学和宗教时,大量使用古籍既有的词汇作译名,而且他们也的确承认中国古代文化发达。这些,都启发和助长了"西学古微"说。但是,两者区别甚大。传教士称古而不誉今,传西而不扬中,他们是在不得已的情况下,才使用了一些中国古代的词汇。"古微说"的持论者则以为,中国文化包容一切,儒之外无学,他们是在不变动旧学术体系的情况下容纳西学。"方今经术昌明,四部之书犁然俱在。苟通经学古,心知其意,神而明之,则虽驾而上之不难。"④这显然是一个抱残守阙的理论模式。即使形式上它并不排斥西学,但实际上却因一心向古而导出否定西学的悖论。

在旧结构中谈新学问,用旧语言来表达新概念。这种貌似开放,实则封闭的体系,曾是晚清思想进步的极大障碍。冯桂芬、俞曲园、张之洞等人,因为改变不了这种思维模式而最终落伍。王韬、钟天纬、康有为、梁启超、谭嗣同、蔡尔

---

① 彭玉麟:《广学校》,参见郑振铎编:《晚清文选》,第299页。
② 王仁俊编辑:《格致古微》卷一,光绪二十二年(1896)刻本。
③ 俞樾:《格致古微序》。
④ 俞樾:《格致古微序》。

康等人,则后期冲破了这个思维模式,从而提出了不同于历代变法的"维新"思想。梁启超曾不无自责地评说:"中国思想之痼疾,确在'好依傍'与'名实混淆'。若援佛入儒也,若好造伪书也,皆原本于此等精神。"①

"中体西用"是一个比较复杂的命题。"体用"、"本末"都是中国哲学的特有范畴。在历次"体用"、"本末"之辩中,实际都混淆着不同的概念。人们有时用它来表达本质与现象、原因与结果、内容与形式,有时则用来表达全体与部分、主要与次要等。因此,须要仔细分析,才能区别各种不同的倾向。传教士参加"中体西用"讨论时,对中西学何者更高明的问题并不感兴趣。他们认为,只有提高中国文化对西学的承受能力,西学才能更好地被理解和接纳。因而可以说,他们是以"体用"范畴来反映文化交流中的中西方主客体关系。

林乐知在批判中国文化的时弊后指出:"舍西法而专重中法不可,舍中法而专注重西法亦不可。"他把"中西并重、毋稍偏枯"②的原则,作为自己创办"中西书院"的宗旨。后来,林乐知的助手沈毓桂在《西学必以中学为本说》一文中解释了这一原则说:"假西学为中学之助,即以中学穷西学之源"③为"中西并重"的具体内容。阐发和提高中学,是为了更好地理解西学,使西学在更高层次上得到传播。主张通过主体文化的发展提高来更深刻地洞察外来文化。摆脱原有文化体系的束缚而与客体文化交流,这是一种合理的见解。正是在这个意义上,1895年4月,沈毓桂在《救时策》一文中第一次明确提出了"中学为体、西学为用"④的原则。

林乐知等人所以提出这一原则,是因为看到了文化传播中的一些肤浅现象。例如,有人把西文等同于西学,也有人把技艺说成西学全部。他们认为,出现此类"徒袭皮毛"的浅陋之见,原因在于"中学既不能窥其藩,西学更无由测其门径。……纵有所得,泛光掠影而已,一知半解而已。"因此,要求立志学习西学的人,一定要先通中国的"字义文法",否则"于西学终不能出人头地"⑤。这样

---

① 梁启超:《清代学术概论》,第65页。
② 林乐知:《中西书院课规》,载《万国公报》,第676卷,1882年2月4日。
③ 沈毓桂:《西学必以中学为本说》,载《万国公报》,第2册,1889年3月。
④ 沈毓桂:《救时策》,载《万国公报》,第75册,1895年4月。
⑤ 沈毓桂:《西学必以中学为本说》,载《万国公报》,第2册,1889年3月。

的理论,与冯桂芬始创的中国纲常加西方工艺的"体用"模式,显然大异其趣。

关于传教士对中国近代思潮的影响,除以上各章已经论述的内容外,本节将着重剖析两个问题:大同学说与基督教义的契合、近代"宗教救国论"的激发。

中国古代的大同学说,在中西文化密切交往的近代中国知识界忽然又成为一门"显学"。其原因虽是多方面的,但若从晚清独特的思想环境考察,便不能不看到西学的影响,特别是基督教思想的激发。

基督教义认为,上帝造天下之人,是人类共同之父,因而在上帝面前人人平等,均是兄弟姐妹。新教更据此义主张,人人皆可与上帝直接对话,无需一切外来干预。这些教义影响了康有为的大同思想。他在《礼运注》写道:"惟天为生人之本,人人皆天所生而直隶焉,凡隶天之下者皆公之……公者,人人如一之谓,无贵贱之分,无贫富之等,无人种之殊,无男女之异。"[①]康有为的这段话,与基督教理论不合之处,仅仅在于用中国的万物原始概念"天",替换了西方的"上帝";把《礼记》中"天下为公"的"公",阐发成"平等";还将基督教人道主义的反迫害观点,表述为反贵贱贫富,反人类歧视的"无界说"。透过表面上的差异,可以察觉基督教思想对大同学说的深刻影响。

在《圣经》中,上帝是压倒一切权威、包括宗法权威的唯一尊神。《马太福音》说:"爱父母过于爱我者,不配作我的门徒。爱儿女过于爱我者,不配作我的门徒。"[②]康有为也是借用了这个观念,使他的大同学说突破了宗法观念的强大限制。他说:"父母固人所至亲,子者固人所至爱。然自亲其亲,自爱其子,而不爱人之亲,不爱人之子……此为莫大之害。"[③]康有为这段表述,虽以泛爱人性取代上帝本体作为人类的最高信仰,似乎与传教士的布道期望相左,但从打破中国传统伦理中的亲子之爱,树立全人类的"博爱"观念来看,又归于基督教思想。

康有为的大同学说不但可以和基督教人道主义在观点言论上作比较,而且也可以在两者的理论特征和结构的对照中,找出相同之处。近代大同学说与中

---

① 康有为:《礼运注·叙》。
② 《新约·马太福音》第11章·第37节。
③ 康有为:《礼运注·叙》。

国士大夫中一般流行的治世之学、避世之学、全性之学明显不同,它在憧憬未来中饱含着人性的寄托;在对现实的批判中散发着浪漫主义的气息。《大同书》作者的很大一部分兴趣,是在空想一个伊甸园式的无界之邦。这种超出尘世,向往未来的理论,突破了儒家的思想体系。不消说,它可能受着佛教来世说的启发,但它与19世纪末期传教士大力宣传过的基督教空想社会主义的乌托邦思想更接近。它对合理社会的强烈渴望,对未来生活的具体规定,以及对子虚乌有世界的细节化描述的做法,都是明显地受了基督教社会主义思想的影响。在考虑怎样才能实现这个乌托邦空想时,康有为也采用了基督教提供的模式。他期待着类似上帝的"圣人"降世;他呼唤并自诩为孔教马丁·路德;还仿照教会组织,积极筹办自己的孔教会。凡此种种,也证明了康有为的大同学说与基督教的密切关系。

传教士几十年在华布道,终于在世纪末引来了一个宗教化的倾向。但是令传教士始料未及的是,这股思潮并没有接受基督教,而是主张把中国固有之学宗教化。有人主张把儒家上升为宗教,康有为建立孔教的言行,代表这一倾向;有人主张综合科学、佛学、儒学和基督教建立一新式宗教,谭嗣同的《仁学》代表了这种见解;还有人主张复兴佛教,早期章太炎持此说。众所周知,中国传统文化的支柱儒家,并不是一个宗教形式。士大夫一般在自己的思维中排斥宗教意识,采取"敬鬼神而远之"的态度。儒家伦理也不同于训诫式的教规、教条,而是系于"性"的内心约束。这都有别于宗教。那为什么在19世纪会产生一个反传统的宗教化思潮呢?诚然,小资产阶级和士大夫阶层所固有的软弱性、狂热性,可以成为解释这个现象的社会原因;但还有一个值得探讨的更直接的思想原因,那就是这些思想家多少接受了传教士的一个观点:"宗教救国"。

近代以来,中国人虽能看出宗教与科学技术的区别,但却不太弄得清宗教与西方政治、学术的关系,甚至把宗教与西方的强盛联在一起考虑。如王韬就倾慕西方政教合一制度,认为:泰西诸国皆以教统政,……高识之士以义理服之,遂足以绥靖多方,而群类赖以生长,功德所及,势所归焉。① 使用含有义理的宗教力量而非专制统治来维系人心,很符合晚清传统文化崩溃前人心散乱之

---

① 王韬:《弢园文录外编·原道》。

际的社会需要。

正是在这个时期,传教士强化了"宗教救国论"的宣传。从 1891 年起,李提摩太在《万国公报》连续发表《救世教益》,贯彻"社会福音"的精神,结合中国社会的贫弱问题,传播基督教义。1895 年 12 月,结合甲午战败,林乐知提出"基督教有益于中国说",愿借宗教使中国"万民皆为兄弟,天下一家,中国一人",①以达革故鼎新,振兴中国的目的。

面对严重的社会危机,士大夫认为宗教确实是一种可以运用的武器。它既可统一人心,又可教化愚昧,激发人们的改革热情。1895 年,康有为在北京对李提摩太说:"中国的改革必须建立在一个道德基础之上,上帝的父权地位和各民族的兄弟之情,必须在中国人的良知加以发现。"②这就是说,康有为也承认宗教能造成"万民皆为兄弟"的平等。博爱精神能建立"天下一家"的大同世界,和传教士们的宗教救国论没有什么差别。梁启超也附和老师的说法,认为"天下无无教而立之国"③。谭嗣同则在《仁学》中指责中国士人"惮乎教之名,而以其教专让于人,甘自居无教之民"。④ 章太炎到 1906 年还认为,救中国第一要事是:"用宗教发起信心,增进国民的道德。"⑤

传教士借助中国社会的危机,唤醒了近代中国人的宗教意识。但这种意识并不钟情于他们的基督教。它在汲取了基督教精神之后,一头扎进了深厚的中国文化中,企图利用固有文化来重建自己的宗教。这一具有讽刺意味的现象,确乎是基督教海外传教中罕见的遭遇。

康有为标榜"保圣教"以抗"西教"。实际上,在他建立自己的"孔教"时,对基督教作了大量模仿。用他自己的话来说,是"欲侪孔子于基督";⑥用别人的攻击来说,是"欲废孔教以行其耶佛合体之康教"⑦,"借保护圣教为名以合外教"。⑧ 确实,康有为的不少行为,在中国传统文化中找不到根据。如:奉孔子

---

① 林乐知:《基督教有益于中国说》,载《万国公报》第 83 册,1895 年 12 月。
② 见 Annua: *Reports of the Christian Literature Society*,1895。
③ 梁启超:《与友人论保教书》。
④ 谭嗣同:《仁学》,参见蔡尚思、方行编:《谭嗣同全集(增订本)》下册,北京:中华书局,1981 年版。
⑤ 章太炎:《东京留学生欢迎会演说辞》,载《民报》第六号。
⑥ 梁启超:《清代学术概论》。
⑦ 叶德辉:《正界篇》,见苏舆编《翼教丛编》。
⑧ 叶德辉:《与皮鹿门书》,同上书。

为教主,行孔子纪年,以马丁·路德自居,以严格的教义为目的,建立一个组织形式严密的教会,等等。所有这些,都与基督教的做法十分相像,至于他思想上受到基督教人道主义的浸透,已在上节剖析,此不赘叙。

谭嗣同公开而明确地宣布,基督教是自己"仁学"思想的来源,"(凡为仁学者)于西书当通《新约》及算学、格致、社会学之书"①。他采用了多少基督教理论呢?在他庞杂而又充满矛盾的体系中,至少可以看出两点,这就是基督教特有的、被在华传教士着力宣扬过的本体意识和不朽观念。

作为"仁学"本体的是"以太"。但他的"以太说",既不是在这个词的本义即西方物理学假设意义上的使用,也不是在中国传统哲学"气"的范畴上使用。他把"以太"夸大为产生一切,超越物质和精神,深入历史和人生的本体存在。显然,这是一种宗教本体论。而用近代自然科学来解释宗教本体论,调和宗教与科学,正是韦廉臣等传教士所反复宣扬的。谭嗣同所谓"法界由是生,虚空由是立,众生由是出。无形焉,而为万物之所丽;无心焉,而为万心之所感"②的"以太",与新教的"上帝"非常相近,它无形无心而为万物创、为人心感,是一种冥然的存在。谭嗣同还把"以太"变成一个物理学本体。"(地球)间之声、光、热、电、风、雨、云、露、霜、雪之所以然,曰惟以太。"③这样,"以太"又大致等同于韦廉臣在《格物探源》中介绍的"元质"(原子)概念。由于谭嗣同混淆了两种本体论,以致他的思想在体系上呈现混乱,他的"以太"忽而活跃于人世,忽而隐匿于冥界。调和宗教与科学的企图,终必归于失败。人们知道,新教是将矛盾的两者分离,使之互不相涉而获得成功的。

谭嗣同还以强烈的不朽观念作为宗教的基础。他把不朽分作"灵魂"和"体魄"两种。"灵魂,智慧之属也;体魄,业识之属也。"在谭嗣同看来,"灵魂"是超验的独立存在,如同造物主似的大智慧,"体魄"则属于个人依赖感官的个体智慧。因此,"灵魂"不朽而"体魄"可灭。个人只有与不朽的"灵魂"沟通,才能使

---

① 谭嗣同:《仁学界说》,见蔡尚思、方行编:《谭嗣同全集(增订本)》下册,北京:中华书局,1981年版,第293页。
② 谭嗣同:《以太说》,蔡尚思、方行编:《谭嗣同全集(增订本)》下册,北京:中华书局,1981年版,第434页。
③ 谭嗣同:《仁学界说》,蔡尚思、方行编:《谭嗣同全集(增订本)》下册,北京:中华书局,1981年版,第294页。

自己转化为永恒。此外,谭嗣同认识的"灵魂"还带有真理的属性,"体魄"则带有实践的属性。"知者,灵魂之事也;行者;体魄之事也。"①

中国文化有其传统的对不朽的体认。魏晋时代,儒佛间有神灭神不灭的争论,大致是儒家神灭论占了上风。"未能事人,焉能事鬼?"儒家除了承认具有客观规律性质的"道"以外,根本不认为世间有所谓魂魄之事,佛教主灵魂的生死轮回,但它缺乏一个最高的智慧。所以在谭嗣同看来,风水、星命、五行、杂占、禁忌等宗教形式均属巫术,"皆见及于体魄而止"。"泥于体魄,而中国一切诬妄惑溺,殆由是起矣。"②佛教所谈的不朽,也只关乎个人的精神生灭,而无涉最高最真的大智慧。谭嗣同用区分灵魂两重性的办法来讨论宗教命题,是近代的一大首创。

谭嗣同的这种新观念,来自基督教神学的启发。灵魂两重性的教义阐释,存在于中世纪的神哲学中。他们认为有两种灵魂,一是存在于所有人中间的不朽灵魂,一是随着人的器官而存灭的可朽灵魂③。这实际上是近代哲学中"绝对理念"和"感性经验"概念的先期表现。当时,为了反对偶像崇拜和祀祖祀圣的需要,传教士们在中国普遍传扬了这种排斥个体灵魂的理论。韦廉臣除了在《格物探源》中阐述了新教的不朽观念外,还在《古教汇参》一书中,专门论及灵魂的两重性,名之为"慈悲"和"灵魂"。谭嗣同在《仁学》中完全接受了这种说法,认为"不言慈悲灵魂,不得有教"。④ 可见,他的不朽观念确实受启于传教士。

晚清时期,一部分基督教传教士成了"西学东渐"的载体。不管他们怀着什么样的个人动机、宗教目的或阶级利益,一个无可否认的最低限度的评价是,在造成中国近代思想文化新陈代谢的巨大演变中,它们至少是"充当了历史的不自觉的工具"。传教士播扬的"西学",搅动了沉滞的思想界。它不单启迪了中

---

① 谭嗣同:《仁学二》,见蔡尚思、方行编:《谭嗣同全集(增订本)》下册,北京:中华书局,1981年版,第369页。
② 谭嗣同:《仁学》,蔡尚思、方行编:《谭嗣同全集(增订本)》下册,北京:中华书局,1981年版,第312页。
③ 柏拉图、阿奎那,以及意大利人文主义倾向的神学家斐西诺瓦拉、庞波那齐都持有这种"两重灵魂"观点。参见车铭洲:《西欧中世纪哲学概论》,天津:天津人民出版社,1982年版,第190页。
④ 谭嗣同:《仁学》,蔡尚思、方行编:《谭嗣同全集(增订本)》下册,北京:中华书局,1981年版,第309页。

国社会改良的具体主张,而且以西方的思想文化体系,促动了人们思想方式的改型。由于这个思想体系是与西方 19 世纪的自然科学、哲学和社会科学大体协调的,因此它的影响主要是积极的;又由于这个思想体系是以宗教的宽容度为极限的,因此它的消极影响就无法避免。基督教在近代中国的传播及其历史作用,应该继续得到更深入的研究。

参考文献

魏特:《汤若望传》,杨丙辰译,北京:商务印书馆,1949 年版。

人民出版社编:《帝国主义怎样利用宗教侵略中国》,北京:人民出版社,1951 年版。

丁则良:《李提摩太》,北京:开明书店,1951 年版。

李时岳:《近代中国反洋教运动》,北京:人民出版社,1958 年版。

李时岳:《李提摩太》,北京:中华书局,1964 年版。

顾长声:《传教士与近代中国》,上海:上海人民出版社,1981 年版。

顾长声:《从马礼逊到司徒雷登》,上海:上海人民出版社,1985 年版。

张绥:《东正教和东正教在中国》,上海:学林出版社,1986 年版。

四川社联:《近代中国教案研究》,成都:四川社会科学出版社,1987 年版。

张力、刘鉴唐:《中国教案史》,成都:四川社会科学出版社,1987 年版。

谢和耐:《中国和基督教》,上海:上海古籍出版社,1991 年版。

章开源、林蔚编:《中西文化与教会大学》,武汉:湖北教育出版社,1991 年版。

朱维铮编:《基督教与近代文化》,上海:上海人民出版社,1994 年版。

吕实强:《中国官绅反教的原因(1860—1874)》,台北:台湾"中研院"1966 年版。

王尔敏:《晚清政治思想史论》,台北:台湾"中研院"1969 年版。

王树槐:《外人与戊戌变法》,台北:台湾"中研院"1965 年版。

Barnett, Wilson, Practical Evangelism: *Protestant Missions and the Introduction of Western Civilization into China*, 1820—1850, Harvard University PHD thesis, 1973.

Bennett, Adrian, *John Pryer*, Harvard University Press, 1967.

Cohen, Paul, *China and Christianity*, Harvard University Press, 1963.

Cohen, Paul, *Between Tradition and Modernity*, HUP, 1974.

Latourette, Kenneth Scott, *A History of Christian Missions in China*, London, 1929.

Lutz, Jessie, *China and the Christian Colleges*, 1850—1950. Cornell University Press, 1971.

Spence, Jonathan, *To Change China: Western Advisers in China*, 1620—1960, Little Brown, 1969.

索引

A

阿赖耶识 176

艾恺 255,266,275

艾约瑟 423,430,434,435,442,454,456,458

爱国主义 28,58,317,324,333,335,354,355,357－359,367－369,375,377－381

安保罗 451

奥古斯丁 154

B

巴金 314,317

巴枯宁 281,282,284,285,287,299,305,310,311,314,315

百科全书派 193,200

柏格森(伯格森) 8,13,16,20,105－108,111,156,157,164,166,172,173,176,177,179,182,185,298,366,371

柏林 112,194,203,205,206,367,372,373,379

拜上帝会 24,389

半月社 297

保国保种 68,265

保守主义 12,14,15,194,242,243,246,249,255－257,262,266－270,273,274,324,441,442

悲观主义 150,156,183,185,397

贝克莱 128,418,419,429,430

本然命题 121,122

本体世界 116,126

比较文化 26,218,223,228,242,246

边沁 168,193,195,430

变易史观 15,21,26,164

表象世界 150

波普尔 194

博爱(博爱主义) 7,35－43,45－59,79,80,288,308,418,437,444,448,461,463

C

蔡尔康 423,431,455,460

蔡和森 108,109,312

蔡元培 47,54,76,172,227,237,238

常乃惪 228,230,231

常燕生 246

超人 60,107,156,185,188

陈独秀 12,13,16,19,41,42,44,46,47,52,58,72,74,75,99－103,106－109,134,135,139,156,172－174,177,178,183,184,189,202,227－239,241,244,266,296,299,308,312,313,365

陈焕章 227

陈铨 180,189

陈三立 392

陈天华 68,226,455

陈哲 283

陈序经 206,243－246

陈寅恪 218,256,257,261－265,268,271,275,399

陈垣 399

褚民谊 286,288,308,318

传教士 9,24,25,309,405,415,416,419 - 438,440 - 466

传统 4 - 15,18 - 23,27,33 - 36,38,39, 43 - 47,49 - 54,56,57,60,66,70,71,79, 80,83,84,86,87,93,96 - 98,107,115, 117 - 132,134,135,139 - 141,145 - 147, 152 - 154,158,159,163,164,171,172, 174 - 177,180,181,183,184,188,196, 198 - 202,205,207,217 - 220,223 - 227, 229,232,234 - 238,240 - 251,255,258, 259,261,262,264 - 269,273 - 275,283, 289,290,292,296,300,306,307,319, 323 - 330,333 - 337,341 - 353,358 - 361,364 - 367,369,370,373 - 375,377 - 383,387 - 390,392,394 - 397,399 - 409, 411,416,417,420,422,428,429,432, 434,436,439,441,442,444,445,447 - 450,453 - 455,457,459,461 - 465

传统民族主义 7,67 - 69

创造进化论(创化论) 13,16,106,107, 156,157,166,173

创造社 16

D

达尔文 13,26,65,67,70 - 74,77,87,88, 104 - 106,111,164,220,222,229,282, 300,303,337,352,417,431

大乘佛教 25,149,150,390,392,396,400, 407,409

大民族主义

大全 121,122,176,429

大日本主义 55

大同(大同理想、大同世界) 7,8,24,25, 38,39,52,55,58,77,79,80,93 - 95,110, 174,223,238,283,292,293,306,318, 327,336,337,351,394,397,438,439, 451,461 - 463

大同书 21,38,58,61,94,103,318,394, 400,462

大同团结 8,110,174

戴震 147,153,455

丹尼尔·贝尔 23

道 83 - 89,91,95,100,101,103 - 106, 108,110,111,130,241,258,395,465

道德革命 46,93,101,102,167,173,296

道德境界 35,40,122

道德理想(道德理想主义) 21,25,35,39, 59,327,328,330,344

道德判断 122

道德宿命论 146,147,153,158,162,171, 172

道德至上主义 35,43,44

道德自律 161,162,174

道教 25,234 - 236,257,387,388,391, 395,440

道器之辨 85

道体 121,122

道统 96,217,221,222,256,258,269,272, 374

等级伦理 36,41,44

等级制 43,44,180,395

邓中夏 109,294

狄考文 420,422,426,441,442

丁韪良 422,425-427,430,431,437,456

丁文江 108,119,120,122,136,177,204,208

丁遥思 246

东方杂志 239,240,365,367-369

东西文化及其哲学 107,175,242,266,271

东西之争 255

董仲舒 86,136,146,388

都市化 28

独断论 6,139,146,155

杜威 20,105,106,118,119,157,195

杜维明 270,271

杜亚泉 218,239,240,250,365,382

F

法国大革命 57,163,193,200,218,229,327,338,436

法拉第 430

反传统 17-19,46,51,120,125,140-142,156,201,202,205,212,218,223,224,226,227,230,233-240,242,248-251,255,269,394,412,462

反功利主义 146

反清革命 287,428

反形而上学 115,117-120,125,126,129,131

返本开新 268

泛劳动主义 27

方东树 388,389

方法论 17,21,103,115,118,119,121,129-131,133,200,210,347,388,398,497

非功利主义 136,146,161,170

非决定论 162,177

非理性主义 12,20,26,105-108,110,111,126,145,154,157,158,164,171,174,176,181,182,186,187,371

费边社会主义 193-195

费尔巴哈 280,416

分析命题 121,122

奋斗社 297

丰子恺 403

封建专制主义 35,44,46,50,51,57,58

冯桂芬 220,455,459,461

冯特 157

冯友兰 120-123,125,126,128,129,142,256,257,262-264,268,275

佛教 6-8,12,18,25,26,38,47,125,147-151,166,168,169,187,226,240,256,257,264,273,343,344,387,390-412,440,441,448,462,465

佛教复兴(佛教革命) 6,18,23,25,385,387,388,390-392,399,400,406,409

佛学 6,25,26,147,153,167,183,256,258,264,267,268,387,392-401,405-407,409,411,412,444,462

弗洛伊德 157,182

符号逻辑 129,131

福井准造 283

索引 473

福利国家　194

福禄贝尔　436,437

福音派　422

复辟帝制　98

复古主义　35

复性说　146

傅抱石　403

傅兰雅　422,423,425,447,454－456,459

傅斯年　172,235

富国养民策　434,435

G

伽达默尔　127

改良派　9,19,35,36,39,40,46,47,49,51,56,57,59,78,91－96,108,158,225,226,286,456

改良派进化论　91,93－96,98

改良与革命之争　17

改良主义　19,35,200,225,456

港台新儒家　267,268

革命（革命派）　7,8,14,25,33,35,39,40,42,43,46,47,49,51,52,54,56－60,65,68－70,74,77,78,80,81,87,90－100,102,103,106,108,109,112,118,145,147,153,156,158,163,168－170,175,188,196,200,201,204,207,211,212,218,219,223,225－227,229,231,232,234－236,238,241,242,247,248,251,268,279－282,284－292,294,297,298,304,305,307－309,311－320,324,327,328,330,331,356,357,377,390,391,393,396－400,406,415,421,439,456

格里德　211,212

格致书院　423－425

格致之学　422,430,431,433,435,449,450,458

个人　9,13,22,34－36,38,40－42,44－51,53－56,59,71,73,100,102,104,131,135,149,150,161,166,167,169,173－175,177－179,184,187,188,193－195,198－200,203－206,210,228－230,267,271,280－282,285,288,291－295,297,298,300－304,311,313,314,316－318,323,324,326,330,331,341－351,354,357,363,366,368,371－376,379,381,382,387,390,394,396,403,405,406,408,411,416,418,420,422,424,432,444,454－456,464,465,497,498

个人权利　49,54,193,195,203,340,368

个人主义（个体主义、个体本位）　42,43,45,47,48,50,52－54,57－60,83,156,174,194,203,205,229,230,238,282,333,335,345－349,354,355,360,365,371,373,383

个体　39,40,47,56,70,72,75,83,126,133,147,149,150,153,154,156,170,174,175,185,187,193,306,340,345－348,350,383,447,464,465

个体性　146,151

个体自由　49,71－73,75,83,204

个性价值理论　55

个性解放（个性主义）　7,8,36,39,41－43,

45,47,54,56,57,103,104,110,174,182,183,203,229,238,308

工党 194,196

工读主义 27

工具理性（工具合理性行动） 20,197－199,209,210,220,241,242,248,349,362,363,368,379

工业化 28

公德 102,342－344,358,369,376

公羊三世说 24,85,164,259,336－338,351,397

功利境界 122

功利主义 39,54,116,161,168,173,184,267,345,430

功利自由主义 193－197,199,204

龚自珍 3,4,6,8,16,21,23,145,147,148,150,151,158－164,166,182－184,393,396,399,455

共产主义 14,52,80,81,281,282,292,299－302,310,311,313,314

共和革命 227

古典自由主义 193－196,200,204,225

古今之争 255

古史辨运动 263

古文经学 4,226,272,388

观察系 10

观念 3,7,10,11,14,19,22－24,27,28,34－36,38－41,43,44,46－48,50,54,55,57－59,66,69,71,79,84,86,87,89,90,93,101,104,105,107,111,112,115,125,126,129－135,138－141,159,160,162,171,173,182,186,187,194,198－200,203－207,210－212,258,265,271,273,289,306,315,326,327,333,336,338－340,343,346,349,350,355,358,360,368,379,382,383,393－395,400,408,409,411,412,415,417,430,433,436,439,441,443,444,448,451,454,461,464,465,502

广学会 421－426,432,446,450,455－457

归纳逻辑 129

规范伦理学 122

规律 18,28,69,78,82,83,85－87,95,107,109,124,138,146,152,155,162,164－169,174,178,180,188,287,334,336,352,417,449,450,465

郭沫若 16,156,172,184,185,189

郭士立 422

国粹 10,45－47,96－99,225,226,231,233,236,240,260,273,289,354

国家主义 12－14,55,323,326,331－333,336,337,339,340,349,351,353,356,357,360,370,375

国民道德 7,167

国民日报 9

国民性 170,225,229,235,241,368,369,391,411

国史大纲 260－262

国闻报 9

H

哈贝马斯 127,325,327,357,358,377,378

哈特曼　155
哈耶克　194,196,200,205
海国图志　132
涵化　415,439,440,445
韩德清　399
汉宋之争　270
汉学　18,226,255,257-259,262,266,270,272,388,389,425,426,444,446,447
豪杰　160,173
合理的利己主义　173
合群进化　70,82
合作主义　27
何启　454,455
何休　388
何震　80,92,289,290
贺麟　22,26
赫胥黎　48,71,77,104-106,165,418
亨利·乔治　418,426,433,435,439
衡报　289,290
洪谦　121
洪仁玕　24,454
洪秀全　21,24,389,454
后期墨家　130
后现代主义　18
候失勒　430
胡世华　121
胡适　13,15,16,42,50,73,74,103-106,111,117-119,125-129,134-136,138,142,172,195,201-203,205-208,211-213,227,229,230,234,236,238,239,241-244,246,263,271,333-335,349,354,355,357,361,363,365,366,380,398,399
互助论　49,282,287,300
花之安　422,426,428,434,447,448,450
华严宗　394,402
华洋义赈会　403
怀特海　121,131,208
黄忏华　399
黄凌霜　296,298,300,301,303,306,310,318
黄宗羲　153,349,389
回真向俗　393
晦鸣录　292,293,298,302
晦鸣学社　292,293
霍尔特　120

J

机械论　13,157
积极自由　203-206,342,355,372
基督教　6,8,12,18,23-26,38,47,53,54,151,156,164,173,217,238,239,243,325,345,361,388,390-392,400,403,404,406-409,411,413,415-420,428-430,437,438,440,442,443,446,448,451,452,454,457,458,461-466
基督教社会主义　417,421,426,435,438,462
基尔特社会主义　193-195
基要派　422
激进主义　8,12-15,17-20,25,111,200,206,218,225,227,229,241,242,246,

248-250,255,262,265,266,270,274

吉尔特主义 27

极端个人主义 193-195,301,303,304

极端理性主义 145

加尔文派 418

甲午战争 7,65,84,91,155,410

价值 3-6,12,14,16,23,25,28,29,33-36,38-47,49,50,53-58,71-73,75,83,93,97,100,108,118,123,125-127,130,132,134-136,139,145-147,154,156,158,161,172-174,176,178,183-185,193,194,197,199,200,202,204-206,209-211,217,220-223,226,228-231,233,236-239,241-244,248-250,252,255,258,262,268,269,290,307-309,315,323-325,328-330,333-336,344,348,349,351-353,359,360,362,363,365-368,371,372,374-376,378-381,383,389,390,394-396,408,418,433,441,445,453,502

价值符号系统 217,223,237

价值观念 5,7,10-12,35,58,136,147,158,194,201,202,241,269,296,324,356,373

价值合理性行动 197

价值结构 5,238

价值迷失 5,19,171

价值-信仰体系 139-141

价值原则 5

价值哲学 117,182

价值中立 27,375

价值重估 227,231,236,239

健全的个人主义 42,47,50

江亢虎 292,294,295,301,310,311

蒋敦复 423,455

蒋维乔 399,412

交往理论 127

教育改革 10

教育救国 75

教育制度 10

阶级斗争(阶级竞争) 8,17,43,52,110,137,196,290,304,313,316,318,438

劫运说 390

解释学 127,272

今文经学 4,272,388,394,395

金岳霖 27,121-131,142

进化论 6,13,15,21,22,24-26,48,63,65-112,133,134,140,157,164,165,168,169,172,175,177,185,220,222,223,228,229,233,236,238-240,249,287,303,335,351,352,388,394,417,431,456

进化论历史观(进化史观) 73-75,109

近代民族主义 7,13,14,66-70,336,367,501

禁欲主义 146,149,161,162,168,173,223,392,407,408,430

京师同文馆 10

经济基础 8,19,137

经济平等 21,204

经济制度 109,219,264

经世派 388

经学 85,96,97,128,263,270,272,389,459

经验论（经验主义） 115,117,119,123,124,127,128,131,193,196,200,202,365,418,419,429,430,432,433,449

精神传统 22,83,238,239,249,380,432

精神气质 12,21,35,46,48,51,58,59,201

竞争 13,27,48,49,68－72,75,76,90,94－96,99,104,106,107,110,111,138,150,156,157,164,166,169,172,194,279,281,282,287,301,315,323,328,331,333,336－338,340,341,350－352,406,409,435

救民思想 58

救世教成全儒教说 451

居士团体 401

俱分进化论 13,169,397

决定论 13,26,44,154,157,162,165,173,174,176－179,187,189

觉解 122

觉社 400

绝对个人主义 281

均社 297

君主立宪 69,73,91,92,330

君主专制 69,92,296,326

K

卡尔纳普 120

开普勒 430

凯恩斯 194

康德 117,118,127,152,154－156,161,167,168,170,172,186,187,193,268,334,341,348,365－367,371－373,396－398,431

康有为 4,16,21,24,25,35－39,44,47,58,61,68,69,73,74,77,79,80,82,85－92,94,96,97,99,100,103,112,147,151,152,163,164,198,219,223,224,227,230,259,262,263,265,266,274,275,318,328,333,336,391,393－397,400,426,433,455,457,459,461－463

考据学 4,8,389,396

科举制 10,11,198,226,452

科玄论战 17,176,178,181,189

科学 5,7,12,13,23,24,26－29,41,60,61,65,66,70,72－74,80－84,88,89,98,100,101,104－109,111,112,115－121,123,126,127,129－142,155,157,163,164,172,177－179,181,182,188,189,198,200－202,213,222,224,225,227－229,234－236,238－240,242,244,250,252,263,266,269,273,282,287,288,293,298,307,308,319,320,328,329,332,334－336,345,352,353,355,360,365,366,370,376,377,381－383,388,394,407,411,412,416－419,421－430,432,433,435,437,439,441,443－445,447,449,450,452－454,458,459,462,464,466,501,502

科学崇拜 115

科学代宗教 234,239

科学方法（科学归纳法、科学实验室的态

度）106,109,111,116-119,122,129-131,200,245,270

科学精神 101,135,136,200,433

科学救国 75

科学社会主义 80,81

科学与人生观 107,108,111,118,120,138,177,239,242,376,400

科学主义 12,13,89,113,115,130,131,134,136,137,139,141,142,176,182,196,334,362,363,365,366

克鲁泡特金 49,281,282,285,287,290,294,298-301,305,310,311,314,315

克罗齐 27

客体 88,128,148,150,157,169,179,180,197,347,440,460

空宗 267

孔德 105,115,116,120,125,127,129,220,228,233,236,417,430

孔教会 25,227,462

孔教运动 45,219,227

孔子 4,13,25,37,38,54,73,74,84,85,88,90,96-102,135,145,146,177,221,224,226,227,230-233,237,238,242,256,263,266,267,308,328,333,363,388,389,394-396,430,444,446,451,457,463,464

狂人日记 232,308

L

莱布尼茨 430

浪漫主义 59,150,154,158,159,183,184,202,250,326,338,351,358,365,366,371,376-379,462

乐观主义 21,150,151,156,169

雷震 196

黎力基 446

礼教 12,99,146,162,172,184,223,224,231-233,237-239,308

李翱 146

李大钊 8,13,16,42,43,48,50-53,57-61,79,100,102,103,107,108,110,112,134,135,156,172-174,227,230,231,238,241,310,311

李鸿章 426,456

李佳白 441,447,450-453

李嘉图 433

李建芳 246

李善兰 423,442,455

李石曾 92,286-288,291,310,314,316,318

李提摩太 25,422,424,426,431,438,439,446,450,452,453,455-457,463,466

李亦民 230

李贽 147,349

理 151,171,211

理解 12,14,15,17,18,20,23,26,27,45,48,51,53,57,59,66,71,88-91,117,120,123,127,133,135-138,141,142,147,150,174,177,178,193,200,203-206,209,248,255,258,274,302,310,325-327,330,334,335,339,342-344,347,349,350,357,363,365-369,371-

374,376－379,381,389,417,421,425,428,433,439,448－450,452,456,460,497

理论理性　152,167

理念派　270,274

理器之辩　126

理势合一　153

理想社会　24,38,60,72,79,93,175,302,318

理想主义　12,21,25,34－36,45,46,48－53,56－59,309

理性　13,21,28,33,34,36,46,58,60,65,85,100,122,124,126,128,134－136,138,145－148,152,153,155,157,162－165,167,171－173,176－178,181,182,188,191,193,196,197,199－201,203,204,206－211,220,238－242,246－250,259,261,269,282,287,298,324,326,349－351,358－360,362,364－369,371,375,377－381,392,395,398,399,408,415－417,419,429,432,433,437,441,451,497

理性化　20,28,417,418,444

理性专制主义　8,145

理学　4,26,34,116,119,125,126,146,147,151－153,157,159,161,171,189,258,268,272,282,334,369,388,395,431,433,435,440,448,464

理雅各　446,447

历史辩证法　20

历史的方法　104

历史观　15,60,73,74,108,153,158,160,174,200,338,388,396,431

历史进化论　24,77,79,85,87,99,103,164,166,223,380

历史决定论　165

历史主义　36,379

立宪政治　195,225

利己　42,170,349

利己主义　280,281,367

利他　42,54,56,404,408

良知　23,152,168,176,348,463

梁发　19,454

梁启超　3,4,6,9,10,12,13,17,19,24,25,37,39,49,60,61,68,70,72－74,76－79,82,89－91,93,94,102,106,137,147－153,156,157,163－170,173,177,183,188,195,212,222－226,242,257,286,324,326－328,330－354,358,359,364,365,367－369,371,372,376,378,382,393－396,400,410,426－428,455,459,460,463

梁实秋　246

梁漱溟　13,21,26,107,111,147,151,153,156,173,175,176,229,242,265－267,271,274,275,323,347,393,398,410

廖仲恺　286

林觉民　40

林乐知　422,426－428,431,437,438,441,442,446,448－450,455,456,459,460,463

林同济　180,333,382

林则徐 131

刘半农 227

刘海粟 403

刘师复 291-301,303,304,306,309,311

刘师培 14,80,92,289-291,302,303,310,311,318,320

刘述先 271

六经皆史 258

六经注我 271,272

卢剑波 314,317

卢克莱修 154

卢梭 71,154,155,182,186,193,200,220,223,285,332,339-341,350,351,358,436

鲁迅 7,13,42,43,46,47,60,61,107,156,172,182,184,185,188,189,202,227,230,232,233,307,308,349,410

陆德明 388

吕澂 393,398

伦常名教 84,220

伦敦会 24,419-423,425,454

伦理的专制主义 45

伦理理性 146,176

伦理启蒙 36,39,43,44,51,54,59

伦理学 44,46,51,54,59,100,104,117,122,155,158,160,161,167,169-171,174,176,180,184,217,232,233,237,272,430,448,449

伦理政治一体化结构 43

轮回说 166,390

罗蒂 20,127

罗斯福 194

罗素 120,121,131,154,193,417

逻辑分析法 121,122

逻辑实证主义 115,121,122,125

洛克 71,128,193,229,345,349,372,397,418,429-431,449

M

马尔萨斯 418,433

马赫主义 115,119,120

马建忠 454,455

马君武 283,284

马克思主义 6,8,14,17,20,27,51-53,60,76,77,98,105,108,110,137,138,174,175,177,179,196,213,241,246,279,281,284,290,298,305,309-315,317,318,320,438,439,497,498

马克斯·韦伯 197,273,325,392,406-408,410

马礼逊教育会 422-424

马林 426,431,433,435,438

马一浮 399

买办 9,246

麦克斯·施蒂纳 280,281,287,299

毛泽东 14,17,188,246,313,318

茅盾 107,172,184,185

美国独立战争 193

美国公理会传教会 420,421

蒙塔古 120

孟德斯鸠 193,222,376,416,441

孟子 39,54,146,153,256,258,388,389

民报 9,13,40,78,81,187,226,232,286,400,463

民粹派 281,282,284

民粹主义 282,284-286,291,300

民德 21,39,75,97,165,222,371

民力 21,39,75,166,222,371

民生主义 59,78,80-82,288

民智 21,39,74,75,92,98,222,371,424,431

民主 8,14,40,45,46,49,51-53,57,60,69,71,77,78,80-82,90,98,100,101,133-135,139,163,174,180,195,204-206,208,212,222,223,229,234-236,238,239,244,246,250,266,269,283,285,308,313,314,318,320,324,326,327,330-332,334-336,338-341,343,350,351,355-359,366,374,375,377,378,381-383,397,410,420,426,431,436-438,445,452,456

民主革命 10,92,93,186,288,305,377

民主共和 46,55,56,69,74,91,92,288,296,326,378

民主集体主义 194

民主派 35,41-43,46-48,56,57,59

民主社会主义 196,366,383

民主政治 60,101,195,196,205,206,229,231,324,330,335,352,357,359,366,370,371,373,379,438

民主至上论者 205

民族国家 7,13,28,58,182,273,323-330,332-336,338,339,341-346,350-361,363,366-375,377-382

民族意力 106,166,167,173

民族意识 7,67,70,264,369

民族主义(民族沙文主义) 6,7,12-15,21,22,28,44,45,47,52,55,58,67,69,70,77,81,83,199,219,225,246,255,256,258-261,265,269,272,273,288,321,323,324,326-341,344,345,347,351-357,359-370,373,375-382,390,406,502

民族主义文学 22

名辩思潮 130

明治维新 219,331,362

明治中兴 65

命 162,171

摹状 124

莫里斯 418

牟宗三 267-269,272,275

慕维廉 423,432,448

穆尔 120,416

穆勒 71,115,116,127,129,193,195,206,417,426

N

内圣外王 220,268,330,374

内心化 417,418

内学 393,398,399

尼采 8,16,50,60,105-108,111,149,155,156,161,164,171,172,174,180-182,184-186,188,189

牛顿 173,229,430

纽拉特 120

奴隶道德 102,172-174,232,234

女权革命 289

女权运动 42

女子复权会 289

O

欧文 229,418

欧阳渐 393,398,401

欧游心影录 166,242,332,348,351-353,368

欧洲宗教改革 405,406

P

排满 69,70,259

培根 116,128,229,397,417,418,430,432,433,449

培里 120

裴斯泰洛齐 436,437

彭湃 313

彭玉麟 459

批判哲学 152,154-156

皮尔士 118,119

平等 34-36,39-41,43-48,50,51,53,54,57,58,79,80,161,167,186,193,201,204,223,224,229,231,279,285,288-290,293,301,302,307,308,325,337,338,342,343,350,373,394-397,418,420,435,437,439,444,461,463

平等主义 194,223

平民革命 92,93,98

平民教育思潮 18

平民主义 59,110,174,260

平社 296,314

朴素元气论 125

朴学 119,128

普遍幸福观 58

普列汉诺夫 147

普鲁东 280,281,283,285,287,290,291,299,302,305

普罗文学 22

普同主义 194

Q

气 395,464

启蒙运动(启蒙主义) 10,33-36,43-45,51,53,54,172,182,217-220,222,227,229,230,236,238,240-242,246,248,250,251,339,345,357,365,366,376,377

启蒙哲学 154

器 82-87,89,91,95,101,103-105,115,132,133,221,395

钱穆 252,257,260-263,269-271,275

钱玄同 127,227,234-236,263

潜意识 157,158,182,300,390,420

强学报 9

青年黑格尔派 417

清教徒 418

清议报 9,223,337

区声白 298-300,303,306,310,312,318

瞿秋白 137,138,178,181,313

权力 5,9,20,106,107,156,185,187,188,

219,282,285,301,323,333,370-372

权威 4-6,12,16-18,25,73,88,96,97,138,139,146,172,174,185,187,226,231,255,263,280,282,302,317,329,332,333,351,391,396,417,432,442,461

全盘反传统 201,202,237,238

全盘西化 196,201,202,239,241-246,248,249,361-363,451

劝学篇 132,221

群社 296,297,347

群体 9-11,19,39,48-50,56,59,70,72,76,97,167,184,187,198,220,238,326,342,344,346-350,354,355,365,377,379,383,389,390,402,403

群体和谐 36,46,48,49,51

R

人本主义 12,61,125,126,240,417

人道 25,35-37,39,41,42,46,53,58,60,72,80,86-88,103,136,146,151,162,211,231,232,308,442,444,445,449

人道主义 7,8,12,15,22,23,31,33-36,41-45,47-61,80,103,110,417,419,430,431,444,445,448,453,461,464

人道主义价值观 33,35,36,39,42,49

人的全面发展 34,44,137

人的文学 42,103,104

人间本位主义 42,50

人间佛教 400,408,409

人权派（人权运动） 14,15,359

人生观 56,57,107,108,118,120,122,135-137,147,169,171,177,180,183,188,238,239,374,376,380,390,400

人生意义 16,117,125

人文类型 441

人文启蒙运动 218

人文主义 13,35,154,202,239,242,267,365,405,408,430,465

仁 44,47,165,179,267,336,395,444

仁爱 37,39,47,54,56,223,237

仁学 19,39,90,165,167,168,223,224,232,237,239,380,395,396,400,456,462-465

认识论 26,121,123,127-131,142,171,176,268,388,390,396-398,417,429,430,449

日本军国主义 55

容闳 454

儒家 4,5,8,9,21,38,47,84,96,97,100,102,125,136,146,151,153,176,212,217,219-221,223,224,231-233,237-239,241,242,256,264,266,267,275,289,306,323,325,327,328,330,333,334,336,342-344,347-349,352,360,361,375,376,379-381,387,388,390,393-397,410,422,433,440,442-448,450-452,462,465

儒教 12,151,223,224,231,232,236,237,242,257,328,329,333,334,336,370,382,387,391,395,443,444,450,451

儒学价值系统 4,238

阮元 389

S

萨特 182

三纲 39,41,102,167,201,223,224,231,232,234,237,238,264,308,396

三权分立 437

三世六别 89

沙文主义 14

善良意志 149,151,165,176

商战 438

上层建筑 19

上海佛教居士林 400

尚贤堂 423

社会改良主义者 206

社会革命 14,22,81,94,147,169,174,185,284,288,421,457,498

社会工程 200,207

社会阶层 8,9,306,393,402,442

社会结构 8,19,20,217,247,250,305

社会进化论 220,222,228,233,236

社会理想 8,33,35,59,95,110,175,185,238,352

社会民主主义 284,354,363

社会平等 204,302

社会契约论 220,223,436

社会认同 88,89,172,390

社会史 18-20,26

社会思潮 3-13,15-23,26-29,67,82,181,193,279,305,307,309-312,319,399,411,415,428,450,497,498,502

社会向善论 77,79

社会心理 19,22,82,176

社会有机体论 222,224,233,236,347

社会主义 6,8,12-14,21,22,25-27,40-43,50,52,53,56-59,67,76-83,93-96,98,110,193-195,199,204,208,223,229,230,283-285,289,290,295,309-313,317,319,360,370,375,417,418,426,438,439,462,497,498

社会主义讲习会 289,291

社会主义同志会 297

神创说 429

神学人道主义 419,431

神哲学 428,429,465

沈有鼎 121

沈毓桂 423,441,455,456,460

沈曾植 392

生产方式 81

生产经济学 433-435

生存竞争原则 94,95

生存意志(生命意志) 106,148,150,151,156,173,175,183

生物进化论 65,74,84,106,164,172,229

圣道 34,46,264

圣人 38,39,146,159,230-232,261,330,389,462

诗界革命 10,183

十二因缘 148

十月革命 42,78,109,298,312

石里克 121

时报 9,328,426

时务报 9

识 179,397

索引 485

实测内籀 115,116,129

实际命题 121,122

实践理性 152,155,167,179,366

实社 279,292,296,309

实验科学 115,129,131,229

实验主义(实用主义) 74,104-106,111,115,117-120,125,126,128,142,157,208

实在 3,59,107,110,118,124,127,149,175,181,211,228,264,268,280,291,296,299,344,369,396,411

实证主义(实证论、实证哲学) 6,12,17,20,27,105,106,110,112,113,115-131,141,142,181,182,200,220,228,239

史学革命 93

世界观 15,21,26,59,63,65-67,70,74,76,77,83-89,91,95,98,101,103-112,134,139,140,164,165,261,303,307,325,334,337,351,388,395,448

世界统一性原理 121

世界文化三期重演说 175

势 211

适社 297

释曼殊 400,403

释太虚 400,408

释心净 402

释印光 402

释印顺 399

释圆瑛 401,402

守旧派 67,220,221

叔本华 8,117,149-152,155-157,161,169-173,179,180,182,185,186,298,417

淑世主义 194

数理逻辑 121,131

数学原理 121

私德 102,342,343,369,376

思维方式 35,48,51,58,132,134,135,220,415

思想史 3,15,18,19,33,51,65,94,147,180,193,217,223,225,232,243,247,248,257,263-265,270,271,275,283,324,330,331,333,336,347,355,376,383,401,411,432,466,497

思想五步法 119

思想自由 75,76,205,224,227,230,231,392

斯宾塞 71-73,77,87,105,116,165,173,220,222,224,225,233,236,347,417,418,426,430,431

四洲志 131

宋明理学 4,20,108,125,153,177,242,256,267,273,369,376,387,408,449

宋恕 283

宋学 226,253,258,259,262,265,266,270,272,273,444

苏报 9,285,287

孙中山 8,14,21,40,41,47,49,56,58,69,77,78,80-82,92,95,97,112,225,288,291,310,328-331,356,361,378,435

所与 124,128

所与是客观的呈现 124,127,128

T

太极 123,126,127,146,152,159,171,395,448

太平天国 24,65,79,95,97,388,389,399,455

太虚 400-402,406-409

泰州学派 8,147,152,153,176

谭嗣同 6,8,9,14,19,25,38,39,47,57,89-91,106,147,150,151,163-168,183,223,224,300,308,393,395,396,399,400,433,455,456,458,459,462-465

汤用彤 399

唐君毅 267,269

体用不二 27,220,267

体用分殊 220

天朝田亩制度 21

天道 80,86-88,126,136,146,172,258,352,388,431,448,449

天地境界 122

天赋人权 57,71,72

天命论 4,5,8,146-148,150,152,154,157,158,160,163,164,176,390,393

天命史观 146,153,158,159,162,174

天台宗 147,393,399,402,404

天演论 65,67,68,70,74,77,87,88,96,103,105,112,165,400

天义报 286,289,290,302-304,306,310,320

田汉 172

同盟会 9,286,291,292

同文馆 425,430,455,456

同文书会 422-426

突驾 80,81,92

托尔斯泰 42,50,287

托古改制 223,262,265

托克维尔 211,218,219,251

托马斯·哈定 250,251

陀思妥耶夫斯基 55

W

晚期佛教 149

万国公报 9,24,413,423,424,426,428-432,434-439,441-445,448-453,455-458,460,463

万卓恒 121

汪奠基 121

汪公权 289

王炳耀 448,449

王充 126

王恩洋 399

王夫之 153,389

王国维 110,117,121,125,129,155,156,171,172,182-184,188,189,261,262,264,271,275

王仁俊 428,459

王守仁 388

王韬 8,9,84,221,423,447,454,455,458,459,462

王宪均 121

王新命 243,245,361

王星拱 119,120,122

王学　147,151-153,170,320

威廉·葛德文　280,287

韦伯　25,197,273,325,392,406-408,410

韦尔斯　193

韦廉臣　422,425,426,429,434,448,456,459,464,465

唯科学主义　18,120,126,142,234,239

唯理智论　137

唯识论　267,390,395,397,398

唯物论　118,181,267

唯物史观　15,17,21,23,53,81,82,95,98,100,102,103,105,108-112,172-175,177,181

唯心论　118,152,166,167

唯意志论　7,8,23,26,106,111,137,138,143,145,147-188,393

唯主方式　123

维新派(维新思潮)　18,25,133,152,163,164,167,168,222-225,227,229,236,241,242,397

卫惠林　314,317

伟烈亚力　423,425,447,456

魏源　6,84,131-133,147,151,197,323,328,393,394,399

文德尔班　156

文化保守主义　6,13,14,18,20,21,26,112,130,158,172,175,176,202,208,217,219,242,248,253,255,257,259,262-266,269-274

文化革命　174,233,235,237,239,240,249-251

文化基因改造工程　206,207

文化激进主义　7,18,156,215,217,219,220,227,229,241,242,247-250,263,270

文化民族主义　225,260,269,324,330,332,333,336,338,350-352,354,359,364,367,370,376,379,380

文化凝固期　16,17

文化热　17,497

文化生发期　16,17

文化心理结构　83

文学革命　22,101,103,183,206,234,235,242

问题与主义　208,241

我执　169,396

乌托邦　21,24,25,49,50,52,55,58,60,187,191,213,223,229,236,238,250,251,327,336,352,394,462

无产阶级　14,52,109,279,281,290,309,311-313,315

无极而太极　123

无明　148,149,396

无我论　146

无政府个人主义　299

无政府共产主义同志社　293-295

无政府主义　12-14,17,21,22,27,49,55-58,186-188,226,227,277,279-320

吴昌硕　403

吴景超　245

吴宓　218,239,240,242,257,265,275

吴虞　230-232

吴稚晖 286-288,291,310,316,318

五常 102,167,237,443,444,446,448

五伦 39,167,224,234,237,238,395,396,446

五四 5,11,12,14-16,18,19,21,52,60,65-67,74,76,81,86,97,98,104,109,112,117,133-142,153,156,158,172,174,183-185,189,195,201,203,212,219,220,223-225,227,228,233,235-242,246-252,255,263,269,270,274,289,295-300,304-318,320,330,332-336,338,340,349,352,353,360,361,363,365,366,368,378,400,457

武昌佛学院 401

戊戌 4,5,9-12,14-16,19,24,60,65-67,69,83,86,91,109,152,218,219,222,233,241,274,395,438,442,445,450,453,456,457,466

物竞天择 70,73,87,352

物理语言 120

物质生活 81,82,103

物质资料 82

X

西川光次 283

西化 35,44,45,57,201,218,233,236,237,239-242,244-247,249,269,273,274,361-363,378,398,439

西学东渐 219-221,223,240,413,415,428,439,440,465

西学中源 290,306,457,458

夏曾佑 392

先锋艺术家 23

现代化 13,16-18,20,27-29,60,126,133,141,145,186,217-220,222-225,227,233,236,238,241-250,255,265,269,273,275,325,345,361,363,364,380,382,385,390-392,395,401,402,404-406,408,409,411

现代派文艺 23

现代新儒家 13,18,20,25,156,196,242,266,267,269,270

现代性 5,8,9,28,219,233,236,237,248,249,255,256,264,268-270,273,274,321,324-328,345,346,365,382,502

现象界 115,116,118,155,176

现象主义 115-117,119,129,131

线性因果决定论 138

相对主义 28

湘报 9

消极自由 203,205,210,342,355,372,373

萧伯纳 182,193

小农经济 79,80,95,408,410

小说革命 10,93,183

孝道折衷 448,449

心 151,152,170,179

心本论 21,153,179

心力 4,8,15,23,35,106,143,150,151,160-168,395

心灵主义 120

心社 292,293,303,306

心物之辩(心物关系) 123

心性之学 97,258,268

辛亥革命 5,14,46,56,65,68-70,73,74,78,80,81,91-99,109,195,198,211,218,219,227,247,291,296,304,305,307,392,393,398-400

新陈代谢 5,8,11,465

新村主义 27

新古典自由主义 194,196

新教 24,361,391,392,404-410,415-421,426,427,429,430,434,440-442,444,453,461,464,465

新教卫斯理宗 416

新理学 121,126,268

新民丛报 9,223,286,400

新民主主义革命 47

新瓶装旧酒 268

新青年派 227,229,231,235,237,239,240,244

新儒家 18,153,175,212,257,267-271,275,408,409

新神学 416,417,421

新生活运动 242,410

新实用主义 127

新实在论 115,120-123

新世纪 52,92,226,227,286-293,298,304,306,308,350

新托马斯主义 417

新唯识论 21,153,178,179,267

新文化运动 5,10,12,13,16,19,24,36,42,45,46,48,51,55,65,74,97-102,104-107,109,111,134,156,158,172,173,183,195,196,199,201,203,227-231,233-242,250,251,266,296,308,320,360,365,445

新小说 10

新月派 10,14,73

新正教 417

信念伦理 199,202

形式逻辑 130,390

形式命题 121

幸德秋水 283,295

幸福 33,35,37,39,40,42-44,47,54-56,58,59,78,92,161,168,184,186,195,223,227,229,242,280,285,288,292,301,417,418,430

性善论 37,50,393

熊十力 13,21,26,147,151,153,156,178-180,267-272,275,393,398

休谟 118,123,124,127,128,154,155,193,418

修正自由主义 194-197,199,204

虚云 402,403

徐继畲 132

许地山 398,403

玄学 27,120,123,136,180,228,256,258,334,353,366,397,440,449

玄学派 107,137,176-178

学衡(学衡派) 10,239,240,242

荀子 161,263

循环论 146,159,164,223

Y

鸦片战争 3,8,16,24,131,145,197,198,

306,317,337,415,440,454
亚当·斯密 193,222,430,433,434
亚里士多德 26,130,418,429,430
亚洲佛教复兴运动 390,392
烟山太郎 283,284
严复 7,9,27,33,34,39,48,49,65,67,68,70-78,82,86-91,96,103-106,111,112,115-117,124-127,129,130,133,134,140,142,152,163-165,167,189,194,195,197,198,200,201,207,222-225,228,249,334,339,344,345,347,349,350,352,383,400,431-434,456
严既澄 246
言论自由 75,76,196,210
颜元 389
阳明心学 151
杨文会 6,391-394,398-400,406
洋务派 132,133,165,220-222,224,225,396,432
洋务运动(洋务思潮) 8,10,18,65,132,154,198,220,221,225
养气即养心 153
要素说 120
业感缘起说 147,393
业力 148,149,390,393
叶青 246
伊壁鸠鲁 154
伊斯兰教 388,391
依自不依他 40,153,169,170,397
夷夏之辨 7,67-69,220,258,306
疑古派 262

以理杀人 147
以太(以太说) 165,204,395,402,408,464
义 232,237,257,323,330,441-444,448,451
异端 4-7,26,147,388,410,440
易卜生主义 42,203,230,238
奕䜣 426
益智会(益智书会) 421-424,426
意 179
意力主义 182,184
意念 124,128,361
意义世界 28,238
意志(意欲) 8,23,106,107,111,120,136,138,145-157,160-162,164-181,184,185,188,197,203,229,266,317,331,338,340,342,343,352,358,359,366-369,374,375,378-380,393,396,419,429,456
意志主义 138,145,148,152,168,169,298,366
意志自律 152,162,167,168,170
意志自由 107,111,138,162,165,167,168,170,178,179,183-187,378
因果关系 133,134,137,177,178,187
因果律 107,111,137,138,177,178,187
因明 26,130
因明学 390,397
殷海光 196,207,211,212
英国革命 193
英美经验论 20
瀛寰志略 132

庸俗进化论　431

有宗　151,186,267,368,391,441

余英时　251,252,269-271,275,347,348,350,383,408,410

俞大维　121

俞理初　6,8

俞曲园　459

俞樾　459

宇宙发展法则　121

元伦理学　122,417

元素说　429

袁世凯　219,227,230,289,293,295,305,307

原富　434,435

原儒　237

原子说　154,429

缘起论　147,148

约定论　122

约翰·卫斯理　416,419

恽代英　313

Z

早期佛教　149

造命（造命说）　8,152

责任伦理　199,201

曾国藩　388

詹姆士　118,119,157,164,166,182

战国策（战国策派）　10,145,180,181,333,370

张大千　403

张东荪　195,196,204,205,207,208,354,363,365

张佛泉　245,324,326,332,333,335,338-340,354-364,374,375,378-382

张继　283,285,289,291,451

张静江　286,287,291

张君劢　12,107,108,111,136,137,157,176-179,188,242,324,333-335,353,354,363-376,378-381,383

张申府　246

张熙若　245,246

张荫麟　121

张载　54

张之洞　84,132,201,221,274,426,459

章太炎　6,9,13,14,25,26,40,47,58,61,70,82,92,94,96,97,106,147,151,153,156,168-170,186,187,226,259-261,263,272,273,275,286,289,328,329,392,393,395-398,400,407,462,463

折中调和主义　207

哲学革命　12,20,174,218,238

真如　187,396

真社　297

真我　396

整理国故　127,202

正觉　123,124

正统派　145-147

正统派儒家　146,160

正统儒家　86,141,148,172

郑观应　84,85,221,423,427,454,455

郑贤宗　299,312

郑玄　388

政统　217

政治保守主义　219,242

政治革命　12,20,22,78,81,94,158,226,235,247

政治民族主义　330,331,336,338,339,351,352

政治自由　20,21,73,203,204,342,359,381

知识论　117,123,124,334,362

直觉　21,164,176,298,366,397,408,449

中道西器　84－86

中国本位文化建设　243,245,246

中国佛教会　401,406

中国化的马克思主义　15

中国礼仪之争　440

中国社会党　80,95,294,295,297,319

中国文化本位论　202

中国现代性　249

中国向何处去　3,12,27,83,158,497

中华佛教总会　401

中立要素一元论　120

中体西用　84－86,165,201,220－225,227,236,247,262,274,306,457,460

中外调和　238

中西书院　423,424,426,450,455,460

中西文化之争　17,361

终极关怀　25,117,238,239,333,390,396

钟天纬　455,458,459

众人　92,159－161,427,435

重义轻利　36

周恩来　313

周敩甫　455

周作人　42,47,50,60,61,104,227,238

朱光潜　15,189

朱谦之　298－300,306

朱熹　38,146,171,388,449,450

朱执信　40,41,47,58,78,94

主体　8,10,43,49,60,65,66,71,82,87,88,92,101,123,125,127,133,134,136－138,140,147－149,153,157－160,163－165,167,169,170,174,177－180,184,185,203,229,246,256,284,306,326,333,344,345,347,348,363,379,393,400,436,440,460

准机械论　137

资本主义　26,27,46,58,59,77－81,94－96,98,109,145,154,163,169,182,195,197,267,279－281,302,305,306,360,369,392,394,404－410,416

自觉原则　146,153,162,172,180

自然　4,5,8,13,24,56,65,66,70,74,76,77,79,83－89,95,96,100,102－104,109,116,117,119,120,123,131,133,136,140,141,145,146,148,153,154,160,161,164,165,167,169,172,173,178,182,186,187,196,199,200,206,207,211,219,226,230,231,235,240,244,247,250,256,266,269,270,272,283,284,288,302,310,316,331,333,334,336,340,347,348,356,358,360,363,365,366,368,370,373,377,379,388,390,394－397,400,402,406,407,417,419,428,429,431,432,436,441,

索引　493

443,449,450,464,466,498,502

自然法　102,118

自然观　334,388,395,429,443

自然境界　122

自然主义　118,125,168,359,366,436,437

自然主义传统　126

自我　9,16,33,34,37,39,43,46－48,55,56,136,137,150,152,153,155,159－163,167,172,179,185,206,231,232,250,298,313,323,325,327,343,346,348,357,365,366,372,391,419,420,433,436

自由观　39,48－51,53,61,204－206

自由派　24,422

自由选择　50,138,167,168,170,171,174,184,381

自由意识　70

自由意志（自由意志论）　8,12,106,107,148,154,155,157,160,161,166－168,170,171,174,176－178,180,184,185,187,189

自由主义（自由主义思潮）　7,12－15,18－22,49,50,57,58,67,70－77,83,156,191,193－213,222,223,229,230,237－239,241,301,323,324,326,327,329,332－335,340,341,343,344,354,355,357－359,362,363,366－368,371－375,378,379,418,502

自愿原则　146,152,153,180

自治　48,50,75,204－206,341－343,357－359,375,378

自主专一　168,171

宗教存在主义　417

宗教救国思潮　391

综合命题　121

邹容　39,40,57,68,91,226,455

尊孔读经　97,98,242

初版编后记

中国近代以百余年之短暂的时间，其思想文化所经历的变化之巨，无论在数千年中国历史上，还是在世界其他国度，都是罕见的。惟其如此，近代史就给我们留下了诸多学术公案，众多的社会思潮就是其中之一。20世纪80年代"文化热"期间，有不少学者曾经以相当的热情投注到对近代社会思潮的研究之中，并且陆续收获了一批成果。时近世纪之交，理应有一部著作面世，它既能扼要而全面地反映当代中国学术界对近代社会思潮研究的主要成果，同时也给对近代思想文化有学术兴趣的读者提供一个简洁而系统的文本；即使普通的读者也能借助它了解近代诸多社会思潮消长的总体图景，并且推动我们对20世纪中国思想文化作更加深入的反思与总结。这一设想很快得到各地学界朋友的允准，慷慨惠寄他们的论文，使得这部《中国近代社会思潮》终于能够奉呈在读者面前。

　　本书在编撰上采用专论方式，由对某一社会思潮素有研究的学者分别撰写。作者大多已经出版了研究该思潮的专著，或者早已发表过多篇相关的学术论文，可以说是研究该思潮的专家。由这样一群专家就其专业范围撰写出的专论，然后汇编成书，与通常的多人合作的著述之不同，想必是不言自明的。它的最大特点是可以充分展示作者的理论观点与个人风格。在处理中国近代社会思潮这样一个极其复杂的研究对象时，这一方式也许是十分相宜的。因为我十分赞成美国思想史家列文逊等人在方法论方面的一点提示，即应当充分注意思想的整体性与不同思想观点之间的争论及互动。我认为，整个中国近代社会的种种思潮，围绕着"中国向何处去"这一时代母题，展示了中华民族在历史转折点的思想选择过程，构成了迁延达一个世纪之久的一场辩论。现在由各位学者对他们专攻有年的社会思潮作一总结性的反省，有利于保持多元对话的状况。事实证明，作者们对他们研究的对象，既有客观的描述，又有同情的理解，还有理性的批判，将他们的论文汇拢，读者将会获得一幅中国近代社会思潮运动的总图景。

　　需要说明的是，如果要列举思潮，中国近代决不止于本书所论列的十余种。不过，我们所注意的是社会思潮，是指那些对社会有广泛影响力的思潮，所以单纯的学术思潮、文学思潮等影响面较窄的，就不属在选之列。当然，在20世纪的中国，没有什么思潮比马克思主义和社会主义有更大的历史影响了，它们根本改变了中国近代史的走向。马克思主义传入中国以后,成了指导中国共产党从事社会革命的理论,50年代以后则是整个社会的主导性意识形态。社会主义之在中国,一开始就突出思想的界域,伴随着社会主义的实践运动,最终成为当今中国的基本社会制度。对它们的研究远远突破了对一般社会思潮的研究程度,该类著述之众,早已使它们成为专门的学科了,现在再将它们与一般社会思潮相提并论,似乎也不相宜。

当初与作者诸君商定撰写方针时,达成的最主要的一条共识是史论结合,即既要有历史的展开又要有理论的深入。前者指各个思潮的总貌、消长运动的基本轨迹,以及它们在社会生活诸层面的影响;后者指作者对该思潮理路的揭示、分析与提升。同时,因为许多中国思潮与西方近代同类社会思潮有无法割裂的关系,所以又要注意作必要的中西比较。本书各章较好地体现了这一方针,因此形成了本书史论结合的总体特点。不过,在短短数万字的篇幅之内,要将一种社会思潮评述得面面俱到,既无必要也不可能,读者如对某思潮有进一步研究的兴趣,可以去阅读各位作者的专著。况且每篇专论后面还附有研究各种思潮的文献目录,以备索检。另一方面,由于专业训练与学术兴趣的差异,各位作者在对史与论的侧重上,自然会显示个性的特征,这正是思想学术发展所需要的。编者尊重作者的观点与材料取舍,彼此之间当然有相当的讨论与沟通;但是在收到各位作者的定稿以后,除了在少数地方作一些技术性的处理以外,一般未作更动,以体现学术的个性。

编完本书,编者衷心地感谢作者诸君的信赖与合作,经过所有这些朋友的努力,才有这部著作的诞生。仅仅这一点,就是值得纪念的。就我个人而言,从在先师冯契教授指导下参与组织"中国近代社会思潮研究丛书",至今已有六年光景,如果从我自己做博士论文算起,关注中国近代社会思潮的研究已近十年。虽然说不上有多大成绩,甘苦却是自知的,并且知道了自己在这方面还有许多无知的领域,还有许多问题有待日后去深入研究。故谨以此志。

高瑞泉
1995年7月25日识

鸣谢

本书得以在初版十年后顺利印行修订版,首先应该感谢慷慨贡献其学术成果的朋友们。尤其是许纪霖兄贡献出他的新作,使得本书中关于中国近代民族主义的章节有了全新的面貌。这批活跃在当今学术界的著名学者,都放下自己手边的事情,按约对原著做了校定和不同程度的修改,对各章后附的参考书目也都有所增删。在此基础上,作为主编,我又作了若干调整。除了导论和第五章由我自撰以外,按照章节次序,本书其余各章的作者是:

北京大学哲学系陈少峰教授(第二章)

华东师范大学哲学系陈卫平教授(第三章)

华东师范大学哲学系杨国荣教授和郁振华教授(第四章)

清华大学哲学系胡伟希教授(第六章)

浙江大学国际文化学院高力克教授(第七章)

中山大学哲学系陈少明教授(第八章)

华东师范大学政治系齐卫平教授和已故复旦大学钟家栋教授(第九章)

华东师范大学历史系许纪霖教授(第十章)

江南大学社会科学学院邓子美教授(第十一章)

复旦大学哲学系李天纲教授(第十二章)

同时衷心感谢上海人民出版社孔令琴女士。本书初版十年以后能够得到这样一位资深编辑的赞赏,因而顺利印行修订本,作为主编和作者之一,我深感这是件很幸运的事情。

华东师范大学哲学系博士研究生万勇华、冯洁等帮助核对引文、制作了部分电子文本,付出了辛勤的劳动。对此亦表示感谢。

最后,感谢华东师范大学精品教材基金的支持,基金评审专家以雪中送炭的热情,成就了锦上添花的事业。

高瑞泉

丁亥年谷雨于沪郊寓所

这是本书的第三版。在此变动频仍的时代，一部 26 年前的旧著——讨论的就是这个大时代变动的思想脉络，在学术风气骤变的时刻，还能以新一版的相貌面世，自然首先应该归功于参与此书撰写的诸位学界朋友。他们不但对中国近代社会思潮各有专攻，所思所书对后人依然有其价值，而且他们后来转向各种不同的研究领域以后，更是成就斐然，由此也极大地增添了本书的魅力。读者可以从中窥见上世纪晚期，中国近代社会思潮曾经如何吸引了一批优秀学者的精力和热情。华东师范大学哲学系和华东师范大学出版社的热情支持，是本书得以回归其初版地出第三版的直接动力，朱华华编辑为保证本书的编校质量做了细致的工作。华东师范大学学报编辑部胡岩副编审不但校对了大部分清样，还专门为本书编了索引。我要对他们表示最衷心的谢忱。

再次出版一部几近三十年前多人合作的作品，最合宜和明智的做法就是尽可能保持原样。所以本书除了改正少数文字误植、核对引文并尽可能纠正第二版中的差错以外，总体与第二版保持一致。不过，我本人在编完本书以后，在近现代中国思潮研究方面，一度似乎欲罢不能，故除了零星发表的若干论文外，还出版了《转折时期的精神转折——"新时期"以来中国社会思潮及其走向》（高瑞泉、杨扬等著，上海古籍出版社，2008 年出版）、《20 世纪中国社会思潮研究》（高瑞泉等著，经济科学出版社，2019 年出版）。在此期间我还主编了"中国思潮评论"丛刊，在上海古籍出版社前后共计出版了：《思潮研究百年反思》(2009)、《现代性视野中的思潮与观念》(2010)、《民族主义及其他》(2011)、《自由主义诸问题》(2012)、《巨变时代的社会思潮与知识分子》(2014)、《激进与保守的复调变奏》(2014)。上述六种书，发表了数十位哲学与史学界优秀学人的论文，它们无疑是研究中国近代社会思潮的重要参考文献，因为篇幅甚巨，不便添入每一章后的参考书目，但是有心回顾 20 世纪中国社会思潮研究的读者不妨一读。

高瑞泉

辛丑年仲夏补白于沪上